MARTINHO LUTERO

Lyndal Roper

Martinho Lutero
Renegado e profeta

TRADUÇÃO
Denise Bottmann

Copyright © 2016 by Lyndal Roper

Grafia atualizada segundo o Acordo Ortográfico da Língua Portuguesa de 1990, que entrou em vigor no Brasil em 2009.

Título original
Martin Luther: Renegade and Prophet

Capa
Claudia Espínola de Carvalho

Imagem de capa
Lucas Cranach, o Velho, *Retrato duplo de Martinho Lutero e Katharina von Bora*, 1529, óleo sobre painel. Galleria degli Uffizi, Florença, Itália

Tradução das notas
Lucas Cordeiro

Preparação
Julia Passos

Índice remissivo
Probo Poletti

Revisão
Ana Maria Barbosa
Jane Pessoa

Dados Internacionais de Catalogação na Publicação (CIP)
(Câmara Brasileira do Livro, SP, Brasil)

Roper, Lyndal
   Martinho Lutero : renegado e profeta / Lyndal Roper ; tradução Denise Bottmann. — 1ª ed. — Rio de Janeiro : Objetiva, 2020.

   Título original: Martin Luther : Renegade and Prophet.
   Bibliografia.
   ISBN 978-85-470-0098-1

   1. Igreja – História 2. Lutero, Martinho, 1483-1546 3. Lutero, Martinho, 1483-1546 – Reforma – Alemanha – Clero – Biografia 4. Protestantismo 5. Reforma protestante – obras anteriores a 1800. I. Título.

19-30954   CDD-284.1092

Índice para catálogo sistemático:
1. Lutero : Período da Reforma : Igreja Luterana :
   História   284.1092

Maria Alice Ferreira – Bibliotecária – CRB-8/7964

[2020]
Todos os direitos desta edição reservados à
EDITORA SCHWARCZ S.A.
Praça Floriano, 19, sala 3001 — Cinelândia
20031-050 — Rio de Janeiro — RJ
Telefone: (21) 3993-7510
www.companhiadasletras.com.br
www.blogdacompanhia.com.br
facebook.com/editoraobjetiva
instagram.com/editora_objetiva
twitter.com/edobjetiva

A meu pai
Stan Roper

Sumário

Introdução 9

1. Mansfeld e a mineração 25
2. O estudante 43
3. O mosteiro 58
4. Wittenberg 84
5. Viagens e debates 111
6. O Debate de Leipzig 131
7. A liberdade do cristão 152
8. A Dieta de Worms 179
9. No castelo de Wartburg 201
10. Karlstadt e a Cidade Cristã de Wittenberg 224
11. A Estalagem do Urso-Negro 248
12. A Guerra dos Camponeses 266
13. O casamento e a carne 280
14. O colapso 313
15. Augsburgo 328
16. A consolidação 350
17. Amigos e inimigos 371
18. Ódios 389
19. Conduzindo a Carruagem de Israel 405

Agradecimentos 433
Notas 437
Referências bibliográficas 527
Lista de ilustrações 545
Índice remissivo 549

Introdução

Para os protestantes, é quase um artigo de fé que a Reforma tenha se iniciado quando o tímido monge Martinho Lutero pregou suas Noventa e Cinco Teses na porta da igreja do castelo de Wittenberg, em 31 de outubro de 1517, véspera do Dia de Todos os Santos, pondo em curso uma revolução religiosa que fraturou a cristandade ocidental. Para o colaborador mais próximo de Lutero, Filipe Melâncton, a quem devemos a vívida descrição do acontecimento, a afixação das teses promoveu a restauração da "luz do Evangelho". O próprio Lutero gostava de celebrar aquele momento como o início da Reforma e, em anos posteriores, brindou com amigos a data.[1]

Um breve apanhado histórico, principalmente de fatos tão significativos, sempre faz bem. Como assinalou o historiador católico Erwin Iserloh em 1962, Lutero, pessoalmente, nunca mencionou o ocorrido, disse apenas que enviou cartas ao arcebispo Albrecht de Mainz e ao bispo de Brandemburgo, Hieronymus Scultetus, condenando sem rodeios a venda de indulgências papais e remetendo as teses em anexo.[2] A versão de que as teria pregado na porta da igreja do castelo chegou a nós por meio de Melâncton e de Georg Rörer, secretário de Lutero, mas nenhum dos dois estava em Wittenberg naquela data para presenciar o fato.[3] Outros sugeriram que as teses foram, de modo bem menos teatral, coladas, e não pregadas à porta.[4]

Provavelmente nunca saberemos se de fato Lutero usou um prego ou um pote de cola, mas ele sem dúvida enviou as teses em 31 de outubro ao arcebispo

Albrecht, o eclesiástico mais importante de toda a Alemanha. A carta que as acompanhava mostrava um tom de notável segurança, até de arrogância. Ela começava de forma obsequiosa e logo a seguir condenava categoricamente a negligência do arcebispo em relação a seu rebanho, alertando que se Albrecht não tomasse providências, "pode aparecer alguém e, por meio de publicações, silenciar aqueles pregadores" que vendiam indulgências prometendo aos compradores uma redução no tempo que passariam no purgatório.[5] Lutero escreveu uma carta similar a seu superior imediato, o bispo de Brandemburgo, e essas missivas, mais do que a afixação das teses num lugarejo distante como Wittenberg, constituíam a ação que garantiria uma reação. Um dos talentos de Lutero, visível já naquela época, era a habilidade em montar uma cena, em fazer algo espetacular que atraísse a atenção para si.

A Reforma de Lutero rompeu definitivamente a unidade da Igreja católica, e pode-se atribuir a ela até mesmo o início do processo de secularização no Ocidente, na medida em que o catolicismo perdeu seu monopólio em grandes áreas da Europa. No entanto, tudo começou num local que dificilmente se imaginaria. A minúscula nova Universidade de Wittenberg lutava para se firmar; o próprio local estava em construção, com "casas barrentas, vielas sujas, todas as trilhas, passagens e ruas enlameadas". Ficava no fim do mundo, como troçavam os humanistas do Sul, longe de cidades imperiais grandiosas como Estrasburgo, Nuremberg ou Augsburgo, com suas ligações com a refinada Itália. Mesmo Lutero comentou que ficava tão longe da civilização que "um pouco mais e estaria em terra bárbara".[6] E seria difícil imaginá-lo no papel de revolucionário. Prestes a completar 34 anos, Lutero era monge fazia doze, tendo subido na ordem agostiniana e ocupado o cargo de administrador e professor universitário. Não tinha publicado quase nada, e sua experiência em escrever para o público se restringia basicamente a teses para debates, trabalhos de exegese e redação de sermões para colegas preguiçosos. Embora a reação da Igreja tenha sido lenta, as Noventa e Cinco Teses tomaram a Alemanha como um furacão. O número de leitores foi imenso, tanto laicos quanto clericais. Em dois meses, elas eram conhecidas em toda a Alemanha, e logo mais o seriam no exterior.

Independentemente do que tenha ocorrido em 31 de outubro de 1517, não há nenhuma dúvida sobre a importância das teses em si: a Reforma de fato foi desencadeada por um único texto. Teses, na época, eram conjuntos de proposições numeradas para serem usadas em debates acadêmicos; neste caso, porém, não houve nenhum debate e, provavelmente, nem era essa a intenção de Lutero. Não vinham compostas numa prosa corrida e tampouco eram declarações de verdades; apresentavam suposições que deviam ser verificadas por discussão subsequente, e vinham formuladas com tal concisão que se tornavam difíceis de entender. Restam poucas cópias do texto de Lutero, e nenhuma do texto pregado em Wittenberg.[7] Impressas numa das faces de uma grande folha de papel, destinavam-se a ser afixadas numa parede — o que sugere uma possível origem verídica na versão da porta da igreja —, embora ficasse complicado lê-las devido ao tamanho da letra. No alto, em corpo tipográfico maior, há um convite em nome de Lutero para que se debatam as teses em Wittenberg.[8]

A primeira delas começa com as palavras: "Quando nosso Senhor e Salvador Jesus Cristo disse 'penitenciai-vos', ele queria que toda a vida do fiel fosse de arrependimento". Em latim, a ênfase recai no verbo principal — *voluit* —, o que Cristo *queria* que fosse a vida do fiel. Lutero prossegue e diz que não se pode supor que isso signifique simplesmente cumprir as penitências sacramentais impostas por um sacerdote, tal como rezar orações ou, naturalmente, comprar indulgências. A afirmativa é de uma simplicidade enganosa; na verdade, trazia implícita uma crítica cabal e radical a toda a estrutura da Igreja na Baixa Idade Média.[9]

Como uma mensagem tão simples podia ter implicações tão grandes e provocar tamanho alvoroço? Lutero, aliás, não era o primeiro nem o único a criticar as indulgências; seu confessor, o agostiniano Johann von Staupitz, por exemplo, já as criticara em sermões em 1516. Em certo sentido, Lutero estava apenas formulando uma antiga posição sobre a natureza da graça, que remontava a Santo Agostinho: a ideia de que nossas boas ações nunca podem assegurar a salvação e que devemos confiar na misericórdia divina. Lutero, porém, argumentava que o sacramento da confissão estava sendo desvirtuado, deixando de ser um exercício espiritual e se tornando uma transação monetária. O estopim de sua ira, como rememorou mais tarde, foi a pregação de um frei dominicano, Johannes Tetzel, na cidade vizinha de Jüterbog, que chegou ao ponto de dizer que suas indulgências funcionavam tão bem que, mesmo que o sujeito tivesse estuprado a Virgem Maria, teria assegurada sua total absolvição do purgatório. No entanto, a questão das indulgências constituía um tema candente de debates teológicos e políticos, e para alguns, de início, a controvérsia das indulgências quase que se resumia a mais uma das frequentes rixas entre as ordens monásticas, fazendo parte da velha rivalidade entre os dominicanos e os agostinianos de Lutero.

No entanto, era muito mais do que isso. Ao sustentar que os cristãos não conseguiriam escapar ao purgatório praticando boas ações, contemplando relíquias ou comprando indulgências, Lutero investia contra a pretensão da Igreja medieval de poder conceder o perdão e facilitar a salvação por meio da dispensação dos sacramentos. Para ele, essas práticas mostravam um erro básico de entendimento da natureza do pecado, do arrependimento e da salvação. O cronista protestante Friedrich Myconius registrou mais tarde que alguns paroquianos de Lutero haviam reclamado que ele "não os absolvia porque não mostravam verdadeira contrição nem reforma", e tinham aparecido com cartas de indulgência de Tetzel, pois "não queriam desistir do adultério, da idolatria, da usura, de bens iníquos e tais pecados e males".[10]

Ao investir contra a interpretação da penitência, Lutero estava implicitamente atacando o cerne da Igreja papal e de toda sua estrutura financeira e social, que operava num sistema de salvação coletiva que permitia que os fiéis rezassem por outros, reduzindo assim seu tempo no purgatório. Financiava todo um proletariado clerical de padres pagos para rezar missas pelas almas dos finados, nas datas de aniversário de suas mortes. Pagava mulheres devotas nos asilos dos pobres que rezavam pelas almas dos mortos, para facilitar sua passagem pelo purgatório. Pagava irmandades que oravam por seus membros, rezavam missas, faziam procissões e financiavam altares especiais. Em suma, o sistema estruturava a vida religiosa e social de incontáveis cristãos medievais. No centro do sistema estava o papa, que era o administrador de um tesouro de "méritos" — graças que podiam ser desembolsadas para terceiros. Assim, a investida contra as indulgências levaria, mais cedo ou mais tarde, a um questionamento do poder papal.

Ninguém obrigava as pessoas a comprarem indulgências, mas havia um enorme mercado para elas. Quando os vendedores chegavam a um lugar,

> a bula papal (o documento aprovando a indulgência, com o sinete de chumbo do papa) era conduzida sobre um tecido de cetim ou dourado, e todos os padres, monges, membros do conselho local, o mestre-escola, alunos, homens, mulheres, moças

e crianças iam vê-la andando em procissão com bandeiras e velas. Repicavam-se todos os sinos, tocavam-se todos os órgãos [...] [o vendedor de indulgências] era conduzido ao interior das igrejas e se erguia uma cruz vermelha no centro, em que se hasteava o estandarte papal.[11]

O sistema era tão bem organizado que as indulgências chegavam a ser impressas localmente em pergaminho, podendo ser preenchidas com o nome do beneficiário ao qual se destinava a compra.

O caráter explosivo das Noventa e Cinco Teses de Lutero se devia, em parte, ao bom momento. No Dia de Todos os Santos, a magnífica coleção de relíquias pertencentes ao eleitor Frederico, dirigente da Saxônia e soberano de Lutero, ficava exposta na igreja do castelo de Wittenberg para os peregrinos, que vinham de vários quilômetros dali, e se distribuíam indulgências a todos os que contemplavam as relíquias. As teses, provavelmente, foram afixadas durante ou logo antes dessa celebração. É fato que os peregrinos iletrados não as teriam lido; e mesmo os moradores letrados teriam muita dificuldade em entendê-las. Mas os destinatários da carta de Lutero captariam plenamente a importância da data, tal como seus colegas teólogos em Wittenberg. Para estes, as teses afetavam seus próprios meios de subsistência, na medida em que a universidade dependia de verbas da fundação de Todos os Santos, provenientes das missas rezadas pelos mortos e dos peregrinos que acorriam para ver as relíquias a fim de diminuir seu tempo no purgatório.

O que Lutero não sabia naquele momento era que especificamente o "escândalo das indulgências" que ele mirava com seus ataques envolvia muito mais do que a tosca pregação de Johannes Tetzel, cujo lema publicitário, ao que consta, dizia: "Quando a moeda no cofre tilintar, a alma do purgatório vai se livrar". Na verdade, as atividades de Tetzel se inseriam num conjunto de práticas fundamentais que financiavam a Igreja. O dinheiro arrecadado pelo pregador devia ir para Roma, para pagar a reconstrução da basílica de São Pedro, mas metade estava indo diretamente para os banqueiros Fugger em Augsburgo, a família dos capitalistas mercantis mais ricos da época, a quem Albrecht de Mainz devia dinheiro. Filho mais novo de uma poderosa família principesca, Albrecht se tornara arcebispo de Magdeburgo aos 23 anos. Mas então abriu uma vaga inesperada no arcebispado de Mainz, a mais rica das dioceses germânicas. Era uma oportunidade imperdível, porém o papado estava tentando impedir que os bispos acumulassem vários cargos ao mesmo tempo, além de determinar, depois que Albrecht assumira Magdeburgo, que a partir daquele momento os bispos precisariam ter pelo menos trinta anos.[12]

O conflito se resolveu a favor de Albrecht quando ele concordou em contribuir com 21 mil ducados para a construção da basílica, dinheiro do qual não dispunha. Então, tomou um empréstimo com os Fugger, muito embora a Igreja considerasse como usura o envolvimento deles no capitalismo monopolista. Albrecht passou a desviar fundos, como os angariados por Tetzel, para pagar a dívida. As teses de Lutero, em outras palavras, investiam não só contra o poder papal, mas também, sem que ele soubesse, contra uma das famílias mais poderosas da Alemanha e uma das casas bancárias mais ricas da Europa.

No curto prazo, não houve muita reação às Noventa e Cinco Teses. Não ocorreu nenhum debate. O bispo de Brandemburgo, ao que parece, não respondeu à carta de Lutero. Em lugar disso, quando Lutero lhe enviou defesas e explicações mais pormenorizadas das teses, o bispo recomendou que a publicação fosse adiada, o que Lutero parece ter tomado — erroneamente — como demonstração de simpatia por suas ideias. Albrecht estava fora, em Aschaffenburg, quando as teses chegaram a Mainz, mas, quando ele por fim as recebeu, tampouco se manifestou. Em vez de responder a elas, Albrecht encaminhou o documento à Universidade de Magdeburgo para avaliação teológica e, depois, a Roma. Essa providência fez com que as teses se tornassem assunto sério, desencadeando uma investigação papal por heresia. Com a medida burocrática de Albrecht, o assunto deixou de ser uma questão que afetava uma pequena parte da Alemanha: tornou-se um acontecimento que abrangia toda a Igreja católica.

A vida e os hábitos de Lutero eram bem provincianos. Nasceu em Eisleben na Saxônia e, por um estranho acaso, morreu lá também. Foi criado na vila mineira de Mansfeld, onze quilômetros ao norte, cursou a universidade em Erfurt, a 72 quilômetros a sudoeste, e passou a maior parte de seus anos restantes em Wittenberg, a oitenta quilômetros a nordeste. Apenas uma vez se aventurou além das fronteiras do Sacro Império Romano, quando esteve em visita a Roma, o que só serviu para lhe proporcionar uma fonte de anedotas antipapais e para alimentar sua intolerância a tudo o que não fosse germânico.

Viajou muito dentro da Saxônia, mas, depois de sofrer a interdição imperial, não pôde mais se arriscar em áreas onde não tivesse a proteção do dirigente saxônico. No final da vida, viu-se ainda mais recluso por causa de problemas de saúde, dependendo de uma carrocinha até para ir pregar na igreja. Criou, porém, uma rede de correspondentes e de pastores, para os quais arranjara nomeações e lhes promovera a carreira, que cobria todo o império e se estendia ainda além. E os efeitos de sua Reforma se alastraram da Alemanha para Itália, Inglaterra, França, Escandinávia e Europa Oriental.

Os traços gerais de sua biografia são fáceis de apresentar. A infância não teve nada de marcante, exceto num aspecto: ele vinha de uma área mineiradora. A economia da mineração era muito diferente do mundo das oficinas artesanais e dos pequenos negócios que caracterizavam a maioria das cidades quinhentistas, ambiente que formou tantos humanistas e eruditos. A família de Lutero investiu na educação do filho, destinando-o ao direito, profissão que ajudaria a proteger o empreendimento mineiro da família. No entanto, em 1505, para a decepção paterna, o rapaz desistiu dos estudos jurídicos e ingressou no mosteiro agostiniano de Erfurt. Lá ficou sob a influência de Johann von Staupitz, importante agostiniano que teve papel essencial em criar a nova Universidade de Wittenberg, o qual persuadiu o jovem monge a passar para o curso superior em teologia e obter um doutorado. Galgando a hierarquia da ordem, Lutero sucedeu Staupitz em sua posição na universidade e passou a ter papel ativo na reforma universitária. Então, em 1517, as Noventa e Cinco Teses irromperam no mundo.

As teses não continham um programa teológico completo; Lutero se radicalizou com a oposição que enfrentou, e os argumentos e ataques de terceiros o levaram a desenvolver sua teologia e a aprofundar suas ideias. A Reforma surgiu a partir de uma série de discussões e argumentações com seus antagonistas em Heidelberg, Augsburgo e Leipzig. Lutero sabia que a pena por heresia era a fogueira e que, se fosse preso e julgado pela Igreja, provavelmente perderia a vida. Isso significa que sua teologia se formou sob a dupla pressão da argumentação cada vez mais agressiva de seus adversários e a ameaça de martírio.

Em 1521, Lutero, agora conhecido em toda a Alemanha, foi chamado a responder ao imperador na Dieta de Worms, na presença dos estados de todo o império. Muitos achavam que Lutero não iria correr o risco de comparecer, mas, como afirmou ele, nada o deteria, mesmo que soubesse que havia "tantos demônios quanto [...] as telhas nos telhados". A coragem que mostrou em Worms foi assombrosa. Um plebeu enfrentar o imperador e os príncipes mais poderosos do império e resistir ao poderio da Igreja era uma coisa extraordinária, algo inesquecível. O evento foi decisivo, e provavelmente contribuiu mais do que sua teologia para ganhar adeptos para a Reforma e lhes incutir novas esperanças e expectativas. Como qualquer movimento revolucionário, as ideias de Lutero eram aumentadas e alteradas pelo que as pessoas ouviam nas ruas ou nos sermões, ou pelas notícias do que ele havia feito.

A Dieta se encerrou com a enfática condenação do imperador. Voltando de Worms, Lutero, agora em perigo mortal, foi sequestrado por determinação de seu governante e protetor Frederico, o Sábio, para sua segurança, e conduzido ao castelo de Wartburg, onde passou os dez meses seguintes em isolamento, escrevendo freneticamente e traduzindo o Novo Testamento. Enquanto isso, em sua ausência, a Reforma em Wittenberg avançava depressa e, sob a guia de Andreas Karlstadt, tornava-se cada vez mais radical, levantando questões de moral e assistência aos pobres. Voltando a Wittenberg em março de 1522, Lutero exigiu imediatamente que as reformas fossem canceladas, pois haviam ocorrido rápido demais. Também teve um rompimento decisivo com Karlstadt, o qual começara a adotar outra linha sobre a Santa Ceia, argumentando que Cristo não estava de fato presente no pão e no vinho, concepção que Lutero negava com toda a veemência.

Essa ruptura pressagiava o futuro, pois as pessoas aplicavam a teologia de Lutero, tal como a entendiam, às suas próprias experiências — processo ao qual ele podia ser contrário, mas que escapara ao seu controle. Espalhando-se, a Reforma também começou a se fragmentar, pois os que negavam a transubstanciação e que Cristo estivesse realmente de corpo presente na comunhão conseguiram convencer muita gente no Sul da Alemanha, nas cidades suíças, na Silésia e mesmo dentro da própria Saxônia. Em cidades e vilas de todo o império, as pessoas começaram a reivindicar liberdade de Evangelho, a insistir em nomear pregadores evangélicos e a derrubar as autoridades estabelecidas. Tal como os antagonistas de Lutero haviam previsto desde o começo, sua mensagem trouxe a revolução. Em 1524, explodiu a Guerra dos Camponeses, a maior revolta jamais vista em terras germânicas e que, até a Revolução Francesa, não teve igual na Europa. De início, Lutero parecia reprovar imparcialmente os dois lados, exprobrando os camponeses e, como um profeta do Antigo

Testamento, criticando também os dirigentes, mas por fim acabou dando apoio aos príncipes. Com essa posição, evidenciou-se o conservadorismo social da Reforma de Lutero.

Quando a Guerra dos Camponeses se encontrava no auge, Lutero decidiu se casar "para fazer desfeita ao Demônio", segundo explicou ele — certamente uma das justificativas mais estranhas já dadas por um recém-casado.[13] O casamento, de fato, foi um escândalo, mas em sua ousadia, se era um desafio ao Demônio, era igualmente um desafio à Igreja. Ele era padre e monge, enquanto a noiva, Katharina von Bora, era freira: os dois haviam tomado os votos de celibato. Lutero, não mais aquele monge pálido e ascético, ingressou numa nova fase da vida e logo se tornou pai. Não precisou, porém, sair do mosteiro que abandonara: os governantes saxônicos simplesmente concederam os edifícios a ele e a seus herdeiros. E sua residência, com uma ampla variedade de visitantes, estudantes e colegas, tornou-se o modelo do presbitério evangélico em grande escala.

A nova Igreja ainda precisava ser instituída e assim, em 1530, o imperador Carlos V convocou outra Dieta em solo germânico, dessa vez em Augsburgo. Agora estava claro que era impossível qualquer conciliação entre luteranos e católicos; mas a própria Reforma, nessa época, também estava dividida sobre a questão da comunhão, e os adversários de Lutero não tiveram voz na Dieta. Os anos finais da vida de Lutero foram dominados pelas tentativas de chegar a algum tipo de acerto com os "sacramentalistas". Por fim, chegou-se a um acordo precário, o qual, porém, serviu para convencer Lutero de que ele estivera certo o tempo todo — dinâmica psicológica que traria problemas futuros para o movimento. Ao mesmo tempo, sua retórica antipapal se tornava cada vez mais virulenta. Sua denúncia do papa como o Anticristo se solidificou como axioma fundamental de sua teologia, e seus anos finais de vida foram ainda mais marcados por violentas disputas com antigos seguidores e diatribes furiosas contra os judeus. Após a morte de Lutero, surgiram cisões entre diversas alas de seu próprio movimento, levando a um legado de divisões dentro do luteranismo, em que cada facção reivindicava ardorosamente a autoridade dele.

Esses são os fatos externos, que, porém, não mostram o desenvolvimento interno de Lutero, que é o foco central deste livro. Como ele teve a força interior para resistir ao imperador e aos estados em Worms? O que o levou a esse ponto? Por que rompeu com Andreas Karlstadt, seu grande apoiador nos anos iniciais da Reforma? Por que Lutero brigava sem cessar com seus colaboradores mais próximos, criando inimizades profundas e deixando seus adeptos aterrorizados com a possibilidade de também incorrerem em sua cólera? Como o homem convencido de que "não vão me impingir uma esposa" veio a se tornar o modelo do pastor casado? Este livro mapeia as transformações emocionais criadas pelas mudanças religiosas que Lutero pôs em curso. Pois a personalidade de Lutero teve consequências históricas imensas — para o bem e para o mal. Foi sua coragem admirável e seu senso de missão que criaram a Reforma; foi sua teimosia e sua demonização dos adversários que quase a destruíram.

A história psicológica tem sido criticada por causa de sua tendência a explicar personalidades e processos históricos complexos em termos de padrões básicos estabelecidos na primeira infância. A vida de Lutero inspirou algumas de suas psicobiografias mais famosas, entre elas *Young Man Luther* [O jovem Lutero], de Erik Erikson, e o capítulo de Erich Fromm sobre o reformador em seu *O medo à liberdade*. Os dois autores eram psicanalistas.[14] Erikson era também um psicólogo do desenvolvimento que trabalhava com adolescentes, e sua vigorosa obra, publicada nos Estados Unidos do pós-Guerra, continua a ser um clássico; mas uma das características mais importantes da Reforma de Lutero é que não era a reforma de um *jovem*. Como este livro sustentará, ainda que a relação de Lutero com o pai tenha sido fundamental para sua personalidade e sua religiosidade, ainda que seu entendimento das relações paternais permeie sua teologia, as figuras paternas foram apenas uma parte dos elementos que o moldaram.

Talvez pareça uma temeridade empreender uma biografia de viés psicanalítico daquele mesmo homem cuja biografia se tornou um prato cheio para os piores tipos de reducionismo historiográfico.[15] Pode-se objetar que tal abordagem se arrisca a superestimar o papel da ação individual da mesma forma como fazia a hagiografia luterana quinhentista, tornando impossível entender por que as ideias de Lutero conseguiram exercer tal apelo em tantas pessoas e como tais ideias vieram a gerar um movimento social. Pode-se ainda objetar que essa abordagem desvaloriza a teologia, reduzindo ideias fundamentais a consequências de desejos ou conflitos inconscientes, impedindo que se compreenda como e por que ideias referentes à presença de Deus no sacramento ou à natureza do arrependimento vieram a adquirir tanta força.

No entanto, é tão grande a abundância de materiais sobre Lutero que provavelmente sabemos mais sobre sua vida interior do que a de qualquer outro indivíduo do século XVI, permitindo-nos rastrear em sua correspondência as relações com amigos e colegas e até mesmo examinar os sonhos que tinha. Suas obras reunidas, na famosa edição Weimar, abrangem 120 volumes, incluindo onze de cartas e seis de suas conversas à mesa. Muitos historiadores utilizaram essa abundância de material para rastrear em detalhe seu desenvolvimento teológico e para datar fatos específicos com mais precisão; de minha parte, quero entender o próprio Lutero. Quero saber como um indivíduo do século XVI via o mundo ao seu redor e por que o via dessa maneira, e não de outra. Quero explorar suas paisagens interiores para entender melhor suas ideias sobre a carne e o espírito, formadas numa época anterior à nossa separação moderna entre corpo e mente. Tenho particular interesse nas contradições de Lutero. Eis aí um homem que fez alguns dos comentários mais misóginos dentre todos os pensadores, e no entanto era favorável não só ao sexo no casamento, mas, ponto fundamental, defendia que o sexo devia também proporcionar prazer carnal a mulheres e homens. Tentar entender esse visível paradoxo foi um desafio a que não pude resistir.

Homem de imenso carisma, Lutero mantinha amizades fervorosas que só encontravam paralelo na rejeição implacável daqueles a quem julgava desleais ou errados. A teologia de Lutero brotava de sua personalidade, ligação esta em que insistiu Melâncton, um de seus primeiros biógrafos e seu mais próximo colaborador: "Seu caráter era quase, por assim dizer, a prova máxima" de sua doutrina.[16] A teologia de Lutero ganha maior clareza quando estabelecemos uma conexão com seus conflitos psicológicos, expressos em cartas, sermões, tratados, conversações e exegeses bíblicas. Essa releitura das fontes originais, que dispensa os acréscimos da erudição religiosa, mostrará por que questões teológicas aparentemente distantes e abstrusas tinham tão grande importância para ele e seus contemporâneos, e de que maneira ainda podem ter importância para nós na atualidade. Assim, o recurso aos elementos da psicanálise proporciona um entendimento mais rico não só do homem Lutero, mas também dos princípios religiosos revolucionários a que ele dedicou a vida, com legados que ainda guardam um poder tão imenso.

Este livro não é uma história geral da Reforma e nem mesmo da Reforma em Wittenberg; e menos ainda fornece uma interpretação abrangente do que veio a ser o luteranismo. O que ele sustenta, porém, é que nosso entendimento da Reforma em terras germânicas tem sido distorcido pela concentração dos estudos ocidentais do pós-Guerra sobre as cidades do Sul. Este é um legado da Guerra Fria, quando os historiadores do Ocidente tinham dificuldade em utilizar arquivos no Leste, ao passo que seus colegas na República Democrática Alemã estavam, de início, mais interessados em movimentos sociais e no legado do revolucionário e radical religioso Thomas Müntzer do que em Lutero. Em decorrência disso, a história social do luteranismo ainda é pouco desenvolvida e nos falta aquela exposição rica e nuançada do progresso do movimento que temos para as principais cidades do Sul. Como os historiadores da Alemanha Ocidental após a guerra estavam ansiosos em identificar uma linhagem democrática em seu passado, eles criaram uma imagem idealizada das cidades livres independentes com seus conselhos eleitos. Queriam escapar à fatídica equiparação da Reforma com a obediência e o conformismo político, destacando a variedade de reformas populares e locais, com ideias sobre os sacramentos, as imagens e a Reforma social muito diferentes das de Lutero. Mas a consequência foi que nossa interpretação da Reforma ficou distorcida. Falta-nos uma avaliação adequada do luteranismo em seu contexto social e cultural próprio, tão diferente do das cidades do Sul. E tampouco entendemos como o luteranismo se desenvolveu em diálogo com aquela que veio a ser a religião reformada, o precursor do calvinismo, através de ásperas inimizades e trágicos fins de amizades. Essa é uma carência que o livro não tem como remediar, mas espero sugerir uma nova abordagem da teologia de Lutero, situando-o no contexto social e cultural que o formou.

Lutero faz parte da minha vida há mais tempo do que eu gostaria de admitir. Esteve presente em minha infância, pois meu pai foi por alguns anos pastor presbiteriano. Morei apenas por pouco tempo no presbitério, mas vi o preço que custou a meus pais ter a vida familiar sob o olhar do público. A estranha sotaina negra parecia transformar meu pai em outro ser. Ele tinha um gabinete forrado de alto a baixo com obras de teologia, mas a congregação suspirava de saudades do predecessor, menos intelectual. Tudo isso me colocava perante questões de autoridade — a autoridade que a congregação investia em meu pai; a seriedade conferida pelo púlpito e pelas roupas pretas pesadas, tão inadequadas ao clima da Austrália; as tensões que esse papel lhe criava. Estávamos à parte e no entanto vivíamos numa dependência humilhante — não podíamos consertar nada no presbitério, não podíamos escolher nenhuma peça de mobília sem a anuência da congregação, e sempre havia alguém que objetava: "Vocês não precisam de tapetes para fazer a obra do Senhor".

Por um idiossincrático acaso histórico, naquela época a Igreja presbiteriana de Melbourne tinha uma influência maior de Lutero do que de seu pretenso fundador João Calvino, pois vários teólogos universitários da Austrália haviam estudado em Tübingen com professores luteranos. Alguns anos mais tarde, quando meu pai já deixara a Igreja e eu iniciei as pesquisas de doutorado, estudei em Tübingen com o professor Heiko Oberman, estudioso holandês que criara o Instituto da Baixa Idade Média e da Reforma e cuja obra estava transformando nosso entendimento da teologia do período. No primeiro semestre, assisti às aulas que depois formariam seu estudo de Lutero, um clássico que, a meu ver, ainda é a melhor biografia do homem. E foi quando eu estava em Tübingen que Hans Küng, professor católico da universidade, perdeu sua licença de ensinar teologia católica por ter questionado a infalibilidade papal. Parecia que as questões de autoridade, liberdade e obediência, que Lutero levantara séculos antes, continuavam vivas e robustas. Foram essas questões candentes que mantiveram a teologia luterana no centro de meus interesses pessoais e intelectuais.

As biografias de Lutero são, em sua maioria, escritas por historiadores da Igreja. A grande exceção é a magnífica biografia recente feita pelo historiador Heinz Schilling, o primeiro a situar Lutero num contexto histórico mais completo e a conferir igual peso a seu adversário Carlos v.[17] Não sou historiadora da Igreja, mas da religião, moldada pela história social e cultural das últimas décadas e, em particular, pelo movimento feminista. Não quero idolatrar nem menosprezar Lutero, tampouco quero torná-lo coerente. Quero compreendê-lo e entender as convulsões desencadeadas por ele e pelo protestantismo, não só em relação à autoridade e à obediência, mas também quanto às relações entre os sexos e a maneira como homens e mulheres percebiam sua existência física.

Quando comecei as pesquisas de doutorado, eram pouquíssimos os estudos acadêmicos ocidentais sobre as regiões luteranas da Reforma na Alemanha

Oriental, devido à separação das duas Alemanhas naquela época. Uma das raras exceções era o saudoso Bob Scribner, que escreveu sua tese de doutorado sobre a Reforma em Erfurt e foi meu orientador. Os estudos da Reforma de caráter local tratavam, em sua maioria, de cidades no Sul da Alemanha influenciadas pela teologia de reformadores como Ulrico Zwinglio ou Martin Bucer, e não de regiões luteranas.[18] Os estudos da Alemanha Oriental, por sua vez, concentravam-se na Guerra dos Camponeses e na figura do antagonista de Lutero, Thomas Müntzer, como líder revolucionário. A história social de Wittenberg, enquanto isso, permanecia em larga medida inexplorada. Assim, a história da Reforma estava profundamente distorcida. As biografias eram, em boa parte, escritas sem qualquer noção do mundo social e cultural da Saxônia ou de Wittenberg, e isso tendia a reforçar a imagem de Lutero como herói teológico solitário, fora do tempo e do espaço. Mesmo assim, havia alguns momentos subversivos. Por fina ironia, o melhor estudo acadêmico de Wittenberg, até hoje insuperado, atesta a contribuição do então incipiente movimento das mulheres: é a obra de 1927 realizada pela historiadora econômica e social Edith Eschenhagen, em que ela analisava os registros tributários de Wittenberg.[19]

Todos esses estudos exerceram grande influência quando comecei a trabalhar neste livro, em 2006, e reforçaram minha posição de que, para entender a Reforma de Lutero, era essencial ter uma compreensão do lugar. Passei todo o tempo que me foi possível nos arquivos de Wittenberg, conservados no castelo de Frederico, o Sábio. Na hora do almoço, eu passeava pela cidade. Visitei todos os locais onde Lutero morou antes de ir para Wittenberg, e consultava assiduamente os arquivos não tanto para descobrir coisas sobre Lutero, mas para ter uma noção da estrutura política e econômica local. Li comentários de contemporâneos sobre Lutero, tanto amigos quanto inimigos — e descobri que muitas vezes seus adversários mostravam uma surpreendente perspicácia sobre a psicologia e as motivações dele. Mas o que me deu o maior prazer e o contato mais rico com o indivíduo foi a leitura de sua correspondência. Li as cartas não para corroborar ou datar fatos da Reforma, mas como fontes literárias que transmitiam suas emoções e elucidavam suas relações com as outras pessoas. Seus erros, lapsos, autojustificativas e o gosto por determinadas palavras revelam muito sobre suas motivações. Nos primeiros anos da Reforma, por exemplo, ele falava constantemente em *invidia*, inveja, atribuindo-a aos oponentes — embora seja muito improvável que invejassem um monge sem nenhum poder e sem nenhum tostão, ao passo que ele, por seu lado, tinha todas as razões para se preocupar com os que invejava. Comecei a refletir que muitos de seus interesses teológicos guardavam íntima relação com os fortes conflitos que formavam sua psicologia.

Os hábitos missivistas de Lutero ofereceram, talvez, as percepções mais interessantes. Embora tivesse secretários desde seus dias de monge, Lutero escrevia pessoalmente suas cartas, exceto quando impedido por alguma doença grave. Sua caligrafia — pequena, clara e bem traçada — percorre a página com confiança, e Lutero quase sempre sabia qual o tamanho do papel de que iria precisar, sugerindo uma notável capacidade de avaliar previamente o quanto ia escrever. Sua letra mudou muito pouco ao longo dos anos, apenas se tornando menor e mais angulosa, tendo os músculos da mão se tornado visivelmente mais tensos. Um aspecto extraordinário é que, numa época em que as cartas costumavam circular de mão em mão, eram falsificadas ou interceptadas, e todas as chancelarias arquivavam os rascunhos, Lutero não guardava nenhuma cópia. Isso dava a seus correspondentes um poder imenso, pois somente eles tinham o registro do que Lutero escrevera, mas ele pouco se importava e gracejava a respeito, dizendo que sempre poderia negar que era sua "letra", comentário que mostra sua admirável segurança.

Essa jovial indiferença às formalidades é uma das características mais atraentes de Lutero. Missivista brilhante e cativante, tinha uma clara noção do que provocaria risos no destinatário. Perguntava sobre o estado de saúde com interesse genuíno, mas também sabia exatamente como chegar ao ponto central, abordando de maneira direta a angústia de um missivista. Mais do que qualquer outra coisa, as cartas nos dão uma ideia do carisma que ele devia irradiar e o puro deleite que seus correspondentes deviam sentir em sua amizade. Foi a intensidade nítida das amizades e inimizades de Lutero que me convenceu de que ele precisava ser entendido por meio de suas relações, e não como o herói solitário do mito da Reforma. A teologia de Lutero se formou em diálogo e debate com outros — e não por acaso a discussão, forma em que apresentou as Noventa e Cinco Teses, continuou a ser um de seus instrumentos intelectuais favoritos até a morte.

Este livro também apresenta um quadro pouco conhecido da teologia de Lutero. Estamos acostumados a vê-lo como o defensor da "salvação apenas pela graça", o homem que insistia na *sola scriptura*, o princípio de que a Bíblia é a única autoridade em questões de doutrina. Mas igualmente importante para o próprio Lutero era sua insistência na Presença Real de Cristo na eucaristia. Essa é, provavelmente, a questão que muitos protestantes modernos, desconfiados de rituais e da ideia de que o divino pode se manifestar em objetos, consideram mais estranha. Todavia, a questão dominou os anos finais de Lutero e mobilizou suas energias mais profundas; também dividiu a Reforma. Foi aqui que Lutero mostrou seus aspectos mais originais como pensador, negando-se à distinção fácil entre signo e significado e insistindo que Cristo *estava* presente na eucaristia, a qual realmente *era* o corpo e o sangue de Cristo. Embora intelectual, Lutero não confiava na "razão, a meretriz",[20] como a chamava. Sua posição sobre a eucaristia condizia com sua impressionante desenvoltura em relação à corporeidade, traço que as biografias modernas têm dificuldade em aceitar. Pensador profundamente antiascético, Lutero minava e subvertia de modo constante a distinção entre carne e espírito, e esse aspecto de seu pensamento é um de seus legados mais interessantes. É também por isso que sua teologia deve ser entendida em relação com o homem Lutero.

A Reforma de Lutero desencadeou emoções apaixonadas: alegria e exaltação, mas também fúria, medo e ódio. Ele próprio era um indivíduo profundamente emotivo, mas grande parte da história da Reforma elimina essas emoções, como aspectos inconvenientes ou insignificantes no desenvolvimento de sua teologia. Para historiadores e teólogos, é difícil lidar com coisas que agora parecem tão estranhas, sua inquietante obsessão pelo Demônio, o virulento antissemitismo e o gosto pela polêmica rude e grosseira. Mas a exploração de seu mundo interior e do contexto em que afluíram suas ideias e paixões abre uma nova visão da Reforma.

1. Mansfeld e a mineração

"Sou filho de camponês", afirmava Lutero; "meu bisavô, meu avô e meu pai eram todos camponeses de verdade."[1] Em termos. Se suas origens eram camponesas, o fato é que Lutero foi criado numa cidade mineradora, e sua criação iria ter profunda influência sobre ele. Martinho passou a infância em Mansfeld, cidadezinha mineira no território de mesmo nome, com vagonetes de carvão fazendo fila nas estradas lamacentas e com o cheiro da fumaça das fornalhas pairando no ar. Lutero se manteve leal a Mansfeld até o fim da vida, sempre se dizendo natural "de Mansfeld", matriculando-se na Universidade de Erfurt como "Martinus ludher ex mansfelt" e se correspondendo até sua morte com os condes de Mansfeld.[2] Em 1546, doente, ele partiu em sua última viagem a Eisleben, para tentar dirimir outra disputa entre os condes. Sabia que a viagem lhe custaria a vida, e custou: morreu ainda tentando consertar as coisas em Mansfeld. No entanto, essa ligação profunda está quase inteiramente apagada na atual imagem que temos de Lutero.[3] As biografias, de modo geral, pouco falam da infância do religioso. Ao contrário de Eisleben, onde nasceu, e de Wittenberg, onde passou a maior parte da vida, Mansfeld nunca se tornou um local de peregrinação luterana. Mas, para entender Lutero, é preciso entender o mundo de onde ele veio.

Desde 1200, mais ou menos, Mansfeld era uma área de mineração, mas em meados do século XV surgiu um novo processo de refinação, que permitia separar a prata e o cobre após o processo inicial de fundição.[4] Essa inovação

1. Eisleben, onde Lutero nasceu.

tecnológica, que demandava elevado investimento de capital, levou ao envolvimento dos grandes financistas de Leipzig e Nuremberg e gerou uma explosão econômica na área. Logo Mansfeld tornou-se um dos maiores produtores europeus de prata, produzindo um quarto do cobre do continente.[5] A liga de cobre com estanho ou zinco, resultando em bronze ou latão, era usada em centenas de itens domésticos produzidos em cidades como Nuremberg, e teve papel importante na revolução do estilo de vida daquela época, quando as pessoas começaram a adquirir, além de louças de barro e peças de vidro, também pratos de metal, panelas e outros objetos para uso doméstico. Na década de 1480, o pai de Lutero, Hans Luder, ficou sabendo, provavelmente através da família do lado materno, que estavam vendendo novas concessões para a exploração de minas e se mudou para Eisleben, onde Lutero nasceu em 1483, e depois para Mansfeld.

Mais tarde, o próprio Lutero declarou que o pai era "um fundidor, um mineiro"; mas a versão de seus primeiros biógrafos de que Hans Luder passara da pobreza para a riqueza não procede.[6] A família certamente não era gente instruída, mas Hans nunca foi um daqueles sujeitos atarracados e troncudos, trabalhando de bruços, picareta na mão, no fundo dos túneis das minas.[7] Os Luder tinham sido camponeses, mas, mesmo sendo o primogênito, Hans não herdou a terra: segundo o costume local de Möhra, onde moravam seus pais, era o filho caçula que ficava com a propriedade. O valor da terra era provavelmente dividido entre os filhos, e foi isso, talvez, que permitiu ao primogênito ter algum capital. Pesquisas recentes também indicam a possibilidade de que a família Luder fosse dona de uma oficina rudimentar de refino de cobre perto de Möhra, e lá Hans teria adquirido certa experiência.[8] Mas decerto Hans tinha boas perspectivas, pois, do contrário, seria difícil explicar por que os Lindemann, sólida família urbana de Eisenach — entre os quais estava Anthonius Lindemann, o mais alto funcionário do condado de Mansfeld e ele próprio mestre fundidor —, teriam dado a filha em casamento a um rapaz sem profissão e sem garantia de herança. A decisão se demonstrou acertada.[9] Em pouco tempo, Luder não só estava dirigindo algumas minas, como também, no máximo em 1491, tornara-se um dos *Vierer*, assistente do conselho local representando os quatro distritos de Mansfeld, e depois inspetor de minas (*Schauherr*), passando então a ser um dos cinco funcionários mais altos do setor de mineração na área.[10] No começo do século XVI, ele comandava em sociedade sete fundições, tornando-se um dos maiores operadores em Mansfeld.

Em 1500, a cidade tinha entre 2 mil e 3 mil habitantes, com cinco "asilos" para os pobres e abrigos para os doentes; coisa menos usual, gabava-se de ter uma escola de latim para meninos. Mansfeld se situava num vale, com quatro portões e dois portais de entrada. Seus "distritos" haviam crescido a partir de um assentamento inicial muito menor.[11] Tinha duas ruas principais, e uma delas subia sinuosamente pela encosta íngreme do morro até a igreja na praça principal, e era nessa rua que moravam os mestres fundidores e os funcionários dos condes. A igreja, consagrada a são Jorge, padroeiro de Mansfeld, fora erguida no século XIII, mas, quando Lutero ingressou na adolescência, ela pegou fogo por causa de um organista distraído que se esquecera de apagar a chama que aquecia os foles do órgão. Foi reconstruída entre 1497 e 1502, com o recinto do altar-mor concluído entre 1518 e 1520.[12] Acreditava-se na localidade que o cavaleiro são Jorge, brandindo sua espada, tinha sido um conde de Mansfeld, que combatera o dragão no monte de Lindberg, ali perto. Os condes certamente faturavam com esse vínculo fictício, e a efígie do santo aparecia nas moedas, fontes e portais; havia até cata-ventos de são Jorge.[13]

A casa de Hans Luder ficava na frente da taverna Anel Dourado, uma das duas estalagens para viajantes. A cidade ficava na rota comercial de Hamburgo a Nuremberg via Erfurt, mas não havia muitas razões para que os viajantes interrompessem o percurso para parar em Mansfeld, a menos que fossem visitar os condes ou tratar de assuntos ligados à mineração.[14] A casa de Luder ainda existe, e agora se acredita que era duas vezes maior do que se pensava antes. (Não sabemos com certeza em que data Hans Luder comprou a casa; em 1507, já era dele.)[15] Ela tem uma entrada larga o suficiente para a passagem de um coche de tração animal, um celeiro grande e estábulos para cavalos.[16] Da casa era possível enxergar os efeitos da mineração por toda parte: montes de escória pareciam marcas de varíola na paisagem, e o grande lago abaixo da cidade tinha as águas poluídas com o líquido das escórias das duas fundições, que ficavam fora dos muros da cidade. Subindo a rua na direção da praça, em frente à igreja de São Jorge, ficava a ampla casa de Hans Reinicke, o melhor amigo de Lutero, cujo pai também era proprietário de minas e um dos moradores mais prósperos de Mansfeld. Logo ao lado, entre a casa de Lutero e a escola, morava outro amigo, Nickel Öhmler, que depois, com o casamento, se tornaria parente por afinidade.

Sobre a cidade avultavam os castelos dos condes de Mansfeld. Difícil imaginar uma cena capaz de imprimir mais vivamente o poderio dos governantes locais no espírito de um garoto como Lutero. Não havia direito de primogenitura entre os condes. Todos os filhos herdavam e, na meninice de Lutero, havia três linhagens de condes de Mansfeld; em 1501, quando se estabeleceu um pacto formal dividindo o território, o coletivo de dirigentes ficou com nada menos que cinco condes.[17] Não admira que nem sempre concordassem, e um dos pontos de atrito entre eles era o castelo. Na infância de Lutero, havia dois castelos na área, com mais duas residências, duas padarias, duas cervejarias, estábulos e um muro divisório com uma trilha atendendo aos dois lados. Devia ser um conjunto de construções impressionante, pois em 1474 os condes tiveram condições de hospedar por três dias o rei da Dinamarca e 150 de seus cavaleiros.[18] Em 1501, o conde Albrecht decidiu construir um terceiro castelo no terreno e encontrou a oposição dos outros condes. Depois conseguiram resolver o conflito e Albrecht pôde concretizar seu projeto. Com a riqueza das minas, três castelos renascentistas em miniatura — um vermelho, outro amarelo e outro azul, com a mesma via de acesso à capela — foram então reconstruídos e reestruturados para formar um dos complexos mais bem fortificados da Alemanha. Era uma crença popular que um dos condes, ao encomendar um retábulo para a capela mostrando a crucificação, mandara que o ladrão à direita de Cristo fosse pintado com os traços do outro governante que mais odiava. Fosse verdade ou não, o ladrão apresenta os traços de um retrato individualizado e, contrariando o habitual, não está nu, e sim vestido como carrasco, com calça justa de malha em cores berrantes. Visto que era costume evitar os carrascos como sujeitos ignominiosos, esse devia ser um insulto bastante picante.[19]

A família Luder vivia bem.[20] Sentiam um prazer especial com a carne tenra de leitõezinhos não desmamados, iguaria relativamente cara numa época em que começava a se difundir a carne importada da Europa Central. Também consumiam passarinhos que pegavam com armadilha. Pelo menos um dos membros da família era um entusiástico passarinheiro, pois ainda se encontram na esterqueira do lado de fora da casa vários assobios feitos com osso de ganso, usados para atrair pássaros. A cozinha era bem equipada, amplamente fornida com travessas e louças de barro simples, verdes e amarelas; também havia copos de vidro, que ainda eram um luxo naquela época.[21] Era, sem dúvida, uma família que apreciava a comida, gostava dos prazeres da vida e não precisava contar cada centavo.

Na maioria dos lares urbanos quinhentistas, a mulher do mestre participava das atividades da oficina, fazendo os aprendizes e oficiais trabalharem mais depressa, às vezes cuidando inclusive da escrituração. Mas, entre os proprietários das minas, havia uma nítida divisão entre os dois campos de atividade, o do marido e o da mulher. Os mineiros moravam em seus chalés com as respectivas famílias, e a mulher do mestre fundidor não se incumbia da alimentação e da manutenção deles. O próprio Hans Luder ia todos os dias trabalhar fora dos muros da cidade, mergulhando naquele estranho mundo de fumaças, poços e túneis, enquanto a mãe de Lutero ficava em casa, com os filhos e criados. Era uma separação das esferas muito mais próxima à da burguesia oitocentista e muito diferente do que então prevalecia como norma nas herdades e povoados alemães no começo da era moderna, em que as mulheres criavam patos e galinhas, plantavam hortas, cuidavam da ordenha e dos derivados lácteos e se arrastavam penosamente até o mercado. Aqui as mulheres tinham de estar capacitadas para assumir a herdade ou os negócios, para o caso de enviuvarem. Assim, a estrita demarcação entre os sexos na casa dos Luder era bastante incomum e talvez ajude a explicar por que as futuras ideias de Lutero sobre os papéis de gênero exageram as diferenças entre os sexos: "Os homens têm

2. O retábulo no castelo de Mansfeld.

ombros largos e ancas estreitas e, por conseguinte, possuem inteligência. As mulheres têm ombros estreitos e ancas largas. As mulheres devem ficar em casa; isso é indicado pela forma como foram criadas, pois têm ancas largas e uma ampla base para se sentarem".[22]

As mulheres nos níveis mais baixos da escala social não estavam totalmente ausentes da mineração. Nos livros contábeis do começo do século XVI, as esposas dos mineiros também são arroladas com os valores que recebiam por semana, atestando a importância delas no setor.[23] Ao lado dos homens,

3, 4 e 5. Nas ilustrações de De re metallica (1556), tratado de Georgius Agricola sobre a mineração, duas mulheres robustas trituram o minério em mesas compridas, método que continuaria em uso até o século XIX. Outras duas peneiram o carvão, enquanto no plano de fundo de uma imagem dos foles gigantescos, uma moça de saia curta aparece entregue a suas tarefas.[24]

giravam as manivelas das roldanas para subir e descer as cargas nos poços de mineração; com as crianças, ajudavam a triturar o minério de acordo com a qualidade. Tinham o trabalho árduo de peneirar o carvão, para obter o pó fino para o óxido de cálcio necessário para revestir as fornalhas; lavavam as roupas dos mineiros, densas de poeira; usavam a escória que os homens levavam para casa no aquecimento.

O pai de Lutero era um dos *Hüttenmeister*, mestres fundidores que supervisionavam a operação altamente qualificada do processo de fundição do cobre e que efetivamente dirigiam as minas. Cada poço tinha uma caldeira de fundição ou "fogo", e os *Hütten* (cabanas) ficavam perto de algum córrego, pois era a força hidráulica que movia os foles que atiçavam as chamas das caldeiras. Uma cabana podia ter várias fornalhas, e em 1508 havia em torno de 95 "fogos" em Mansfeld, comandados por cerca de quarenta mestres fundidores.[25] Estes contratavam mestres de turma, que forneciam os mineiros e trabalhavam junto com eles no subsolo. As relações trabalhistas, portanto, eram intermediadas, e quando os mineiros se levantavam em protesto contra as condições de trabalho, como fizeram em 1507, encaminhavam aos condes suas reclamações por escrito. Os condes, por sua vez, sabiam que não deviam abusar demais da paciência dos mineiros: até podiam ter executado camponeses rebeldes, porém dessa vez impuseram multas enormes de cem florins aos dez ou doze líderes do grupo, mas permitiram que pagassem em prestações.[26] As autoridades tinham de exercer seu poder, mas a mão de obra altamente qualificada era preciosa demais para se desperdiçar. Homens orgulhosos que tinham consciência de suas qualificações, os mineiros não desistiram e criaram em 1511 uma associação para defender seus interesses.[27]

Os registros dos tribunais da época fornecem indicações valiosas sobre a vida no mundo da mineração. Os furtos de lenha, escadas e equipamentos dos poços eram constantes, e a violência nunca se fazia muito ausente.[28] Um homem matou uma prostituta num bordel na vizinha Hettstedt e foi executado. Outro matou um homem e atirou o corpo no poço de uma mina — também pagou com a própria vida —, enquanto um terceiro agrediu o pai, ficando com uma lesão tão grave no punho que não pôde mais trabalhar.[29] A legislação penal da época mesclava o direito romano com tradições mais antigas que favoreciam a mediação. Dessa forma, ainda era possível encerrar um processo por assassinato com o pagamento de uma indenização à família da vítima; mas, mesmo assim, entre 1507 e 1509, pelo menos três criminosos foram executados por homicídio.[30]

As brigas entre os grupos de mineiros eram constantes. Os *Haspeler*, que giravam as manivelas, odiavam os *Sinker*, que desciam os cabos. Os *Sinker* vinham, na maioria, da Silésia e, desdenhando o casamento, moravam com suas companheiras em casas perto das minas, onde também criavam galinhas e outros animais domésticos.[31] A mineração era um trabalho perigoso. Os túneis que saíam dos poços eram estreitos, e os mineiros tinham de trabalhar deitados de bruços. Havia pouca iluminação. Se o tempo fechasse, os candeeiros se apagavam de repente e o gás sulfúrico se acumulava no poço da mina, envenenando qualquer mineiro que ainda estivesse lá embaixo. Acreditava-se que o gás era resultante dos maus ares emanados do enxofre e de outros metais, erguendo-se nos túneis e matando os homens congelados.[32]

A mineração dava sede e, como a água não era potável, a outra grande atividade da cidade era a fabricação de cerveja. O álcool atiçava as brigas e, como quase todos os homens andavam com facas, as brigas costumavam resultar em sangue. As rixas, em sua maioria, se davam em tavernas ou bares.[33] O próprio tio de Lutero, o "pequeno Hans", um vadio que passava de briga em briga nos bares, encontrou a morte no tumulto de um botequim em 1536.[34] O pessoal usava o que estivesse à mão, pegando os candeeiros da taverna para derrubar o adversário ou atirando o caneco de cerveja na cabeça do sujeito. Esses canecos, que representavam a camaradagem, também tinham importância simbólica: dizer que o sujeito não merecia dividir um caneco de cerveja com um homem honrado era uma forma de insulto.[35] Beber era uma atividade cercada de rituais que criavam vínculos, e se disputavam rodadas de bebida em que os participantes tinham de aguentar firme. Uma disputa muito apreciada era a do "*passglas*" [passa-copo], que usava um copo marcado com faixas horizontais de diferentes larguras, em que o participante tinha de emborcar de uma vez só a dose exata até a marca seguinte; a família Luder tinha pelo menos um desses copos em casa.

Numa cultura tão aguerrida, os insultos eram rotineiros. Um sujeito podia provocar o outro, dizendo: "Se você nasceu de uma mulher direita, venha lutar, mas, se nasceu de uma vagabunda, fique em casa". O ambiente nas tavernas não era muito cavalheiresco. Um homem falou para uma mulher que fosse ficar com os padres e monges em Hettstedt, "como certamente já tinha feito antes". Outro declarou, bravo: "Não tem mais que duas ou três mulheres direitas em toda Mansfeld". Mas calou a boca quando o amigo lhe perguntou se sua mulher era uma delas.[36] Discussões de trabalho logo desandavam em bate-bocas sobre o comportamento sexual, moral e social do indivíduo, pois a honra, principal categoria social, era tanto econômica quanto sexual.

Durante a infância de Lutero, Hans Luder não era homem de se desprezar. Tinha um físico avantajado e certa vez, quando estourou uma briga de bar na sua frente, ele despejou cerveja nos dois arruaceiros para separá-los e, só para garantir, ficou dando canecadas na cabeça de ambos até sair sangue.[37] Tampouco gostava de ser contrariado. Temos reclamações suas sobre o preço que os operadores das roldanas cobravam e sobre outro operador de minas que, alegou ele, estava roubando seu minério (o acusado se contrapôs a ele, dizendo que Luder estava pegando seu carvão).[38] As atas do tribunal estão repletas de disputas entre os operadores das minas — o que não admira, havendo no auge da atividade, no começo do século XVI, 194 poços nas áreas de Mansfeld e Eisleben, sendo difícil saber onde terminava o território de uma mina e começava o de outra. Volta e meia, o inspetor das minas era chamado para conferir a localização dos marcos de pedra das divisas. Os morros eram totalmente perfurados por túneis. O mais comprido tinha a surpreendente extensão de 13,5 quilômetros, e dizia-se que era possível sair do castelo em Mansfeld e chegar a Eisleben apenas usando os túneis.

Era também um mundo de operações financeiras de enorme complexidade. Grande parte das estruturas de mineração tinha de ser mantida coletivamente, e os documentos dão uma ideia do labirinto de empréstimos, contraempréstimos e apólices, com o dinheiro que circulava entre o pequeno grupo de operadores das minas ou que era adiantado pelos capitalistas de Nuremberg, e com o abandono e a redistribuição das minas.[39] Hans Luder devia estar no meio de várias forças conflitantes: os condes, que licenciavam o uso das minas e procuravam constantemente aumentar suas rendas alterando os termos jurídicos da concessão; os outros administradores, que não perdiam uma chance de obter alguma vantagem; os mineiros, cujo trabalho era o que efetivamente extraía a riqueza do solo e que agora começavam a se organizar coletivamente; os capitalistas nas cidades distantes de Nuremberg e Leipzig, duros na negociação e com os quais a pessoa podia contrair dívidas irrevogáveis num piscar de olhos.

Essas relações econômicas eram novas — e complicadas. As licenças de exploração em grande escala concedidas aos novos proprietários das minas e a refinação da prata introduzidas no século XV atraíram os capitalistas de fora. Tais desenvolvimentos criaram relações de grande insegurança jurídica, econômica e social. As novas licenças concedidas pelos condes agora não eram mais permanentes, mas temporárias, e estipulavam um acordo legal de dois terços entre a pequena elite dos proprietários das minas. Mas o êxito era incerto. Alguns empresários ganharam rios de dinheiro — famílias como os Heidelberg e os Drachstedt fizeram fortunas fabulosas —, enquanto outros se atolavam em dívidas cada vez maiores.

Muitas vezes os proprietários de minas em Mansfeld tinham de somar forças para conseguir o capital e o maquinário necessários. Mas, em vez de formar sociedades permanentes e exclusivas, baseavam-se em contratos, como faziam os capitalistas mercantis, concordando em trabalhar juntos por um prazo determinado.[40] Hans Luder alcançou uma posição importante em Mansfeld, chegando nos anos 1510 com sete "fogos" e provavelmente duzentos trabalhadores.[41] Ele também sabia que precisava de alguém que entendesse de contratos jurídicos e pudesse defender seus interesses diante dos condes e dos capitalistas mercantis, o que provavelmente teve peso em sua decisão de que o filho estudasse direito. Os planos de Hans para seu filho também podem ter se inspirado na parceria de Luder com o dr. Drachstedt, que era doutor em direito e viria a se tornar o proprietário de minas mais rico do distrito a partir de 1526.[42]

Onde não havia proteção contratual, os laços de sangue podiam cumprir esse papel. Como todos os integrantes dessa pequena elite mineira de vinte a trinta famílias, Hans Luder recorreu a alianças matrimoniais para consolidar sua posição. Tendo três ou quatro filhos — não se sabe com certeza — e quatro filhas, Hans Luder podia sonhar com uma dinastia, mas dois dos filhos morreram de peste em 1506 ou 1507 e uma filha morreu em 1520.[43] Três filhas se casaram entre a elite local. Dorothea ingressou através de casamento no clã Mackenrodt, que estava na área fazia pelo menos um século e integrava o grupo privilegiado dos detentores de títulos permanentes. Margarethe, que tinha o mesmo nome da mãe, casou-se com Heinz Kaufmann, que entre 1508 e 1512 comandava apenas um "fogo", mas depois entrou em parceria com o sogro e com o irmão mais novo de Martinho, Jacob (nome que a família pronunciava como "Jacuff"). A terceira irmã se casou com Claus Polner, que, como Luder, fazia parte do grupo de donos de minas sem concessão permanente.[44]

Mas, no fim, todos os cuidadosos cálculos e estratégias de longo prazo de Hans Luder não resultaram em nada. As minas de Mansfeld eram administradas coletivamente pelos cinco condes, que alternavam o exercício da jurisdição. O sistema parece ter sido justo, mas as rendas oriundas da mineração também precisavam ser suficientes para sustentar os palácios renascentistas sobranceando a cidade. Foi só muito depois que Lutero saiu de casa, nos anos 1520, que esse equilíbrio foi se tornando cada vez mais instável. Os condes continuavam a espremer o máximo de vantagens nas concessões, ao passo que a renda das minas começava a diminuir — os filões eram mais profundos e, portanto, mais difíceis de alcançar, era necessário bombear a água lá de baixo e tudo isso exigia mais maquinário. O número de mestres fundidores se retraiu e as companhias de refinação da prata (*Saigergesellschaften*), que antes financiavam os operadores das minas, agora começavam a ficar com a posse das minas devido às dívidas dos mestres fundidores junto a elas.[45] O próprio Hans Luder, homem independente e orgulhoso, nos anos 1520 não conseguiu saldar suas dívidas e foi obrigado a trabalhar para os odiados capitalistas, em seu caso para a *Saigerhandelsgesellschaft* de Schwarza, recebendo o salário anual de cinquenta florins, na situação humilhante de ter um supervisor ao lado.[46] Quando morreu em 1530, não havia nenhuma mina que pudesse legar ao filho em Mansfeld, apenas a propriedade da família — de valor não desprezível — a ser dividida igualmente entre filhos e filhas.[47] Se em 1508 havia 42 mestres fundidores em Mansfeld, em 1536 esse número caíra pela metade.[48] Nos anos 1560, época em que os próprios condes estavam dirigindo as minas de Mansfeld, todo o setor de mineração foi à falência.[49] No final do século, os filões estavam esgotados e a produção alemã de prata cedera lugar à concorrência do Novo Mundo.

Hans Luder e seus contemporâneos tentavam fazer frente a relações econômicas que ninguém conseguia compreender nem controlar e que acabaram por destruí-los. Não dispunham de nenhuma teoria econômica e pouco entendiam como se dava a geração de riquezas: ninguém sabia por que os capitalistas de Nuremberg e Leipzig lucravam enquanto os donos das minas empobreciam de uma hora para outra. O pensamento econômico se baseava no pressuposto de que a riqueza era limitada. Se alguém tinha riquezas, outro não poderia tê-las. Acreditava-se que os metais resultavam de uma mistura de mercúrio e enxofre e adquiriam forma por influências planetárias. A mineração era uma questão de sorte. Existiam adivinhos, existiam livros impressos com recomendações, mas ninguém sabia onde ficavam os veios ricos. Não admira que a figura do Destino tivesse presença ubíqua na vida dos habitantes de Mansfeld.

Havia um rico folclore em torno da mineração que deixou marcas em Lutero. Sendo a água essencial para o processo de fundição, ele foi criado acreditando nos "gênios das águas", criaturas travessas que pregavam peças nos seres humanos. Diziam que os fósseis encontrados nas minas eram desenhos feitos pelos gênios da terra e do ar; luzes estranhas e misteriosas, segundo a crença, apontavam o local dos filões ricos. Na idade adulta, Lutero achava que as luzes eram obra de Satã. Satã era o supremo embusteiro e, escreveu Lutero, "nas minas o Demônio arrelia e engana as pessoas, põe espíritos diante de seus olhos para acreditarem ver montes enormes de minério e prata onde não há nada". E, ainda que tenha rejeitado explicitamente muitas superstições sobre a mineração, Lutero continuou a manter a ideia da sorte. Alguns, reconhecia ele, tinham sorte de encontrar os minérios ricos. "Não tenho sorte na mineração", escreveu Lutero, "porque o Demônio não me permitirá essa dádiva de Deus".[50] Como tantas outras vezes, Lutero arranjou uma explicação teológica que servisse de revestimento para crenças mais antigas sobre a fortuna — atribuindo-a, apenas em parte de brincadeira, a um poder do Demônio.

As tristes experiências dos donos de minas moldaram o pensamento econômico de Lutero. Seus posteriores acessos periódicos de raiva contra os "pequenos ardis" dos "ladrões", "assaltantes" e "mestres da agiotagem" davam vazão a um ódio populista contra grandes capitalistas como os Fugger, que se dedicavam às práticas pecaminosas da usura e tentavam obter o monopólio das fontes de riqueza, negociando com minérios, por exemplo.[51] Lutero recorria à linguagem moral do pecado para explicar o comportamento desses agentes econômicos, condenando a avareza, um dos sete pecados capitais, mas essa abordagem ética não lhe permitia lidar com os mecanismos do novo capitalismo. Repudiava muitas práticas comerciais como condutas não cristãs e sustentou durante toda a vida que a usura era pecado, embora se dispusesse a tolerar uma taxa básica de juros sobre os empréstimos. Quando lhe ofereceram posteriormente a participação acionária nas minas dos duques saxônicos, que lhe renderiam trezentos florins ao ano, valor de que tinha grande necessidade,

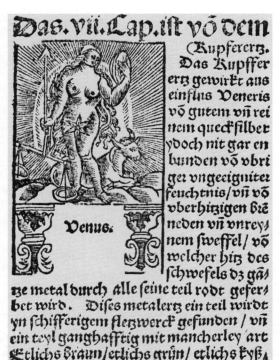

6. No folclore da mineração, cada minério correspondia a um determinado planeta; no caso do cobre, era Vênus. No livro sobre mineração de Ulrich Rühlein von Calw, de 1527, o cobre aparece como a deusa do amor, nua e de seios fartos, fitando-se num espelho, com suas tranças onduladas caindo exuberantes pelas costas, enquanto na mão direita segura uma balança, símbolo da justiça.

Lutero recusou, declarando que "sou o piolho do papa, atormento-o, ele me mantém e vivo de seus bens". Lutero não queria ser um capitalista. Para ele, ações eram *Spielgeld*, "dinheiro de brinquedo".[52]

Não admira que Johannes Tetzel, o pregador que serviria de estopim para as Noventa e Cinco Teses de Lutero, quando começou a vender indulgências em 1508, tenha ido diretamente para a nova região mineira de St. Annaberg, batizada com o nome de santa Ana, mãe da Virgem Santa e padroeira dos mineiros: eles precisavam de toda a proteção que fosse possível. Como depois diria Myconius, o pregador luterano da cidade, os mineiros achavam que "bastaria darem dinheiro e comprarem graça e indulgências, e todas as montanhas ao redor de St. Annaberg se transformariam na mais pura prata; e tão logo as moedas retinissem na vasilha, a alma que as haviam posto ali voaria direto para o céu ao último suspiro".[53]

Talvez tenha sido essa ubiquidade da incerteza, do perigo e dos riscos no mundo da mineração que se instalou na alma de Lutero e lhe imprimiu uma profunda convicção sobre a onipotência absoluta de Deus: a sensação de que os seres humanos estão totalmente vulneráveis em suas relações com Ele, sem mediadores nem estratégias que possam protegê-los. A magia não funcionava, os seguros não existiam, a proteção que a lei oferecia era insignificante. O mineiro podia invocar os santos, principalmente santa Ana. Mas, ao fim e ao cabo, ele enfrentava Deus sozinho.

Por volta de 1527, Lucas Cranach, o Velho, pintou os retratos dos pais de Lutero, os quais tinham ido visitar o filho em Wittenberg. O retrato de Hans mostra um homem com vigorosa presença física e traços fortes. Homem de ação, parece quase desconfortável na pose imóvel, as mãos dobradas numa posição um tanto canhestra. Está de preto, a cor preferida pelos homens de posses, com a peliça de praxe. Guarda inequívoca semelhança com Martinho. Tem os mesmos olhos fundos e a papada que Lutero herdou. A coifa e a blusa da mãe Margarethe, ambas brancas, complementam as cores escuras do retrato do marido. Com trajes simples e convencionais, sem joias, ela é apresentada como esposa-modelo, embora o queixo se projete para a frente, sugerindo uma figura menos convencional. Há também um desenho remanescente de Hans Luder, a lápis e aquarela, feito por Cranach, provavelmente um estudo para o retrato pintado. Concentrando-se apenas no rosto, ele é mais revelador: os olhos de Hans se franzem à luz e o rosto é alquebrado pelas intempéries, como cabe a um indivíduo habituado a trabalhar ao ar livre. A boca é firme, o nariz enfático. É um homem acostumado a dizer o que pensa, mas o olhar toldado também sugere um indivíduo de energias agora gastas, um patriarca envelhecido. Na época em que foram feitos os retratos, os dias de glória da mineração já pertenciam ao passado.

É difícil saber que tipo de pai era Hans Luder. Devoto de maneira convencional, praticava a religião comum à sua geração. Membro das irmandades de santa Ana e de são Jorge, também ajudou a fundar a irmandade mariana local, e um fragmento de uma trompa de Aachen, encontrado na casa, mostra que alguém da família devia ter empreendido aquela famosa peregrinação septenal: tocavam-se trompas durante a apresentação das relíquias.[54] Mas é de duvidar que a intensa espiritualidade de Lutero proviesse do pai: Hans Luder era homem de fazer as coisas confiando em sua própria capacidade, que, em

7. Lucas Cranach, o Velho: Hans Luder, 1527.

lugar de trabalhar para os outros, preferira assumir as responsabilidades por conta própria. Sabemos que Lutero ficou surpreso ao saber de sua extensa parentela pelo lado paterno, quando foi visitá-los em Möhra após a Dieta de Worms em 1521; assim, fica evidente que Hans não mantivera contato com a família mais ampla depois de ter formado seu núcleo familiar próprio.[55] Adquirira seus talentos e habilidades por si mesmo, e não por herança. Mas, mesmo que sua origem familiar lhe desse alguns conhecimentos básicos de mineração, isso não lhe ensinaria a comandar um empreendimento de porte considerável, a administrar grandes volumes de capital ou a disciplinar uma mão de obra renitente. Esse homem irascível e competitivo, que sabia como agir num mundo masculino difícil, deve ter sido um pai exigente. Ao que parece, foi incapaz de aceitar que o filho quisesse seguir na vida um caminho diferente do dele. O áspero conflito entre pai e filho que se seguiu à decisão de Martinho de entrar para o mosteiro sugere que Hans havia se identificado muito com ele e se sentira profundamente ferido quando Martinho rejeitou a vida que lhe fora planejada.

Lutero, que herdou a determinação combativa do pai, podia parecer um típico primogênito, embora talvez tivesse tido um irmão mais velho, falecido.[56] A casa da família Luder era cheia de crianças. Ao que parece, Jacob, o irmão mais novo de Lutero, foi muito chegado a ele, e consta que a mãe disse: "Havia sempre um afeto tão grande entre os dois irmãos que nenhum dos dois preferia outra companhia nem sentiam prazer em qualquer comida ou brincadeira sem o outro".[57] Talvez, como muitos primogênitos, Martinho sentisse agudamente a chegada dos novos irmãos e irmãs, tomado de ciúmes por monopolizarem a atenção materna — normalmente, os bebês eram amamentados no peito durante uns dois anos. Em 1532, vendo a esposa Katharina von Bora amamentar o filho Martin grávida, Lutero observou: "É difícil alimentar dois convidados, um em casa, outro à porta".[58] Em 1533, quando nasceu o quinto filho, Paul, Lutero o tomou nos braços e comentou "como Adão deve ter amado seu primogênito Caim, o qual, porém, se tornou o assassino de seu irmão". Em certo sentido, era um reconhecimento convencional de que os pais amam os filhos, independentemente do que façam, mas esse comentário curioso também pode indicar que ele sabia dos ciúmes que um primogênito podia sentir ao perder seu lugar.[59] Quer Lutero tivesse tido ou não um irmão mais velho, foi em sua educação que Hans Luder resolveu investir, e esse tratamento especial lhe traria orgulho e confiança em sua capacidade de vencer na vida, tal como o pai.

Mas talvez também se sentisse culpado em relação aos outros irmãos e irmãs e se preocupasse com o ciúme deles. Lutero sabia o preço de sua educação universitária: dois anos de fundição para pagar seus estudos em Erfurt, fato que o pai certamente fez questão de que ele nunca esquecesse.[60] Também sabia que era um dinheiro tirado de seus irmãos e irmãs. Sete ou talvez oito filhos, dos quais cinco chegaram à idade adulta, tinham de fazer cursos ou receber dotes — todos pagos pelas operações de mineração de Hans Luder. A estrutura da economia familiar, em que a prole deveria tomar rumo na vida a partir das rendas oriundas dos minérios de Mansfeld, deve ter alimentado um senso de missão conjunta e, ao que parece, a família se manteve muito unida ao longo de toda a vida de Lutero.[61] Quando os pais morreram, houve certo ressentimento em relação à herança, que devia ser dividida em partes iguais, um atrito que pode ter redespertado conflitos do passado. Lutero, como primogênito, atuou como pacificador e redigiu o contrato da partilha, insistindo que agora deixassem de lado qualquer "relutância e má vontade".[62] Mas a posição privilegiada de Martinho talvez tenha criado alguma inveja e algumas mágoas ocasionais. A reação quase alérgica de Lutero, sempre que achava que os outros o invejavam, tornou-se um traço permanente de seu caráter.

Enquanto grande parte dos acadêmicos da geração de Lutero provinha de cidades manufatureiras e muitos estavam familiarizados com as grandes cidades imperiais, com seu orgulho cívico e modas elegantes, a personalidade de Lutero foi formada num mundo muito diferente e muito mais rude. Sua criação em Mansfeld lhe deu resistência e pronta disposição em se pôr fisicamente na linha de frente, qualidades que nos anos futuros seriam testadas até o limite. Com o pai e os outros donos de minas, aprenderia a importância de criar redes de contato, habilidade que possibilitaria a Reforma. Aprenderia a ser um líder — e a esperar não deferência, e sim ataques, discussões e críticas desagradáveis. Mansfeld alimentou nele uma percepção da política fundada na autoridade e na divisão de classes, apoiando-se numa clara distinção entre os condes que comandavam do alto das colinas e os "mineiros pretos", como dizia Lutero, que trabalhavam embaixo.[63] Socialmente, ensinou-lhe a importância do parentesco e da amizade. Pelo casamento, contrairia laços de parentesco por afinidade com a maioria dos amigos de Mansfeld e reproduziria os mesmos moldes anos depois, com os casamentos internos no clero luterano, criando uma nova casta profissional unida por laços de família.[64] Teologicamente, sua infância pode ter lhe instilado um forte senso da distância intransponível entre Deus e os homens e uma nítida percepção do caráter imprevisível da Providência Divina. Nada se interpunha entre o mineiro e a calamidade; para cada mineiro que tinha a sorte de descobrir um rico filão, havia muitos que perdiam tudo. Mas, para os que não confiavam na sra. Sorte nem se agarravam à superstição, podia restar um realismo perspicaz sobre o funcionamento do mundo e uma desconfiança cética dos astros.

2. O estudante

Em 1497, Martinho, então um rapazote de catorze anos, saiu de Mansfeld para ir estudar em Magdeburgo, e o futuro de seu pai como um mestre fundidor sólido ainda parecia muito promissor. Ele foi com Hans Reinicke, filho do inspetor de minas; ambicioso como sempre, Hans Luder queria para o filho a mesma educação do filho do homem mais importante da cidade. O jovem Martinho se hospedou na casa do dr. Paul Moshauer, juiz eclesiástico do arcebispo, que também provinha de uma família mineira.[1]

As carreiras dos dois rapazes inteligentes mostram um contraste expressivo. Martinho seguiu para a universidade em Erfurt e se tornou monge, enquanto Reinicke prosseguiu nos negócios da família e se casou em 1511, com cerca de 28 anos de idade. Em 1512, Lutero chegara a subprior e orientador de estudos no mosteiro, enquanto Reinicke operava suas duas primeiras fundições.[2] Em 1519, quando Martinho era um monge famoso, mas sem um tostão, Hans herdara a casa da família em Mansfeld e em 1522 se tornara um dos proprietários de minas mais ricos da cidade.[3] Nesse meio-tempo, Lutero fizera sua famosa aparição na Dieta de Worms, e em 1522 estava escondido no castelo de Wartburg. Ao longo das décadas de 1520 e 1530, Hans Reinicke foi o único entre todos os donos de minas de sua geração a ter sucesso, juntando-se aos capitalistas da *Saigerhandelsgesellschaft* Steinacher, dominando a produção de prata de Mansfeld e atuando como porta-voz dos proprietários de minas; nas mesmas décadas, Lutero adquiria fama mundial.[4]

Lutero poderia ter tido uma vida semelhante à de Reinicke, mas não foi o que ele escolheu. Os dois continuaram amigos e mantiveram uma sólida amizade que foi de grande importância para ambos. Reinicke visitou Lutero durante a Dieta de Augsburgo em 1530, quando o reformador sentia o peso da solidão no castelo de Coburgo. Foi Reinicke quem lhe deu a notícia da morte de Hans Luder: ao receber logo depois uma carta do amigo, Lutero deu uma olhada e disse: "Agora sei que meu pai morreu". Como disse Melâncton: "Havia uma extrema cordialidade entre esses dois, Lutero e Reinicke, fosse por afinidade natural ou por terem estudado juntos quando meninos". Quando Reinicke morreu em 1538, Lutero estava de cama, e a notícia da perda do "meu melhor amigo" lhe foi poupada durante alguns meses, pois as pessoas ao seu redor sabiam que seria um grande golpe.[5] As experiências de ambos durante a infância criaram uma ligação que os uniu por toda a vida.

Essa ligação podia estar relacionada não só com os prazeres que compartilharam, mas também com os problemas que enfrentavam naquela idade, e Lutero criticava veementemente o ensino que sua geração recebera: "Em toda parte éramos obrigados a aguentar professores e mestres que não sabiam nada e eram incapazes de ensinar qualquer coisa que prestasse. Na verdade, não sabiam sequer como estudar ou ensinar".[6] Ele escreveu isso em 1524, e parte dessa acrimônia por trás de suas palavras podia estar relacionada com outra reminiscência: na escola, foi "certa vez surrado quinze vezes seguidas numa mesma manhã". Lutero até admitia que era preciso castigar e bater nas crianças, "mas ao mesmo tempo deve-se amá-las".[7] Era surpreendente que Mansfeld, uma pequena cidadezinha mineira, tivesse sua própria escola de latim, e isso sugere as aspirações culturais alimentadas pela elite local. Apesar de suas deficiências, a escola deve ter pelo menos conseguido gravar o latim na consciência do jovenzinho, visto que sua posterior habilidade em manejar a língua, em usar o latim para exprimir uma ampla gama de emoções e em formular as ideias com precisão só pode ter se desenvolvido graças a uma longuíssima familiaridade com o idioma.

O latim era a língua do debate acadêmico e da discussão intelectual em toda a Europa, e seu aprendizado constituía o primeiro passo para ingressar num mundo exclusivo; as meninas, em geral, não aprendiam latim. Mas, para os que o dominavam, havia pela frente toda a literatura clássica, um mundo de heróis, soldados, deusas e fábulas. Quanto mais Lutero avançava nesse caminho, mais se afastava da órbita paterna: conhecia uma língua que o pai não entendia e tinha acesso a um conhecimento e a uma análise intelectual que Hans Luder não conseguiria imaginar. E, em certo sentido, era exatamente isso o que o pai queria para Lutero.

Quando os dois jovens foram para Magdeburgo, pareciam trilhar juntos um caminho que os levaria a um futuro brilhante. Mas, mal transcorrido um ano, em 1498, Martinho foi transferido de Magdeburgo para estudar em Eisenach, cidade que voltaria a ter um papel importante em anos futuros de sua vida. À primeira vista, era uma mudança estranha, pois a instituição de Eisenach não era especialmente grande nem famosa, e a cidade com seus 3 mil ou 4 mil habitantes não tinha como rivalizar com Magdeburgo em riqueza ou prestígio. Na virada do século XIV, Eisenach apoiara o lado errado nas guerras de Wettin, na esperança de ganhar independência de seus dirigentes saxônicos. Em decorrência disso, ela perdeu sua posição de domicílio favorito dos duques de Wettin, que passaram a preferir Gotha e Weimar. A peste também atingiu a cidade várias vezes no século XIV, e houve pogroms contra os judeus, que foram expulsos de lá. Os conflitos entre a elite dirigente, a criação de um novo tribunal superior para a Saxônia em Leipzig, desbancando Eisenach como centro jurídico, o aumento dos impostos e a diminuição das riquezas, tudo isso contribuiu para estagnar a cidade.[8]

No entanto, a família da mãe de Lutero era de Eisenach, onde eram cidadãos respeitados, e é provável que ele tenha mudado de escola por incitação materna.[9] Ela exercia claramente uma grande influência sobre o filho inteligente, mas dispomos de uma quantidade muito menor de indicações sobre ela e parcas informações sobre o relacionamento entre mãe e filho. Mas sabemos que ela vinha de um estrato social muito diferente do do marido. O que o jovem Martinho recebeu pelo lado materno pode ter contribuído para sua decisão posterior de não seguir o caminho que o pai lhe traçara.

Mais tarde, Lutero comentou que a mãe "carregava toda a lenha nas costas". Podemos perceber, pelas costas levemente encurvadas no retrato de Lucas Cranach, que essa mulher não era a esposa elegante de um burguês que deixava aos criados a tarefa de buscar água ou de carregar peso. Mas tinha parentes cultos e era a ponte para o mundo mais refinado de Eisenach.[10] De modo significativo, Lutero lhe deu um exemplar de *Sobre o amor de Deus*, escrito por seu mentor e confessor Johann von Staupitz, com uma dedicatória de próprio punho: à "minha querida mãe".[11]

Um dos primeiros biógrafos de Lutero, Johannes Mathesius, conta um episódio revelador, quando Lutero descobriu pela primeira vez uma Bíblia latina, que trazia uma quantidade de "textos, epístolas e evangelhos" muito maior do que ele jamais imaginara. Folheou-a ansiosamente, chegando ao relato de Samuel e sua mãe Ana, que leu com "sincero prazer e alegria".[12] Ana — ou "Anne", como diz Mathesius — era estéril e, depois de conceber um filho em resposta a suas orações, deu a ele o nome de "Deus Ouviu". Apresentou-o ao sacerdote Eli, na intenção de que seguisse a vida religiosa. Como os leitores de Mathesius também haveriam de lembrar, Samuel, quando jovem, foi chamado por Deus três vezes, enfim respondendo: "Fala, Senhor, pois teu servo ouve".[13] Então tornou-se não sacerdote, como queria a mãe, mas profeta. Três companheiros de Lutero — Mathesius, Johann Aurifaber e Anton Lauterbach — registraram versões do primeiro contato de Lutero com uma Bíblia em suas anotações das conversas de mesa com ele, de 1531, 1538 e 1540, o que evidentemente mostra que era um episódio que Lutero gostava de contar. A importância emocional desse episódio sugere o papel central que sua mãe — também conhecida como "Ana" [Hannah] — pode ter desempenhado para que ele percebesse sua vocação religiosa; mais tarde, Lutero também se apresentaria como profeta, tendo tomado um caminho diferente do que a mãe poderia ter imaginado.[14]

A mãe de Lutero, mais tarde, tornou-se alvo de polemistas católicos que queriam mostrar o reformador como filho do Demônio. Johannes Nas, por exemplo, polemista católico da segunda metade do século XVI, alegava que a mãe de Lutero trabalhara como criada de uma casa de banhos — profissão desonrosa e sinônimo de moral duvidosa. Fora seduzida por um desconhecido com trajes vermelhos luxuosos, que lhe prometeu que nunca passaria necessidade e arranjaria um marido rico, desde que se entregasse a ele. Assim, Lutero era o fruto de uma relação com aquele que devia ser o próprio Demônio. Era uma retomada dos insultos sexuais que o católico Johannes Cochlaeus, um contemporâneo inicialmente simpático às ideias de Lutero e depois seu ferrenho adversário, havia lançado já em 1533: que Lutero era "um monge desertor abjeto e um torpe 'zé-ninguém' que não tinha terra nem família, um enjeitado ignóbil que nasceu de uma criada de casa de banhos, ao que dizem".[15] Lutero riu dessas agressões e gracejou: ou bem era filho de uma criada de casa de banhos ou bem era um enjeitado; não tinha como ser as duas coisas ao mesmo tempo. Mas, mesmo dando a impressão de que não se importava, relembrou e mencionou várias vezes o insulto.[16]

Mesmo tendo decaído muito desde seus dias de glória, Eisenach era bem diferente da terra natal de Martinho. Mansfeld era uma cidade de tavernas e montes de escórias, enquanto Eisenach exibia igrejas, mosteiros e livros. Vários parentes de Lutero pelo lado materno tinham formação universitária e seguiram carreira como médicos, acadêmicos, administradores e advogados. Tal era a origem que o levaria a pensar em cursar a universidade e a ter um papel ativo na vida pública. Em 1520, ao refutar, irritado, algumas insinuações de que seus pais provinham da Boêmia — na intenção de lhe atribuir ligações suspeitas com os hereges hussitas —, é significativo que Lutero tenha se referido a Eisenach e a seus parentes de lá: "Praticamente toda a minha parentela está em Eisenach, e lá sou conhecido e reconhecido por eles mesmo hoje [...] e não existe outra cidade em que eu seja mais conhecido".[17] Foi o lado materno da família, não o paterno, que exerceu forte influência em sua identidade intelectual e religiosa.

Como Mansfeld, Eisenach ficava à sombra de um castelo, o de Wartburg. Mas as relações dos moradores com a nobreza local eram tumultuadas. No século XIII, Sofia de Brabante construíra uma fortaleza na cidade a que os moradores chamavam *Klemme*, torno ou braçadeira, pois se destinava a controlá-los — e destruíram-na entusiasticamente na primeira oportunidade que tiveram.[18] Os conflitos se repetiam, e em 1304 os moradores de Eisenach chegaram a demolir as torres da igreja de Nossa Senhora, para fortalecer suas defesas, num ato de sacrilégio que resultou na excomunhão de toda a cidade. Entre 1306 e 1308, os habitantes tentaram conquistar a independência, atacando o próprio Wartburg, e, quando derrotados, eles próprios foram sitiados. Toda essa história criou entre os moradores de Eisenach um forte senso de identidade e um obstinado antagonismo em relação aos senhores na montanha.[19]

A cidade tinha poucos setores econômicos e era especializada em serviços religiosos. Como disse um cronista seiscentista, Eisenach era "uma cidade que constituía um verdadeiro entreposto religioso", repleta de instituições eclesiásticas: ele arrolou uma fundação, três igrejas paroquiais, sete mosteiros e nove capelas. A de santa Maria tinha 23 altares e a de são Jorge dezoito, todas precisando de clero próprio. No entanto, o cronista talvez estivesse tomado de orgulho cívico, pois alguns desses "mosteiros" dificilmente chegavam a ter alguma importância como instituições.[20]

Se Eisenach, tal como Mansfeld, tinha são Jorge como padroeiro, o espírito guerreiro do matador de dragões era contrabalançado por uma santa local: santa Isabel [Elisabeth] da Hungria, que se casara com Ludwig IV da Turíngia em 1221 e morara no castelo de Wartburg. Os franciscanos chegaram a Eisenach mais ou menos na mesma época, e Elisabeth era devota da ordem de são Francisco. Figura incrivelmente subversiva, ela rejeitava o poder e a ostentação dos condes e descia do castelo para o povoado para dedicar seu tempo aos despossuídos, cuidando dos doentes e promovendo a construção de hospitais. Havia muitas lendas a seu respeito. Certa vez, quando o marido estava fora, ela deixou um leproso dormir na cama dele. Ao voltar e saber disso, o marido ficou compreensivelmente aborrecido e puxou as cobertas da cama, e então viu que uma imagem da Cruz se imprimira nos lençóis. Mas, quando Ludwig morreu numa cruzada, seu irmão Heinrich von Raspe assumiu como regente e baniu Elisabeth do castelo; ela foi obrigada a buscar refúgio entre os franciscanos, que a esconderam.[21]

Na verdade, não existem provas históricas da crueldade de Heinrich e, ao que parece, mais tarde Elisabeth se mudou para Marburgo por vontade própria, lá se dedicando a obras de ascese. Com efeito, ela se revelou de enorme valia para a dinastia, e o próprio Heinrich fundou uma igreja em sua memória. Elisabeth sempre teria importância na vida de Lutero. Anos depois, ele ainda repetia de cor sua biografia, com o ano de nascimento e a idade com que morreu.[22] Nunca se referiu a ela de maneira desrespeitosa, mesmo quando outros santos se tornaram objeto de suas invectivas; além disso, deu à sua primeira filha o nome de Elisabeth.

Outro elemento que reforçava a fama de Eisenach como centro espiritual eram os relatos de penitências extravagantes e de súbitas conversões espirituais de figuras importantes. Hermann, barão Dreffurt, que levava uma vida de saques, violências e libertinagens devassas, ao ver os desvios de sua vida, foi para Eisenach em 1329 e se tornou monge franciscano. Antes de morrer, quase vinte anos depois, insistiu para ser enterrado no local "onde os meninos de escola tinham sua latrina".[23] Mas essa espiritualidade febril tinha um aspecto negativo: tanto Lutero quanto Melâncton comentaram ter visto em Eisenach o pior exemplo de uma estátua móvel.[24] Eram estátuas de santos feitas com partes ajustáveis, para enganar os crédulos e levá-los a acreditar que se moviam de maneira milagrosa, inclinando os olhos ou interagindo com o fiel. Essas estátuas faziam parte da cultura devocional que pretendia inculcar emoções fortes no devoto, mas também eram alvo fácil dos céticos.

Quando Lutero chegou, precisava mendigar comida. O rapazote tinha boa voz e cantava no coro, talento ao qual podia recorrer ao mendigar; mais tarde, esse dom floresceria em suas habilidades de pregador e nos hinos que compôs. Mendigar era prática comum — para os monges franciscanos, proibidos de possuir bens materiais, pedir esmola fazia parte da obra religiosa — e era usual que os alunos fizessem o mesmo para pagar o sustento. Mas, pela veemência com que mais tarde Lutero criticou a mendicância, a prática deve ter lhe parecido muito incômoda. Por volta de 1520, escreveu a um amigo comentando que preferia aprender um ofício a se sustentar com esmolas. Mais ou menos na mesma época, condenando a vida monástica, ele reclamou que as andanças dos monges "pelo país nunca fizeram e nunca farão bem nenhum. Meu conselho é juntar dez dessas casas [monásticas], ou quantas forem necessárias, e uni-las numa instituição só, que tenha provisão adequada, e assim não será preciso esmolar".[25]

Lutero viveu quatro anos no mundo de sua mãe, ficando na casa da família Schalbe. Eram parentes do lado materno, respeitados na cidade, e Heinrich Schalbe era conselheiro municipal, tendo sido prefeito em 1495 e 1499.[26] A família levava uma vida franciscana de modéstia e obras de caridade, sendo devota de um pequeno mosteiro dirigido pelas minoritas, que originalmente faziam parte de uma instituição fundada pela própria santa Isabel [Elisabeth].[27] Essa devoção exerceu profunda influência em Lutero, e a família conservou tanta importância para ele que, quando foi celebrar sua primeira Missa em 1507, quis convidá-los; a única coisa que o impediu foram os custos que isso, como bem sabia, lhes acarretaria.

Pouco se sabe sobre os anos de estudo de Lutero em Eisenach. A escola provavelmente não era um edifício muito notável, pois foi demolido em 1507.[28] Há uma história, talvez apócrifa, contada por Matthäus Ratzeberger, médico de Lutero e um de seus primeiros biógrafos, que transmite bem a atmosfera de respeito pelos estudantes e pelo conhecimento: o diretor costumava cumprimentar os alunos tirando o barrete e determinava que todos os professores fizessem o mesmo, dizendo-lhes que podiam estar se dirigindo a um futuro prefeito, chanceler, doutor ou regente.[29] Essa história de manifestação de respeito está muito distante dos castigos físicos de anos anteriores relembrados por Lutero, e talvez a escolha tenha permitido o florescimento intelectual do rapaz. Tendo aprendido os rudimentos do latim em Mansfeld, agora passou a dedicar atenção à literatura, e essa imersão nos clássicos teve enorme influência sobre seu estilo de redação. Começou a apreciar a poesia e, como lembrou mais tarde, o primeiro poeta a ler foi seu contemporâneo Baptista Mantuanus. Foi também provavelmente nessa época, se não antes, que leu as *Metamorfoses* de Ovídio e as fábulas de Esopo.[30]

Lutero estabeleceu uma relação duradoura com um de seus professores, Wigand Guldenäpf, e, quinze anos depois de deixar a escola, enviou-lhe uma cópia de um de seus sermões. Outro homem mais velho, Johannes Braun, vigário na igreja de Santa Maria, também se tornou grande amigo seu. Braun, que estivera matriculado na Universidade de Erfurt em 1470, tinha relações próximas com a Escola de São Jorge e convidava regularmente os alunos a sua casa, emprestando-lhes livros. Cultivava um ambiente erudito, à semelhança dos círculos humanistas de professores e ex-alunos que se tornariam característica marcante do panorama educacional na segunda metade do século XVI. Mais tarde, Lutero quis que ele, tal como a família Schalbe, estivesse presente à sua primeira missa.[31] A relação entre o jovem e o homem maduro prosseguiu por muito tempo depois dos dias de escola de Lutero em Eisenach, seguindo-o em seus primeiros anos na universidade e após sua decisão de se tornar monge. Mas parece ter se arrefecido depois que Lutero foi para Wittenberg, tendo ele escrito ao amigo que, mesmo que pensasse que "um vento norte frio e orgulhoso extinguira todo o calor do afeto", na verdade seu silêncio se devia simplesmente ao fato de não ter "tempo ou ócio" para escrever, explicação que talvez não tenha tranquilizado muito o espírito de Braun.[32]

Os dias de Martinho em Eisenach sem dúvida deixaram impressão duradoura, e foi por intermédio dos Schalbe que Lutero ficou sabendo de outra figura que, mais tarde, adquiriria importância para ele: um monge franciscano renegado de nome Johann Hilten.[33] Nos anos 1470, Hilten começara a fazer profecias apocalípticas, alertando sobre o poderio turco e criticando abertamente o monasticismo. Acabou preso numa cela em Eisenach, onde, segundo propagandistas luteranos posteriores, morreu de fome na virada do século — vítima da crueldade dos monges. Décadas depois, em 1529, essa história ressurgiu quando Lutero visitava o amigo Friedrich Myconius. A essa altura, os paralelos entre Lutero e Hilten eram notáveis: os dois tinham se formado em Erfurt, ambos haviam se tornado monges e se rebelaram contra a Igreja. Além disso, os turcos tinham acabado de sitiar Viena, e assim as advertências de Hilten subitamente se demonstravam acertadas. Voltando para casa, Lutero escreveu com grande agitação a Myconius, querendo descobrir tudo o que pudesse sobre o monge e pedindo ao amigo para não deixar nada de fora.[34]

Por que Lutero estava tão agitado? Hilten, aparentemente, profetizara que logo surgiria alguém que iria atacar o papado. Na primeira versão que Lutero ouvira de Myconius, o evento fora previsto para 1514, mas em outras versões, de maior conveniência, o profeta previra o evento para 1516. Alguns biógrafos posteriores tomaram a profecia como prova da missão divina de Lutero, apesar da defasagem de um ano. O próprio Lutero citava a profecia com a data de 1516, crendo que se referia a ele mesmo. Quando Melâncton, o colaborador mais importante de Lutero, escreveu a *Apologia* para a confissão de Augsburgo de 1530, com os artigos fundadores do credo luterano, ele iniciou a seção sobre os votos monásticos com a história da vida de Hilten e os maus-tratos que sofrera nas mãos dos monges, com sua "inveja e amargura farisaica". Melâncton acrescentou que, ecoando João Batista, Hilten previra antes de morrer que "outro homem virá [...] que destruirá a vocês, monges [...] a ele vocês não poderão resistir".[35]

A figura de Hilten então ingressou na hagiografia de Lutero, e suas profecias foram republicadas nas décadas finais do século XVI e novamente no século XVII. Para os luteranos posteriores, Hilten era profeta e prova de que Lutero era um homem de Deus. Mas também era um herói incômodo, que teria escrito cartas a uma pessoa amada com seu próprio sangue e cuja visão apocalíptica truculenta sugeria instabilidade mental. Talvez seja significativo que o cronista luterano Ludwig Rabus, que morara por algum tempo na casa de Lutero, se referisse à profecia, mas não incluiu Hilten em seu compêndio de mártires luteranos e dos "eleitos de Deus".

A concepção de Lutero sobre o papel da infância na formação do indivíduo era muito diferente da nossa. Hilten atraiu sua atenção não porque o monge vidente ficara preso no mosteiro próximo da escola que Lutero frequentava e, portanto, fazia parte de sua infância, e sim porque, a seu ver, Hilten demonstrara seu papel pessoal profético e sua cruzada contra os monges. O que importava não era o indivíduo, e sim o plano divino. Mas, ao mesmo tempo, o interesse de Lutero permite que sua paisagem emocional pessoal se mostre com maior clareza. Ao ler *Apologia* de Melâncton em 1531, ele assinalou em vermelho o nome de Hilten e escreveu à margem que se lembrava de ter ouvido falar do monge, quando era um garoto "de catorze ou quinze anos", hospedado em Eisenach com os Schalbe. A profecia colocava a batalha de Lutero contra o monasticismo ascético no centro de sua teologia, coisa que seu amigo Melâncton percebera. Assim, Melâncton registrou nesse importante documento da teologia luterana uma verdade interior do fundador do movimento.[36]

Indiretamente, também reconheceu a importância de Eisenach e do mundo do lado materno no desenvolvimento da espiritualidade de Lutero. Sem dúvida, os Schalbe e o grupo em torno de Johannes Braun se mostram de importância essencial na formação das atitudes beatas de Lutero.[37] Essa devoção pode ter incorporado um lado feminino de grande força: santa Ana e Maria se tornaram figuras importantes no universo devocional de Lutero, e os mitos e as histórias cercando seus anos em Eisenach fazem pensar num garoto longe do lar, sem a mãe, carente de ternura. Diz uma tradição que a viúva Ursula Cotta o recebeu porque gostava quando o jovenzinho cantava e concordava com sua antipatia pela mendicância; diz outra história que certa vez ele ficou sozinho com febre na casa, pois todos haviam ido à igreja, e teve de ir rastejando de quatro até a cozinha para pegar água.[38] Mesmo que sejam apócrifas, essas narrativas podem refletir a realidade psicológica de que Lutero precisava em Eisenach e para a qual encontrava uma ligação com a mãe.

Em 1501, Lutero se mudou de Eisenach para a universidade em Erfurt, instituição em que estudara seu prezado amigo mais velho, Johannes Braun. Embora mais longe de casa do que a universidade rival de Leipzig, ficava mais perto de Eisenach e da família materna. Lutero pode ter se alojado na República Estudantil de São Jorge — escolhendo mais uma instituição com o nome do santo padroeiro de Mansfeld — ou no Portão do Paraíso da Faculdade Amploniana, perto da igreja de São Miguel, a maior faculdade com residência para os estudantes. Essas instituições seguiam um regime estrito de tipo monástico: os alunos deviam se deitar às oito da noite e se levantavam às quatro da manhã, e Lutero teria dividido o quarto com um colega. Ao que parece, porém, muitos alunos encontravam maneiras de burlar as regras, pois, como Lutero relembrou acidamente, "Erfurt é um bordel e uma cervejaria; são essas duas lições que os estudantes recebem naquela escola".[39]

Fundada em 1392, a universidade era a instituição germânica de patente mais antiga, e no começo do século XVI podia se gabar de um ilustre corpo de humanistas, interessados no ressurgimento da cultura antiga e no retorno às fontes. Mas, embora influenciado por essas correntes intelectuais, Lutero, ao que parece, não manteve nenhum contato com os principais humanistas de Erfurt, como Eobanus Hessus e Conrad Mutian, ao contrário de dois amigos posteriores, Georg Spalatin e Johannes Lang, que faziam parte do círculo de Mutian. E ainda que o humanista Crotus Rubeanus dissesse mais tarde que tinha boa amizade com Lutero e relembrasse o entusiasmo de ambos pelos estudos, talvez extrapolasse um pouco em seus protestos de amizade ao afirmar que "minha alma sempre foi sua".[40] Afinal, escreveu isso em 1519, depois que Lutero já era famoso.

Lutero começou como estudante mediano, ocupando o 13º lugar entre a turma de 57 bacharelandos.[41] Não sabemos o que estimulou sua imaginação intelectual na universidade, mas parece provável que tenha sido a filosofia — muito embora se queixasse de ser obrigado a estudar o tema.[42] A Universidade de Erfurt era um viveiro da *via moderna* e do nominalismo, vertente filosófica que remontava a Guilherme de Ockham no século XIV. Entre os professores de Lutero, havia nominalistas de ponta, autores de livros utilizados como manuais de ensino. A *via moderna* se diferenciava da *via antiqua*, de Tomás de Aquino e Duns Scotus. Com suas raízes na filosofia de Aristóteles, a *via antiqua* partia da posição de que as coisas são como são porque são instâncias particulares de um universal. Os nominalistas, por seu lado, sustentavam que os universais não eram entidades reais, mas apenas rótulos para conjuntos de objetos particulares. Como expôs Lutero, descrevendo vinte anos depois os debates que deviam parecer bastante rarefeitos para a geração subsequente:

> A disputa e a briga entre eles era: se a palavra "humanitas", humanidade, e outras palavras desse gênero significavam uma humanidade geral, que se encontraria em todos os seres humanos, como sustentam Tomás e outros, "ora", dizem os ockhamistas e "terministas", essa "humanidade" comum não é nada, significa especificamente todos os humanos tanto quanto uma pintura da humanidade significa todos os seres humanos.[43]

Foram as técnicas da *via moderna* que tiveram papel formador para Lutero, e não tanto o programa do humanismo nascente. E por mais crítico que viesse a se tornar em relação à filosofia, Lutero foi influenciado por seu estilo de argumentação.[44] Mais tarde, ele deixou claro que estivera ao lado dos ockhamistas, que incentivavam o pensamento crítico e enfatizavam a importância dos dados empíricos. Fiéis ao princípio humanista de retornar às fontes, seus professores Bartholomäus Arnoldi de Usingen e Jodokus Trutfetter utilizavam os textos originais de Aristóteles, e não apenas os comentários medievais sobre eles, e deve ter sido atordoante lidar com as obras em si, em vez de enxergá-las entre as névoas de glosas e comentários acumulados ao longo dos séculos.

Naquela altura, nada indicava os rumos que seu pensamento tomaria mais tarde. Além de mergulhar na filosofia de Aristóteles, Lutero provavelmente prosseguiu em seus estudos de Cícero, Lívio e Virgílio. Obteve seu mestrado por volta de 1505, e é possível discernir algo de seu sentimento de realização nos comentários posteriores sobre a comemoração: "Nossa, houve enorme pompa e esplendor quando os mestres se formaram, e levaram tochas à frente deles e foram homenageados; creio que nenhuma alegria temporal e mundana pode se igualar a isso".[45] Quando se tornava "mestre", o estudante recebia um anel especial e um barrete de formatura, e devia fazer um discurso. Por respeito, agora seu pai o tratava não mais com o informal *du*, mas com o respeitoso *Ihr*,[46] e Lutero, quase certamente por influência paterna, decidiu estudar direito. Tudo parecia indicar seu retorno a Mansfeld dentro de dois ou três anos, talvez se casando na elite local de proprietários de minas, como seu irmão e irmãs depois fariam, e utilizando seus conhecimentos jurídicos para promover os interesses da família.

Mas não foi assim. A vida de Lutero estava prestes a mudar definitivamente. Destacam-se três ocorrências em seu período em Erfurt, sugerindo a angústia que acometia o rapaz que parecia destinado a uma carreira de sucesso. Primeiro, um colega e amigo adoeceu e morreu; Lutero ficou profundamente abalado com a morte e parece ter se entregado à melancolia. Depois, quando ia para Mansfeld e estava a cerca de oitocentos metros de distância de Erfurt, ele se feriu acidentalmente com a espada, cortando uma artéria no alto da perna. Pressionou o ferimento com o dedo para deter o sangramento, mas a perna começou a inchar muito. Poderia sangrar até a morte. Tomado de terror, ele suplicou: "Ó Maria, ajuda-me!". Chamaram um médico que tratou o ferimento, mas naquela noite, enquanto estava na cama, a ferida se abriu e Lutero rogou novamente para que Maria o salvasse. Era como se suas preces tivessem sido atendidas, pois a ferida sarou. Anos depois, ao contar o episódio à mesa, ele inverteu a história para que o verdadeiro milagre não fosse Maria ter lhe salvado a vida, e sim que Deus o impedisse de morrer acreditando em Maria, em vez de depositar sua fé em Cristo, como deveria fazer o bom cristão.[47]

Não muito tempo depois, ocorreu um episódio parecido, mas com consequências muito mais graves. Lutero estava novamente em viagem, dessa vez voltando de Mansfeld para Erfurt, num dia de verão. Estava perto de Stotternheim quando veio um temporal horrível. Aterrorizado, ele invocou santa Ana — a padroeira dos mineiros —, prometendo que entraria num mosteiro se ela o salvasse. Podia ser uma reação um tanto extrema, mas se acreditava que as tempestades eram causadas pelo Demônio ou por bruxas, e as igrejas tocavam os sinos durante os temporais para afastá-los. Como antes, Lutero não rogou a Jesus, mas a uma santa. Quando contou o episódio em 1539, também alterou a história: Deus, em sua bondade, interpretara a palavra "Ana" no sentido do termo hebraico de "graça", e não como o nome da santa. Essa interpretação marota lhe permitiu sustentar que a promessa feita em meio à tempestade resultara, na verdade, de outra intervenção divina, ela também sem qualquer intercessão feminina.[48]

Passado o temporal, Lutero cumpriu a promessa: entrou na ordem dos agostinianos em Erfurt em 17 de julho de 1505. Foi um passo tremendo. Destruiu de uma só vez os planos paternos. O investimento de Hans Luder na educação do filho tinha sido a troco de nada. Lutero enviou o barrete e o anel acadêmicos para a família em Mansfeld, dizendo aos pais que encerrara essa parte de sua vida. Vendeu alguns dos belos manuais jurídicos que o pai lhe comprara e doou outros para o mosteiro.[49] Então convidou todos os colegas para uma refeição exuberante, com música e diversão. No auge da festa, anunciou aos companheiros, surpresos, sua decisão de virar monge, dizendo em tom melodramático: "Hoje é a última vez que vocês me veem!".[50] Então foi para o mosteiro, acompanhado pelos colegas aos prantos. Lutero encenara sua partida como uma Última Ceia, numa representação dramática de seu afastamento do mundo da carne.[51]

O ingresso de Lutero no mosteiro foi um grande gesto de desobediência, uma rejeição não só dos planos paternos, mas também dos valores da sociedade de Mansfeld. Lá, ele passou o primeiro mês em reclusão, o que impediu que o pai, furioso, interviesse ou que os amigos tentassem dissuadi-lo. Além disso, não voltou para casa para expor pessoalmente sua decisão, mas avisou a família por carta. Enfurecido, o pai respondeu com aspereza, retomando o tratamento informal *du*. De início, negou ao filho permissão para entrar no mosteiro e, como observou Lutero, acabou cedendo apenas "a contragosto". Uma das versões da história diz que ele cedeu somente depois de perder dois filhos em 1506, vitimados pela peste.

O preço que a rebelião custou a Lutero fica evidente numa história sobre sua primeira Missa como padre, em 1507, à qual seu pai compareceu. Chegado o momento da consagração, quando a hóstia se torna o corpo de Cristo, ele foi tomado por tamanho pânico que teria fugido se o prior não o tivesse impedido.[52] Ao contar esse episódio em 1537, Lutero disse que foram as palavras "tibi aeterno Deo et vero" [a ti, eterno e verdadeiro Deus] que o deixaram apavorado. O episódio se referia ao milagre da Missa, em que o pão, agora como corpo de Cristo, é apresentado ou ministrado pelo padre ao fiel.

No banquete que se seguiu, em comemoração à sua primeira Missa e para o qual o pai de Lutero, sempre propenso a grandes gestos, dera a quantia de vinte florins, a discórdia ainda era evidente. Lutero perguntou se o pai agora aceitava sua decisão e, na frente de todos à mesa, Hans Luder respondeu: "Lembre-se do quarto mandamento: obedecer ao pai e à mãe". E indagou: "E se fosse um espírito maligno por trás dos acontecimentos durante a tempestade?". Era uma acusação muito séria, feita no momento em que Lutero acabava de atuar pela primeira vez como representante de Cristo na terra. Como todos à mesa sabiam, Satã poderia facilmente enganar o fiel e levá-lo a tomar como divina uma aparição que na verdade era demoníaca. Dificilmente haveria um comentário mais capaz de abalar as certezas e o sentimento de vocação espiritual de um jovem, e o choque de Lutero continuava evidente anos depois, ao contar o episódio ressaltando que o comentário fora feito na presença dos demais convivas à mesa.[53] Numa carta a Melâncton em 1521, Lutero comentou que aquilo "criou raízes tão fundas em meu coração que nunca ouvi nenhuma outra coisa de sua boca da qual eu me lembrasse de maneira tão persistente".[54] Os adversários de Lutero, primeiro Cochlaeus e depois Johannes Nas, viram a importância de questionar o papel da tempestade. Johannes Nas escarneceu, dizendo que a trovoada não era uma aprovação divina. Era demonstração da ira de Deus.[55]

Erik Erikson, psicólogo e biógrafo de Lutero, certamente tinha razão ao afirmar que o difícil relacionamento de Lutero com o pai se refletiu em sua teologia: Deus se tornou o pai de Lutero, muito mais poderoso do que Hans Luder jamais poderia ser.[56] Mas havia mais. O entendimento de Lutero sobre Deus captava a distância que O separa dos humanos, enfatizando a essencial incognoscibilidade de Deus e seu ocultamento ao sofrer na Cruz. Ele ressaltou toda a gama dos aspectos paternos da natureza de Deus; a aconchegante concepção evangélica de Jesus como amigo não era para ele. Suas ideias de pai e de masculinidade foram forjadas na relação com o próprio pai, mas também no mundo árduo e rude de Mansfeld. Não foi apenas Luder que moldou o filho: a mãe e as irmãs tiveram profunda importância. Apesar disso, a revolta de Lutero o levaria inevitavelmente a se erguer contra autoridades que, na época, eram vistas como formas de autoridade paterna, entre elas o papa e o imperador. Sua capacidade de se insurgir contra tais figuras devia provir de seu interior, e o primeiro passo foi a rebelião contra o pai.

3. O mosteiro

Ao se tornar noviço, Lutero teve de se ajoelhar perante o altar-mor, ao lado da tumba de Andreas Zacharias, o filho mais famoso do mosteiro de Erfurt. Isso proporcionava ao suplicante uma sensação de rebaixamento físico e também de ligação espiritual, no contato do corpo contra a pedra fria. Teólogo de certo renome, Zacharias se tornou conhecido no Concílio de Constança (1414-8), quando atacou a teologia do reformador boêmio Jan Hus: foi tido — talvez injustamente — como causador da morte de Hus como herege na fogueira, em 1415. Hus defendera a comunhão sob as duas espécies, o pão e o vinho, para os laicos. É irônico que o próprio Lutero tenha abraçado muitas das ideias de Hus, que se tornou um herói da Reforma.[1]

O mosteiro de Erfurt contribuiu muito para transformar o jovem Lutero no reformador que seria no futuro. Por que ele escolheu os agostinianos? A cidade tinha muitos mosteiros importantes: havia outro mosteiro agostiniano, além de cartuxos, servos de Maria, dominicanos e franciscanos, que também dispunham de instituições próprias no local; em vista da ligação de Lutero com os franciscanos em Eisenach, essa ordem monástica poderia tê-lo atraído em particular. No entanto, o "Mosteiro Negro", como era conhecida a casa dos agostinianos observantes, foi uma escolha intelectual. Muitos integrantes da casa também eram docentes na universidade, e o mosteiro dispunha de uma boa biblioteca. Estava se expandindo, com a construção de novos edifícios durante a permanência de Lutero, e gozava de sólida reputação entre os cidadãos locais. Abrigava uma comunidade de porte significativo, entre 45 e sessenta monges, com dotação generosa e crescente de verbas, possuindo propriedades consideráveis na cidade e nos arredores.[2]

O mosteiro também estava envolvido num grande conflito dentro da ordem: a luta entre os observantes, que defendiam obediência estrita às regras originais, e os chamados conventuais, que eram menos rígidos. As ordens monásticas tendiam a passar por ciclos de renovação, quando as sucessivas gerações viam que a obediência às regras se afrouxara. O último movimento de Reforma agostiniana começou na década de 1480 e prosseguiu até anos avançados do século XVI, e o mosteiro de Erfurt era uma das principais casas da Turíngia que encabeçavam o partido dos observantes. Pode-se ter uma ideia da natureza de suas preocupações com as perguntas que o reformador Andreas Proles havia feito em 1489. Os irmãos "comem juntos no refeitório, a uma mesa comprida, como é usual nos mosteiros reformados? Comem em silêncio? Algum deles come ou bebe sozinho em outras horas que não as da refeição coletiva?".[3] Nas instituições observantes, os monges tinham ordens de aparecer pontualmente para as matinas e comparecer a uma confissão geral todas as sextas-feiras. Os horários deviam ser rigorosamente observados, e todo e qualquer bem, mesmo a roupa, era de propriedade comunal.[4] As bases da vida religiosa eram a obediência, a pobreza e a castidade, e deviam ser estritamente observadas.

Assim, Lutero escolheu uma instituição com sólida missão acadêmica, laços próximos com a universidade onde estudara e firme compromisso com a regra agostiniana. Além disso, permanecendo em Erfurt, ele escolhia um ambiente diferente da cidadezinha onde fora criado. Erfurt, uma comunidade urbana grande e movimentada de 24 mil habitantes, era muito maior do que Eisenach ou Mansfeld, e por suas estimativas tremendamente exageradas sobre o porte da cidade — ele achava que Erfurt tinha "18 mil lares", o que era pelo menos o triplo de suas dimensões reais —, pode-se ter uma ideia da impressão que ela causou em Lutero.[5] Erfurt possuía edifícios eclesiásticos grandiosos. A catedral ainda domina a cidade, erguendo-se na enorme área da praça central, sobre uma imponente escadaria, como uma basílica italiana. Nenhuma estrutura urbana teria como rivalizar com ela.

Era uma cidade próspera — Lutero calculava que sua renda atingia a fabulosa soma de 80 mil florins anuais.[6] Como disse mais tarde: "Erfurt está no melhor local, é uma mina de ouro, simplesmente tinha de existir ali uma cidade, mesmo que a incendiassem".[7] A poderosa elite comercial da cidade enriquecera com os lucros do comércio do ísatis, o chamado pastel-dos-tintureiros, corante que era usado para tingir as roupas de azul e de um elegante tom negro, preferido pelos moradores mais abastados. Com ampla área rural, dispunha de grandes celeiros de grãos, suficientes para os moradores atravessarem tempos difíceis.[8]

Mesmo assim, Erfurt já não era o que havia sido antes. A cidade nunca obteve as liberdades civis que desejava. Erfurt queria ser uma cidade imperial livre, como as fabulosas cidades do Sul — Nuremberg, Ulm, Augsburgo, Estrasburgo —, que não estavam submetidas a nenhum senhor, a não ser o imperador, e podiam fazer suas próprias leis. Pelo contrário, estava presa entre duas potências rivais, a Saxônia e o arcebispado de Mainz, ambas querendo explorar suas riquezas. Quando estavam em conflito, a cidade podia jogar uma contra a outra, mas, infelizmente para Erfurt, com a eleição de Adalberto da Saxônia para o arcebispado em 1482 e a absorção das terras turíngias no patrimônio do eleitorado da Saxônia, agora as duas potências agiam muitas vezes de comum acordo. Em 1483, Erfurt se viu obrigada a pagar uma pesada indenização e uma "verba de proteção" anual à Saxônia, e seus cidadãos foram onerados com impostos durante toda uma geração; em 1509, a dívida pública aumentara para meio milhão de florins. Para piorar a situação, um incêndio destruíra grandes áreas da cidade em 1472, o que aumentava as dificuldades financeiras.[9] Em tais condições, não foi difícil transformar o clero, isento de tributação, em bode expiatório para as desgraças da cidade. Os primeiros anos da Reforma iriam revelar a que ponto chegava o anticlericalismo de Erfurt, quando ocorreram alguns dos primeiros e mais violentos distúrbios anticlericais.

Era também uma cidade com uma política interna tumultuada. Em 1509, houve uma revolta dos cidadãos, quando Erfurt ficou dividida entre a elite aristocrática, que apoiava em larga medida a Saxônia e queria sua proteção, e o povo, que se inclinava em favor do arcebispo Uriel de Mainz. O arcebispo tinha agentes na cidade, que fomentaram com êxito o descontentamento entre os cidadãos, insatisfeitos com os altos impostos e as desgraças financeiras do lugar. Sendo governada por uma restrita oligarquia aristocrática, nem os ricos negociantes de ísatis nem os membros das guildas tinham qualquer poder político efetivo. Quando o povo percebeu a extensão dos problemas financeiros da cidade, o prefeito tentou controlar a situação, insistindo que "somos todos uma só comunidade", apontando para si mesmo. Foi um erro crasso — ficou parecendo que o "bem comum" consistia em seu interesse pessoal —, e ele logo encontrou seu fim, pendurado na forca fora dos muros da cidade.[10] Sendo-lhe negada uma sepultura decente, ficou balançando ao vento com seu casaco de pele de raposa — humilhação final, pois as peles de raposa eram as mais baratas.

Nos anos seguintes, os agentes da Saxônia e de Mainz continuaram a disputar o domínio do local, cada lado manipulando as facções urbanas. Os saxônicos, de sua parte, tentaram colocar a cidade sob interdição imperial.[11] O arcebispo de Mainz, por sua vez, defendia uma nova Constituição que excluísse a aristocracia, e em 1514 um conselho muito mais radical conseguiu derrubar um grupo de lideranças políticas.[12] O clero e as instituições monásticas de Erfurt foram sugados pelo torvelinho, em parte porque estavam entre os principais credores e teriam grandes prejuízos financeiros se a cidade ficasse inadimplente. Durante essa sequência incessante de conflitos internos sangrentos, a maioria dos mosteiros se aliou à elite local em defesa dos interesses da Saxônia, pois nesses anos revelou-se o lado mais corrupto do arcebispo de Mainz. Nada disso deve ter contribuído para alimentar o entusiasmo de Lutero pela unidade cívica e pelas liberdades urbanas de que as cidades imperiais germânicas se orgulhavam.[13]

Ao fim, Mainz perdeu a luta pelo poder em Erfurt: em 1516, a velha elite retornara ao poder, com o apoio da Saxônia. Embora Lutero provavelmente não estivesse a par dos detalhes políticos e, até onde sabemos, não mantivesse relações com os cidadãos fora dos muros do mosteiro, não podia ignorar o que se passava nem desconhecer o papel de Mainz como incitador dos distúrbios.[14] Em 1514, Albrecht, um Hohenzollern que se opunha aos Wettin da Saxônia, ascendeu ao arcebispado, e a lembrança do comportamento adotado pela sé pode ter sido uma das razões pelas quais Lutero encaminhou as Noventa e Cinco Teses diretamente a ele. Sem dúvida, no caso que se seguiu, alguns contemporâneos viram na disputa por Erfurt as raízes do apoio de Frederico, o Sábio, a Lutero.[15]

As biografias iniciais de Lutero apresentavam sua vida de monge como uma época de trabalho árduo e maçante. Johannes Mathesius, cuja biografia publicada em 1566 foi uma das primeiras obras completas, descreveu as tarefas braçais que ele precisava fazer, incluindo lavar as latrinas, e o próprio Lutero

relembrava que tinha de esmolar e limpar as privadas mesmo já sendo mestre em teologia.[16] Evidentemente, são versões partidárias, escritas para mostrar os sofrimentos dele nas mãos dos monges cruéis e invejosos, e para explicar seu ódio posterior ao monasticismo. Mesmo assim, podem conter alguma verdade. Como todos os noviços, Lutero devia passar por um período de transição para a nova vida, e isso incluía fazer trabalhos domésticos. Essa experiência deve ter sido um choque para o filho favorito de um proprietário de minas, enviado para a escola e a universidade, vindo de um lar em que as

8. *Erfurt* em Weltchronik, *de Hartmann Schedel, 1493. A catedral é o grande edifício à extrema esquerda, também sendo visível a escadaria que leva até ela; no lado oposto fica a igreja de São Severo.*

tarefas domésticas eram em grande parte feitas pela criadagem e pela dona da casa. Somente depois de começar a dar aulas sobre os Salmos é que Lutero foi dispensado de tais obrigações, mas a preocupação da ordem com o pecado do orgulho sugere que a imposição da tarefa de limpar latrinas a um ex-estudante de direito tinha como objetivo ensinar a humildade. Porém, quando já estava no mosteiro havia vários anos, eram outros, ao que parece, que atendiam a suas necessidades básicas, e, por ordens de seu mentor Johann von Staupitz, ele dispunha até mesmo de um colega monge como secretário.[17]

A nova vida escolhida por Lutero requeria uma disciplina rigorosa. A marca física de seu ingresso no mosteiro foi a tonsura, em que se removia o cabelo numa área circular no topo do crânio. Agora Lutero prestara os votos de castidade, pobreza e obediência, o oposto do comportamento masculino em que fora criado em Mansfeld, onde os homens prontamente vingavam qualquer insulto à honra recorrendo aos punhos; os mais poderosos eram os que acumulavam maiores riquezas, a independência de espírito assegurava respeito e um grande número de filhos consolidava o êxito da família. No primeiro ano, os noviços não usavam o hábito integral, mas, após prestar os votos completos, usavam capuz e túnica, amarrada com uma corda. Se homens com a idade e a posição social de Lutero usavam gibão apertado e calças justas em cores vivas e tecidos macios, passando com a idade para roupas mais largas ou mantos sobriamente negros, a túnica frouxa dos monges lhes ocultava o corpo. Lutero escolhera a observância estrita e, como relembrou mais tarde, isso significava a mortificação física e o uso de lã áspera que arranhava a pele. Tinha de enfrentar o frio rigoroso durante os serviços no inverno, usando a mesma túnica fina durante o ano inteiro, e manter um regime de jejum severo. Mais de quinze anos de observância deixaram marcas profundas, e ele acreditava que sua saúde fora prejudicada: "Se eu não a tivesse praticado, seria mais forte e mais saudável".[18] Como também notou posteriormente, de início foi-lhe difícil ousar comer carne às sextas-feiras, embora acreditasse de maneira convicta que o jejum fazia mal à saúde.[19]

Lutero escolheu deliberadamente uma vida de extrema mortificação mental e física, e a adotou com grande seriedade. A rotina no mosteiro era dividida em intervalos regulares, as chamadas "horas canônicas", rezando orações ao longo de todo o dia. O sono era interrompido no meio da noite para rezar as matinas; as outras "horas" eram às seis horas, às nove e ao meio-dia, seguidas pelas nonas, pelas vésperas e finalmente pelas completas, após a refeição da noite.[20] Rezava-se a Missa diariamente. Mas havia certa flexibilidade: se um monge se atrasasse nas orações, podia compensá-las mais tarde. Alguns chegavam a pagar outros monges para rezarem por eles, mas Lutero não admitia tal prática. Pelo contrário, começou a acumular as horas da semana até o sábado, ficando sem comer ou sem dormir e rezando o dia todo e a noite inteira, para cumprir todas elas. Não era fácil reconciliar essa programação com a concentração necessária para o trabalho acadêmico, coisa que Staupitz reconheceu mais tarde, liberando-o da obrigação de comparecer às matinas quando começou a dar aulas em Wittenberg em 1508. Mesmo assim, o ascetismo rigoroso cobrou seu preço: Lutero estava forçando o corpo a limites extremos, emagrecendo e sofrendo períodos de depressão, a tal ponto que julgou que não lhe restava muito tempo de vida.

Por que sua religiosidade assumiu essa forma ascética? Sendo durante toda a vida uma pessoa naturalmente espontânea e impulsiva, Lutero parece ter escolhido de propósito um ambiente monástico para se submeter e controlar seus desejos e vontades. Entrando no mosteiro, rebelara-se contra o pai e rejeitara a identidade masculina e o poder patriarcal que herdaria. Em vez disso, escolheu uma vida religiosa de estudos, mas também de obediência, que se centrava na mortificação física. Recorreu à sua meticulosidade detalhista e a suas tendências competitivas — parece que queria vencer a corrida da santidade. Havia também um sentimento de culpa terrível, mas é difícil saber de onde provinha. Podia ter alguma relação com o fato de ser o filho favorito, mas isso dificilmente explicaria a natureza e a força avassaladora de tais sentimentos. É quase como se Lutero se deleitasse com os sentimentos de culpa, como se, levando-os ao extremo, chegasse a um estado devocional de autodesprezo acentuado que o aproximaria mais de Deus.

O silêncio prevalecia no mosteiro, e era proibido falar após a refeição noturna. O agostinianismo estrito era uma versão-limite da devoção na Baixa Idade Média, cujo foco se concentrava na repetição e no controle externo da conduta, como o jejum. Santificava a dor e a privação sensorial, e a interrupção do sono podia induzir a pessoa a um estado devocional semelhante a um transe. Mais tarde, Lutero comentaria indignado o tipo de santidade aparente que se concentrava nos aspectos exteriores, deixando um peso na consciência, pois era impossível que os monges conseguissem cumprir todas as obrigações. Todos os monges, relembrou Lutero, pensavam "que éramos inteiramente santos, da cabeça aos pés", mas, por dentro, "éramos cheios de ódio, de medo e de descrença".[21] Citou um provérbio de sua juventude, que dizia: "Se gostas de ficar sozinho, teu coração se manterá puro", e mais tarde relembrou um eremita em Einsiedeln, na Suíça, que não falava com ninguém, pois "aquele que tem contato com os homens, a ele os anjos não virão".[22] Para Lutero em anos mais avançados, esse tipo de isolamento era perigoso e ia contra a natureza, e os que sofriam de melancolia (como ele próprio) deviam ser incentivados a comer, a beber e, acima de tudo, a ter contato social com os outros.

O Lutero maduro não é necessariamente o melhor intérprete do jovem Lutero, sobretudo pela grande veemência em rejeitar o monasticismo. Mas vale notar que, quando revia sua vida de monge, sempre se concentrava na mesma tríade de ideias: no monasticismo, dizia ele, as consciências eram sobrecarregadas com infindáveis obrigações religiosas; Cristo era visto como juiz; Maria se tornava intercessora junto a Cristo. Essa substituição de Cristo por Maria, em especial, distorcia a verdadeira mensagem do cristianismo. Como monges, disse Lutero, pregando em 1523:

> Acreditávamos que Cristo estava sentado no Paraíso para o Juízo, sem se importar conosco sobre a Terra, mas que só nos concederia a vida após a morte (mesmo que tivéssemos praticado boas ações) se a Mãe nos houvesse reconciliado com ele [...]. Por isso gostaria que a Ave-Maria fosse totalmente eliminada, por causa desse abuso.[23]

Além disso, as imagens de Deus como juiz que decoravam as igrejas medievais "mostravam o Filho aos pés do Pai a lhe expor suas chagas, e são João e Maria oravam por nós a Cristo no Juízo Final, e Maria apontava a Jesus seus seios, que o haviam alimentado". Essas imagens deviam ser removidas, "porque fazem as pessoas imaginar que devem temer nosso amado Salvador, como se ele quisesse nos afastar de si e como se fosse punir nosso pecado".[24] Seu antiascetismo posterior estava intimamente ligado a essa intensa rejeição do marianismo e de seu próprio monasticismo. "Quando eu era papista, tinha vergonha de pronunciar o nome de Cristo", relembrou ele; "eu pensava: Jesus é um nome efeminado".[25] Para o Lutero maduro, sua revolta de juventude contra o pai constituíra uma saída do mundo da masculinidade, passando para um mundo matriarcal povoado de figuras religiosas femininas e uma religiosidade falsa e deturpada.

Em seu período monacal, Lutero estava sujeito ao que chamava de *Anfechtungen*, que podemos traduzir como "tentações" ou crises espirituais como as que Cristo vivera no deserto, e que se tornou fonte de grande medo e ansiedade. Como disse mais tarde: "Eu era então a pessoa mais infeliz da terra, dia e noite eram só gemidos e desespero, que ninguém conseguia afastar".[26] Ao perceber que o confessor não compreendia seu tormento, Lutero entendeu que estava passando por algo anormal e se tornara, como disse, "como que um cadáver".[27] A ansiedade se expressava de forma física: ele transpirava profusamente e, como comentou mais tarde, o falso caminho dos monges para o Paraíso era como "um banho de suor, sim, de ansiedade", em que "se banhara completamente". Durante uma procissão de Corpus Christi em Eisleben, em 1515, Lutero foi subitamente tomado de terror pela eucaristia e desandou a suar, pensando que ia morrer.[28] Dessa vez, foi a presença de Cristo ali elevado que o atemorizou, assim como a presença divina provocara um ataque de pânico similar durante sua primeira Missa. Os dois acontecimentos parecem estar relacionados com seu pai, que comparecera àquela primeira Missa, enquanto Eisleben, cidade natal de Lutero, lhe teria recordado sua juventude e o mundo paterno da mineração.

É difícil saber com precisão qual foi o papel que o conflito paterno pode ter desempenhado nessas lutas interiores, mas realmente parece que os problemas espirituais de Lutero nasciam da relação que estava criando com um Deus paterno. Todas as crises se concentram no terror de se confrontar diretamente com Deus Pai, que é também Deus juiz, sem nenhum intermediário, ao passo que toda a finalidade da vida monástica, como a vivenciada por Lutero, era criar uma rede de segurança em que as intercessões de Maria, as orações rogando por si mesmo e os exercícios para mortificar a carne serviam de proteção contra o poder transcendente de Deus. Assim, se o ingresso de Lutero no mosteiro foi uma retirada para um mundo matriarcal, essa retirada, por sua vez, estava criando outros problemas espirituais específicos.

As *Anfechtungen* de Lutero eram fisicamente avassaladoras. Não tinham a ver com o desejo sexual, mas se referiam ao que Lutero chamava de "os verdadeiros nós" — suas lutas com a fé. Sua sexualidade parecia perturbá-lo pouco, a ponto de não sentir nenhum pejo em comentar que tinha ejaculações noturnas, as quais desconsiderava como meros fenômenos físicos. Para ele, a verdadeira "concupiscência da carne" não era primariamente a luxúria, mas consistia nos sentimentos negativos em relação a um irmão, como a inveja, a raiva ou o ódio.[29] Nessa época, Lutero se preocupava com suas relações com os outros: viver numa comunidade monástica, em que precisava conviver com o mesmo pequeno grupo de pessoas o tempo todo, não devia ser fácil. Talvez essa convivência lhe tenha redespertado sentimentos de ciúmes e a ansiosa preocupação com a inveja dos outros, que derivavam das relações de infância com seus irmãos e irmãs. Quaisquer que fossem as razões, não era a luxúria da carne, e sim a relação problemática de Lutero com Deus Pai, que ocupava o centro de suas aflições.

Tais tentações ou tribulações se manteriam por toda a vida e são fundamentais para entendermos a religiosidade de Lutero. Durante o primeiro ano no mosteiro, como relembrou depois, elas não o perturbaram; mais tarde, deixaram-no em paz quando se casou e passou "um bom tempo" antes que retornassem. Durante o período monástico, as *Anfechtungen* se referiam, ao que parece, principalmente à ideia de que, se ele era pecador e Deus era juiz, então Deus devia odiá-lo. As *Anfechtungen* eram o corolário de sua percepção crescente de que não existiam intermediários, que nada se interpunha entre o fiel e Deus, e que o pecador nada poderia fazer para se tornar aceitável. Revendo tais experiências em 1531, ele concluiu que as *Anfechtungen* também foram necessárias, pois conduziram-no ao caminho que o levaria à Reforma. E acrescentou uma curiosa recordação sobre o superior Staupitz, que havia comentado que, pessoalmente, nunca sentira tais tentações, "mas, pelo que vejo, você precisa delas mais do que de comida e de bebida".[30]

Na época em que Lutero já deixara o mosteiro e rompera com a Igreja de Roma, as *Anfechtungen* se concentravam mais visivelmente em sua luta contra o Demônio, embora ainda assumissem forma física. Tinha acessos em que os ouvidos retiniam, e ele acreditava que eram ataques diabólicos. Com a idade, passou a contar as tentações que sentia a alguns companheiros de confiança. Queixando-se em 1529 a um amigo em Breslau que sofrera por oito dias de dores de cabeça, náuseas e um martelar surdo nos ouvidos, indagou-se "se era exaustão ou tentação de Satã".[31] Em 1530, escreveu a Melâncton sobre uma sensação de fraqueza na cabeça, que o impedia de trabalhar: como a provação de Paulo, o anjo de Satã estava "lhe batendo com os punhos".[32] Ao mesmo tempo, sugeriu que os acometidos de melancolia deviam não só comer e beber em mais quantidade, mas também gracejar e brincar, para fazer desfeita ao Demônio.[33] Não sabemos até que ponto as *Anfechtungen* iniciais eram iguais aos acessos de tristeza e depressão que teve posteriormente, nem se, naquela fase inicial, ele as atribuía ao Demônio; mas o que está claro é que se referiam à sua relação com Deus — e, nessa medida, Staupitz tinha toda a razão em considerar que eram essenciais para a forma de devoção de Lutero.

Todo mosteiro é uma comunidade não só de devoção, mas também de vida coletiva, envolvendo o trabalho e a organização prática dentro de um claro sistema hierárquico. Apesar de seus visíveis problemas com a autoridade paterna, Lutero se deu muito bem nesse ambiente, subindo rapidamente na hierarquia monástica. Logo se tornou subdiácono e, depois, diácono; entre os anos 1508 e 1509, foi enviado por algum tempo à Universidade de Wittenberg, onde deu aulas de filosofia e prosseguiu os estudos em teologia. O mosteiro de Erfurt era próspero e tinha muitas propriedades para administrar. Lutero aprendeu a controlar o pagamento das dívidas, a entrega dos dízimos anuais e o abastecimento do mosteiro. Ao arrolar suas várias obrigações em 1516 (quando já deixara Erfurt e estava de volta a Wittenberg), ele escreveu:

> Sou pregador no mosteiro, sou leitor às refeições, sou diariamente solicitado a pregar na igreja da cidade, tenho de supervisionar o estudo [dos noviços e frades], sou vigário (e isso significa que sou onze vezes prior), sou encarregado [do lago] dos peixes em Lietzkay, represento o povo de Herzberg no tribunal de Torgau, dou aulas sobre Paulo e estou reunindo [material para] um comentário sobre os Salmos.

Mas, queixou-se ele, "meu tempo é ocupado [principalmente] pelo trabalho de escrever cartas" — tantas que muitas vezes esquecia quais já havia escrito, pedindo ao amigo e colega agostiniano Johannes Lang que lhe dissesse se estava se repetindo. Tudo isso — e também, prosseguiu ele, "há minhas lutas pessoais com a carne, o mundo e o Demônio. Veja como sou preguiçoso!".[34] Lutero podia reclamar das tarefas administrativas, mas sentia evidente prazer com o trabalho intelectual e tinha uma inegável habilidade para a organização e o trato com as pessoas, a qual pode ter vindo do pai. Também sabia ser firme. Recomendou a Lang que enviasse um monge desobediente para o mosteiro em Sangerhauser, como castigo, e ordenou que o prior em Mainz mandasse de volta um fugitivo.[35] Toda essa experiência administrativa, sobretudo sua capacidade de julgar as pessoas, foi de grande préstimo quando ele começou a criar sua própria igreja.

Os talentos de Lutero começaram a ser reconhecidos já nos primeiros anos dentro do mosteiro de Erfurt e, de modo mais amplo, na ordem agostiniana. Numa tentativa de pôr fim à longa disputa sobre a futura direção da ordem, Staupitz procurou unir os agostinianos, mas sete mosteiros, entre eles o de Erfurt, desconfiavam que tal tentativa diluiria os valores dos observantes e por isso tentaram obter dispensa. Apesar da relação próxima entre Lutero e Staupitz, Erfurt escolheu Lutero e seu ex-professor Johannes Nathin para exporem a demanda, primeiro ao bispo de Magdeburgo. A missão não teve êxito e assim, no mesmo ano, o mosteiro decidiu enviar uma delegação, incluindo Lutero, para apelar ao papa.[36]

A viagem até Roma era, de longe, a mais distante que Lutero já havia feito na vida, a única fora de terras de língua germânica. Ao que parece, ela reforçou seu sentimento de ser um "germânico". Em toda a obra posterior, Lutero se manifesta sempre em termos negativos a respeito dos italianos, como, por exemplo, seus comentários sobre o emissário papal Karl von Miltitz, dizendo que ele gostava, como um "italiano", de uma prosa floreada, enganando-o com sua simpatia e cordialidade. O único local em Roma onde Lutero parece ter se sentido em casa foi a igreja alemã de Santa Maria delle Anime, que, a seu ver, conduzia a devoção religiosa de maneira adequada. Em 1540, ele deu seu veredito de condenação: "Por um milagroso conselho fui a Roma, para que eu visse a fronte de toda a maldade e o assento do Demônio".[37]

Pode-se notar o entusiasmo inicial de Lutero quando relembra o momento em que chegou à Cidade Eterna: ele se arrojou ao chão, saudando a cidade santificada pelo sangue dos mártires.[38] Roma em 1510 devia ser um lugar estranho, em grande parte uma cidade fantasma, mal tendo se iniciado a construção daquela que viria a ser a maior igreja da cristandade, a Basílica de São Pedro. Mesmo a igreja existente era grande demais para pregar, disse Lutero mais tarde.[39] A população medieval de Roma não passava de uma pequena fração do que havia sido nos tempos romanos. Lutero mencionou as catacumbas e as colinas, mas, para alguém com formação nos clássicos, suas referências à herança do período são surpreendentemente escassas. Porém, viu o que a antiga Roma realizara — e como o século XVI estava longe de se equiparar a ela. Construções como o Coliseu e outras ruínas antigas ali jaziam sem uso, com suas pedras sempre transportadas para a Basílica de São Pedro. Anos depois, Lutero ainda lembrava que o Coliseu tinha capacidade para 200 mil pessoas, mas só se viam apenas as fundações e alguns muros semiderruídos.[40] Recordou as noites italianas abafadas e os pesadelos resultantes. Com uma sede desesperada e sabendo que a água era contaminada, os monges foram aconselhados a comer romã para aplacar a dor de cabeça, e com esse fruto "Deus salvou nossas vidas".[41]

Para o jovem Lutero, com sua lealdade papal, Roma era uma mina de benefícios religiosos. "Corremos para Roma [...]", escreveu ele em 1535, "e o papa concedeu indulgência àquilo, tudo isso agora está esquecido, mas os que permaneceram nisso não esquecerão."[42] Sua visita de um mês ao "assento do Demônio" originou muitas anedotas posteriores à mesa do jantar. Duas se destacam. Lutero ficou perplexo com a rapidez com que os padres rezavam a Missa, dizendo seis ou sete missas pagas antes que ele sequer conseguisse terminar sua primeira. Um padre o tirou da frente, dizendo para andar logo e "devolver o filho a Nossa Senhora" — isto é, liberar e deixar tudo pronto para a Missa seguinte. Para Lutero, que se preocupava incessantemente se suas palavras tinham sido sinceras e vindas do coração, aquela despreocupação era chocante. Chegavam a brincar com isso durante a ceia, gabando-se de terem dito "Pão és e pão permanecerás" ao elevar a hóstia. Mais tarde, quando a Presença Real de Cristo no sacramento se tornou a peça central da teologia de Lutero, de importância suficiente para levar à cisão com os seguidores do importante teólogo suíço Ulrico Zwinglio, que negava a Presença Real, ele relembrou o ridículo dos padres em Roma. Ao citar o episódio para ilustrar os abusos da Missa papal, os ouvintes devem ter notado o paralelo.[43]

A outra reminiscência de Lutero se referia a uma visita à Scala Sancta em São João Laterano, a "escada de Pilatos" que Cristo subira para o julgamento e que teria sido supostamente trazida de Jerusalém por santa Helena. Aqui, o fiel devia subir a escada de joelhos, rezando um Pai-Nosso a cada degrau para conseguir a remissão do purgatório. Lutero, que queria salvar a alma de seu avô paterno Heine Luder, subiu os degraus, mas, tomado de exaustão, começou a se perguntar se as orações teriam algum resultado. Ele recontou esse episódio mais tarde, tanto à mesa quanto em sermões, com uma interpretação que foi variando com o tempo. Quando seu filho Paul, de onze anos, escutou-o em 1544, já era a versão em que Lutero contava como rompera com Roma. Nessa versão, ele estava subindo os degraus e de repente se lembrou da frase de Habacuc, profeta do Antigo Testamento, repetida na Epístola aos Romanos de são Paulo, "o justo viverá somente pela fé", introduzindo no episódio seu entendimento teológico posterior.[44]

É impossível afirmar o que Lutero realmente pensava naquela época. Sem dúvida viu a cidade com os olhos não de um reformador, mas de um piedoso monge agostiniano. Sua decisão de obter indulgências para o avô paterno indica o quanto elas significavam para ele. Chegou inclusive a comentar mais tarde que sentira vontade de que os pais já estivessem mortos, para poder aproveitar aquela oportunidade única de conseguir indulgências para eles. A mensagem

9 e 10. *Nesse panfleto impresso em Nuremberg em 1515, pode-se ter uma ideia do que Lutero tentava transmitir nos anos 1530 a uma geração que crescera com a Reforma. Era um guia turístico muito conveniente sobre as indulgências que o devoto poderia obter na Cidade Eterna, arroladas ao longo do ano com a quantidade exata dos dias que seriam descontados. Os cálculos são espantosos. Um símbolo especial marca os dias em que o peregrino piedoso poderia conseguir descontos significativos no tempo de purgatório, com o "p" indicando indulgência plena. Por uma questão de praticidade, o guia oferece uma lista das sete igrejas de peregrinação e as remissões em oferta, com uma breve descrição dos principais destaques, como a Capela de Jerusalém, na qual as mulheres podiam entrar apenas em determinado dia do ano. O folheto também apresenta uma xilogravura impressionante do rosto de Cristo na túnica de Verônica para meditação e uma imagem final de Cristo na Cruz cercado pelas hostes celestiais. Provavelmente, refletia o espírito de devoção de Lutero e de muitos outros ao se aproximarem de Roma.*

teológica bastante conveniente de suas reminiscências posteriores sugere que, ao olhar em retrospectiva para o passado, ele eliminara tudo o que, naquela época, poderia lhe parecer atraente.[45] Apesar das lembranças negativas, sua visita a Roma, porém, deve ter sido de profunda importância para ele. Do contrário, não a teria associado tão intimamente com suas principais descobertas teológicas nem com sua identidade de "germânico" avesso a todas as coisas italianas.

Há algumas coisas que Lutero não menciona. Não sabemos a identidade do homem com quem viajou nem o tipo de convívio que mantiveram durante a viagem. As negociações com o papado, que constituíam a única razão da viagem, estão totalmente ausentes do relato. Como membro subordinado dentro da hierarquia da ordem, Lutero não teria encabeçado as negociações — ele ignorava por completo o funcionamento da Cúria e não confiaria uma missão de tanta importância a alguém tão inexperiente. É possível, como depois afirmou Johannes Cochlaeus, que o monge que Lutero acompanhou a Roma fosse Anton Kress, um aristocrata de Nuremberg, embora seja mais provável que, mais uma vez, fosse seu ex-professor Johannes Nathin. Nathin era muito experiente, tendo salvado o mosteiro agostiniano em Tübingen em 1493, ao reformá-lo de acordo com os desejos do duque de Württemberg. Era um acadêmico de alto nível, negociador calejado e certamente sabia muito bem como funcionava a Cúria.

Todavia, sabemos com certeza que as negociações em Roma foram um fiasco total. Os dois monges não conseguiram a dispensa para o mosteiro de Erfurt, que lhes permitiria manter suas práticas observantes; pelo contrário, receberam ordens de obedecer à política do vigário da ordem, Staupitz. Parece provável que Lutero logo tenha adotado a visão de Staupitz sobre o assunto, rejeitando a de Nathin e a tentativa de o mosteiro de Erfurt de salvaguardar as tradições dos observantes. Com tudo isso, Lutero deve ter ficado numa posição incômoda: tinha de representar uma linha que arruinaria os projetos de longa data de seu confessor para a ordem, tema muito caro a Staupitz.

Na viagem de volta, os dois agostinianos pararam em Augsburgo, onde, relembrava Lutero, levaram-no para conhecer a religiosa Anna "Laminit", isto é, "não me deixes". Filha de uma família de artesãos simples, acreditava-se que vivia milagrosamente sem comer. Esse tipo de religiosidade — ou o que os autores modernos denominam de "anorexia religiosa" — constituía uma vertente vigorosa na devoção da Baixa Idade Média, incentivada por um ascetismo extremo que considerava os apetites da carne como inimigos da perfeição religiosa. As santas, em especial, conseguiam levar o jejum a extremos e passar por experiências místicas. Numa Igreja que alimentava uma profunda desconfiança em relação às mulheres, o ascetismo lhes oferecia uma forma de expressão e autoridade. Laminit dizia ter visões de santa Ana, que lhe dera o nome e a quem sabemos que o próprio Lutero era afeiçoado. Não só vivia sem comida, como era famosa por viver também sem água e sem evacuar. Atraía gente desde 1498, e entre seus seguidores havia ricos aristocratas de Augsburgo.

Astucioso, Lutero lhe questionou se ela queria morrer, pergunta à qual seria difícil dar uma resposta correta. Segundo suas lembranças, ela respondeu: "Não! Lá não sei como são as coisas; aqui eu sei". Foi desmascarada logo depois pela duquesa da Bavária, que descobriu seu esconderijo secreto de comidas finas, como bolos de pimenta e peras; descobriu-se também que ela esvaziava seus urinóis pela janela. Correu ainda o boato de que tinha um filho com um importante aristocrata e mercador. Em decorrência disso, Laminit foi expulsa da cidade. Para o Lutero maduro, Laminit era uma fraude, uma "meretriz" e vigarista, mas não temos como saber se ele já tinha percebido isso

11. *Anna Laminit, por Hans Holbein, 1511. À esq., o desenho traz "lamanätly"; à dir., em outra caligrafia quinhentista, "dz nit ist", "que não é" — em outros termos, que é uma fraude.*

na época ou não. Talvez, como outras pessoas, já tivesse começado a suspeitar dessa mortificação da carne tão extrema e exibicionista, ceticismo que tingiria sua teologia posterior e que era alimentado pela relação com seu confessor, Johann von Staupitz.[46]

Pelo menos quinze anos mais velho do que Lutero, Staupitz tinha origens totalmente diferentes, era viajado e se movia com desenvoltura entre a nobreza e a corte.[47] Aristocrata que crescera com Frederico, o Sábio, da Saxônia, de início era o vigário-geral da ala observante da ordem, mas também se tornou chefe dos conventuais na Saxônia, aqueles agostinianos que adotavam uma linha mais moderada.[48] Foi em Erfurt, onde estava na época, que ele provavelmente conheceu Lutero, em abril de 1506; ele teria concedido autorização formal a Lutero para se tornar padre — monges não eram necessariamente padres —, decidindo também que devia estudar teologia.

Ser confessor de Lutero era uma tarefa que exigia muito. Em sua incessante busca pela perfeição, o jovem monge certa vez se confessou durante seis horas seguidas, e Staupitz deve ter ficado exausto. A posição de Staupitz em relação ao pecado era flexível — uma vez disse gracejando que deixara de fazer promessas, pois simplesmente não conseguia cumpri-las —, mas o que incomodava Lutero não eram os pecados habituais, e sim os "verdadeiros nós": a falta de amor a Deus e o medo do julgamento. Certa vez, diante da confissão ultradetalhista de Lutero, Staupitz lhe falou: "Não o entendo" — coisa que, como Lutero comentou mais tarde, não era propriamente muito reconfortante. O confessor acreditava que as tentações eram coisas boas porque ensinavam teologia. Lutero, por seu lado, achava que, para Staupitz, ele estaria combatendo sobretudo o pecado do orgulho, mas mais tarde o próprio Lutero considerou que o contrário é que era verdadeiro: as *Anfechtungen* eram "o espinho [do Demônio] na carne", e não advertências contra a arrogância. Como bom padre, Staupitz procurava sistematicamente acalmar os medos de Lutero, lembrando ao jovem monge que Deus o amava. Abrandava sua tendência perfeccionista e zombava um pouco de sua veemência e raiva com críticas leves e amenas. O provável é que ele fosse exatamente o tipo de interlocutor sólido de que Lutero precisava, mas ambos percebiam que Staupitz não apreendia a fundo a ardente religiosidade de Lutero.

Staupitz também se diferenciava dele na fruição das coisas boas da vida. Sua ideia do "bom cristão", que expôs a amigos em Nuremberg, era quase um autorretrato: "ele adéqua a cada vez sua atitude e disposição ao que exigem as circunstâncias do momento, do local e das pessoas, pois na igreja é piedoso, no conselho é sábio e corajoso, à mesa e com pessoas de respeito é alegre e agradável".[49] Sentindo-se igualmente à vontade nas cortes, nos círculos cívicos e no mundo da ordem agostiniana, Staupitz vivia com frequência viajando para resolver um ou outro problema. Conhecia tudo a respeito do sistema de patronato, e Lutero e os demais amigos, como Wenzeslaus Linck, foram extremamente beneficiados por tal conhecimento. Ambos deviam suas carreiras dentro da ordem a Staupitz, que, como um sagaz enxadrista, sempre colocava "seus homens" em postos-chave. Preparou Lutero para substituí-lo como professor em Wittenberg, e Linck se tornou vigário-geral da ordem. Mas seus protegidos nem sempre se mostravam gratos. Mais tarde, Staupitz comentou, pesaroso, que, "quando elevei alguns até o ponto mais alto, eles defecaram sobre minha cabeça".[50]

Staupitz fez Lutero estudar teologia, mas, como admirador de Duns Scotus, filósofo do final do século XIII, provavelmente foi ele também quem levou o jovem monge a estudar filosofia. Com quase toda a certeza, foi por determinação sua que Lutero passou um ano, entre 1508 e 1509, na nova Universidade de Wittenberg, cuja fundação em 1502 contara com a contribuição decisiva de Staupitz e onde ele lecionava. Mas, como viajava com frequência a serviço da ordem, Staupitz não tinha muito tempo para ministrar pessoalmente suas aulas. Querendo que Lutero se tornasse seu sucessor em Wittenberg, propôs que ele estudasse para um doutorado em teologia. Décadas depois, Lutero lembrou da conversa, descrevendo a seus alunos a cena de ambos sentados sob a pereira no pátio do mosteiro em Wittenberg (a pereira ainda estava ali quando contou a história). Lutero disse que não queria se tornar doutor, pois acreditava que não viveria por muito tempo — uma referência sombria à sua incessante mortificação da carne. Staupitz, porém, sabia como espicaçar a mórbida grandiosidade de Lutero e respondeu que Deus precisava de pessoas inteligentes, fosse no céu ou na terra.

Lutero obedeceu e concluiu seus estudos de doutorado em 1512, fazendo uma comemoração para a qual convidou todo o mosteiro de Erfurt, bem como pessoas de Wittenberg. As comemorações de doutoramento eram grandes eventos, com procissões que percorriam a cidade, às quais se seguia um banquete — uma comemoração famosa contou com cem convidados e gastou 35 florins somente em comida, bebida e danças após o banquete, com a participação de mulheres "respeitáveis". A comemoração de Lutero não se deu nesses círculos, mas no convite aos monges de Erfurt, embora se inicie com as usuais frases de devoção, ele também apresenta uma justificativa nada convencional para o fato de se abster das habituais declarações de modéstia, pois dizer-se indigno daquela honra "daria a impressão de que ele se orgulhava ou tentava ganhar elogios por sua humildade". Prossegue dizendo que "Deus sabe, e minha consciência também, até que ponto sou digno e adequado a essa manifestação de fama e honra", querendo dizer que Deus e sua consciência sabiam até que ponto ele era, na verdade, *indigno* e *inadequado*. É claro que a observação também pode ser lida em termos literais, expressando o orgulho por aquela sua ocasião de "pompa", como ele próprio a descreveu.[51]

Staupitz gracejara, dizendo que a obtenção do doutorado daria uma coisa para Lutero fazer — comentário deliciosamente ambíguo em alemão, algo entre "resultar num grande trabalho" e "dar muito trabalho para fazer" —, e ele tinha razão, como se demonstrou.[52] O "aborrecimento" foi que vários agostinianos de Erfurt se sentiram ofendidos por Lutero ter prosseguido seus estudos em Wittenberg e não em Erfurt, onde se matriculara inicialmente. Tentaram a anulação do doutorado e a imposição de uma multa a Lutero, alegando que ele havia rompido o juramento, que prestara ao ingressar na Universidade de Erfurt, de não seguir outra universidade. Lutero respondeu que, na verdade, não havia prestado o juramento — tinham se esquecido dele —, mas o estrago estava feito. O que era para ser uma ocasião de alegria foi objeto de ataques motivados pela inveja de homens que haviam sido antigos professores seus. O que deixou Lutero especialmente irritado foi que o ataque era liderado por Johannes Nathin, aquele seu provável companheiro de viagem a Roma; essa amarga traição pode ter contribuído para que suas lembranças de Roma se tornassem tão negativas. Dois anos depois da comemoração do doutorado, ele ainda se queixava do tratamento recebido e, numa carta ao mosteiro de Erfurt, protestou contra uma nova missiva de Nathin, escrita "como que em nome de todos vocês", acusando-o de ser um vergonhoso perjuro. Lutero insistiu que não era perjuro nem violara nenhum juramento, e tinha boas razões para se irritar com aquele ataque. Mas, assim como recebera bênçãos imerecidas do

Senhor, agora queria deixar de lado a severidade que seus adversários mereciam e lhes estender a cordialidade.[53]

O episódio causou profunda mágoa, mas talvez estivesse mais relacionado com a política da ordem do que com o local dos estudos de Lutero. Ele fizera o doutorado por causa de Staupitz, cuja linha mais conciliadora dentro dos agostinianos enfrentava a oposição de Nathin. Talvez visse Lutero como um vira-casacas, o que explicaria o grau de ressentimento e a recusa em comparecer à comemoração.[54] Lutero ficara preso numa luta entre concepções distintas para o futuro da ordem.

Lutero devia passar um bom tempo com seu confessor tanto em Erfurt quanto em Wittenberg; também devem ter se encontrado em suas viagens pela região. Lutero declarou que "recebi tudo de Staupitz"[55] e, após a morte do confessor, ele afirmou que seu ex-mentor era uma presença boa e reconfortante. Em 1518, na carta que enviou a Staupitz com suas explicações das Noventa e Cinco Teses, Lutero lhe relembrou uma conversa sobre o "verdadeiro arrependimento" que o atingira como uma flecha, quando Staupitz declarara que o arrependimento devia começar "com o amor a Deus e a retidão". De fato, numa carta ao eleitor João Frederico, em 1545, Lutero escreveu sobre as dívidas que tinha para com seu confessor, dizendo que devia louvá-lo "se eu não quiser ser um maldito asno papista ingrato", porque Staupitz foi "meu pai nesse ensinamento, que me fez nascer em Cristo".[56] Todavia, tal como aconteceu com seu relacionamento com Johannes Braun em Eisenach, que também esfriou, muitas vezes Lutero parece ter projetado em Staupitz qualidades que ele não tinha, e ao relembrar frases do confessor nos textos e nas conversas à mesa, era frequente que repetisse os mesmos comentários, como se sua imagem do ex-mentor tivesse se petrificado.

Como Braun antes dele, Staupitz foi outra figura paterna que Lutero veio a superar. Os dois tinham diferenças fundamentais tanto na teologia quanto no temperamento. Lutero passou a insistir na primazia das Escrituras como fonte de toda a autoridade. Embora se baseasse em Paulo, como Lutero, Staupitz não adotava uma posição tão radical e citava repetidamente Santo Agostinho e outros Pais da Igreja.[57] Como Lutero, frisava a natureza pecadora dos seres humanos e sustentava que nossas obras nunca podem nos assegurar a salvação; também criticava as indulgências. Mas não tinha muito a declarar sobre a fé como dádiva de Deus: sua ênfase recaía mais na pecaminosidade dos seres humanos do que no dom da graça divina ou na Bíblia. Concentrava-se na disposição emocional do fiel, o qual devia ser incentivado a se desapegar do mundo. Lutero, ainda que se mantivesse em grande sintonia com suas emoções religiosas pessoais, não acreditava que fosse espiritualmente importante alcançar determinado estado emocional.

Staupitz gostava de falar sobre a "doçura" de Deus, o "doce Salvador", o "criador da doce aventurança", a "doce palavra" e a "doçura contínua" da união mística entre a alma e Cristo.[58] Havia aí um lado mais sombrio. Sendo um excelente pregador, seus sermões também vinham permeados do antissemitismo que era corrente na época, e do qual Lutero compartilharia, explorando o sentimento de que os judeus seriam perseguidores para intensificar a identificação emocional com Cristo e Maria. Assim, Staupitz se referia aos judeus como "cães", que "cuspiram nele [Cristo] com toda a imundície que reuniam", e acreditava que "os judeus pecaram com gravidade muito maior do que Pilatos" ao matar Jesus, porque o fizeram por "inveja".[59] "O mundo todo atesta a inveja dos judeus", escreveu Staupitz. "Ó pérfido judeu! Pilatos te mostra que tua natureza é mais grosseira do que um porco, pois este tem clemência com os de sua espécie."[60]

O estilo de escrita em alemão de Staupitz, de qualidade literária diferente da de Lutero, baseia-se numa longa tradição medieval de obras devocionais escritas para um público laico por Mestre Eckhart, Johannes Tauler e a chamada "Teologia alemã". Recorre com frequência à repetição para incutir um estado de serenidade meditativa e a metáforas visuais para captar uma verdade espiritual. Nas mãos de Staupitz, a linguagem é menos um veículo intelectual do que uma forma de meditação, um meio de contemplação mística e de dissolução da individualidade. Lutero nunca escreveu dessa maneira. Depois de rejeitar finalmente a obrigação de rezar suas "horas", também se opôs ao que chamava de "momice" — a simples repetição das preces.

As diferenças entre os dois são especialmente acentuadas na atitude perante a carne.[61] Seguindo pregadores como Santo Agostinho, São Bernardo de Claraval e os místicos alemães Johannes Tauler, Mestre Eckhart e Heinrich Suso, Staupitz empregava a metáfora da união sexual para transmitir a ideia da união mística do fiel com Cristo. Esses autores visavam à dissolução da individualidade dentro do divino e a um estilo devocional de intensa interiorização; tal misticismo foi adotado por monges e freiras, bem como por laicos, em todas as terras germânicas. Assim, Staupitz podia escrever em termos explícitos sobre a revelação de Cristo, o eterno noivo, como "ora com beijos, ora com abraços, ora com o avanço do nu para o nu" — mas sempre em castidade.[62] Escreveu sobre os diversos "estágios" da união da alma, o primeiro sendo o de "jovens donzelas na fé"; o segundo, da "concubina"; o terceiro, das "rainhas": "Estão nuas e copulam com o nu. Provam que fora de Cristo não há nada doce e gozam [sua] doçura contínua. Pois o Cristo nu não pode se negar a essa nudez", enquanto no quarto estágio, que somente Maria vivenciou, Jesus "dorme nu com ela nua e mostra outros sinais de tal amor". Aplica-se também uma linguagem altamente sensual ao sofrimento de Cristo — Cristo nu é o Cristo sofredor, e Staupitz se referira em seus sermões anteriores em Salzburgo ao "pequeno leito de prazer" (*lustpetel*) de Cristo, referindo-se à Cruz.[63]

Esses sermões de Salzburgo, pregados aos moradores da cidade, foram transcritos pelas freiras beneditinas do Convento de São Pedro, ao lado da igreja, e é de se perguntar como teriam interpretado esse erotismo tão explícito. Staupitz se defendia contra a objeção de que o amor humano não pode servir de modelo ao amor divino, visto que nasce da concupiscência, argumentando (em conformidade com a tradição) que o que importa não é "o contato dos corpos, mas [...] a distorção da ordem [natural] que se tem quando o prazer temporal recebe preferência em relação aos prazeres eternos".[64] Mas isso dificilmente anulava a intensa carga sexual de sua linguagem. O misticismo erótico não era incomum no final da Idade Média, detendo-se sobre a doçura, o prazer, a fusão e a união, mas, nas mãos de Staupitz, adquiria uma literalidade açucarada que explorava seu potencial para a erotização do sofrimento.[65]

Tal tipo de erotismo, caracterizado pelo deslocamento do desejo, fica facilmente propenso a desconfiar do outro sexo. Alguns dos textos mais sugestivos e, no entanto, mais ásperos de Staupitz discorrem sobre o amor às mulheres, que é instilado de maneira inata em nós pelo amor de nossas mães e pelo fato de Eva ter sido criada da costela de Adão. "Nós o sugamos de nossas mães, sim, nós o extraímos dos corações maternos ocultos dentro do corpo", escreveu Staupitz. Ao mesmo tempo, ele adverte que, por causa das mulheres, "abandonamos a honra, o corpo, a virtude e a razão e ficamos presos em seu amor, tornando-nos estúpidos e perdendo a razão".[66] Em seu prefácio de 1504 aos estatutos revistos para a ordem agostiniana unificada, ele afirma:

Mesmo que seus olhos recaiam em alguma mulher, não permitam que se detenham em nenhuma [...]. Pois o desejo das mulheres [...] busca [...] não apenas com sentimentos silenciosos, mas com sentimentos e também olhares. E não digam que conservam a mente casta, se os olhos não são castos: o olho impudico é o mensageiro de um coração impudico. E quando corações impudicos se anunciam com mútuos olhares, mesmo que a língua esteja silente, e se, seguindo-se ao desejo, a carne de cada um se deleita de ardor, mesmo que os corpos não sejam tocados por uma violação impura, a castidade foge de seus princípios morais.[67]

Os monges só podiam ir aos banhos em grupos de dois ou três; só podiam lavar suas roupas quando o preposito julgasse adequado, "para que o excessivo desejo de roupas limpas não traga consigo a sordidez interna da mente". Uma reação quase alérgica às mulheres — embora dedicasse seus dois tratados em alemão a seguidoras do sexo feminino[68] — acompanha o ardente amor de Staupitz pela Virgem, que intercede por nós junto a Deus. Lutero, inversamente, veio a rejeitar as duas atitudes, escarnecendo da adulação a Maria por não poder existir mediador entre Deus e os homens, e também repudiando a ideia de que a renúncia sexual era necessária para a santidade.

Nesse contexto, o sermão de Lutero, em maio de 1515, para a reunião do cabido agostiniano em Gotha ilustra bem não só alguns dos eixos emocionais de seu desenvolvimento teológico posterior, mas também sua dependência e diferença em relação a seu pai confessor. O sermão foi organizado por Staupitz e, aqui também, estava vinculado à complexa política interna da ordem; em decorrência dele, Lutero obteve o cargo de vigário distrital, supervisionando os mosteiros da região, cargo que era o mais alto que ele havia ocupado na ordem até aquela data.[69]

O sermão discorria sobre a inveja e foi apresentado num momento em que Staupitz passava por algumas de suas maiores dificuldades para tentar unir a ordem; com efeito, logo depois abandonou totalmente a tentativa. Assim, o sermão talvez refletisse algumas tensões específicas entre os agostinianos, com ataques diretos ao vigário-geral. Além disso, os entreveros nas comemorações de doutorado de Lutero — e o papel de Nathin no episódio — teriam dado boas razões a Lutero para pensar também sobre o assunto.

No entanto, se na origem o sermão tinha uma finalidade prática, ele não se afigura como resposta a um incidente específico e menos ainda como uma investida tática numa disputa dentro da ordem.[70] Sim, o sermão mostra o apoio de Lutero a seu superior, mas também reflete as diferenças entre ambos. Seu estilo parece quase espelhar a abordagem devocional de Staupitz, pois também utiliza alegorias sensualmente poderosas em rápida sucessão; mas enquanto Staupitz emprega essa técnica para criar um clima de reflexão meditativa sobre o amor divino, Lutero a explora para levar o ouvinte a um mundo insuportável de renúncia e aversão pela existência. Mais do que qualquer outro indicador, esse sermão nos aproxima do desespero religioso e do sentimento esmagador de pecaminosidade que Lutero sentia como monge.

Para expor sua posição sobre a inveja, Lutero compara o caluniador a um assassino e a um devasso, empregando uma linguagem que vai muito além do texto bíblico que cria uma sensação de repugnância no ouvinte. Assim como a Palavra de Deus é um sêmen sagrado, que concebe na pureza e sem violação, a palavra do caluniador é, inversamente, o sêmen adúltero e espúrio do Demônio, corrompendo a alma do ouvinte; na verdade, o nome do Demônio é caluniador.[71] Os caluniadores são "envenenadores" e "bruxas", diz Lutero, que "embruxam" e "envenenam" os ouvidos dos que os escutam.[72] Assim como as bruxas podem atrapalhar o ato sexual e impedir a concepção, o caluniador pode destruir uma comunidade envenenando as relações entre os indivíduos, e aquele que antes era amado e "acolhido" agora é rejeitado. Cheirar bem é ter boa reputação, que nasce de fora; cheirar mal é ter má fama, que provém da imundície interior. O caluniador não permite que a imundície alheia permaneça oculta, mas gosta de "se refocilar nela" como um porco. Ele é como o pássaro que saltita sobre o esterco, ao que as pessoas dizem: "Veja como ele está coberto de merda", ao que a melhor resposta é "Coma-a você".[73] Na mais lúgubre e melodramática comparação, Lutero diz que os caluniadores são como hienas ou cães que escavam cadáveres humanos fétidos, pululando de vermes e tomados de podridão, e lhes cravam os dentes: "Argh, que monstro medonho é o caluniador!".[74]

Todos somos pecadores, diz Lutero, e devemos nos preocupar com nossos próprios excrementos. Os que se rejubilam com os pecados alheios estão fugindo de seus próprios e destroem não só as pessoas de quem falam mal, mas também aqueles que são envenenados por ouvir suas maledicências. "Se não vemos nosso pecado", alertava Lutero, "mas vemos apenas a capa e o véu de nossa conduta exterior, ocultando nosso verdadeiro interior aos outros, então nos sujamos com os excrementos alheios."[75] O ódio, a inveja e a maledicência causavam visivelmente uma profunda perturbação em Lutero — pois estão entre os "verdadeiros nós". Não por acaso ele recorria aqui à linguagem da demonologia, pois o invejoso supremo era a bruxa, que desencadeia tempestades, estraga colheitas, acaba com a fertilidade, desenterra cadáveres putrefatos, destrói a prosperidade e a vida.

Mas essa estridência emocional sugere que Lutero também se debatia com a maledicência: rápido em atribuir inveja aos outros, Lutero lutava com seus próprios sentimentos de inveja, ódio e agressividade, que não hesitava em dirigir contra os outros e que, portanto, considerava como o maior obstáculo para enxergar Deus. Talvez tenha sido isso que desencadeou as sensações de profunda indignidade e ansiedade que caracterizavam sua religiosidade. Era sua própria "merda" interior — sua natureza pecaminosa — que criava a barreira entre ele e Deus.

Embora Lutero não o diga aqui, o remédio para o pecado é a confissão, quando nomeamos e confessamos nossas falhas perante Deus. Sob tal aspecto, esse sermão altamente emotivo é um testemunho da relação com seu pai confessor pessoal, Staupitz. O sermão é também um documento psicológico num nível mais profundo. Ao se deter logo antes do momento em que o ouvinte poderia encontrar conforto na ideia da confissão, Lutero deixa sua audiência, por assim dizer, "na merda", depois de evocar nos ouvintes o tipo de repugnância intolerável que era seu principal elemento espiritual. É quase a antítese do estilo devocional de Staupitz. O sermão de Gotha é o elemento que mais nos aproxima do desespero religioso e do sentimento esmagador de pecaminosidade que Lutero sentia como monge. E foi então que ele começou a estudar a Epístola aos Romanos de Paulo, exercício intelectual e devocional que veio a transformar sua espiritualidade.

4. Wittenberg

Em 1511, provavelmente por ordens de Staupitz, Lutero retornara à cidadezinha de Wittenberg na Saxônia, onde havia estudado durante um ano, entre 1508 e 1509, dessa vez em caráter definitivo. Wittenberg se tornaria o palco da Reforma de Lutero, que, por sua vez, transformou a economia e a estrutura social da cidade. Uma universidade obscura num canto desconhecido do império se tornou uma instituição de renome internacional, para onde afluíam multidões de estudantes, e uma cidade insignificante se converteu num grande centro editorial. Mas era o provincianismo da universidade que criava o tipo de comunidade pequena em que um homem como Lutero poderia florescer, onde poderia desenvolver livremente suas ideias, sem as restrições de uma instituição mais antiga e mais estabelecida.

Quando Lutero chegou a Wittenberg, a cidade estava em obras. O castelo e a igreja passavam por ampliações e reformas, os novos edifícios universitários estavam em construção, e planos ambiciosos para uma prefeitura local estavam em andamento — um edifício gigantesco de cinco andares, em estilo renascentista, que só seria concluído em 1535.[1] Não eram apenas edifícios cívicos que surgiam na planície de Wittenberg. Os acadêmicos e funcionários que o governante saxônico atraía para a cidade precisavam de moradia, isso sem citar os artesãos que lhes proviam o necessário e as atividades correlatas indispensáveis a uma universidade, como impressores e encadernadores. Os regulamentos urbanos utilizavam a tática do chicote e da cenoura para incentivar

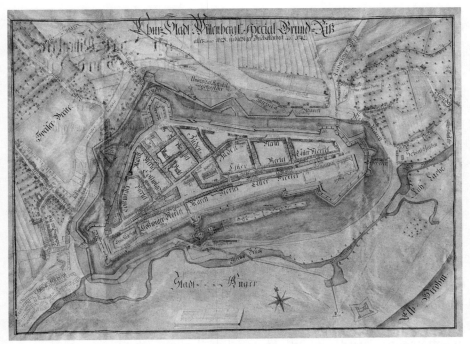

12. *Mapa de Wittenberg, 1623. O castelo do eleitor está na parte inferior esquerda do triângulo; o mosteiro agostiniano, à dir., na outra ponta da rua, junto ao muro. A cidade era cercada por um fosso, e as fortificações tinham sido ampliadas desde o tempo de Lutero; ele reclamara das obras de melhoria dos muros.*

as construções, determinando que quem comprasse um terreno teria um ano de prazo para concluir a obra, mas receberia total isenção fiscal durante o período. As novas casas, mesmo não podendo rivalizar com os palácios dos grandes comerciantes de Augsburgo ou Nuremberg, eram pretensiosas: exibiam janelas emolduradas de arenito, entradas sofisticadas, motivos renascentistas, e suas fachadas imponentes ao longo da rua ocultavam elegantes pátios internos.[2]

Como inúmeras cidades da Saxônia, Wittenberg era construída a partir do cruzamento de duas ruas principais. Friedrich Myconius, amigo de Lutero que chegou nos anos 1520 vindo de Annaberg, cidade de mineração de prata, zombava das casas baixas de madeira, que mais pareciam cabanas aldeãs do que residências urbanas.[3] Um dos extremos da cidade era dominado pelo castelo do eleitor, o outro, pelo mosteiro agostiniano e pela universidade. Ao todo, não passavam de nove ruas e, saindo das duas vias principais, as ruas se estreitavam e as casas eram bem menos imponentes. Havia três portões principais, que davam para as rotas comerciais mais importantes e para o porto fluvial, sendo o rio Elba a grande via de transporte dos materiais pesados de construção.[4]

Wittenberg também era uma cidade-fortaleza. Durante o século XVI, os dirigentes da Saxônia fizeram constantes ampliações e melhorias nas fortificações, aumentando-as consideravelmente nos anos 1540 — quando as estruturas de defesa invadiram o ex-mosteiro onde Lutero morava com a família, para seu grande aborrecimento. Como outras cidades saxônicas do período, Wittenberg havia sido um núcleo colonial, fundado em território eslavo quando os germânicos migraram para o Leste no final do século X, em busca de novas terras: a cidade se destinava a eliminar a população autóctone da área. O cultivo e o esplendor germânicos ocultavam o passado brutal da cidade, e as novas obras em construção encobriam qualquer vestígio das habitações anteriores. Os *Wents* [vênedos], um povo eslavo, só tinham autorização para morar na periferia e não podiam ser cidadãos; a cidadania era reservada aos que fossem de língua alemã e cujos avós paternos e maternos fossem germânicos.[5] Ainda existiam aldeias vênedas não muito distantes de Wittenberg, e os nomes dos assentamentos guardavam influência eslava. Lutero considerava os eslavos "a pior nação de todas", com suas vilas e aldeias repletas de demônios. Como os colonizadores, ele tinha medo dos que haviam sido espoliados. Se não fossem os príncipes eleitores devotos, disse ele em 1540, "a universidade não duraria um ano por causa dos vênedos; acabariam conosco à míngua".[6]

A outra minoria expulsa de Wittenberg tinha sido os judeus. Os mitos do "libelo de sangue" ainda eram correntes na época, sobretudo no Sul da Alemanha, onde as comunidades judaicas eram sistematicamente acusadas de raptar e matar crianças cristãs para usar o sangue em cerimônias religiosas. Em Wittenberg, o antissemitismo tinha outros matizes. A principal igreja paroquial se situava logo atrás do muro da cidade, e era ali que se enterravam os cidadãos importantes. No alto da fachada da igreja há uma escultura de pedra com uma "leitoa judia", datando provavelmente dos anos 1280. Mostra uma leitoa gorda com as tetas pendentes, nas quais sugam dois judeus, identificáveis por seus chapéus característicos e pelos círculos amarelos nas roupas que eram obrigados a usar, como as prostitutas. Outro agarra um leitãozinho pelas orelhas e tenta montar nele, enquanto um quarto judeu robusto está com a cabeça perto da traseira da leitoa. A escultura sugere que os judeus não só são porcos,

13. A leitoa judia na fachada da igreja paroquial de Wittenberg.

mas olham dentro do ânus do animal. A estátua serviria supostamente para afastá-los, colocando os judeus como demônios e gárgulas na fachada da igreja.[7]

Os judeus haviam sido expulsos de Wittenberg em 1304, mas a existência de uma "rua dos judeus" no centro da cidade — como em muitos outros centros urbanos germânicos — atesta sua presença anterior.[8] De fato, na época de Lutero, um dos quatro bairros em que se dividia a cidade, para fins militares e tributários, ainda se chamava "bairro dos judeus". Quando Lutero tomou a estrada de Wittenberg a Eisleben, nos seus meses finais de vida, ficou apavorado ao atravessar vilarejos com "montes" de moradores judeus e comentou numa carta à esposa o receio de o hálito deles tê-lo deixado doente.[9] Como muitas outras cidades em que haviam ocorrido pogroms nos séculos XIV e XV, a expulsão dos judeus estava ligada a um vigoroso renascimento da devoção a Maria, que, segundo os cristãos, era desonrada pelos judeus: a igreja paroquial em Wittenberg era dedicada a ela.[10]

As ricas minas de prata na Erzgebirge, que fazia parte do território de Frederico, tornou possível a construção de todos esses novos edifícios em Wittenberg. Frederico era eleitor, um dos sete príncipes do império com direito a escolher o imperador, sendo, portanto, uma figura importante na política imperial. Em comparação com as prósperas cidades mercantis do Sul da Alemanha, como Nuremberg ou Ulm, que se beneficiavam do comércio com a Itália, a Saxônia eleitoral era atrasada: possuía riquezas da mineração, mas lhe faltava elegância e bom gosto. Frederico estava decidido a adquirir esses atributos e, ademais, concorria com seu primo Georg, que herdara a outra metade da Saxônia, incluindo Leipzig e sua universidade. Dirigente de grande sagacidade, Frederico sabia explorar seus recursos. Criou a universidade em Wittenberg sem grandes despesas, transformando habilmente o mosteiro agostiniano local em braço da nova instituição, utilizando seus integrantes como docentes e também aproveitando os talentos do mosteiro franciscano. Tudo e todos tinham dupla função. A nova igreja do castelo também operava como salão de reuniões da universidade; o principal edifício universitário, "Leucorea", ou montanha branca — tradução literal do nome da cidade para o grego —, erguia-se ao lado do mosteiro agostiniano.[11] Todo o empreendimento foi financiado pela fundação de Todos os Santos, que enriquecera graças aos peregrinos que iam visitar a espantosa coleção de relíquias de Frederico. Tais fundos foram complementados com verbas da fortuna pessoal do eleitor, mas, apesar disso, a universidade ainda sofria com limitações financeiras, e Wittenberg tinha dificuldade em concorrer com os salários acadêmicos oferecidos por Tübingen, Leipzig ou Colônia. Periodicamente, outras universidades rivais tentavam abocanhar os principais catedráticos: mais de uma vez, Lutero teve de arrancar do eleitor mais verba ou melhores condições para ajudar a conservar Melâncton, o novo professor de grego, que se tornara seu braço direito.

É uma estranha ironia que o trabalho acadêmico de Lutero tenha sido possível, inicialmente, graças ao comércio de relíquias. Ele tinha plena clareza dessa contradição. Como o peregrino ganhava um desconto de certo número de dias no purgatório ao contemplar cada relíquia, a coleção de Frederico representava uma concorrência direta às indulgências papais. Seus pontos altos eram um mostruário com um espinho da coroa de Cristo e o cadáver inteiro de um dos Santos Inocentes, os meninos executados por Herodes.[12] Com 117 relicários e 19 013 fragmentos de ossos de santos, a coleção de relíquias de Frederico rivalizava, em 1520, com a de Albrecht de Mainz.[13] Frederico proibia a venda de indulgências em seu território, em parte pelo receio de que o comércio da peregrinação de Wittenberg fosse afetado caso outras igrejas da Saxônia passassem a divulgar a venda de indulgências.

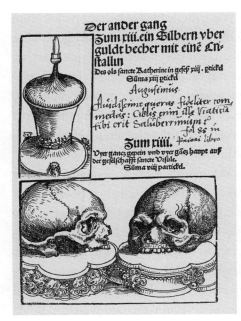

14, 15 e 16. Ilustrações de Lucas Cranach num livro que anunciava a igreja do castelo de Wittenberg e seus tesouros. A água-forte mostra o eleitor Frederico e seu irmão, o duque Johann; a xilogravura mostra a igreja do castelo. Cada relíquia recebeu ilustração, e a pintura inferior mostra o óleo de santa Catarina e os dois crânios inteiros das Virgens de santa Úrsula.

O dinheiro que os peregrinos traziam, porém, não era a única razão para o desejo constante de Frederico de adquirir mais e mais relíquias.[14] Era uma maneira de fazer da Saxônia um local sagrado e, assim, sua população não precisaria ir até Roma, mas podia obter a graça em solo natal. As relíquias, portanto, instilavam um senso de patriotismo local e, quanto mais, melhor: esse tipo de religiosidade trazia em si uma dinâmica expansionista própria.[15] A devoção popular também podia ser útil para a dinastia. Quem se ajoelhasse diante do relicário que continha o espinho sagrado e orasse pelas almas de Frederico, de seu irmão, duque Johann, e de seus antepassados — bem como aquele que contribuísse para a reconstrução da igreja de Frederico ou a incluísse em seu testamento — ganhava cem dias de indulgência.[16] Era um bom negócio. Em 1490, Frederico e Johann tinham chegado a garantir um "breve pontifício da manteiga", que permitia aos saxônicos comer laticínios durante o Advento, se pagassem uma soma anual a seus governantes; o dinheiro então foi usado para construir uma nova ponte de pedra sobre o Elba.[17]

As relíquias também se destinavam a maravilhar o espectador, com a beleza e o engenho dos relicários em que estavam. Eram feitos dos metais mais preciosos, ouro e prata, e cravejados de pedras preciosas cintilantes. Eram imponentes demonstrações da fortuna — e da graça — do governante e, ao contrário das coleções posteriores de preciosidades principescas, eram periodicamente expostas a todos os súditos do príncipe, sem ficar guardadas num gabinete particular de curiosidades. Frederico determinou que o artista da corte Lucas Cranach, o Velho, fizesse um catálogo impresso e inteiramente ilustrado de seus tesouros, que constituía uma obra de arte por si só, publicado em 1509. Albrecht de Mainz copiou essa iniciativa dois anos depois, com a vantagem adicional de ter a página de rosto ornada com seu próprio retrato feito pelo maior artista da Alemanha, Albrecht Dürer.[18]

As relíquias eram expostas na igreja do castelo, e Frederico encomendou os retábulos a artistas importantes. Ao contrário de patronos posteriores, ele utilizou sobretudo artistas alemães, não italianos ou holandeses, o que aumentava a impressão de ser um estilo especificamente local e patriótico, com sua simplicidade devocional sincera, em oposição à bela e opulenta arte sacra italiana da época. Com suas nove obras de Dürer, Cranach e Matthias Grünewald, a coleção de altares da igreja rivalizava em qualidade artística com qualquer outra da época. Passado apenas meio século, quando o eleitorado da

Saxônia foi derrotado, a coleção foi desfeita, sendo, portanto, agora impossível para o visitante da igreja, amplamente reformada no século XIX, ter uma noção de sua aparência nos dias de Lutero. Como espaço devocional, devia ser impressionante. Mas era também o florescimento final de um estilo pictórico que viria a ser destruído pela própria Reforma, ao perder sua função espiritual.

A magnificência da igreja era ainda mais notável por se encontrar numa cidadezinha de apenas 2 mil a 2500 habitantes.[19] Em termos políticos, Wittenberg era uma povoação de homens novos, sem uma classe patrícia e com sistemas de governo bastante rudimentares. Todos os contratos — acordos de venda, partilhas de bens, testamentos, doações, licenças de casamento — eram registrados perante o tribunal civil, e o arquivo judicial servia de repositório de todos os documentos legais. Esse sistema dispensava notários e cartórios, mas só poderia funcionar enquanto o volume não sobrecarregasse o tribunal. Em sua grande maioria, a elite da cidade antiga não tinha formação universitária nem qualificação jurídica, ao passo que os novos moradores dominavam o latim e eram qualificados nas novas áreas de conhecimento. Logo impressores como Johann Rhau-Grunenberg montaram oficina ao lado do mosteiro e perto da nova Leucorea. Surgiu uma perfumaria vizinha ao edifício da universidade, atestando os gostos refinados da crescente população local.[20]

O próprio conselho municipal diferia dos orgulhosos grupos de cidadãos nas cidades imperiais do Sul da Alemanha. Essas cidades, submetidas diretamente ao imperador, podiam fazer suas próprias leis. Podiam julgar seus cidadãos, condená-los à morte e executá-los sem direito a recurso; os conselheiros, usando sua elegante toga negra, podiam comparecer às Dietas Imperiais, participar da política do império e até desenvolver sua própria política externa. *Stadtluft macht frei* — o ar da cidade liberta —, dizia o adágio. Ainda que, na prática, essas cidades geralmente fossem governadas por pequenas oligarquias de aristocratas e comerciantes, o mito da participação cívica conservava sua força. Os conselhos municipais eram compostos por várias centenas de cidadãos, e todos os anos prestava-se um juramento mútuo, em que o conselho se comprometia a defender o bem comum dos cidadãos. Em Wittenberg, por outro lado, embora a cidade tivesse soberania para aplicar a justiça penal, quase nada podia acontecer sem a concordância do eleitor. As atas do conselho no começo do século XVI são uma leitura deprimente. Realizavam-se discussões e encaminhavam-se sugestões ao eleitor, que então concordava ou discordava;

de qualquer maneira, ele tinha a palavra final. O poder supremo cabia ao príncipe e era a proximidade com o eleitor, não a participação no conselho, que conferia influência política a um indivíduo.

Lutero devia estar a par desse sistema, pois foi sob ele que decorreu sua infância em Mansfeld. Esperava naturalmente que o poder viesse de cima, e não que fosse conferida alguma legitimidade a partir de baixo. Isso explica por que sua Reforma foi tão diferente da que surgiu no Sul, e por que sua teologia do poder se afigura tão reacionária. Ele simplesmente não conhecia os valores mais democráticos das comunas germânicas meridionais — e, em Erfurt, ele vira o caos político, quando as facções da cidadania em guerra se dilaceraram mutuamente: dificilmente poderia existir melhor demonstração dos danos causados pelo facciosismo. Por mais conservadoras que fossem as políticas de Lutero, elas estavam sintonizadas com as novas realidades políticas da época; pois foram os grandes territórios dos príncipes que se tornaram os esteios da Reforma, ao passo que as comunas cívicas do Sul da Alemanha ingressaram na fase de declínio de seu poder.

Lucas Cranach, o Velho, foi um dos novos chegados a Wittenberg. Chegou em 1505, logo antes de Lutero, e, como pintor do eleitor, montou um estúdio no castelo. Seus retratos de Lutero — primeiramente jovem, magro, intenso, e depois corpulento, troncudo, impositivo — moldaram a imagem pública do reformador, e a parceria entre os dois teve imensa importância para a Reforma. Em 1512, Cranach comprou duas casas contíguas na praça do mercado, que reformou de modo a incluir um estúdio com dimensões suficientes para criar painéis de grandes dimensões, ampliando com isso a quantidade, o tamanho e a ambição das obras que poderia criar. Então, em 1518, ele comprou o Cranachhof, um conjunto de edifícios com uma casa de quatro andares e seis anexos que formavam um pátio interno, com inúmeras janelas. Sua residência na praça principal era uma das casas mais imponentes da cidade, um grande edifício com uma elegante fachada renascentista e espaço para depósitos e oficinas, com capacidade para hospedar visitas importantes, como o rei exilado da Dinamarca ou o governante de Brandemburgo.[21]

Cranach, conhecido como "o pintor rápido", tinha bom olho para negócios. Visto que não havia outro pintor na cidade e nenhum fornecedor de pigmentos, pincéis, óleos e telas de que precisava, e que eram de facílima obtenção em Nuremberg ou Augsburgo, ele tinha de importar todos esses materiais. Cranach fez da necessidade uma virtude. Como sobrava muito espaço nos coches que traziam suas encomendas, ele montou um negócio de importação de vinhos finos e produtos farmacêuticos. Chegou a adquirir o monopólio sobre a importação e a venda desses artigos — concessão que o conselho municipal lamentaria posteriormente, pois a reclamação era de que o pintor, que já era o homem mais rico da cidade em 1528, estava explorando seu controle comercial dos produtos farmacêuticos para empurrar medicamentos de baixa qualidade para a população.

O ingresso de Cranach no comércio não só nos diz muito sobre seu tino para os negócios, mas também nos mostra o tipo de lugar que Wittenberg era na época. Revela como era reduzida a elite empresarial local e como faltavam iniciativas para importar sistematicamente artigos de luxo. Os depósitos de Cranach logo se tornaram grandes tesouros, com tecidos e materiais de todas as espécies; Lutero perambulava entre eles, para ver os artigos que haviam chegado das feiras de Leipzig, e certamente devia provar os finos vinhos do Reno que Cranach também importava.

A nova vida de Lutero se parecia pouco com os anos anteriores em Erfurt. Visivelmente numa situação pouco confortável enquanto não adquiria posição e autoridade, o doutorado obtido em outubro de 1512 deu presença pública ao rapaz de 28 anos. Se em Erfurt, ao que tudo indica, Lutero não conhecia praticamente nenhum cidadão local, em Wittenberg logo se familiarizou com o pequeno círculo de intelectuais, impressores e artistas daquela cidade que brotava da lama. Sua amizade com Cranach, que foi um dos primeiros "homens novos" a ingressar no conselho de Wittenberg, permitiu-lhe o contato com a elite antiga da cidade, como o prefeito Hans Krapp, que morreu em 1515 e cuja filha se casou posteriormente com Melâncton. Também travou amizade com o ourives Christian Döring, que trabalhava com Cranach.[22]

Agora, Lutero gozava de posição mais alta na ordem agostiniana. Como vigário distrital, cargo para o qual foi eleito por três anos após o sermão de Gotha em 1515, estava encarregado de onze mosteiros. Demonstrou-se um administrador de pulso firme. Pelo visto, Lutero herdara a inteligência empresarial do pai e defendeu com tenacidade os rendimentos do mosteiro de Wittenberg, insistindo numa contabilidade financeira meticulosa. Grande parte do trabalho, porém, referia-se aos monges, promovendo-os dentro da ordem e transferindo-os de um mosteiro a outro. Dispensou sem a menor cerimônia o prior de Neustadt an der Orla, dizendo ao mosteiro que "a causa exclusiva ou principal da desordem [no mosteiro] é a discórdia com o chefe e prior de vocês, e isso é mais prejudicial do que uma discórdia entre um irmão e outro. Portanto, determino [...] que você, irmão Michael Dressel, renuncie ao cargo e ao respectivo sinete".[23] Certamente não esqueceu os amigos. Um de seus primeiros atos ao se tornar vigário distrital em 1515 foi nomear seu velho amigo e colega monge Johannes Lang para o cargo de prior em Erfurt.[24] Humanista e grande amigo de Lutero, Lang o seguira na mudança de Erfurt para Wittenberg em 1511. A ordem de voltar a Erfurt não só era uma ajuda a um amigo, mas também imprimia a autoridade de Lutero em sua ex-comunidade, apenas dois anos depois da ríspida correspondência sobre o doutorado. Lang era mais ou menos da mesma idade de Lutero, e sua nomeação aos trinta anos marcava o advento da nova geração dos "rapazes de Staupitz". Lutero tinha consciência de que a tarefa de Lang não seria fácil — sabia que surgiriam "reclamações entre os irmãos" — e aconselhou-o a manter o orçamento sob controle, anotando todas as entradas e saídas, para poder ver "se o convento é mais um mosteiro do que uma taverna ou estalagem" —, estratégia que dificilmente serviria para aplainar o caminho do amigo.[25] Nesse meio-tempo, Wenzeslaus Linck, outro protegido de Staupitz, fora nomeado prior do mosteiro em Wittenberg; e viria a se tornar um dos amigos de Lutero por toda a vida.

Consolidou-se à sua volta um novo círculo de amigos, não só dentro, mas também fora da ordem agostiniana. Georg Spalatin — secretário, bibliotecário e futuro confessor de Frederico, o Sábio — foi um dos mais importantes, possibilitando a existência da Reforma ao assegurar a proteção do governante saxônico. Até 1525, foi ele o correspondente mais assíduo de Lutero e o interlocutor a quem este revelava suas preocupações diárias e suas ansiedades mais profundas. A amizade entre ambos teve início pelas vias sinuosas habituais nos círculos humanistas: Spalatin conhecia Johannes Lang e conseguiu que este o apresentasse a Lutero. Como bibliotecário do eleitor, Spalatin era responsável pela biblioteca da universidade e também conselheiro de políticas universitárias, de modo que ambos tinham de trabalhar juntos.[26]

Spalatin tinha acesso irrestrito ao eleitor e toda a correspondência passava por ele: dominava o latim, ao passo que o eleitor só se sentia realmente à vontade com o alemão.[27] Era uma época em que os indivíduos eram muito mais importantes do que os cargos formais que ocupavam e a política era intensamente pessoal, e assim quem tinha acesso a um governante também detinha um enorme poder. Spalatin não só proporcionou a Lutero uma via de acesso a Frederico e à sua corte, como também o apresentou a um círculo de humanistas de Nuremberg, que forneceram um apoio fundamental nos primeiros anos da Reforma. Embora Staupitz contasse com um grupo de admiradores em Nuremberg, foi Spalatin quem apresentou Lutero a Christoph Scheurl, o poderoso secretário civil da cidade, de inteligência jurídica brilhante e que também passara um tempo no corpo docente do curso de direito em Wittenberg. Foi essa ligação com o próspero Sul da Alemanha que, pela primeira vez, conduziu Lutero para além dos estreitos horizontes de um mundo formado por Erfurt, Mansfeld e Wittenberg. Mais tarde, ele reconheceu o quanto devia a seus amigos cultos de Nuremberg, que se tornaram alguns de seus defensores mais importantes.

17. Retrato de Christoph Scheurl, por Lucas Cranach, o Velho.

* * *

Havia muito a fazer na nova Universidade de Wittenberg. Ainda era preciso terminar as obras de construção, estabelecer solidamente as linhas de estudo, contratar pessoal e atrair estudantes.[28] E, embora fosse de fundação nova, Wittenberg rapidamente inventou suas tradições próprias, que Lutero veio a acalentar. Logo depois de ter sido criada, a universidade encontrou seu divulgador, Andreas Meinhardi, que publicou em 1508 um diálogo em latim fazendo o elogio da instituição. Ainda que essa obra não lhe valesse o cargo acadêmico que desejava, garantiu-lhe a posição de secretário civil do conselho municipal, que ocupou até o fim da vida. Meinhardi descreveu os rituais com que se recebiam os novos estudantes, e provavelmente não eram diferentes dos rituais de iniciação no resto da Alemanha. Um grupo de veteranos cercava o calouro, passava-lhe terra e fuligem no rosto, puxava-lhe a barba (se tivesse), esfregava-lhe a cara com cerdas de porco, era besuntado com "aquilo que as pessoas deixam atrás da cerca" e "batizado" com vinho. O chamado "Beanus" tinha de oferecer aos professores uma refeição comemorativa, acorrentado e ritualmente humilhado. O cabelo era lavado com uma gosma pegajosa feita de bosta de cavalo, punham-lhe chifres na cabeça, limavam-lhe os dentes; caçoavam de sua inteligência, primeiro arreliavam-no em relação às garotas e depois especulavam sobre o tamanho e a qualidade de seu ânus. É difícil imaginar uma humilhação mais completa ou uma introdução mais penosa à hierarquia acadêmica, que as vítimas depois infligiriam a outra pessoa.[29]

A universidade pretendia fazer parte da nova ciência, mas, embora diversos eruditos e humanistas famosos visitassem e dessem palestras lá, nos primeiros anos nenhum deles ficou por muito tempo. Na verdade, a universidade era de orientação escolástica, e seu primeiro reitor, Martin Pollich von Mellerstadt, era um velho conservador que adotava a *via antiqua* e resistia a qualquer desvio dos ensinamentos de Aristóteles e Duns Scotus. Contra a influência de Mellerstadt, Staupitz e outros se empenharam em introduzir a *via moderna*, mas as ideias humanistas que empolgavam tantos estudiosos na Europa naquela época não faziam parte de seus programas. A teologia ocupava papel de destaque na universidade, e muitos de seus docentes — inclusive o próprio Mellerstadt — tinham se transferido de outras disciplinas para aquela que era tida como a rainha das ciências, para transformá-la na fonte intelectual central

18, 19 e 20. Três xilogravuras de 1578 ilustram os rituais em Wittenberg, mostrando os rostos pintados de preto e os barretes bicornes de bobo dos calouros. Os instrumentos cerimoniais — serra, alicate, machado, pincel, sino etc., todos dourados — usados na Universidade de Leipzig sobreviveram até hoje. Os rituais, que também incluíam um arremedo de confissão, são claras paródias de cerimônias religiosas, mas mesmo assim Lutero defendeu que fossem preservados. Tal como Staupitz brincava dizendo que Lutero precisava do Demônio, da mesma forma Lutero nunca censurou um ritual que captava, em certa medida, a natureza absolutamente pecaminosa do cristão — e, nesse caso, do calouro universitário.

da universidade. Entre os docentes de teologia, Andreas Karlstadt era seguidor de São Tomás de Aquino. Johannes Lang dava aulas de filosofia moral. Lang convivera com círculos humanistas em Erfurt e aprendera grego e hebraico para ler a Bíblia no original; Lutero aprendera hebraico com ele. Nessa amizade extremamente produtiva, Lutero pode ter adotado ideias humanistas por intermédio de Lang, e juntos introduziram no ensino universitário o novo humanismo bíblico, com sua crítica ao escolasticismo e sua decisão de retornar aos textos originais.[30] Mas não era uma amizade entre pares. Ainda que Lutero provavelmente tivesse apenas quatro anos a mais, a admiração de Lang por ele ficou evidente desde o começo, e Lutero não mediu suas palavras ao perceber, depois de lhe enviar as Noventa e Cinco Teses, em 1517, que Lang não entendera sua nova orientação teológica.[31]

O cargo de Lutero na universidade, que herdara de Staupitz e manteria até a morte, era o de professor da Bíblia, consistindo em dar aulas sobre as Escrituras, sustentar debates e pregar a alunos e membros da universidade.[32] Ele assumiu a tarefa com gosto, discorrendo primeiro sobre os Salmos. Entre 1515 e 1516, utilizou-se das novas técnicas de impressão ao tratar dos Romanos, tendo encomendado ao impressor da universidade, Johann Rhau-Grunenberg, a impressão do texto da Vulgata com espaçamento duplo e margens generosas nos quatro lados. Então, durante as aulas, Lutero lia em voz alta suas glosas e emendas ao texto, baseando-se nas edições mais atualizadas de Faber Stapulensis e no texto de Lorenzo Valla na edição de Erasmo, que os estudantes inseriam em seus exemplares individuais. Lutero expunha o significado do texto, trabalhando a partir de notas que preparara de antemão, porém às vezes improvisava.[33] Johann Oldecop, futuro adversário da Reforma, relembra como Lutero explicava bem as passagens bíblicas, usando não o latim, mas o alemão.[34] Esse estilo de aula, que se mantinha bastante colado ao texto, dava aos estudantes uma sensação quase tátil de lidar e trabalhar diretamente com as Escrituras.

Essa abordagem também estava transformando Lutero. Um ano antes de morrer, revendo o passado e escrevendo uma curta autobiografia como prefácio para o conjunto de suas obras em latim, ele lembrou a importância de seu contato com o texto de Romanos. "Até então não era o sangue frio rodeando o coração", escreveu ele, referindo-se a seu estado emocional de melancolia, "mas apenas uma palavra no capítulo 1[,17], 'Nele se revela a justiça divina', que se interpunha em meu caminho. Pois eu odiava aquela expressão 'justiça divina', que [...] eu tinha aprendido a entender filosoficamente como justiça formal ou ativa, como diziam, com a qual Deus é justo e pune o pecador injusto." Lutero tentara ser um monge perfeito, mas "sentia que era um pecador perante Deus com uma consciência extremamente perturbada [...] eu não amava, na verdade eu odiava o Deus justo que pune os pecadores".[35]

No entanto, o comentário manuscrito sobre essa passagem em suas aulas de 1515-6 citava Santo Agostinho e afirmava com sobriedade muito maior que "a justiça divina é a causa da salvação [...] a justiça pela qual Deus nos faz justos. Isso se dá por meio da fé no Evangelho". Na época provavelmente não era óbvio, nem mesmo para Lutero, que isso escapava inteiramente ao agostinianismo ortodoxo.[36] As implicações dessa ruptura intelectual não se evidenciaram de imediato, mas foram surgindo gradualmente nos anos subsequentes, quando Lutero discorria sobre os Salmos, os Hebreus e os Gálatas, num envolvimento muito próximo com o texto bíblico; de fato, como veremos, ele atribuiu uma datação bem posterior a essa ruptura, como sendo 1519.[37]

O trabalho intelectual era claramente compatível com sua personalidade. Além de estudar teologia, ele dera aulas desde o começo, e agora a experiência de lecionar, junto com o título do doutorado, devia-lhe conferir um senso de autoridade. Sua primeira obra propriamente dita, porém, uma tradução alemã e a exposição dos sete Salmos Penitenciais, só apareceu em 1517.[38] Como explicou Lutero, sua tradução se baseava na velha Vulgata de Jerônimo em latim, mas ele a corrigiu mediante a edição hebraica do humanista Johannes Reuchlin, o principal hebraísta da época. Sentindo-se orgulhoso, o autor escreveu a Lang que, mesmo que a obra não agradasse a mais ninguém, agradara a ele. Como escreveu a Scheurl em Nuremberg, essa obra não se destinava a um público acadêmico; não visava sequer aos leitores altamente instruídos de Nuremberg, mas tinha em vista os "saxônicos incultos". Sem dúvida se enganava a esse respeito, pois o preço do livro e sua linguagem polida podiam torná-lo acessível, se tanto, à elite de Wittenberg, mas não aos saxônicos de modo geral.[39]

Diante disso, era surpreendente que Lutero se tornasse uma figura central na nova universidade tão depressa. Tinha pouco tempo de carreira, não vinha de classe social elevada e não havia publicado praticamente nada antes de 1517. Uma das razões talvez fosse porque, quando chegou em 1511, havia um grupo de acadêmicos da mesma faixa etária, criando um espaço mais homogêneo. Além de Lang, havia Andreas Karlstadt, três anos mais jovem, mas seu superior acadêmico, que lhe conferiu o doutorado. O professor de direito, Hieronymus Schurff, tinha apenas dois anos a mais; Wenzeslaus Linck, prior do mosteiro de Wittenberg de 1511 a 1515, obteve o doutorado em 1511, um ano antes de Lutero. Nikolaus von Amsdorf, sobrinho de Staupitz e dialético de grande competência, era apenas alguns meses mais novo; era um dos professores de filosofia, mas logo se transferiu para a teologia. Embora lecionassem em áreas diferentes, formavam um grupo de pares coeso; muitos tinham formação semelhante e vários eram agostinianos que moravam juntos no mosteiro de Wittenberg, que abrigava cerca de quarenta monges.[40]

Outra razão para o avanço de Lutero pode ter sido efeito de sua personalidade cheia de energia numa instituição ainda pequena. Mesmo em 1536, havia apenas 22 cátedras em Wittenberg: quatro em teologia e em direito, três em medicina e onze em artes.[41] Karlstadt, por exemplo, recebeu profunda influência do colega antes subordinado a ele e agora seu novo amigo, e absorveu rapidamente suas ideias. Em 1516, Bartholomäus Bernhardi, aluno de Lutero, apresentou uma *disputatio*, parte da formação acadêmica habitual, em que adiantou algumas das ideias de Lutero sobre a graça, que haviam sido desenvolvidas nas aulas sobre Romanos; durante o curso, Lutero afirmou publicamente que não acreditava que Santo Agostinho fosse autor do tratado que lhe era atribuído, *De vera et falsa poenitentia*. Karlstadt discordou enfaticamente e providenciou de imediato um exemplar para si em Leipzig. Mas, ao reler o texto, concluiu que Lutero tinha razão e começou a se influenciar pela sua interpretação de Agostinho.[42] Radical e ardoroso, Karlstadt logo perdeu a linha de raciocínio e sentiu necessidade de orientação: a intensidade de Lutero, ao que parece, desencadeara sua criatividade, levando-o a repensar todas as suas posições intelectuais e espirituais. Schurff, de natureza mais cautelosa, também se sentiu cativado, talvez porque Lutero conseguisse expressar o desespero e o sentimento de pecaminosidade que ele também vivenciara. Lutero tinha claramente uma energia intelectual que atraía os outros para si, em parte por reconhecerem suas ideias próprias naquilo que ele argumentava. Tinha decisão e independência intelectual e era capaz de expor opiniões complexas de maneira apaixonada. Mais do que por superioridade intelectual, provavelmente foi por causa de seu vigor e convicção que Lutero se tornou tão rápido a principal figura em Wittenberg.

Foram tempos de grande entusiasmo quando aquela geração de intelectuais sentiu que presenciava o nascer de uma nova era. Parecia que o escolasticismo, com sua atormentada deferência a Aristóteles, chegava ao fim. O currículo universitário em Wittenberg era uma cuidadosa conciliação entre a *via moderna* e a *via antiqua*, mas em 1516 Johannes Lang comentava empolgado que os estudantes estavam "acompanhando avidamente as aulas sobre a Bíblia e os Pais da Igreja, enquanto os chamados doutores escolásticos mal chegam a ter dois ou três ouvintes".[43] Em 1517-8, Lutero discorreu sobre os Hebreus,

Karlstadt sobre Agostinho, o humanista Aesticampianus sobre Jerônimo — era todo um programa de estudos revigorado por um retorno às fontes ao estilo humanista.

Também havia causas apaixonantes. Os humanistas se uniram para defender o hebraísta Johannes Reuchlin, sob perseguição dos dominicanos de Colônia, que queriam destruir todos os textos hebraicos. Spalatin consultou Lutero, em 1514, sobre sua posição a respeito do assunto e recebeu uma resposta sem rodeios, em que Lutero defendia o homem cuja gramática fora usada pessoalmente por ele quando estava aprendendo hebraico com Lang, em Erfurt. A blasfêmia judaica, declarou Lutero, não podia ser expiada como queriam os dominicanos, porque os profetas do Antigo Testamento haviam previsto que os judeus insultariam e blasfemariam contra Cristo, de modo que a destruição do Antigo Testamento apagaria essas provas e converteria Deus e os profetas em mentirosos. Tinha profunda convicção, "mais do que a linguagem pode expressar", e insistiu que os que não entendiam esse paradoxo não entendiam nada de teologia. Todavia, não mostrava nenhuma simpatia pelos textos judaicos em si: até o fim da vida, sustentaria que eram, de fato, blasfemos.[44]

Dois dos textos de Lutero mais significativos dessa época eram teses de debate compostas para seus alunos, como aquela que compusera para Bernhardi. A praxe era que o estudante expusesse teses que refletissem as ideias do mestre, como parte de seu avanço gradual, por etapas. Eram debates ritualizados, que dependiam da habilidade retórica e argumentativa, e constituíam uma espécie de agressão intelectual autorizada. Uma vez que a posição sobre o tema era apresentada como uma série de asserções sequenciais inter-relacionadas, era mais fácil aceitar ou rejeitar pontos específicos da argumentação e examinar os elos entre uma proposição e outra. Esse método dava liberdade e permitia aventuras intelectuais, porque era possível testar as ideias sem precisar sustentar que eram verdades estabelecidas. Esses testes e o combate intelectual exerciam grande atração em Lutero, e a Reforma viria a desenvolver essa técnica e transformá-la em grande arte.

Em 1517, Franz Günter, aluno de Lutero, defendeu um conjunto de teses desenvolvidas pelo mestre contra o escolasticismo, que são, em muitos aspectos, mais radicais e mais chocantes do que as Noventa e Cinco Teses. Proclamavam que Aristóteles era não só desnecessário, mas francamente prejudicial aos estudos teológicos. Numa universidade em que Aristóteles constituía parte importante do currículo, essa posição era um tapa na cara daqueles que, como Nikolaus von Amsdorf, ministravam aulas sobre a Ética aristotélica. Mas o aluno de Lutero venceu o debate, e o corpo docente lhe concedeu unanimemente a vitória. Lutero então enviou as teses a Erfurt, mas não em seu nome, pois sabia que encontrariam oposição. Gracejou dizendo que os wittenberguenses as consideravam aceitáveis e "ortodoxas", mas que os erfurtianos as julgariam uma "cacodoxia" — uma doutrina de merda.[45] Tinha razão. Seus ex-colegas e ex-professores no mosteiro se sentiram ofendidíssimos.[46]

As teses formam um conjunto de proposições de extraordinária segurança, ordenadas como se uma derivasse da outra, mas a sequência é tão emocional quanto lógica. Lutero descreve com vivacidade suas proposições, uma após a outra, como "contrárias à opinião corrente" ou "em oposição aos escolásticos".[47] Elas apresentam sua recusa ardente e furiosa de toda a tradição teológica medieval, ao concluir: "Ninguém pode se tornar teólogo a menos que dispense Aristóteles".[48] As teses começam com uma defesa agressiva de Santo Agostinho e culminam nessa proposição radical: "A verdade, portanto, é que o homem, feito de uma árvore má, não pode senão querer e fazer o mal". Numa formulação memorável, ele diz: "O homem é por natureza incapaz de querer que Deus seja Deus. Na verdade, ele mesmo quer ser Deus e não quer que Deus seja Deus".[49] Lutero rejeita brevemente o argumento de Duns Scotus de que o bravo pode amar o bem público mais do que a si mesmo. É um comentário incidental que sugere a teoria política posterior de Lutero: a negação de que os homens sejam em algum momento capazes de pôr o bem comum acima do interesse próprio e a exclusão de qualquer forma de governo que não seja o poder autoritário do príncipe.[50] "Fora da graça de Deus é de fato impossível não sentir ira ou luxúria", afirma Lutero, insistindo que "não existe virtude moral sem orgulho ou contrição, ou seja, sem pecado". Estes não são propriamente os primeiros pecados que pensaríamos ser causa de perturbação para um monge, mas revelam o estado de espírito de Lutero nessa época, preocupado com a melancolia, as *Anfechtungen* e sua própria ira e orgulho.[51] Ironicamente, o conjunto das teses, rejeitando a filosofia por ser inimiga da teologia, emprega uma argumentação filosófica. Lutero, anos antes, podia ter reclamado com Braun por ter de estudar filosofia, mas era evidente que passara a dominar seus métodos. Como disse seu biógrafo Melchior Adam, "ele se lançou sobre a intrincada e espinhosa *Logick* daquela época", e as habilidades adquiridas lhe deram uma segurança no debate decorrente do pleno domínio de suas técnicas.[52]

Então, em 31 de outubro de 1517, Lutero afixou suas Noventa e Cinco Teses. Se a intenção era realmente gerar um debate, a função formal delas logo deixou de existir: ninguém aceitou o desafio. Escritas no estilo de suas teses contra o escolasticismo, elas possuem uma força retórica cumulativa que está muito distante de um texto acadêmico desapaixonado. A insistência inicial sobre a penitência e o arrependimento postulava uma abordagem religiosa totalmente inédita, e não um debate acadêmico, num crescendo até a denúncia de todo o sistema devocional baseado no cálculo das indulgências.

O cartaz impresso com as teses, com corpo tipográfico cerrado cobrindo uma folha inteira de tamanho A3, é um documento poderoso.[53] Todavia, é um pouco enigmático que as Noventa e Cinco Teses fossem conhecidas por essa designação: dos dois painéis remanescentes, um numerava as teses em blocos de 25 e o outro apresentava "Oitenta e Sete" teses, porque o impressor cometeu vários erros de numeração. Deviam existir outras placas impressas, agora perdidas. Mais tarde, numa carta ao amigo humanista Christoph Scheurl, de Nuremberg, Lutero frisou que nunca pretendera que as teses fossem publicadas ou lidas para além de um pequeno círculo, e alguns estudiosos tomam essa declaração como prova de que não as teria mandado imprimir. Mas Lutero estava também explicando por que não enviara um exemplar a Scheurl, como deveria ter feito, de forma que essa sua declaração dificilmente constitui uma prova conclusiva.[54] Quando enviou as teses a Johannes Lang em Erfurt, Lutero não pediu ao amigo que restringisse a circulação a um pequeno grupo. É difícil evitar a conclusão de que Lutero, muito embora insistisse mais tarde que "o Verbo fez tudo", pode ter dado uma pequena ajuda. Certamente seria exigir demais da credulidade supor que ele procederia com tanta frequência à laboriosa transcrição manual das teses para enviá-las a seus vários amigos.[55] A carta a Lang, significativamente datada de 11 de novembro, Dia de São Martinho, transborda de emoção, anunciando sua certeza de que as teses não iriam agradar a "seus teólogos" e se defendendo contra qualquer acusação de orgulho e temeridade.[56]

Redigida por um professor alemão desconhecido num grotão intelectual, a parte mais impressionante da história é a rapidez com que as Noventa e Cinco

Teses se difundiram. Foi, de fato, "sem precedentes", como escreveu ele a Lang. Em meros dois meses, eram conhecidas em toda a Alemanha e já eram objeto de refutação. Em Augsburgo, Urbanus Rhegius, clérigo catedralício, observou que a "nota de debate" de Lutero se encontrava por toda parte. Em Hamburgo, Albert Kranz as recebera no começo de dezembro; na Alsácia, Conrad Pellican se lembrava de tê-las em mãos no começo de 1518; Erasmo as enviou a Thomas More em 5 de março de 1518. Em Eichstätt, o bispo Gabriel von Eyb já as discutia no final de 1517 com Johannes Eck, amigo de Lutero. O próprio Lutero relembrou, talvez com certo exagero, que "atravessaram toda a Alemanha numa simples quinzena".[57]

Escrevendo ao bispo de Brandemburgo alguns meses depois, ele negou que as teses fossem verdades teológicas e insistiu que não passavam de proposições destinadas ao debate, mas logo passou a defendê-las energicamente.[58] Em seis meses, havia publicado seu *Sermão sobre as indulgências e a graça*, que teve 25 impressões entre 1518 e 1520. Quer as Noventa e Cinco Teses se destinassem ou não a um público mais amplo, esse sermão, escrito em alemão, tinha o claro propósito de difundir suas ideias para além de Wittenberg e por todo o império.

Como Lutero teve coragem de lançar tamanho ataque ao papado e aos valores fundamentais da Igreja? Mais tarde, ele disse que, naquela época, estava como um "cavalo vendado", obrigado a usar antolhos para se manter na linha reta. E rezava: "Se Deus quer começar com essa brincadeira me usando, ele devia se virar sozinho, sem meter a mim (isto é, minha erudição) no meio disso".[59] Descreveu um estado mental em que não tinha pleno controle de suas ações e transferia a responsabilidade a um poder mais alto. Mais tarde, usou várias vezes a palavra "Spil", jogo ou brincadeira, termo que em alemão pode ter conotações de frivolidade, para descrever as circunstâncias que envolviam a publicação das teses — como se Deus o estivesse usando para fazer alguma travessura e ele não respondesse plenamente pelo que fazia. Um jogo é também uma atividade cujo resultado não se conhece.

As cartas de Lutero durante esse período transmitem, sem dúvida, uma impressão de ardorosa determinação em trazer suas posições a público: não olha para os lados, apenas para a frente. Se as teses iniciais se detinham logo antes de questionar o poder do papa, agora Lutero escrevia que "o papa faz muito bem em conceder remissão às almas no purgatório, não pelo poder das chaves, as quais ele não tem". Mais tarde, lembrou a pergunta incrédula de

Hieronymus Schurff: "Você quer escrever contra o papa? O que você quer fazer? Eles [a Igreja] não vão admitir".⁶⁰ Lutero tinha plena consciência de que tomara um caminho que poderia levar ao martírio.

A reação às teses não se resumiu a aplausos, e uma das primeiras refutações veio como um grande golpe. O humanista Johannes Eck, conhecido e admirado por Lutero, que lhe fora recomendado por ninguém menos que seu amigo Christoph Scheurl, de Nuremberg, escreveu uma resposta demolindo seus argumentos. Lutero ficou profundamente magoado com o que lhe parecia ser uma traição pessoal e partiu furioso para a retaliação. Por outro lado, o entusiástico apoio que recebeu em Nuremberg contribuiu para a rápida difusão das teses entre a elite culta da Alemanha. Nuremberg não tinha universidade própria, mas era um centro de comércio, cultura e poder político, situado nas rotas comerciais entre a Itália e o Norte da Alemanha. Quando Johannes Cochlaeus redigiu sua *Breve descrição da Alemanha*, em 1512, colocou Nuremberg literalmente no centro, conectando todas as diversas regiões do país. Os contatos de Lutero em Nuremberg — humanistas, aristocratas e políticos — agora adotavam suas proposições. Havia até um círculo de "convivas agostinianos", incluindo alguns dos homens mais poderosos da cidade: "Quase todas as conversas à mesa foram sobre o tal Martinho: celebram-no, adoram-no, defendem-no, estão dispostos a enfrentar tudo por ele; recitam sua obra [...], beijam seus panfletos [...], leem avidamente todas as suas palavras".⁶¹ Originalmente, esses homens se dedicavam a seguir a espiritualidade de Staupitz, o mentor e confessor de Lutero; agora davam apoio e hábil aconselhamento a seu brilhante protegido, formando um público para ele no Sul da Alemanha. Scheurl atuava como um canal e, junto com outros, traduziu as teses para o alemão. Quando Lutero iniciara sua correspondência com o advogado, em janeiro de 1517, seu tom levemente floreado e obsequioso mostrava a importância dessa relação para ele: "Não quero que se torne meu amigo, pois essa amizade não resultará em fama sua, mas em dano seu, se o ditado for verdadeiro: 'Amigos têm tudo em comum'. Se, então, por essa amizade tudo o que é meu se tornar seu, sua riqueza aumentará apenas em pecado, tolice e desvalimento".⁶²

As pessoas não se limitavam a ler as teses: estavam agindo com base nelas. Em março de 1518, Lutero já escrevia preventivamente a Lang, em Erfurt, caso lhe chegassem os rumores de que as *Positiones* de Tetzel (em defesa das indulgências) haviam sido publicamente queimadas por estudantes na praça central de Wittenberg. Declarou que não tinha nada a ver com aquilo e lamentava muito o prejuízo causado ao pobre vendedor, a quem haviam comprado apenas uma parte das obras, enquanto outra parte haviam simplesmente pegado e atirado às chamas. Ele teria sido mais persuasivo se não tivesse anexado à carta um exemplar do livro de Tetzel, "recolhido das chamas", para que Lang visse como os papistas andavam enfurecidos com ele.[63] As primeiras queimas de livros, que depois se tornaram um traço tão característico da Reforma, foram, portanto, instigadas não pela Igreja católica, mas por seguidores de Lutero, e mostravam claramente ao que podiam levar. Tetzel já ameaçava Lutero com a fogueira e dizia que dali a duas semanas ele "iria para o céu com sua camisa de banho".

Não é difícil entender por que as Noventa e Cinco Teses geraram tanto alvoroço. A questão das indulgências estava ligada ao ataque contra o escolasticismo e fazia parte de uma impaciência geral com as velhas formas de fazer as coisas. Os humanistas podiam ver nas teses um ataque às autoridades estabelecidas, que se prendiam à sua filosofia própria em vez de retornar às fontes e reler os textos de maneira crítica. As teses também refletiam uma devoção laica que buscava o arrependimento genuíno e ansiava por uma união mística com Cristo: para essa sensibilidade espiritual, as indulgências constituíam um anátema. Com efeito, o mais importante de tudo, provavelmente, era esse questionamento. No que se referia ao próprio Lutero, as teses marcavam uma profunda mudança no entendimento de si mesmo, pois foi mais ou menos na época da publicação das teses que ele mudou seu nome. Deixou de se assinar "Luder", sobrenome do pai, e adotou o novo nome em grego "Eleutherius" — o libertado —, que continuou a usar por vários meses. "Luder" era um sobrenome um tanto infeliz para se herdar, pois, em alemão, guarda associações com frouxidão e imoralidade. Mesmo depois de parar de assinar como Eleutherius, ele conservou o núcleo do nome e passou a utilizar "Lutero".[64]

Como Lutero se tornou "o libertado", chegando à convicção teológica de que os seres humanos são justificados somente pela fé? Esta é, provavelmente, a questão a respeito da Reforma sobre a qual mais se verteu tinta, indagando onde, quando e em que exatamente consistiu a "ruptura" de Lutero. Os teólogos interessados nos inícios do desenvolvimento de Lutero geralmente situam-na na chamada "experiência da torre", quando Lutero entendeu de súbito a natureza da graça, muito antes da formulação das Noventa e Cinco Teses. Mas não está claro se foi uma experiência isolada, embora com certeza uma parte do processo tenha ocorrido em 1517, quando mudou de nome. Mais tarde, ele sentiu algumas vezes que era importante identificar um "momento paulino", um ponto em que realmente entendera que o homem poderia ser salvo apenas pela fé porque, como transformação emocional que mudava tudo, precisava ser situado num evento único.

Em 1532, ele contou a história de sua descoberta da Reforma aos companheiros de mesa. Descrevendo como se sentia oprimido pelo pensamento da justiça punitiva divina, a ideia de que o justo viverá só pela fé lhe viera "como um raio", na torre privada do mosteiro onde ficava seu gabinete. Como ele disse, "o Espírito Santo me deu essa arte na cloaca". Estava claro que Lutero queria impressionar seu público com o contraste entre a importância da revelação e a sordidez do local onde ela se deu.[65] Ao contrário de outros reformadores, Lutero raramente alegava que suas ideias eram de inspiração divina. Também é interessante que ele empregue a palavra "Kunst" — arte —, pois sugere que aquela percepção, tal como a habilidade de um artista ou de um artífice, inaugurava toda uma nova capacidade de realizar coisas de outra maneira.

Todavia, a versão mais famosa de sua descoberta da Reforma surgiu em 1545, no ano anterior à sua morte, em seu prefácio à primeira edição de suas obras completas em latim, ao descrever sua leitura dos Salmos em 1519 e o contato renovado com a Epístola aos Romanos, de Paulo:

> Por fim, pela misericórdia de Deus, meditando dia e noite, dei atenção ao contexto das palavras, a saber, "Nela a justiça de Deus é revelada, como está escrito: 'Aquele que pela fé é justo viverá'". Ali comecei a entender que a justiça divina é aquela pela qual o justo vive por uma dádiva de Deus, a saber, pela fé. E é este o significado: a justiça divina é revelada pelo Evangelho, a saber, a justiça passiva com que Deus misericordioso nos justifica pela fé, como está escrito: 'Aquele que pela fé é justo viverá'. Aqui eu senti que havia renascido totalmente e entrado no paraíso pelos portões abertos. Lá uma face inteiramente diferente de toda a Escritura se mostrou a mim. Com isso percorri as Escrituras de memória. Também encontrei em outros termos uma analogia, como a obra de Deus, isto é, o que Deus faz em

nós, o poder de Deus, com que nos faz fortes, a sabedoria de Deus, com que nos faz sábios, a força de Deus, a salvação de Deus, a glória de Deus.

E exaltei minha mais doce palavra com um amor tão grande quanto o ódio que antes eu sentira pela palavra "justiça divina". Assim, aquela passagem em Paulo realmente foi para mim a porta do paraíso.[66]

Significativamente, Lutero datou a transformação não em 1515, ano de suas preleções sobre os Romanos, nem mesmo em 1517, ano das Noventa e Cinco Teses, mas em 1519.[67] Os estudiosos, porém, trataram essa cronologia com certo ceticismo e insistiram que o entendimento da fé deve ter ocorrido a Lutero bem antes da formulação das Noventa e Cinco Teses. Na verdade, parece mais provável que, em tal ocasião, suas ideias ainda estivessem se formando e continuaram em formação por mais um bom tempo.[68] E tampouco estavam inteiramente claros os rumos que sua teologia poderia tomar, pois alguns dos temas e ideias presentes antes de 1520 foram abandonados mais tarde.

Pode-se perceber como ainda era vago o pensamento evangélico inicial, em vista do entusiasmo de Lutero por ideias místicas, em especial as de Johannes Tauler e da chamada *Theologia deutsch*. Essa era uma obra do século XIV, em vernáculo, que Lutero publicou parcialmente em dezembro de 1516, com um breve prefácio, e depois na íntegra, com uma introdução mais detalhada, em 1518.[69] Ali ele apresentava o livro como a obra que, depois da Bíblia e dos escritos de Santo Agostinho, mais lhe ensinara.

No entanto, o opúsculo é de leitura desconcertante para qualquer adepto da teologia luterana. Calvino, mais tarde, descartou-o como "palavrório vazio" que confunde o cristão e como "veneno" para a Igreja. A obra afirma que o cristão deve renunciar totalmente à sua vontade, aceitando a vontade divina e sendo possuído pelo espírito de Deus. O indivíduo cuja vontade tenha se fundido com a de Deus se torna divino – é *vergöttlicht*. Pode-se considerar que a ênfase em vencer a vontade individual aponta para a teologia da graça de Lutero, mas se baseia na crença sobre a perfectibilidade dos seres humanos, que é totalmente estranha a seu pensamento posterior.

A experiência de abrir mão da vontade própria é um processo de renúncia, de cessão – o desligamento de tudo o que é individual. Embora a *Theologia deutsch* não empregue o termo, o que o texto descreve faz lembrar a *Gelassenheit*, termo fundamental nos sermões de Staupitz dessa época.

21. Eyn deutsch Theologia: das ist Eyn edles Buchleyn, *Wittenberg, 1518.* A capa traz uma xilogravura que retrata Cristo ascendido, com o estandarte da salvação e as chagas da Crucificação, e uma tumba simples, que parece uma caixa, lisa, exceto pela discreta sugestão de uma borda renascentista. No primeiro plano jaz Adão, com uma serpente lhe saindo da boca, enquanto anjos empunhando implementos agrícolas o devolvem ao solo. A obra fala sobre a morte do "velho Adão" e a ressurreição de Cristo no interior do fiel.

Para Staupitz, a *Gelassenheit* é uma espécie de absorção meditativa no amor de Deus, em que o indivíduo deixa de se esforçar e se abre a esse amor. A *Theologia deutsch*, porém, é ambivalente sobre o que o fiel pode fazer para assegurar essa condição divina (*Vergöttlichung*). Pois, embora enfatize que as obras exteriores não agradarão a Deus, o texto não deixa claro se o indivíduo deve adotar uma atitude de renúncia ou se essa condição divina vem como uma dádiva de Deus.

A *Gelassenheit* passou a ser, mais tarde, o lema da ala radical da Reforma, e a *Theologia deutsch* exerceu imensa atração naqueles que pretendiam espiritualizar a religião e não queriam nenhuma relação com uma Igreja estabelecida. A ideia do homem interior e exterior voltaria a ser promovida por pensadores como Andreas Karlstadt, em Wittenberg, e Claus Frey, em Estrasburgo. Se a vontade individual estivesse unida à vontade divina, então o próprio Deus residiria no fiel, fornecendo uma fonte interna de autoridade. Mas a *Theologia* também alertava contra a "falsa liberdade" que poderia resultar de quando as pessoas pensassem que haviam se tornado *vergöttlicht* — e, de fato, Lutero argumentou mais tarde que Thomas Müntzer, Karlstadt e outros radicais eram culpados por uma falsa liberdade nascida da arrogância espiritual. Porém, independentemente de sua posição posterior, as ideias de Lutero nesse período pareciam permeadas de uma forte tendência de misticismo meditativo. Ele leu a *Theologia deutsch* nos anos cruciais até 1516, e novamente entre 1516 e 1518, quando começou a deslindar as implicações das Noventa e Cinco Teses.[70] Nessa época, sua teologia tinha espaço suficiente para abranger não só a argumentação racional das Noventa e Cinco Teses, mas também um misticismo interiorizado e espiritualizante. Só depois da total apropriação da *Gelassenheit* por Karlstadt, após 1524, é que Lutero descartou definitivamente tal possibilidade.

A concepção de natureza humana que caracteriza a *Theologia deutsch* também é muito diferente da do Lutero maduro, que normalmente não distingue entre o homem interior e o homem exterior, e tampouco situa dentro do indivíduo o espírito de Deus e menos ainda o espírito do Demônio. Da mesma forma, o Lutero maduro se abstinha de desprezar a carne, sentimento tão fundamental para outros pensadores místicos, porque, paradoxalmente, ele tinha a espécie humana em baixíssimo apreço; com efeito, o homem era tão pecaminoso que não havia união possível com Deus.

Conforme Lutero se afastou da devoção da *Theologia deutsch*, tanto a *Gelassenheit* quanto a rejeição do mundo ficaram de lado. O luteranismo se separou da dimensão meditativa, que era um elemento de grande força na devoção na Baixa Idade Média. A propensão cada vez maior de Lutero a um engajamento intelectual com a Bíblia pode ter contribuído para a mudança de rumos de seu pensamento. O que ele deixou de lado foi a dimensão emocional da fé, o potencial para a crítica radical das instituições e a dimensão meditativa da religião que nos é mais familiar nas práticas hinduístas ou budistas. Pelo contrário, prevaleceu o lado de Lutero mais envolvido com a ação, com a exegese bíblica e com a autoridade. Isso moldaria o caráter do luteranismo e do próprio protestantismo pelos séculos vindouros.

5. Viagens e debates

No começo de abril de 1518, Lutero partiu para Heidelberg, distante quatrocentos quilômetros em linha reta. Staupitz convocara uma reunião da ordem agostiniana para 25 de abril, na qual um dos alunos de Lutero, Leonhard Beyer, iria defender quarenta teses compostas por seu professor. Muitos aconselharam Lutero a não ir: ele escreveu a Lang dizendo que fora avisado de que os padres o estavam condenando em seus sermões no púlpito e que "o povo" tentaria levá-lo à fogueira; apesar disso, insistiu em fazer toda a viagem a pé, com Beyer e Urban, o mensageiro do mosteiro. Nessa altura, ao que parece, ele não previa um grande apoio popular à sua causa.

Mas estava com ótima disposição. Em carta a Spalatin em 15 de abril, no sexto dia da viagem, ele informou que haviam chegado a Coburgo, um dos castelos do eleitor. Sempre engenhoso, e viajando como mendicante, sem um tostão, Lutero conseguira que o homem de confiança do eleitor, Degenhart Pfeffinger — que incautamente se reunira a eles numa estalagem —, pagasse as refeições de todos os irmãos: como Lutero gracejou com Spalatin, ele sempre gostava de separar um ricaço de suas moedas.[1] Tinha esperança de que o castelão também pagasse a estadia deles em Coburgo. Mas o monge, com os pés doendo, também percebeu que era errado agir assim e passou a viajar de coche: tinha pecado, brincou ele, "visto que decidi ir a pé" e falhara, mas, como havia se arrependido, não precisava comprar uma indulgência.[2] Ia ser um bom ano para o vinho, acrescentou ao passar pelos excelentes vinhedos do

Sul da Alemanha. Em Würzburg, Lang se somou aos viajantes para o trecho até Heidelberg.[3]

O Debate de Heidelberg ofereceu a Lutero a oportunidade de divulgar mais sua teologia entre os agostinianos. Mas Staupitz fazia um jogo arriscado. Nessa época, o provincial de toda a ordem o pressionava a convencer Lutero a se retratar; de fato, Lutero prometera enviar uma explicação das teses ao papa.[4] Assim, ele estaria brincando com fogo ao divulgar a nova teologia expondo-a na reunião da província germânica e, além disso, numa cidade universitária com a provável presença de outros acadêmicos.

O conteúdo das teses de Heidelberg faz lembrar o das teses contra o escolasticismo, com sua negação radical do livre-arbítrio do homem e da utilidade da filosofia para a teologia.[5] Mas são muito mais bem elaboradas do que o trabalho anterior e refletem o maior desenvolvimento da teologia de Lutero. Assim como ninguém pode utilizar o mal do desejo sexual de maneira apropriada a menos que seja casado, sustenta ele, da mesma forma ninguém pode filosofar bem a menos que seja tolo — isto é, cristão. Ele quer dizer que não se pode usar a lente da filosofia pagã para interpretar as Escrituras. Aqui Lutero traça um paralelo interessante, sugerindo que o desejo sexual não é pior do que nenhuma outra atividade humana, ao comparar o exercício da filosofia com o prazer sensual: a filosofia precisa ser domada por um saudável desrespeito cristão pela razão. Com efeito, Lutero se referia repetidamente à razão como "a meretriz".[6] Um aspecto muito significativo é que ele desenvolve sua teologia da Cruz, que começara a expor nas Noventa e Cinco Teses no outono anterior. "Um teólogo da glória chama o mal de bem e o bem de mal", escreve ele. "Um teólogo da Cruz chama a coisa pelo que ela realmente é." Ou seja, o teólogo da glória celebra a majestade e o poder de Deus e ama "as obras e a glória das obras", enquanto o verdadeiro teólogo proclama que "Deus só pode ser encontrado no sofrimento e na Cruz" — verdade difícil que os seres humanos preferem não ouvir. Assim, o sofrimento também deve fazer parte da vida cristã: "É impossível que uma pessoa não se infle com suas boas ações, a menos que antes tenha sido desinflada e destruída pelo sofrimento e pelo mal até saber que é indigna e que suas ações não são suas, e sim de Deus". Lutero elabora a ideia do "Deus oculto" (*Deus absconditus*), Deus oculto no sofrimento, o que se tornaria um tema importante de sua teologia no debate com Erasmo: o Deus que não está dentro de nós e que nunca poderá ser inteiramente conhecido pelos seres humanos. Surpreende que as teses não mencionem as indulgências e, mais uma vez, exponham uma teologia em vez de deduzir um argumento a partir das proposições. Os temas do pensamento de Lutero estavam avançando muito além do que ele expusera nas Noventa e Cinco Teses e começavam a se evidenciar as implicações plenas de sua investida contra a "filosofia".[7]

No encontro de Heidelberg em 25 de abril de 1518, as teses de Lutero foram expostas na presença de Bernhard von Usingen e Jodokus Trutfetter, seus ex-professores de filosofia. Trutfetter era um dos principais lógicos da época, e suas *Summulae* sintetizavam todas as reflexões mais recentes sobre a lógica modal — isto é, a lógica que considera não só o que realmente é, mas também o que é possível. O manual de estudos de Trutfetter, impresso em Wittenberg, apresentava sequências de silogismos categóricos ou argumentos logicamente válidos em forma visual e tabular, mostrando-se assim um instrumento poderoso não só para entender o pensamento em si, mas também para vencer um adversário num debate.

Lutero anunciou a Spalatin que todos haviam se persuadido com sua *disputatio* — exceto um doutor recém-formado que exclamara, para grande divertimento da audiência, que "se os camponeses ouvissem isso, iriam apedrejá-lo até a morte". E exceto, também, Usingen e Trutfetter. Como Lutero observou mais tarde, seus ex-professores ficaram "mortalmente" indignados com suas posições. De fato, quando saiu de Heidelberg após a reunião, Usingen se reuniu a ele no coche e, durante a viagem até Erfurt, Lutero tentara persuadi-lo do contrário. Mas nenhum dos dois cedeu, e agora, disse ele a Spalatin em 18 de maio, ia deixá-los para trás, tal como Cristo fizera com os judeus — comparação um tanto maldosa.[8] Lutero já havia confrontado seus ex-professores com suas ideias sobre o escolasticismo em fevereiro de 1517,[9] e certamente não haveria de ser muito agradável para um membro de alta posição na ordem ter de ficar ouvindo as arengas do companheiro de viagem sobre a inutilidade da filosofia.

Parando em Erfurt na viagem de volta a Wittenberg, Lutero apareceu à porta de Trutfetter em 8 de maio, decidido a responder pessoalmente a uma carta de críticas que o ex-professor lhe enviara.[10] Quando o criado lhe negou entrada na casa, alegando que o patrão estava muito enfermo, Lutero deu sua resposta por escrito. Começava assegurando ao ex-professor que jamais o envergonharia com "cartas ferinas e ofensivas", ao contrário do que "poderia temer". Mas prosseguia explicando que "apenas creio que é impossível reformar a Igreja se não erradicarmos os cânones, os decretos, a filosofia escolástica e a lógica como a temos agora", substituindo-os com o estudo da Bíblia e dos Pais da Igreja. Refutou a alegação, como fizera antes com Lang, de que fora responsável pela queima dos livretos de Tetzel, insinuação perigosa que o fazia parecer um agitador violento que não respeitava outros estudiosos.[11] Também negou que tivesse defendido Johannes Egranus, pregador de Zwickau, contra os professores de Leipzig, o qual estivera atacando no púlpito as lendas dos santos, inclusive a de santa Ana, a padroeira dos mineiros. Lutero comentou com Spalatin que as pessoas só a veneravam por acreditarem que a santa lhes traria riquezas, mas que ele se limitara apenas a escrever uma carta de apoio a Egranus. No entanto, isso não era tão inócuo quanto ele dava a entender, pois a carta fora publicada junto com o ensaio de Egranus sobre o tema.[12]

Lutero, porém, não se mostrou minimamente contrito diante de Trutfetter por apresentar sua teologia em sermões no vernáculo, dirigidos ao povo alemão, embora soubesse muito bem que isso "o desagrada"; pelo visto, ele já estava decidido a transferir o debate da universidade para a praça pública. Concluía a carta dizendo que tinha o direito de atacar os escolásticos e que "nem sua autoridade (que certamente tem grande peso junto a mim) e muito menos a de outros me afastarão dessa posição", e instava para que ele "despejasse" qualquer objeção que pudesse ter contra as posições de Lutero.[13] A carta não mostra muito interesse pela grave doença do professor idoso, sobre a qual não pergunta nada, e tampouco se importa com o que a pessoa poderia sentir ao lhe dizerem que o trabalho de toda a sua vida perdera qualquer relevância. Não admira que o criado de Trutfetter considerasse que o patrão não estava em condições de receber a visita do monge rebelde.[14] Esse era o lado mais sombrio da personalidade de Lutero, que derivava de seu senso de missão, de sua crescente preocupação com o martírio e de sua relação recém-descoberta com Deus. Se o monge descarnado e de olhos fundos era capaz de inspirar e liderar outras pessoas, ao mesmo tempo também estava alimentando um sentimento de certeza de que podia se mostrar implacável ao desqualificar os que discordavam dele — aqueles "judeus" que pertenciam à falsa igreja, à "sinagoga".

Lutero voltou de Heidelberg com a saúde excelente, escrevendo a Spalatin que, apesar da longa viagem, ganhara peso e a comida lhe caíra muito bem; a qualidade horrível das refeições no mosteiro de Wittenberg era algo de que ele se desculpava sistematicamente junto aos visitantes.[15] Mais importante, também deve ter sentido que contava com sólido apoio, vendo-se rodeado pelos jovens dispostos a eliminar os velhos. Tinha a seu lado Karlstadt, que mais tarde seria descrito por Johannes Cochlaeus, adversário de Lutero, como um homem que "cultivara seu intelecto grosseiro, que era como uma rocha dura".[16] O fato de que o indivíduo que conferira o doutorado a Lutero agora aderia entusiasticamente às posições do colega mais novo assinalava uma profunda mudança na posição do reformista dentro da universidade e da ordem. "Você conhece a inteligência brilhante dos que nos apoiam", escreveu a Trutfetter; a universidade inteira, afirmou ele, estava ao seu lado.[17]

Agora se traçavam as linhas do campo de batalha. O debate em Heidelberg foi um ponto de inflexão porque mostrou que a nascente teologia de Lutero ia além da crítica às indulgências. Atraíra novos seguidores, em especial Martin Bucer e Wolfgang Capito, que iriam promover suas ideias além do círculo de Nuremberg, entre os humanistas do Sul da Alemanha. Por ser dominicano, a conversão de Bucer foi particularmente surpreendente. Estudante na Universidade de Heidelberg e seguidor fervoroso de Erasmo, Bucer anotou com cuidado o debate e depois abandonou sua ordem — com profunda emoção pelo que presenciara, escreveu a Beatus Rhenanus, seu amigo humanista, "como que num sonho".[18] Tornou-se um dos teólogos mais importantes da Reforma e enérgico defensor da unidade e conciliação entre os evangélicos. Capito, que era beneditino, oficiava na catedral e era professor universitário na Basileia, outro importante centro intelectual; também era amigo de Albrecht de Mainz. Outros que estiveram presentes durante o Debate de Heidelberg eram Theobald Billican, Martin Frecht e Johannes Brenz, que viriam a ser futuros líderes da Reforma no Sul da Alemanha.[19] O debate causou uma impressão profunda em todos eles, mudando-lhes definitivamente a vida, mesmo que não concordassem com todos os ensinamentos posteriores de Lutero.

Porém, de volta a Wittenberg, o alegre otimismo rapidamente se desfez. Trutfetter escrevera repetindo o que havia dito em Erfurt, mas agora seu tom era muito mais ríspido, disse Lutero a Lang, "do que o que você ouviu na reunião do cabido".[20] Ainda pior, Johannes Eck, um dos principais humanistas e teólogos da Alemanha, a quem Lutero considerava amigo, redigira uma refutação das Noventa e Cinco Teses. Antes de ir a Heidelberg, Lutero tinha lido o texto de Eck, intitulado "Obeliscos", então circulando em manuscrito. Escreveu uma réplica, que nomeou espirituosamente "Asteriscos", mas deixara para tratar do assunto depois que voltasse.* Lutero, evidentemente, supusera que Eck era "um dos nossos" e se sentiu apunhalado pelas costas, reclamando que ele devia ter seguido o Evangelho e advertido seu irmão "em caráter reservado".[21] A carta a Eck, escrita em maio, depois de se acalmar um pouco, era uma expressão contida de mágoa e raiva. Insistindo que não pagaria o mal com o mal, Lutero deixou a Eck a decisão de responder aos "Asteriscos" em caráter privado ou público, em letra impressa — neste último caso, Lutero faria o mesmo, e arremeteria com força. Só perto do final da carta a máscara caiu, ao acusar Eck de agir como uma prostituta irritada, que "vomita exatamente o mesmo tipo de pragas e maldições que você infligiu a mim".[22]

Mas enquanto Lutero estava em Heidelberg, Karlstadt obtivera um exemplar dos "Obeliscos" de Eck, escrevendo e imprimindo uma réplica, com 406 teses. Dessa forma, o assunto já se tornara público, e Lutero não estava sendo sincero ao afirmar que mantivera a questão em caráter privado. Também seria surpreendente que não tivesse discutido a questão com outros membros da ordem em Heidelberg. Em junho, ele escreveu a Scheurl, que, consternado com a rixa que se criara entre Lutero e Eck, tentava servir de mediador. Lutero estava disposto a conciliar e não ir a público, e teceu elogios à erudição de Eck. De fato, seria tolice correr o risco de indispor Scheurl e seu círculo humanista em Nuremberg, que até então era o único verdadeiro apoio fora da ordem e de Wittenberg. Lutero, porém, insistiu que Eck não fosse ríspido demais na resposta a Karlstadt, condição que se soubesse o deixaria furioso, pois estava doido para cair em cima de Eck.[23] Porém foi uma precaução sábia, pois Eck logo tentaria levar a questão das afirmações de Lutero ao conhecimento de Roma, sem se restringir ao solo alemão; se conseguisse, Karlstadt também correria perigo.

---

* "Obeliscos" [óbelos] eram as marcas dos impressores para indicar erros; "asteriscos" indicavam acréscimos a serem feitos. Esses dois títulos eram brincadeiras próprias dos humanistas que conheciam tudo sobre a nova tecnologia de impressão.

As questões continuavam a repercutir lentamente na Cúria. Albrecht de Mainz enviara as Noventa e Cinco Teses à Universidade de Mainz para julgamento, antes de encaminhá-las a Roma, em dezembro de 1517. Em Mainz, o dominicano Sylvester Prierias elaborou uma refutação em defesa do papa e no verão seguinte publicou seu *Diálogo contra as teses arrogantes de Martinho Lutero referentes ao poder do papa*. Lutero considerou a refutação tão medíocre que simplesmente mandou reimprimi-la e então compôs uma réplica demolidora. Também começavam a surgir outras reações. Em janeiro de 1518, Tetzel, o dominicano vendedor de indulgências que também era inquisidor da Saxônia e, portanto, encarregado de combater as heresias, defendeu um conjunto de 106 teses, compostas pelo professor de teologia Conrad Wimpina, atacando Lutero; também publicou uma refutação do *Sermão sobre as indulgências e a graça*, de Lutero.[24] Este logo precisou enfrentar uma longa lista de ataques à sua obra, muitos deles destemperados e alguns maliciosos. E então Roma finalmente concluiu que as Noventa e Cinco Teses eram heréticas: em 7 de agosto de 1518, Lutero recebeu em Wittenberg uma intimação para comparecer a Roma. Era o primeiro passo para um julgamento que podia terminar na fogueira.

O legado papal Tommaso de Vio, conhecido como Caetano, chegara à Dieta Imperial, a assembleia dos Estados do império, em Augsburgo, na primavera de 1518. Recentemente nomeado cardeal, Caetano era um religioso sério que levava uma vida simples e exemplar. Era também um erudito que passara muitos anos escrevendo um comentário moderno sobre a *Suma teológica* de Tomás de Aquino. Mas era aberto também a ideias humanistas e recomendara a seus colegas dominicanos que não se deviam travar guerras para submeter os povos autóctones do Novo Mundo. A missão em Augsburgo era sua primeira incumbência diplomática, e difícil, pois ele estava tentando angariar o apoio germânico para a cruzada do papa Leão X contra os otomanos. Os Estados germânicos se mostravam recalcitrantes, sem querer arrecadar os tributos exigidos e insistindo que o papa e o imperador Maximiliano aceitassem suas reclamações contra as cobranças do papado como condição para qualquer novo subsídio.[25]

O governante de Lutero, Frederico, o Sábio, tinha uma poderosa posição política em Augsburgo. Seu apoio era fundamental para conseguir que os principados pagassem, e, além disso, o objetivo central de Maximiliano na Dieta era garantir a eleição de seu filho Carlos para o título imperial. Como era um dos eleitores, o voto de Frederico era importante, e assim Caetano, desapontado e furioso com a visão estreita e o interesse particularista dos principados, teria de proceder com muita cautela para levantar a questão do professor do eleitor em Wittenberg. Frederico e Spalatin ficaram ambos bem impressionados com a visível boa-fé e o espírito receptivo de Caetano: com efeito, o cardeal declarou que estava disposto a evitar um julgamento em Roma e para isso encontraria Lutero em solo alemão, em Augsburgo. Parecia ser um indivíduo tratável; Spalatin escreveu a Lutero tranquilizando-o quanto aos seus receios e assegurando que o cardeal era favorável a ele.

No verão de 1518, porém, ficou claro que os problemas eram sérios. Chegaram novas notícias de conspirações contra a vida de Lutero, e o conde Albrecht de Mansfeld o alertou para não sair de Wittenberg.[26] Em 28 de agosto, Lutero escreveu a Spalatin em Augsburgo, avaliando o que faria: "Não tenho receio algum em nada dessa questão, como você sabe, meu Spalatin. Mesmo que a adulação e o poder deles conseguissem fazer-me odiado por todos, ainda resta-me o suficiente de coração e consciência para saber e confessar que tudo o que defendo e que eles atacam, tenho a partir de Deus, a quem alegremente e por iniciativa própria confio e ofereço minha vida. Se ele a levar, levada está; se ele a preservar, preservada está. Eternamente santificado e louvado seja seu nome. Amém".[27] Porém, mesmo parecendo pôr sua vida nas mãos de Deus, Lutero ao mesmo tempo avaliava até que ponto devia avançar sem se colocar em perigo mortal. Ele não tinha nenhum motivo para confiar em Caetano, que era italiano e membro da corte pontifícia; corriam rumores de que o papa instruíra o cardeal a unir o imperador e os príncipes contra ele. Assim, e não pela última vez, Lutero lançou mão de uma artimanha: evitaria ir a Augsburgo solicitando salvo-conduto ao eleitor, coisa que ele sabia que Frederico recusaria, por instâncias de Spalatin, dando-lhe com isso uma desculpa para não viajar. Mas suas previsões falharam. Spalatin rejeitou de pronto a sugestão, pois tanto ele quanto o eleitor confiavam em Caetano e queriam vivamente que se realizasse o encontro.[28]

Mais uma vez Lutero partiu para uma viagem a pé, andando quinhentos quilômetros até Augsburgo, e também mais uma vez acompanhado por seu confrade e aluno Leonhard Beyer. Foi Lutero quem quis ir a pé, quando podia ter tomado um coche — como acabara por fazer na jornada a Heidelberg —, mas estava decidido a viajar como mendicante humilde. No entanto, mesmo percorrendo uma média de trinta quilômetros por dia, a viagem levaria mais de uma quinzena, e assim ele deve ter pegado caronas em carroças e coches que passavam pelo caminho. Anos depois, no prefácio a suas obras latinas reunidas, Lutero começou o relato do encontro com as palavras: "Assim cheguei a Augsburgo, a pé e pobre". O eleitor lhe dera apenas vinte florins para cobrir suas despesas, e seu primeiro biógrafo, Johannes Mathesius, informou que ele tivera de pedir a seu velho amigo Wenzeslaus Linck uma sotaina emprestada. Quando passaram por Weimar, o provedor do mosteiro agostiniano o alertou: "Caro senhor doutor! Aqueles italianos são gente erudita, por Deus! Estou preocupado que o senhor não consiga vencê-los. E vão queimá-lo por causa disso". Lutero, levando na brincadeira, respondeu que ferrões ele conseguia aguentar, mas que o fogo seria quente demais, num trocadilho com as "ferroadas" dos escolásticos que atacavam sua obra.[29]

Lutero era um viajante observador que amava a natureza e deve ter passado por uma sucessão de paisagens pitorescas, com florestas, cascalhos e solos arenosos em torno de Nuremberg. A rota era pontilhada pelas cidades imperiais, com seus casarões de madeira a meia altura, sedes municipais imponentes, guildas e oficinas onde os artífices produziam objetos de metal refinados, tecidos e instrumentos científicos.[30] A jornada que lhe permitia conhecer o próspero Sul do país provavelmente também reforçou seu profundo sentimento de ser "alemão", que lhe ficara inicialmente gravado na viagem a Roma, em 1511. Os dois viajantes alcançaram Nuremberg em 3 ou 4 de outubro e, finalmente, chegaram ao destino em 7 de outubro. Cerca de três quilômetros antes de Augsburgo, o obstinado Lutero teve de tomar um coche, pois estava tão fraco devido a uma dor de estômago que nem conseguia mais andar. Mas logo se recuperou, e quatro dias depois de chegar à cidade, estava pronto para encontrar o legado papal.[31]

Augsburgo era uma das maiores cidades do império, e logo ultrapassaria Nuremberg como o grande centro de cultura e riqueza. Lá moravam os Fugger, a família mercantil mais rica da época, cujos interesses econômicos se estendiam da Europa ao Novo Mundo. A Fuggerhäuser, o palácio da família situado no centro da cidade, era um opulento conjunto de edifícios que ocupavam uma quadra inteira, à semelhança dos palácios dos nobres italianos com quem negociavam. Mas, mais ou menos na mesma época em que construíram sua residência, os Fugger também erigiram o primeiro conjunto habitacional moderno. O "Fuggerei", um conjunto habitacional para os pobres, de dimensões igualmente impressionantes, situado no subúrbio de São Tiago, era uma área fechada com portões, de pequenas moradias geminadas em dois andares, cada qual com entrada própria; o conjunto dispunha de uma capela, e o portão de entrada trazia inscrita a divisa dos Fugger: "Não perca tempo". A Fuggerhäuser, em contraste, consistia em três pátios internos ligados entre si, com desenhos de guirlandas e motivos circulares característicos da Renascença; eram decorados com afrescos de artistas importantes, inclusive cenas do *Triunfo do imperador Maximiliano*, anunciando os vínculos próximos entre o dirigente e a família Fugger. Em consonância com sua posição de emissário papal, Caetano ficou hospedado no luxuoso palácio, e foi lá que se realizaram as sessões de debate.[32]

Como não havia nenhum mosteiro agostiniano na cidade — fato raro, aliás —, Lutero ficou alojado numa cela simples, no primeiro andar do mosteiro carmelita de Santa Ana, cujo prior, Johannes Frosch, era um amigo dos tempos de estudante em Erfurt.[33] Por modesta que fosse a cela, o local era notável. A igreja de Santa Ana, contígua ao mosteiro e ocupando toda a vista que se tinha da cela de Lutero, era muito conhecida entre os principais aristocratas e comerciantes de Augsburgo e continha a capela Fugger, separada do restante da igreja por uma grade. Obra-prima iniciada em 1508 e consagrada em janeiro de 1518, não havia nada em Erfurt ou em Wittenberg capaz de rivalizar com ela. Famosa por ser a primeira obra da Renascença em solo germânico, a capela apresentava uma estética totalmente diferente da igreja do castelo do eleitor. Sua construção custou 15 mil florins e evitou deliberadamente o estilo gótico; a planta tem os mesmos círculos e arcos que se encontram nos pátios da Fuggerhäuser, entalhados em mármore vermelho, ao estilo renascentista italiano. A luz jorra de uma janela circular acima do órgão. Não há nenhum expositor ostentando relíquias nem altares para santos. No centro, o altar de Corpus Christi, uma das esculturas mais admiráveis do século XVI, mostra Cristo crucificado, com Maria, João e um anjo. O contorno dos braços entrelaçados confere à estátua movimento e leveza, mas também ambiguidade: o espectador não consegue discernir se Cristo é amparado ou se é ele quem ampara Maria e o anjo. Apelando às emoções do devoto, a escultura apresenta o sofrimento e a ressurreição de Cristo como foco exclusivo da devoção — é o tipo de religiosidade cristocêntrica que Staupitz teria endossado.[34]

Em sua cela de Augsburgo, junto à capela, Lutero compôs sua resposta a Caetano e formulou com maior clareza sua posição de que a autoridade das Escrituras prevalecia sobre as bulas papais e os Pais da Igreja: esse princípio, a partir de agora, determinaria seu pensamento. Foi também em Augsburgo que Lutero recorreu pela primeira vez à "consciência", conceito que ficaria para sempre associado a ele. Gradualmente, enquanto debatia com seus adversários, os elementos de sua teologia madura iam se unificando.

Augsburgo marcou outro ponto de inflexão nos rumos da Reforma. Até então, a causa de Lutero tinha sido basicamente uma questão concernente aos agostinianos e a Roma; agora, era também uma questão de política secular. Em Augsburgo, Lutero conheceu um novo grupo de adeptos laicos, que eram alguns dos principais políticos e intelectuais da época. Conrad Peutinger, secretário civil de Augsburgo e não só importante político imperial, mas também humanista de renome, jantou com ele. Christoph Langenmantel pertencia a uma importante família patrícia em Augsburgo e seu apoio se demonstrou essencial para proteger o movimento. Lutero também conheceu o beneditino Veit Bild, além de Bernhard e Conrad Adelmann von Adelmannsfelden, cônegos catedralícios de Augsburgo, que eram ligados ao círculo humanista de Peutinger.[35] A Dieta Imperial realizada na cidade acabara de se encerrar, e homens como esses, familiarizados com o poder no centro do império, tinham interesse em refrear o poder do papa, reduzindo as contribuições financeiras da Alemanha à Igreja e modificando as relações políticas entre o imperador e os principados. Sentiam-se intelectualmente estimulados pelas ideias de Lutero, que também se ligavam às questões políticas que os interessavam no plano programático.

Mas, ao planejar seu encontro com Caetano, Lutero estava por sua conta e risco. Não havia ali nenhum Spalatin para ajudá-lo, pois o eleitor partira em 22 de setembro. Scheurl, que o eleitor escolhera para auxiliar Lutero, por alguma razão não chegou a se encontrar com ele em Nuremberg — talvez porque Spalatin tivesse feito a solicitação de maneira vaga demais, talvez porque Lutero não quisesse sua assistência ou talvez porque o próprio Scheurl preferisse evitar se envolver demais. Staupitz, que prometera acompanhar os debates, só chegou no dia seguinte ao primeiro encontro de Lutero com

Caetano. Assim, desde o início, Lutero teve de decidir a tática que adotaria, sem qualquer aconselhamento.

Antes do primeiro encontro formal, Serralonga, o religioso italiano nomeado como mediador, recomendou a Lutero que comparecesse diante do cardeal e reconhecesse seus erros. Quando Lutero protestou, o italiano perguntou várias vezes: "Você quer disputar um torneio?".[36] Caetano, porém, planejara cuidadosamente as reuniões, de forma a evitar uma discussão violenta e desbocada, que seria pouco digna; pretendia falar a Lutero de maneira "paternal", repreendê-lo pelos erros, reconduzi-lo ao caminho certo e evitar um julgamento em Roma. Mas Lutero tinha acabado de vencer seus ex-professores Trutfetter e Usingen em Heidelberg, e a abordagem paternal só serviria para enfurecê-lo, quando menos porque só alcançara um senso de identidade própria ao brigar com o pai. De fato, ao escrever sobre a reunião, Lutero manifestou várias vezes sua irritação com o cardeal, que não parava de chamá-lo de "caro filho". Além disso, Caetano, dominicano seguidor tão entusiástico de Aquino que adotara seu primeiro nome, Tomás, era o próprio símbolo do escolasticismo que Lutero agora abominava. Assim, enquanto o cardeal tentava evitar o debate, expondo claramente os pontos em que as teses de Lutero se afastavam da doutrina da Igreja, Lutero se recusava a ser admoestado, a menos que lhe mostrassem no que ele estava errado — coisa bastante diferente. Não admira que a primeira reunião tenha falhado. Apesar de suas boas intenções, Caetano acabou gritando com Lutero e rindo com seus adeptos italianos dos argumentos do monge alemão.

O que Lutero fez a seguir foi extraordinário. Compareceu ao segundo encontro no dia seguinte, porém não foi sozinho; acompanharam-no quatro conselheiros imperiais, Staupitz, que tinha acabado de chegar, e um grupo de testemunhas. Também levou um notário. Lutero iniciou a entrevista lendo em voz alta um documento em que declarava que se submeteria ao "julgamento e à conclusão legal da Santa Igreja e de todos os que são mais bem informados do que eu", mas negando que tivesse dito qualquer coisa contrária às Sagradas Escrituras, aos Pais da Igreja ou às bulas papais. Então se negou a dizer qualquer outra coisa, mas prometeu "responder por escrito". Assim, no dia seguinte, na terceira reunião, apresentou um documento expondo por escrito sua posição sobre as questões discutidas, junto com citações de apoio extraídas das Escrituras, concluindo: "Enquanto essas passagens das Escrituras permanecerem, não posso agir de outra maneira, pois sei que se deve obedecer a Deus acima dos homens [...]. Não quero ser obrigado a afirmar algo contrário à minha consciência". Com isso, Lutero transformou o que Caetano pretendera ser uma advertência em caráter privado numa batalha pública ritualizada, em que as posições ficavam formalmente definidas por escrito, em vez de avançarem por meio da discussão. Ele fizera exatamente o que Serralonga lhe desaconselhara: estava disputando um torneio.

As discussões de Lutero com Caetano se concentraram em duas questões em particular: a natureza do "tesouro de méritos", que era a base da prática das indulgências, e o papel da fé no sacramento. Sobre o primeiro ponto, Caetano acusou Lutero de negar que os méritos de Cristo fossem o tesouro da Igreja, a qual era possível recorrer para emitir indulgências e livrar os pecadores do purgatório, e que sua posição contrariava a bula papal *Unigenitus*. Essa bula nem sempre vinha incluída nos compêndios de direito canônico, e Lutero desconfiou que Caetano estava recorrendo a ela por achar que o adversário talvez não a conhecesse.[37] Mas ele conhecia e percebeu o blefe do cardeal, retorquindo que o texto da bula dizia, na verdade, que os méritos de Cristo "adquiriam" o tesouro de Cristo – e, se era este o caso, então méritos e tesouro não podiam ser a mesma coisa. Os ânimos se acaloraram. O cardeal continuava gritando: "Retrate-se! Reconheça seu erro, é isso o que o papa quer!", e Lutero, que não era de deixar passar as coisas em branco, começou a gritar também: "Se conseguir mostrar que *Extravagante* ensina que os méritos de Cristo são o tesouro das indulgências, então eu me retratarei, como deseja". Aí o cardeal pegou o livro de direito canônico, folheando até encontrar a página, e descobriu que o texto dizia que Cristo, *por* seus méritos, *adquiriu* o tesouro das indulgências. Lutero replicou em triunfo: "Se Cristo adquiriu o tesouro *por* seus méritos, então os *méritos* não são o tesouro; ao contrário, o tesouro é aquilo que os méritos conquistaram, a saber, as chaves da Igreja; portanto, minha tese está correta".[38] Lutero, que expôs tudo isso numa carta magistral a Spalatin, não resistiu à tentação de assinalar ao amigo que o monge alemão se demonstrara um latinista melhor do que Caetano esperava.

Isso pode parecer uma questão semântica; o problema subjacente, porém, era a relação entre Igreja e pecador e a natureza do perdão. Se os méritos de Cristo – e os dos santos, isto é, suas obras virtuosas – constituíam um tesouro aos cuidados do papa, então a Igreja era um banco gigantesco. Nessa concepção, como o tesouro que fora acumulado por Cristo e pelos santos ultrapassava o necessário para "pagar" a salvação deles, esse "excedente" podia ser vendido como indulgência ao pecador penitente. Mas se os méritos de Cristo não eram em si o tesouro, então abria-se espaço para repensar a teologia da penitência e para estabelecer uma relação entre o sacrifício de Cristo na Cruz e o fiel por meio do conceito da graça, como Lutero começava a fazer. Um aspecto interessante é que Lutero passou por cima dessa passagem específica em seu registro da discussão em Augsburgo, embora tenha explorado ao máximo o erro de Caetano em sua correspondência com Spalatin e em seu relatório ao eleitor. Em todo caso, como agora Lutero estava defendendo a primazia das Escrituras sobre os decretos papais, a formulação exata dos termos na *Unigenitus* se tornava uma questão secundária.

Para o reformista, os méritos de Cristo não constituíam um sistema de crédito de nenhuma espécie. Em lugar disso, seus méritos davam à Igreja suas "chaves", isto é, o poder de aceitar ou recusar o sacramento ao indivíduo e seu ingresso entre os cristãos. Ademais, como toda ação humana estava maculada pelo pecado, não podia existir nenhum pagamento satisfatório pelo pecado, nenhuma boa ação a ser posta na balança, nenhuma forma de se tornar aceitável a Deus pela compra de indulgências ou por outro meio qualquer; o modelo de sistema bancário dos "méritos" devia ser totalmente rejeitado. O outro lado do argumento é que, enquanto a prática das indulgências permitia que uns orassem por outros e alimentava o surgimento de toda uma série de orações coletivas, missas conjuntas, dotações para a celebração de missas pelas almas dos finados e iniciativas colaborativas para a salvação, para Lutero o cristão estava sozinho perante Deus, sem qualquer assistência. À primeira vista, é um conceito de salvação individualista e sombrio, em que a ênfase recai inteiramente no contato do fiel com o Deus vivo. Devia também condizer com a experiência pessoal de Lutero — e talvez com sua sensação de isolamento, ao se defender sozinho.

O outro tema de debate se referia ao papel da fé na eficácia dos sacramentos. Lutero argumentava que, sem fé, os sacramentos eram inoperantes, ao passo que Caetano insistia que eram válidos em si e por si mesmos; na verdade, argumentou o cardeal, como nunca ninguém poderia ter plena certeza da própria fé, era de importância vital que os sacramentos não dependessem dela. Mas, por fim, Caetano se mostrou disposto a conceder nessa questão, insistindo que Lutero se retratasse apenas no outro ponto, o de que o papa tinha o poder das chaves. A questão intelectual de fundo, em Augsburgo, dizia respeito à autoridade. Quando Lutero apresentou os trechos bíblicos para sustentar sua posição sobre as indulgências e a penitência, Caetano, ao que parece, nem se deu ao trabalho de lê-los. A interpretação individual da Bíblia, segundo Caetano, nunca poderia ter o peso de um decreto papal. Assim, os procedimentos puseram à mostra o que, para Lutero, era o autoritarismo da Igreja e do papa.

No encerramento do terceiro e último encontro, em 14 de outubro, Caetano finalmente perdeu a paciência. Dispensou Lutero, dizendo-lhe que só voltasse se estivesse disposto a se retratar. Então pediu a Staupitz que interviesse, como superior de Lutero; Staupitz respondeu que faria todo o possível, mas que Lutero tinha um conhecimento das Escrituras maior do que o dele. Nesse meio-tempo, declarou Caetano, ele informaria Roma e aguardaria as instruções; mas, horas depois, Staupitz ouviu rumores de que Gabriele della Volta, chefe da ordem agostiniana, solicitara que Caetano prendesse Lutero e o enviasse a Roma. Em reação a isso, Staupitz liberou Lutero de seus votos agostinianos — que incluíam a obediência a seus superiores na ordem. Staupitz, com efeito, se negava a controlar ou castigar seu antigo protegido.[39]

Assim, um dos resultados da reunião em Augsburgo foi que Lutero perdeu Staupitz como superior. Não era a primeira nem seria a última vez que Lutero chegou a um ponto de ruptura intelectual por atacar a autoridade; sua vitória não só gerou medo e tristeza, mas também liberou uma enorme criatividade. A raiva e a agressividade que demonstrou, pelo visto, deram-lhe energias para desenvolver sua identidade própria — e talvez tenham ajudado a atenuar os sentimentos de melancolia, "*tristitia*", que o acometiam com tanta frequência e lhe tolhiam os movimentos. Todavia, a rejeição da autoridade cardinalícia era uma coisa; a separação de Staupitz era outra, totalmente diferente. Seu outro grande amigo e confrade agostiniano, Wenzeslaus Linck, também deixou Augsburgo. Anos depois, Lutero relembrou a grande solidão que sentira na época. Staupitz "me deixou sozinho em Augsburgo", comentou em 1531, e, "quando parti de Augsburgo, senti medo porque estava sozinho".[40] Lutero fora monge durante anos, homem institucional que sabia administrar os que estavam a seus cuidados e obedecer a seus superiores. Agora, sem autoridade e sem apoio institucional, estava sozinho em sua relação com Deus — a singularidade que desejava e ao mesmo tempo temia.

Passaram-se quatro dias sem uma intimação de Caetano ou uma resposta por escrito à defesa. Em 18 de outubro, Lutero escreveu uma carta formal ao papa, protestando contra o tratamento que lhe era dado, certificada por dois notários. Também escreveu outra vez ao cardeal: uma carta excepcionalmente rude que alardeava sua "irrepreensível obediência":

> O senhor, Reverendíssimo Padre, viu — e friso isso — e ficou suficientemente a par de minha obediência. Essa obediência me fez empreender uma longa viagem e enfrentar muitos perigos — com o corpo frágil e meios extremamente limitados — a fim de comparecer à sua presença e me colocar à sua disposição.

Dificilmente isso faria alguma diferença para Caetano, que, afinal, fora obrigado a adiar por vários meses seu retorno a Roma por causa de Lutero. Este prosseguiu dizendo que não "quero perder tempo aqui inutilmente", ressaltando que "o senhor [...] me ordenou, *em voz alta* [grifo meu], a não reaparecer em sua presença a menos que desejasse me retratar", e apresentando descaradamente sua iminente partida de Augsburgo como gesto de "obediência" à ordem mal-humorada de Caetano. Assinou como "seu dedicado filho".[41]

Tal como na carta ao arcebispo de Mainz, que acompanhava as Noventa e Cinco Teses, em outubro de 1517, o tom de Lutero não apresentava o menor sinal de contrição e seus protestos de "obediência" eram de extrema ironia. Ao cortar as relações de autoridade, ele se punha em pé de igualdade com o destinatário da carta. E tampouco resistiu a fazer outra pequena brincadeira, quando escreveu que iria apelar a "um papa mal informado que deveria estar mais bem informado".[42] Embora sua Apelação ao papa, redigida em linguagem jurídica formal, fosse aparentemente mais cortês, Lutero deixou claro que não tinha nenhuma confiança no julgamento da Igreja.

A essa altura, os novos amigos de Lutero em Augsburgo, temendo que Roma iniciasse um julgamento, insistiram que ele deixasse a cidade, e na noite de 20 para 21 de outubro, ao que parece, ele escalou o muro da cidade e partiu. No dia seguinte, sua Apelação ao papa foi afixada na porta da catedral de Augsburgo: medida com quase toda a certeza providenciada por Lutero, para conferir força jurídica à apelação e torná-la pública. Com isso, Caetano agora não tinha outra escolha, a não ser encaminhar a apelação a Leão; deixara de ser um assunto que pudesse ser tratado numa sessão de reconciliação em caráter privado. Uma versão incompleta da apelação também chegou a Johann Froben na Basileia, um dos principais impressores da época, e o documento não demorou a se espalhar por toda a Europa.[43] Mais uma vez, Lutero se demonstrara um mestre dos gestos teatrais. Também estava queimando vigorosamente todas as suas pontes.

O "torneio" em Augsburgo se alongou por muito tempo, tanto em cartas pessoais quanto em textos impressos. Nos intervalos entre suas reuniões com Caetano, Lutero escreveu uma série de cartas a Spalatin, a Karlstadt e ao eleitor, expondo e justificando seu comportamento, mas também apresentando os eventos como um drama teatral. Escolheu Karlstadt como confidente, pedindo-lhe que fizesse circular as cartas entre Melâncton, Nikolaus von Amsdorf, Otto Beckmann, colega de Lutero, e "nossos teólogos".[44] As cartas, com citações e narrativas detalhadas, se destinavam a ser lidas em voz alta, a divertir, a manter o eleitor a seu lado e, muito importante, a contradizer a versão de Caetano sobre o encontro.[45] Um mês após a reunião, quando o cardeal encaminhou seu relato dos fatos a Frederico, Lutero já havia apresentado seu lado da história. Então passou a refutar a versão de Caetano, ponto por ponto. E enquanto a carta do cardeal consistia em dez parágrafos diretos e um pós-escrito, composta num latim clássico e preciso, a resposta de Lutero, cinco vezes mais longa, estava escrita numa prosa prolixa e emotiva.[46]

Lutero tinha outro trunfo importante. Fizera um notário registrar as discussões em Augsburgo, mas seu oponente não. Ele sabia que era uma bomba-relógio. Em 31 de outubro de 1518 — exatamente um ano depois da afixação de suas Noventa e Cinco Teses —, voltou a Wittenberg e logo depois enviou o registro das discussões à gráfica, onde foram impressas como *Acta Augustana*. Quando o eleitor tentou sustar a publicação, Lutero explicou a Spalatin que as primeiras folhas já tinham sido vendidas e, assim, não parecia muito sensato suspender o restante. O eleitor cedeu, mas insistiu que se passasse uma tarja preta no primeiro parágrafo das "Reflexões" de Lutero, em que se insinuava que o breve papal condenando sua obra era falsificado. Não era a primeira vez que Lutero agia com rapidez, antes que as autoridades pudessem intervir. Alguns meses antes, quando o bispo de Brandemburgo interviera para suspender a publicação do *Sermão sobre as indulgências e a graça*, a primeira obra de Lutero em alemão para um público popular amplo. Lutero assegurou que o volume já estava à venda; em 1520, a obra iria alcançar 25 impressões, em todas as principais cidades da Alemanha.[47] Agora, explicou um tanto falaciosamente a Spalatin que providenciara a impressão da *Apelação a Leão*, mas que então avisara o impressor que iria comprar todo o estoque e suspender a publicação, mas que, quando apareceu na gráfica com o dinheiro, todos os exemplares já tinham sido vendidos.[48]

A cada ação sua, portanto, Lutero levava adiante o conflito com Roma. Seu uso do texto impresso era uma tática genial: sabia perfeitamente como impedir a censura e proteger suas ideias, difundindo-as da maneira mais ampla possível; cada nova obra, marcando mais um avanço radical, era entregue a um público sedento. A lógica do mercado e o desejo de novidades ajudavam a impulsionar a causa de Lutero. Publicando basicamente em latim, seus textos ainda se dirigiam sobretudo a uma elite clerical e intelectual, mas agora também estavam sendo traduzidos. Nunca ninguém usara o prelo com efeito tão devastador.

Mas havia razões mais profundas para a recusa de Lutero em ceder. Suas cartas dessa época, em especial as dirigidas a Spalatin, transmitem, desde que passou a aceitar a probabilidade de morrer como mártir, um ar de exaltação e entusiasmo. As cartas escritas antes de Augsburgo trazem a marca da urgência: "Esse assunto tem de ser tratado com muita pressa. Eles me concederam pouco tempo", ou "Aqui é preciso agir depressa. Os dias passam e a data marcada se aproxima".[49] Tudo isso aumentava a singular importância do encontro. Em maio de 1518, ao dedicar suas explicações das Noventa e Cinco Teses a Staupitz, ele escrevera que "só uma coisa restou, meu pobre e fraco bocadinho de corpo, gasto pelo abuso constante [...] se quiserem retirá-lo de mim à força ou por intriga, apenas retirarão uma ou duas horas da minha vida".[50] Com a saúde depauperada pelo ascetismo excessivo, Lutero nunca esperara viver por muito tempo, e essa crença marcara sua religiosidade. Agora, a perspectiva do martírio intensificava essa vertente de sua espiritualidade e aumentava sua certeza de ser um eleito, que o marcara desde que fora salvo por santa Ana durante a tempestade.

Em 11 de outubro, Lutero escrevera de Augsburgo a Melâncton, o qual, para seu prazer, acabara de ser nomeado professor de grego em Wittenberg, dizendo-lhe que não havia nenhuma novidade, "exceto que a cidade inteira está tomada por rumores com meu nome e todos querem ver o homem com tal fogo de Heróstrato". Na mitologia clássica, Heróstrato queimara o templo de Ártemis, mas, ao que parece, Lutero estava usando a referência em duplo sentido, sugerindo que ele, como Heróstrato, não só estava destruindo o "templo" do papado, mas também que provavelmente arderia na fogueira. "Arderei por você e por eles, se aprouver a Deus", prosseguiu Lutero. "Prefiro morrer e, o que me transtorna gravemente, prefiro perder sua dulcíssima conversação por toda a eternidade a voltar atrás."[51] É quase como se estivesse advertindo Melâncton a não se unir a ele no martírio, ao "arder por você e por eles", sacrificando-se em favor deles. De fato, Lutero não estava pensando apenas em si mesmo. Como escreveu de Augsburgo a Spalatin, logo depois de 14 de outubro, se sofresse uma violenta repressão, então Karlstadt e todo o corpo docente de Wittenberg, que haviam dado apoio à posição teológica de Lutero, estariam em perigo. A sobrevivência da universidade, fundada tão recentemente, se veria ameaçada.[52]

Certo de que estava destinado ao martírio, Lutero passou a se comparar cada vez mais com Cristo. Numa carta de Nuremberg aos amigos de Wittenberg, durante sua viagem a Augsburgo, ele escreveu: "Faça-se a vontade de Deus [...]. Que Cristo viva, que Martinho e todos os pecadores morram (Salmo 17, 47), como está escrito, louvado seja Deus por minha salvação".[53] Nas *Acta Augustana*, ele foi ainda mais explícito: "Meus escritos estão na casa de Caifás, onde buscam falso testemunho contra mim e ainda não encontraram", assim como os papistas "primeiro pegam Cristo e depois procuram alguma acusação contra ele". Tal como Cristo, Lutero se mantivera em silêncio quando Caetano lhe disse onde havia errado; como Cristo, seria condenado à morte.[54]

Mas ele não procurava deliberadamente o martírio. Sua correspondência oscilava entre a alta espiritualidade e o pragmatismo obstinado, enquanto tentava manobrar para obter a proteção do eleitor. Ao escrever a Spalatin em setembro, insistiu que não queria que as consequências recaíssem sobre Frederico: "Estou pronto e disposto a ser exposto a todos os que querem agir ou escrever contra mim. Espero que o soberano não se envolva em meus assuntos, a menos que possa impedir, sem inconveniências, que se use a força contra mim". Apesar disso, prosseguiu:

> Mesmo que ele não o possa impedir, ainda assim quero arcar sozinho com todo o perigo. A despeito de todas as opiniões dos tomistas, espero poder defender

bem o que assumi defender, de modo que possa receber a glória sob a orientação de Cristo. Mesmo que seja [então] necessário ceder à violência, pelo menos a verdade não será atingida.

Ele estava relembrando ao amigo, porém, e com todas as palavras, o perigo que enfrentava e como precisava desesperadamente do apoio do eleitor.[55]

A perspectiva do martírio o aproximava cada vez mais de Deus, criando uma intensidade espiritual que agia como uma alavanca emocional, que o levava a novas percepções iconoclastas. Cada novo argumento aumentava seu isolamento e, ao mesmo tempo, seu entusiasmo. Cada novo passo teológico vinha carregado de profundo sentimento, pois, ao seguir o caminho de Cristo para o martírio, tratava-se mesmo de uma questão genuína de vida ou morte. Não havia espaço para grandes concessões nesse estado de exaltação. Como ele escreveu a Spalatin: "Nada temo em tudo isso, como você sabe".[56]

Nesse meio-tempo, interpôs-se a política imperial. Em janeiro de 1519, o imperador Maximiliano morreu, e nos seis meses seguintes houve a disputa pela sucessão imperial, com dois candidatos rivais, Francisco I da França e Carlos da Espanha. O papa Leão decidiu não apoiar nenhum dos dois, receando que qualquer um deles, como príncipes ultrapoderosos, traria dificuldades para o papado Médici. Por algum tempo, o papa pensou em apoiar Frederico, o Sábio, como candidato alternativo e chegou a presenteá-lo com a cobiçada Rosa Dourada, raro símbolo do favor papal. Esses meandros da política imperial ajudaram a manter Lutero a salvo da perseguição durante a primeira metade de 1519.

Nesse ínterim, Roma enviou mais um emissário, dessa vez Karl von Miltitz, cortesão de inteligência bem menor do que a de Caetano, que agora tentou convencer Lutero a se retratar se valendo de adulações. Enquanto os desdobramentos da reunião de Augsburgo prosseguiam na correspondência entre Lutero, Caetano, Spalatin e Frederico, o conflito com o papado agora era reencenado como farsa. Lutero foi cáustico em relação ao "italiano", a quem venceu facilmente na argumentação. E tampouco confiava em suas falsas manifestações de amizade, recuando quando Miltitz o beijou, um beijo "de Judas", conforme escreveu a um amigo.[57] Estando Caetano amplamente derrotado, ou assim pensava ele, e com o eleitor a seu lado, Lutero parecia imune a ataques, pelo menos por ora.

6. O Debate de Leipzig

O aguardado debate com Johannes Eck, que vinha se preparando desde a primavera de 1518, foi finalmente marcado para junho de 1519 em Leipzig, no território do duque Georg da Saxônia. O encontro foi mais uma daquelas apresentações intelectuais dramáticas que impulsionaram a Reforma e constituiu um passo decisivo para que o movimento alcançasse um público mais amplo, não se restringindo a uma audiência acadêmica. Mas, assim como a ocasião viu o surgimento de um partido pró-Lutero, também deu origem a uma aliança contra ele. Além disso, marcou mais uma radicalização da teologia de Lutero; na verdade, o Lutero maduro dataria a "irrupção" de sua Reforma por volta dessa época. Para ele, depois de Leipzig não havia retorno.

Se a batalha com Caetano fora uma refrega com figuras paternas, a disputa com Eck foi uma luta entre irmãos. Ao contrário dos odiados italianos em Augsburgo, Eck não fazia parte da corte papal. Nascido em Egg, perto de

22. Lucas Cranach, o Velho, A carroça de Karlstadt. Dividida na horizontal em duas metades, a xilogravura mostra uma carroça conduzida por um velho de barba, o verdadeiro cristão, em direção à Cruz. Atrás fica o "Deus oculto", Cristo sofredor, uma ideia que Lutero desenvolveu nas Noventa e Cinco Teses e no Debate de Heidelberg. Embaixo, uma carroça conduzida por Eck leva ao inferno. Somente a fé em Cristo, afirma a gravura, pode levar o fiel à verdade. Na parte inferior da imagem, demônios se aninham aguardando Eck e se amontoam nos cantos, à medida que a carroça desce inexoravelmente para os fogos do inferno, enquanto Eck e seus aliados tomistas repetem as velhas fórmulas da teologia escolástica.

.yeglicher wol ermessen mag. was yedem Christglaubigen zu wissen not ist. Dan an zweyfel. welche diese wagen.
ch. vnd widderumb. wo rtlin des vndersten. vndienlich vnd schedlich. eynen außgezogen. Das ich alles. durch hey=
m swerd das ist gottis wort. sonst mugte ich auch schelden. vnnutze wie wol mir der weeg widder vn nicht helen.

Gott i vns schaft.
Alles d3 er gut acht
er pflantzt gute wille
mit fruchte vn wur
zeln.

durch dei Creuz
mach mich selig.

Auß mer furent mich
So ich mich anseh
eschrecklich. Wie gern
wer ich mir frem
Wan mich recht erket
Aug. Bern:

Christus ist vnser selickeit

Dein wil s gescheh

Gots schrifft ist gut vn heilig.
Vnd macht die sund krefftig.
Dindt vbertretüg. 30rn vn tot.
Bschlust all meschen in not.
Gemert begerüg. furet yn schand.
D3 Christ' einiger heyla wird bkat
Paul. et Aug.

Vnguttig narren.
so i freuelheit harre.
gebe got ei tail. gut
ter werck hayl.

Mei gerechtig=
keit acht ich
mist. d3 mich
got entheb ar
ger list.

Du hast mei gewissen
bwegtvn i hart bdrieg
gelegt. de biß gnedig.
Den du gemacht hast
rewhig.

Got sei folck nit
vacht. weil gere
chtickeit im vrte
yl wacht. ps 93

stiyhe vnß wol. vßergeuß deyn gnad vol. sprich
grossem danck 2c. Andreas Carolostadius.

er wil mit gutte wercke außsticht. vn sie durch sich sel=
estet. das vnser wil fürgeet. der sal vor vnser schrifft. so
ege sewr smeltzen. vn sich mit Credere wol peltzen.
eyt. So keret gott zu euch allezeyt. Dauid Geent zu de
ercken in gewisse beruff ig fleucht. Paul' sagt. lauffent
Got zuker macht vn erleucht. aber wir kunne distig wir e
hil potestis facere, das ist volkülich. ma ich oatie lassa m i fare.

Las faren boser helde. wir haben de hymel erwelt. Vmb reichen lon. aus eigen krefften wol gethon

Der hat ein sichern
muth. der so vil thut.
als er selbst ka wircke.
da got muß hulf gebe

Regir dich nach deine hoch ste. so küpstu zu beste.

Der todt sund. kan
an wüd. wol wirck
en vian spot. zitlich
en lon erlagen von
got.

Do ich lebet noch
mir. vil ich i d3 dir
Noch got solten
wir leben. vnd ym
allein ere gebe.

Wil gie vnße compann nicht weßen.
So muthe gie desse twe wagen met fliethe leßen.

Memmingen, na Suábia, era filho de camponês e fora criado pelo tio, padre em Rottenburg am Neckar, que lhe ensinou os clássicos e o enviou para a Universidade de Heidelberg. A formação intelectual de Eck não era diferente da de Lutero: lera Ockham, Aristóteles e Agostinho antes de passar a se interessar pelo humanismo e pela teologia mística. Não poderia ser descartado como um escolástico antiquado ou um tomista como Caetano. Fluente não só em grego e latim, mas também em hebraico, o que era bastante incomum, fora incluído entre os "teólogos humanistas" por Conrad Peutinger, colega humanista e secretário civil de Augsburgo.[1] Eck se tornara pró-reitor da Universidade de Ingolstadt em 1512, onde implantou uma série de reformas. Entre seus alunos estavam homens como Urbanus Rhegius, que mais tarde se tornou importante pregador catedralício em Augsburgo e que elogiava o resplendor intelectual do mestre que, por si só, despertava a inveja dos outros e cegava "a horda dos adequados às trevas do mal".[2] Eck não só defendeu Johannes Reuchlin contra os dominicanos, como também o convidou para Ingolstadt, onde permaneceu do fim de 1519 até a primavera de 1521; Eck considerava as preleções de Reuchlin como uma de suas maiores influências intelectuais.[3]

O Debate de Leipzig derivava da réplica de Karlstadt aos "Obeliscos" de Eck, sua refutação das Noventa e Cinco Teses, no final da primavera de 1518. Eck tentara evitar um debate alegando que seus "Obeliscos" se destinavam apenas a uma discussão fechada, mas a essa altura as 406 teses de Karlstadt já haviam sido impressas. O eleitor emitiu um salvo-conduto para Karlstadt, a fim de travar a discussão com Eck. Nesse meio-tempo, começaram a circular ofensas — Lutero previu que Karlstadt destroçaria Eck, deixando-o como "um leão morto" — e a temperatura do debate estava excepcionalmente acalorada.[4] Em janeiro de 1519, Karlstadt se aliou a Lucas Cranach para fazerem uma charge satírica gigante, que logo ficou conhecida como *A carroça de Karlstadt*, em que Eck aparecia conduzindo uma carroça até o fogo do inferno.

A caricatura foi publicada de início em latim e depois, num sinal dos tempos, em alemão. Como propaganda visual, não foi propriamente um sucesso. São tantas palavras sobrecarregando o desenho que o observador mal consegue discernir a imagem: mesmo a figura de Deus Pai fica escondida pelo texto. Na verdade, até os apoiadores de Karlstadt lhe disseram que não entendiam a mensagem. Em resposta, Karlstadt, como intelectual, apresentou uma quantidade ainda maior de palavras, redigindo um ensaio de 55 páginas à guisa de explicação.⁵ Apesar de tudo, a charge teve certo impacto e foi motivo de uma das principais queixas de Eck ao eleitor. O teólogo humanista se sentiu especialmente insultado porque sua caricatura recebera o título de "Vontade própria", zombando de sua crença no papel do indivíduo em alcançar a salvação, como se ele simplesmente decidisse fazer o que bem quisesse.

Mas Eck queria tratar diretamente com o mestre e, quando encontrou Lutero em Augsburgo, sugerira essa possibilidade.⁶ Lutero também estava disposto a debater publicamente com Eck e não tinha nenhuma intenção de deixar isso a cargo de Karlstadt. Como dois boxeadores, ambos tiveram tortuosas discussões semipúblicas sobre os juízes, os salvo-condutos e o local onde se travaria o debate.⁷ A escolha de Leipzig foi por decisão do primo do eleitor, o duque Georg da Saxônia, sabidamente contrário às indulgências e ansioso por organizar o debate, embora sua posição em relação à teologia de Lutero ainda não fosse clara. Situada numa rota comercial importante, Leipzig era a cidade grande mais próxima de Wittenberg, a alguma distância de Ingolstadt, onde morava Eck. As ligações da Universidade de Wittenberg com Leipzig vinham desde sua fundação, e muitos de seus membros eram oriundos da instituição mais antiga. Portanto, do ponto de vista de Lutero, parecia uma boa opção, mas logo percebeu que escolhera um ambiente especialmente hostil.

A ambição e a agressividade de Eck se igualavam às de Lutero. Como ele, Eck era sensível à inveja alheia, como percebera seu aluno Urbanus Rhegius. E, como ocorreria mais tarde com Lutero, Eck já tinha suas dúvidas sobre Erasmo, o principal humanista do Norte europeu; no começo de 1518, ele escrevera a Erasmo criticando-o por colocar a autoridade de são Jerônimo acima da de Santo Agostinho.⁸ Erasmo estava então no auge da fama, e seus vários seguidores não gostaram dos ataques à grande estrela do Renascimento. O jovem Justus Jonas — doutor em leis por Erfurt e, posteriormente, humanista e reformador de grande destaque — foi um dos que fizeram a peregrinação até a Antuérpia para conhecer o ídolo, escrevendo com grande entusiasmo: "Estive com meu pai em Cristo Erasmo de Rotterdam, repita o quanto quiser, estive, estive, estive com Erasmo!".⁹ Escrever em tom crítico a Erasmo era um gesto calculado, pois Eck decerto sabia que sua carta iria circular. Portanto, como Lutero, ele estava empregando deliberadamente a irreverência para construir seu próprio renome.¹⁰ A correspondência pessoal de Lutero, nessa época, também vinha pontilhada de observações depreciativas sobre Erasmo, e mais tarde ele escreveu que preferia Eck, porque pelo menos atacava o inimigo abertamente, ao passo que Erasmo agia de forma sorrateira.[11] Como Eck, Lutero não era muito afeito a amenidades.

Ao contrário do monge de Wittenberg, porém, Eck tinha experiência política. Fora escolhido para participar da *disputatio* sobre a usura, realizada em Augsburgo entre 1514 e 1515. Era uma questão de enorme importância para as ricas famílias mercantis do Sul da Alemanha, pois a doutrina da Igreja continuava a proibir totalmente a cobrança de juros ou empréstimos monetários sem riscos. O dinheiro não era como as outras mercadorias, argumentara Tomás de Aquino, porque não se consumia quando era usado. Assim, a cobrança de juros era pecado porque era fraudulenta: se o tomador do empréstimo usasse o capital e depois o devolvesse com juros, estaria sofrendo uma dupla cobrança. Tais argumentos haviam feito com que os empréstimos monetários se concentrassem entre os judeus e ficassem associados ao mal. Mas a nova economia monetária mais complexa, que se desenvolvia no século XVI, usava apólices, o que significava que o dinheiro deixara de ser simplesmente "usado"; além disso, as restrições da Igreja criavam dificuldades para os grandes comerciantes, como a família Fugger em Augsburgo, cujo comércio de longa distância exigia movimentação monetária. Eck recebera de Conrad Peutinger, que se casara numa família mercantil importante, a tarefa de encontrar alguma saída. Eck defendia uma taxa de juros de 5%, que considerava razoável, e elaborou um argumento teológico que levava em conta o novo ambiente em que se minimizariam os riscos e as finanças teriam alcance global. Era uma posição intelectual que se afastava e se libertava do pensamento econômico antes dominado pela ética da usura. Eck também defendia os monopólios, com empresas tentando obter controle total de determinadas mercadorias. O cobre era uma delas, e os comerciantes de Nuremberg procuravam determinar seu preço dominando a produção das minas em Mansfeld e em outros locais.[12] O trabalho de Eck lhe garantiu o patronato dos Fugger e o colocou inequivocamente ao lado dos comerciantes e capitalistas da época. Homem de interesses amplos, fascinado pelo mundo além da Europa, entretinha-se escrevendo um livro sobre os costumes dos nativos das Índias Ocidentais, recém-descobertas, e em 1518 traduziu uma obra sobre os sarmácios, povo iraniano nômade, que dedicou a Jakob Fugger.[13] Lutero, por outro lado, com suas origens mineiras, era profundamente contrário à ética do capitalismo e às novas formas de prática econômica, tidas, especialmente pelos pobres, como responsáveis por sua miséria. Com certeza conhecia as posições de Eck, e o fato de ter visto a Fuggerhäuser com seus próprios olhos, quando estava na cidade debatendo com Caetano, decerto não contribuiu muito para que ele criasse estima pelos novos senhores da economia.

Por último, mas igualmente importante, Eck, ao contrário de Caetano, entendia a importância do texto impresso. Desde o início do debate com Lutero, ele aproveitou o prelo para difundir suas posições e soube manter a disputa viva publicando novas contestações. No final de dezembro de 1518, após sua primeira réplica a Lutero, mandou imprimir em Augsburgo um conjunto de doze teses em forma de cartaz. Ao contrário de Karlstadt, ele também entendia a importância da concisão. Na fachada, as teses eram dirigidas a Karlstadt, mas todas tinham como alvo pontos centrais da teologia de Lutero.[14] Lutero mordeu a isca e respondeu a elas pessoalmente.

Em qualquer outro homem, a mescla de ambição, agressividade e dotes intelectuais garantiria a promoção a algum alto cargo eclesiástico, como bispo ou talvez até o chapéu cardinalício; e talvez fosse essa a esperança de Eck ao atacar Lutero. Com efeito, ele considerava que a questão central por trás da disputa era a obediência ao papa. Eck iria receber em 1520 o título de "legado papal", mas, caso esperasse um bispado, seu anseio nunca se concretizou, e ele passou o resto da vida como pároco e professor em Ingolstadt, com um salário modesto. Mais tarde, escreveu que tudo o que sempre quisera na vida era "permanecer como mestre-escola". Mas pregava assiduamente em sua paróquia; tal como Lutero, mais uma vez, queria que sua pregação alcançasse o indivíduo comum e publicou cinco volumes de sermões em vernáculo, pois pensava que os padres estavam sendo levados a usar sermões luteranos por falta de qualquer material disponível em suas próprias fileiras. Os paroquianos de Eck, porém, achavam difícil acompanhar seus sermões: constituíam um desafio intelectual e não faziam concessões. Como Lutero, Eck traduziu a Bíblia, publicando em 1537 um Novo Testamento em alemão baseado no texto de Hieronymus Emser e traduzindo ele mesmo o Antigo Testamento.[15]

Desde o começo, ficou evidente que Lutero cometera um grande equívoco ao concordar que o encontro se daria em Leipzig. Realizado no auge do verão, que, como disse Friedrich Myconius, cronista e amigo de Lutero, era uma temporada muito boa para caminhadas, o debate atraiu grandes multidões de todas as partes. Eck chegou primeiro, calculando a data para que caísse na véspera de Corpus Christi, e foi recebido pelo prefeito, que o hospedou em sua casa. Assim, ele pôde participar da procissão de Corpus Christi da cidade, ao lado dos dignitários locais. Como essa festividade, durante a qual se reafirmam as fronteiras das paróquias, era uma comemoração importante da identidade local, foi uma manobra inteligente por parte de Eck.[16]

Lutero chegou a Leipzig em 24 de junho, na sexta-feira após o Corpus Christi, viajando com Karlstadt e Melâncton, dessa vez não a pé, mas em carro aberto. Não havia necessidade, nessa ocasião, de demonstrar humildade em contraste com a pompa papal. Karlstadt insistira em levar uma biblioteca inteira de obras de referência, mas os livros eram tão pesados que o veículo atolou na lama, quebrando o eixo, logo antes de atravessar o portão da cidade. Não era um bom presságio para o homem que tentara ridicularizar seu adversário com a "charge da carroça"; era como se o veículo que rumava para o desastre fosse o de Karlstadt, não o de Eck.[17] A delegação de Wittenberg se deteve não num mosteiro, mas talvez significativamente na casa do impressor Melchior Lotter.[18] Apesar do ânimo alegre de verão, o comportamento dos wittenberguenses tinha um ar um tanto ameaçador. As carroças de Lutero e de Karlstadt estavam escoltadas por filas de estudantes, armados com lanças e alabardas. Homens armados se puseram de guarda, para impedir que surgissem brigas nos alojamentos em que os estudantes se hospedaram, enquanto 76 guardas mantiveram vigilância diária no castelo onde se desenrolaram os debates.[19]

A *disputatio* durou quase três semanas, começando em 27 de junho e se encerrando em 15 de julho de 1519. Foi realizada no salão do castelo, com um aposento especialmente decorado para o evento. Havia dois púlpitos, um diante do outro, o primeiro decorado com uma tapeçaria retratando são Jorge, em homenagem ao duque saxônico, e o segundo com são Martinho. Depois de uma Missa de comemoração na igreja de São Tomás — compusera-se uma nova missa em doze partes, especialmente para a ocasião —, o público se dirigiu para o castelo onde Petrus Mosellanus, professor de grego da universidade, fez um discurso cerimonial, recomendando às duas partes que se ativessem ao teor da questão e evitassem atitudes ríspidas no debate.[20] A disputa, porém, não se restringiu ao debate: quando o duque da Pomerânia convidou

Lutero a apresentar um sermão, ele atraiu uma multidão tão numerosa que o evento teve de ser transferido da capela ducal para o salão da *disputatio*. Eck se sentiu levado a pregar três sermões, em resposta à atenção que seu rival estava atraindo.[21]

A aparência também importava. Eck, homem alto, forte, vigoroso, foi descrito por alguns dos espectadores humanistas que escreveram sobre o debate como "soldado" e "carniceiro", "leão" e Hércules, cuja atitude transmitia confiança e desenvoltura.[22] Apresentou-se como homem do povo, um "padre campônio" cujo maior prazer era percorrer os campos a cavalo. Passava os intervalos do debate — as discussões iam das sete às nove horas da manhã e das duas às cinco horas da tarde — em suas queridas matas, enquanto os adversários ficavam entre quatro paredes, examinando as transcrições da última sessão. Lutero, em contraste, estava pateticamente magro após anos de mortificação da carne. Johannes Rubius — que estudara em Wittenberg, mas apoiava Eck e escreveu um relato do debate — referiu-se a seu "rosto pálido", enquanto Petrus Mosellanus descreveu o "corpo magro [de Lutero], tão esgotado pelas preocupações e pelos estudos que, olhando de perto, é quase possível contar todos os seus ossos". Karlstadt, disse ele, era o menos atraente dos três: "É mais baixo, tem o rosto moreno e queimado, a voz grossa e desagradável, a memória mais fraca e a raiva mais rápida"; outro observador comentou sobre seu "rosto repulsivo, imberbe". Karlstadt tinha dificuldade em se fazer ouvir e reclamou que a voz de Eck era muito alta, "como um boi". A voz de Lutero, segundo notaram alguns comentadores, era clara, mas muitas vezes tinha um tom zombeteiro pouco agradável.[23]

Com toda essa montagem, a disputa em si foi um tanto enfadonha. Myconius, redigindo sua crônica alguns anos depois, nem se deu ao trabalho de recapitular as questões, orientando os leitores a procurarem em outro lugar para saber o que fora discutido. Os adeptos de Eck, segundo relembrou acidamente o pastor luterano Sebastian Fröschel, passavam a maior parte dos debates da tarde dormindo pacificamente e tinham de ser acordados para a hora do jantar. Grande parte das sessões iniciais foi ocupada por discussões sobre formalidades. Karlstadt queria recorrer a seus livros, mas Eck insistiu que iria confiar na memória e "não recitar como criança o que outros tinham escrito" — cláusula que o beneficiou muito, pois Eck tinha uma memória prodigiosa e também uma excelente habilidade de improvisar. Mas uma batalha os wittenberguenses ganharam: insistiram que o debate fosse registrado pelos notários, procedimento que retardava as questões, tornando os trabalhos muito menos interessantes para os ouvintes, que precisavam esperar os escrivães enquanto anotavam.[24]

Para a surpresa de Lutero, o debate não se concentrou nas indulgências: evidenciou-se que Eck concordava com grande parte da crítica de Lutero. Os trabalhos, em vez disso, começaram com uma discussão entre Karlstadt e Eck sobre a questão do livre-arbítrio e o papel da ação humana para a salvação da alma. A discussão se arrastou tediosamente por uma semana. Às vezes, Eck afirmava que havia uma parcela da vontade que podia cooperar com a graça; outras, admitia que as boas ações dependiam inteiramente da graça. Karlstadt se ateve à sua posição de que a vontade humana era totalmente má, mas foi incapaz de pegar Eck em suas incoerências. Parecia uma questão meramente técnica, porém o assunto era um elemento central da nova teologia: os seres humanos não têm livre-arbítrio, sustentavam os evangélicos, porque são incapazes de escolher o bem e dependem necessariamente da graça divina. A questão sofreria um escrutínio muito mais vigoroso nos anos seguintes, quando Erasmo se deteve sobre o tema para atacar Lutero.

Encerrado, por ora, o debate com Karlstadt, Eck então se voltou para seu verdadeiro adversário. A discussão com Lutero passou para outras questões, em particular a natureza e a autoridade do papado. Na frase "Sobre esta pedra erguerei minha Igreja", Lutero interpretava "pedra" como referência a Cristo, não a Pedro. Como esse texto fora empregado para legitimar a sucessão papal a partir de são Pedro, cuja autoridade derivava da declaração de Cristo, isso constituía uma grande investida contra o papado; e Lutero juntou essa questão com uma versão bastante abstrusa da história da Igreja, para provar que nem todas as Igrejas cristãs, em particular a grega, estiveram originalmente submetidas à autoridade do papa. Portanto, concluiu Lutero, o poder papal era um acréscimo histórico, não sancionado biblicamente. Nenhum aspecto desse argumento estivera presente nas Noventa e Cinco Teses originais: Lutero o elaborara, peça por peça, na correspondência com Spalatin nos meses precedentes. Todavia, paradoxalmente, com isso ficou parecendo que era Eck quem se atinha à clareza das Escrituras, enquanto Lutero recorria a um leque de autoridades pouco conhecidas, como o humanista e historiador papal Bartolomeo Platina.[25]

Eck sabia como induzir um oponente a assumir posições cada vez mais radicais. E Lutero era presa fácil, pois era assim que ele costumava formar seu pensamento, avançando de uma posição a outra. Eck conseguiu que ele reconhecesse que o herege boêmio Jan Hus estivera certo em várias questões centrais, embora nesse caso Lutero não tenha propriamente caído numa armadilha: em maio, já levantara a hipótese de que algumas alegações de Hus podiam ser corretas. Mesmo assim, a coisa não caiu bem entre o público ouvinte, especialmente o duque Georg, cuja família recebera do imperador o ducado e o título eleitoral por ter combatido os hussitas. A Universidade de Leipzig também acolhera muitos docentes germânicos que haviam saído de Praga durante o conflito boêmio. Ademais, a declaração também sugeria que Lutero estava contestando a autoridade do Concílio de Constança, que condenara Hus em 1415. Com isso, sua crítica ao papa também começou a se afastar dos conciliaristas, que nos últimos cem anos vinham tentando limitar o poder papal com o argumento de que os concílios eram superiores ao papa.[26]

Melâncton percebeu as consequências perigosas desse reconhecimento. Escrevendo na época, declarou que, a seu ver, Lutero não pretendera negar a autoridade dos concílios, mas quis simplesmente dizer que não podiam introduzir novas questões de doutrina. Dissera apenas que o Concílio de Constança não condenara todas as crenças dos boêmios.[27] Mas o estrago estava feito. Sebastian Fröschel relembrou que Lutero havia dito casualmente a Eck, na presença do duque Georg, que havia alguns "artigos pios e cristãos" entre os condenados em Constança. Georg ficou profundamente chocado; abanou a cabeça, pôs as mãos na cintura e exclamou: "Que venha a peste!".[28] Mas, como quer que se interpretassem as observações de Lutero, estava claro que ele começava a consolidar as ideias desenvolvidas em Augsburgo: as Escrituras eram superiores à autoridade dos papas, dos concílios e dos Pais da Igreja. Eck, além disso, considerou outras coisas ditas por Lutero como "absurdas" e "ofensivas", como a insistência de que não se podia provar a existência do purgatório a partir das Escrituras. E se o papa era chefe da Igreja somente pela lei dos homens, então, perguntou Eck, quem dera a Lutero seu hábito monástico e seu poder de pregar e ouvir a confissão? Lutero retrucou que gostaria que não existissem ordens mendicantes. A crítica aos mendicantes não era incomum na época, mas, vinda de um monge agostiniano, dificilmente o recomendaria junto a seus irmãos.[29]

O debate se encerrou com uma série de discussões entre Eck e Karlstadt, este insistindo mais uma vez que toda ação humana é pecaminosa. Mesmo os santos praticam o mal, proclamou Karlstadt, isto é, "sentem desejos de má natureza", os quais não cessarão enquanto formos revestidos de mortalidade; somente quando se vencer a morte é que será possível ter uma vontade boa e pura, sem desejos maus. Chegou ao ponto de dizer que as boas ações eram totalmente "impuras", como a "imundície" que escorre do corpo das mulheres — sendo o sangue da menstruação a comparação mais chocante e revoltante que ele era capaz de imaginar. Eck retrucou que, se todas as boas ações eram más, nem a própria confissão teria sentido, e os seres humanos não precisariam fazer nada para assegurar a salvação — podiam comer, beber, viver alegres e contentes, deixando tudo a Deus. Era uma caricatura tosca da posição de Karlstadt. Mas mostrava como as novas ideias podiam ser incômodas e como era difícil reconciliá-las com as ideias habituais sobre a natureza humana.[30]

A essa altura, a ideia de que toda ação humana é pecaminosa se tornara central para o pensamento inicial da Reforma. É um conceito de difícil compreensão, mas, evidentemente, era uma ideia que parecia libertadora para um homem como Karlstadt. Podia levar a uma concepção muito negativa da humanidade e à hostilidade contra a carne, como no caso de Karlstadt. Não no de Lutero, porém, a quem levou a uma atitude surpreendentemente positiva em relação à corporeidade. Por trás está a ideia, agora também familiar a partir do pensamento psicanalítico, de que todas as nossas ações, mesmo as que pensamos provir dos motivos mais louváveis e das quais muito nos orgulhamos, estão maculadas pelo pecado — ou, como diríamos hoje, podem envolver pulsões psíquicas muito sombrias, como a raiva, o orgulho ou a inveja. As boas ações, portanto, longe de serem coisas que se poderiam acumular para tornar o pecador aceitável a Deus e ajudá-lo a alcançar a salvação, nada podem fazer para mudar o que somos — criaturas imperfeitas. Mas enquanto Karlstadt e Lutero negavam o livre-arbítrio dos seres humanos, Eck argumentava que isso levava ao antinomianismo — um estado de coisas em que as pessoas rejeitam todas as leis e cometem todos os tipos de pecados. Essa questão logo criaria uma grande fissura dentro do pensamento da Reforma.

Leipzig foi uma derrota para Lutero, como ele reconheceu amargurado ao contar a Lang que Eck estava alardeando sua vitória.[31] Seus adeptos tentaram dar um verniz positivo ao caso; Mosellanus declarou que "Eck triunfou com todos os que seguem como macacos e não entendem nada de toda a questão [...] ou que desejavam mal aos wittenberguenses por alguma outra razão". Amsdorf, por sua vez, escreveu a um amigo que comparar Eck a Lutero seria como comparar "pedra ou, melhor, estrume" ao "mais belo e fino ouro". Mas mesmo Amsdorf teve de admitir que Eck "gritava" melhor do que Lutero, e que, a cada argumento deste último, Eck respondera com oito ou nove argumentos seus, sempre se assegurando em ficar com a última palavra.[32] A opinião popular também deu os louros a Eck. Enfrentara totalmente sozinho dois adversários, apresentando "argumentos dignos de um Hércules e de um Sansão", que eram expostos numa voz "como raio e trovão". Lutero e Karlstadt estavam acompanhados por toda uma legião de auxiliares: Lang, Melâncton, três juristas e uma hoste de doutores que examinavam minuciosamente as atas do debate à noite e ajudavam Lutero de dia.[33] No entanto, toda essa erudição acadêmica somada não conseguira vencer o blefador Eck.

Lutero ficou especialmente irritado com o fato de que os leipziguianos haviam presenteado Eck com um manto e um belo casaco de camurça.[34] Nenhuma honraria dessas fora concedida aos wittenberguenses, que, além disso, tinham recebido apenas um brinde protocolar de boas-vindas à chegada, enquanto Eck era festejado por toda a cidade. Na opinião de Lutero, Eck era motivado exclusivamente pela inveja e pelo desejo de glória pessoal, alegação que se tornou um leitmotiv de todas as versões do debate que ele apresentou pelo resto da vida, e de modo especialmente intenso em suas breves reflexões autobiográficas, que serviram de prefácio à edição de suas obras latinas reunidas em 1545.[35] Os adeptos de Eck, da mesma forma, acusaram Lutero de perseguir apenas seu interesse próprio.

As recriminações, os insultos e a obsessão pela "inveja" de ambos os lados sugerem que o debate perturbou emocionalmente todos os participantes. Refletindo sobre os eventos em 1538, pouco antes de morrer, Eck se perguntou por que tudo aquilo fora tão desagradável: seus debates posteriores com os evangélicos suíços e alemães do Sul nem de longe tiveram tal hostilidade.[36] Johannes Cochlaeus, escrevendo anos depois sobre a *disputatio*, chamou várias vezes a atenção para a fúria de Lutero. Quando não conseguiu impor quem seria o juiz da disputa, seu rosto ficou "colérico" e ele foi "tomado de fúria"; quando Eck o acusou de defender Hus, Lutero "exclamou irado, em alemão, que era mentira".[37] Passar para o alemão durante um debate acadêmico não era prática recomendável. Mesmo Mosellanus comentou a tendência de Lutero em refutar o oponente "de maneira um pouco insensível demais e mais ferina" do que seria apropriado a um teólogo, provavelmente porque chegara tarde ao conhecimento — comentário que pode indicar até que ponto Lutero continuava a ser um pária intelectual, sem uma personalidade pública definida. Parecia não saber como se comportar: Johannes Rubius comentou que o vira na praça principal de Leipzig empunhando um ramalhete de flores, como se aguardasse uma namorada ou segurasse uma coroa da vitória.[38]

Quando enfim o debate terminou, em meados de julho, Lutero e Karlstadt saíram discretamente da cidade enquanto Eck permaneceu, para gozar o triunfo antes de voltar calmamente a Ingolstadt. Seu único erro de avaliação foi escrever uma carta em que comentava as "mulheres do prazer" de Leipzig, a qual, passando de mão em mão, sugeria a seus inimigos que tal familiaridade com as damas de Leipzig não era platônica.

As universidades de Paris e de Erfurt é que iriam julgar o desfecho do debate, e ficou proibida qualquer publicação sobre os trabalhos enquanto elas não chegassem à decisão. Como seria de esperar, as duas universidades ficaram protelando, até que, por fim, Erfurt declinou de apresentar qualquer decisão. Paris só chegou a um resultado em abril de 1521, quando comentou não o debate em si, mas a natureza herética de todos os escritos de Lutero.[39] A essa altura, nem vinha mais ao caso. Tanto Eck quanto Lutero já tinham recorrido às gráficas para apresentar seus respectivos lados da história. Lutero republicou suas posições, como as expusera antes do debate, e como prefácio acrescentou sua versão dos trabalhos. Publicou o sermão que pregara no castelo naquela ocasião, baseado em Mateus 16,13-19, que incluía o versículo "sobre esta pedra erguerei minha Igreja"; o prefácio insinuava, uma vez mais, que Eck fora movido pela inveja: "A inveja pode atacar a verdade, mas nunca voltará a vencer".[40] Em agosto, ele publicou um comentário sobre suas teses de Leipzig, tendo como prefácio uma longa carta a Spalatin, em que sintetizava o debate: no começo de setembro, a edição se esgotara. Em dezembro, finalmente, os seguidores de Lutero publicaram em Erfurt uma ata oficiosa do debate, que logo ganhou uma segunda edição.[41] Humanistas de Leipzig e Wittenberg — o erudito hebraísta Johannes Cellarius, Johannes Hessius Montanus e Rubius — escreveram versões concorrentes, todos atacando uns aos outros e suas respectivas universidades. Com o prosseguimento das rixas após o debate, o tom das discussões ficou ainda mais estridente, e o que era uma querela humanista se converteu numa polêmica muito mais abrangente sobre a verdade religiosa, com Cellarius proclamando, por fim: "Martinho ama a verdade do Evangelho mais do que todos os seus adversários juntos".[42]

Eck, por seu lado, publicou uma sequência de ensaios, acusando Lutero de má-fé e afirmando que ele transgredira as condições do debate que haviam sido acordadas por ambas as partes. Seu tiroteio final foi uma coleção de documentos, incluindo cartas de Lutero escritas durante as negociações que, segundo alegava Eck, provavam que o adversário agira com perfídia. Eck traduziu todas elas para o alemão; mas teve de publicar a coleção com um parente seu, pois, nessa época, encontrava dificuldades para conseguir a impressão de seus textos. Por todo o império, os impressores estavam ansiosos para publicar a nova mensagem evangélica para um público ávido: obras de propagandistas conservadores não dispunham mais de mercado certo.[43]

Se o Debate de Leipzig foi um desastre em termos pessoais, a recuperação de Lutero foi extraordinária. Os trabalhos haviam mostrado que não tinha bom desempenho como apresentador, com tendência a personalizar ataques e ofensas, incapaz de brilhar num debate oral e improvisado. Havia sido "áspero", como ele mesmo admitiu no prefácio à reedição dos artigos de Leipzig, e não se comportara com a serenidade e o comedimento solicitados por Mosellanus. Politicamente, mostrara-se ingênuo, na melhor das hipóteses, ao chegar com um bando armado de estudantes de Wittenberg, o que dificilmente lhe granjearia apoio na cidade universitária rival de Leipzig. Enquanto Eck confraternizava e tentava ganhar as graças da elite, Lutero, por seu lado, havia se entrincheirado com seus companheiros, sem sequer aproveitar a audiência com o duque, que lhe fora concedida. Se o duque Georg estivera receptivo à nova teologia antes do debate, depois certamente deixara de estar, pois a disputa mostrara com toda a clareza que a teologia de Lutero constituía uma ruptura radical com a Igreja tradicional. Esse foi um sério golpe para o movimento evangélico. A oposição em relação à Reforma do primo do eleitor e dirigente da outra metade da Saxônia foi um problema constante para Lutero, até a morte do duque em 1539.

Apesar de tudo, em poucos meses Lutero retomou a dianteira. Isso foi possível em parte porque a elite humanista da Alemanha não se importava com Eck, cujo ataque anterior a Erasmo lhe fizera perder o apoio desses círculos. Homens como Justus Jonas e Petrus Moselannus troçavam de Eck, considerando-o um exibicionista ambicioso, que travava um combate de gladiadores com Lutero para sua glória pessoal. A agressividade e as artimanhas argumentativas que agradavam à multidão em Leipzig não soavam bem entre eles. Então, no verão de 1520, a reputação de Eck sofreu um grande abalo, do qual nunca se recuperou, com a publicação de uma brilhante sátira anônima, cheia de trocadilhos, anagramas e humor humanista. Um voo imaginativo fantástico que daria orgulho a um Aristófanes, *Eccius dedolatus* foi uma das melhores sátiras da época — se Lutero descrevera o Debate de Leipzig como "comédia" e "tragédia", agora se tornara pura farsa. Na sátira, Eck tem uma bruxa, Cândida, que faz serviços de rua para ele. Passando mal por efeito do álcool, Eck manda Cândida ir até Leipzig para pegar algum conselho com Rubius e lhe arranjar um médico, e lá o guardião diz a ela: "Você encontrará o sujeito trabalhando ali na sinagoga mais próxima", insinuando que os adversários de Lutero são judeus. O ponto alto é quando voltam a Ingolstadt num bode alado, que só levanta voo quando pronunciam Hoogstraaten e Pfefferkorn de trás para a frente. Enquanto sobrevoam Nuremberg, Augsburgo e seguem para Ingolstadt, Rubius, o fiel seguidor de Eck, defeca por todo o bode: ele realmente é, sugere o satirista, um poeta "de merda".[44]

A segunda metade da sátira se baseia nos rituais de iniciação dos calouros, quando o cirurgião "apara as pontas de Eck", num trocadilho com seu nome, que significava "canto" ou "ponta".[45] A cena atinge o clímax na castração de Eck — os flertes de Eck com as damas de Leipzig agora eram de conhecimento geral —, quando o cirurgião anuncia que removerá "a carnalidade desse netinho de Vênus para pendurá-la ao pescoço como um chocalho num bebê". Bruxas, fezes, castração: o efeito mortal da sátira foi associar Eck à velha guarda de Hoogstraaten, Pfefferkorn e os outros anti-humanistas que haviam sido tão espirituosamente fustigados em *Cartas de homens obscuros*, texto que aparecera durante a perseguição dos dominicanos ao hebraísta Johannes Reuchlin. Lutero, sugere a sátira, é outro Reuchlin, cuja causa devia ter o apoio de todo humanista. Ironicamente, Eck tinha sido um dos mais enérgicos defensores de Reuchlin, mas *Eccius dedolatus* demoliu a reputação de Eck e o excluiu para sempre dos círculos humanistas de Nuremberg, aos quais sentia tanto orgulho de pertencer. (Segundo os boatos, o autor da sátira era o advogado Willibald Pirckheimer, de Nuremberg. Era o que Eck sem dúvida pensava e, vingativo, assegurou que o

23 e 24. Martinho Lutero, *Eyn Sermon von dem Hochwirdigen Sacrament*, Wittenberg, 1519. A reivindicação do cálice para os laicos também estava claramente representada nas ilustrações. Já a primeira página mostrava um cibório, o recipiente em que se guardava a hóstia e era apresentado ao povo. Quando se virava a página, o leitor via o cálice contendo vinho e, na frente, as palavras de provocação de Lutero: "De minha parte, porém, eu consideraria uma boa coisa se a Igreja decretasse novamente num concílio geral que todas as pessoas recebam as duas espécies, como os padres".[46]

nome de Pirckheimer fosse incluído na bula de 1520 condenando Lutero, muito embora não houvesse nada de herético na sátira. Pirckheimer foi formalmente excomungado e sofreu ainda a humilhação de ter de procurar absolvição junto ao próprio Eck, que a concedeu no final de 1520.)[47]

Mas não foi apenas graças ao apoio humanista que Lutero superou o revés de Leipzig: no final, a vitória de Eck não fez diferença porque não era interessante. Johannes Cochlaeus, oponente de Lutero, ao escrever mais de dez anos depois, comentou a assombrosa rapidez com que Lutero passava de uma heresia para a próxima. Tão logo uma fora refutada, ele aparecia com outra formulação, ainda mais radical. E as pessoas sentiam enorme curiosidade em saber o que ele diria a seguir e qual seria o objeto de seu próximo ataque. Essa avidez indicava que queriam ler, discutir e argumentar para entender os rumos em que ele avançava.

E, de fato, Lutero logo mostrou. Em dezembro de 1519, aproveitando a ofensa de Eck ao acusá-lo de hussita, Lutero sustentou num sermão publicado em alemão que um concílio da Igreja deveria deliberar se os laicos poderiam receber a comunhão sob as duas espécies.[48]

O sacramento da eucaristia, argumentou Lutero, foi instituído por Cristo e consistia em dois elementos, o pão e o vinho, e assim os laicos, e não só o clero, deviam receber ambos. Ao defender essa posição publicamente e em alemão, Lutero apresentara uma demanda que os laicos teriam facilidade em entender. O duque Georg alertou imediatamente o eleitor sobre o último pronunciamento de Lutero, escrevendo também aos bispos de Merseburg e Meissen.[49] Aquilo era veneno boêmio: o que Jan Hus havia defendido era precisamente a taça para os laicos. A proposta da comunhão sob as duas espécies era ainda mais radical e herética do que qualquer outra coisa que Lutero dissera em Leipzig. E, ao contrário da insistência sobre o caráter pecaminoso das obras humanas ou do ataque às indulgências, não se tratava de um argumento teológico, mas era uma simples reivindicação de reforma prática que poderia ser abraçada pelas pessoas comuns e levaria a grandes mudanças em todas as paróquias. Lutero teve a cautela de conceder que os comungantes que recebiam apenas o pão ainda assim estavam recebendo o sacramento completo, mas o estrago já estava feito.[50] Foi a defesa da comunhão sob as duas espécies que popularizou os primeiros anos da Reforma, à medida que uma paróquia após a outra passou a exigir o vinho, além do pão. Foi também um ataque frontal à posição do clero como estamento sacerdotal em separado, que merecia receber o sacramento completo, e não apenas o pão. Era apenas questão de tempo até que Lutero passasse a investir contra a natureza do próprio sacerdócio. Suas críticas às indulgências haviam atacado a autoridade papal e a hierarquia eclesiástica; agora ele questionava algo que era básico na experiência de todo e qualquer paroquiano.

Não bastasse isso, Lutero passou a atacar as irmandades, a mais importante de todas as organizações religiosas laicas, que sustentavam todo o sistema de indulgências com a prática de rezar por terceiros para assegurar a salvação. Essas irmandades, escreveu Lutero, não passavam de uma simples desculpa para a "glutoneria, a embriaguez, a inútil dissipação de dinheiro, gritarias, berreiros, falatórios, danças e perda de tempo [...]. Se escolhessem uma porca para ser a santa padroeira de tal irmandade, ela não aceitaria".[51] Lutero começava a desenvolver um estilo característico em prosa alemã — vivo, energético, transbordando de repetições verbais, mundano como os quadros de Bruegel.

Havia um mercado crescente para esse tipo de escrita. Nos meses subsequentes ao Debate de Leipzig, a produção impressa teve uma súbita explosão. Entre 1518 e 1525, a quantidade de publicações de Lutero em alemão ultrapassou a de todos os outros dezessete autores mais prolíficos somados. Na verdade, Lutero sozinho foi responsável por 20% de todas as obras publicadas pelos prelos alemães entre 1500 e 1530.[52] Em decorrência de sua atividade, a impressão se tornou um dos novos setores econômicos de Wittenberg e viria a eclipsar totalmente Leipzig: quando o duque Georg se decidiu contra a Reforma e proibiu a impressão de obras de Lutero, a quantidade de títulos publicados anualmente despencou de uma média de 140 para 43, para a consternação dos impressores de Leipzig. As obras católicas simplesmente não vendiam.[53]

25. *No frontispício da edição impressa do sermão de Leipzig, a "rosa" de Lutero, o monograma que ele escolheu para representá-lo e que logo ficaria famoso aparece abaixo num escudo, e acima ele aparece gesticulando, como que pregando um sermão. Está com seu barrete de doutor e o hábito de monge, claramente identificado como agostiniano e como wittenberguense, embora o artista não tivesse espaço suficiente para escrever por extenso o nome da universidade de Lutero.*

Não eram apenas os teólogos que estavam recorrendo à palavra impressa. Agora também aumentara o número de laicos ao lado de Lutero, e suas obras eram sofregamente lidas. Um sinal do que estava por vir foi a publicação (em alemão) de *Apologia e resposta cristã de um honrado amante da verdade divina da Sagrada Escritura*, em 1519, escrita pelo laico Lazarus Spengler, secretário civil de Nuremberg; era o mesmo ensaio que, segundo o autor de *Eccius dedolatus*, Eck pretendia queimar.[54] O violento ataque de Spengler foi publicado em Nuremberg, na Basileia, em Leipzig, em Wittenberg e em Augsburgo, e teve uma segunda edição. "Se o ensinamento de Lutero está de acordo com a razão e a ordenação cristã, é algo que deixo ao julgamento de cada indivíduo devoto e racional", escreveu Spengler. "Mas uma coisa sei por certo: embora não me considere especialmente qualificado ou intelectualmente instruído nesses assuntos, nunca conheci nenhum ensinamento ou sermão que penetrasse com tanta força em minha mente, por toda a minha vida." Os que criticavam o ensinamento de Lutero como "cerveja azeda" não eram dignos "de amarrar seus sapatos". Spengler investiu em particular contra os que diziam que o ensinamento de Lutero só era adequado às universidades e às pessoas cultas: "Se [o ensinamento dele] é justo e pio, então deve ser anunciado e proclamado publicamente, e não apenas ministrado nas universidades ou, melhor, nas sinagogas judaicas".[55] A retórica luterana vinha equiparando cada vez mais os escolásticos e os conservadores das universidades aos judeus, numa mobilização do antissemitismo que viria a criar uma herança problemática para o movimento.

O ensinamento de Lutero, tal como o entendia Spengler, investia contra os abusos da Igreja católica e se baseava nas Escrituras. Quanto à sua teologia positiva, porém, Spengler não era tão claro: segundo ele, Lutero elimina os erros e falsos escrúpulos que foram impostos como peso à consciência, os quais, em vez de confortar, geram ansiedade nos cristãos, conduzem-nos mais ao desespero do que à recuperação, sendo que a via para a salvação é "profundamente doce e balsâmica".[56] Em outras palavras, Lutero parecia repetir muito do que pregava Staupitz. É como se, nesse estágio, Spengler — elemento importante do sodalício de Staupitz em Nuremberg — não enxergasse nenhuma diferença significativa entre Lutero e seu ex-confessor. Mas todos pareciam unidos contra os rapaces vendedores de indulgências.

Antes do debate, Lutero era um desconhecido. Agora, na esteira do debate, aparecia sua primeiríssima imagem no frontispício da edição impressa de seu sermão em Leipzig. A imagem mostrava um monge magro, tímido, com os traços anônimos diminuídos pelo enorme capuz e pelo barrete. Uma faixa circular em volta o apresenta como "Dr. Martinus Lvtter. Avgvstiner. Wittenb.", na qual transparece o esforço do artista em deixar as letras legíveis. Pouco mais de um ano depois de Cranach fazer o desenho que se tornou a água-forte mais famosa do reformador, os traços de Lutero tinham se tornado tão conhecidos que não havia sequer a necessidade de colocar nome: todos já sabiam a aparência que ele tinha.

7. A liberdade do cristão

O ano subsequente ao Debate de Leipzig foi o período de maior criatividade intelectual na vida de Lutero. Suas concepções tiveram durante essa época um desenvolvimento extraordinário. O debate podia parecer aos contemporâneos uma rixa entre duas universidades rivais, uma briga entre homens de egos notoriamente grandes e de interesse apenas para os instruídos; mas em 1520 todos falavam da "questão luterana", a qual se referia não só à Igreja, mas também à política e à relação entre o império e o papado. Essa transformação está presente nas três grandes obras de Lutero em 1520: À *nobreza cristã da nação alemã*, *Do cativeiro babilônico da Igreja* e *Da liberdade do cristão*. Com elas, o rompimento com Roma se tornou irreversível e se lançaram os alicerces daquilo que viria a ser uma nova Igreja, cindindo para sempre a cristandade ocidental.

O que levou a essa explosão de criatividade intelectual? Para os primeiros historiadores, a história de Lutero foi o desenrolar de algo inevitável: após seu "despertar religioso" na torre — experiência que datavam de algum momento bastante anterior a 1517 —, a Reforma avançou em linha reta, como sua consequência lógica. Mas, como vimos, Staupitz e muitos outros tinham as mesmas ideias de Lutero sobre a misericórdia e a justiça divina, além de também tender para a religiosidade mística que caracterizava sua devoção naquela época, e nem por isso o acompanharam em suas investidas contra a Igreja. Ademais, Lutero chegou à sua teologia madura aos poucos, à medida que discutia com seus antagonistas.

Como vimos, Lutero, em data posterior, situou sua transformação espiritual no período após o Debate de Leipzig, e sua plena convicção de que agora entendia a justiça de Deus — se essa datação for correta — pode explicar a grande liberação de energia intelectual, mesmo que um observador externo pudesse pensar que ele havia chegado a tal posição em 1515, com suas preleções sobre os Romanos. Seja qual for a verdade a esse respeito, sem dúvida havia algo novo e fundamental emergindo em Lutero ao ingressar nesse período de profunda criatividade, que abrangia sua prática devocional, sua orientação teológica e suas relações mais próximas.

Em primeiro lugar, na esteira do Debate de Leipzig, a atitude de Lutero diante de sua vocação monástica começou a mudar. Desde os primeiros tempos de monge, ele era obrigado a assistir aos ofícios e a cumprir as "horas canônicas", a repetição de orações que ocupava lugar de destaque na rotina diária de um monge e consumia grande parte de seu tempo.[1] Mesmo depois das discussões de Augsburgo, quando Staupitz o liberou dos votos, Lutero ainda relutava em abrir mão dessa obrigação, como se fosse um fardo que não conseguisse abandonar. Em algum momento de 1520, porém, ele parou totalmente. Relembrou em 1531:

> Deus Nosso Senhor me arrancou à força das horas canônicas em 1520, quando eu já estava escrevendo muito, e muitas vezes eu economizava minhas horas de uma semana inteira, e então no sábado cumpria todas elas uma depois da outra, e assim não comia nem bebia nada o dia inteiro, e estava tão fraco que não conseguia dormir, e por isso tinham de me dar o líquido sonífero do dr. Esch, cujos efeitos ainda sinto na cabeça.[2]

No fim, acumulara-se um "trimestre inteiro" de horas: "Era demais para mim e abandonei totalmente".[3] A decorrente liberação — e a quantidade de tempo disponível resultante — pode ter desempenhado um papel importante na explosão de criatividade que teve em 1520: agora podia se dedicar a escrever e pensar sem interrupção nem sentimento de culpa.

Tudo isso ganhava maior intensidade à medida que, quanto mais se radicalizavam suas posições, mais provável se fazia a convocação a Roma, para enfrentar um processo por heresia. Como todos à sua volta sabiam, tal julgamento terminaria com sua condenação à fogueira. A cada afastamento teológico, ele se fazia mais ousado, pois a cada vez tinha menos a perder — e isso o levava a explorar todas as consequências lógicas das posições teológicas que adotara. Em 24 de junho de 1520, foi publicada a bula condenando a doutrina de Lutero, e ele recebeu um prazo de sessenta dias, a contar da data da condenação, para se retratar ou ser banido como "herege notório". A linguagem é assustadora e vem recheada de metáforas de animais e caçadas — as "raposas surgiram, tentando destruir os vinhedos", um javali tenta atacar Pedro, o rebanho precisa de proteção —, o que, em parte, talvez decorra do fato de que Leão aprovou a bula em 2 de maio de 1520, enquanto observava uma caça aos javalis em seu castelo em Magliana, a sudoeste de Roma.[4] Lutero rejeitara as tentativas de conciliação de Caetano e do enviado papal Karl von Miltitz, de forma que sua luta com a Cúria não tinha retorno. Persistiam também os rumores de atentados à vida de Lutero: noticiara-se, por exemplo, que um doutor em medicina que conhecia as "artes mágicas" da invisibilidade recebera ordens de matá-lo.[5]

Tudo isso coincidia com uma grande mudança no pensamento de Lutero e na natureza de sua religiosidade. Até esse momento, ele havia sido profundamente influenciado pela *Theologia deutsch*; nos meses imediatamente anteriores ao Debate de Leipzig, Lutero fez uma vigorosa defesa do texto místico contra Eck, que insistia que a *Theologia deutsch* e outras obras de autores como Johannes Tauler não deveriam ser citadas em debate. Lutero acusou Eck de difamar tais textos simplesmente porque estavam escritos em alemão e não em latim, e considerava que o estilo devocional da *Theologia* era o melhor guia para qualquer cristão. Ainda que o livro tivesse em comum com Lutero e o agostinianismo uma atitude negativa em relação às ações humanas, mesmo assim pregava que o indivíduo, com uma fervorosa devoção religiosa, conseguiria dispor de seu arbítrio em conformidade com Deus. Esse enfoque concentrado na perfectibilidade da natureza humana distanciava-se cada vez mais da ênfase de Lutero sobre a inexistência do livre-arbítrio, mas ele continuou a elogiar o livro, mesmo quando sua prática religiosa pessoal começou a se afastar dele, passando menos tempo em contemplação.[6]

A prece, porém, conservou enorme importância para Lutero. A partir de um breve texto que escreveu em 1535, sabemos que ele rezava de pé ou ajoelhado, com as mãos entrelaçadas e os olhos erguidos ao céu. Segundo ele, a oração é um processo: seu objetivo é "aquecer o coração". Lutero aconselhava o fiel a meditar sobre cada linha do Pai-Nosso e elaborá-la na prece, antes de percorrer os Dez Mandamentos, cada um dos quais devia ser visto "como um livro de doutrina, um hinário, um manual confessional e um livro de orações". E sugeria o acréscimo de um Creio em Deus Pai, "caso lhe reste tempo". Tal conselho contém traços visíveis do sistema metódico das horas canônicas, embora ele insistisse que "uma boa prece não deve ser longa e não deve se arrastar, mas deve ser frequente e ardente".[7]

Assim como agora Lutero se afastava do tipo de espiritualidade que explorara junto com Staupitz, sua relação com o ex-patrono e confessor também começou a mudar. Durante toda a vida, ele sempre reconheceu sistematicamente que Staupitz fora seu único mestre e dera "início à questão", mas suas cartas mostram indícios de que mantinha uma atitude muito mais ambivalente em relação a Staupitz. Em 1516, ao saber que o eleitor queria que Staupitz fosse nomeado bispo de Chiemsee, cargo muito cobiçado, Lutero escrevera a Spalatin se negando a ter qualquer participação nesse plano. Ser bispo, declarou ele, significa "adotar os usos gregos, sodomizar e viver à maneira romana", bem como acumular bens pessoais, "isto é, o insaciável inferno da avareza". Embora tivesse o cuidado de ressalvar que Staupitz estava, evidentemente, muito longe de tais vícios, Lutero perguntou sem rodeios a Spalatin: "Você quer ser o garante de que, quando surgir a oportunidade [...] ou quando ele for movido a isso pela necessidade, esse homem não será sugado pelo sorvedouro e violentos turbilhões das cortes episcopais?".[8] Ao que parece, a essas alturas Lutero considerava que o amor de Staupitz pelo luxo — ou talvez suas inclinações sexuais (os verbos *pergraecari, sodomari, romanari* sugerem homossexualidade ou pederastia) — superava seu zelo pela vida cristã.

Agora, numa carta de 3 de outubro de 1519, Lutero censurou Staupitz por estar ocupado demais para lhe escrever — em geral era o contrário, e Lutero vivia pedindo intermináveis desculpas a seus correspondentes por deixar de escrever. Numa carta muito loquaz que enviou a Staupitz em fevereiro daquele ano, cheia de mexericos sobre alguns amigos, Lutero comentou despreocupadamente que o bispo de Brandemburgo, enquanto acrescentava lenha para avivar o fogo da lareira, dissera que não conseguiria ter uma boa noite de sono enquanto Lutero também não fosse atirado às chamas. Então, na carta de outubro, Lutero se queixou que seu confessor o estava "abandonando demais", fazendo-o se sentir, nas palavras do Salmo 131, "como uma criança desmamada de sua mãe". E prosseguia: "Estou vazio de fé, cheio de outras dádivas, Cristo sabe quão pouco as desejo se não puder servi-lo" — um apelo ao confessor que entendia como ninguém suas *Anfechtungen*. E, no último parágrafo da carta, contou um sonho: "Essa noite sonhei com você, como se quisesse se afastar de mim, mas chorei amargamente e sofri; porém você me acenou e disse que eu devia ficar calmo e que você voltaria para mim. Certamente isso se tornou verdade nesse mesmo dia".[9]

Há algum tempo sem notícias de Staupitz, era visível o sofrimento de Lutero com o que lhe parecia ser uma frieza crescente do confessor. Com efeito, não demorou muito para que a divergência entre ambos se tornasse irreversível, quando Staupitz negou apoio a Lutero ao rejeitar o papa e deixar a Igreja; por fim abandonou o ex-protegido, ao ser excomungado no começo de 1521. O conselho que Staupitz dá a Lutero em sonhos — ficar calmo — é precisamente o que lhe era difícil. De fato, numa carta anterior a Staupitz, em 20 de fevereiro, Lutero começara em tom dramático, dizendo que queria ficar "quieto", mas era tomado e impelido por Deus e "lançado em meio ao barulho".[10] Toda a carta de outubro é barulhenta: notícias de debates, invejas e discussões. Então o que significa o sonho? Ao acenar, Staupitz estava estendendo a mão para Lutero ou se despedindo dele? A volta do confessor depende de que Lutero fique *quietus*, no sentido de se acalmar ou de ficar realmente calado, de manter o silêncio, acepção que o termo latino também contempla — ou seja, que suspenda sua luta contra o papa?

Era um presságio psicológico. É quase certo que Staupitz devolveu os exemplares do comentário sobre os Gálatas que Lutero anexara à carta de outubro, recusando o presente do protegido: dificilmente existiria maneira mais clara de mostrar que não queria ter nada a ver com a nova teologia.[11] Em janeiro de 1521, Lutero lhe relembrou as palavras que dissera em Augsburgo: "Lembre, frei, você começou isso em nome de Nosso Senhor Jesus Cristo", advertindo-o de que agora a questão estava ficando séria.[12] Quando a bula definitiva da excomunhão foi publicada em 3 de janeiro de 1521, Lutero já não podia ter mais certeza da lealdade de Staupitz. Em fevereiro, queixou-se de que o confessor já o traíra ao escrever ao papa, aceitando-o como juiz da questão, pois Leão certamente o obrigaria a negar a doutrina de Lutero. Lutero ressaltou a que ponto ia a capitulação de Staupitz: se Deus o amava, iria obrigá-lo a cancelar sua aceitação, pois na bula o papa condenara tudo o que o próprio Staupitz ensinava e abraçava até aquele momento. "Mas não é hora de temer, e sim de gritar", protestou Lutero, acrescentando: "Assim como você me exorta à humildade, eu o exorto a ter orgulho". E concluía: "Você tem humildade demais, assim como eu tenho orgulho demais". Lutero contrapôs o que chamava de "submissão" de Staupitz à prudência, à sabedoria e — numa estocada na pusilanimidade de seu confessor — à constância do eleitor; e expôs o apoio que vinha recebendo de outras pessoas, como o humanista e cavaleiro Ulrich von Hutten. "Sua submissão me entristeceu e me mostrou outro Staupitz, diferente do anterior, o proclamador da graça e da Cruz", escreveu Lutero. "Se você tivesse feito isso antes de saber da bula e do insulto a Cristo, não teria me entristecido tanto."[13]

Ao que parece, depois disso Lutero passou mais de um ano sem escrever a Staupitz. De seu lado, este escreveu abatido a Wenzeslaus Linck, em outubro de 1521, dizendo que agora Linck era seu único amigo, estando "destituído do outro, oh tristeza, cuja voz nunca ouço e cujo rosto não vejo".[14] O desencantamento de Lutero se completou em 1522, quando Staupitz se tornou de repente abade beneditino e se retirou para sua querida Salzburgo, para a qual convidara Lutero no passado. "É meu desejo que você deixe Wittenberg por um tempo e venha até mim, para que possamos viver e morrer juntos", escrevera provavelmente em dezembro de 1518.[15] No entanto, mesmo que Lutero tomasse a atitude de Staupitz como traição, é difícil não ver a plena consonância de tal decisão com o caráter de um homem que apreciava uma boa vida ordeira, cuja amiga Ursula Pfeffinger, abadessa do convento de Frauenchiemsee, lhe reservava os melhores peixes e cujo amigo Christoph Scheurl lhe enviava laranjas.[16]

Para Lutero, foi uma traição múltipla. O direito canônico só permitia que um monge se transferisse para uma ordem mais rigorosa, não para uma mais flexível. Esse princípio, naturalmente, gerava muitas discussões para estabelecer qual ordem era a mais exigente, mas dificilmente alguém concordaria que os beneditinos eram mais rigorosos do que os agostinianos observantes. A mudança também marcou a retirada de Staupitz diante das mudanças dramáticas que estavam ocorrendo na ordem agostiniana, e bem no momento, segundo pensava Lutero, em que pareciam se implantar justamente aquelas transformações pelas quais Staupitz lutara. Por último, mas igualmente importante, mesmo que Staupitz concordasse com alguns dos fundamentos da teologia agostiniana abraçada por Lutero, este não estava errado em crer que a retirada de seu confessor para Salzburgo — onde estaria mais perto do cardeal Matthaeus Lang, implacável adversário da Reforma — era também uma retração do afeto. O pupilo favorito, o protegido, o filho confessional tinha (nas palavras de Staupitz) "cagado em cima da cabeça dele".[17] Cada qual idealizara o outro; agora, ambos se sentiam amargamente desiludidos.

Em junho de 1522, após dezesseis meses de silêncio, Lutero escreveu a Staupitz, incrédulo perante sua decisão de sair da ordem, mas decidido a não julgar. O tom agora era distante, contando o que "nós" — ele, Linck e outros — estavam fazendo para "divulgar a Palavra pura entre o povo". Repreendeu Staupitz por ter escrito que as obras de Lutero eram "elogiadas por aqueles que patrocinam bordéis, e que meus escritos recentes foram objeto de grande ofensa". "Meu Pai", continuou ele, "devo destruir aquele reino de abominação e perdição que pertence ao papa, junto com todos os seus parasitas."[18]

Mais de um ano depois, em 17 de setembro de 1523, enquanto a ordem agostiniana se desfazia conforme um monge após o outro abandonava a vida monástica, Lutero escreveu pela última vez a Staupitz, intercedendo por um irmão que deixara o mosteiro de Staupitz em Salzburgo, "agora um homem livre em Cristo", e que precisava de ajuda financeira da "grande riqueza de seu mosteiro". Aqui, também, Lutero começava a carta censurando Staupitz pelo silêncio e assegurando que, "mesmo que eu tenha perdido sua estima e boa vontade, não seria correto que eu o esquecesse ou fosse ingrato, pois foi através de você que a luz do Evangelho começou a brilhar nas trevas dentro de meu coração". Estava decepcionado que Staupitz tivesse se aliado ao "monstro infame" que era o cardeal Lang. Alternando louvores e imprecações, Lutero rogava a Staupitz: "Certamente não deixarei de desejar e rezar para que você seja afastado de seu cardeal e do papado como eu fui, e como certamente você mesmo foi outrora". E assinou como "seu filho".[19] Mas não haveria reconciliação. Staupitz morreu em 28 de dezembro de 1524, e em janeiro Lutero escreveu a Amsdorf, sobrinho do falecido: "Staupitz partiu desta vida, tendo desfrutado apenas um breve tempo em sua posição de poder" — outra estocada pelo fato de ter se tornado abade.[20] O outro protegido de Staupitz, Linck, decidiu, como forma de gratidão, publicar seus últimos sermões postumamente, mas Lutero não participou da iniciativa. Emitiu um juízo cáustico sobre a pregação de seu ex-confessor: "É bastante fria, como ele sempre foi, e sem veemência suficiente". Acrescentou um vago elogio: "Não é indigno de ver a luz do dia, já que são tantas as monstruosidades produzidas e vendidas atualmente".[21]

Lutero superara mais uma figura paterna. Não surgiriam outras; pelo contrário, agora o próprio Lutero é que atuava como pai para seus vários acólitos em Wittenberg. É o que se pode ver em sua constante preocupação com Melâncton, nomeado pouco tempo antes para a cátedra de grego em Wittenberg, inquietando-se com a saúde dele e insistindo para que se casasse. Lutero reconhecia que Melâncton conhecia o grego melhor do que ele e ficou contente em ganhá-lo para a universidade. Não demorou muito e as aulas de Melâncton passaram a atrair um público maior do que as de Lutero. Todavia, Lutero nunca o considerou um rival e tratava Melâncton, que era mais novo e fisicamente mais frágil e magro, como alguém que necessitava de cuidados.

Em reminiscências posteriores, Lutero apresentou o ex-confessor a uma luz exclusivamente positiva: "Recebi tudo de Staupitz", diria ele; "Staupitz me deu a *ocasionem*" — termo ambivalente que pode significar acaso, oportunidade ou causa.[22] Parece ter reconhecido que o patronato de Staupitz lhe trouxera uma plataforma pública e admitido sua dívida intelectual e emocional para com ele. Nessa época, Lutero já se tornara pai e perdera o seu próprio. Talvez o maior tributo — embora indireto — que Lutero prestou a Staupitz tenha sido o de reconhecer que, embora seu ex-confessor rejeitasse todos os sacramentos, exceto o batismo e a comunhão, por carecerem de fundamento bíblico, ele continuou a hesitar sobre o papel que se devia conceder à confissão e à penitência na vida cristã, o que, afinal, era a questão pela qual se iniciara a Reforma. Além disso, Lutero continuou a utilizar a confissão pessoal, mantendo o colega Johannes Bugenhagen como seu confessor. Considerando-a como grande reconforto espiritual, Lutero recebeu logo antes de morrer a absolvição pública do pastor em Eisleben.[23]

Nos meses que se seguiram ao Debate de Leipzig, o tom da polêmica se tornou cada vez mais exacerbado. Não era apenas a ladainha de ódio e fel que agora Lutero despejava contra Eck, aproveitando todas as oportunidades para acusá-lo de vaidade e inveja. O lado católico começou a se organizar melhor. Além dos ataques de Eck a Lutero, vieram os dos dominicanos italianos

Silvestre Prierias e Ambrosius Catharinus e do teólogo Hieronymus Emser, secretário do duque Georg.[24] A resposta agora fazia parte da rotina diária de Lutero, e em suas cartas ele comentava constantemente quais dos ataques mereceriam uma resposta pessoal e em que casos delegaria a resposta a outrem. Mas não deixava passar em branco: depois de decidir que podia incumbir seu *famulus* ou criado secretário Johann Lonicer de responder a Augustin von Alveld, um franciscano de Leipzig, não resistiu a redigir ele mesmo uma resposta em alemão, quando Alveld publicou sua polêmica em vernáculo.[25] Os ataques se tornavam cada vez mais extremados e pessoais. Alveld enviou uma carta que era quase uma declaração de guerra, negando-se a tratá-lo pelo título de doutor e o acusando de agir por vaidade, "como uma mulherzinha".[26] Os adversários de Lutero atacavam suas relações de parentesco, e Lutero brincou que logo iriam dizer que tinha mulher e filhos na Boêmia — local de origem da heresia hussita — só para se ver logo a seguir na defensiva, insistindo numa carta a Spalatin que seus parentes em Eisenach dificilmente o considerariam "sobrinho", "tio" ou "primo", "se achassem que meu pai e minha mãe eram boêmios ou gente assim, e não gente nascida no meio deles".[27]

Lutero começou a descobrir seu talento para a polêmica cômica. Quando o bispo de Meissen proibiu *O sacramento do corpo e sangue de Cristo*, Lutero se sentou de imediato e rapidamente escreveu uma resposta em alemão. Quando o núncio papal Karl von Miltitz leu o texto, que acabava de sair do prelo, na companhia do bispo, não conseguia parar de rir — ainda que o bispo não o acompanhasse nas risadas. O autor da notícia, escrevia Lutero, decerto não podia ser o bispo de Meissen: alguém em sua chancelaria em Stolpen devia ter usado indevidamente seu sinete. Gracejando, disse que a nota devia ser vista mais como *tolpisch* do que como *stolpisch*, jogando com o primeiro termo, que significa burro ou estúpido, e o segundo, que significa proveniente de Stolpen, e recomendou ao autor que escrevesse durante a "manhã sóbria" e não depois de "perder a cabeça [nos vinhedos] na montanha de Ketzberg" — quando estaria bêbado. A questão toda fora criada pelo "Senhor Inveja", e que seria uma pena se a "nota" aparecesse em qualquer outro momento que não fosse o Carnaval. Mas, apesar de todos os gracejos, Lutero falava a sério: pois o próprio bispo precisava admitir "que o sacramento completo consiste nas duas espécies". A teologia católica, concedeu Lutero, sustentava que quem recebia apenas o pão "recebe Cristo integral". Mas, mesmo assim, concluía em tom triunfal, ele "recebe apenas uma parte do sacramento integral, isto é, apenas uma das duas espécies".[28]

Mais uma vez, Lutero agia rápido. Não informara Spalatin antes de imprimir o sermão em 1519, embora estivesse plenamente ciente de seu conteúdo explosivo. Ao enviar alegre e contente um exemplar a Spalatin, Lutero sabia que era tarde demais para que ele o proibisse. Agora, ao responder publicamente ao bispo de Meissen, tampouco se incomodou em consultar Spalatin, que ficou furioso ao ler o texto. Lutero reagiu à reprimenda de Spalatin com uma indignação mal-humorada.

> Escrevi-lhe antes que não deve pensar que essa questão foi concebida ou criada segundo o seu ou o meu entendimento ou, na verdade, o de qualquer homem; pois, se é de Deus, será realizada muito além, contra, fora, acima e abaixo da sua e da minha compreensão [...]. Rogo-lhe, se entende corretamente o Evangelho, que não pense que a questão pode ser tratada sem revolta, indignação e inquietação. Não se pode converter a espada em pluma nem transformar guerra em paz: a Palavra de Deus é uma espada.

Além disso, acrescentou ele num pós-escrito, a recomendação de Spalatin chegara tarde, pois o folheto já estava "quase impresso" — o "quase" é um lapso evidente, pois se o livro estivesse, de fato, apenas quase impresso, com certeza Lutero poderia mandar suspender o serviço.[29]

Lutero criou apelidos engraçados para seus inimigos. Hieronymus Düngersheim von Ochsenfahrt, que era muito trabalhador, virou "O Boi"; Emser ficou como O Bode, Eck como O Bobo, Alveld como O Macaco, o papa Leão como "Aquele Lobo", e os teólogos viraram os "Asnos" de Louvain e Colônia.[30] Fez um trocadilho com o nome do adversário Thomas Murner, batizando-o de "Gato Bobo" (em alemão, *Mur* significa "gato" e *Narr* significa "bobo, tolo"). Dava um excelente material de charges, e logo seus retratos grotescos enfeitavam os folhetos populares. Ao converter o adversário em animal, nega-se a ele a posição de antagonista intelectual válido, e a comicidade reduzia um pouco os limites impostos à agressividade — de ambos os lados.

A imersão de Lutero nesse tipo de polêmica se deu ao mesmo tempo que sua devoção pessoal passava da contemplação para o engajamento. Era como se seu tom autoral racional tivesse amadurecido de repente, passando de uma

26. *Essa xilogravura no frontispício de um livro de Johannes Agricola, defensor de Lutero desde 1522, mostra as caricaturas de seis católicos: Johannes Eck (com o chapéu de bobo), Gerolamo Aleandro (como leão), Augustin von Alveld (como macaco), Dam (como porco), Thomas Murner (como gato) e Hieronymus Emser (como bode).*

aguda "voz na cabeça" para um denso grave subindo desde o ventre, mobilizando os aspectos jocosos e não racionais de sua personalidade, favorecendo assim o envolvimento emocional que era necessário para consumar tal revolução espiritual, capaz de transformar os indivíduos no nível mais íntimo e pessoal.

Em 1520, portanto, após o rompimento com Staupitz e as rotinas monásticas, o martírio avultando cada vez mais provável, algo profundo na religiosidade de Lutero começava a se modificar. Publicou então três tratados que, juntos, formavam uma investida compacta contra toda a estrutura da Igreja católica, expressando as posições que iria elaborar pelo resto da vida. Elas constituem, por qualquer critério, uma realização excepcional.

27. Frontispício de O grande bobo luterano, de Thomas Murner, 1522. Aqui Murner tentou usar o epíteto de Lutero em seu favor, mostrando-o como um grande bobo com demônios esvoaçando à sua volta, enquanto Murner aparece como o valoroso gato que defende a verdade católica.

No ano que se seguiu a Leipzig, pode-se ver o quanto ele avançara observando sua posição diante do poder papal. Em 1519, Lutero afirmara de passagem que, perante a morte e a necessidade, todo padre é bispo e papa.[31] Ainda não chegara ao ponto de afirmar o sacerdócio de todos os fiéis. Mas em 1520, em *Da liberdade do cristão*, ele escreve com espantosa simplicidade: "Por isso, todos nós que cremos em Cristo somos padres e reis em Cristo, como Diz I Pedro 2[,9]: 'Vocês são a raça eleita, o povo de Deus, o sacerdócio real, o reino sacerdotal, para que anunciem os feitos admiráveis daquele que os chamou das trevas para sua luz maravilhosa'".[32]

Os escritos de 1520 apresentam um estilo novo e desenvolto, apesar das pressões que ele vinha sofrendo. Irradiam confiança e certeza. Até então, Lutero se especializara em escrever teses — conjuntos compactos de proposições, claramente direcionados e de defesa bem estruturada —, preleções e sermões. Agora desenvolvia uma maneira de escrever capaz de inspirar e envolver o leitor. Alcançava esses efeitos em parte adotando técnicas que tomava à pregação, como enumerar seus vários pontos, utilizando analogias memoráveis e empregando o humor. Mas, acima de tudo, falava diretamente aos leitores, atraindo-os para o tema e conduzindo-os pelos vários passos que o haviam levado a sua posição. Ao condenar a pompa papal em *À nobreza cristã da nação alemã*, por exemplo, ele censurava: "Caros leitores, como tal orgulho satânico se compara a Cristo, que andava a pé, como faziam todos os seus discípulos?". Ou, ao examinar a imunidade do clero perante a lei secular:

> Considerem por um momento quão cristão é o decreto que diz que o poder temporal não está acima do "estamento espiritual" e não tem o direito de puni-lo. Isso equivale a dizer que a mão não deve ajudar o olho quando este dói. Não será antinatural, para não dizer anticristão, que um membro não ajude outro e não impeça sua destruição?

Concluía dizendo que se o poder temporal fosse impedido de executar seu papel,

> então os alfaiates, os sapateiros, os pedreiros, os carpinteiros, os cozinheiros, os estalajadeiros, os agricultores e todos os artesãos temporais deveriam ser impedidos de fornecer sapatos, roupas, casa, comida e bebida ao papa, aos bispos, aos padres e aos monges, e também de lhes pagar qualquer tributo.[33]

O fato de que muitos desses folhetos vinham ilustrados na frente com imagens de Lutero não só estabelecia uma ligação indissociável entre o homem e a mensagem, mas também ajudava os leitores a criar uma relação com o autor. Na primeira xilogravura de Lutero feita em Leipzig, seus traços fisionômicos não eram muito nítidos. Agora surgia uma das parcerias mais importantes da Reforma: a que se estabeleceu entre Lutero e seu amigo de longa data, Lucas Cranach, o Velho. Cranach adotara a nova tecnologia e, junto com o ourives Christian Döring, chegara a comprar um prelo. No começo de 1520, ele representou Lutero como monge na frente de um nicho, segurando uma Bíblia e gesticulando durante a pregação. A água-forte não circulou em xilogravura nem foi usada em obras impressas, mas teve um enorme efeito.[34] Uma imagem semelhante de Lutero logo passou a ornamentar a capa da edição latina de *Do cativeiro babilônico da Igreja*, impressa na Basileia, e artistas locais utilizaram versões mais simples nas capas das edições em toda a Alemanha. Algumas, inclusive um retrato de alta qualidade feito por Hans Baldung Grien, artista de Estrasburgo, mostravam Lutero sob a inspiração do Espírito Santo, representado por uma pomba (embora, numa versão medíocre de Lübeck, a pomba se pareça mais com um pombo). Com a ampla circulação dessas imagens, a fisionomia de Lutero podia ser reconhecida muito antes que seu comparecimento à Dieta de Worms lhe trouxesse fama. E os leitores que acompanhavam os escritos de Lutero, no contato com sua teologia, já tinham uma ideia do caráter e da história pessoal do autor.

28. A água-forte de Lucas Cranach, o Velho, com a figura de Lutero, que foi vendida durante a Dieta e ganhou imenso renome. Uma versão anterior mostrava um Lutero mais agressivo.

29 e 30. *Outros retratos de Lutero são claramente devedores à água-forte de Cranach. A imagem à esq. apareceu num panfleto em baixo-alemão, publicado em 1520, sobre as razões pelas quais Lutero queimou os livros do papa. Ela traz as iniciais que ficariam famosas: D. M. L., o título de doutor fazendo parte do nome. Os olhos notoriamente fundos de Lutero são apresentados com grande intensidade. O retrato à dir. foi usado em várias versões em edições de muitas obras diferentes, inclusive* Do cativeiro babilônico da Igreja *e* Sobre a autoridade secular.

O primeiro dos três grandes textos da Reforma, À nobreza cristã da nação alemã, publicado em agosto de 1520, mostrava ousadia na própria concepção. Por instruções de seu superior na ordem agostiniana, Staupitz lhe recomendara que não publicasse nada por algum tempo, mas, quando Lutero recebeu a carta, já havia 4 mil exemplares saindo da gráfica.[35] A edição se esgotou em duas semanas e teve um efeito eletrizante: para seu amigo Johannes Lang, era "frenético e assustador".[36] Escrito em alemão, o texto se dirige aos laicos, não ao clero. Lutero afirmava que, visto que a Igreja parecia incapaz de reformar a si mesma, as autoridades laicas deveriam intervir. Num único gesto, Lutero removia os obstáculos que impediam as autoridades laicas de lidar com os abusos da Igreja, pois não tinham autoridade eclesiástica nem respaldo imperial. O poder papal, dizia Lutero, era fortificado por "três muralhas": a Igreja tinha suas próprias leis espirituais; apenas o papado tinha o direito de interpretar as Escrituras; somente o papa podia convocar um concílio da Igreja. Ele demoliu rapidamente esses três baluartes: o direito canônico era mera invenção do papado, para impedir que os laicos reformassem a Igreja; a autoridade das Escrituras deve preceder a do papa; qualquer um pode convocar um concílio quando houver necessidade, e as mais adequadas para isso são as autoridades temporais. Com sua retórica brilhante, Lutero explorou a oposição entre a Cúria, de um lado, e o imperador e os príncipes germânicos, de outro, extraindo as consequências políticas de conceder às autoridades seculares alemãs o poder de agir. Roma é um centro de negócios, drenando dinheiro da Alemanha, argumentou Lutero ao arrolar os abusos financeiros da Igreja, desde a chamada "taxa do pálio", que os bispos tinham de pagar ao assumir o cargo, até a cobrança de tarifas para oficiar um casamento. "Se isso não é um bordel, maior do que todos os bordéis imagináveis, então não sei o que seria um", concluía ele.[37]

Tais reclamações não eram novas. Faziam parte do material das *Gravamina*, as queixas germânicas apresentadas às dietas imperiais que circulavam desde a metade do século XV; e, na Dieta de Worms de 1521, os príncipes germânicos também pleitearam ao imperador que reformasse a Igreja.[38] Sabemos que o tribunal dos eleitores havia informado a Lutero de que essas queixas vinham de longa data, mas o que deu tanta eficácia ao argumento de Lutero foi apresentar os abusos que denunciava como exemplos de avareza — um dos sete pecados mortais.

Todo o papado, disse ele, estava organizado em torno de sua ganância monetária, tornando-se assim uma monstruosidade. Definiu os complexos mecanismos financeiros do papado como *Wucher*, usura, num lance polêmico genial que associava as práticas financeiras da Igreja às complexas manobras dos grandes empresários comerciais — os odiados "figurões" — e dos judeus. É a retórica do filho de um proprietário de minas, que vira como o controle financeiro dos grandes capitalistas manipulava o mundo de seu pai em Mansfeld. Mas o genial no texto foi ligar as queixas econômicas sobre os assuntos financeiros da Igreja com a questão religiosa da autoridade das Escrituras. Embora se tenha argumentado que a obra mostra Lutero em seu lado menos teológico e revela a influência de seus novos amigos versados em direito e na política imperial, é o radicalismo teológico que instila um vigor muito maior nas velhas reivindicações por uma reforma.

A continuação da polêmica extrai as consequências para a Igreja e a sociedade. Lutero arma uma fogueira com todas as práticas coletivas da Igreja penitencial: o culto aos santos devia cessar, as peregrinações deviam terminar, as ordens religiosas não deviam mendigar, os votos monásticos não deviam ser vinculantes, as missas anuais pelos mortos deviam ser abolidas, mesmo os bordéis (considerados pela Igreja como um mal necessário) deviam ser fechados — a quantidade das práticas questionadas por Lutero é, por si só, espantosa. Seu critério é a Bíblia. As Escrituras não determinam, por exemplo, o celibato clerical, e Lutero escreve de maneira comovente sobre o "padre piedoso contra quem ninguém tem nada a dizer, exceto que é fraco e sucumbiu à vergonha com uma mulher. Ambos querem, do fundo do coração, viver juntos no amor conjugal de lei, se ao menos pudessem agir assim com consciência limpa".[39] Para Lutero, o Livro do Gênesis explica a criação dos homens e das mulheres. Colocá-los juntos e proibi-los de terem relações sexuais é "como juntar palha e fogo e proibir que ardam ou soltem fumaça". O sexo é natural e "o poder do papa para ordenar [a castidade] é tão descabido quanto para proibir que se coma, que se beba, que se tenha o movimento natural dos intestinos ou que se engorde".[40] É uma atitude franca em relação ao sexo e faz parte de sua aceitação da corporeidade, que também se reflete em seu humor animal e escatológico quando trata do corpo. A admirável tolerância da corporeidade era um traço inédito no pensamento teológico.

Significativamente, o ensaio apontava os príncipes germânicos como as únicas autoridades capazes de empreender a Reforma: não o imperador, não o papa, não os bispos, não as municipalidades e os conselhos locais. Diante do fracasso da Igreja em reformar a si mesma, os príncipes deviam atuar como "bispos de emergência", argumentava Lutero. Não eram meros vassalos do imperador, e sim governantes instituídos por Deus, com autoridade própria.[41] Isso daria carta branca aos príncipes para organizarem aquela que se tornaria a nova Igreja reformada e para criarem governos eclesiásticos sob seu governo por toda a Alemanha, além de fornecer a base intelectual para uma Igreja que se tornaria territorial. Nos anos seguintes, as cidades e os territórios nomearam pregadores evangélicos e implantaram as reformas propostas por Lutero: a criação de escolas, a abolição da mendicância, a reorganização da assistência aos pobres, o fechamento dos bordéis e a dissolução dos mosteiros. Com isso, iriam se redefinir as responsabilidades das autoridades seculares

31. *A avareza espreita no verso do* Retrato de um jovem, *de Dürer, 1507: uma velha com um seio enrugado à mostra, com um saco recheado de ouro nas mãos.*

e religiosas. Nesse processo, os governantes seculares protestantes também aproveitaram a oportunidade para obter o controle de uma parte das imensas riquezas da Igreja.[42]

Um pouco da retórica de À nobreza cristã da nação alemã talvez ecoe o que Lutero decerto ouvira em Mansfeld ou em Eisenach, quando a geração de seus pais reclamava das dificuldades no setor de mineração. Algumas seções do ensaio — sobre os bordéis, as finanças e o direito — revelam um homem que olha além dos muros do mosteiro, que quer intervir e mudar o mundo secular. Lutero pode ter obtido essa perspectiva mais ampla durante as longas viagens a pé que fizera pela Alemanha central, a caminho de Augsburgo e Heidelberg, ou por intermédio de homens importantes que conhecera em anos recentes. Talvez também tenha sido moldada em suas conversas com Spalatin, que incluíam temas da política imperial e da política local. Lutero agora começava a considerar que tinha o dever de tomar posição em assuntos políticos: a sociedade laica não era mais o mundo "exterior", que os monges, ao ingressar no mosteiro, abandonavam definitivamente.[43] Ela fazia parte da paróquia pela qual Lutero agora assumia responsabilidade.

Então, em outubro de 1520, poucos meses depois de *À nobreza cristã da nação alemã*, Lutero publicou um tratado ainda mais radical, dessa vez em latim: *De captivitate babylonica ecclesiae praeludium*, *Do cativeiro babilônico da Igreja*.[44] Naquele mês, finalmente ele recebeu sua cópia oficial da bula papal ameaçando-o de excomunhão e dando-lhe um prazo de sessenta dias para se retratar. O prazo começava a correr. O título enfático do ensaio sugeria que a Igreja era tão corrupta que os cristãos, tal como os judeus na Babilônia após a destruição de Jerusalém e do templo, agora estavam no exílio. Quando o confessor do imperador leu o texto, ficou tão assombrado que sentiu como se alguém o tivesse "fendido com uma vara da cabeça aos pés". Não conseguia acreditar que fora escrito por Lutero, pois faltava sua "habilidade" anterior.[45] Mas se Lutero era de fato o autor, refletiu ele, talvez tivesse sido escrito simplesmente num acesso de fúria em reação à bula. Lutero teria sucumbido à ira, um dos sete pecados capitais? Seu adversário Thomas Murner resolveu traduzir o texto para o alemão, na certeza de que as pessoas, ao lê-lo, ficariam horrorizadas. Dificilmente poderia cometer erro maior. A tradução apareceu com a imagem de Lutero que agora era padrão — baseada em Cranach, representando-o como o monge piedoso — e, impressa em Augsburgo, serviu apenas para difundir ainda mais os ensinamentos do reformista.

O ensaio começa com um gracejo de Lutero, dizendo que os livreiros e os leitores deviam queimar seu texto anterior sobre as indulgências, pela simples razão de não ser radical como devia. Com efeito, agora Lutero denuncia o papa como Nimrod, o "caçador poderoso", o rei e tirano bíblico que se levantou contra Deus. O papado é a "GRANDE RESERVA DE CAÇA DO BISPO DE ROMA", isto é, Roma é a Babilônia e o papa é o Anticristo. Lutero já apresentara o papa como o Anticristo em *À nobreza cristã da nação alemã*, mas ali ficava escondido nas seções finais do tratado; aqui, aparece em maiúsculas logo no começo.[46] Segundo Lutero, ele devia essa sua nova percepção aos ataques de Eck, Emser e outros dessa laia, porque a defesa estropiada que faziam da teologia existente revelava o grau de corrupção que ela atingira. Ele descarta as obras de seus adversários como "a imundície dessa cloaca fedorenta". São "homens malignos", e um deles chega a ser descrito como "movido por um mensageiro de Satã".[47]

Se em 1519 Lutero tentara sugerir que um concílio da Igreja avaliasse se os laicos deviam receber a comunhão sob as duas espécies, aqui ele investia contra todo o sistema de sacramentos da Igreja e sua importância ao acompanhar o indivíduo nas várias fases da vida. Entre os sete sacramentos — o batismo, a crisma, a comunhão, a confissão, o matrimônio, a ordenação e a extrema-unção —, somente o batismo e a comunhão eram definitivamente sancionados pelas Escrituras. Os demais eram meros acréscimos da Igreja e não deviam de forma alguma ser considerados como tal.

Os sacramentos, sustentava Lutero, não são ações realizadas para agradar a Deus. São sinais da promessa de Deus de salvação futura e exigem fé. A fé é o que justifica o pecador, proclamou Lutero: "Os sacramentos [...] não são realizados quando ocorrem, mas quando se crê neles". O batismo é um sinal de que o indivíduo está entre os salvos e não é uma simples alegoria: ele significa "morte e ressurreição reais". Depois que a pessoa é batizada, dizia Lutero, o sacramento mantém validade para sempre: a pessoa só perde a promessa batismal se, por desespero, der as costas à salvação.[48] Mas o papa havia instituído uma quantidade infindável de atos e cerimônias que destruíam o verdadeiro significado do batismo. Os votos monásticos e clericais, por exemplo, deviam ser abolidos porque, no voto batismal, já nos comprometemos o suficiente. Os votos monásticos e as obras são armadilhas desnecessárias em nossa consciência, e perdemos a liberdade que nos foi concedida pelo batismo.

A investida de Lutero contra os sacramentos provinha, até certo ponto, de seu antiaristotelismo. Nos anos imediatamente anteriores a 1520, ele estivera atacando o predomínio do filósofo no programa universitário e se envolvera na reforma dos cursos de Wittenberg. Não aceitava a ideia de que era possível explicar o milagre da missa — em que o pão e o vinho se tornam o corpo e o sangue de Cristo — usando a distinção de Aristóteles entre essência e acidente. Essa era a solução filosófica para o enigma de como Cristo podia estar presente no pão e no vinho. O argumento de Aristóteles era que tudo tem qualidades que podem ser percebidas por nossos sentidos — o paladar, o olfato, a visão etc. —, que são os chamados "acidentes". Mas não são a essência do objeto em si, que existe independentemente de nossa percepção. Os teólogos usavam esse argumento para sustentar que, no momento da transubstanciação, os "acidentes" exteriores do pão e do vinho — cor, sabor e cheiro — continuavam os mesmos, mas sua "essência" se transformava miraculosamente no corpo e no sangue de Cristo.

Fazia sentido que, tendo rejeitado o aristotelismo, Lutero também rejeitasse a explicação aristotélica da missa. Mas era mais que isso. Numa das passagens mais reveladoras em *Do cativeiro babilônico da Igreja*, Lutero se pôs a imaginar como um teólogo aristotélico explicaria a Virgem dando à luz. Comentou às gargalhadas que "naquele meio-tempo a carne da Virgem se aniquilou ou, como diriam de modo mais apropriado, se transubstanciou, e assim Cristo, depois de estar envolto em seus acidentes, finalmente apareceu por entre os acidentes!".[49] Lutero reagia com veemência às abstrações do aristotelismo: aqui ele demoliu a tentativa de escapar à realidade *física* abordando *literalmente* como Cristo teria surgido da Virgem. O altivo distanciamento dos aristotélicos em relação ao corpo, refugiando-se na abstração, despertava a zombaria de Lutero. Quer a razão humana conseguisse entender ou não, a corporeidade de Cristo em todas as suas dimensões não podia ser sumariamente descartada com a explicação de que era apenas questão de "acidentes" e aparências externas. Cristo *realmente* se fez homem, e não era possível dividir seu ser em duas partes. Para explicar o que queria dizer, Lutero recorreu ao ferro na bigorna do ferreiro: o ferro em brasa é ao mesmo tempo ferro *e* fogo — escolha interessante de analogia, que devia se basear em suas memórias de infância no mundo da mineração.[50]

Essa é uma das percepções mais originais de Lutero. Sua abordagem positiva do corpo constituía uma importante ruptura com o ascetismo cristão da Baixa Idade Média, que o marcara profundamente. Rememorando vinte anos depois, em conversa com os amigos à mesa, ele comentou que a vida de monge consistia em controlar o sono e a alimentação, em castigar a carne e combater os desejos sexuais. A percepção original de Lutero incidia na natureza do pecado e da penitência: os seres humanos não podem se fazer perfeitos e ganhar a aceitação de Deus com suas boas ações — precisam aceitar sua pecaminosidade e reconhecer que Deus, em sua justiça, aceita pecadores. Assim, eles eram ao mesmo tempo pecadores e salvos.

O agostinianismo radical de Lutero lhe permitira aceitar sua pecaminosidade pessoal. Mas agora também lhe permitia aceitar a corporeidade humana, junto com a constituição emocional (que estavam unidas na teoria dos humores), e aqui Lutero ia muito além de Agostinho e talvez também de Staupitz e sua afável aceitação da imperfeição humana. Foi um dos gigantescos saltos que Lutero deu entre 1519 e 1520, e foi uma transformação não só intelectual, mas também pessoal.

A solução posterior de Calvino ao dilema da eucaristia foi dizer que Jesus estava falando em termos simbólicos, e a linguagem não se referia à coisa de fato. Tal interpretação constituía um anátema para Lutero, que considerava de vital importância que o milagre da missa fosse exatamente isso — um milagre. Não precisava fazer sentido em termos lógicos. Era por isso que Lutero gostava de se apresentar como um "tolo", cuja tolice era a sabedoria de Deus — um termo figurado convencional, mas de grande apelo. Em teologia, para Lutero, a filosofia era apenas uma distração, afastando-se do significado das Escrituras, e era necessário desistir de buscar Deus por meio da razão, essa "meretriz", pois o cerne da fé é que ela ultrapassa a racionalidade e revela a distância entre Deus e o homem.[51]

O texto mais bonito de Lutero nesse período é *Da liberdade do cristão*, que apareceu em novembro de 1520. Escrito em alemão, mal chega a trinta páginas. Com deliciosa ironia, Lutero o redigiu ao mesmo tempo como uma carta de "desculpas", uma apologia, ao papa Leão, e apresentou o ensaio como uma oferenda que fazia ao papa, junto com a carta. Embora o ensaio esteja dividido em trinta pontos — os numerais geralmente vêm omitidos nas edições modernas em inglês —, não é tanto um sermão, e sim um texto devocional de reconforto.[52] Não há polêmica nem agressividade. Extremamente melodioso, quase podemos ouvir a voz de Lutero, conversando com o leitor. Ele começa com um paradoxo: "O cristão é senhor de tudo, totalmente livre, sem estar submetido a ninguém. O cristão é servo de todos, totalmente cumpridor, submetido a todos".[53]

Como assim? Lutero argumenta que temos uma natureza espiritual e uma natureza física, mas não faz essa distinção para menosprezar a carne. Ele argumenta que o homem interior deve ter fé em Deus e que não se pode chegar à fé pelas ações do homem exterior. As roupas que usamos, as normas que observamos — nada disso importa e não nos faz aceitáveis a Deus. Estamos liberados de obrar. A fé diz respeito ao homem interior e — usando a analogia que ele empregou para explicar a Presença Real —, assim como o ferro fica em brasa, unindo-se à chama, nosso eu interior se une com a fé e com Deus.

Prosseguindo na descrição da fé, Lutero tece uma comparação tipicamente quinhentista. Acreditar em alguém é supor que a pessoa é pia e honesta, cuja palavra será sempre dessa forma, "o que é a maior honra que um homem pode prestar a outro". No tipo de sociedade da honra em que vivia Lutero, na qual a palavra do indivíduo constituía um compromisso obrigatório e os contratos se estabeleciam na base da confiança, a honra era um valor fundamental, em termos não só morais, mas também econômicos. A lei bíblica mostra o homem exterior, pecaminoso, como ele é, e esse reconhecimento é essencial para que se possa chegar à fé. Nada, nenhuma obra humana pode estar livre do que Lutero chama de pecado; não podemos evitar, por exemplo, os "desejos maus". É por isso que as boas ações não nos podem fazer agradáveis a Deus. Como coisas externas, não podem ingressar no reino da "fé". A sombria avaliação de Lutero sobre a natureza humana leva, na verdade, a uma conclusão alentadora: se tudo o que fazemos está maculado pelo pecado, então não tem importância: é assim que somos, e não podemos nos tornar justos acumulando boas ações.[54]

Lutero utiliza ao longo do ensaio palavras aparentemente simples, mas poderosas — liberdade, fé, honra. O tom direto da linguagem permite que as palavras tenham ressonância, mas elas podem ser entendidas de várias maneiras diferentes. Seu uso da palavra "liberdade", junto com a ideia de que o cristão é ao mesmo tempo senhor e servo, era uma bomba. Ao tratar todos os cristãos como iguais, fossem príncipes ou plebeus, e ao insistir na liberdade deles, Lutero rompia com a deferência social. Ao tratar reiteradamente o leitor com um informal "você" (*du*), ele fala a "todos" (*alle*) e a "cada um" (*yderman*). Além disso, sustenta que "todos" têm o direito de ter suas posições próprias em assuntos espirituais: "Pelo que foi dito, cada qual pode emitir juízo seguro sobre todas as obras e leis e fazer uma distinção fidedigna entre elas, e saber quais são os pastores cegos e ignorantes e quais são os bons e verdadeiros".[55] Isso dava aos cristãos comuns a capacidade de decidir quem estava pregando a verdadeira doutrina cristã, em vez de aceitar cegamente a palavra do padre que lhes era imposto. As Escrituras eram claras, sustentava Lutero, e seu significado estava patente a todos.

32. Martinho Lutero, Von der freyheyt eynes Christenmenschen [Da liberdade do cristão], 1520.

Em 10 de dezembro de 1520, findou o prazo de sessenta dias, estabelecido pela bula *Exsurge Domine*, que Lutero recebera para se retratar. Terminada a aula matinal na universidade, ele saiu pelo Portão de Elster, rumo à capela da Santa Cruz, junto ao hospital, acompanhado por seus alunos. Ali, provavelmente no local onde se queimavam os refugos hospitalares, um dos mestres em teologia acendeu um fogo, e Lutero atirou às chamas a bula, os decretos papais e as leis canônicas, proclamando em latim: "Visto que entristeceste a santidade do Senhor, possa o fogo eterno te destruir". Então voltou para a universidade.

Foi um gesto cuidadosamente encenado.[56] Melâncton tinha redigido um anúncio formal do que iria acontecer e pregara na porta da igreja paroquial, convidando todos os que "eram amantes da verdade evangélica" a comparecerem no local marcado às nove horas da manhã. Spalatin sabia havia uma semana o que estava em preparação: assim que tomou conhecimento de fonte segura que seus livros haviam sido queimados em Leipzig, avisou ao eleitor que a intenção de Lutero era queimar a bula.[57] Lutero escolhera a hora e o local para o pronunciamento mais ousado possível. Estava condenando os livros e a bula à morte, numa execução simulada. O sentido era claro para as pessoas ali reunidas presenciando o espetáculo: ele rompia não só com a autoridade do papa, mas também com toda a tradição do direito canônico, construída ao longo dos séculos para abranger todas as espécies de questões religiosas. Mais uma vez, Lutero encenara um happening, um ato público em que expunha suas convicções teológicas de maneira memorável e irrevogável. Escreveu orgulhosamente a Staupitz, comentando o caráter definitivo de seu rompimento com Roma: "Queimei os livros do papa e a bula, primeiro tremendo e orando; mas agora estou mais satisfeito com isso do que com qualquer outra ação de minha vida pois [esses livros] são piores do que eu pensava".[58]

Ao espetáculo se seguiu uma festa estudantil com atividades antipapais. Depois que Karlstadt, Melâncton e Lutero saíram, os estudantes encenaram uma peça inspirada no trote dos calouros, o rito Beanus. Com um arauto de corneta, várias centenas de estudantes escarneceram da bula, cortaram-na e a transformaram em flâmulas, prenderam uma delas na ponta de uma espada e andaram em procissão, exibindo-a; então enfiaram as outras numa barrica enorme e ficaram circulando com ela em cima de uma carroça. Para gargalhada geral, leram em voz alta trechos da bula e das obras de Eck e Hieronymus Düngersheim von Ochsenfahrt, e então fizeram uma fogueira na qual queimaram a bula, os livros e a barrica. Juntaram as cinzas como se fosse um troféu, e à tarde andaram pela cidade com suas cornetas e cantaram hinos fúnebres para a bula.

Era uma escalada visível do espetáculo da manhã. As atividades já não estavam sendo realizadas fora dos muros da cidade: os estudantes tentavam envolver os moradores e ocupar o espaço público de Wittenberg como palco de seus protestos. Mais uma vez, Lutero alegou que não tinha nada a ver com aquilo; quando se iniciou a festa, ele já estava de volta ao mosteiro. Mas, com o turbulento apoio dos estudantes, um evento universitário ganhou energia para se transformar em algo que envolvia a cidade inteira.[59] Os estudantes se entusiasmaram tanto com esse carnaval improvisado que repetiram uma encenação parecida no Ano-Novo, com um arremedo do papa e uma procissão eclesiástica percorrendo a cidade e celebrando o evento com um poema impresso.[60] Assim como permitira que o bando armado de estudantes de Wittenberg o acompanhasse a Leipzig, Lutero aproveitou tacitamente o poder estudantil em favor de sua causa.

Acima de tudo, Lutero sabia do valor do riso. Um ano depois, ainda troçava da bula. Como brincadeira de Ano-Novo, em 1522, ele publicou uma versão de gozação da bula *In coena Domini*, com glosas e tudo, lançada periodicamente pelo papa durante a Páscoa para condenar a heresia. Lutero, óbvio, condenava os "vendedores de bulas, cardeais, legados, comissários, subcomissários, arcebispos, bispos, abades, prepósitos, diáconos, clérigos catedralícios, priores... e quem consegue listar o bando inteiro desses velhacos os quais nem o Reno seria suficiente para afogar?".[61] Embora seus adversários o acusassem de forma indevida de fomentar a sedição e alegassem falsamente que sua doutrina ensinava que não era preciso obedecer à autoridade laica, não se enganavam ao perceber o potencial socialmente subversivo da mensagem de Lutero.

O ritmo dos acontecimentos agora se acelerava. A cada dia surgia a notícia de novos ataques desferidos por Ambrosius Catharinus, pelo núncio papal Girolamo Aleandro e por Hieronymus Emser; como dizia Lutero, ele se sentia como Hércules lutando contra a Hidra das múltiplas cabeças.[62] As respostas aos ataques católicos tomavam todo o seu tempo. Armado com a bula, Eck voltara de Roma para a Alemanha. A mudança da opinião pública em terras germânicas ficou evidente quando ele e Aleandro começaram a divulgar a bula no outono de 1520. Em Meissen, Merseburg e Brandemburgo, Eck conseguiu que ela fosse afixada, com uma grande fanfarra e uma escolta de homens armados. Mas, tão logo a escolta se foi, "crianças devotas" afixaram notícias contrárias, com tal efeito que Eck teve de se refugiar num mosteiro. Cantavam versos zombeteiros, enviavam mensagens hostis ameaçando seus bens e sua vida, e um bando de cinquenta estudantes de Wittenberg chegou e se pôs em sua perseguição.[63]

Em 3 de janeiro de 1521, finalmente Lutero foi excomungado pela bula *Decet Romanum Pontificem*. Ele observava fascinado os acontecimentos, acompanhando a trajetória da bula original e recolhendo os relatos de suas vicissitudes ao longo da primavera de 1521.[64] Em Leipzig, para sua surpresa, rasgaram a bula e jogaram esterco nela; em Döblin, a multidão fez a mesma coisa, com uma nota dizendo: "O ninho está aqui; os pássaros voaram!". Em Magdeburgo, o livro de Emser ficou exposto no pelourinho.[65] Era como se a Alemanha estivesse dando uma banana para o poder papal.

A queima de livros também estava no ar. Em 1518, tinham sido os estudantes de Wittenberg que queimaram a obra de Tetzel, o vendedor de indulgências. Em Louvain, em 1520, Aleandro fez com que o carrasco queimasse em praça pública mais de oitenta livros luteranos, em parte conseguindo que os

33. *Xilogravura de Hans Holbein, o Jovem, apresentando Lutero como o Hércules alemão, com uma clava, c. 1519. Lutero estrangula Hoogstraaten, adversário de Reuchlin, com a mão esquerda, e Aristóteles, Tomás de Aquino, Ockham e Pedro Lombardo jazem ali já mortos: naquela época, considerava-se que os principais antagonistas de Lutero eram os filósofos escolásticos e os adversários do humanismo.*[66]

conselheiros municipais confiscassem as obras nas livrarias. Mas em Mainz, algum tempo depois no mesmo ano, o ritual não deu certo. O carrasco perguntou à multidão reunida se o autor fora legitimamente condenado; a multidão, num bramido, respondeu que não — então o carrasco se negou a atear fogo, para a delícia dos circunstantes.[67] Lutero troçou muito de Aleandro, por ter gastado centenas de ducados comprando seus livros para a fogueira. Mas a queima de textos heréticos prefigurava a queima do próprio herege: Lutero sabia o destino que o aguardava se fosse capturado pelas forças papais.

8. A Dieta de Worms

A corte eleitoral saxônica agora congregava todos os seus recursos para conseguir que o caso de Lutero fosse ouvido pelo imperador, em vez de ser encaminhado a Roma. O imperador Carlos v, de fato, oferecera realizar uma audiência em novembro de 1520, antes do prazo final de sessenta dias estipulado pela bula, mas no mês seguinte desmarcou a audiência após as objeções do representante papal.[1] Em sua correspondência com a corte imperial, Frederico e seus conselheiros argumentaram que Lutero não devia ser condenado "sem ser ouvido previamente [...] para que a verdade [...] possa ser trazida à luz". Asseguraram a Carlos que, se se demonstrasse que ele errara "pelas Sagradas Escrituras", Lutero iria "humildemente aceitar ser instruído". Como expuseram em sua queixa, Lutero continuava "não ouvido e não vencido pelas Sagradas Escrituras" — o que serviu de excelente propaganda.[2] Os homens do eleitor tiveram êxito e obtiveram uma audiência: em 6 de março, o imperador determinou que Lutero comparecesse à sua presença em Worms e lhe concedeu um salvo-conduto.[3]

Lutero agradeceu ao eleitor por seu empenho, mas estava ciente de que sua proteção se devia, em larga medida, a Spalatin e a outros na corte saxônica; provavelmente foi sua amizade com Spalatin que o salvou. Além de ser o capelão e bibliotecário do eleitor, Spalatin fora de início preceptor do sobrinho de Frederico, o futuro eleitor João Frederico, e sempre viajava com o eleitor de um castelo a outro da Saxônia, indo de Albenburg a Torgau e a

Wittenberg.[4] Como conselheiro de Frederico, Spalatin ocupava uma posição de extraordinário poder, sumariando os argumentos teológicos para o eleitor e sugerindo os rumos a tomar. Além disso, sua influência sobre a educação do futuro eleitor e da progênie de outras linhagens principescas ajudou a garantir que, com o tempo, viessem a se tornar não só defensores pessoais de Lutero, mas também firmes defensores da Reforma.[5] Com efeito, desde 1520 aproximadamente, o jovem duque e futuro eleitor João Frederico pedia aconselhamento a Lutero sobre questões espirituais, enquanto este, de seu lado, dedicava-lhe alguns de seus textos mais importantes.[6]

Todavia, Spalatin também procurava refrear Lutero, comentando várias vezes que seus ensaios impressos eram agressivos demais e tentando impedir que os publicasse ou, pelo menos, moderasse o tom. Lutero, por sua vez, arreliava Spalatin chamando-o de "O Cortesão", e lhe enviou um de seus alunos de confiança, Franz Günter, para ser instruído nos assuntos da corte.[7] Como se vê, os dois tinham uma amizade não muito usual. Num antigo retrato de 1509, Spalatin aparece com belos cachos, usando uma túnica cinzenta simples, com forro preto, em que a discrição acadêmica se mescla à ostentação da corte. Uma xilogravura de 1515 mostra um homem sério, ainda jovem, com elegância sóbria, refletindo sobre a Cruz. Mas Spalatin não era cortesão de berço. Seu pai era um curtidor, e ele vinha de Spalt, perto de Nuremberg. Era um dos "homens novos" que subiram na vida graças à educação. Entrou na corte, mas sabia que, como plebeu, não era um igual entre os aristocratas; também havia boatos de que podia ser bastardo. Embora fosse servidor de confiança e conselheiro importante — às vezes com intimidade suficiente para estar presente enquanto o eleitor se preparava, antes do jantar —, não era convidado a se juntar à mesa.[8]

Ao que parece, Spalatin tinha bom traquejo em manobras e negociações, uma percepção pragmática e um senso realista que faltavam a Lutero. Como Lutero, ele estudara grego e latim, e se tornou integrante dos círculos humanistas em torno de Conrad Mutian e Nikolaus Marschalk, na Universidade de Erfurt. Não tinha a sólida autoconfiança de Lutero e era um orador medíocre. Mas ambos formavam uma parceria imensamente criativa. Spalatin comprava livros para a biblioteca da universidade e apoiou reformas universitárias que introduziram estudos bíblicos e estudos dos Pais da Igreja. Juntos, fizeram uma série de nomeações brilhantes, sendo a principal a de Melâncton. Lutero

34. Lucas Cranach, o Velho, Georg Spalatin honrando a Cruz, 1515.

recomendava reiteradamente várias pessoas a Spalatin, pedindo emprego, pequenos favores ou pensões de Frederico. Spalatin era incansável a serviço do eleitor, trabalhando muitas vezes até altas horas da noite; mesmo assim, encontrava tempo para traduzir as obras latinas de Lutero para o alemão, o que fazia com apurado senso musical.[9]

Conhecemos apenas o lado de Lutero nessa amizade, porque somente suas cartas sobreviveram — catalogadas com cuidado e anotadas com grande respeito, muitas vezes em grego, por Spalatin.[10] Pelo que indica a quantidade de cartas de Lutero — mais de quatrocentas —, essa foi talvez *a* relação central de sua vida entre 1518 e 1525; ele escreveu a Spalatin um número maior de cartas do que a qualquer outra pessoa, muito embora os dois se vissem com regularidade. No começo, a correspondência entre ambos se iniciava com as elaboradas fórmulas de afeto e consideração que eram praxe na retórica epistolar humanista, mas, com o passar do tempo, as cartas de Lutero passaram a ter uma redação menos cuidadosa, dispensando lisonjas e indo direto ao assunto. Spalatin se tornou a caixa de ressonância de algumas das ideias mais radicais de Lutero; foi com Spalatin, e depois com Johannes Lang, que ele comentou pela primeira vez, em 1519, sua convicção cada vez maior de que o papa era o Anticristo, "ou pelo menos seu apóstolo".[11] Talvez preferisse testar suas novas percepções teológicas com Spalatin porque este não era teólogo; as cartas de Lutero a Lang e a Wenzeslaus Linck, irmãos de ordem, costumavam ser mais defensivas, explorando menos as questões. Também sabia quando evitar Spalatin. Como vimos, em Leipzig ele se absteve de consultá-lo, fingindo não saber onde encontrá-lo; em Augsburgo, também se absteve de lhe pedir conselho, embora tivesse sido Spalatin quem organizou o encontro com Caetano, na esperança de chegarem a um acordo. Mas, nos meses anteriores à Dieta, Lutero escrevia a Spalatin várias vezes por semana, até diariamente.

Em meados de janeiro de 1521, Spalatin e o eleitor chegaram a Worms, com a abertura da reunião formal da Dieta. Lutero e Spalatin, portanto, só podiam se consultar por carta. A questão luterana logo ocupou o centro da cena. Em 13 de fevereiro, uma Quarta-Feira de Cinzas, o núncio papal Gerolamo Aleandro fez um discurso de três horas em latim, apresentando as heresias de Lutero e insistindo em sua condenação.[12] A escolha da data era extremamente significativa, pois a Quarta-Feira de Cinzas é o dia do arrependimento antes da Páscoa, e a penitência estava intimamente ligada à necessidade de agir contra os hereges. Aleandro montou uma lista, que enviou a Spalatin, expondo as proposições em que ele exigia a retratação de Lutero, em sua maioria extraídas de *Do cativeiro babilônico da Igreja*. Ainda havia espaço para um acordo: o emissário papal Miltitz se sentia esperançoso.

Mas Lutero estava decidido a não transigir. Como escreveu a Spalatin, se o imperador ia convocá-lo a Worms só para se retratar, então ele não iria; mas, se fosse convocado para ser condenado como proscrito e executado, "eu me ofereceria a ir" — a forma gramatical cuidadosamente escolhida (*offeram me venturum*) pintava-o como mártir.[13] Em outra carta, a um destinatário desconhecido, ele escreveu que não se preocupava consigo mesmo, mas que o grande adversário de Cristo, "o autor e mestre universal de assassinatos", estava fazendo de tudo para destruí-lo, e acrescentou que "meu Cristo me dará o espírito para que, vivendo, eu derrote aqueles ministros de Satã e, morrendo, eu seja vitorioso".

Logo a seguir, nessa mesma carta, ele passou para assuntos mais prosaicos, lembrando ao destinatário que ainda não enviara o dinheiro que devia a "seu irmão Peter, como ele me falou: dê um jeito de enviar".[14] Em meio a tudo isso, Lutero também encontrou tempo para responder ao duque João Frederico, então com dezessete anos, que lhe perguntara se Cristo dormia normalmente. Os Evangelhos não contavam tudo o que Cristo fazia, explicou Lutero, mas Cristo era um homem natural e "decerto rezava, jejuava, ia ao banheiro, pregava e fazia milagres mais vezes do que aparece no Evangelho". Essas ações naturais agradavam ao Pai tanto quanto os maiores milagres, disse ele ao jovem duque: a humanidade de Cristo era plenamente física, abrangendo até a defecação.[15]

Por fim, em 26 de março, na Semana da Páscoa, a intimação chegou a Wittenberg, ordenando que Lutero comparecesse a Worms para prestar "informação sobre as doutrinas e os livros" produzidos por ele.[16] Não especificava que ele teria de se retratar.[17] Lutero, que não era de guardar coisas, decidiu conservar esse documento, o qual foi transmitido pela família. Ele sabia que era um momento histórico.[18]

Lutero partiu para a viagem a Worms em 2 de abril com um grupo de amigos e adeptos. Estavam: o colega agostiniano que todo irmão era obrigado a levar junto (o escolhido foi Johannes Petzensteiner); Peter Suave, um jovem nobre da Pomerânia; provavelmente Thomas Blaurer, entusiástico seguidor de Lutero que estava estudando em Wittenberg; Nikolaus von Amsdorf, o velho amigo de Lutero; e Caspar Sturm, o arauto imperial, que fora até Wittenberg para convocar Lutero a Worms — mais tarde, ele se tornou importante defensor da Reforma. Dessa vez, Lutero não tentou ir a pé, mas usou uma carruagem aberta, fornecida pelo ourives Christian Döring, de Wittenberg. O conselho da cidade contribuiu com vinte florins para as despesas de Lutero, e seu velho amigo Johannes Lang entrou também com um florim; todavia, quando os viajantes chegaram a Gotha, o dinheiro já estava quase no fim, como Lutero confidenciou a Melâncton.[19]

O pequeno grupo saxônico devia se destacar muito na estrada. À frente ia o arauto Sturm a cavalo, com seu criado, trazendo na manga o símbolo da águia imperial, e atrás seguia o coche aberto com seu famoso ocupante e seus companheiros. Lutero agora era uma celebridade. Multidões se aglomeravam para encontrá-lo e ver o "homem-milagre que tinha coragem suficiente para se opor ao papa e a todo o mundo, que sustentava que o papa era um Deus contra Cristo". O desconcertante, conta-nos Myconius, é que muitos dos que iam ver o monge também lhe garantiam que seria queimado como herege.[20] Lutero foi acolhido em êxtase pela Universidade de Erfurt, quando sessenta cavaleiros e o reitor saíram a seu encontro. Isso deve ter dado uma enorme satisfação pessoal a Lutero, sobretudo depois dos ásperos conflitos sobre seu doutorado. Mesmo em Leipzig, onde sua passagem despertou menos interesse, o conselho municipal pelo menos o homenageou com um brinde de vinho.[21] A viagem, que durou dez dias, foi o contrário da ignominiosa jornada da bula papal: foi um cortejo triunfal.

Ela também criou uma mitologia própria. Em Erfurt, a igreja em que Lutero pregou estava tão lotada que a galeria soltou uns rangidos preocupantes e as pessoas estavam quase saltando pelas janelas para o pátio da igreja. Como relembrou uma testemunha, Lutero tranquilizou as pessoas, dizendo que "deviam se manter calmas, o Demônio que fizesse suas artes, elas só deviam se manter calmas e não aconteceria nada de mau", e "de fato não ocorreu nenhum acidente". O sermão, registrado por alguém da congregação, foi prontamente impresso.[22] Depois que Lutero pregou outro sermão no mosteiro agostiniano em Gotha, "o Demônio arrancou algumas pedras da torre da igreja [...] [que] estavam firmes ali fazia duzentos anos", e Myconius, o cronista que contou o episódio em 1541, acrescentou: "Até hoje, não foi reconstruída". Para Myconius, isso era prova de que o Demônio estava combatendo Lutero com todos os seus poderes.[23]

Mas, antes mesmo de chegarem a Gotha, Lutero soube por um vendedor de livros, seguindo em direção contrária, que já havia mensageiros afixando os mandatos imperiais que determinavam o confisco e a queima de seus livros.[24] A ansiedade com o julgamento iminente cobrou seu preço. Em Eisenach, Lutero ficou tão gravemente doente que os amigos acharam que ele não sobreviveria; recuperou-se apenas depois de algumas sangrias e da ingestão de um pouco de álcool. Lutero estava convicto de que era o Demônio tentando impedi-lo de chegar a Worms.[25] Segundo comentou mais tarde, muitos diziam que "o dr. Martinho e seus livros já tinham sido condenados em Worms". O prazo de 21 dias do salvo-conduto que lhe fora concedido pelo imperador estava chegando ao fim, e quando o grupo chegou a Oppenheim, restavam apenas três dias. Nessa altura, como Lutero relembrou mais tarde, o arcebispo de

Mainz tentou persuadi-lo a fazer um desvio em sua rota, recorrendo a Martin Bucer como intermediário para marcar um encontro reservado. Se Lutero comparecesse ao encontro, perderia a data e seria culpado de desobediência à intimação imperial; a partir daí, passou a desconfiar de Bucer pelo resto da vida, o que viria a ter consequências de grande alcance.

Nesse meio-tempo, na Dieta propriamente dita, especulava-se se Lutero iria aparecer ou não. Como dizia um dominicano com grande agitação: "Mas onde ele está? Ele não vem, não vai aparecer, não vai vir".[26] De fato, Spalatin o avisara para não entrar na cidade, pois tudo indicava que o desfecho mais provável seria a condenação,[27] mas Lutero insistiu, escrevendo que "entraremos em Worms apesar dos portões do inferno e dos poderes das trevas". Recordando a ocasião numa carta ao eleitor, um ano depois, Lutero escreveu que, mesmo que houvesse tantos demônios quantas eram as telhas nos telhados de Worms, ainda assim ele teria ido. Era essa imagem mais expressiva que Lutero gostava de repetir à mesa e que Spalatin registrou em sua história da Reforma.[28] Olhando em retrospecto, Lutero reforçava com gosto aquela sua firme determinação. Segundo Myconius, Lutero declarara que, mesmo que os fogos de Wittenberg e Roma contra ele alcançassem a altura dos Céus, iria atender à convocação "e dar um chute nos dentões da bocarra de Behemot".[29]

O clima de expectativa se reflete num folheto satírico da Quarta-Feira de Cinzas, *Litania dos germânicos*, dando voz à ansiosa identificação do povo com Lutero. O folheto rogava a Cristo, a Maria, a todos os bispos sagrados ("que são poucos") e a todos os santos para que rezassem "pelos germânicos" e os protegessem não só de coisas como relâmpagos e temporais, mas também da "tirania do papa" e das "terríveis ameaças, bulas e fulminações" papais. "Que Martinho", prosseguia o autor, "o pilar da fé cristã que não pode ser derrubado, fique protegido contra todos os venenos venezianos, logo que chegue a Worms", numa referência aos rumores sobre a existência de conspirações para assassiná-lo.[30] O companheiro de viagem Peter Suave comparou a entrada deles em Erfurt ao Domingo de Ramos, e Lutero perguntou a Melâncton se seria Satã a tentá-lo com a pompa ou se era um sinal de que iria sofrer o martírio; fosse como fosse, ele anexou a descrição de Suave. Era evidente que Lutero tecia um paralelo com Cristo.[31] Anos depois, conversando com os companheiros à mesa, ele evocou seu estado emocional com alguma surpresa: disse que se sentira "inabalado" e lembrou que "não estava com medo", comentando que

"Deus pode nos deixar loucos a esse ponto — não sei se agora eu seria tão louco assim".[32]

Quando Lutero chegou a Worms em 16 de abril, as ruas estavam lotadas com 2 mil pessoas que tentavam vê-lo. O núncio papal Aleandro observou que, quando Lutero desceu do coche, um monge avançou para abraçá-lo e então tocou três vezes em sua sotaina, como se fosse um santo.[33] Ficou alojado numa casa dos Cavaleiros da Ordem de São João, onde também estavam hospedados o mestre de cerimônias imperial Ulrich von Pappenheim e os cavaleiros Friedrich von Thun e Philipp von Feilitzsch.[34] Acomodação digna da nobreza, a casa ficava perto do salão onde a Dieta estava reunida. Era o inverso da situação em Augsburgo: agora foi o núncio papal Aleandro que teve de se contentar com um quarto minúsculo, sem aquecimento, de tão impopular que era sua causa.[35]

Chegado o momento em que Lutero deveria comparecer diante da Dieta, no final da tarde de 17 de abril, era tão grande a aglomeração que ele teve de ser conduzido por um jardim e ingressar no salão por uma entrada lateral. "Muita gente subiu no alto dos telhados com vontade de ver", comentou um observador num eco consciente das multidões que saudavam Cristo no Domingo de Ramos.[36] Lutero passou pelas filas de príncipes germânicos, alguns dos quais soltaram exclamações de apoio. O esplendor da ocasião, por si só, devia ser intimidante para o monge em sua batina preta simples. Os príncipes e nobres apinhados no salão estavam vestidos com toda a elegância, com mantos suntuosos, correntes de ouro, joias e penteados deslumbrantes, e lá se encontrava o próprio imperador, na magnificência de seus trajes. Lutero, em contraste, estava com uma batina preta simples e um cinto. Eis a descrição de um delegado: "Fizeram entrar um homem que disseram ser Martinho Lutero, com cerca de quarenta anos ou por aí, de constituição rústica e um rosto rústico com olhos não especialmente bondosos, o semblante inquieto, que se alterava descuidadamente. Ele estava com uma batina da ordem agostiniana com seu cinto de couro, a tonsura larga e recém-aparada, o cabelo mal cortado".[37]

Lutero recebera apenas o mais sucinto resumo do mestre de cerimônias imperial, o qual lhe falou que seria interrogado e o instruiu a somente responder às perguntas. Foram lidas em voz alta, primeiro em latim e depois em alemão, pois os trabalhos tinham de ser entendidos tanto pelos eruditos quanto pelos príncipes e nobres germânicos. Na frente de Lutero, sobre um banco, havia uma pilha das edições da Basileia de seus livros, encadernados especialmente para a ocasião. O secretário do bispo de Trier perguntou a Lutero se eram livros seus e se ele ia se retratar. A isso, Hieronymus Schurff, o professor de direito em Wittenberg atuando em defesa de Lutero, bradou: "Que sejam lidos os títulos dos livros". Então a extraordinária lista de títulos, que, juntos, constituíam tamanho sucesso editorial, foi lida em voz alta para os Estados da nação germânica e para o imperador, lembrando aos ali reunidos quais eram as questões em jogo. Nada poderia demonstrar com maior clareza a amplitude e a profundidade do ataque de Lutero ao papado e à Igreja estabelecida.[38]

Esperava-se que Lutero respondesse às perguntas com um simples sim ou não, e os procedimentos eram talhados de uma maneira que não lhe permitia discursar. Ele demorou para responder, e sua voz, como disseram alguns presentes, mal se ouvia no amplo salão. Sim, os livros eram realmente dele e nunca os renegaria, mas não podia dizer de imediato se os defendia ou se se retratava, "porque esta é uma questão de fé e da salvação das almas, e porque se refere à Palavra divina, que todos nós devemos reverenciar, pois não existe nada maior no céu ou na terra". Ele prosseguiu dizendo que, portanto, seria "precipitado e ao mesmo tempo perigoso para mim afirmar qualquer coisa sem a devida consideração", e assim pedia um adiamento.[39]

Deve ter sido um enorme anticlímax para os presentes no salão lotado. Foi também uma tática inspirada, pois dissolvia a tensão e retardava o andamento das questões, dando a Lutero uma segunda oportunidade de falar. Lutero nunca reagiu bem às tentativas de ser silenciado.[40] Mesmo depois, continuava evidente sua fúria em ser amordaçado, ao escrever a Cranach (distorcendo levemente a verdade) que julgara que ia ter uma audiência propriamente dita e pelo menos um, ou talvez cinquenta, doutores em teologia, todos prontos para refutar suas concepções. Em vez disso, a única coisa que disseram foi: "Estes livros são seus? Sim. Quer renunciar a eles ou não? Não. Então retire-se!".[41]

Lutero obteve o adiamento solicitado e recebeu ordens de voltar no dia seguinte. Segundo o relato dos acontecimentos escrito por seus defensores, aconselharam-no a "agir virilmente, e não temer aqueles que podem matar o corpo, mas não podem matar a alma". Um deles recomendou: "Quando estiver perante reis, não pense no que está dizendo, pois lhe será dado naquele momento", e um circunstante exclamou: "Abençoado o ventre que o carregou" — eram, todas elas, citações dos Evangelhos que, mais uma vez, comparavam o aparecimento de Lutero em Worms à Paixão de Cristo.[42] A estratégia de Lutero era insistir em que se ouvissem os argumentos, e ele conseguiu contornar as tentativas do lado imperial em obrigá-lo a se retratar ou a manter silêncio. Ao convocá-lo perante a Dieta, haviam dado a Lutero a melhor plataforma para expor suas ideias. O próprio núncio papal Aleandro fora, desde o início, avisado desse perigo.[43]

A Dieta também estava ocupada com outros assuntos, e Lutero só foi chamado no final da tarde de 18 de abril, e então teve de esperar mais duas horas antes de ser ouvido. Dessa vez, foi levado para um salão ainda maior que, não obstante, estava tão lotado que até alguns príncipes tinham de ficar de pé. Lutero rememorou a cena: estava escuro e o salão iluminado apenas por archotes. O orador imperial repetiu as perguntas feitas no dia anterior. Lutero respondeu outra vez em voz modesta, primeiro em latim e depois em alemão, apresentando-se como "homem acostumado não a cortes, mas às celas dos monges". Dirigindo-se formalmente ao imperador e aos eleitores, desculpou-se caso concedesse a alguém um título menos eminente do que merecia — uma quebra retórica do protocolo que lhe permitia tentar criar um campo mais nivelado. Reconheceu que escrevera os livros, mas que nem todos eram da mesma espécie. Em alguns, ele pregara a Palavra de Deus com simplicidade e clareza. Em outros, atacara os falsos ensinamentos da Igreja romana. Havia uma terceira espécie de livro, em que escrevera contra alguns "indivíduos" particulares "e (como dizem) ilustres" — troça a que Lutero não conseguiu resistir — que queriam proteger a tirania papal.[44]

Não podia renegar os livros que abordavam "a fé e os princípios morais religiosos de maneira tão simples e evangélica que até meus próprios inimigos são obrigados a reconhecer que são úteis, inofensivos e claramente dignos de ser lidos por cristãos". Tampouco podia desdizer o que escrevera contra a idolatria e a tirania do papa, pois não queria "acrescentar [...] força a essa tirania, e com isso abriria não só as janelas, mas também as portas a tão grande impiedade", continuando incisivo: "Especialmente se se registrasse que eu praticara essa má ação em virtude da autoridade de Vossa Sereníssima Majestade e de todo o Império Romano". À terceira espécie de livros, ele tampouco poderia renunciar, pois ali atacava os defensores e protetores do papado e, embora nessas obras fosse "mais mordaz" do que sua religião e profissão de fé exigiam, "não pretendo me passar por santo".[45]

Portanto, estava pronto a ser "instruído" desde que alguém pudesse "expor meus erros, demolindo-os com os escritos dos profetas e dos evangelistas" — linha que fora sempre adotada pelos negociadores de Frederico. Se isso fosse possível — e claro que Lutero achava que não era —, ele seria o primeiro a atirar seus livros às chamas. Quanto a "agitação e dissensões surgidas no mundo em decorrência de meus ensinamentos", ele retomou a passagem das Noventa e Cinco Teses em que dizia: "Fora, pois, com todos esses profetas que dizem ao povo de Cristo 'Paz, paz' e não há paz!", acrescentando: "Ver a agitação e a dissensão surgirem por causa da Palavra de Deus é, para mim, claramente o aspecto mais jubiloso de todas essas questões. Pois esta é a via, a ocasião e o resultado da Palavra de Deus, tal como ele [Cristo] disse: 'Vim para trazer não a paz, e sim a espada'".[46]

Numa sociedade que tinha entre seus mais altos valores a concórdia, a paz e a fraternidade, tal declaração era profundamente desconcertante, e pelo menos um ouvinte, Johannes Cochlaeus, esteve alerta a seu tom dissonante: mais tarde, acusou Lutero de fomentar o espírito de revolta e de causar a Guerra dos Camponeses.[47] Apesar disso, o discurso era uma obra-prima intelectual, esvaziando as alegações da outra parte, sem questionar sua própria autoridade.[48]

O orador imperial retrucou um tanto irritado que Lutero "não respondera à pergunta". O que se exigia, comentou Lutero mais tarde, era "uma resposta não bifurcada, mas simples: se eu queria ou não me retratar".[49] Era um cutucão no intelectualismo de Lutero, pois os escolásticos gostavam de se esquivar aos argumentos usando recursos como as chamadas "bifurcações" de um dilema, isto é, duas opções igualmente espinhosas. A réplica de Lutero não era "nem bifurcada nem denteada":

> A menos que eu seja convencido pelo testemunho das Escrituras ou pela razão clara (pois não confio no papa ou apenas nos concílios, pois bem se sabe que eles frequentemente erram e contradizem a si mesmos), estou preso às Escrituras que citei, e minha consciência é cativa da Palavra de Deus. Não posso e não quero retirar nada, visto que não é seguro nem correto ir contra a consciência.

Em contraste com o discurso anterior, esse era totalmente direto. Segundo a transcrição oficial dos trabalhos, foi apenas isso que ele falou; segundo o relato que seus defensores publicaram em Wittenberg, Lutero concluiu com as seguintes palavras: "Não posso agir de outra forma, aqui estou eu, que Deus me ajude. Amém". Se não proferiu tais palavras, foi essa a frase que logo ganhou fama. Certamente transmitia bem o espírito com que comparecera à Dieta.[50]

Após o discurso de Lutero, as discussões prosseguiram, mas já estava escuro e a Dieta logo foi encerrada. Segundo o relato do círculo de Lutero, em outra referência deliberada à Paixão de Cristo, à sua saída "um grande grupo de espanhóis seguiu Lutero, o homem de Deus, com zombarias, gestos de escárnio e muito alarido". Ouviram-nos gritar: "Queimem-no! Queimem-no!".[51]

O que Lutero pretendia dizer com esse apelo à "consciência"? Ele guarda uma ressonância moderna, sugerindo a liberdade de pensamento e o direito de cada um decidir por si mesmo. Mas não era isso que Lutero queria dizer. O termo alemão que usava com muita frequência, "Gewissen", está intimamente ligado a palavras como "saber" e "certeza"; em latim, a raiz de *conscientia* — outra palavra que ele usava sistematicamente — significa "com conhecimento". Claro que Lutero estava escrevendo muito antes que Freud formulasse seu modelo tripartite da mente, em que a consciência é identificada com o superego, a parte da psique que impõe normas e proibições morais externas. Tampouco se referia a uma voz interior contendo o indivíduo autêntico. Para Lutero, a Palavra de Deus tem um significado absolutamente claro e simples, e "consciência" é o conhecimento interior do indivíduo daquele significado objetivo da Palavra de Deus. É a isso que ele se referia, ao insistir que sua consciência era "cativa da Palavra de Deus".[52] Além disso, a consciência para Lutero não é apenas uma faculdade intelectual, mas está também firmemente ligada a um complexo leque de emoções. Uma consciência pode ser triste, alegre, pesada, toldada, tranquila ou em paz. Pode ser fraca ou forte, ou mesmo corajosa. Pode se emparelhar com o coração, outra sede das emoções, e com a fé. E guarda uma relação especial com Deus, comunicando-se diretamente com Ele.

A "consciência" tem uma longa história com Lutero. Em seus anos como monge infeliz, ele sentia a consciência pesada, o que o levava a confessar com enorme frequência. Foi dessa infelicidade que Staupitz o libertara, ao lhe mostrar que Deus nos aceita não por causa de nossas boas ações, mas como pecadores. Os próprios textos de Staupitz mostravam profunda percepção do perigo de se impor sobre a consciência individual: ele dizia que ela só ficaria pesada se o indivíduo tivesse cometido um pecado mortal. Mas se, diz ele, a pessoa sente a consciência pesada por ter cometido pecados que não violam os Dez Mandamentos e se apercebe disso, então deve simplesmente se desfazer da consciência "errada" ou, se isso não for possível, deve recorrer a seu confessor para obter alívio — conselho que devia ter se aprimorado ao lidar com consciências hipersensíveis como a de Lutero.[53] Mas, ainda que Staupitz fosse um confessor muito eficiente para a consciência de Lutero, ele entendia o termo numa acepção diferente da do pupilo. Para Staupitz, uma consciência podia estar errada e podia se perturbar com questões de pouca importância, ao passo que, para Lutero, ela era a sede da certeza e nunca estava errada. Quando Lutero disse que sua consciência era "cativa da Palavra de Deus", queria dizer que não podia ser alterada nem modificada; ele "conhecia" com todo o seu ser — intelecto e emoção — o que era a Palavra de Deus e não podia negá-la.

Nada do que Lutero escrevera ou fizera antes teve tão grande efeito quanto seu desafio dramático ao imperador e a todos os Estados reunidos do Reich. Como recordaria Spalatin, Lutero voltou a seus alojamentos feliz e confortado no Senhor, dizendo que, "se tivesse mil cabeças, preferiria que todas fossem cortadas a ter de se retratar". Enquanto passava por entre a multidão, viu o humanista Conrad Peutinger de Augsburgo. "Dr. Peutinger, o senhor está aqui também?", e perguntou por sua família. Peutinger ficou visivelmente admirado com a calma e a disposição de Lutero naquela situação. De volta a seus aposentos, Frederico, o Sábio, disse a Spalatin: "O padre, dr. Martinus, falou bem [...]. Mas é ousado demais para mim".[54]

Mesmo os que não se interessavam pelas complexidades da teologia de Lutero se impressionaram com sua resistência em Worms, por mostrar que era possível um simples monge discutir com as maiores autoridades da época. Recusando-se a debater abertamente com ele, o lado católico lhe concedera uma enorme vitória moral e intelectual, fato que Lutero não demorou a ressaltar.[55] Era uma tremenda lição para uma sociedade baseada na deferência. Realmente parecia que a Palavra varria tudo diante de si, subvertendo a velha ordem.

Logo a "agitação e a dissensão" que Lutero enaltecera em seu discurso na Dieta aumentaram a um grau mais do que suficiente. Ulrich von Hutten, o cavaleiro e humanista alemão, identificou-se tanto com o acontecido que escreveu duas cartas a seu "*amico santo*", exortando Lutero a se manter firme, mas alertando contra os "cães", seus adversários, e falando da necessidade de espadas, arcos e flechas. As duas cartas logo foram impressas, somando-se a uma enxurrada de panfletos que Hutten redigira, deplorando a queima dos livros de Lutero e convocando uma resistência "viril" contra os bispos "efeminados".[56] Lutero recebeu também o apoio entusiástico do cavaleiro Franz von Sickingen, que era mercenário de profissão e cobrava pela "proteção" entre as cidades ricas ao longo do Reno. Os ataques oportunistas de bandidos e cavaleiros armados a comerciantes eram frequentes — com efeito, logo antes, durante a Dieta, ocorrera um ataque desses não muito longe de Worms.[57] Por fina ironia, Sickingen entrara, quase uma década antes, numa contenda contra Worms.

Hutten convencera Sickingen sobre a retidão da causa de Lutero, e agora Sickingen ofereceu refúgio ao monge em Ebernburg, um de seus castelos. Mas Lutero manteve prudente distância. Esses cavaleiros não só ofereciam proteção armada, mas também estavam dispostos a levantar armas em defesa do Evangelho. No outono de 1522, enfrentaram o arcebispo de Trier, que se empenhara em negociar um acordo com Lutero após a Dieta, na esperança de que os camponeses viriam em apoio a eles. Mas os camponeses não se sublevaram, e em uma semana Sickingen se viu sem munição. O cavaleiro foi obrigado a se retirar, primeiro para Ebernburg e depois para seu castelo em Landstuhl, onde, em maio de 1523, foi sitiado por Filipe de Hesse e pelo eleitor Palatino. Sickingen imaginara que conseguiria resistir por quatro meses em seu castelo, recém-reformado com fortificações mais sólidas, mas a artilharia moderna acabou com ele em pouco tempo, e Sickingen foi ferido e morreu logo depois. Hutten também morreu no mesmo ano. A revolta deles não foi o brado final do poder dos cavaleiros, grupo que se via cada vez mais marginalizado à medida que a riqueza e o poder político dos príncipes aumentavam, e as cidades prosperavam e se fortaleciam: tais embates prosseguiriam até o final da vida de Lutero. Mas a derrota de 1523 de fato marcou o fim do ideal de uma "nobreza cristã" unida, com que Lutero sonhara três anos antes, ao escrever À *nobreza cristã da nação alemã*.

No serão de 18 de abril de 1521, em Worms, o imperador Carlos redigiu de próprio punho uma réplica a Lutero.[58] Teve o cuidado de não se arrogar conhecimento teológico das questões levantadas pelo monge e afirmou simplesmente que "[n]ossos antepassados, que também eram príncipes cristãos, mesmo assim eram obedientes à Igreja romana que agora o dr. Martinho ataca".[59] Além disso, não parecia muito provável que um único monge pudesse estar certo e centenas de teólogos eruditos, errados. Concluía que Lutero e seus seguidores deveriam, portanto, ser excomungados e "erradicados". Era uma decisão claramente favorável à Igreja e à tradição.

Para o lado imperial, a questão em pauta era quem tinha autoridade para interpretar as Escrituras. Como alertara o orador imperial, Lutero não deveria alegar que era "o único e exclusivo homem a conhecer a Bíblia".[60] O chanceler de Baden, dr. Vehus, adotou essa mesma linha nas discussões com Lutero após a Dieta, mas também fez apelo à consciência. Declarou que a consciência de Lutero, como a de todo cristão, devia ter lhe ensinado três coisas. Primeiro, a não confiar em seu próprio entendimento, pois, "se entrasse em sua consciência, poderia julgar facilmente por si só se não seria melhor para ele seguir, por humildade, o entendimento de outros em assuntos que não contrariam o mandamento de Deus". Os eruditos deviam sempre manter os olhos postos na humildade e na obediência, para não se deixarem seduzir pelo orgulho e pela obstinação intelectual. Segundo, a consciência lhe devia aconselhar a evitar ofensas e escândalos. E, terceiro, sua consciência lhe devia dizer que ele escrevera muitas boas obras e revelara muitos abusos; mas, se não se retratasse, colocaria em perigo todas as coisas boas que fizera. Vehus era jurista e político, não teólogo, e sua advertência nos oferece uma rara ocasião de vislumbrar o que se entendia por consciência. Para Vehus, era uma faculdade interna que policiava a conduta e tinha de ser a mesma para todos os cristãos. O cerne da questão era que Lutero, confiando em seu próprio entendimento, pecava por orgulho.[61]

Nada disso iria convencer a ele e a seus adeptos. Lutero não podia mostrar humildade em assuntos que, a seu ver, contrariavam o mandamento divino: a consciência não lhe permitia isso. Como muitos adversários de Lutero, Vehus se negou a discutir seus reais argumentos, insistindo que dificilmente o reformista podia estar certo e os Pais da Igreja, errados. A consciência era uma questão de obediência, não de interpretação individual das Escrituras. Na verdade, a constante insistência para que Lutero mostrasse "humildade" só contribuía para inflamar ainda mais a situação. Transferir o debate para o campo da teologia moral e atacar o caráter de Lutero serviam apenas para concentrar ainda mais o foco no indivíduo Lutero.

Para o humanista Johannes Cochlaeus, o ponto central não era tanto a questão da autoridade da consciência para interpretar as Escrituras. Sua admirável biografia nos dá uma ideia do clima febril que reinava no campo de Lutero: gente entrando e saindo, discussões, vigilância não muito eficiente à porta.[62] Cochlaeus conseguiu se introduzir nos alojamentos de Lutero e até obteve lugar à mesa de refeições, sentando-se entre o próprio Lutero e um nobre que julgou ser ninguém menos que o eleitor da Saxônia. Durante a refeição, os dois começaram a discutir sobre a transubstanciação. Cochlaeus desafiou Lutero a abrir mão de seu salvo-conduto, que não lhe permitia pregar nem escrever, e debater com ele em público, de homem para homem. Era um repto perigoso, pois, se Lutero aceitasse, o lado católico poderia prendê-lo. Lutero estava prestes a aceitar, e foram seus seguidores que o contiveram: talvez continuasse a acreditar que um debate público era capaz de decidir a questão, e uma parte de si tendia a correr o risco de sofrer o martírio.

Cochlaeus não desistiu e seguiu Lutero até seu dormitório. Queria continuar o debate sozinho com Lutero e jogou o manto para trás, mostrando que estava desarmado. Lutero tinha uma temerária propensão a atos de coragem, ou talvez de ingenuidade, sempre disposto a debater em qualquer momento, em qualquer lugar, com qualquer um. Mais tarde, Cochlaeus declarou ser aquele que quase persuadira Lutero a se retratar. Para ele, a questão a que Lutero precisava responder era a seguinte: como você pode saber que sua interpretação das Escrituras está correta? O argumento de Cochlaeus era que a interpretação nunca consegue ser inteiramente clara, e é por isso que temos de confiar na tradição da Igreja. Segundo seu relato, corriam lágrimas pelo rosto de Lutero enquanto o humanista o exortava a não fechar as portas à Igreja e a não corromper o jovem Melâncton.

Nessa, como em muitas outras questões, Cochlaeus não deixava de ter certa razão. O próprio Lutero sabia que sofria dos pecados de ira e orgulho. Mas, para ele, a autoridade da interpretação não constituía um problema, pois as Escrituras eram inequívocas. Era a posição que desenvolvera inicialmente no debate com Caetano. Deviam-se invocar as Escrituras contra os papistas e as decisões dos concílios da Igreja, e as Escrituras mostravam com clareza que o papa era o Anticristo. Isso não dispensava, para que se entendesse a questão, a necessidade de conhecedores do hebraico e do grego, e por isso a educação do clero era tão importante. Porém, segundo Lutero, o significado da Palavra de Deus, após profunda leitura e cuidadosa reflexão sobre as Escrituras, seria simples e claro. Mas não demorou para que muitos de seus próprios adeptos começassem a ler as verdades autoevidentes das Escrituras de outras maneiras, diferentes da do reformador. E os adversários facilmente concluíram que aquilo que Lutero dizia ser a clara e evidente Palavra de Deus era apenas sua interpretação pessoal. Ao negar que tivesse qualquer autoridade e ao atribuir tudo à Palavra, Lutero parecia colocar seu próprio autoritarismo além de qualquer debate.

Os adeptos de Lutero ficaram furiosos com a manobra de Cochlaeus para que Lutero abrisse mão do salvo-conduto. Cochlaeus, que, segundo suas próprias palavras, começara como simpatizante de Lutero, foi alvo de violentas críticas dos luteranos "raivosos" que, queixou-se ele (escrevendo na terceira pessoa), "publicaram canções ou, melhor dizendo, acusações e difamações, que enviaram para outras cidades com tanta rapidez que essas canções chegaram a Nuremberg e Wittenberg antes que Cochlaeus voltasse a Frankfurt". Seu nome virou sinônimo de traição.[63] Ridicularizado como "filho de caracol", ele foi definitivamente expulso dos círculos eruditos aos quais pertencera com muito orgulho e obrigado a fazer as pazes com o odiado Eck. Sua ardorosa admiração transformou depressa em execração, e Cochlaeus, obcecado por Lutero, passou o resto da vida investindo contra os textos do reformador.[64] Lutero logo resolveu não responder, pois "dessa maneira ele se zangará muito mais, ao passo que, se eu respondesse, ele só ficaria orgulhoso".[65]

Mas as incansáveis observações de Cochlaeus sobre Lutero não eram isentas de perspicácia. A certeza interior de Lutero dependia da identificação de sua causa com a causa de Cristo: se a pessoa não concordasse com as ideias de Lutero, não havia autoridade mais alta a que se pudesse recorrer. E, depois de Worms, Lutero estava por toda parte, cultuado como herói em medalhas e gravuras. Sabemos que a corte eleitoral providenciou que Cranach apresentasse o homem como um monge humilde e piedoso, atenuando a primeira gravura, que era mais intensa. Depois, a imagem de Cranach se tornou modelo para muitas outras, inclusive por artistas menos pressionados pela corte saxônica. Criaram uma imagem do monge piedoso que se tornou rapidamente conhecida, mostrando-o como um prodígio sagrado. Segundo as acerbas reclamações de

35. *Este retrato de Lutero está na página ao lado do frontispício de uma apresentação de suas atividades em Worms,* Acta et res gestae, D. Martini Lvtheri, *e foi impresso em Estrasburgo em maio ou junho de 1520. Pode ter sido essa imagem que tanto irritou Aleandro. Baseia-se claramente no original de Cranach (ver p. 165), mas o artista, Hans Baldung Grien, acrescentou uma auréola, conferindo um ar de santidade a Lutero, e uma pomba, indicando que é inspirado pelo Espírito Santo.*

Aleandro, vendiam-se na cidade gravuras mostrando Lutero com uma pomba, como se fosse inspirado pelo Espírito Santo, ou com uma auréola, como se fosse um santo.[66]

Enquanto se traçavam as linhas de divisão entre os humanistas evangélicos e os humanistas conservadores, os defensores da Igreja católica começavam a formar alianças.[67] Em Augsburgo, Bernhard Adelmann von Adelmannsfelden, que fora ameaçado de excomunhão na bula *Exsurge Domine*, procurou absolvição junto a Eck. Conrad Peutinger, o poderoso secretário civil de Augsburgo, que aparentemente apoiara Lutero em 1518, teve o cuidado de reconstituir suas relações: ele desempenhou um papel essencial nas negociações em Worms e, astuto, aproveitou a oportunidade para negociar nos bastidores que a Dieta concedesse benefícios para seu neto menor de idade; agora se fazia claro de que lado ele estava. Mas o partido católico não conseguira muito. Aleandro podia comentar, ferino, que, quando Lutero apareceu em público em Worms, as pessoas já sabiam que ele era um bêbado e um vigarista, tendo perdido qualquer respeito com seus "inúmeros excessos na aparência, na atitude e no comportamento, nas palavras e nas ações". Mas, mesmo que contasse que Lutero tinha se empanturrado com os pratos que lhe foram oferecidos antes de partir por vários príncipes e dignitários, e acompanhara toda a sua comilança com copos e mais copos de malvasia, esse tipo de maledicência dificilmente conseguiria arranhar a imagem de homem do povo.[68] Os católicos, porém, haviam conseguido o apoio do imperador, que antes não lhes parecia garantido: ao escrever sobre o que aflorou na Dieta, Aleandro deixa transparecer seu alívio pelo fato de Carlos não se ter deixado enganar por Lutero.

Mas o que fazer com o próprio Lutero? Alguns na Dieta tinham insistido que o monge, como herege, não merecia salvo-conduto. Pelas mesmas razões, o salvo-conduto imperial de Jan Hus fora anulado e ele fora executado em 1415 no Concílio de Constança. Felizmente para Lutero, não foi essa a linha de ação que Carlos V adotou. O imperador manteve a promessa e lhe concedeu um salvo-conduto para voltar para casa.[69]

O humilde frade que proclamava a Palavra de Deus se tornou um herói. Não muito depois da Dieta, surgiu um opúsculo descrevendo os eventos como uma reencenação da Paixão de Cristo:

> Em 1521, Lutero cruzou o Reno em Frankfurt para ir até Worms. Ele e seus discípulos se reuniram para a refeição vespertina, em que partiram juntos o pão. Lutero os avisou de que um deles o trairia, e todos negaram. Mas, já no dia seguinte, Saxo,[70] que fora o mais enérgico em seus protestos, negou-o três vezes. Os romanistas gritavam pelo sangue de Lutero, e os piores entre eles, os bispos de Mainz e Merseburg. Lutero, na casa de Caifás, manteve-se calmo. O bispo de Trier avaliou o que fazer: Lutero era um cristão devoto e ele não via nenhum motivo para condená-lo. Mas os padres gritavam: "Queimem-no!". Assim, tomaram

os escritos de Lutero e colocaram numa pira com sua efígie por cima dos livros. À esquerda colocaram os escritos de Hutten, e à direita, os de Karlstadt. Mas, embora as chamas tenham reduzido os livros a cinzas, a efígie de Lutero não queimou.

Chamava-se *A Paixão do santo Martinho Lutero, ou seus sofrimentos*, e o autor era o humanista Hermann Busche, nomeando-se Marcelo, tal como o homem que enterrara são Pedro mártir.[71]

A equiparação entre Cristo e Lutero parece uma blasfêmia. No entanto, o livreto, que conheceu enorme sucesso, condizia com grande parte daquilo que o próprio Lutero pensava sobre a Dieta de Worms: ele mesmo a entendia como uma paixão e se acreditava uma imitação de Cristo. Narrando os eventos em Augsburgo em 1518, ele se comparara a Cristo na casa de Caifás e se preparara para ver sua chegada a Erfurt, a caminho de Roma, como seu "Domingo de Ramos". Havia uma longa tradição de profunda identificação devocional com Cristo, remontando a santos e místicos, que abrangia não só religiosos, mas também leigos piedosos. Era habitual que as pinturas da Crucificação ou da Sagrada Família mostrassem os circunstantes, afora o próprio Cristo, usando as sedas e os veludos luxuosos da época, com calças listradas e mangas de desenhos e feitios extravagantes. Não que os artistas não soubessem como as pessoas se vestiam nos tempos bíblicos, mas suas imagens devocionais transferiam o presente para o passado bíblico, permitindo que os espectadores transpusessem o tempo histórico ao ingressar no tempo religioso e participar dos eventos da Paixão de Cristo. Em 1500, Albrecht Dürer pintara a si mesmo de frente para o espectador, com o cabelo comprido cacheado e a mão erguida em bênção, à maneira de Cristo — um autorretrato que era nada menos que uma proclamação da condição divina do artista. Para Dürer, era um ato de devoção, tentando se aproximar ao máximo possível de Cristo ao chegar aos 29 anos, mais ou menos a mesma idade com que Cristo começara a pregar. Porém se Lutero descrevia seus sofrimentos como "paixão", essa não era sua única interpretação do que se passava — tinha um senso de ironia grande demais para se resumir a isso. Mas costumava mesmo utilizar o drama bíblico para apresentar suas experiências pessoais. Na viagem a Worms, ele interpretou o Livro de Josué para seus companheiros de coche. Foi uma escolha interessante, visto que o Josué bíblico era o chefe dos israelitas após a morte de Moisés; estivera na batalha de Jericó e guiara os israelitas durante o exílio

36. Hermann von dem Busche, Passion D Martins Luthers, oder seyn lydung, impresso em Estrasburgo em 1521. A obra traz como prefácio uma xilogravura inusual de Lutero, que não teve imitadores contemporâneos e nada deve a Cranach. Lutero está de pé, em toda a sua altura, um herói monumental segurando uma Bíblia gigantesca, de tonsura e hábito monástico, fitando o leitor.[72]

no deserto, assim como Lutero agora liderava os membros da verdadeira Igreja contra as forças de Roma.

Quando Lutero, mais tarde, insistiu que "a Palavra fez tudo", tinha razão no sentido de que ele se fizera veículo de Cristo e tentara renunciar à sua iniciativa pessoal, fortalecendo assim e muito a capacidade de agir e enfrentar os perigos.[73] Mas seu comparecimento em Worms foi ainda mais um ato devocional, um drama sagrado, em que se manteve ao lado de Cristo enquanto seus inimigos o punham à prova. O fato de identificar sua causa com a de Cristo dava a Lutero imensa certeza e coragem. Permitia-lhe aceitar a possibilidade do martírio, sem a tomar como destino. Mas também deu início a um entendimento dos fatos que não admitia réplicas. Em Worms, o que estivera em ação fora a Palavra de Deus, autoridade superior a todos os imperadores e príncipes.

Lutero havia recorrido ao imperador contra o papa e, mesmo tendo escapado ao martírio, fora vencido: agora tanto o poder imperial quanto o poder papal estavam contra ele. Em 26 de maio, o dia seguinte ao encerramento da Dieta, e muito depois que Lutero deixara a cidade, o imperador assinou o Édito de Worms, proscrevendo Lutero, proibindo a todos que o recebessem ou comessem com ele e banindo a venda, a leitura, a posse ou a impressão de suas obras. Lutero sabia que isso viria, mas estava de ânimo alegre. Comparando seus problemas em Worms com a Paixão e a Ressurreição de Cristo, escrevera a Cranach em 28 de abril, dois dias depois de sair de Worms: "Por um tempinho temos de sofrer e calar. Um tempinho, e não me verás de novo; mais um tempinho, e me verás".[74]

9. No castelo de Wartburg

Ninguém devia saber do paradeiro de Lutero. Após a agitação de Worms, onde os grandes príncipes do império haviam feito fila para conhecê-lo, onde estivera rodeado por amigos e seguidores de manhã até a noite, onde cada palavra sua fora registrada e avaliada, agora Lutero estava sozinho. Em 4 de maio, depois de visitar os parentes em Möhra na volta da Dieta, Lutero fora raptado perto de Burg Altenstein e levado por um caminho tortuoso até o castelo de Wartburg, que se erguia acima de Eisenach, oculto entre as matas. Os muros do castelo são talhados na pedra das montanhas, com vista para três de seus lados; Lutero se sentia como se estivesse no reino dos pássaros. O monge, agora famoso em todo o império, estava de volta ao lugar onde roubava morangos na floresta quando menino e onde a família pelo lado materno ainda morava.[1]

O rapto fora organizado pelo eleitor, que temia a fúria do imperador por abrigar um homem que agora, pelo Édito de Worms, era um "cismático obstinado e herege público".[2] Assim, ficou no castelo de Wartburg usando um disfarce. Com trajes de cavaleiro, Lutero deixou a tonsura crescer e não se barbeava mais. As roupas apertadas, com calças justas concebidas para mostrar pernas bem torneadas, a camisa de linho fino, o gibão e a braguilha vistosa, devem ter sido um choque para um monge acostumado a usar um hábito solto de lã, amarrado na cintura. Quando voltou secretamente a Wittenberg em dezembro, seis meses depois, os amigos de início não o reconheceram: com o casaco de montaria, parecia um nobre com "uma barba espessa encobrindo toda a boca e as faces".[3]

37. *Lucas Cranach, o Velho, Lutero como Junker Jörg, 1522.*

Mas Lutero não se dava muito bem como cavaleiro. Não foi fácil para ele ir a cavalo de Altenstein até o castelo de Wartburg — estava acostumado a viajar de coche ou carroça, não em montaria, e não tinha o controle muscular necessário. A vida de nobre tampouco o agradava muito. Tentou caçar, mas ia contra seus instintos: ele queria proteger a presa. Certa vez, recolheu a lebre e enrolou o animal ferido na manga, para protegê-lo dos cães, porém eles morderam o pano, quebraram a pata da lebre e a comeram viva. Lutero, sempre pregador, converteu o episódio numa metáfora teológica. A lebre era a alma cristã, atacada pelo papa e por Satã. No céu, os lugares se inverteriam, e os caçadores nobres que tanto gostavam de comer veação virariam presa de Cristo. Confinado no castelo, onde ficaria por dez meses, Lutero não gostava do papel de vítima, incapaz de lutar. Apesar da aversão à caça, preferia ser o caçador a ser a lebre.[4]

Hans von Berlepsch, o castelão, tratava-o bem, mas não era fácil preservar o sigilo sobre aquele hóspede misterioso. A esposa de um dos notários do eleitor deixara escapar o local onde estava Lutero, e como esse rumor se originou na corte, era verossímil. Além disso, Berlepsch julgava que o paradeiro de Lutero era de conhecimento geral. Assim, e não pela primeira vez, Lutero resolveu montar um ardil para enganar os inimigos — e, como muitos outros dos seus planos, este pecava por excesso de esperteza. Ele escreveu a Spalatin em meados de julho de 1521, anexando outra carta de próprio punho, que teria sido supostamente enviada de "meus alojamentos" na Boêmia. Pediu a Spalatin para "perder" essa carta "por descuido proposital": "Soube que corre um boato, meu Spalatin, de que Lutero está morando no Wartburg perto de Eisenach [...]. Estranho que ninguém agora pense na Boêmia", escreveu ele. "Gostaria que o 'porco de Dresden'" [isto é, o duque Georg] encontrasse a carta, disse Lutero no bilhete de acompanhamento. Era evidente que o único objetivo da carta era indicar o local de sua suposta remessa. Não enganava ninguém. Pior: para muitos, a pressa em negar o boato já na primeira linha iria confirmar que ele estava de fato no Wartburg.[5]

A carta também mostrava o quanto Lutero considerava o duque Georg, primo do eleitor, sob cuja égide se realizara o Debate de Leipzig, o responsável pelos problemas que ele e seus seguidores agora enfrentavam dentro do império. Logo após comparecer à Dieta, alegre por ter saído vivo de Worms, Lutero escrevera a Cranach que "preferiria ter sofrido a morte às mãos dos tiranos, especialmente às do furioso duque Georg da Saxônia", mas ouvira os conselhos de terceiros.[6] Essa inimizade gerou algumas das invectivas mais cáusticas e barrocas de Lutero, e persistiu até a morte de Georg, em 1539. Como tantas outras vezes, Lutero reduzia um complexo conjunto de oposição política a seu movimento dentro de toda a Alemanha a uma simples briga com "o porco de Dresden", a quem odiava figadalmente.

Devido ao risco de ser descoberto, Lutero ficou em completa dependência de Spalatin, que agora era seu principal meio de comunicação com o mundo exterior. Logo se cansou do isolamento e escrevia aos amigos reclamando do "ócio" forçado, que o deixava embotado e propenso a se embebedar.[7] No castelo, ele organizou o pequeno aposento que lhe fora designado como gabinete de estudos e pediu livros a Spalatin. Mas esse "ócio" também lhe dava tempo para a reflexão, e suas cartas desse período estão entre as mais completas e mais reveladoras. Não só nos dizem muito sobre a natureza de suas amizades, como também mostram que Lutero começava a reavaliar sua vida, sobretudo a relação com o pai, conforme passava a aceitar aos poucos a figura pública em que se transformara.

Lá no alto de seu refúgio, Lutero não tinha como controlar o que acontecia no mundo abaixo. Dependia das notícias que chegavam de Wittenberg. O padrão da correspondência mostra o encolhimento de seu mundo. Há cartas ao amigo Nikolaus Gerbel em Estrasburgo, mas é surpreendente que não reste nenhuma a Nuremberg, Augsburgo ou Basileia, e assim nada sugere que sua influência estivesse aumentando na próspera região Sul.[8] Não sabemos se foi por causa da dificuldade em enviar mensageiros ao Sul da Alemanha sem revelar seu esconderijo, ou porque os nuremberguenses, antes membros tão entusiásticos da irmandade de Staupitz e tão ansiosos em difundir as notícias sobre Lutero, agora queriam tomar distância. Dois deles, o advogado Willibald Pirckheimer e o secretário civil Lazarus Spengler, haviam sido citados na bula de excomunhão, junto com Lutero, mas Pirckheimer, humilhando-se, pediu e obteve a absolvição de Eck. A rede de missivistas de Lutero se reduziu, concentrando-se em Wittenberg, Saxônia e nas áreas mineiras de Mansfeld, e com ela reduziu-se também seu alcance político. Além disso, surgiram outros reformadores que levariam a Reforma de Lutero para outras direções.

No Wartburg, Lutero começou a sofrer de uma séria prisão de ventre, que o acometera inicialmente em Worms. Como escreveu a Spalatin, "o Senhor me golpeia o traseiro com muita dor". Brincava dizendo que a dor era sua especial "relíquia da Cruz".[9] Passava quatro, às vezes até seis dias sem movimentos peristálticos, e os excrementos eram tão duros que provocavam sangramento. "Agora estou sentado com dor como uma mulher no parto, rasgado, sangrando, e vou ter pouco descanso hoje à noite", escreveu ele.[10] Assim como estava isolado do mundo exterior, seu corpo também parecia fechado, incapaz de "soltar fluidos" — o processo que a medicina dos humores considerava fundamental para a saúde física. Essa condição durou até o outono e deve ter contribuído para a sensação de desconforto físico de Lutero, com alimentação diferente, vida sedentária e roupas lhe apertando constantemente o corpo. Mas talvez, após a agitação febril do período imediatamente anterior à Dieta de Worms, a prisão de ventre refletisse sua própria interiorização, ingressando num período de inatividade que era difícil, mas essencial, antes de poder recuperar a criatividade.[11]

Ele também sentia investidas do Demônio. O caso que ficou famoso, a saber, que o reformador teria arremessado um tinteiro no Demônio — a mancha ainda é visível na parede de seu quarto no castelo —, baseia-se com quase toda certeza numa interpretação equivocada do comentário de Lutero, dizendo que combatia o Demônio com tinta: isto é, com a palavra escrita. Mas agora as investidas do Demônio tinham novo peso, em parte porque, sem amigos e colegas para conversar, seu mundo interior se expandia. "Nessa solidão ociosa", escreveu ele, ficava "exposto a mil demônios". Em certo sentido, era um monge porque estava sozinho, disse a Spalatin, mas "não sou realmente um monge [isto é, ermitão solitário], porque tenho comigo muitos demônios malignos e astuciosos; eles me 'distraem', como se diz, mas de uma maneira que incomoda".[12] A que se referiam essas investidas do Demônio?

Durante o período no castelo de Wartburg, Lutero teve de se relacionar de outra maneira com seu corpo. "Sento aqui feito um bobo e entregue ao ócio, rezo pouco, não suspiro pela igreja de Deus, mas queimo num grande ardor de meu corpo indomado. Em suma, devia arder em espírito, mas ardo na carne, em desejo, preguiça, ócio e sonolência."[13] Não era apenas a prisão de ventre que lhe dava uma dolorosa percepção da carne, e tampouco Lutero descrevia apenas o desejo sexual. Com o esvaziamento gradual do mosteiro em Wittenberg, ele viu que precisava mudar e abandonar a vida de monge. Tudo desaparecera, a disciplina, a importância da pontualidade, as refeições coletivas, a interrupção do sono para as orações noturnas, a estrutura da vida cotidiana. A transformação de Lutero, além de teológica, era também física e emocional.

Enquanto isso, as coisas avançavam depressa em Wittenberg. Embora Melâncton fosse o principal colaborador e agente de Lutero na cidade, o relacionamento entre eles não passava sem dificuldades. Melâncton se lançara a *Loci communes* [Lugares-comuns], sua grande obra de sistematização da teologia reformada, que criaria um corpo doutrinal para o novo movimento.

O respeito de Lutero pelo colega mais jovem aumentava e, quando lia os rascunhos de Melâncton no Wartburg, repetia várias vezes que Melâncton era um erudito melhor do que ele. Todavia, não era fácil manter o colega na linha. Em vez de assumir o lugar de Lutero durante sua ausência de Wittenberg, Melâncton parece ter encontrado inspiração nos sermões de um monge, Gabriel Zwilling, que se transferira de Zwickau para o claustro agostiniano e pregava uma reforma radical. Um contemporâneo registrou que Melâncton nunca perdia seus sermões.[14] Lutero deu a transparecer sua irritação. "Nesse seu jeito, você é bonzinho demais", disse ao colega, reclamando com Spalatin que Melâncton "cede fácil demais a seus humores e carrega a Cruz com mais impaciência do que cabe a um estudioso, quem dirá a tão grande mestre dos mestres".[15] Incentivando-o a ocupar um papel de liderança, Lutero entretinha a ideia de que Melâncton devia pregar ou (como não era ordenado, embora, para Lutero, isso tivesse deixado de ser um obstáculo) ministrar palestras públicas, para que todos pudessem conhecer sua exegese da Bíblia.[16]

Por seu lado, Karlstadt, que debatera junto com Lutero em Leipzig, estava escrevendo uma enxurrada de ensaios. Primeiro atacou os votos monásticos, depois começou a discutir a sexualidade e o casamento, então passou a condenar as imagens religiosas, e por fim avançou para uma reinterpretação da Missa e da comunhão. Suas novas posições teológicas também se ramificavam em ideias sobre a sociedade, e ele começou a questionar toda e qualquer espécie de hierarquia. Lutero leu grande parte de sua obra e, como era de seu feitio, chegou a muitas de suas próprias concepções respondendo aos argumentos de Karlstadt. Sozinho em seu "Patmos" — como chamava o gabinete que ocupava no castelo de Wartburg, comparando-o à ilha onde João escrevera o livro bíblico da Revelação —, seu desenvolvimento intelectual na época era, em muitos aspectos, similar ao de Karlstadt. Mas enquanto Karlstadt lidava com as novas situações que surgiam em Wittenberg e tinha de fazer política para enfrentar inúmeras pressões diferentes — do eleitor, do povo, da universidade, dos agostinianos radicais —, Lutero estava sozinho com o Demônio.

Em À nobreza cristã da nação alemã, Lutero argumentara que os padres que viviam em concubinato deveriam ser autorizados a se casar, e na primavera de 1521 foi exatamente isso que fez, em público, o acadêmico e reitor universitário de Wittenberg, Bartholomäus Bernhardi.[17] Todavia, em 1520, Lutero não incluíra monges como ele mesmo em suas reflexões sobre o casamento, porque era por livre e espontânea vontade que faziam seus votos especiais de castidade. Agora, as coisas em Wittenberg avançavam depressa, com as críticas de Karlstadt aos votos monásticos, primeiro num conjunto de teses para discussão, depois em textos mais longos, tanto em latim quanto em alemão. Lutero não só leu esses ensaios, como também tratou deles em cartas a Melâncton.[18] Então, no começo de setembro de 1521, redigiu um primeiro e breve conjunto de teses para discussão dentro de Wittenberg. Logo acrescentou outras, que foram publicadas no começo de outubro, mas somente em novembro Lutero concluiu seu ensaio completo sobre os votos.[19] Se antes, no movimento da Reforma, era Karlstadt quem aprendia com Lutero, agora o primeiro acelerava o passo.

Para uma obra em defesa do casamento, o ensaio de Karlstadt é estranhamente antierótico e até antissexual. Mas não mede suas palavras no texto latino: os monges só aguentam o celibato, diz ele, cometendo o pecado de Moloch — isto é, a masturbação —, espalhando sêmen pelo chão ou nas roupas, e isso é pior do que a fornicação ou o adultério. O ensaio de Karlstadt evoca o horror do desejo frustrado, causando repulsa no leitor diante das perversões sexuais decorrentes. Ele cita alguns desses "pecados bestiais" — "Afirmo que há algumas jovens freiras e monges que cometem pecados (entrego-os à consciência e ao coração deles e manterei silêncio devido à minha vergonha) que são mais graves do que a bestialidade" — mas o ensaio, em sua versão alemã, interrompe-se logo aqui, deixando ao leitor que imagine o pior.[20] Karlstadt sente fascínio pelos fluidos que saem do corpo, pelo sangue menstrual feminino e pelo "sêmen" dos homens — e das mulheres: na época, acreditava-se que homens e mulheres tinham de emitir sêmen para ocorrer a concepção. Considerando o casamento como um "remédio" para os males do desejo sexual, ele conclui que os bispos deveriam incentivar todos os padres ao casamento, pois tal é o remédio concebido por Deus para a concupiscência. A única coisa que os impede de se casarem, afirma ele, é a avareza — um dos sete pecados capitais, ao qual a sociedade quinhentista era especialmente sensível. Mas os custos financeiros de um clero casado de fato constituiriam um grande problema para a nova Igreja.

Não surpreende que o tratado de Karlstadt tenha sido incluído no *Índex de livros proibidos* da Igreja católica.[21] Ao lançar o texto em alemão, moderando o tom de muitas de suas invectivas, Karlstadt incluiu passagens sobre a conduta adequada das esposas, enfatizando o dever da obediência: "Foi por essa razão que Deus fez as mulheres (que em geral são meigas e suaves) especialmente resistentes. Ele as fortaleceu para que possam servir ao marido".[22] Embora Karlstadt defendesse o casamento, sua repugnância pelo sexo e pela carne, ironicamente, devia-se em larga medida à tradição ascética do monasticismo cristão a que tentava escapar.

Era um material denso. Ao lê-lo, Lutero admirou sua erudição, mas se espantou com o entendimento estreito e literalista de Karlstadt sobre a passagem de Moloch, receando que seria alvo de ridículo entre os adversários. Sua preocupação era que, incentivando "um número tão grande de solteiros ao matrimônio" por meio de uma passagem bíblica que, para Lutero, referia-se não à masturbação, mas a algo tão inofensivo quanto as emissões noturnas, isso criaria um peso ainda maior para a consciência dessas pessoas. Para Karlstadt, padre secular, era mais fácil ser mais radical do que Lutero, que ainda se debatia com dúvidas sobre se padres e monges estariam na mesma posição frente ao celibato. Pesando todos esses aspectos, Lutero gracejou com Spalatin que, no que lhe dizia respeito, certamente não tomaria esposa.[23] Esse seu desconforto decorria em parte da acepção da "carne" para Karlstadt, que a entendia em termos mais estreitos e mais literais do que Lutero, para quem a palavra tinha maior abrangência, incluindo pecados como a inveja, a ira e mesmo a segurança pessoal diante da presença física dos outros.

Numa carta de 9 de setembro de 1521, uma das mais reveladoras que Lutero escreveu no Wartburg, ele parece quase pensar em voz alta enquanto avalia os rascunhos sobre os votos monásticos em *Loci communes* que Melâncton lhe enviara, texto no qual também se via a influência do tratado de Karlstadt. As ponderações de Lutero indicam que ele estava se debatendo com sua própria sexualidade. Ele inicia a carta dizendo que gostaria que ambos pudessem conversar frente a frente, pois então poderiam ver onde residiam as verdadeiras divergências. Por trás do tema explícito do debate — os votos e sua validade —, o que parece realmente incomodar Lutero é a ideia do "ardor da carne", que menciona no final da carta, indagando: o que Paulo quis dizer com "ardor", que tanto Karlstadt e agora Melâncton interpretavam como desejo sexual? E até que ponto era um pecado grave?[24]

Num raro tom de indecisão, Lutero expôs inicialmente as falhas que enxergava na argumentação de Melâncton. Se, como dizia Melâncton, deviam-se romper os votos por causa da gravidade dos pecados que, do contrário, seriam cometidos, então o mesmo valeria para os votos matrimoniais. E aí os cônjuges poderiam dissolver o casamento à vontade. E, perguntou ele, não faz diferença se foi por livre e espontânea vontade que o cristão tomou os votos de castidade? Tentando outra abordagem, sugeriu que quase todos tomavam os votos monásticos crendo que assim garantiam a salvação — era uma boa ação que os faria agradáveis aos olhos de Deus. Isso, por si só, bastaria para invalidar tais votos, pois foram tomados pelas razões erradas. Lutero acrescentou que os votos monásticos incluíam também a pobreza e a obediência. Era coisa "para meninos", escreveu Lutero, que se destinava a controlar os jovens. Homens-feitos, por seu lado, não aspirariam a esse tipo de vida: eram monges que não só prestavam votos de obedecer a outrem, mas que também recorriam à mendicância, em vez de trabalhar pelo próprio sustento.[25] Estava claro que Lutero começava a rejeitar a vida monástica, vendo-a como um estado de perpétua menoridade.

Lutero adotava um tom muito mais pessoal ao falar de seus próprios votos. Relembrando a promessa feita durante a tempestade, ele escreveu: "Fui praticamente arrebatado por Deus, e não arrastado" para o mosteiro.[26] Mas, na mesma frase, reconhece seu medo de que "eu, também, posso ter tomado meu voto de maneira ímpia e sacrílega". E, numa passagem reveladora, retomou a reação paterna: "Esperemos que não tenha sido uma ilusão de Satã", palavras que, como disse a Melâncton, na época "criaram raízes tão fundas em meu coração que nunca ouvi coisa alguma de sua boca que eu relembrasse com maior persistência. Parecia-me que Deus falara a mim à distância, pela boca de meu pai". Agora, as palavras paternas o afetavam de outra maneira. Em vez de concluir que seu pai estava certo e a visitação fora diabólica, Lutero receava que, afinal, talvez não houvesse nada de milagroso no chamado que recebera. Então, se aquele não tinha sido um chamado, concluiu ele, "já estarei livre e não sou mais um monge?".[27]

A seguir, deixando o lado confessional e voltando ao casamento, o tom de Lutero passou por uma súbita mudança. Talvez, disse arreliando Melâncton, você esteja apenas revidando ao querer uma esposa para mim, "para compensar que lhe dei uma". Com efeito, tinha sido Lutero, preocupado com a aparência mirrada e doentia de Melâncton, que lhe arranjara uma esposa. "Filipe está se casando com Catharina Krapp", escrevera ele a Johannes Lang em agosto de 1520, "coisa da qual, dizem eles, fui o autor. Havendo maneira, faço pelos homens o que for melhor". Acrescentou em tom displicente que não se sentia "minimamente incomodado com a gritaria geral".[28] Catharina trouxe somente um pequeno dote e não era especialmente bonita. Ao que parece, os primeiros anos da união não foram muito felizes, e Melâncton se referia ao casamento como "servidão".[29] Mas, apesar de toda a sua bazófia alegando que não tinha nenhum problema com a sexualidade e de sua insistência que "carne" era um termo muito abrangente, percebe-se que Lutero estava enfrentando a sua própria. Sem dúvida, é significativo que aqui ele escolhesse para confidente um homem casado como Melâncton, e não um solteiro como Spalatin (com quem, por outro lado, fora de admirável franqueza sobre sua prisão de ventre). Além disso, Lutero começava a abordar sua identidade sexual examinando o relacionamento com o pai.

Tais reflexões desembocaram no ensaio *De votis monasticis* [*Sobre os votos monásticos*], que Lutero concluiu em novembro de 1521. O prefácio tomou forma de uma "carta" ao pai, em que Lutero desenvolvia as ideias que explorara na carta a Melâncton, usando algumas vezes as mesmas palavras. Era uma carta apenas no sentido literário: como estava redigida em latim, o pai não teria como lê-la, e nem o próprio ensaio que era dedicado a ele. É um texto notavelmente denso, emotivo e dramático. Ali Lutero apresentava suas desculpas ao pai. Desobedeci a teus desejos, confessava ele, e sei que tinhas outros planos para mim: "O senhor estava decidido, portanto, a me prender com um casamento rico e respeitável". Contou o episódio de sua primeira Missa e relembrou que, mesmo depois de terem feito as pazes, o pai explodiu outra vez: "Você também não ouviu falar [...] que se deve obedecer aos pais?". Mas na hora, escreveu Lutero, "endureci ao máximo que pude meu coração contra o senhor e a sua palavra" — terminologia reveladora que fazia o leitor se lembrar de Cristo e da verdadeira Palavra. Agora, escreveu Lutero, ele entendia que a aparição na tempestade não podia ter vindo de Deus, pois sua decisão de entrar no mosteiro contrariava a vontade do pai. Admitindo que a visão era de fato diabólica, ainda assim a situava dentro de um plano divino maior: foi uma das investidas do Demônio contra Lutero que provou que ele era um dos eleitos. Satã "arremeteu contra mim com ardis inacreditáveis para me destruir ou me prejudicar, a tal ponto que muitas vezes me perguntei se eu era o único homem em todo o mundo que ele buscava".

Tudo isso, percebeu Lutero, fazia parte do desígnio divino para que viesse a conhecer por dentro o monasticismo e as universidades, e assim pudesse escrever contra eles com verdadeiro conhecimento de causa. Foi por isso que se tornou monge e assim seguia. "O que o senhor pensa agora?", perguntava ao pai. "Ainda quer me tirar do mosteiro?"[30]

Mas o pai não poderia se gabar de ter livrado o filho do monasticismo. Era obra de Deus, e os direitos de Deus sobre ele eram maiores do que os de qualquer pai terreno: "Deus, que me tirou do mosteiro, tem sobre mim uma autoridade maior do que a sua. O senhor vê que agora Ele me colocou não a um pretenso serviço monástico, mas ao verdadeiro serviço de Deus". Lutero insistiu que o verdadeiro milagre não era seu resgate durante a tempestade, mas sua libertação do monasticismo por meio de Cristo. Assim, longe de confirmar uma obediência ao pai, a carta marca sua total independência. "Portanto — agora estou absolutamente convicto disso —, eu não poderia ter lhe recusado obediência sem pôr em risco minha consciência, a menos que [Cristo] tivesse acrescentado o ministério da Palavra à minha profissão monástica", concluiu ele. Era isso que lhe dava "liberdade", palavra ambígua que oscila entre a liberdade cristã e a "liberdade" diante do poder paterno que se alcança com a maioridade. Terminava relembrando ao pai a situação perigosa em que agora o filho se encontrava. O Demônio podia tentar lhe torcer o pescoço, mas era o papa que podia de fato queimá-lo ou estrangulá-lo, se Deus o considerasse digno do martírio.[31]

Lutero usou de franqueza sobre a raiva e a fúria de ambos os lados — seu "coração empedernido" que não permitia o "fluir" tão importante para o corpo; o pai "implacável", cheio de "cólera" e "indignação contra mim". Seu pai planejara prendê-lo ao casamento, mas Lutero conseguiu escapar a esse destino se tornando monge. Agora, porém, sua consciência se libertara e, "portanto, ainda sou e todavia não sou monge". Contudo, agora que é um monge "livre", o é também para *não* se casar. Lutero termina a "carta" não pedindo a bênção paterna, mas ele mesmo abençoando o pai. É como se tivesse vencido a luta edípica e alcançado a idade adulta, ao mesmo tempo se negando a casar e a se tornar, ele mesmo, pai. Também garantira para si a última palavra. Era uma carta à qual o pai não poderia, literalmente, responder.[32]

O prefácio a *Sobre os votos monásticos*, que se desenvolvera a partir de sua carta a Melâncton, também pode refletir as mudanças no relacionamento de Lutero com os amigos mais próximos, em particular Melâncton e Karlstadt. A amizade com este último já arrefecera visivelmente; é significativo que Lutero não tenha incluído Karlstadt entre os que o acompanharam a Worms. Até onde sabemos, Lutero não escreveu, em seu período no castelo de Wartburg, uma única carta ao homem que estivera a seu lado em Leipzig, e nunca pediu em nenhuma das cartas que escreveu aos outros wittenberguenses que transmitissem seus cumprimentos a Karlstadt.[33]

A relação entre ambos sempre se dera em termos de igualdade; a amizade de Lutero com Melâncton, por sua vez, baseava-se na proteção que o mais velho dava àquele acadêmico que tanto se empenhara em trazer para Wittenberg. Na verdade, ao encontrar para Melâncton uma esposa que o prenderia ainda mais a Wittenberg, Lutero imobilizara o mais jovem tanto quanto o pai do próprio Lutero tentara fazer com ele. Embora houvesse cordialidade e envolvimento em suas cartas a Melâncton, Lutero também mantinha certa distância. Ao tentar obrigá-lo a se encarregar da Reforma em Wittenberg, Lutero recorria à lisonja e à intimidação, alternando elogios a seus dotes intelectuais, mostras de preocupação com sua saúde delicada e repreensões por se entregar "demais a suas próprias emoções", enquanto devia estar erigindo os "muros e torres" de Jerusalém.[34] Era um tipo de amizade muito diferente da que mantinha com Karlstadt, o qual não se intimidava. Com a publicação desse extraordinário prefácio, porém, que estabelecia a narrativa de sua eleição divina, Lutero consolidou sua autoridade carismática como líder do movimento.

Segundo Freud, as lutas edípicas são universais porque o caminho até a identidade sexual passa pelos sentimentos de um ódio assassino e de um amor apaixonado por nossas figuras parentais. Concorde-se ou não com Freud, é notável como Lutero pôs suas lutas — das quais tinha invulgar percepção — a serviço de sua teologia. Tendo sempre presente a natureza dramática das relações com o pai, Lutero foi levado à mais profunda compreensão de Deus. Ele expõe em sua teologia um contraste entre o poder divino absoluto e a incapacidade como que infantil dos seres humanos de fazer algo que lhes traga a salvação — e também a frustração do fiel em seu desamparo como que infantil. A teologia de Lutero tomou como padrão da verdade teológica a relação paterna de Deus com o cristão. Se Lutero não consegue expressar muito bem a ideia de um cuidado paternal de Deus em relação ao fiel, sem dúvida transmite claramente a assustadora distância entre Ele e os seres humanos. É a distância de Deus, e não sua proximidade pessoal, que ocupa o centro da teologia de Lutero. Ele não se vangloriava de ter acesso direto a Jesus. Sempre desconfiado dos que diziam que Deus lhes falava, Lutero, ao contrário, comentava suas conversas com o Demônio.

Sem dúvida, foi a própria intensidade da luta com o pai que preparou Lutero para investir com tanta energia contra o papa. Também lhe permitiu escrever de forma tão convincente sobre a "liberdade" cristã — afinal, tivera de travar uma luta acirrada, a enorme custo emocional, para conquistar a independência pessoal. Talvez isso explique por que pôde chegar a uma posição tão contraditória ante a liberdade e a autoridade. Lutero conseguiu manter num tenso equilíbrio a convicção sobre a liberdade do cristão — e, em decorrência disso, sobre a natureza efêmera das aparências, regras e cerimônias — e a crença de que os seres humanos não têm nenhuma liberdade de ação. Toda ação humana vem manchada pelo pecado e, como diria mais tarde em seu embate com Erasmo, a condição da vontade humana é a escravidão. Somos livres e não livres.

Em outubro, quando os dias ficavam mais curtos, Lutero, percebendo claramente que não voltaria a Wittenberg tão cedo, decidiu se lançar a um novo projeto: traduzir o Novo Testamento para o alemão. A atividade logo absorveu todas as suas energias e a partir daí, ao que parece, deixou de sofrer de tédio e de suas inseguranças anteriores; mesmo a prisão de ventre parece ter passado, talvez por causa da resolução dos conflitos a que chegara no relacionamento com o pai. Em menos de onze semanas, ele traduziu o Novo Testamento inteiro a partir do original grego, e não da Vulgata, a tradução latina que dominava a Igreja até então. Foi um trabalho de gênio. O Novo Testamento de Lutero remodelou a própria língua germânica, quando seu alemão passou a dominar, unificando o que antes constituía um amplo leque de dialetos regionais. Lutero não foi o primeiro a traduzir a Bíblia para o alemão — havia muitas bíblias alemãs quatrocentistas e outros reformadores e tradicionalistas quinhentistas também fizeram suas próprias versões —, mas o que diferencia a tradução de Lutero é sua percepção da musicalidade da língua. O estilo é simples e direto, usando aliterações e cadências da linguagem coloquial. Ele escreve num alemão popular, não numa prosa latinizada. Com isso, sua tradução é muito diferente, por exemplo, da versão inglesa do rei Jaime, de estilo deliberadamente literário. A versão de Lutero é mais prosaica e as frases são mais curtas. É uma Bíblia para ser lida em voz alta e ouvida pela gente do povo.

Ela não deixava de apresentar traços tendenciosos. Lutero inseriu na tradução suas interpretações teológicas próprias, vertendo Romanos 1,17, por exemplo, como "Porque nele se revela a justiça que é válida perante Deus, que vem de fé em fé, como está escrito, o justo viverá de sua fé" — tradução que reforça o processo de justificação perante Deus. Foi essa passagem que teve papel fundamental quando Lutero estava preso na mais profunda de suas *Anfechtungen*, angustiado com o ódio que sentia pela "justiça divina". Refletindo sobre sua vida em 1545, ele escreveu a respeito dessas palavras: "Aqui senti que eu havia renascido totalmente e entrado no paraíso pelos portões abertos". A Bíblia do rei Jaime não acrescenta a ênfase de Lutero e traduz a passagem como: "Pois nele é a justiça de Deus revelada de fé a fé: como está escrito, o justo viverá pela fé".[35] Ao traduzir Romanos 3,28, Lutero escreveu: "Assim agora sustentamos que o homem é justificado sem a obra da Lei, somente pela fé". Lutero acrescentou a palavra "somente", que não está no original, e que faz a ênfase recair sobre o papel exclusivo da fé — com efeito, Lutero argumentou que o *allein*, idiomático em alemão, transmitia o sentido da passagem. Como nunca foi adepto do literalismo bíblico, Lutero procurou chegar ao cerne do que dizia o texto e não hesitou em ressaltar o que julgava ser a ênfase da passagem. Em contraste, a Bíblia do rei Jaime traz: "Portanto concluímos que um homem é justificado pela fé sem as obras da lei". Lutero incluiu também um breve prefácio didático aos Evangelhos e a cada uma das Epístolas, para que os leitores chegassem ao texto pelos olhos dele. Apresentando Romanos, escreveu: "Esta Epístola é a verdadeira peça central do Novo Testamento [...] que todo cristão deveria não só saber de cor, palavra por palavra, mas tratá-la como o pão diário da alma", convertendo seu contato pessoal com a Escritura na pedra de toque para todos os cristãos.[36]

Para Lutero, o processo intelectual de refletir sobre as Escrituras e seu significado profundo tinha um papel fundamental para sua fé, e manteve essa prática ao longo de toda a vida. Foi assim que ele chegou à percepção sobre a Reforma, e era assim que traduzia e dava aulas sobre as Sagradas Escrituras na universidade. O período de isolamento no Wartburg, sem sua biblioteca

38. Passional Christi vnd Antichristi, de Melâncton e Cranach, 1521. À esq., Cranach retrata Cristo guiando os usurários para fora do templo, enquanto a ilustração à dir., nomeada como "Anticristo", traz o papa rodeado por cardeais e bispos gordos, declamando cartas de indulgência e concedendo dispensas seladas, pelas quais recebeu a pilha de moedas, dispostas na mesa mais abaixo.

e, em larga medida, sem o conselho dos amigos, permitiu-lhe abordar o Novo Testamento de maneira muito direta e com uma rara intimidade. O resultado foi uma tradução profundamente pessoal que parece ter sido feita de um fôlego só.

Enquanto isso, em Wittenberg, era impossível refrear a agitação causada pelos eventos em Worms. Lutero enfrentara corajosamente a ameaça do martírio, e agora outros queriam pôr em prática a ideia da restauração da Igreja cristã em toda a sua pureza. A retórica cada vez mais apocalíptica do próprio Lutero aumentava ainda mais a urgência de uma reforma. Em maio de 1521, Melâncton e Cranach publicaram a obra conjunta *Passional Christi und Antichristi* [Paixão de Cristo e o Anticristo], um conjunto de treze dípticos de Cranach contrapondo a pompa e grandiosidade do papa e a humildade de Cristo. Nesse trabalho em parceria, Melâncton compilou os textos, com as citações do direito canônico reunidas pelo jurista Johannes Schwertfeger, de

Wittenberg. A obra saiu primeiro em latim e depois em alemão, voltada tanto para os letrados quanto para os iletrados. Após ver os contrastes visuais, com a declaração de que o papa era o Anticristo, não havia como esquecê-los. Ao final, uma breve explicação marota dizia que o opúsculo não era difamatório porque tudo ali presente fazia parte do direito canônico. Estava sendo publicado em prol do povo cristão, para apresentar um resumo simples da base da "lei carnal espiritual". Foi um legado duradouro para a arte luterana. O tratamento "antitético" da Igreja de Lutero e da Igreja do papa viria a ser usado nas pinturas das paredes da capela de Torgau e na capela do castelo em Schmalkalden.[37] Como propaganda baseada no ataque à Igreja católica, o opúsculo, com sua mensagem avisando que o Dia do Juízo estava próximo, aumentava ainda mais a sensação de urgência da reforma.

Agora Gabriel Zwilling começava a pressionar por mudanças radicais em Wittenberg. Em sua investida contra a celebração de missas particulares, contou com o apoio de Nikolaus von Amsdorf e de Justus Jonas, ambos membros da fundação de Todos os Santos e poderosos aliados de Lutero. Ao que parece, Lutero também aprovou essa investida e, em novembro, escreveu *De abroganda missa privada* [Sobre a eliminação da missa particular], que rejeitava a ideia da Missa como sacrifício. A Missa, afirmava Lutero, não era uma ação que fazíamos para agradar a Deus, e sim um sacramento em que recebemos a graça divina. Pode parecer uma distinção sutil, mas tem efeitos devastadores. Se a Missa não era algo que se precisasse fazer constantemente para agradar a Deus, não havia necessidade do enorme proletariado clerical de oficiantes em inúmeros altares, pagos para cumprir aquela obrigação pelas almas dos finados, a fim de reduzir o tempo de permanência no purgatório.[38]

Ao mesmo tempo, o clero em Wittenberg começava a sentir as consequências das ideias de Lutero. Zwilling passou a encorajar os irmãos agostinianos a desistirem de seus votos e a deixarem o mosteiro. Até o final de outubro, haviam saído doze monges, e em novembro mais três foram embora. Deixaram crescer o cabelo, ocultando a antiga tonsura, e usavam roupas comuns. Adotaram ofícios usuais: um virou padeiro; outro, sapateiro; outro, talvez de família mais abastada, virou comerciante de sal. Ao que parece, o conselho municipal apoiou a decisão deles, dando a cidadania a um ex-irmão que se tornara carpinteiro. O sonho de Staupitz por uma ordem agostiniana unida e reformada começava a evaporar: por efeito das ideias de Lutero, aos poucos

39. *As páginas finais da* Passional *justapunham a Ascensão de Cristo com a descida do papa às chamas do inferno, acompanhado de um grupo de demônios com focinhos, bicos e garras fantásticas, onde um clérico rotundo e tonsurado já queimava.*

o monasticismo desmoronava por dentro. O movimento que caracterizara a cristandade ocidental quase desde o início e que criara instituições importantes por toda a Europa agora perdia a credibilidade.

Zwilling então começou a pressionar por uma Missa totalmente reformada, que, além do pão, também oferecesse o vinho à congregação. Assim, em 29 de setembro, numa cerimônia fechada, Melâncton recebeu a comunhão sob as duas espécies, junto com seus discípulos.[39] Zwilling devia ser um pregador de personalidade marcante — segundo um contemporâneo, era um "segundo profeta" enviado por Deus, "outro Martinho" que talvez até superasse o primeiro. Tem-se uma ideia de seu estilo de pregação pelos comentários negativos sobre seus sermões posteriores em Eilenburg, logo depois de ter saído de Wittenberg, por volta do Ano-Novo de 1522. Não só proferiu as palavras de consagração em alemão e ministrou a comunhão sob as duas espécies, como também se apresentou em roupas laicas. De fato, parece ter sido ele mesmo quem elaborou seu "visual" de pregador, que mais tarde seria adotado por Lutero e outros mais. Em vez do hábito monástico, estava com uma toga acadêmica preta (Lutero e outros pregadores viriam a usar uma beca talar acadêmica), uma camisa com enfeites pretos e um barrete de pele de castor. Não usava tonsura e o cabelo estava penteado para a frente: um observador chocado disse que parecia "um demônio". Mas provavelmente o que mais chocou os contemporâneos foi o barrete: não descobrir a cabeça mostrava desrespeito pelo sacramento.[40] Pele de castor era um artigo elegante, e a cor da roupa — o preto era uma tintura cara naquela época — indicava status, e assim Zwilling talvez quisesse se mostrar como homem de posição. O estilo de pregação, ao que parece, era simples e direto, apresentando uma versão bastante resumida da teologia de Lutero. Consta que teria dito à congregação que havia dois caminhos: um levava para o inferno, e era o caminho largo de praticar boas ações; o outro era estreito e levava para o céu.[41]

A pregação de Zwilling se dirigia sobretudo aos colegas agostinianos, mas a igreja deles era pública e o povo afluía em massa para ouvi-lo. Ao que diziam, ele declarou que "ninguém entraria no céu com um capuz" e que rezar a Missa era uma "coisa diabólica". Essas notícias sobre seus sermões eram partidárias, mas ele parece ter explorado o sentimento anticlerical generalizado da época. Ao oficiar, Zwilling também passou a eliminar tudo que pudesse sugerir a ideia de que a Missa era um sacrifício, e aboliu a elevação e a adoração do sacramento. Os próprios agostinianos se dividiam em relação a Zwilling, e o prior Conrad Helt foi contrário a tais mudanças; mais tarde, ele se queixou que, depois de ter proibido a comunhão sob as duas espécies, não podia mais andar em segurança pelas ruas, com medo da "turba à solta".[42] Enquanto isso, criou-se uma comissão de universitários e membros do cabido, para elaborar uma política que permitisse o trânsito entre os agostinianos, que estavam decididos a promover uma reforma, e o eleitor, cuja aprovação seria necessária para qualquer mudança. A comissão, escolhida a dedo, era composta basicamente por defensores da Reforma, entre eles Melâncton, Karlstadt e o jurista Hieronymus Schurff, que acompanhara Lutero a Worms. As recomendações da comissão foram favoráveis à Reforma: deviam-se abolir as missas particulares e a comunhão devia ser ministrada sob as duas espécies. Mas a comissão também tentou impor algumas restrições, pressionando Zwilling a declarar que nunca rejeitara a adoração do sacramento.[43] Todavia, logo o movimento se viu diante de uma oposição mais firme por parte dos clérigos da fundação de Todos os Santos, que começaram a tentar influenciar diretamente o eleitor. Além disso, apesar da composição basicamente evangélica, a comissão não era homogênea e, quando veio a defender o fim das missas particulares e a realização da comunhão sob as duas espécies, um dos integrantes, Johann Dölsch, apresentou um documento em separado, argumentando que bastava apenas uma espécie, visto que o sacramento era espiritual.[44]

Zwilling não atuava sozinho. Os alunos e os próprios moradores locais começaram a recorrer à ação direta a fim de implantar a mudança religiosa; e seus alvos mostram o que a Reforma de Lutero significava para eles. Não era o que se poderia esperar. O ponto prioritário era o repúdio da mendicância, o que, por si só, expressava a posição anticlerical desses setores. Durante o verão, houve ataques esporádicos à casa de alguns padres; em outubro, quando tradicionalmente "o mensageiro de santo Antônio" percorria a cidade tocando um sino e pedindo esmolas, o pobre coitado foi alvo de zombarias, e os estudantes lhe atiraram punhados de esterco, alguns misturados com pedras. "Tocas bem o sino", escarneciam os estudantes, "mas terás de tocar por muito tempo antes que eu te dê um centavo que seja."[45] Esses ataques, mais uma vez, pareciam ter muito em comum com os rituais estudantis, que tinham sido usados nesse mesmo sentido na queima da bula. Seja como for, estavam abraçando a ideia, expressa já desde o começo por Lutero, de que era errado mendigar e que essa prática devia ser abolida. "Ninguém deve sair mendigando entre cristãos", escrevera ele em *À nobreza cristã da nação alemã*; "toda cidade deve sustentar seus pobres". Os monges mendicantes que esmolavam não estavam praticando obras piedosas, mas sim desviando dinheiro dos que de fato precisavam dele.[46] Escrevendo a Spalatin, Lutero não se mostrou propriamente favorável ao comportamento dos estudantes, limitando-se a perguntar: afinal "quem consegue refrear todos a todo momento e em todo lugar?".[47]

Os alvos seguintes dos reformadores de Wittenberg foram o marianismo — o culto à Virgem — e a Missa. Em 3 e 4 de dezembro, um grupo de evangélicos impediu que os padres na igreja paroquial oficiassem a Missa mariana. Invadiram a igreja, expulsaram os padres dos altares, pegaram os missais deles e os apedrejaram.[48] O relatório do conselho municipal ao eleitor alegava que portavam facas e armas e concluía que vários cidadãos estiveram a ponto de criar um motim. No mosteiro franciscano, os estudantes destruíram um altar de madeira e afixaram cartas de ameaça na porta do mosteiro. Alguns sugeriram que, na próxima Quinta-Feira Santa, levariam as "criadas de banho" — isto é, prostitutas — para lavar os altares idólatras com uma lixívia bem forte. E teriam dito que mais valia converter as pedras do altar em patíbulos e cepos de decapitação, pois assim contribuiriam mais para a "Gerechtigkeit", palavra que significava salvação e justiça: "O ofício do carrasco não era tão perigoso para as almas quanto os monges idólatras".[49] Era algo pesado de se dizer, visto que os carrascos constituíam a casta mais baixa da sociedade quinhentista. Era uma iconoclastia verbal, os estudantes manchando os altares sagrados com as conotações mais sórdidas que conseguiam imaginar — e a referência às prostitutas trazia também uma carga considerável de humilhação sexual. O conselho municipal teve o cuidado de minimizar o episódio no relatório ao eleitor, insistindo que havia apenas catorze estudantes envolvidos e alguns de fora, e que todos haviam sido punidos. Estava em fermentação uma espécie de Reforma popular, mas só temos ideia de suas dimensões a partir dos comentários indignados de seus adversários, que tinham todos os motivos para pintá-la como uma ação violenta e subversiva.[50] Uma semana depois, na noite de 10 de dezembro, correu a notícia de que cerca de quarenta "estudantes e nobres" armados estavam vagueando pelas ruas com flautas e tambores, ameaçando assaltar os mosteiros e matar todos os monges.[51] O conselho, porém, conseguiu acalmar a situação, colocando um corpo de guarda em volta do mosteiro franciscano.

Não era apenas em Wittenberg que estavam pondo em prática as novas ideias evangélicas. Logo após a Dieta de Worms, no verão, tinham ocorrido ataques à casa de padres em Erfurt. Lutero ficou horrorizado com esses distúrbios e ainda mais com a reação do conselho municipal, que parecia aprovar tal atitude, negando-se a punir os culpados. Johannes Lang, agora prior do mosteiro de Erfurt, mantinha um misterioso silêncio sobre o assunto.[52] Confinado no castelo de Wartburg, Lutero ficava aflito ao saber das novidades, perguntando a seus missivistas sobre as últimas notícias de Erfurt. Lutero conhecia por experiência própria a política em Erfurt, desde os tempos em que a cidade estava tão dividida em facções que o próprio prefeito fora enforcado; suspeitava de qualquer coisa que se assemelhasse a uma Reforma popular sob o comando de um conselho municipal.

No final de 1521, dizia-se que vários estudantes de Erfurt estavam chegando a Wittenberg e tinham participado do *Pfaffenstürm*, o tumulto de 3 e 4 de dezembro. Logo após essas ocorrências, Lutero fez uma rápida visita secreta a Wittenberg, onde descobriu que Spalatin impedira a publicação de suas três últimas obras — *De abroganda missa privata*, o folheto contra o "ídolo de Mainz" e o tratado sobre os votos monásticos. Furioso, ele escreveu a carta mais colérica de toda a sua correspondência com Spalatin. Anunciou sua satisfação com as mudanças em Wittenberg que acabara de ver com os próprios olhos — "tudo me agrada muito", escreveu ele. Aqui, ao contrário de Spalatin, agiam verdadeiros cristãos. Sim, tinha ouvido rumores de distúrbios causados por alguns dos "nossos" e prometeu que escreveria contra eles.[53] Mas não mencionou nenhum distúrbio específico. É improvável que não soubesse das ocorrências dos dias anteriores; talvez considerasse que não passavam daqueles tumultos e festejos populares que costumavam acompanhar eventos importantes.

Na volta a Wittenberg depois da visita secreta, Lutero escreveu *Uma sincera admoestação por Martinho Lutero a todos os cristãos para que se resguardem da insurreição e rebelião*, que foi impressa no começo de janeiro de 1522.[54] Embora apresentasse a revolta como obra do Demônio, Lutero não condenou a remoção de imagens pela força, o que tantas vezes desencadeava tumultos. Também se alegrou que, nos acontecimentos recentes,

> revelou-se a ignorância dos papistas. Revelou-se sua hipocrisia. Revelaram-se as mentiras perniciosas contidas em suas leis e ordens monásticas. Revelou-se seu uso pérfido e tirânico da excomunhão. Em suma, desmascarou-se tudo aquilo com que têm enfeitiçado, aterrorizado e ludibriado o mundo até agora.

Isso não parecia um recuo, mas uma vigorosa defesa da mudança.[55]

Nesse ínterim, os evangélicos em Wittenberg ampliavam os alvos de ataque. Em 10 de dezembro, as questões adquiriram um teor político mais claro. Um grupo de cidadãos, entre eles alguns integrantes dos chamados "quarenta" — representantes dos quatro setores em que se dividia a cidade —, interrompeu uma reunião do conselho e exigiu a libertação dos envolvidos nos distúrbios de 3 e 4 de dezembro. Formularam um conjunto de seis artigos para a implantação da Reforma.[56]

A agitação popular prosseguia. Na véspera do Natal, um grupo de laicos invadiu a igreja paroquial e ameaçou atirar "bolinhas de chumbo" no altar. Destruíram alguns círios da Missa e cantaram canções obscenas como "Oh, cerveja de Brunswick" e "Uma donzela perdeu um sapato" — as moças que perdiam a virgindade recebiam um sapato como presente ritual, de forma que o sentido da canção era explícito. A seguir foram para a igreja do castelo, onde uivaram "como cães e lobos" para atrapalhar o ofício, e subiram até a galeria da igreja, de onde "rogaram pragas aos padres e lhes desejaram as chamas do inferno". Embora isso pudesse ter assustado os clérigos, foi tudo relativamente bem-humorado, e era uma ação direta voltada exclusivamente contra a realização de missas particulares. Mesmo assim, era uma evidente provocação ao eleitor, pois eles tinham invadido a sua igreja.[57] Enquanto isso, no final de dezembro, chegaram três radicais, que ficaram conhecidos como os profetas de Zwickau, um dos quais se hospedou na casa de Melâncton, e começaram a pregar, intensificando ainda mais o clima de fervor religioso.[58]

Então, com a implantação de um sistema de assistência aos pobres, a mendicância voltou a ocupar o centro das atenções. A certa altura de 1521, o conselho de Wittenberg instituíra, pela primeira vez na Alemanha, um decreto sobre a mendicância.[59] Foi uma decorrência natural da abolição da Missa, pois, se não havia motivo para rezar missas pelos mortos, não fazia sentido manter irmandades ou as prebendas pagas aos padres. Como Lutero sustentara, as irmandades só serviam para comilanças e bebedeiras. Em vez disso, o dinheiro deveria ir para um fundo comum, a ser utilizado na assistência aos necessitados. Era uma abordagem totalmente inédita da pobreza. Em vez de sinal de virtude monástica, a mendicância podia ser entendida como uma questão de justiça social. O conselho de Wittenberg determinou que os fundos ficassem guardados num baú com três cadeados — dois para os quatro supervisores e seus três conselheiros, e um para o prefeito. Os quatro supervisores anotariam os nomes dos necessitados, principalmente daqueles que sentiam vergonha em esmolar. Seguindo as recomendações de Lutero em *À nobreza cristã da nação alemã*, o dinheiro iria para o sustento dos pobres de Wittenberg, não para gente de fora e muito menos para monges mendicantes.

Era como se a Reforma, guiada pelos agostinianos e pelo conselho municipal, estivesse para ganhar contornos mais aperfeiçoados em Wittenberg. O prior agostiniano de Eisleben, Caspar Güttel, presente à reunião do cabido em Wittenberg em janeiro de 1522, escreveu a um amigo sobre sua impressão de viver tempos excepcionais: "Parece-me que Deus pretende conceder a todos nós uma grande graça e uma elevada gravidade". Esse mesmo senso de exaltação se evidencia no boletim de um relatório no começo de janeiro: "O príncipe não pode mais conter a situação; os outros príncipes que façam o que quiserem, mas não poderão impedi-la nem acabar com ela; é por Deus ou de Deus, e ainda veremos milagres; por toda parte, em todas as cidadezinhas estão ocorrendo fatos e acontecimentos estranhos, e que Deus nos conceda Sua graça, Amém".[60] A seguir, o autor contava que um mercador chegara a Wittenberg e perguntou pelo mosteiro agostiniano. Os moradores lhe informaram, ele foi até lá, amarrou o cavalo, entrou e encontrou apenas um monge restante. Abrindo os braços no formato da Cruz, louvou e agradeceu ao Senhor e derramou lágrimas sinceras, rejubilando-se por pisar o solo da "cidade santa".[61]

10. Karlstadt e a Cidade Cristã de Wittenberg

A amizade entre Lutero e Andreas Karlstadt foi eliminada de grande parte das biografias do reformador, a começar pelas de Mathesius e Spangenberg, no final do século XVI.[1] Karlstadt, de início, idolatrava Lutero, foi seu braço direito, participou junto com ele do Debate de Leipzig e abriu o caminho em várias questões teológicas fundamentais. Apesar disso, muitas vezes se esquece a dívida que Lutero tinha com ele.[2] Lutero seguiu seus passos nas teses contra o escolasticismo, e foi Karlstadt o primeiro a perceber o potencial propagandístico das imagens e a formular os argumentos para a quebra dos votos monásticos. A história do atormentado relacionamento entre ambos não só explica alguns padrões emocionais e psicológicos essenciais na vida de Lutero, como também esclarece por que a teologia de Lutero e, com ela, a Reforma como um todo tomaram os rumos que tomaram.

Durante o período que Lutero passou no castelo de Wartburg, Karlstadt teve um grande papel na introdução da Reforma em Wittenberg. Mas, para começar, estava longe de ser um radical. Até o final de 1521, sempre recomendara cautela diante do entusiasmo de Melâncton e se distanciara de qualquer sinal de desordem. Em outubro daquele ano, durante um debate sobre a Missa, Karlstadt tivera o cuidado de garantir a apresentação de todos os pontos de vista e defendia que não era o caso de uma simples e pura abolição das missas particulares. Com sua experiência e formação em direito, provavelmente tinha uma visão mais clara do que os outros sobre as enormes consequências

40. *Andreas Karlstadt*, c. 1541-2.

jurídicas e financeiras, sustentando que era preciso obter o consenso de toda a comunidade antes de efetuar as mudanças. Melâncton, pelo contrário, queria que as missas fossem eliminadas imediatamente.[3]

Em novembro de 1521, Karlstadt publicou *Sobre o culto e homenagem aos sinais do Novo Testamento*, que dedicou a Albrecht Dürer em Nuremberg, para mostrar aos nuremberguenses e ao público em geral que os acontecimentos em Wittenberg estavam se dando de modo ordeiro e controlado.[4] Expunha no ensaio as razões pelas quais o sacramento devia ser reverenciado, insistindo na real presença de Cristo no pão e no vinho. Nisso parecia de acordo com Lutero, tomando firme posição contra Zwilling, que pregava contra a elevação da hóstia e a adoração do sacramento. Mas, mesmo nessa fase inicial, o ensaio de Karlstadt tinha uma ênfase significativamente diversa, sustentando que o sacramento devia ser reverenciado porque, além do pão, trazia a presença espiritual de Cristo. Ao dividir o significado da comunhão e diferenciar entre a parte física e a parte espiritual, Karlstadt criava uma demarcação que o levaria, mais tarde, a adotar a ideia de que o sacramento era apenas um ato rememorativo, valorizando o espiritual acima do físico.

Logo antes do Natal de 1521, Karlstadt — que, como arcediago da fundação de Todos os Santos, era o principal pregador de Wittenberg — anunciou que celebraria a comunhão sob as duas espécies no Ano-Novo. Era um passo muito sério, pois o eleitor já tinha deixado bem claro que era contrário a isso. Significava uma explícita desobediência e colocava a Reforma num rumo de oposição à autoridade secular, ao mesmo tempo que lançava o poder do conselho municipal de Wittenberg contra o do governante da Saxônia.

Por que um homem que fora tão cauteloso até aquele momento deu um passo tão arriscado? Na verdade, não era a primeira vez que Karlstadt punha à prova o poder de Frederico. Em 1515, envolvera-se num litígio sobre as rendas que devia e se defendeu reclamando o feno que lhe era devido; a diferença entre as duas partes era de ínfimo meio florim, mas Karlstadt ameaçou recorrer ao próprio papa, para grande aborrecimento do eleitor. Depois, no começo de 1517, numa iniciativa unilateral, ele nomeara e confirmara um padre para o benefício eclesiástico em Orlamünde, uma paróquia diretamente submetida à fundação de Todos os Santos. Frederico ficou ressentido porque Karlstadt não lhe pedira permissão; o eleitor chegou a ameaçar que, se ele não voltasse atrás, nomearia outro padre e descontaria o valor do pagamento de Karlstadt. A partir daí, as relações entre ambos ficaram por algum tempo estremecidas.[5]

E também ficaram estremecidas dentro da fundação de Todos os Santos. Ainda que o cargo de Karlstadt como arcediago fosse bem remunerado, demandava passar muito tempo rezando missas e oficiando os serviços da igreja, e era difícil para ele conciliar essas obrigações com seus interesses acadêmicos. Assim, fazia muito tempo que Karlstadt alimentava a esperança de obter uma das prebendas mais bem remuneradas, como o cargo de prepósito da fundação. Obteve o doutorado em direito que era necessário para a prepositura, passando os anos de 1515 e 1516 em Roma e Siena. Indispondo-se mais uma vez com o eleitor, Karlstadt prolongou o tempo de permanência na Itália muito além dos quatro meses combinados, sem providenciar, durante sua ausência, um substituto em Todos os Santos, e só voltou quando o prepósito o ameaçou de prisão. Vivia, ao que parece, perseguido por problemas financeiros e tinha o costume um tanto necrófilo e oportunista de pleitear as prebendas de clérigos recém-falecidos.[6] Também tinha um fraco por roupas elegantes. Lutero relembrava que, ao voltar da Itália, Karlstadt usava trajes refinadíssimos; ao ser enviado numa missão à Dinamarca, em meados de 1521, ele solicitou ao cabido que providenciasse uma "veste de seda adamascada com um bom forro" e até de cor negra ou púrpura — as tinturas mais caras — para se apresentar condignamente ao rei dinamarquês.[7] Assim, Karlstadt estava na posição pouco invejável de depender financeiramente do eleitor, mas vendo-se, ao mesmo tempo, em situações em que tinha de se afirmar contra a autoridade do dirigente.

A relação com Lutero também era complicada. Três anos mais novo, Karlstadt chegara a Wittenberg em 1507, e seu primeiro tratado, *De intentionibus*, publicado naquele mesmo ano, era também o primeiro livro importante a ser publicado por um membro do corpo docente de Wittenberg. Christoph Scheurl elogiou a obra num discurso em Todos os Santos: "Se tivéssemos muitos Karlstadts, penso que facilmente seríamos [...] páreo para os parisienses". Tomista convicto naquela época, Karlstadt era o novo luminar da universidade e, com o patronato do reitor, Martin Pollich von Mellerstadt, logo se tornou arcediago de Todos os Santos. O cargo também incluía obrigações universitárias, e Karlstadt rapidamente subiu ao posto de deão de teologia. Nesse papel, tomara o juramento doutoral de Lutero em 1512, presidindo a defesa de seu doutorado. Era também fervoroso aspirante ao humanismo, sendo elogiado por um visitante humanista em Wittenberg como "teólogo, poeta, orador e filósofo muito famoso". Entre 1517 e 1521, porém, o renome de Lutero eclipsou quase por completo o de Karlstadt.[8]

A amizade entre ambos começou quando Karlstadt correu a Leipzig em pleno inverno, em 13 de janeiro de 1517, para comprar um exemplar de Agostinho para poder refutar as alegações de Lutero, e descobriu que este estava certo ao rejeitar o escolasticismo. Ao que parece, de início a amizade desencadeou uma grande energia e criatividade intelectual em ambos os lados. Em abril de 1517, Karlstadt então atacou vigorosamente o escolasticismo num conjunto de teses, apresentando uma teologia baseada em Agostinho e criticando o uso da metafísica de Aristóteles.[9] Lutero, por seu lado, escreveu as teses contra o escolasticismo sob a influência de Karlstadt, e sua primeira declaração bombástica — "Dizer que Agostinho exagera ao falar contra os hereges é dizer que Agostinho está mentindo em quase todas as passagens" — é uma evidente adaptação de uma das teses de Karlstadt.[10] O apoio de Karlstadt a suas ideias, por outro lado, foi um vigoroso incentivo a Lutero, tanto mais que os amigos e colegas agostinianos Linck e Lang mostravam uma cautela bem maior frente à incipiente teologia que ele vinha desenvolvendo. De fato, a partir de meados de 1517 Lutero começou a falar em "nossa teologia" e logo diria "nós, teólogos de Wittenberg".[11]

No começo, Karlstadt não concordava com a oposição de Lutero às indulgências — talvez, como sugeriram alguns, por ver que a extinção das indulgências acabaria por levar a fundação de Todos os Santos à falência, e sua própria fonte de renda chegaria ao fim. Todavia, mostrou-se firmemente contrário à veneração dos santos muito antes de Lutero, tendo coragem de trazer suas ideias em público a despeito da importância que a coleção de relíquias do eleitor tinha para a cidade, quando menos por atrair peregrinos cujas contribuições em dinheiro eram vitais para a saúde financeira da fundação.[12] Ademais, os estudos em Roma o imbuíram de um estado de ânimo vigorosamente antipapista. Não hesitara, por exemplo, em recomendar ao eleitor que se mantivesse a independência em relação ao papado nas novas distribuições de prebendas em Todos os Santos, do contrário o controle poderia ficar nas mãos de Roma e de seus "cortesãos". O antirromanismo radical de Karlstadt pode ter influenciado Lutero, cuja experiência negativa de Roma não fora tão ampla nem tão decepcionante.

As primeiras tensões na amizade entre ambos surgiram em Leipzig, em 1519. Ainda que o alvo original de Eck fosse Karlstadt, as teses finais do debate não disfarçavam que o verdadeiro antagonista era Lutero. Durante as negociações sobre o local e os procedimentos a serem adotados no debate, Lutero manteve correspondência direta com Eck, sem rodeios em deixar claro que os únicos que importavam eram eles dois. Além disso, todos os observadores foram unânimes que Karlstadt foi quem se saiu pior no debate. O ponto de convergência entre a teologia de Lutero e a de Karlstadt era a admiração de ambos pela *Theologia deutsch* e pelo místico Johannes Tauler.[13] De fato, como vimos, uma das principais divergências entre Lutero e Eck, nos atritos preliminares antes do Debate de Leipzig, era que este último não aceitava a autoridade da *Theologia deutsch* por não ser obra de um dos Pais da Igreja e por estar escrita em alemão, não em latim. Em outubro de 1520, duas semanas depois de receber notícias da bula de Eck — a qual, para o espanto de Karlstadt, citava seu nome e mais outros cinco ao lado de Lutero[14] —, Karlstadt escreveu um tratado sobre a *Gelassenheit*, o "desprender-se" contemplativo das ligações humanas a fim de permitir a entrada de Deus, o que revela a que ponto ia sua dívida para com o misticismo medieval. Era um texto pessoal, redigido como carta à sua "querida mãe e a todos os meus amigos".[15] Tal como fazia Lutero de vez em quando, Karlstadt comparava sua situação à de Cristo: "Fico numa angústia infernal, com dores mortais, em provações infernais, com mãos e pés estou pregado à vossa cruz". Via-se numa encruzilhada: à direita, estava a morte que lhe ameaçava o espírito; "[à] esquerda, está a morte para minha carne".[16]

Lutero, inversamente, não recorreu à teologia da *Gelassenheit* ao se preparar para o martírio. Embora comentasse com regularidade em suas cartas a possibilidade de morrer, também se preocupava em proteger os outros. Enquanto elaborava sua estratégia com Spalatin, antes de Worms, um dos argumentos que empregou foi que, se não fosse ouvido em audiência, *todos* em Wittenberg estariam em perigo. Assim, desde cedo procurou impedir que Karlstadt atacasse Eck, pois pensava que seria um risco para o colega. E tomou providências em suas negociações por meio de Spalatin para que somente ele fosse convocado a Worms.

Para Karlstadt, por outro lado, a *Gelassenheit* lhe dava forças para enfrentar o martírio. O conceito estava entranhado em sua experiência emocional da salvação: fazia parte do ciclo de extrema angústia e sentimento de indignidade, cuja resposta consistia em desenvolver "uma indisposição e um ódio intenso, sério e rigoroso contra mim mesmo". Disso nascia o desprendimento, o desapego de todas as coisas e de todos os vínculos humanos. Karlstadt voltou ao tema em 1523, publicando uma meditação muito mais extensa sobre os significados da *Gelassenheit*. Aqui ela vinha claramente associada ao ascetismo. "Todo prazer é pecado", declarava ele. "Melhor seria para nós espalhar cinzas na comida e na bebida do que entoar louvores a elas." O fiel devia desenvolver "um horror sagrado por mim mesmo" e "me envergonhar profundamente de meus pensamentos, desejos e ações como um vício horrível que devo evitar como se evita um furúnculo amarelo transbordante de pus". Karlstadt conduzia o leitor por várias espécies de desprendimento, inclusive a "rendição do intelecto" e, por fim, até mesmo o "desprender-se das Escrituras": era mais importante entender o espírito do que a letra da Palavra de Deus. O termo que empregava para esse processo de desprendimento era ter um "coração circuncidado", como se o verdadeiro fiel tivesse de ficar apartado num rito tribal.[17]

Para Lutero, era a convicção de que todas as nossas ações são pecaminosas e somos salvos apenas pela graça de Deus, que levava a uma sensação de liberdade. Se tudo o que fazemos vem maculado pelo pecado, o ascetismo não faz sentido; pelo contrário, devemos é desfrutar a criação divina. Sua posição se distinguia tanto do catolicismo medieval, que valorizava a renúncia à carne, quanto daquilo que se tornaria o calvinismo, obcecado em punir o prazer. Para Karlstadt, por sua vez, o objetivo da *Gelassenheit* era chegar a uma total rendição da individualidade e a uma união com Deus, de forma que o fiel "se funde com a vontade de Deus". É um estado de abertura e receptividade mística em que desaparecem as fronteiras entre o indivíduo e Deus — como se o indivíduo retornasse ao ventre, onde não há separação entre mãe e filho. Assim, a busca da *Gelassenheit* de Karlstadt — e seu ensaio arrola as várias etapas para alcançá-la — aproximava-se muito daquele estado deliberado de perfeição que Lutero rejeitava. Com efeito, mais tarde ele acusaria Karlstadt de instaurar, exatamente como os monges, "uma nova espécie de mortificação, isto é, uma execução deliberada da carne".[18]

Tal era o homem que, logo antes do Natal de 1521, enfrentou abertamente o eleitor e anunciou que, no dia do Ano-Novo, iria ministrar a comunhão sob as duas espécies na igreja do castelo. Cauteloso e até muito formalista por natureza, lento para aceitar mudanças, Karlstadt, após se convencer de alguma coisa, tinha, porém, todo o fervor dos convertidos. Acreditava que estava presenciando a vitória do Evangelho e se entregou de corpo e alma ao que chamava de "a Cidade Cristã de Wittenberg". O acadêmico se tornava um arrojado líder popular. Se antes evitava pregar, agora seus sermões eram frequentes e fervorosos. O povo percebeu que ele se transformara num novo homem, "tão belas coisas pregava agora".[19] Quando ficou claro que o eleitor seria contrário a quaisquer "inovações", Karlstadt pouco se importou e, no dia do Natal, convidou os presentes que quisessem comungar a fazer a comunhão, quer tivessem se confessado ou não. Consta que mil pessoas atenderam ao convite. Para o horror dos cônegos de Todos os Santos, muitos dos que tomaram a comunhão não haviam guardado o jejum obrigatório, tendo comido e bebido antes do sacramento; dizia-se que alguns tinham até tomado conhaque. Usando roupas leigas, Karlstadt oficiou a Missa na igreja paroquial, e quando duas hóstias caíram — uma no casaco de um homem e a outra no chão —, ele simplesmente disse aos paroquianos que as recolhessem. Só que tocar a Hóstia era um tabu grande demais mesmo para os evangélicos convictos, de modo que o próprio Karlstadt teve de recolhê-las. No Ano-Novo, ele celebrou novamente a comunhão sob as duas espécies, e dessa vez também participaram mil pessoas. Wittenberg passava por um revivalismo evangélico.[20]

Apenas seis meses depois de ter escrito o ensaio contra os votos,[21] Karlstadt pôs suas crenças em prática. Saiu um boletim, que talvez não tenha sido escrito por ele, anunciando não só as resoluções tomadas pela ordem agostiniana em sua reunião de janeiro em Wittenberg e uma oração em latim louvando Lutero — "Cremos num só Martinho verdadeiro em lugar de toda a turba de papistas. Sabemos que em verdade Cristo renasceu em Martinho; ó Deus, guardai-o por nós"[22] —, mas também o aviso de que Karlstadt ia se casar. Em 26 de dezembro de 1521, Justus Jonas e Melâncton, em dois coches ocupados por "gente culta e valorosa" de Wittenberg, foram até o vilarejo de Segrehna, onde assistiram ao casamento de Karlstadt com Anna von Mochau.[23] Se a decisão de Karlstadt condizia plenamente com seu ensaio sobre os votos, por outro lado contradizia suas recomendações em favor da *Gelassenheit*, de se desprender de todos os vínculos humanos.

Diante disso, Anna von Mochau era uma escolha inusitada. Com quinze anos de idade, filha de um nobre empobrecido, não foi escolhida pela beleza — "não [era] muito bonita", segundo um contemporâneo — nem pela riqueza.[24] Interessante notar que, mais tarde, Lutero fez uma escolha parecida, casando-se fora da elite de Wittenberg e escolhendo uma ex-freira que também pertencia à pequena nobreza. A posição social tinha visível importância para Karlstadt: sua família se dizia nobre e ele usava como "marca registrada" o brasão de armas da família. Ao se casar com uma moça tão jovem, ele também seguia as convenções da nobreza. Enquanto as mulheres da plebe costumavam se casar com dez anos a mais, nos círculos nobres as noivas jovens eram mais habituais. Mesmo assim, havia uma grande diferença de idade: Karlstadt estava com 35 anos de idade, quase uma geração de distância. Não se sabe como se conheceram, mas provavelmente ela tinha ligações com Wittenberg, pois Lutero, no Wartburg, quando soube e recebeu bem a notícia do casamento, disse que "conhecia a moça".[25] Foi uma escolha corajosa também da parte dela, pois Karlstadt, embora não fosse monge, era clérigo. A própria ideia de ser esposa de padre era radicalmente nova; até então, as mulheres que viviam com sacerdotes eram denunciadas como meretrizes dos padres, sendo excluídas da sociedade respeitável, e os filhos eram considerados bastardos. Na verdade, nem todos aclamaram as bodas. Saiu um panfleto com uma "Missa de núpcias" caricata, que chamava Karlstadt de "pescador de esposas" enquanto devia ser, como os discípulos de Jesus, um pescador de homens.[26]

Homem que gostava de oferecer grandes festas, Karlstadt gastou cinquenta florins no banquete de casamento realizado em 19 de janeiro, chegando a ir a Leipzig para comprar especiarias de luxo: pretendia claramente que o banquete fosse uma declaração pública. Havia uma extensa lista de convidados, incluindo todos os integrantes do conselho municipal e da universidade, e seu convite ao eleitor chegou a ser impresso. Logo passaram a circular entre os opositores da Reforma diversas histórias despeitadas sobre o casamento. Cochlaeus contou o caso do vizinho de Karlstadt, que ficou encarregado de fornecer a veação especial para o banquete e, em vez disso, matou "o jumento do moleiro". Os convivas só descobriram o que estavam comendo quando toparam com os cascos fendidos do animal.[27]

O ritmo da Reforma em Wittenberg se acelerou ainda mais. Em 6 de janeiro de 1522, a ordem agostiniana se reuniu na cidade. Lutero, de seu lado, escrevera a Linck e Lang, recomendando que seguissem o Evangelho e apoiassem a Reforma. A reunião não teve uma presença muito numerosa, mas chegou a conclusões radicais: o cabido decidiu que quem quisesse poderia deixar a ordem e que a mendicância e as Missas pelos defuntos deviam ser abolidas. O prior da casa de Wittenberg, com a autoridade minada pela pregação carismática de Zwilling, não recebeu nenhum apoio da ordem, que se negou a punir os monges que tinham saído. Então, em 10 de janeiro, os agostinianos remanescentes da cidade foram ainda além e, provavelmente por orientação de Zwilling, "acenderam uma fogueira no pátio do claustro, entraram na igreja, quebraram os altares de madeira e levaram todas as pinturas e estátuas, crucifixos, estandartes, círios, candelabros etc. para fora e atiraram tudo ao fogo, que os consumiu, e quebraram a cabeça das estátuas de pedra de Cristo, Maria e outros santos, e destruíram todas as imagens na igreja".[28]

Agora Karlstadt também passou a tratar das imagens, escrevendo um ensaio sobre a mendicância e a remoção da iconografia — combinação não fortuita. Em certo nível, o ensaio, publicado em Wittenberg no final de janeiro, rejeitava as imagens por razões bíblicas: o primeiro mandamento condenava a idolatria. Mas, em outro nível, também fazia uma clara distinção entre carne e espírito, interior e exterior, tema que já se podia discernir em seu texto anterior sobre a adoração do sacramento. Agora Karlstadt argumentava que as imagens "não apontam senão para a mera carne, o que não traz bem algum". A Palavra de Deus "é espiritual"; "Cristo diz que sua carne de nada vale, mas que o espírito é de grande valor e dá a vida". Portanto, "é preciso admitir que se apreende apenas a vida carnal e um grande sofrimento nas [imagens], e que elas não podem conduzir além da carne".[29]

O que antes fascinara e irritara Karlstadt tinha sido a indeterminação das imagens, bem como sua capacidade de atuar sobre as emoções. Afinal, fora ele o primeiro a empregar a polêmica visual a serviço da Reforma, quando publicou sua "caricatura da carroça" para ridicularizar Eck. Agora, escrevia ardorosamente sobre o que havia de errado com as representações, numa linguagem imbuída de retórica sexual: "Nossos olhos cortejam e copulam com [as imagens]. A verdade é que todos os que honram, veneram e buscam ajuda nelas são meretrizes e adúlteros". Reconheceu que ele próprio fora seduzido: "Meu coração foi ensinado desde minha infância a honrar e respeitar as imagens e foi-me instilado um enorme pavor do qual eu gostaria de me livrar, mas não consigo. Assim, tenho medo de queimar um único ídolo que seja". O que surge uma vez mais dessas palavras é uma abordagem do corpo e do mundo físico muito diferente da de Lutero, uma profunda desconfiança dos sentidos que logo poderia se aliar ao puritanismo sexual. De fato, essa condenação das representações se tornou uma corrente poderosa dentro do protestantismo calvinista, levando à destruição de séculos de arte sacra cristã em igrejas de toda a Europa.[30]

O mesmo tratado também continha uma passagem sobre a mendicância, em que Karlstadt explicava por que não deviam existir mendigos entre os cristãos. Assim como as imagens levavam os devotos à identificação emocional com os sofrimentos dos santos e, com isso, a uma devoção distorcida, da mesma forma os mendigos levavam as pessoas à piedade. O resultado era que davam esmolas não aos mais necessitados, e sim aos que comoviam mais seus sentidos. Karlstadt percebia claramente as consequências para a universidade em Wittenberg de abolir a mendicância; afinal, era costume que os estudantes esmolassem comida e dinheiro para pagar as despesas. As conclusões dele foram radicais. Se a abolição da mendicância significava que os estudantes não poderiam mais estudar, que importância tinha isso? Os filhos de pais devotos estariam melhor se fossem "enviados de volta aos pais" e aprendessem um ofício útil; como escreveu Karlstadt: "Seria, de longe, muito melhor que aprendessem o ofício dos pais em vez de mendigar o pão, o que os torna inúteis para qualquer coisa a não ser virarem padres papistas, grosseiros e hipócritas". Eram palavras bastante pesadas numa cidade que dependia tanto da universidade. E era isso mesmo o que ele queria dizer.[31]

Mas Wittenberg e a universidade também enfrentavam outros problemas. O renome de Lutero atraíra legiões de estudantes, e o número de universitários crescera muito até 1521, a ponto de Lutero ficar aflito com como alojar todos eles. As aulas de Melâncton também eram famosas, e as salas ficavam lotadas para ouvi-lo. Mas o ataque da Reforma ao escolasticismo era também uma investida geral contra a própria formação intelectual, com pouco a oferecer em seu lugar. Sendo a teologia a matéria mais importante da época, uma crise na área prenunciava uma crise na vida intelectual. Depois de ouvir um sermão de Karlstadt, o estudante Philipp Eberbach, que fora para Wittenberg para estudar o retórico romano Quintiliano, perdeu o interesse pelo tema: "Eu disse adeus às Musas".[32] Com o fim da mendicância, principal fonte do financiamento estudantil, e o questionamento do trabalho intelectual, o número de estudantes caiu vertiginosamente. Muitos, dizia-se, estavam deixando a cidade; mesmo sobre Melâncton, correu o boato de que pensava em deixar Wittenberg durante a Páscoa.[33] A queda das matrículas causava grande preocupação no eleitor e em Spalatin, mas o problema não afetava apenas Wittenberg. Por todo o império, a quantidade de estudantes despencou ao longo da década de 1520: a Universidade de Greifswald teve até de fechar as portas durante uma geração.

O clero também se transformou com a mensagem evangélica. O resultado imediato da investida contra as missas particulares foi destruir de um único golpe toda a estrutura da carreira eclesiástica. Quem agora iria querer que o filho ingressasse na Igreja? Além de outras questões, a Reforma acarretou uma diminuição maciça na quantidade de clérigos, alijando tanto o proletariado dos padres que rezavam missas particulares quanto as posições eclesiásticas mais altas, com suas gordas prebendas.

Agora clero e universidade não detinham mais o monopólio da verdade religiosa. Qualquer um, mesmo um iletrado, podia entender a Bíblia sozinho. No final de dezembro de 1521, três profetas vindos de Zwickau chegaram a Wittenberg, declarando que Deus lhes falava diretamente. Nikolaus Storch e Thomas Drechsel eram oficiais de alfaiataria; o terceiro, Markus Thomas ou Stübner, frequentara a universidade em Wittenberg, mas era filho de um zelador de casa de banhos cujo sobrenome "Stübner" mostrava suas origens. Devido ao íntimo contato com o corpo, os zeladores das casas de banho eram tidos como gente desclassificada, de posição tão baixa que o casamento com o filho ou a filha de um deles significava a morte social. Storch já provocara agitação considerável em sua cidade natal, onde criava pequenas seitas e destacava a importância da revelação direta. Stübner, que conhecia bem Melâncton, dizia que o batismo infantil não estava nas Escrituras. Os profetas de Zwickau representavam um tipo novo de movimento evangélico que devia pouco ou nada às universidades. Era como se o espírito de Deus vertesse sobre os laicos para pregarem e profetizarem sem passar pela autoridade tradicional.[34] A sensação de que se viviam tempos extraordinários foi ainda mais intensificada pela peste que assolou Wittenberg. Diante da realidade da morte, muitos ficaram preocupados com o estado em que suas almas se encontravam.

Melâncton, representante de Lutero na cidade durante sua longa ausência, viu-se tomado de grande indecisão. Não sabia o que fazer com a alegação dos profetas, dizendo que Deus lhes falava diretamente, e tomou a defesa deles contra os estudantes. Ao mesmo tempo, tentou persuadir Spalatin e Frederico a autorizarem o retorno de Lutero: somente ele, insistiu, poderia julgar o espírito da situação. Enviou a solicitação ao eleitor por intermédio de Spalatin, sem lacrar a carta, para que Spalatin pudesse lê-la.[35] Lutero, de seu lado, mostrou uma indiferença jovial pelos profetas, escrevendo a Spalatin: "Não vou para Wittenberg nem mudo de alojamento por causa dos 'profetas de Zwickau', pois não me incomodo com eles".[36] Para Lutero, era fácil avaliar a situação à distância, no castelo de Wartburg; no entanto, os que estavam envolvidos no ritmo frenético da política e da reforma religiosa em Wittenberg tinham dificuldade muito maior em decidir o caminho a tomar.

Lutero sempre considerou que a autoridade política estava nas mãos do governante, noção que se fortaleceu durante sua permanência no Wartburg, onde seu principal contato era Spalatin, o braço direito do eleitor. Karlstadt, pelo contrário, parecia crer que o conselho municipal devia ser investido do poder de implantar a Reforma e depositava sua fé na "Cidade Cristã de Wittenberg", como se referia a ela em seus textos. Adotara essa linha desde o debate sobre a Missa em outubro de 1521, quando defendeu que toda a comunidade devia decidir a respeito das reformas evangélicas a serem implantadas. O casamento de Karlstadt, a partida de Zwilling — que fora figura de destaque na defesa da mudança e agora deixara de vez a ordem agostiniana e fora pregar em Eilenburg — e a chegada dos profetas carismáticos de Zwickau podem ter se somado para radicalizar a posição de Karlstadt.[37] Ou talvez fosse simplesmente o fato de que, embora demorasse para se persuadir de qualquer coisa, Karlstadt, depois de se convencer, tornava-se um fanático.

Outro fator que pode ter contribuído para o entusiasmo de Karlstadt pelos ideais cívicos foi seu contato próximo com os laicos, além da convicção de que estava realmente se estabelecendo uma comunidade cristã na cidade. Agora assinava seus ensaios como "Um novo laico". A resolução municipal de 24 de janeiro de 1522, introduzindo a Reforma em Wittenberg e reorganizando a assistência aos pobres segundo suas linhas iniciais, refletia algumas ideias de Karlstadt e pode ter sido parcialmente redigida por ele, mas resultava também da estreita cooperação entre pregadores evangélicos e a elite da cidade: cerca de trinta pessoas se reunira diariamente para elaborá-la. Além de atender aos pobres, os fundos também seriam usados para oferecer empréstimos a juros baixos para recém-casados e artesãos de mérito — parcela significativa do grupo dos beneficiados pela assistência pública. Velhos aspectos da moral cívica se somavam às novas ideias da Reforma, e o decreto investia contra os que conviviam "sem os laços do casamento", insistindo que os que dessem abrigo a tais pessoas também deviam ser punidos. O bordel da cidade, essencial numa cidade universitária, devia ser fechado.[38] E estipulava taxativamente que "as Missas não devem ser realizadas a não ser como Cristo as instituiu na Última Ceia": isto é, os fiéis deviam receber o pão e o vinho, e o próprio comungante estava autorizado a "pegar pessoalmente a hóstia consagrada e colocá-la na boca".[39] Por fim, três altares bastariam para a igreja principal da paróquia e todas as imagens deviam ser removidas

— embora não se estabelecesse data para isso. O decreto foi emitido pela "cidade principado de Wittenberg".[40]

Não seria possível elaborar tal decreto sem o envolvimento dos principais políticos locais de Wittenberg, quais sejam, o prefeito da época e o prefeito seguinte, Christian Beyer. O compromisso do decreto com certas ideias de moral cívica profundamente arraigada, como a expulsão das prostitutas e dos que viviam em pecado, traz a marca dos valores e dos costumes dos conselheiros municipais e revela a presença no conselho de uma facção poderosa de artesãos, classes médias e elites da cidade, dando respaldo às mudanças. Deviam saber que tais propostas não seriam vistas com bons olhos pelo eleitor, mas mesmo assim estavam dispostos a correr o risco de desagradá-lo, submetendo-lhe tais projetos em letra impressa.[41]

No final de janeiro e começo de fevereiro de 1522, Hugo von Einsiedeln, representante do eleitor, e Christian Beyer mantiveram reuniões em Eilenburg, não muito longe de Torgau.[42] Pode-se depreender algo sobre a natureza dessa restrita elite social do fato de que Beyer, que iniciara seu mandato em fevereiro, antes agia em defesa do eleitor; agora, defendia as medidas do conselho que tentara sustar no passado. Enquanto isso, Christian Döring e Lucas Cranach, integrantes do conselho de 1519 e muito próximos à corte do eleitor — que era o principal patrono de Cranach —, tendiam a ver as coisas pelo lado de Frederico. Por fim, numa reunião que incluía representantes da universidade e da fundação de Todos os Santos, o prefeito e os conselheiros do eleitor, chegou-se a um acordo sobre as reformas que seriam implantadas em Wittenberg. Segundo o acordo, as palavras de consagração do sacramento seriam proferidas em alemão; o cânone após o ofertório seria omitido da Missa; a elevação da hóstia seria retomada como sinal, mas com a explicação de que a Missa não era um sacrifício; o padre daria o sacramento aos comungantes "de acordo com a vontade deles"; as cláusulas da lei dos pobres seriam mantidas. Não se mencionava se a comunhão seria dada sob uma ou duas espécies, e não se determinou a substituição das imagens que tinham sido destruídas.[43] Karlstadt se prontificou a deixar de pregar, como maneira de intermediar uma solução de compromisso, salvaguardando os termos do decreto. A Reforma em Wittenberg parecia assegurada.[44]

O lado católico, porém, não ficara inativo. O duque Georg, alarmado com o que se passava no eleitorado saxônico, defendeu durante o Conselho Imperial, reunido em Nuremberg, que se tomassem providências enérgicas, no que foi ouvido. Em 20 de janeiro de 1522, foi emitida uma ordem imperial dando aos bispos católicos conservadores com jurisdição nas áreas saxônicas — Mainz, Naumburg e Merseburg — poderes para empreender "Visitações" e punir todos os responsáveis pelas inovações. O eleitor ficou muito alarmado e rejeitou unilateralmente o acordo de Eilenburg, por saber que seu poder estaria em risco se desobedecesse à ordem imperial.[45] Seria fácil perder o ducado e as honras de eleitor para seu primo duque Georg — o que, de fato, foi exatamente o que aconteceu após a Guerra de Schmalkalden em 1546 e 1547.[46]

Agora, numa atitude surpreendente, Lutero recuou do apoio anterior à Reforma em Wittenberg e saiu em auxílio do eleitor. Em 22 de fevereiro ou por volta dessa data, depois de saber o que se passava na cidade, ele redigiu uma carta realmente extraordinária ao eleitor, cumprimentando-o por sua nova "relíquia" — "uma cruz inteira, com cravos, lanças e látegos", que obtivera "sem custo nem esforço". Lutero se referia às mudanças religiosas em Wittenberg: "Satã" surgira "entre os filhos de Deus". "Estende teus braços sem temor e deixa que os cravos penetrem fundo", escreveu ele. "Aceita e agradece, pois assim deve ser e assim será com os que desejam a Palavra de Deus." Era uma alfinetada no eleitor por causa de seu apreço pelas relíquias, mas, mesmo fazendo pouco de sua preocupação, garantiu-lhe que "minha pena tem de andar a galope", pois o tempo era curto: já estava de saída para Wittenberg.[47] Não conhecemos com clareza o papel de Spalatin durante esses acontecimentos, mas uma boa parte das recomendações políticas de Lutero, quando estava no castelo de Wartburg, devia vir do braço direito do eleitor. A carta deixava claro de que lado estava Lutero: o eleitor sabia que poderia contar com o apoio dele para reverter as "inovações" condenadas pelo decreto de Nuremberg.

O eleitor ditou imediatamente uma longa carta para seu encarregado em Eisenach, ordenando que se encontrasse com Lutero e instruindo-o sobre a posição a tomar. Era uma carta tortuosa, em que o eleitor, de início, proibia a volta de Lutero, mas depois, levando a sério a brincadeira do reformador sobre sua nova relíquia, "uma cruz inteira", autorizava-o a voltar, se essa era a cruz que ele, o eleitor, precisava carregar. Não sabemos até que ponto a mensagem chegou a Lutero; mas a extensão da carta mostra a importância que o eleitor atribuía ao encontro. O tempo era um fator fundamental, e foi por isso que

Frederico escreveu a seu encarregado local, em vez de mandar chamar Lutero ou determinar que Spalatin fosse encontrá-lo.[48]

Lutero sabia o que estava em jogo, em termos políticos. Assegurou ao eleitor que entraria em Wittenberg, tal como em Leipzig, "mesmo que (Vossa Graça eleitoral perdoará minhas palavras tolas) chovessem duques Georgs durante nove dias e todos os duques estivessem nove vezes mais furiosos do que ele". Sabia que o duque Georg estava por trás da ordem imperial e que os interesses do eleitorado da Saxônia enfrentavam riscos diretos. Recomendou a Frederico que não o protegesse: "Estou indo para Wittenberg sob uma proteção muito mais alta do que a do eleitor. Não tenho nenhuma intenção de pedir proteção a Vossa Graça eleitoral. Na verdade, penso que eu protegerei Vossa Graça eleitoral mais do que ela é capaz de proteger a mim. E, se eu pensasse que Vossa Graça eleitoral poderia e iria me proteger, eu não iria. E como tenho a impressão de que Vossa Graça eleitoral ainda é de fé muito frágil, não posso de maneira nenhuma considerar Vossa Graça eleitoral como o homem a me proteger e me salvar".[49] Num pós-escrito, Lutero se prontificou a escrever qualquer carta que o eleitor quisesse, deixando claro que o desejo de voltar a Wittenberg era exclusivamente seu.

Mais tarde, Lutero comentou que foi a carta mais dura que escreveu a um príncipe. E, no entanto, marcava uma completa rendição ao ponto de vista de Frederico. Até meados de janeiro de 1522, Lutero parecia muito satisfeito com os rumos da Reforma em Wittenberg. "Tudo o mais que vejo e ouço me agrada muito. Que o Senhor fortaleça o espírito dos que querem agir bem", escrevera a Spalatin no começo de dezembro, embora soubesse que haviam ocorrido tumultos na igreja da cidade na véspera de sua chegada a Wittenberg. Ainda em 13 de janeiro, cumprimentara Karlstadt pelo casamento que se aproximava.[50] Não condenara a retirada das imagens, a abolição das missas particulares, a adoção da comunhão sob as duas espécies, nem mesmo o fim da adoração do sacramento. Todavia, agora retornava a Wittenberg apoiando o desejo do eleitor e de Spalatin de reverter todas as inovações, de acordo com a ordem imperial.

É difícil evitar a conclusão de que as "desordens" em Wittenberg, tal como ocorreram, deram um bom pretexto para que Lutero e a corte do eleitorado fizessem uma campanha conjunta para que a cidade se curvasse às cláusulas da ordem imperial. Isso significava permitir que os bispos católicos investissem contra o clero evangélico, expulsando das paróquias os clérigos que tivessem se casado, prendendo-os e até ameaçando-os com o martírio. Todavia, era importante que o eleitor não aparecesse dando apoio a Lutero, e menos ainda o autorizando a voltar. Para isso, Lutero fez conforme o prometido e escreveu outra carta, elaborada por Spalatin, dizendo que voltava à cidade contra a vontade do eleitor. Passando pela revisão do jurista Hieronymus Schurff, tiveram de fazer pelo menos duas, provavelmente três versões até chegarem a um texto que servisse. A carta na versão final foi prontamente enviada a Johann, irmão do eleitor, pedindo-lhe que fizesse cópias. Aqui também a rapidez era fundamental: logo as cópias chegaram a figuras importantes de Nuremberg — e uma delas, muito convenientemente, caiu nas mãos do duque Georg. Teve o efeito pretendido: Frederico se livrou das suspeitas de ter autorizado o regresso de Lutero.[51]

Chegando a Wittenberg em 6 de março, Lutero pôs mãos à obra para remediar a situação.[52] Reunindo-se com Amsdorf, Jonas e Melâncton, passou os dois primeiros dias praticamente apenas se aconselhando. Com a facção favorável ao eleitor agora majoritária no conselho, os conselheiros também logo voltaram aos trilhos e, numa ironia involuntária, presentearam Lutero, agora de volta, com um novo capelo: o cavaleiro teve de voltar a se vestir como monge.

Em 9 de março, Lutero começou a pregar uma série de oito sermões, que ficaram conhecidos como os "Sermões Invocavit", na igreja paroquial — o púlpito "dele" e do qual Karlstadt fora banido. Seu estilo mostrava uma nova confiança e convicção. Com uma clareza didática, os sermões de Lutero mesclavam gracejos, insultos e exegese bíblica. Não disfarçou seu desprezo pelos pregadores — "o dr. Karlstadt, Gabriel e Michael" — que tinham convencido os wittenberguenses de sua santidade. Qualquer um pode ensinar as frases certas ao povo, declarou Lutero, até um asno é capaz disso; mas as verdadeiras obras de fé são ações, não palavras. Insistiu no poder das Escrituras: a Palavra fez tudo, disse ele, "enquanto eu tomava cerveja de Wittenberg com meu Filipe [Melâncton] e Amsdorf".[53]

Desde o começo, Lutero lembrou aos paroquianos que o primeiro reformador era ele: "Portanto, irmãos amados, sigam-me [...]. Fui o primeiro que Deus colocou nessa arena. Foi a mim também que Deus primeiro revelou a pregação dessas suas palavras". Concluiu o primeiro sermão imaginando "como seria se eu levasse meu povo ao 'Plano' [isto é, o campo de batalha] e eu (eu que fui o primeiro a convencê-lo a ir) quisesse fugir à morte e não esperasse confiante: como o pobre rebanho ficaria perdido!". Os que fazem reformas radicais, disse ele, esquecem que as crianças são alimentadas primeiro com leite, depois com mingau, depois com ovos e alimentos macios. Os radicais são como irmãos que, depois de terem mamado sua parte, "cortam a teta", enquanto deviam deixar o outro irmão "mamar, como mamaram".[54]

Lutero baseava sua pretensão à liderança num paradoxo. Como lutava com o Demônio, e como aqueles a quem "a Morte e o Demônio atacam constantemente" têm a fé mais firme, estava demonstrado que ele era um eleito. Aqui Lutero desenvolvia uma percepção tomada a Staupitz, que a formulara originalmente, mas agora a intensidade de suas lutas internas com o Demônio se tornava prova irrefutável de sua virtude. "Vocês ainda não sabem o custo que é combater e vencer o Demônio", proclamou Lutero. "Eu sei bem, porque comi um ou dois punhados de sal com ele; conheço-o bem e ele também me conhece."[55] Outros pregadores podiam insultar os adversários, dizendo que eram criaturas de Satã, ou desqualificar a Missa católica, dizendo que era "diabólica", mas outra coisa era comentar com a congregação os confrontos pessoais com o Demônio. A iniciativa era arriscada: os que encontravam o Demônio eram tidos como possuídos ou embruxados. Na verdade, Cochlaeus, que se tornara um dos antagonistas mais renhidos de Lutero após o encontro em Worms, pensava que seus embates com Satã constituíam a prova mais sólida de que ele era um herege. Nenhum outro reformador dizia uma coisa dessas — com efeito, os profetas de Wittenberg alegavam o contrário, a saber, que falavam com Deus.

Os acontecimentos em Wittenberg revelam o que veio a ser um padrão recorrente na vida de Lutero: embora pudesse vituperar e insultar as autoridades com um espantoso descaramento, no final ele sempre acabava por se alinhar com elas. A versão divulgada inicialmente pelo lado católico — a saber, que Zwilling e Karlstadt haviam se dedicado a sermões subversivos, o que provocara a sedição armada na cidade — agora era adotada por Lutero como a narrativa oficial do que acontecera em Wittenberg. Era uma versão conveniente para todas as partes envolvidas, pois reduzia a participação efetiva do conselho, dos principais reformadores e outros na implantação da Reforma. De fato, até janeiro Melâncton tinha adotado uma linha muito mais radical do que a de Karlstadt, mas, agora que a ordem imperial levara o eleitor a rejeitar o acordo de Eilenburg, alguém tinha de levar a culpa.

Como vimos, as relações de Lutero com Karlstadt, durante algum tempo, não tinham sido muito boas. Assim, não lhe escreveu do Wartburg e queria que Melâncton tomasse a frente do movimento em Wittenberg, uma desfeita para Karlstadt, com mais idade e mais experiência. Com efeito, Melâncton se mostrou menos lúcido, mais inflamado e menos constante.[56] Todavia, antes de voltar do castelo de Wartburg, não há nenhum indício de que Lutero responsabilizasse Karlstadt pelo ocorrido em Wittenberg. Mas aí logo personalizou o desenvolvimento da situação: era tudo culpa de Zwilling e Karlstadt. Os sermões obstinados de ambos tinham levado o povo a se revoltar e afetaram a vida cívica. Era esta, evidentemente, a linha que as forças reacionárias — os cônegos conservadores de Todos os Santos — vinham defendendo fazia algum tempo, apresentando pequenos transtornos nos ofícios da igreja como graves perturbações da ordem pública. Quando Lutero passou a restaurar essa "ordem", ficou clara sua dívida para com essas forças. Retomou as invectivas da reação contra os fiéis comungando depois de tomar conhaque, embora bebesse com eles *depois* da comunhão; e, comentando o episódio das hóstias que caíram no chão, exclamou que o sacramento fora tratado com tal desrespeito "que admira que vocês não tenham sido fulminados por raios e trovões". Pegar pessoalmente a hóstia, disse ele, não faz do indivíduo um bom cristão — se fosse por isso, uma leitoa seria uma perfeita cristã, pois a pegaria com o focinho.[57]

Zwilling voltou rapidamente aos eixos. Desculpou-se e se retratou de forma tão incondicional que Lutero o recomendou para um cargo de pastor em Altenburg, maneira segura de tirá-lo do caminho, mas colocando-o sob a supervisão do eleitor numa cidade dominada por um dos castelos de Frederico. Com isso, somente Karlstadt ficou com a corda no pescoço, como disse mais tarde.[58] A proibição de pregar, com a qual Karlstadt já concordara, foi reforçada e, quando tentou publicar um texto seu, o censor da universidade não permitiu que imprimissem a obra.[59]

É difícil escapar à conclusão de que Karlstadt foi um bom bode expiatório. Se Lutero perdoou Zwilling com notável rapidez, demorou a perdoar Karlstadt, com quem mantivera relações muito mais próximas. Na versão de Lutero, os acontecimentos em Wittenberg se transformaram na história do rompimento de uma amizade e da traição pessoal de Karlstadt. Foi o primeiro de uma longa sucessão de ex-acólitos que foram considerados traidores do líder. Há algo de assustador na natureza incontrolável do ódio de Lutero. Nos Sermões Invocavit, abstivera-se de críticas diretas a Karlstadt, mas é inequívoco o tom sarcástico ao se referir ao ex-colega como "dr. Karlstadt". Logo iria associá-lo ao Demônio: era Satã que, na figura de Karlstadt, investia contra Lutero para destruir a Reforma. Karlstadt era um "anjo" que se tornara um "anjo da luz" — isto é, Lúcifer.[60]

Originalmente, Lutero aprovara muitas das reformas implantadas por Karlstadt — a comunhão sob as duas espécies, o ofício da Missa em alemão —, mas, em 1523, quando introduziu uma nova liturgia, o ofício era em latim e, até esse mesmo ano, a comunhão para os laicos era apenas do pão. Os traços específicos da Missa de Wittenberg, com os padres usando roupas seculares e a congregação autorizada a pegar pessoalmente o pão e o vinho, em vez de recebê-los das mãos do padre, foram abolidos. A liturgia alemã posterior de Lutero, de 1526, não se diferenciava muito da de Karlstadt. Na verdade, embora mais tarde Lutero tenha reescrito a história do atrito entre ambos como uma ruptura doutrinal, Karlstadt não era sacramentalista nesse aspecto: para todos os fins, tinha a mesma posição de Lutero sobre a eucaristia. Seria tentador concluir que a verdadeira ruptura se referia à liderança do incipiente movimento da Reforma.

No entanto, isso é apenas uma parte da verdade. Num plano mais profundo, Lutero captou uma diferença crucial entre Karlstadt e ele próprio. Embora fossem formados pela mesma tradição espiritual, a *Theologia deutsch*, e ambos tivessem a influência de Staupitz, estavam tomando caminhos diferentes, o que, com o tempo, levou-os a posições distintas em relação ao sacramento. Dois anos depois, Karlstadt sustentou que a comunhão era apenas comemorativa — a presença de Cristo na eucaristia era espiritual, sem existência real no pão. Lutero já percebera a hostilidade de Karlstadt em relação à carne, quando leu seu ensaio sobre os votos. Logo, suas respectivas teologias se tornariam irreconciliáveis.

Com o retorno de Lutero, Zwilling de volta aos trilhos, Karlstadt amordaçado e revogadas as decisões radicais do conselho, parecia que a Reforma de Wittenberg fora amplamente derrotada. Mas nem todos os seus traços foram apagados. A resolução sobre a mendicância e o Fundo Comum continuaram a vigorar. Não era possível trazer de volta os monges nem restaurar as imagens destruídas. No final, a maioria das reformas de Karlstadt voltaria

a vigorar — embora Lutero tenha aguardado deliberadamente até sua morte, em 1541, antes de abolir a elevação do sacramento em Wittenberg. Apesar disso, o conselho renunciara a seu papel religioso e, desde então, a Reforma de Wittenberg foi do governo, e não de um movimento cívico popular. Era Lutero quem decidia quando uma consciência fraca já tinha força suficiente para ser promovida e passar do mingau para o alimento seguinte. O entusiasmo visionário do movimento de Wittenberg, a sensação das grandes coisas que poderiam ser feitas com os recursos liberados das missas e dos mosteiros, o sentimento do poder evangélico com milhares de cidadãos fazendo a comunhão

41. Esta xilogravura mostra Karlstadt e Lutero ladeando uma carroça em que Cristo está sentado, seguindo para a salvação, enquanto Ultrich von Hutten, com armadura, conduz o clero da velha Igreja agrilhoado em correntes, com Murner representado como um gato. Lutero e Karlstadt seguram ramos de palmas da salvação, mas Karlstadt recebe quase que maior destaque do que Lutero. A xilogravura lembra a Carroça de Karlstadt, ilustrada por Cranach, a primeira propaganda visual da Reforma (ver pp. 132-3). A página dupla está num panfleto de Hermann von dem Busche, Trivphvs veritatis. Sick der warheyt, um longo poema em louvor da Reforma, publicado em Speyer em 1524.

sob as duas espécies — tudo isso se perdeu quando Lutero insistiu em sua liderança pessoal, e não na ação coletiva.

Não é muito provável que uma Reforma comunitária tivesse grande chance em Wittenberg. A cidade era pequena demais para servir de base de apoio e, como ela dependia do eleitor, com tantas figuras de sua elite política próximas da corte, isso significava que não possuía uma tradição de independência. Também faltava o elemento inflamável da insatisfação econômica e política entre um número expressivo de artesãos. A outra grande instituição local, a universidade, dificilmente se indisporia com seu fundador; e a lealdade dos estudantes, que de fato tinham tradição ativista, não estava com Wittenberg, sobretudo porque muitos deles começavam a questionar o sentido dos estudos acadêmicos em geral. Depois que o duque Georg obtivera a ordem imperial, permitindo que os bispos católicos anulassem os avanços da Reforma, o eleitor não tinha outra escolha senão ceder — ou correr o risco de perder o poder e o título. Se Lutero, sempre realista, não tivesse revertido as mudanças de dezembro e janeiro, como exigia a ordem imperial, dificilmente a Reforma em Wittenberg teria sobrevivido.

Mas a ideia de uma Reforma coletiva feita pelo povo não morrera. Numa cidade após a outra — Zwickau, Augsburgo, Nördlingen, Nuremberg e Estrasburgo —, a Reforma ganhava presença graças a movimentos populares, com multidões atacando o clero e encaminhando petições aos conselhos municipais, e os pregadores evangélicos davam aos ouvintes uma amostra do que seria uma comunidade reformada. Todas as ações que tinham galvanizado a plebe de Wittenberg foram retomadas em todo o império, com evangélicos interrompendo sermões, destruindo altares, rasgando missais, urinando em cálices, satirizando o clero — e recorriam ao mesmo repertório de comédias e rituais carnavalescos criado pelos estudantes de Wittenberg.[61] Tampouco Karlstadt foi esquecido. Em Riga e na Letônia, suas ideias, não as de Lutero, foram adotadas e implantadas pelos movimentos reformadores locais; em Oldersum e em outras partes da Frísia oriental, adotaram suas ideias sobre o sacramento, enquanto as de Lutero eram tidas como supersticiosas; a cidade de Magdeburgo adotou características do movimento de Wittenberg; ainda em 1524, um panfleto publicado em Speyer mostrava Lutero e Karlstadt conduzindo juntos a Reforma.[62]

Ao se colocar contra uma Reforma coletiva e se alinhar com as autoridades, Lutero também se distanciava do que ocorria no resto do império. Durante o período que passou no castelo de Wartburg, perdera suas redes de contato fora da Saxônia e de Mansfeld. Teve dificuldade em conquistar qualquer base firme de apoio em cidades importantes como Augsburgo e Estrasburgo; e mesmo Nuremberg, que no nome era luterana, nem sempre procurava seus conselhos, baseando-se em pregadores locais. Todas as questões que davam vida à Reforma nas cidades do império — a tirania da confissão, a oposição às imagens, a exigência de mudanças litúrgicas imediatas —, Lutero havia eliminado do programa de Wittenberg. Não entendia os valores comunitários nem a política comunal, e os ideais de "fraternidade" e conciliação lhe eram estranhos. Não havia conciliação com o Demônio e, como reiterava nos Sermões Invocavit, cada um de nós precisa enfrentar sozinho a morte e o Demônio. Lutero voltou do Wartburg como um pregador mais direto e mais seguro no papel de pastor de seu rebanho. O que lhe dera essa maior confiança fora o comparecimento em Worms e a reclusão no castelo de Wartburg. Mas a obtivera ao custo de um perigoso estreitamento de suas ideias. Se havia iniciado a Reforma para seus "estimados alemães" e enfrentara todos os príncipes do império, agora o mundo que mais parecia lhe interessar era o pequeno lugarejo remoto onde morava.

11. A Estalagem do Urso-Negro

No dia 22 de agosto de 1524, às sete horas da manhã, Lutero pregou um sermão na igreja principal de Iena. Foi um sermão memorável, que durou uma hora e meia. Ele estava de ânimo realmente combativo e atacou de frente os que questionavam a Presença Real de Cristo na eucaristia. Também condenou os radicais que insistiam em remover todas as imagens das igrejas. Essa gente, disse ele, era movida pelo espírito de Satã; embora fossem poucos, a mera presença deles era sinal de uma investida do Demônio.[1]

Iena não era um território hospitaleiro para Lutero, que estava numa visitação às igrejas saxônicas. Karlstadt agora tinha sua própria paróquia na cidadezinha próxima de Orlamünde, onde começara a implantar o tipo de Reforma que não conseguira estabelecer em Wittenberg. Seu aliado Martin Reinhard era o pregador de Iena, onde a gráfica local também vinha publicando a obra de Karlstadt. Na verdade, o próprio Karlstadt estava na congregação em Iena naquela manhã, disfarçado de camponês, com um chapéu de feltro. Tinha certeza de que a crítica de Lutero aos "loucos" se dirigia a ele.

Após o sermão, escreveu às pressas uma carta a Lutero, propondo um encontro. Este respondeu que não fazia nenhuma objeção. Poucas horas depois, Karlstadt — acompanhado pelo cunhado e pregador dr. Gerhard Westerburg e por Reinhard — chegou à Estalagem do Urso-Negro, onde Lutero estava hospedado com sua comitiva de funcionários da corte saxônica.[2] Quando os

42. Nesse panfleto oposicionista de 1524, Lutero, identificado pelas iniciais na parede, acima dele, aparece em aliança com o Demônio, que lhe estende um livreto. A pata em garra do Demônio revela imediatamente sua identidade, e o chapéu de feltro traz a letra "S", de Satã. O Demônio está com roupas de camponês, e a imagem insinua que Lutero faz parte de uma aliança ímpia com os camponeses.

visitantes entraram na sala, Lutero encaminhou Karlstadt para uma cadeira à sua frente, insistindo que a conversa se desse em público.

Karlstadt, diante dos numerosos dignitários reunidos, começou a objetar que Lutero o atacara junto com os "indivíduos assassinos rebeldes", que eram seguidores de Thomas Müntzer. Müntzer, que reencontraremos adiante, se inspirara originalmente nas ideias de Lutero, mas desenvolveu uma teologia radical que, além da mudança religiosa, propugnava também uma mudança social; ele começava a despertar a preocupação das autoridades saxônicas e, pouco tempo antes, fora obrigado a deixar a cidade de Allstedt. Karlstadt reiterou que a crítica de Lutero era injusta, pois, embora não concordasse com sua posição sobre o sacramento, tampouco concordava com Müntzer. E declarou: "Quem quer [...] me colocar no mesmo saco com esses indivíduos assassinos atribui-me isso falsamente e não como homem honesto". Era uma réplica dura, pois, numa sociedade que tinha como base a palavra das pessoas, chamar alguém de desonesto era atacar sua integridade e respeitabilidade. Karlstadt também acusou Lutero de impedi-lo de pregar e publicar. Em palavras que evocavam a flagelação de Cristo, disse: "Não fui amarrado e espancado enquanto apenas você escrevia, publicava e pregava contra mim e providenciava que meus livros fossem retirados do prelo e eu fosse proibido de escrever e pregar?".[3]

Os dois discutiram por muito tempo, às vezes ficando em silêncio. Conheciam-se bem e suas mútuas zombarias acertavam o alvo. "Você anda por aí em alto estilo, gaba-se grandiosamente e quer ser o único notado e enaltecido", disse Lutero a Karlstadt. "Você precisa sempre falar de forma a manter sua fama e despertar ódio pelos outros", replicou Karlstadt. Em meio a essas frases carregadas de emotividade, Karlstadt se virou para os ouvintes e declarou: "Caros irmãos, peço-lhes, não reparem em minha linguagem ríspida. Essa linguagem faz parte de minha constituição, mas nem por causa disso meu coração abriga o mal ou a ira". Sendo a ira um pecado capital, Karlstadt aqui recorria à teoria dos humores para explicar que era um indivíduo colérico, mas seu "coração" nem por isso sentia ira ou malevolência.[4]

Lutero alfinetou Karlstadt por não ousar atacá-lo em público, este retorquiu que era Lutero que o impedia. Então, tirando uma moeda do bolso, Lutero anunciou: "Se você me atacar, vou presenteá-lo com um florim". Karlstadt aceitou o repto, pegou a moeda, "mostrou-a a todos os presentes" e declarou: "Caros irmãos, este é um penhor, um sinal de que tenho autorização de escrever contra o dr. Lutero". Karlstadt encurvou a moeda e a guardou na bolsa. Os dois trocaram um aperto de mão e Lutero ergueu um brinde a Karlstadt. Então se separaram.[5]

Foi um encontro de grande importância. Ao entortar a moeda, Karlstadt a tirava de circulação e a convertia em prova definitiva. Era um hábito comum no século XVI: podia-se firmar um casamento ofertando uma moeda como penhor, enquanto os contratos comerciais, sem registro no papel, eram validados por gestos rituais, como um aperto de mão ou um brinde. Todavia, o significado desse ritual não ficou muito claro. Para Lutero, foi como uma declaração de inimizade, o início formal de uma rixa; para Karlstadt, foi o direito de publicar. Martin Reinhard lançou um folheto narrando o episódio, e assim, dessa vez, Lutero não teve controle sobre a propaganda. Ficou furioso ao ler a versão de Reinhard, escrita "para minha infâmia e para a glória de Karlstadt", muito embora o tom do texto fosse escrupulosamente neutro.[6] Mas não escaparia a nenhum leitor o desprezo de Lutero por Karlstadt durante o encontro, coroado com a oferta de uma moeda valiosa (de ouro, nada menos). Agora não havia volta: a promessa de Lutero a Karlstadt, permitindo-lhe publicar, era de conhecimento público.[7] Lutero garantiu que o autor do folheto não saísse impune. Logo depois, Reinhard foi obrigado a deixar o cargo em Iena e, quando se mudou para Nuremberg, também foi forçado a sair de lá. Reinhard não demorou a ceder, pedindo perdão, mas Lutero não se dispôs a intervir a seu favor.[8]

Como os antigos aliados chegaram a isso? A resposta se encontra no florescimento das ideias reformadoras nos dois anos subsequentes do retorno de Lutero, saindo do Wartburg, quando o movimento começara a tomar rumos diferentes, que escapavam a seu controle. Após a derrota do movimento de Wittenberg em 1522 e o silêncio a que foi forçado, Karlstadt, que se mantinha no cargo de arcediago, retomou sua posição na universidade e manteve atitude discreta. Mas estava isolado e era tratado com desdém por Melâncton e outros. Cada vez mais radical, passou a adotar uma visão negativa da vida universitária, sustentando que as obras e as titulações acadêmicas geravam apenas dissensão e vanglória. "O que se busca nas escolas de ensino superior, senão receber honras dos outros?", perguntava ele. "Assim, um quer ser mestre, outro doutor e então doutor nas Sagradas Escrituras." Os docentes universitários "procuram honras doutorais com tal ganância e avareza que invejam e perseguem todo outro ensinamento igual". Tudo isso estava errado porque "não podemos [...] crer e confiar em Deus enquanto recebemos tais honras". Era um pronunciamento espantoso da parte de alguém que sempre sentira enorme gosto pelas discussões e pela ardorosa dinâmica dos debates. Agora criticava os rituais acadêmicos: "Por causa da glória acadêmica, colocamo-nos de joelhos, damos dinheiro e organizamos festas e banquetes caros para ganhar algum prestígio e conquistar o respeito das pessoas". Extraindo as consequências, Karlstadt renunciou a seu título de doutor — mas Lutero continuou a tratá-lo deliberadamente como "dr. Karlstadt" até o final da vida. O que agora atraía o homem que, antes, insistia em sua linhagem nobre era a vida no campo e o trabalho rural, passando cada vez mais tempo fora de Wittenberg e adquirindo uma propriedade agrícola em Wörlitz.[9]

Em sua vontade de ser agricultor, Karlstadt estava em sintonia com os tempos. Os camponeses, tantas vezes desdenhados como gente rústica e grosseira, começavam a ser idealizados pelo trabalho honesto e pela fé evangélica simples e despojada. A figura que melhor encarnava essa disposição de espírito, e com um sucesso admirável, era Diepold Peringer, o chamado "camponês de Wöhrd". Peringer dizia não saber ler nem escrever, mas era um pregador inspirado e publicava ensaios evangélicos. Eram impressos e tinham ampla circulação por toda a Alemanha, muitas vezes ilustrados com a expressiva gravura de um robusto camponês de botas grossas, segurando um mangual e gesticulando com a mão direita como um pregador. Essas imagens eram tanto mais notáveis por parecerem invocar os camponeses revolucionários da *Bundschuh*, organização do final do século XV que unira os camponeses revoltados sob o símbolo da bota camponesa.

As imagens pareciam sugerir o evangelismo devoto dos camponeses — cristãos simples que podiam pregar melhor do que o clero instruído. Era como se o espírito de Deus se derramasse sobre o povo por meio dos sermões de Peringer. Até mesmo Spalatin, que o ouviu pregar em Nuremberg, ficou impressionado. Mas Peringer foi desmascarado em 1524, como ex-padre que certamente sabia ler e escrever (e pregar) — para o grande divertimento de Lutero, que caçoou de Spalatin por se ter deixado enganar. No entanto, se Peringer não existisse, teriam de inventá-lo. Com sua impostura, deu-se voz a uma tendência dominante na Alemanha de admiração pelo povo simples, sobretudo camponês, e de desconfiança dos intelectuais.

Karlstadt, que participava desse estado de espírito, agora começou a pensar em largar definitivamente a universidade e se dedicar à viticultura — criara-se numa área de vinhedos — ou viver como padre comum. Acabou optando por essa segunda via e decidiu se mudar para Orlamünde, cidade que, teoricamente, ainda estava sob sua responsabilidade como arcediago. Karlstadt teve o cuidado de encaminhar a questão junto às autoridades, e em maio de 1523 a paróquia solicitou formalmente ao eleitor sua nomeação como pastor. Era

43 e 44. Duas ilustrações dos folhetos de Diepold Peringer. No primeiro, o camponês segura um rosário e, com a outra mão, gesticula como pregador; no segundo, o camponês devoto, usando botas camponesas, segura um mangual.

um rebaixamento e tanto. Significava assumir um serviço mal remunerado, para o qual, antes, costumava empregar terceiros, na época em que aspirava ao benefício eclesiástico mais rico de Wittenberg. Em vez dos trajes finos que usara depois de voltar da Itália, o ex-docente universitário agora passou a usar a roupa cinzenta dos camponeses e trocou o barrete de doutor pelo chapéu rústico de feltro.[10] Como disse mais tarde, "agora tenho um capote cinza (graças a Deus), em vez dos ornatos que antigamente tanto me agradavam e me fizeram pecar". Lutero escarnecia de seu "chapéu de feltro e roupa cinzenta, não querendo ser chamado de doutor, mas de Irmão Andrew e prezado vizinho, como qualquer outro camponês", porém estes eram os sinais visíveis da determinação de Karlstadt em renunciar à superioridade social.[11] O presbitério em Orlamünde estava quase em ruínas e com as cercas quebradas; as madeiras não tinham sido tratadas com o devido cuidado e o ocupante anterior, que saíra levando má fama, tinha usado em suas terras o esterco reservado para as vinhas do padre. No entanto, era essa a vida camponesa que Karlstadt tanto desejava — embora não se saiba até que ponto era ele mesmo quem trabalhava.[12]

O período de silêncio forçado de Karlstadt em Wittenberg, após 1522, por difícil que tivesse sido, também fora muito produtivo, pois empregou o tempo para aprofundar sua teologia mística. Ainda estava proibido de publicar em Wittenberg, mas, no final de 1523, o impressor Michael Buchfurer se transferiu de Erfurt para Iena e começou a imprimir seus textos, o que provavelmente se tornou mais fácil graças ao auxílio financeiro do cunhado de Karlstadt, Gerhard Westerburg, um próspero aristocrata de Colônia. Agora em Orlamünde, Karlstadt colocou sua teologia em prática de uma forma que não fora possível quando estava em Wittenberg, sob os olhos vigilantes de Lutero. Oficiava em alemão e traduziu salmos do hebraico para a congregação cantar. As traduções eram horríveis e os fiéis cantavam mal, segundo um observador pouco afável, mas era uma tentativa de envolver a congregação por meio da música e reforçar a proximidade espiritual com Deus.[13] Karlstadt passou a se envolver cada vez mais com o Antigo Testamento; quando um paroquiano com problemas conjugais foi pedir conselho a ele, recomendou que tomasse uma segunda esposa, como faziam os profetas do Antigo Testamento. Logo estarão adotando a circuncisão, gracejou Lutero, que se mantinha informado sobre as ocorrências.[14] Ao que parece, Karlstadt também incentivava as mulheres a terem um papel mais ativo na congregação e mantinha aulas para o estudo da Bíblia, encorajando os paroquianos a confiarem em suas interpretações pessoais das Escrituras; aliás, começou a sustentar que seu conceito teológico central, a *Gelassenheit*, era um termo saxão camponês.[15] Tudo era muito diferente da Wittenberg de Lutero, onde, por respeito pelos "fracos", a maioria das reformas litúrgicas fora cancelada e o ofício divino voltara a ser rezado em latim.[16]

Lutero e a universidade não ficaram de braços cruzados. Ao descobrir que Karlstadt conseguira contornar a censura universitária imprimindo seus escritos em Iena, Lutero escreveu ao chanceler saxônico para determinar que o impressor se submetesse à censura ou encerrasse as atividades. Em abril de 1524, a universidade convocou Karlstadt a Wittenberg, dando-lhe como opção deixar a função em Orlamünde e continuar na universidade ou perder o cargo de arcediago e as respectivas obrigações universitárias. Parece que Karlstadt escolheu continuar no cargo, decisão ridicularizada por Lutero: "Se ele tivesse mesmo certeza de que fora chamado para ser pastor, não devia desistir, e sim preferir desistir da própria vida".[17] Na verdade, Karlstadt tentou manter as duas coisas. Fez uma solicitação para permanecer em Orlamünde durante o verão, explicando que precisava recuperar o investimento no plantio e no vinhedo; e os paroquianos de Orlamünde continuavam visivelmente apegados a ele, solicitando ao duque que lhe permitisse ficar.[18]

À primeira vista, pode parecer um conflito entre o direito da congregação de nomear seu próprio pastor (coisa que Lutero apoiara) e o direito do patrono legal (no caso, a universidade) de escolher o encarregado; só que Karlstadt sempre tivera o cuidado de se submeter à autoridade universitária. Com formação jurídica, nesse ponto ele não questionava os direitos de propriedade dentro da Igreja, e fora sua responsabilidade como arcediago de Orlamünde que, em primeiro lugar, levara-o para aquela paróquia. A universidade, por seu lado, o substituiu pelo prior universitário Caspar Glatz — figura de cargo suspeitamente elevado para aquela função. O novo vigário vertia bílis nas cartas a Lutero, informando-o sobre a situação, e até alegando que Karlstadt empregava um capelão que se fazia de fantasma, para enganar e assustar as pessoas.[19]

Desligado da vida universitária — e do escrutínio de qualquer censor —, Karlstadt ia se afastando mais e mais da teologia de Lutero. Aprofundou seu novo entendimento da comunhão como sacramento espiritual, sustentando que Cristo não estava realmente presente no pão e no vinho, que eram coisas físicas. Como dizia, pão é aquilo que se compra numa padaria: não é Cristo. Reforçou-se sua convicção de que as imagens eram idólatras e deviam ser totalmente removidas das igrejas. Também trocava correspondência com Thomas Müntzer.

Thomas Müntzer, que se tornaria o adversário mais odiado de Lutero, nasceu em Stolberg, perto de Eisleben, provavelmente numa família de ourives ou moedeiros. Estudou em Frankfurt an der Oder e passou alguns meses em Wittenberg, no outono de 1517, para assistir às aulas do humanista Johannes Aesticampianus; foi então que conheceu Karlstadt. Era, sem dúvida, um momento marcante para se estar em Wittenberg, embora não se saiba bem até que ponto Müntzer recebeu influência de Lutero e até que ponto chegou sozinho a suas concepções próprias (como alegava ele).[20] Depois de uma série de empregos precários e mal remunerados, entre eles o de confessor num convento de freiras, transferiu-se para Zwickau para um cargo temporário, substituindo o pregador evangélico Johannes Egranus, e lá começou a desenvolver uma concepção muito mais radical da Reforma.[21] Egranus atacara os católicos, e ele próprio se tornara alvo de ataques; Müntzer, que descobrira seu talento de pregador, iria muito mais além.

Quando Egranus voltou, o vigoroso pregador foi encaminhado para outra paróquia, em Zwickau, na igreja de Santa Catarina, cuja congregação incluía muitos tecelões pobres, com os quais Müntzer rapidamente criou vínculos. Lá conheceu também os futuros "profetas de Zwickau". Mesmo que suas teologias fossem diferentes — Nikolaus Storch, ao que parece, era seguidor da heresia do Espírito Livre —, havia também pontos de contato e mútua influência. Mas nem tudo era calmaria em Zwickau: Müntzer também virou alvo de hostilidades. Quebraram as janelas da casa onde morava e recebeu um periódico cheio de ameaças e insultos. Algumas das razões podem ser vistas numa carta de Johann Agricola, adepto de Lutero, em que tentava persuadir Müntzer a moderar o tom dos sermões: "Você deveria estar ensinando o que é certo, mas impugna os outros de maneira injustificada e até cita-os pelo nome", acrescentando em maiúsculas: "VOCÊ NÃO EXALA NADA ALÉM DE MASSACRE E SANGUE".[22] Müntzer também começou a pregar contra Egranus, cuja teologia não lhe parecia séria — com o que Lutero e Agricola concordariam —, e Egranus respondeu na mesma moeda. Em decorrência disso, o conselho municipal expulsou os dois pregadores e, no lugar deles, nomeou Nikolaus Hausmann, adepto muito próximo de Lutero e de comportamento mais sóbrio.

Müntzer decidiu ir para Praga em junho de 1521, e dessa vez parecia ter plena certeza de que o fim do mundo estava próximo e que seria martirizado. Esse estado de espírito apocalíptico fica evidente em seu Manifesto de Praga, uma diatribe contra o clero e um pronunciamento místico-teológico; uma das versões ele redigiu num papel que media um metro quadrado, como se pretendesse publicar sua própria versão gigantesca das Noventa e Cinco Teses.[23] Retornando de Praga em dezembro de 1521, ocupou uma série de vagas temporárias até conseguir enfim a função de pregador em Allstedt, em abril de 1523. Ali, como Karlstadt, começou a introduzir uma Reforma completa e chegou a criar uma gráfica. Allstedt era uma cidadezinha comercial a cerca de cinquenta quilômetros a nordeste de Erfurt, num enclave do eleitorado da Saxônia, controlado pelo duque Johann, irmão do eleitor, mas rodeado por territórios católicos hostis. A essa altura, o que o duque e Spalatin sabiam sobre as posições radicais de Müntzer já era suficiente para se interessarem pelo novo pregador, e foram visitar a cidade no final de 1523, ficando no castelo. Nesse momento, porém, as autoridades saxônicas, sempre cautelosas e de ação lenta, não fizeram mais nada. Ao que parece, o duque Johann não se dispôs a tomar providências contra Müntzer, ciente do apoio local a ele, e não quis reprimir a pregação evangélica.

Lutero, porém, logo se convenceu de que Müntzer era um perigo, e seus escritos daquele verão trazem várias referências ao "espírito de Allstedt". No final de julho de 1524, preocupado com a falta de intervenção das autoridades, Lutero publicou sua *Carta aos príncipes da Saxônia sobre o espírito de rebeldia*.[24] Ele relembrou aos dirigentes seculares que a cristandade sempre fora atacada por seitas falsas, associando Müntzer à violência e à revolta. Também declarou que todos os destruidores de imagens são movidos não pelo "espírito", como dizem eles, e sim pelo Demônio — argumento que reunia implicitamente Karlstadt e Müntzer. Lutero não mencionou o nome de nenhum dos dois, referindo-se apenas ao "espírito de Allstedt", mas daria para entender que o termo abrangia a teologia de Karlstadt. Afinal, ambos valorizavam acima de tudo a *Gelassenheit*, embora Müntzer, que conhecia as inseguranças da vida de um proletário clerical, enfatizasse muito mais o sofrimento como parte do processo para encontrar Deus. Ambos tinham criado paróquias devotas, removido imagens e reformado a liturgia, além de trocarem correspondência. Karlstadt também sustentara que a letra das Escrituras não tinha valor sem o espírito e que a teologia acadêmica não conduzia à verdade. Como dissera a Müntzer em 1522: "Falo mais sobre visões e sonhos do que qualquer um dos professores".[25]

Tais pessoas, declarou Lutero, dizem ser espiritualmente superiores, mas não tinham combatido o papa como ele fizera. Para ressaltar esse aspecto, apresentou uma breve autobiografia, incluindo o debate em Leipzig e o comparecimento a Augsburgo e Worms,[26] apresentando-se como o único herói da Reforma e obliterando totalmente Karlstadt. Os espíritos allstedtianos estavam se aproveitando da vitória de Lutero, "embora não tenham combatido nem se arriscado a verter seu sangue para alcançá-la. Tive eu de alcançá-la para eles e, até agora, sob o risco de perder meu corpo e minha vida".[27]

Aqui, numa proeza retórica, Lutero tomava como pedra de toque da verdade sua existência física, sua disposição de arriscar "corpo e vida". Traçava uma equivalência entre o movimento evangélico e a narrativa de suas ações pessoais e até seu ser carnal. Isso já ficara claro nas palavras atribuídas a ele em Worms: "Aqui estou eu", o corpo operando implacavelmente como garantia de sua verdade e comprometimento. O contato de Karlstadt com o perigo, como bem sabia Lutero, não tinha como se comparar ao dele. No entanto, a "coroa de mártir" era importante para os dois. Fora a perspectiva do martírio que levara Karlstadt à compreensão mais profunda da *Gelassenheit* e, com ela, ao desenvolvimento de sua teologia mística. Todavia, para Karlstadt, "espírito" — tão importante para seu entendimento sobre a maneira de ler a Bíblia — não significava o espírito da violência, e sim o espírito de Deus, com o qual a alma deveria buscar união por meio da *Gelassenheit* e se preparar para o martírio. Não admira que Karlstadt estivesse tão irritado quando encontrou Lutero na Estalagem do Urso-Negro.

Enquanto Karlstadt estabelecia sua igreja em Orlamünde, as coisas em Allstedt avançavam depressa. Em março de 1524, uma capela de peregrinação ali próxima foi incendiada e destruída — se Müntzer não participou diretamente, tampouco desaprovou, considerando a peregrinação uma idolatria ímpia a ser eliminada. Em junho, o clima em Allstedt ficou tenso com a chegada de moradores de Sangerhausen, o vilarejo vizinho, fugindo da perseguição católica, e com as paixões se inflamando sobre o castigo a ser aplicado aos incendiários. Müntzer se convenceu de que os Últimos Dias estavam próximos. Em julho, o duque Johann e seu filho passaram por Allstedt, novamente se hospedando no castelo, e Müntzer aproveitou a oportunidade de pregar diante deles. Escolheu como texto o segundo capítulo do Livro de Daniel, de acordo com o qual, em sua interpretação, os príncipes seculares deviam erradicar os ímpios. "Deus é vosso escudo", disse aos príncipes, "e vos preparará para a batalha contra seus inimigos [...]. Mas tereis de suportar uma pesada cruz e tempos de provação para que o temor de Deus se manifeste em vós. Isso não acontece sem sofrimento". Se não atendessem ao chamado, Müntzer ameaçou que "a espada vos será tomada".[28] Isso era sedição. Mas Müntzer não parou por aí e mandou imprimir o sermão em Allstedt, depois de acrescentar uma longa passagem sobre os sonhos. Não admira que ele e vários seguidores seus tenham sido intimados a comparecer em Weimar no final de julho, para responder por suas ações.

Em 24 de julho, numa situação cada vez mais tensa, Müntzer apelou aos moradores de Allstedt para que formassem uma liga e prestassem juramento formal. Foi atendido por mais de quinhentos adeptos, dentre os quais havia, além de cidadãos de Allstedt, camponeses das áreas próximas e mineiros da própria Mansfeld de Lutero. Os conselheiros municipais e mesmo o representante do duque foram levados a entrar numa aliança com Deus, substituindo os vínculos políticos seculares. Era uma reconfiguração revolucionária da política, e uniu servidores públicos do ducado, moradores da cidade, mineiros e camponeses em torno de um senso de pertença coletiva que superava o antagonismo de classes. Mas, quando Müntzer e as autoridades de Allstedt (muitas das quais se aliavam a ele) foram interrogados em Weimar, seus seguidores cederam e o apontaram como o único responsável pelas agitações. O funcionário ducal da cidade também mudou de lado e tomou providências, fechando a oficina gráfica, ordenando que Müntzer cessasse com a pregação incendiária e dissolvendo a liga. No começo de agosto, depois de ser silenciado e se sentindo traído pelos adeptos que se revelaram "Judas", Müntzer concluiu que a causa estava perdida em Allstedt e foi embora no meio da noite, largando esposa e filho. Acompanhado por um adepto, fugiu para a cidadezinha imperial de Mühlhausen.

Apesar das semelhanças em suas respectivas posições apocalípticas, Karlstadt se afastava de Müntzer no que se referia ao emprego da violência: Müntzer acreditava que se ingressaria no reino de Deus usando a espada, ao passo que Karlstadt insistia na não violência. Tomando uma distância cautelosa, Karlstadt mandou imprimir sua resposta ao convite de Müntzer para ingressar na liga e providenciou também a impressão em Wittenberg de uma carta de sua congregação de Orlamünde, rejeitando as tentativas de aproximação de Müntzer. Na época em que se encontraram na Estalagem do Urso-Negro, Lutero talvez tenha pensado que Karlstadt estava mudando de opinião, visto que o perigo representado por Müntzer, agora obrigado a abandonar seu bastião em Allstedt, parecia ter ficado para trás. Se de fato pensou isso, foi um grande erro de avaliação.

Esses foram os antecedentes imediatos do que aconteceu na Estalagem do Urso-Negro, em 22 de agosto de 1524. E as coisas não pararam por aí. No dia seguinte, Lutero pregou na cidadezinha de Kahla, cujo pastor era adepto de Karlstadt. Subindo ao púlpito, Lutero encontrou um crucifixo destruído no local onde devia pregar. Depois, chegando a Orlamünde na manhã seguinte — concluíra que era arriscado demais pernoitar lá —, não havia ninguém do vilarejo para recebê-lo; todos estavam ocupados na colheita. Finalmente, o prefeito e outros dignitários locais foram recebê-lo, mas Lutero, impaciente e irritado, não tirou o chapéu como resposta à saudação deles, num gesto de deliberado desdém. Quando o prefeito o convidou para um debate, Lutero respondeu que tinha de ir embora logo, mas que podiam conversar a portas fechadas.[29] Os orlamündenses provavelmente queriam debater com o reformador ao ar livre: havia uma longa tradição de realizar reuniões democráticas a céu aberto.

O debate democrático, porém, era a última coisa em que Lutero pensaria. Primeiro, repreendeu os orlamündenses por uma carta que tinham lhe enviado em 16 de agosto, reclamando que ele escrevera aos príncipes saxônicos apresentando Karlstadt como herege; desdenhoso, ele insinuou que a carta fora redigida por Karlstadt, que, de má-fé, teria utilizado o sinete deles.[30] Os orlamündenses, porém, reiteraram que Karlstadt não escrevera uma única linha da carta. Então o ex-colaborador de Lutero se apresentou em pessoa, mas Lutero não permitiu que ficasse, insistindo que "você é meu inimigo, e lhe dei um florim de ouro como prova disso".[31] Depois que Karlstadt se retirou, Lutero criticou a ignorância teológica dos orlamündenses, mas, em vez de ser acatado com mansa obediência, as réplicas foram enérgicas. Apresentou-se um remendão, tratando Lutero com o informal "você", expressando igualdade social com o homem que fazia questão do título de "doutor". "Se você não quer seguir Moisés, mesmo assim precisa preservar o Evangelho", disse ele ao reformador, acusando-o: "Você empurrou o Evangelho para debaixo do banco". Lutero objetou que se livrar das imagens equivalia a matar todas as mulheres e jogar fora todo o vinho só porque podiam ser mal utilizados, ao que outro aldeão respondeu que, ao contrário das imagens, as mulheres e o vinho tinham sido criados para atender à necessidade e ao conforto humano. Então o remendão citou o texto, "a noiva deve tirar a camisola e ficar nua para dormir com o noivo", alegando erroneamente que era uma frase de Jesus e concluindo: "Portanto, devemos destruir todas as imagens, para nos libertarmos e nos purificarmos do que foi criado".[32] Para Lutero, era fácil zombar da ignorância dos orlamündenses, e fez grande uso disso na polêmica que publicou contra eles no final de 1524, *Contra os profetas celestiais*, rindo dos camponeses que "tiram a camisola da noiva em Orlamünde e as calças do noivo em Naschhausen".[33]

Karlstadt, em sua atividade pastoral, incutira nos paroquianos confiança na capacidade pessoal de interpretarem as Escrituras e apresentarem suas posições.[34] No caso do remendão, a escolha dos termos e o uso de um texto bíblico mostram como os aldeões entendiam os sermões de Karlstadt, mas também podem indicar uma incômoda ambivalência em relação ao pudor sexual e ao ascetismo. "Deus quer que as almas de todas as criaturas se desnudem, isto é, fiquem despidas e livres", declarou outro aldeão.[35] Por trás da posição de Lutero contra a ênfase de Karlstadt na lei mosaica talvez estivesse seu entranhado antijudaísmo — chamava os seguidores de Karlstadt de "santos judeus".[36] Não só escarnecia da adesão de Karlstadt à lei do Antigo Testamento, como também, começando a insistir que as igrejas *deviam* ter imagens — posição muito diferente da linha ambivalente que adotara de início —, Lutero garantia que suas igrejas não teriam nada em comum com as paredes nuas das sinagogas judaicas.

Cansado de debater, Lutero recomendou que os aldeões lessem seus livros. Então "foi às pressas para o coche" com seus adeptos — acompanhado, como disse mais tarde, pelos gritos de "Vá embora, em nome de mil demônios, e que quebre o pescoço antes de sair da cidade".[37] Dois ou três dias depois, ao que consta, Karlstadt tocou os sinos da igreja por mais de uma hora, convocando os paroquianos das redondezas. Lutero, disse ele no sermão, "infelizmente chutou o Evangelho para debaixo do banco", mesma acusação que fora feita pelo remendão. "Oh, caros irmãos e irmãs, homens e mulheres da cidade de Deus! Não tenham medo, mas perseverem até o fim, e serão salvos. Deus fez [Lutero] distorcer as Escrituras segundo o que acha certo."[38]

Karlstadt lutava pelo direito de publicar, pregar e ser ouvido. Tendo, a seu ver, conquistado esse direito depois do encontro com Lutero na Estalagem do Urso-Negro, passou a reunir apoio. Agora assinava as cartas e os ensaios como Andreas Karlstadt, "exilado por causa da verdade sem ser ouvido" ou "não ouvido e não vencido".[39] Lutero comentou secamente: "Eu, que devia ter me tornado mártir, cheguei ao ponto em que agora sou eu que torno os outros mártires" — comentário que, a despeito da ironia, mostra que reconhecia o quanto as coisas tinham mudado.[40]

Todavia, em setembro de 1524, poucas semanas depois do ocorrido em Iena, o eleitor convocou Karlstadt a Weimar para informá-lo de seu desterro. Obrigado a deixar a Saxônia, ele partiu numa longa peregrinação pelo Sul da Alemanha, que Lutero acompanhou com implacável precisão, graças às cartas de seus vários informantes. Karlstadt seguiu para Rothenburg ob der Tauber, Basileia e Estrasburgo, enquanto seu colega e cunhado Gerhard Westerburg ia a Zurique e depois a Basileia, onde teve papel decisivo na publicação da obra de Karlstadt.[41] Em Orlamünde, a esposa de Karlstadt deu à luz antes de ser obrigada a deixar a cidade, e depois foi se juntar ao marido em suas viagens.

Karlstadt certamente utilizou a autorização de publicar, imprimindo sete ensaios na Basileia, fora do alcance de Lutero. Com o reconfortante patronato aristocrata de Westerburg, as ideias de Karlstadt ganharam um novo público leitor; nesse meio-tempo, seu adepto Martin Reinhard fora até Colônia para divulgar a mensagem também por lá.[42] Em conversas secretas comentava-se que Karlstadt extraíra suas ideias sobre o sacramento do próprio Lutero, e que este, que ainda não ousava negar publicamente a Presença Real de Cristo no pão e no vinho, logo manifestaria seu apoio. Em Estrasburgo, Wolfgang Capito e o humanista Otto Brunfels leram as obras de Karlstadt, concordando com suas ideias sobre o sacramento; na Basileia, o reformador e humanista Johannes Oecolampadius estava tomando o lado de Karlstadt; em Nuremberg, também encontrava novos leitores; em Magdeburgo, Königsberg e mesmo nos Países Baixos, havia pessoas se unindo ao que Lutero e seus seguidores logo denunciariam como "o espírito de Müntzer e Karlstadt".[43] Nikolaus Gerbel, o homem de Lutero em Estrasburgo, avisou que Karlstadt estava distribuindo exemplares de suas obras impressas na Basileia e conquistando novos adeptos; pelo visto, dizia a todos que Lutero o banira porque não conseguia vencê-lo nas Escrituras. Os pregadores de Estrasburgo escreveram uma carta conjunta para Lutero, enviando cinco textos de Karlstadt e pedindo-lhe conselho. A carta, formulada com grande brilho para ressaltar a lealdade dos signatários, revela que, na verdade, a posição deles era mais próxima da de Karlstadt, visto que também estavam expurgando as imagens das igrejas e começando a questionar a Presença Real de Cristo no sacramento. Informaram sem rodeios a Lutero que, em Zurique, Basileia e mesmo Estrasburgo, muita gente de grande conhecimento bíblico concordava com as ideias de Karlstadt.[44]

De fato, parece que, para muitos, a explicação de Karlstadt sobre o sacramento e sua crença na presença espiritual de Cristo eram mais convincentes. A teologia amadurecida de Karlstadt vinha claramente marcada pelas experiências que tivera em Wittenberg, onde sentira seu entusiasmo despertado pela reforma comunitária. Essa posição também encontrava boa acolhida em outros lugares, sobretudo no Sul da Alemanha, pois trazia a reforma social com a renovação dos costumes, reorganizava a assistência aos pobres e promovia o envolvimento dos laicos. Era muito diferente do ideal de uma Reforma de cima para baixo, como a de Lutero. Havia também quem não gostasse da tentativa de Lutero de impor suas ideias aos outros apelando à lealdade pessoal deles. "Estou muito aflito com a dissensão entre Karlstadt e você", escreveu Otto Brunfels, "pois gosto de ambos, e meu amor por você não me impede de abraçar também Karlstadt com toda a sinceridade."[45] O gramático Valentin Ickelsamer reclamou dos escritos de Lutero: "O que são esses opúsculos contra o espírito de Allstedt [...] senão uma tentativa ardilosa de instigar os príncipes contra o bom Karlstadt?".[46] Fora de Wittenberg, o espetáculo da discórdia entre os dois reformadores era considerado catastrófico para a imagem da Reforma; se Karlstadt tinha o cuidado de evitar ataques ao ex-colega, Lutero, por seu lado, passara a acusá-lo publicamente de estar possuído pelo Demônio.[47] Todavia, Karlstadt nunca se colocou como rival de Lutero; se o tivesse feito, a história da Reforma provavelmente teria sido outra.

Lutero parecia perceber claramente a magnitude do que estava em jogo, e o fato de responder à carta dos pregadores de Estrasburgo não com uma missiva escrita à mão, mas com uma carta pública em letra impressa, que lhes remeteu devidamente pelo mensageiro, indica até que ponto ia sua preocupação.[48] A demora na resposta, por ter mandado imprimir a carta, teve consequências de longo alcance. Os estrasburguenses tinham escrito ao mesmo tempo para Ulrico Zwinglio em Zurique, que agora também negava a Presença Real no sacramento, e sua resposta escrita à mão chegou antes da resposta impressa de Lutero. Martin Bucer, antes propenso a concordar com Lutero, sentiu-se persuadido pelas ideias de Zwinglio "da cabeça aos pés", como prazerosamente observou Capito.[49] Em sua resposta, Lutero fazia uma reflexão um tanto imprudente: "Confesso que, se o dr. Karlstadt ou outro tivesse sido capaz de me ensinar cinco anos atrás que não havia nada no sacramento além de pão e vinho, teria me prestado um grande serviço. Sofri enormes tentações naquela época e lutei e me debati, porque via claramente que esse teria sido o maior de todos os golpes contra o papado". A carta pode dar certa credibilidade aos rumores de que Karlstadt se inspirara numa ideia do próprio Lutero.[50]

Numa carta a Spalatin em outubro de 1524, Lutero se referiu a Karlstadt como seu "Absalão", o homem que roubou os corações dos israelitas. Mas o termo também sugeria seu profundo sentimento por Karlstadt: Absalão era o belo filho de Davi que, ao se rebelar, destroçou o coração do pai, obrigado a agir contra o filho que tanto amava.[51] Lutero associava cada vez mais Karlstadt a Müntzer, mas reservava sua retórica mais aguerrida apenas para Karlstadt, como fica evidente em seu monumental *Contra os profetas celestiais*, cuja primeira parte foi publicada no final de 1524. O ensaio expunha o que Lutero julgava serem os vínculos indissolúveis entre invocar o espírito, negar a Presença Real de Cristo no sacramento, destruir imagens e promover a sedição. Estava decidido a pôr a maior distância possível entre suas concepções e qualquer forma de rebelião ou violência.

A retórica de Lutero contra Karlstadt e Müntzer se manteve como fórmula feita até o final de sua vida. Eles eram *Schwärmer*, ao pé da letra "enxameadores", como se fossem um enxame de abelhas zumbindo loucamente, "entusiastas" que diziam ser conduzidos pelo espírito. "Ele quer ser tido como o mais alto espírito, que engoliu o Espírito Santo com penas e tudo", dizia Lutero em sua famosa sátira à teologia espiritualista de Müntzer.[52] Volta e meia Lutero esvaziava a intensa emotividade dos *Schwärmer* transpondo suas elevadas considerações para uma terminologia física crua, usando a realidade terrena para ridicularizar a abstração.

Por seu lado, Karlstadt se tornava cada vez mais inflexível na distinção entre carne e espírito. No começo de 1525, escreveu que devemos "sufocar luxúrias e desejos com as aflições e perseguições que recaem sobre nós e vivendo diariamente de acordo com a vontade de Deus". O martírio, a que se chegava pela *Gelassenheit* e pela humildade espiritual, continuava a ser o elemento central de seu pensamento. Enquanto Lutero dizia que se casava para fazer desfeita ao Demônio, Karlstadt escrevia: "Também devemos vencer o Demônio por meio do sofrimento e da verdade que vimos a conhecer. Pelo sofrimento devemos subjugar, dobrar e submeter nossa carne desregrada ao espírito, a fim de promover a esperança, fortalecer a fé e endireitar o mundo". Respondendo à crítica de Lutero por usar a roupa cinzenta dos camponeses, Karlstadt troçou da predileção do reformador por usar "tecido escarlate, cetim, brocado, angorá, veludo e borlas douradas" — farpa bem escolhida, pois Karlstadt sabia como Lutero ficara irritado em 1519, no Debate de Leipzig, quando os cidadãos presentearam Eck com o fino tecido de angorá que Lutero tanto desejava.[53]

Karlstadt, ex-prepósito de Todos os Santos que, certa vez, negociara em duros termos a parcela que seu capelão lhe pagaria sobre os rendimentos da propriedade de Orlamünde, agora escrevia:

> Quisera Deus que eu fosse um verdadeiro camponês, lavrador ou artesão, para comer meu pão em obediência a Deus, isto é, com o suor de meu rosto. Em lugar disso, comi do fruto do trabalho dos pobres a quem nada dei em troca. Não tinha direito a tal nem lhes dei nenhuma proteção. Apesar disso, levei para casa o fruto do trabalho deles. Se eu pudesse, gostaria de lhes devolver tudo o que tomei.[54]

Em 1524, Karlstadt não se limitava a idealizar a vida rural: também colhia as consequências de sua teologia para as relações sociais, percebendo que, como padre, fora cúmplice na exploração dos pobres. A Reforma, para ele, tornava-se um movimento de libertação do povo simples. Não era o único.

12. A Guerra dos Camponeses

No outono de 1524, teve início a maior rebelião social em terras germânicas antes do período da Revolução Francesa. A Guerra dos Camponeses começou no Sudoeste da Alemanha como uma série de revoltas locais que aos poucos se unificaram, quando a maioria dos lugares adotou os Doze Artigos dos Camponeses, documento redigido por um peleiro e pregador luterano em Memmingen. Todas as reivindicações, fossem pelo fim da servidão ou pelo direito de livre caça, vinham baseadas em citações bíblicas, e os artigos começavam com a vigorosa insistência evangélica de que cada comunidade devia poder escolher seu próprio pastor para pregar o Evangelho. Nos Doze Artigos, os conceitos centrais da Reforma — "liberdade", "somente Cristo", as Escrituras como única autoridade — eram aplicados à situação dos camponeses, criando um programa radical que encontrou apoio em toda a Alemanha. A letra impressa teve um papel muito importante: os artigos tiveram rápida disseminação, permitindo que os vários grupos camponeses se unissem, embora muitas áreas também formulassem reivindicações locais próprias. Não foi apenas por uma questão de oportunidade que os camponeses apelaram para ideias evangélicas: muitos mosteiros e fundações eclesiásticas possuíam terras e estavam entre os latifundiários mais rapaces, enquanto os enormes celeiros monásticos que existiam em muitas cidades, abastecidos pelo dízimo, ilustravam visualmente seu poder econômico numa sociedade agrária. A "fraternidade" evangélica e a ideia da liberdade cristã repercutiam com a insistência camponesa na necessidade de que as relações entre senhores e camponeses fossem reguladas não por direitos de propriedade, mas por valores cristãos.[1]

Como dizia um dos Doze Artigos sobre a servidão:

> Até agora, tem sido costume dos senhores nos tratarem como seus servos, o que é deplorável porque Cristo libertou e resgatou todos nós derramando seu precioso sangue, do mais humilde ao mais elevado, sem exceção. Assim, está demonstrado pelas Escrituras que somos livres e queremos ser livres.[2]

Muitos alegam que os camponeses entenderam mal as ideias de Lutero e misturaram seus interesses terrenos com os elementos espirituais da mensagem dele, mas a defesa de Lutero em favor da liberdade cristã, sua firmeza contra os dirigentes de que discordava e o modelo de resistência que oferecera com sua posição em Worms eram fontes de grande inspiração. Ele não podia controlar a maneira como os outros interpretavam suas palavras e ações. Com o desenrolar da revolta, Lutero, neto de camponês, se mostrou cada vez mais incapaz de entender o ponto de vista dos camponeses, mesmo sendo ele o centro de referência para os revoltosos, a ponto de o convidarem para julgar a causa.

A resposta de Lutero aos artigos dos camponeses alto-alemães, *Exortação à paz: Resposta aos Doze Artigos dos camponeses da Suábia*, começava com uma ironia pesada, elogiando o artigo em que os camponeses se dispunham a receber instrução como o melhor de todos. Embora iniciasse censurando os senhores por não aplicarem o Evangelho e definindo o levante camponês como castigo que Deus lhes enviava por serem empedernidos, essa estratégia retórica não compensava o texto restante, que era uma inequívoca condenação dos revoltosos. Lutero montou uma espécie de equação moral: os camponeses podiam reclamar dos pagamentos a que estavam sujeitos, mas isso era apenas um "pequeno roubo", ao passo que os senhores seriam roubados de *tudo*: de sua autoridade, de suas propriedades e de seus direitos sobre os camponeses. Esse procedimento de comparação reduzia os protestos e os complexos argumentos políticos a meras variedades de pecado. E dependia de considerar correta a ordem vigente, inclusive a propriedade sobre os indivíduos. Lutero ridicularizou o recurso dos camponeses à sua teologia, ao argumentarem que, como "Cristo resgatou todos nós com seu precioso sangue", nenhum cristão devia ser dono de outro, como na servidão. Ele chegou inclusive a recuar em sua própria insistência de que as congregações deviam ter o direito de escolher seu pregador, reivindicação expressa no primeiro artigo dos camponeses. Ao contrário, defendeu os direitos de propriedade no dízimo. Se a comunidade era dona do dízimo, muito que bem, declarou ele, mas, se não o era, então o senhor ou a instituição que possuía o dízimo e escolhia o pregador devia ter seus direitos de propriedade respeitados e podia nomear o pregador de sua preferência. Se a congregação não estava satisfeita com isso, ela que criasse uma taxa por iniciativa própria para o sustento do pároco — proposta totalmente irrealista, como ele bem sabia.[3]

A igreja na Baixa Idade Média era patrimonialista, com vários indivíduos e instituições com interesses financeiros, e o primeiro artigo do manifesto camponês contestava precisamente isso. O dízimo era o grande indicador da questão. Pago pelos camponeses, era utilizado para sustentar o clero, mas, como costumava ser o caso, se o dízimo pertencesse a um indivíduo ou a uma instituição, estes ficavam com uma parte de tudo o que era arrecadado. Karlstadt, por exemplo, quando era arcediago, pagava um padre de baixo escalão com seus proventos do cargo e reservava para si a maior parte da renda. A questão do dízimo também viria a constituir uma linha divisória importante na Reforma em Zurique, onde os que depois passaram para o anabatismo defendiam o fim do dízimo.

Para Lutero, o respeito aos direitos de propriedade no dízimo era ainda mais importante do que a pregação evangélica. Ele entendeu tão equivocadamente as ideias dos camponeses que afirmou que os "pregadores do mal" como Karlstadt e Müntzer eram responsáveis pelas "desordens". Na verdade, o papel de Müntzer nos acontecimentos foi escasso, e a maioria dos líderes camponeses era composta de laicos, não de pregadores. Lutero, evidentemente, estava preocupado com as críticas generalizadas contra ele, segundo as quais seus ensinamentos levavam a desordens e à subversão da autoridade, e por isso declarou enfaticamente: "Essa rebelião não pode estar vindo de mim. Os profetas assassinos, que odeiam a mim tanto quanto a vocês, vieram até essas pessoas e têm circulado entre elas por mais de três anos, e ninguém resistiu nem os combateu, a não ser eu".[4] Ao reduzir toda a história da revolta camponesa à sua luta pessoal contra "os profetas assassinos", Lutero convertia o assunto numa questão de pregação e autoridade própria — que certamente não fazia parte das questões que interessavam aos camponeses. Ele dedicou apenas um parágrafo à discussão de oito artigos dos revoltosos, estendendo-se sobre os outros que eram de seu interesse. Enquanto isso, as forças camponesas do Bodensee e de Allgäu sofriam grandes baixas, e em abril de 1525 os camponeses firmaram um tratado de paz com a Liga Suábia, comprometendo-se a se dissolver e a obedecer a seus senhores. Lutero publicou prontamente o texto do tratado com uma introdução e uma conclusão de lavra própria, em tom inflexível: "Ninguém pode negar que nossos camponeses não têm justa causa, mas cometeram grandes e graves pecados e atraíram a terrível e inescapável ira de Deus sobre eles mesmos ao violar os votos e deveres que juraram cumprir perante as autoridades". Mais uma vez, Lutero reiterou que os responsáveis eram Müntzer e Karlstadt: "Malditos sejam vocês, falsos profetas danados, que levaram o povo simples e pobre a tal ruína de suas almas e talvez até à perda de seu corpo e de seus bens".[5]

A realidade, porém, era muito diferente. As revoltas costumavam começar em nível local com uma greve informal, com os camponeses simplesmente se negando a trabalhar. Convocava-se uma reunião da comunidade tocando o sino de alarme, e os chefes de família deliberavam juntos, muitas vezes ao pé de uma árvore — o tipo de reunião a que Lutero comparecera em Orlamünde. A situação podia se acirrar quando se realizava algum comício, atraindo camponeses de um maior raio de distância, chegando a se formar bandos armados, mais numerosos, que se uniam jurando fraternidade.[6] Esses bandos camponeses, muitos deles armados com lanças e espadas, tiveram êxito notável. No começo do verão de 1525, controlavam grandes extensões no Centro e no Sul da Alemanha, sobretudo porque não havia ninguém que os detivesse: as tropas imperiais estavam combatendo na Itália. Mesmo depois da vitória do imperador na batalha de Pavia, muitos mercenários, ao regressar, negaram-se a combater os defensores de uma causa com a qual concordavam e que até podiam ser parentes deles. Os camponeses tiveram a perspicácia de formar alianças com os pobres das cidades e começaram a atacar conventos e mosteiros. Em Memmingen, conseguiram que o conselho municipal jurasse lealdade à causa e adotasse os artigos propostos; o mesmo se deu em muitas outras cidades, inclusive Erfurt. No Sudoeste, bandos de camponeses se espalharam por toda a Suábia, pelo Allgäu e em torno do lago de Constança (o Bodensee), e em maio de 1525 tomaram Friburgo e Breisach, enquanto em

Württemberg os camponeses rebeldes que apoiavam o duque Ulrich, o qual se opunha ao governo habsbúrgico, conseguiram ocupar Stuttgart, sede do ducado. Extensas áreas da Alsácia também estavam em mãos dos camponeses, e Estrasburgo tentava negociar a paz, enquanto a Alta Áustria e o Tirol também se sublevavam. A rebelião se espalhou rapidamente, sobretudo na Francônia; no começo de maio, em Miltenberg, o representante de Albrecht de Mainz teve de ceder todo o território aos rebeldes. Würzburg, centro regional e sede de um arcebispado, foi a grande conquista seguinte: depois de sitiar a cidade, os rebeldes a tomaram em 8 de maio de 1525, embora não tenham conseguido ocupar a fortaleza de Marienberg e tenham sido derrotados pela Liga Suábia em julho. Na Turíngia, as cidades caíram uma após a outra nas mãos dos rebeldes; em Eisenach, os líderes municipais foram astutos e convidaram os líderes camponeses a entrar na cidade, mas então os prenderam.[7] A situação era tão séria que em 4 de maio, na véspera de sua morte, Frederico, o Sábio, pensou em firmar um tratado com os camponeses: escreveu a seu irmão, duque Johann, manifestando a esperança de que alguém "que gozasse do respeito deles e em quem confiassem e acreditassem" pudesse agir como intermediário, para resolver as coisas de maneira que fosse amigável "e o povo [ficasse] satisfeito".[8]

Em Mühlhausen, nesse ínterim, Müntzer criara outro Allstedt, dessa vez no contexto maior de uma cidade com cerca de 7500 habitantes. Como cidade imperial, Mühlhausen estava submetida diretamente ao imperador e podia criar suas próprias leis. Banido de Mühlhausen no final de 1524, Müntzer retornou com apoio popular em fevereiro de 1525, com a cidade reformada sob influência do pregador radical Heinrich Pfeiffer. Era um mundo renovado, com as pessoas inspiradas pelos ideais da lei divina e da fraternidade cristã. Juntos, Pfeiffer e Müntzer substituíram o conselho da antiga oligarquia eleita por um Conselho Eterno, formado por um grupo de seguidores engajados, e passaram a firmar alianças com cidades de ideais semelhantes.

Müntzer preparava o povo para o apocalipse. "Não deixem a espada esfriar, não deixem que penda inerte! Forjem-nas vigorosamente nas bigornas de Nimrod, derrubem a torre deles!", escreveu, instigando o povo de Allstedt a se juntar à revolta. "Vamos, vamos, vamos", insistia na carta, e podemos ouvir um eco da pregação que devia ser eletrizante — uma vigorosa mescla de metáforas visuais, repetições rítmicas e linguagem violenta.[9] Müntzer tinha especial interesse em atrair os mineiros, e muitos da região de Mansfeld, onde Lutero crescera, uniram-se ao movimento. No começo de maio, o exército camponês turíngio de Mühlhausen estava saqueando conventos e castelos e obrigando a nobreza local do Eichsfeld a se unir numa aliança cristã; somente o conde Ernst, velho inimigo de Müntzer desde os dias de Allstedt, se manteve firme. Mas, a seguir, o exército camponês se dividiu. Apenas um pequeno contingente foi se reunir ao bando de Frankenhausen, que precisava desesperadamente de reforços, enquanto os restantes voltaram para Mühlhausen. Müntzer reuniu somente trezentos homens para acompanhá-lo a Frankenhausen. No momento em que chegaram, em 12 de maio, a revolta já perdera ímpeto. O exército camponês ficou detido na cidade, sem poder avançar.

Müntzer insistia num confronto com os dirigentes da região. Encerrou as tratativas com o conde Ernst e o conde Albrecht de Mansfeld, e sua correspondência era cada vez mais carregada de ódio a Lutero e aos príncipes. Como escreveu ao conde Ernst: "Irmão Ernst, diga-nos, seu saco de vermes miserável e desgraçado, quem o fez príncipe sobre o povo que Deus redimiu com seu precioso sangue? Você precisa provar e terá de provar que é cristão". Para o conde Albrecht de Mansfeld, apoiador de Lutero, ele escreveu no mesmo dia:

> Você não conseguiu encontrar em seu guisado luterano e em sua sopa wittenberguense o que Ezequiel profetizou em seu 37º capítulo? Não foi nem capaz de sentir o sabor, por causa daquele excremento campônio martiniano seu, daquilo que o mesmo profeta diz adiante no 39º capítulo, que Deus diz a todas as aves dos céus que devorem a carne dos príncipes e aos animais do campo que bebam o sangue dos poderosos.[10]

A visão tribal de Müntzer de um novo reino devoto podia parecer muito distante dos apelos à fraternidade camponesa, mas havia milhares de pessoas em Mühlhausen e em outros lugares dispostos a dar a vida por ela.

A retórica violenta de Müntzer agora desembocava em violência real. Quando três criados do conde Ernst foram descobertos no acampamento, acusaram-nos de serem espiões e eles foram executados pela "justiça divina" popular, com a concordância dele.[11] Segundo Johann Rühel, conselheiro municipal de Mansfeld, que escreveu a Lutero contando o ocorrido, Müntzer percorreu o acampamento a cavalo no dia da batalha, em 15 de maio de 1525, exortando os camponeses a confiarem no poder de Deus, pois até as pedras lhes dariam passagem e os disparos não os feririam. Mas os camponeses estavam cercados e, sendo basicamente uma força de infantaria, não tinham como enfrentar a cavalaria de Hesse e Brunswick e as tropas do duque Georg da Saxônia. Talvez uns 6 mil deles tenham sido massacrados; seiscentos caíram prisioneiros. A maioria da população de Frankenhausen morreu ou foi capturada; segundo relatou Rühel, quando as mulheres suplicaram pela libertação dos maridos, eles foram soltos sob a condição de que elas punissem os dois padres rebeldes que ainda estavam na cidade. As mulheres esbordoaram os dois padres na praça central e continuaram a espancá-los implacavelmente por meia hora depois de terem morrido. "Quem não lamenta tal ação é realmente desumano", comentou Rühel.[12]

Müntzer fugiu do campo de batalha, mas encontraram-no escondido na cama de um quarto em Frankenhausen. O homem que antes inspirara milhares de pessoas com seu horripilante biblicismo agora implorava: "Ei, sou um pobre doente".[13] O conteúdo de sua sacola, incluindo uma carta do conde Albrecht, confirmou sua identidade e ele foi preso. O que aconteceu a seguir, porém, foi assombroso e revela até que ponto a Guerra dos Camponeses abalara as hierarquias estabelecidas. Conduzido à presença da nobreza governante, o duque Georg em pessoa se sentou no banco ao lado de Müntzer e perguntou o que o levara a executar os três criados do conde Ernst. Müntzer, tratando o duque como "Irmão", respondeu que não fora ele, e sim a justiça divina. Logo se envolveu numa discussão com o duque Heinrich von Braunschweig e o conde Albrecht de Mansfeld, com o conde citando o Novo Testamento enquanto Müntzer contrapunha com o Antigo Testamento. Por uma última vez, Müntzer podia desafiar e se sentar frente a frente com os senhores, tratando-os como iguais e travando uma discussão com eles.[14]

Em 27 de maio de 1525, Thomas Müntzer e seu colega pregador Heinrich Pfeiffer foram executados e tiveram a cabeça e o corpo fincados em varas, expostos ao público. Müntzer se retratara em 17 de maio, reconciliando-se com a fé católica, provavelmente em decorrência de torturas. Mas em sua última carta ao povo de Mühlhausen, escrita no mesmo dia, ele não abjurou de nada. Pelo contrário, declarou que esperava o martírio e via sua morte como um sinal:

Como apraz a Deus que eu parta daqui com autêntico conhecimento do nome divino, e em recompensa por certos excessos que o povo abraçou sem me entender corretamente — pois buscavam apenas seus próprios interesses e, em decorrência disso, a verdade divina foi derrotada —, eu também fico sinceramente contente que Deus tenha ordenado as coisas dessa maneira [...]. Não deixem, portanto, que minha morte seja obstáculo para vocês, pois ela se dará em benefício dos bons e dos simples de espírito.[15]

Lutero se negou a crer que Müntzer tivesse se retratado — insistiu irritado que os interrogadores lhe haviam feito as perguntas erradas. Sua confissão, disse Lutero, "não [era] senão uma obstinação ferrenha e diabólica em suas ações".[16]

Correu a notícia de que gralhas e corvos estavam sobrevoando os telhados dos castelos em Mansfeld, grasnindo e se atacando mutuamente. Vários deles caíram mortos no chão — presságio, como vieram a crer mais tarde, da vindoura Guerra dos Camponeses.[17] O receio de que os mineiros fossem se rebelar e abandonar o trabalho levou os condes de Mansfeld a procurar a ajuda de Lutero. Tinham razão em ficar preocupados. Os mineiros de Heldrungen e Stolberg, onde Müntzer fizera suas primeiras pregações, estavam entre seus mais ardorosos adeptos e, ao que parece, em 1524 se sentiram movidos pela energia e pela violência da linguagem apocalíptica do pregador, embora não tenham se juntado aos camponeses em Frankenhausen. Assim, em meados de abril e no começo de maio de 1525, Lutero fez algumas breves visitas na região, pregando a convite do conde Albrecht de Mansfeld. Foi com Melâncton a Eisleben, passando por Bitterfeld e Seeburg, e pregou em Stolberg, Nordhausen e Wallhausen, perto de Allstedt.[18] Era um itinerário corajoso, com revoltas de camponeses e mineiros em toda a região, embora evitando cautelosamente Mühlhausen.

Lutero escrevera seu primeiro texto sobre a Guerra dos Camponeses, a *Exortação à paz*, publicado em 19 de abril de 1525, nas idílicas paragens do jardim de Johann Dürr, chanceler de Mansfeld, em Eisleben.[19] Agora, encontrava uma efetiva hostilidade por toda parte, viajando, como disse, "em perigo de vida e dos membros".[20] Descreveu o que vira numa carta a Johann Rühel, que foi a base daquele que seria um de seus ensaios mais torpes, *Contra as hordas salteadoras e assassinas dos camponeses*.²¹ Nesse texto extremamente destemperado, que saiu em maio, Lutero comparava os camponeses a "cachorros loucos" que não faziam senão uma "pura obra do demônio", movidos por "aquele arquidiabo [*ertzteuffel*] que reina em Mühlhausen e não fez nada além de atiçar o roubo, o assassinato e o derramamento de sangue". Como estavam em revolta, cada qual podia ser "juiz e algoz" deles, e Lutero insistia que "quem puder, ataque, mate. E esfaqueie, às escondidas ou às claras, lembrando que não existe nada mais venenoso, danoso e diabólico do que um rebelde. É como quando é preciso matar um cachorro louco; se você não acabar com ele, ele acabará com você e com toda a terra". O ritmo marcando a urgência e o uso triplo de verbos e adjetivos não eram muito diferentes da retórica incendiária de Müntzer.²²

Quando o violento ataque de Lutero saiu do prelo, os camponeses já tinham sido derrotados. Embora impresso junto com sua anterior *Exortação à paz*, de tom mais brando, a ênfase sanguinária do texto empalidecia após a morte de milhares e milhares de pessoas, e muitos o consideraram extremamente ofensivo. Mesmo Johann Rühel, que escrevera detalhadamente a Lutero sobre os dias finais de Müntzer, ficou assombrado. Nikolaus von Amsdorf escreveu a Lutero que os pregadores de Magdeburgo agora o chamavam de "adulador de príncipes", e Wenzeslaus Linck também se sentiu no dever de lhe dizer o quanto as pessoas ficaram chocadas.²³ Lutero parece ter levado a reação a sério, pois redigiu uma carta explicativa a Caspar Müller, chanceler de Mansfeld, que também mandou imprimir. A carta, porém, embora começasse de modo relativamente ameno, não alterava muito a mensagem e logo o tom retomava a rispidez: "Assim, ainda escrevo: ninguém deve ter pena dos camponeses teimosos, obstinados, iludidos, que não ouvem coisa alguma, mas todo aquele que puder deve abater, esfaquear, estrangular, esmurrar como se estivesse entre cachorros loucos".²⁴ Ao que parece, Lutero tomara um caminho sem retorno. Neto de camponês que gostava de exaltar suas raízes rurais, Lutero se voltara contra eles.

Todavia, essa sua posição nada tinha de surpreendente. Já vinha prefigurada no conflito com Karlstadt, desde o momento em que Lutero decidiu derrotar o movimento de Wittenberg e apoiar a tentativa de reconciliação do eleitor com a Dieta, diminuindo o ritmo da reforma evangélica. Lutero já rejeitara a Reforma comunitária, movida pela pressão popular, que inspirava Karlstadt.

Era essa a Reforma que predominava também entre o povo mais simples de Allstedt, Mühlhausen e Frankenhausen, onde Müntzer tinha seus seguidores mais leais e fervorosos.[25] Mas ela podia inspirar mesmo indivíduos prósperos e instruídos, como Christoph Meinhard, um cidadão de Eisleben que provavelmente era parente de Johann Agricola, amigo próximo de Lutero.[26] Os laços comunitários de uma congregação em que todos se conheciam, a qual podia contar com a força dos juramentos e com a moral coletiva, davam impulso à Reforma de Müntzer, assim como haviam alimentado a Reforma de Karlstadt. No entanto, não era essa a principal motivação dos protestos camponeses: Müntzer ficava constantemente indignado com os que não seguiam sua visão biblicista e, no final, colocou a culpa do desastre de Frankenhausen no fato "de que todos estavam mais preocupados com seus interesses pessoais do que em trazer justiça ao povo de Cristo".[27]

Müntzer continua a ser uma figura difícil de avaliar.[28] A inspiração divina direta ocupava um lugar muito importante em sua teologia, em que os textos bíblicos tinham apenas um papel de apoio. Ele era, acima de tudo, um místico radical que procurava a união com Deus, e não em essência um radical social. Vê-se na teologia de Müntzer uma tensão subjacente entre o misticismo, rejeitando qualquer relação com a carne, e o radicalismo revolucionário, que o levou a se envolver com o mundo material. Alguns desses paradoxos ficam evidentes em suas concepções sobre a sexualidade, por exemplo. Para Müntzer, assim como para Karlstadt, a exortação de Cristo aos discípulos para deixarem esposa e família constituía um texto fundamental, e seus escritos mostram um forte veio ascético. Quando Melâncton defendeu o casamento dos monges, Müntzer o repreendeu: "Com seus argumentos, você arrasta os homens ao matrimônio, embora esse laço não seja imaculado, e sim um bordel satânico, que é tão prejudicial à Igreja quanto os mais execráveis perfumes dos padres. Esses desejos ardentes não impedem sua santificação?".[29] No entanto, embora louvasse a castidade, ele se casou em junho de 1523 e, tal como Karlstadt, escolheu uma mulher da nobreza.[30] Müntzer parecia se sentir um despossuído e, vendo-se como pária perseguido, conseguia transmitir um senso de desvinculação social comum a outras pessoas, transpondo assim as barreiras de classe. Orador vigoroso, sabia inspirar homens e mulheres do campo, das aldeias e das cidades. Parece ter seguido a mesma estratégia política ao longo de toda a carreira, fosse em Zwickau, Allstedt ou Mühlhausen. Começando por sua comunidade local, Müntzer criou um movimento que interpretava em termos apocalípticos e, apontando e denunciando aos seguidores quais eram seus inimigos, transmitia-lhes uma sensação de exaltação e perigo iminente. Então, passou a formar alianças e coalizões, de início locais e depois mais amplas. Sua teologia tinha a capacidade de inspirar grandes multidões, atraindo um ardoroso engajamento pessoal, mesmo ao risco de perderem a vida. Não dispunha de uma rede de impressores urbanos que publicassem suas obras, não tinha nenhuma universidade lhe dando respaldo e nenhum governante territorial que o protegesse. O sucesso de Müntzer, ainda que efêmero, parece indicar que o significado da Reforma para boa parte do povo comum na Saxônia e na Turíngia podia ser muito diferente do que era para Lutero.

Enquanto isso, Karlstadt, obrigado a deixar Orlamünde e várias outras cidades do Sul da Alemanha, tinha ido parar em Rothenburg ob der Tauber, a mais de quatrocentos quilômetros a sudoeste, vivendo ali escondido. A cidade estava cercada por um exército camponês, e um dia, quando Karlstadt saiu para dar um passeio fora dos muros, deparou-se com um grupo de camponeses iletrados, que lhe ordenaram sob a mira das armas: "Se você é um irmão, leia as cartas do mensageiro. Se não é, terá de se explicar". Receando por sua vida, Karlstadt acedeu. De fato, "um dos camponeses queria muito me esfaquear; outro queria me derrubar", relembrou mais tarde.[31] Então, ficou vagueando de lugar em lugar por algumas semanas, sem ficar muito claro se estava do lado dos camponeses ou não. Depois viu que era rejeitado tanto pelos camponeses quanto pelos senhores: "Os senhores espirituais me perseguiam como se eu fosse um animal de caça, e os camponeses me prenderam e teriam me devorado se Deus não me houvesse protegido".[32]

Em junho, derrotados os camponeses, Karlstadt se humilhou escrevendo a Lutero pedindo ajuda. Tratando-o por *Gevatter* [padrinho], pediu-lhe perdão por "tudo o que pequei contra si, movido pelo velho Adão".[33] Num gesto surpreendente, Lutero o recebeu e o escondeu no mosteiro de Wittenberg por cerca de oito semanas, com esposa e filho. Enquanto isso, Karlstadt redigiu uma *Apologia*, que foi impressa em Wittenberg, com um prefácio do próprio Lutero.[34] Contou a história de suas perambulações e, embora certamente tentasse diminuir seu grau de envolvimento com os camponeses, sem dúvida foi honesto ao insistir que não era um líder camponês. No prefácio, Lutero declarou: "Em questões de doutrina, o dr. Karlstadt é meu maior antagonista, e tivemos embates tão acirrados nessas questões que qualquer esperança de reconciliação ou de outros contatos foi destruída".[35] Mas, talvez ciente de que fizera uma equiparação injusta entre Karlstadt e Müntzer, Lutero pleiteou que se desse a Karlstadt a oportunidade de provar que não era "um espírito rebelde" e lhe fosse concedida uma audiência. Essa intervenção provavelmente bastou para salvar a vida de Karlstadt. Se Lutero não tivesse lhe dado abrigo ou continuasse a condená-lo como "espírito rebelde", podia muito bem ter sido executado, como ocorreu com muitos outros padres.

Lutero, porém, ainda não confiava nele. Enquanto ficou sob o teto de Lutero, Karlstadt teve de escrever uma retratação completa de suas posições sobre a Última Ceia, texto que também foi impresso em Wittenberg, mais uma vez prefaciado por Lutero.[36] Lutero admitia que os ensaios de Karlstadt haviam sido apresentados como teses, temas de discussão, e não como proposições de verdade; mas, tal como ocorrera com outros, disse Lutero, ele esquecera a forma em que tinham sido publicados e os tomara como exposições de suas verdadeiras concepções. Voltando a ênfase de Karlstadt sobre o espírito contra ele mesmo, Lutero insistiu que era evidente que suas posições não eram "do espírito", porque o espírito conferia clareza e bravura às pessoas, enquanto Karlstadt e sua grei expunham apenas a loucura e as trevas humanas, e assim todos deviam ficar alertados contra as concepções dele. Já era humilhação suficiente, mas, no começo de setembro, Karlstadt escrevia a Lutero se colocando como seu "servo", desculpando-se por incomodar seu "sonho suave" e lhe rogando que obtivesse para ele a permissão do eleitor para morar na Saxônia, de preferência em Kemberg. Sabia, disse ele rastejando aos pés de "sua reverendíssima senhoria", que a revogação de seu exílio estava "ao alcance, para não dizer no poder" de Lutero.[37] Lutero de fato escreveu ao eleitor, mas este, provavelmente a conselho de Spalatin, não autorizou que Karlstadt residisse em Kemberg, pois ficava no caminho para Leipzig e, portanto, poderiam passar por ali viajantes "suspeitos" que difundiriam sua mensagem. Poderia morar apenas em "vilarejos e aldeias" num raio de cinco quilômetros de Wittenberg, devidamente isolado no campo, longe da cidade e da universidade, mas ainda sob o olhar vigilante das autoridades.[38] Todas as fontes da vida intelectual de

Karlstadt — colegas e alunos, gráficas e púlpitos — lhe foram negadas. Parecia agora condenado a trabalhar como agricultor.

Assim Karlstadt foi subjugado. Manteve a palavra, sem publicar praticamente nada depois que voltou à área de Wittenberg. Mas conseguiu se mudar para Kemberg, e de lá ia visitar figuras simpáticas a ele, como os nobres Caspar Schwenckfeld e Valentin Crautwald, na Silésia. Alguns anos depois, mudou-se para a Basileia, onde encontrou um ambiente intelectual mais acolhedor, mas não publicou muitas coisas. Continuou a desenvolver em sua teologia a ideia de *Gelassenheit* e, quando morreu em 1541, estava compondo um importante trabalho sinóptico de teologia, em que a *Gelassenheit* teria papel central. É surpreendente que ele não tenha tirado nenhum proveito da Guerra dos Camponeses nem do apoio que suas ideias vinham ganhando nas cidades do Sul da Alemanha. O homem que queria se entregar à faina honesta de agricultor se via atacado e perseguido pelos camponeses que o consideravam um *grosser Hans* erudito, mais um "figurão". E, em vez de ir para o Sul depois da Guerra dos Camponeses, até seus adeptos na Basileia, em Zurique e em Estrasburgo, ele, como uma mariposa atraída por uma vela, voltara à Saxônia e à relação com Lutero, que se tornara sua Nêmesis. Talvez dependesse em algum nível psicológico da aprovação de Lutero e tivesse um ardente desejo de persuadi-lo. É significativo que, ao apresentar suas concepções teológicas num dos últimos ensaios no começo de 1525, tenha recorrido à forma do diálogo, em que também fazia o papel do homem que se recusara a travar com ele um debate propriamente dito em Wittenberg.[39] Pelo menos na letra impressa, poderia vencer Lutero e ganhar a discussão. O encontro na Estalagem do Urso-Negro fora, para ambos, o ponto culminante de uma batalha pessoal, um embate entre dois antigos amigos e aliados. Karlstadt ficara tão marcado quanto Lutero por aquele confronto e continuou preso à sua promessa, selada com o florim, de atacar Lutero — sem conseguir enxergar mais além e sem ver suas próprias fontes de apoio.

Em junho de 1525, os camponeses tinham sido derrotados, mas as coisas nunca voltariam a ser as mesmas na Saxônia. Frederico, o Sábio, que apoiara Lutero durante o comparecimento à Dieta de Worms e desde então passara a protegê-lo, havia morrido. Ocorreram presságios: um arco-íris que Melâncton e Lutero viram numa noite daquele inverno no céu de Lochau, a uns 35 quilômetros de Wittenberg, onde havia um castelo utilizado por Frederico; um bebê que nascera sem cabeça e outro que nascera com os pés tortos, ambos em Wittenberg.[40] Spalatin, de tanta confiança, começara a pensar em deixar os serviços do eleitor e escreveu a Lutero, pedindo conselho em nome de um "amigo", tentado por pensamentos carnais. Lutero entendeu o recado e recomendou a Spalatin que esquecesse a ideia de se casar e continuasse com o eleitor, sem o deixar num momento em que ele estava "talvez tão perto da sepultura", pois, se o deixasse agora, depois iria se arrepender para sempre.[41]

E assim foi. No auge da Guerra dos Camponeses, no começo de maio, Spalatin e outros conselheiros estiveram com o eleitor em Lochau. Segundo o que Spalatin escreveu mais tarde em sua crônica, encontraram o castelo totalmente vazio, pois o duque Johann e todos os homens estavam fora, combatendo os camponeses. Encontravam-se ali apenas o mestre de cerimônias, o secretário e o médico, e o eleitor estava em seu leito de morte. Spalatin acorrera até lá, já tendo antes enviado por escrito algumas palavras de conforto, caso não chegasse a tempo. Frederico, que dependera de Spalatin por tantos anos para ler sua correspondência, pegou suas lentes e leu pessoalmente a carta. Quando Spalatin chegou, o eleitor mandou que ele lesse em voz alta, até o momento em que disse: "Chega, não consigo mais". Spalatin aguardou um instante e então perguntou: "Meu excelentíssimo senhor, está com algum problema?", ao que o eleitor respondeu: "Não, só as dores". Morreu durante o sono, ao que parece, enquanto Spalatin lia para ele passagens dos Hebreus.[42] Chegaram mensageiros enviados pelos príncipes no campo de batalha, pedindo desesperadamente mais reforços contra os camponeses, mas seus gritos ecoaram pelos salões vazios. O homem que fora um príncipe tão poderoso do império morreu em 5 de maio, sem saber se os senhores derrotariam os camponeses. Mas, como observou Spalatin, no momento exato em que Frederico soltava seu último suspiro, os primeiros camponeses começavam a ser dizimados pelo conde Albrecht de Mansfeld.[43] Nada transmite tão bem a incerteza e o turbilhão da Guerra dos Camponeses.

13. O casamento e a carne

Ambos, Müntzer e Lutero, interpretavam os acontecimentos da Guerra dos Camponeses como um drama sagrado e utilizavam uma retórica apocalíptica: o Demônio estava à solta, prenunciando os Últimos Dias. Mas enquanto Müntzer acreditava que a vinda dos Últimos Dias era iminente e devia ser franqueada pela espada, Lutero nunca previu uma data específica. Sua linguagem apocalíptica era mais uma ênfase retórica do que uma previsão literal. Conferia grande importância à sua própria época por identificar o papa com o Anticristo, mas, paradoxalmente, essa linguagem também ajudava a diminuir a relevância do momento em comparação ao drama divino do fim do mundo que se avizinhava. Todavia, isso nunca o fez abandonar o envolvimento com o presente, nem tentar subverter a ordem existente.[1]

Da mesma forma, enquanto Müntzer, pelo menos de início, parecia acreditar que a gravidade daquela época tão excepcional exigia do devoto a abstinência sexual e a total dedicação ao divino, Lutero chegava à conclusão oposta. Resolveu perturbar o Demônio cometendo um pecado especialmente grave: casou-se. Além disso, a escolha da noiva foi a mais provocativa possível, a que mais enfureceria o Demônio — e os católicos. Casou-se com uma freira.

Desde 1523, vários grupos de freiras, convertidas pelos ensinamentos evangélicos contra o monasticismo, tinham começado a deixar os conventos e a chegar em Wittenberg, cabendo a Lutero encontrar alojamento para elas e mesmo lhes fornecer novas roupas.[2] Ele não era totalmente inocente em tudo isso. Naquele ano, Leonhard Koppe, empresário e parente de Amsdorf, amigo de Lutero, transportou clandestinamente um grupo de freiras do convento de Nimbschen no território do duque Georg, escondidas dentro de barris de arenques, para o outro lado da fronteira, até Wittenberg.[3] Quando então publicou uma carta aberta de congratulações a Koppe, Lutero revelou que sabia tudo a respeito do plano, o qual era uma franca desfeita ao duque Georg, seu velho inimigo. As mulheres provinham da alta nobreza das terras do duque, mas suas famílias não podiam recebê-las de volta por medo de ofender o governante católico — ou assim declarou Lutero. Uma das freiras era irmã de Staupitz.[4]

Lutero precisava arranjar casamentos respeitáveis para as mulheres o mais rápido possível, para evitar maledicências, e assim se encontrou na inesperada posição de casamenteiro. Em decorrência disso, viu-se obrigado pelas circunstâncias a pensar sobre o desejo feminino. Em agosto de 1524, escreveu a algumas freiras, informando-lhes claramente que, mesmo que não gostassem de pensar dessa maneira, elas tinham sido criadas por Deus com fortes necessidades sexuais, que seria perigoso ignorar: "Ainda que as mulheres tenham vergonha de admitir, a Escritura e a experiência mostram que, entre muitos milhares de mulheres, não há uma única a quem Deus tenha concedido permanecer em pura castidade. Uma mulher não tem controle sobre si mesma".[5] Pode ser que o tema lhe viesse à mente porque ele mesmo começava a sentir tentação.

Pode-se acompanhar os avanços dessa transformação nos gracejos com o velho amigo Spalatin. Quando estava no castelo de Wartburg, o tema do casamento surgira na correspondência entre ambos mais de uma vez, mas Lutero insistia que não tinha desejos sexuais e que o casamento não era para ele. Embora Karlstadt, Jonas e Melâncton tivessem se casado, "não vão me obrigar a tomar uma esposa", escreveu ele em 1521.[6] Na primeira vez em que saiu do Wartburg, tornou a usar seu velho hábito de monge — o conselho municipal chegou a presenteá-lo com um hábito novo, feito especialmente para ele.[7] Mas não retomou a vida monástica. A maioria dos monges tinha saído por influência dos ardorosos sermões de Zwilling, e lá ficaram apenas dois ou três monges idosos e o prior. O mosteiro deixava de ser uma preocupação.

Em meados de abril de 1525, atarefadíssimo arranjando casamentos para as noivas, Lutero ainda gracejava com Spalatin:

Não quero que você se espante que um famoso amante como eu não se case. É bastante estranho que eu, que tanto escrevo sobre o matrimônio e vivo às voltas com mulheres, ainda não tenha me transformado numa mulher e ainda menos me casado. Mas, se quiser que eu dê um exemplo, veja, aqui você tem o maior deles, pois tive três esposas ao mesmo tempo e amei tanto todas elas que perdi duas, que estão tomando outros maridos; a terceira, mal consigo segurar com meu braço esquerdo e provavelmente ela também logo será tirada de mim.

Lutero aqui brincava sobre os casamentos que andava arranjando para as ex-freiras sob seus cuidados. A "esposa em seu braço esquerdo" era, como Spalatin devia saber, Katharina von Bora, para quem estava então arranjando um casamento. Ele continuou a alfinetar Spalatin sobre sua relutância em se casar: "Mas é um amante preguiçoso aquele que não se atreve a virar marido de uma mulher sequer. Tome cuidado, pois um dia eu, que nunca penso em casamento, vou acabar lhe roubando as pretendentes ansiosas demais".[8]

E assim foi. Em 13 de junho, Lutero se casou com Katharina, e o banquete de núpcias se deu no dia 27 de junho.[9] O celibatário contumaz mudara e muito, como se evidenciou quando Spalatin, logo antes do casamento, pediu seu conselho sobre um casal que queria adiar a cerimônia pública por algum tempo, embora os noivos tivessem certeza do que os unia. Devia ser evidente para Lutero que Spalatin estava falando sobre si mesmo: o jovem cortesão se apaixonara por uma moça, mas fora obrigado a adiar o casamento enquanto estava a serviço do eleitor. Lutero respondeu com uma verdadeira enxurrada de citações da Escritura, de provérbios e casos diversos para provar que nunca se deve adiar um casamento, e concluiu: "Quando você está conduzindo a bacorinha, tem de estar com o saco pronto", numa metáfora de casamento um tanto desconcertante.[10]

Mas a decisão de Lutero em se casar também tinha um motivo mais sombrio. Foi tomada quando ele se viu envolvido na Guerra dos Camponeses, que considerava como uma vitória do Demônio. Escrevendo a Johann Rühel no começo de maio de 1525, Lutero aventou a ideia de que o Demônio, na verdade, provocara o conflito simplesmente para se livrar dele: "Eu até acreditaria e quase parece que fui eu a causa do Demônio, a razão pela qual ele fez uma coisa dessas acontecer no mundo, para que Deus castigasse o mundo".[11] Assim, continuou ele, desposar "minha Käthe" foi uma maneira de lhe fazer uma desfeita: era uma afirmação de "coragem e alegria", sua insistência na vida em meio à morte.

Como Karlstadt e Müntzer, Lutero escolheu uma mulher da nobreza, embora pobre. Mas, segundo ele, a iniciativa do casamento partiu dela. Katharina estivera antes apaixonada por Hieronymus Baumgartner, da rica aristocracia mercantil de Nuremberg, mas a família dele lhe reservava planos melhores do que se casar com uma freira trânsfuga. Lutero sugeriu então Caspar Glatz, o homem que sucedera Karlstadt em Orlamünde — dificilmente um partido atraente, com a casa e a área de lavoura em petição de miséria. De fato, Katharina, com 26 anos de idade, rejeitou sumariamente Glatz por ser um velho "sovina" e disse a Nikolaus von Amsdorf, amigo de Lutero, que só se casaria com ele ou com Lutero, e com mais ninguém.[12] No entanto, essa versão contraria frontalmente a conduta de Lutero em todas as outras áreas de sua vida, em que sempre tomava a iniciativa. Nessa ocasião, ao que parece, ele ficou contente em ser seduzido e dominado por uma mulher forte. Como escreveu numa carta a Amsdorf: "Não sinto amor apaixonado nem ardor por minha esposa, mas gosto dela".[13] Essa versão lhe fornecia uma conveniente defesa contra qualquer acusação de que estaria agindo por luxúria.

Lutero alegou que se casava para agradar ao pai e lhe dar "a esperança de uma progênie".[14] Mas sua escolha não combinava muito com os planos dinásticos de Hans Luder. Katharina não provinha da elite mineradora, e Luder tivera o cuidado de casar todos os filhos dentro do pequeno círculo de fundidores e proprietários de minas em Mansfeld, na esperança de consolidar sua posição; na verdade, a recusa de Lutero em seguir esse caminho foi uma das razões pelas quais o pai se indignou tanto com sua escolha monástica. Katharina tampouco vinha de uma família urbana cheia de advogados, que ao menos poderiam facilitar o acesso a orientações jurídicas que Hans Luder queria quando encaminhou o filho ao curso de direito. Lutero se casou ao escolher uma nobre empobrecida, mas não de uma maneira que beneficiasse a família. Em todo caso, segundo todos os comentários, Katharina era atraente, animada e transbordava energia.

Por que Lutero demorou tanto, enquanto muitos de seus colegas tinham comparecido anos antes diante do altar? Bartholomäus Bernhardi se casara em agosto de 1521. No círculo próximo de Lutero, Karlstadt foi o seguinte, alguns meses depois, e o próximo foi Justus Jonas, em fevereiro de 1522.[15] Johannes

45. Lucas Cranach, o Velho, Martinho Lutero e Katharina von Bora, 1526. A dupla de retratos, que foi produzida diversas vezes pela oficina de Cranach ao longo dos anos, apresenta Lutero sem a tonsura, porém com seus traços característicos: olhos penetrantes, cabelo cacheado e com uma papada cada vez maior. Ele é retratado como um homem poderoso, cujo olhar encara o espectador. Por outro lado, como todas as personagens femininas de Cranach, Katharina é uma mulher caricata, com uma cintura excessivamente estreita. Seus trajes, com o corpete firmemente amarrado, o cabelo preso por uma rede e um anel simples, são os de uma mulher respeitável, e ela às vezes é retratada com ou sem o véu usado pelas mulheres casadas da cidade; afinal de contas, ela fazia parte da nobreza, e não da burguesia. Somente a largura das maçãs do rosto, afunilando num queixo pontudo, e seu olhos estreitos, quase como os de um gato, constituem algo que se assemelhe com traços característicos; porém, ainda assim, as várias versões produzidas pela oficina de Cranach são tão diferentes entre si que praticamente não parecem retratar a mesma mulher.

Bugenhagen, que chegara a Wittenberg em anos mais recentes, casou-se em 13 de outubro de 1522; Wenzeslaus Linck, o vigário-geral da ordem agostiniana, em 15 de abril de 1523,[16] enquanto Johannes Lang contraiu os laços matrimoniais em 1524. Praticamente todos os antigos camaradas de Lutero, à exceção de Spalatin e Amsdorf, agora eram homens casados. Ao que parece, o momento de transição se deu com o fim da Guerra dos Camponeses e a morte de Frederico, o Sábio. A essa altura, a inimizade entre Lutero e Karlstadt se consolidara. E então sobreveio a morte de seu antigo mentor, no final de 1524.

Nas últimas cartas, Johann von Staupitz comentara seu amor pelo ex-protegido, "ultrapassando o das mulheres".[17] Enquanto monges, freiras e padres quebravam os votos ao se casar, Staupitz repreendia Lutero por permitir que os desejos carnais atuassem usando como pretexto o Evangelho — não era a isso que ele se referia com a *Gelassenheit*. Enviara um jovem monge a Lutero, para que este o instruísse sobre os ensinamentos do Evangelho — o que era uma prova de sua confiança —, mas, a seu ver, o ex-discípulo escolhera outro caminho. Lutero, por seu lado, ainda estava ressentido com a decisão de Staupitz de deixar os agostinianos em troca de uma gorda prebenda, e nada menos como abade beneditino. Com efeito, quando soube da morte do mentor, Lutero comentou ferino que o velho não tivera muito tempo de aproveitar sua cômoda posição. Staupitz, sem dúvida, teria ficado horrorizado com o casamento de Lutero, e ainda por cima com uma freira — dupla violação dos votos de castidade. Talvez tenha sido apenas com a morte de Staupitz que Lutero, liberto do homem que fora seu pai espiritual, finalmente se sentiu capaz de se tornar pai.[18]

A demora também estava associada a profundas mudanças interiores do próprio Lutero. Ele levou vários anos para aceitar que também sentia desejos carnais. Sempre alegara que, como monge, não tinha problemas com a abstinência — os "verdadeiros nós" diziam respeito à salvação. E tampouco demonstrara grande entusiasmo com os primeiros casamentos de padres, preocupando-se que Bernhardi, o primeiro padre evangélico a se casar, seria expulso e então "duas barrigas" e mais "o que saísse delas" (referindo-se ambiguamente a filhos) iriam passar necessidade.[19] Na verdade, a posição firme de Lutero sobre a ubiquidade do pecado tinha pouquíssimo a ver com um sentimento de frustração sexual. Embora em 1520 já defendesse que os padres deveriam ter permissão de se casar, de início não achava que os monges estariam na mesma situação, pois haviam feito votos de castidade por livre e espontânea vontade e, portanto, não deviam rompê-los. Quando o primeiro pastor evangélico se casou, foi Karlstadt, e não Lutero, quem escreveu um conjunto de teses e depois um ensaio em defesa dele, chegando a propor que apenas homens casados poderiam se tornar padres. E foi Karlstadt quem então justificou o casamento de monges, porque a abstinência sexual não passava de mais uma vã tentativa de obter a salvação por meio das obras. A princípio, Lutero foi contrário a essa linha de raciocínio, mas acabou por concordar com ela, utilizando em larga medida os mesmos argumentos.

Melâncton certamente pensava que, em 1525, algo mudara em Lutero, e não gostara da mudança. O asceta estava virando um sensualista. Um mês depois do casamento de Lutero, Melâncton escreveu a um amigo que "as freiras empregaram todas as suas artes para atraí-lo a elas", e assim, talvez, "o contato frequente com as freiras o abrandara e o inflamara, apesar de sua natureza nobre e da grandeza de sua alma".[20] Mas, de início, Lutero ainda estava um tanto dividido. Às vésperas do casamento, em junho de 1525, ele publicou uma carta provocadora a Albrecht de Mainz, desaconselhando que se casasse com sua concubina. Se Albrecht perguntasse — escreveu Lutero a Rühel — por que o homem que defendia o casamento para todos os demais ainda não se casara, ele responderia que "eu ainda temia não ser suficientemente capaz disso". Mas agora estava decidido a se casar antes de morrer, mesmo que fosse apenas "um compromisso de casamento como o de José" — ou seja, um casamento não consumado entre um velho e uma jovem.[21] Tais palavras dificilmente lembram a bravata sexual que começara a permear suas cartas a Spalatin, o "amante preguiçoso [...], que não se atreve a virar marido de uma mulher sequer", talvez porque Spalatin fosse celibatário como ele, ao passo que Rühel, a quem escrevera sobre Albrecht, era casado. Para Lutero, agora com 41 anos de idade, o sexo podia ser uma perspectiva um tanto assustadora, visto que Katharina era quinze anos mais nova do que ele.

Os casamentos quinhentistas não eram para os fracos. Os banquetes nupciais eram ocasiões de grande farra, e punha-se o casal na cama na frente dos convidados, com uma coberta por cima; depois, os convivas ficavam cantando enquanto os pombinhos passavam a noite juntos. Como era habitual na Saxônia, a união de Lutero e Katharina foi consumada antes da cerimônia, na primeira metade de junho, e as comemorações — "levando-a para casa" — se deram duas ou três semanas depois. Se o casamento não se consumasse ou não conseguisse se consumar, poderia ser anulado: segundo o entendimento do sacramento matrimonial no final da Idade Média, ele consistia na livre e mútua promessa de casamento, acrescida da união física. Com a cópula, o compromisso de casamento ganhava pleno vigor ou, para dizer em outras palavras, o que chamamos de "noivado" se tornava, com a consumação sexual, um casamento de plena validade.

Em meados de junho, o tom das cartas de Lutero mostrava uma mudança visível, gracejando com ninguém menos que Leonhard Koppe, que devia "ajudar minha noiva a prestar fé de que sou homem" quando fosse ao banquete nupcial. Na mesma carta, escreveu que "estou entrelaçado nas tranças de minha moça", metáfora notável que não mostrava nada da usual fanfarronice masculina de possuir uma mulher.[22] Era também uma brincadeira masculina sobre o poder sexual feminino. Em outros convites, ele se referia a Katharina como "minha amante".[23] Nas bodas, insinuava-se muito quem iria "usar calças" no casamento. Durante a cerimônia, a noiva devia esconder "mostarda e endro" no sapato para mandar em casa, como dizia o provérbio: "Tenho mostarda e endro cá comigo; fica quieto, homem, quando falo contigo!".[24] De fato, Lutero continuaria nesse tipo de brincadeira pelo resto da vida: em 1542, ele contava que Lucas Cranach, quando casou, queria ficar com a esposa o tempo inteiro, mas um dos amigos arreliou com ele: "Ei, não faça isso! Antes de se passarem seis meses, você vai estar farto dela, e não haverá uma criada em casa que você não prefira em lugar de sua mulher".[25]

Lutero convidou os pais, os parentes e conhecidos de Mansfeld, além dos teólogos de Wittenberg e vários amigos agostinianos. Mas, até onde sabemos, não convidou ninguém de lugares mais distantes, de Nuremberg ou de Estrasburgo, e ficou em dúvida se convidaria os condes de Mansfeld. Ficou alvoroçado com os preparativos; convidou Spalatin não menos que três vezes e lhe pediu mais de uma vez carne de caça, veação especial para o banquete que só o eleitor podia fornecer. Tirando os convites de casamento, é notável a escassez de cartas durante essas semanas. Em plena Guerra dos Camponeses, Lutero parecia realmente envolvido nessa nova fase de sua vida.

Logo a seguir, no final de novembro de 1525, Spalatin enfim se casou também, provavelmente com a moça que cobiçava desde 1524.[26] O casamento foi realizado em Altenburg em dezembro, mas Lutero não pôde comparecer. Escreveu explicando que a esposa não o deixaria ir por causa dos perigos da viagem: ele acolhera mais freiras, e os pais delas, furiosos, poderiam atacá-lo. Qualquer que fosse a razão, Lutero não parecia muito disposto a comparecer: há explicações demais nessa sua carta, em que descrevia as lágrimas de Katharina e dizia que andava muito ocupado elaborando sua réplica a Erasmo, desculpa que deve ter magoado Spalatin. O ex-cortesão acabara de deixar os serviços do eleitor e tentava se firmar no novo cargo de pregador em Altenburg, onde enfrentava uma oposição ferrenha dos católicos. Lutero se limitou a dizer que ia pensar no amigo e "amar minha Käthe no mesmo ato que você" na noite em que, calculava ele, o amigo se casaria.[27] Todavia, se Lutero agora não tinha mais nenhum receio de ser incapaz de "amar" a esposa, Spalatin, obrigado a morar junto com a sogra, com quem não se dava bem, não conseguiu ter filhos nos seis anos iniciais do casamento, tornando-se alvo de piadas católicas.[28]

Que tipo de relacionamento tinham Lutero e Katharina von Bora? É um pouco assustadora a insistência de Lutero em que Katharina sempre o tratasse de "senhor doutor" e usasse o tratamento formal de "*Ihr*". No testamento de 1537, quando temia morrer de uma crise de cálculo renal, ele escreveu: "Ela me serviu não só como esposa, mas inclusive como serviçal". No entanto, como Lutero usava o termo "famulus" para seus secretários acadêmicos, homens com carreira importante na Igreja, talvez o considerasse um termo respeitoso.[29] Apesar disso, a visível distância e a obsessão pela hierarquia indicam sintomaticamente a mescla contraditória de afeto, espírito brincalhão e certa condescendência, e mesmo crueldade, em suas relações com outras pessoas.[30] Também era capaz de um humor vulgar. Escrevendo a Wenzeslaus Linck em Nuremberg, logo após o casamento, Lutero fez alguns trocadilhos: "Estou cativo e preso em correntes [*Ketten*]/ Käthe, e estou deitado no caixão [*Bahre*]/ Bora, como que morto para o mundo".[31] Mas ainda que pudesse ter se mostrado um noivo relutante, era evidente que apreciava muito a vida de casado, comentando: "O homem tem pensamentos estranhos no primeiro ano de casamento. Sentado à mesa, ele pensa: 'Antes eu era sozinho; agora somos dois'. Ou na cama, acordando, vê duas tranças a seu lado que antes não tinha visto ali".[32] Katharina engravidava e dava à luz regularmente, a cada um ou dois anos, o que sugere que o casal gozava de uma vida sexual plena. Lutero nada tinha daquela instintiva repulsa pelo corpo feminino que caracterizava inúmeros monges, talvez porque tivesse crescido na companhia de irmãs mais novas. Volta e meia gracejava sobre o sexo, chegando a comentar que "o próprio Cristo" cometera adultério por três vezes — uma vez com Maria Madalena, outra vez com a mulher junto ao poço e mais tarde com a adúltera que depois perdoou com tanta brandura.[33] Esse comentário era extraordinário: impossível imaginar Ulrico Zwinglio ou João Calvino dizendo uma coisa dessas. Mas Lutero adorava arreliar, principalmente os que se consideravam muito virtuosos.

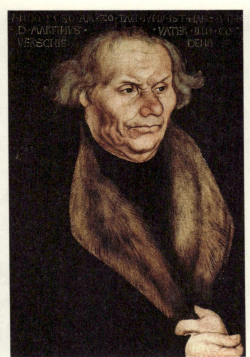 

1 e 2. Hans e Anna Luder em retrato feito por Lucas Cranach, o Velho, 1527.

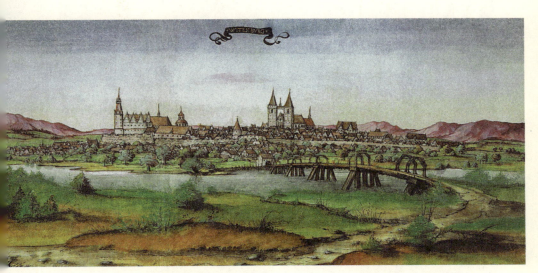

3. Vista de Wittenberg, 1536. Na extrema esquerda, pode ser visto o castelo do eleitor. As torres gêmeas no centro são as da igreja da cidade, e o mosteiro agostiniano está à dir.

4. Lucas Cranach, o Jovem, *A conversão de Saul*, 1547. Os três castelos em Mansfeld podem ser vistos no fundo da pintura, cada um com uma cor diferente.

5. Johann von Staupitz. Pintura de 1522, o retrato mostra um homem de rosto grande e redondo, com uma forte presença física, uma autoridade nata e um jeito paternal. Cochlaeus, mais tarde antagonista de Lutero, descreveu Staupitz como "memorável pela beleza e altura de seu corpo".

6. Georg Spalatin em retrato feito por Lucas Cranach, o Velho, 1509.

7. *Peregrinação de Frederico, o Sábio, a Jerusalém*, pintura feita logo após a jornada em 1493. As relíquias que o eleitor coletou no caminho formaram a base de sua coleção.

8 e 9. Retratos de Martinho Lutero e Katharina von Bora, por Lucas Cranach, o Velho, c. 1529.

10. Martinho Lutero e Filipe Melâncton em retrato feito por Lucas Cranach, o Velho, 1543.

11. Detalhe do epitáfio de Michael Meienberg, depois de Lucas Cranach, o Jovem, mostrar os reformadores agrupados com Martinho Lutero: (da esq. para a dir., no círculo interior) Johannes Forster, Georg Spalatin, Martinho Lutero, Johannes Bugenhagen, Desiderius Erasmo, Justus Jonas, Caspar Cruciger e Filipe Melâncton. Curiosamente, a imagem coloca Erasmo como um herói da Reforma.

12. Albrecht Dürer, Retábulo de Todos os Santos, 1511.

Quando se tratava dos devidos papéis de homens e mulheres, Lutero sempre tendia a recorrer ao Antigo Testamento. Muitas vezes ele pode parecer o porta-voz supremo do patriarcado, e é fácil pinçar aforismos sexuais em seus escritos. As conversas à mesa abundavam em piadas machistas, que faziam parte da socialidade à mesa, em que predominava a presença masculina, ainda que Katharina estivesse por ali, talvez escutando tudo. Eram homens que, afinal, tinham sido socializados na cultura exclusivamente masculina da escola, do mosteiro e da universidade. Nos anos de conversas à mesa que foram registrados, Katharina estava, na maior parte do tempo, grávida ou cuidando de um bebê de colo. Cita-se com frequência a frase "elas que carreguem filhos até a morte", sugerindo que Lutero via as mulheres como meras máquinas de fazer filhos. Mas ele estava frisando que as dores do parto eram naturais e agradáveis a Deus, contrapondo-se à crença generalizada de que uma mulher em trabalho de parto estava sob o domínio do Demônio e que, se morresse antes de ir à igreja, não poderia ser enterrada no campo-santo.

Lutero vivia numa sociedade em que as mulheres dirigiam oficinas de artesãos, fiscalizavam aprendizes e oficiais e até se envolviam nos processos de produção. As mulheres podiam contrair dívidas, investir e, em algumas áreas, ter negócios por conta própria. Todavia, os comentários de Lutero pressupunham uma nítida divisão do trabalho que simplesmente não condizia com a vida da maioria das pessoas no século XVI. Em lugar disso, seus comentários refletiam a vida acadêmica com uma divisão do trabalho baseada numa radical distinção entre os sexos, a qual permitia que um homem como Lutero lesse e escrevesse em paz, enquanto Katharina atendia ao abastecimento da casa, cuidava das contas e organizava o atendimento dos estudantes pensionistas, que constituíam uma fonte de renda importante.[34] Assim, Katharina e a criadagem forneciam a mão de obra invisível que permitia a Lutero se dedicar ao estudo. Como parte de suas responsabilidades, Katharina comprou uma área de terra em Zülsdorf, perto de Wittenberg, para plantar alimentos, além da horta que a família tinha logo na saída dos muros da cidade, junto ao mercado de porcos. Ela era famosa pela cerveja que fazia, artigo de primeira necessidade numa época em que a água não prestava para o consumo.[35]

O casamento despertou uma fúria desmedida nos adversários de Lutero. Logo transferiram seus ataques contra a própria Katharina, e em 1528 dois jovens universitários de Leipzig escreveram alguns panfletos obscenos. Johann

Hasenberg, na carta-*cum*-diálogo enviada a "Martinho Lutero, perturbador da paz e da religião", instava-o reiteradamente a "converter, reverter", e vinha acompanhada por uma proposta de Joachim von der Heyde. O panfleto exortava Katharina a deixar sua "vida vergonhosa e amaldiçoada", insultando-a como freira que vestira roupas laicas e fora para a universidade em Wittenberg como uma "dançarina". Havia corrompido outras freiras com seu exemplo, que trocaram a "verdadeira liberdade" do corpo e da alma pela "liberdade carnal" que Lutero defendia em seus escritos pestilentos. Iam parar não em seus encantadores conventos, de comida boa e farta, mas em "bordéis desonrosos", onde seriam espancadas, as roupas vendidas, e elas mesmas comercializadas como prostitutas vulgares.[36]

Lutero respondeu com uma invectiva própria de um virtuose, *Notícias de Leipzig*, que ultrapassava de longe as débeis tentativas dos jovens universitários. Como lhe era habitual, recorreu à coprologia para vencer a pornografia. As cartas, que disse terem sido entregues pessoalmente em sua casa, foram levadas até a privada, ganhando "iluminuras" de fezes, e usadas para limpar o traseiro da criadagem.[37] Hasenberg tentou corajosamente outra investida, dessa vez um conjunto de quatro diálogos, *Lvdvs lvdentem lvdervm lvdens*, sendo o primeiro deles uma conversa imaginária entre Lutero e Katharina, em que ele a trata como sua *delicium*, sua Vênus, sua *unica voluptas* Katharina.[38] Até trazia uma capa ilustrada, mas perdia em impacto porque o texto era em latim e, assim, o público era limitado; ademais, as ilustrações eram estranhamente respeitosas: Lutero aparece bem trajado, mas sem qualquer sinal de luxo, não há nenhum caneco de cerveja, e Katharina, embora parecendo mandona e muito atarefada, está vestida como esposa respeitável. Pelo visto, os católicos ainda não tinham aprendido a arte da polêmica popular.

Por trás dos dois rapazes estava a figura do velho antagonista de Lutero, Cochlaeus, agora abrigado em Leipzig como capelão do duque Georg. Levando a ideia de uma paródia teatral sobre o casamento de Lutero a um patamar totalmente novo, ele escreveu uma peça satírica maldosa sobre os casamentos dos reformadores evangélicos, na qual as esposas relembram os momentos maravilhosos que tiveram enquanto seus homens estavam fora, na Dieta Imperial. Lutero aparece como o garanhão com quem todas as demais esposas queriam ir para a cama. A sra. "Bispo de Altenburg", mulher de Spalatin e uma tremenda esnobe, reclama que "ficar beijando e acariciando" não resulta em

46. Johann Hasenberg, *Lvdvs lvdentem lvdervm lvdens*, Leipzig, 1530.

filho nenhum e quer pegar Lutero emprestado para passar a noite — seguindo o conselho do próprio reformador de que uma mulher que não consegue conceber um filho com o marido deveria se deitar com outro homem, como Cochlaeus não hesita em apontar.[39] Na cena final da peça, Katharina procura atrair Lutero para a cama, insistindo que, como diz Paulo, é dona do corpo dele e, portanto, ele deve se submeter a ela. Lutero, impressionado com os conhecimentos bíblicos de Katharina, receia que ela tenha recorrido a outro mestre — insinuando Cochlaeus que ela não era virgem quando se casou com Lutero.

As ideias notavelmente desinibidas de Lutero sobre a sexualidade — e, portanto, sobre o casamento — provinham de seu agostinianismo radical. Se nunca podemos praticar nenhum bem, se todas as ações humanas são pecaminosas, então os atos sexuais não são diferentes nem piores do que outros tipos de pecado. Paradoxalmente, essa antropologia pessimista permitiu a Lutero adotar uma posição descontraída em relação à sexualidade. O desejo fazia parte da natureza humana — era assim que Deus criara a humanidade. Além disso, apesar das décadas de observância monástica, Lutero acreditava que a castidade nunca poderia ser algo voluntário; na verdade, não temos livre-arbítrio porque estamos sempre na sujeição ao Demônio. Era nesse aspecto que Lutero se afastava de Karlstadt. Com raízes na tradição da teologia mística da *Theologia deutsch*, Karlstadt queria que sua vontade se espelhasse na vontade divina, abandonando a carne, escapando ao corpo e se elevando a um plano mais espiritual da existência. Lutero vinha se afastando dessas ideias de perfeição pessoal, e foi por rejeitá-las e negar a existência do livre-arbítrio que surgiu seu conflito com Erasmo.[40]

Fazia anos que Lutero ansiava por uma briga com o grande humanista. Numa carta de 1522, fez pouco das ideias de Erasmo sobre a predestinação: "Não há o que temer em Erasmo, seja nesse ou em quase qualquer outro assunto realmente importante relativo à doutrina cristã [...]. Conheço o que há nesse homem assim como conheço os ardis de Satã".[41] A carta passou de mão em mão, como Lutero sabia que aconteceria, e logo chegou ao próprio Erasmo, ofendendo-o profundamente. No final de 1524, Erasmo por fim mordeu a isca e publicou *Uma discussão ou discurso sobre o livre-arbítrio*, que, ao que parece, redigira em apenas cinco dias. Nos meses que se seguiram a seu casamento, Lutero se envolveu tão intensamente na briga com Erasmo que, depois de atacar Karlstadt em *Contra os profetas celestiais*, deixou de lado a controvérsia sobre o sacramento, para a grande preocupação de seu amigo estrasburguense Nikolaus Gerbel, que reclamou que Lutero devia concentrar fogo contra os sacramentalistas.[42]

O embate com Erasmo marcou a separação definitiva entre a Reforma e o humanismo. Erasmo exercera grande influência em Lutero: suas cartas vêm pontilhadas de aforismos extraídos dos *Adágios* erasmianos, que devia conhecer de cor. Agora Erasmo, a "enguia", se tornava a "víbora".[43]

Erasmo insistia — como fizera Eck no Debate de Leipzig em 1519 — que na prática das boas ações havia também um elemento de vontade, negando assim

47. Retrato de Erasmo por *Hans Holbein, o Jovem, 1523*.

a ideia de que os seres humanos eram inteiramente corrompidos. Debateu uma série de passagens bíblicas conflitantes, transmitindo a dificuldade de saber quem tinha o "espírito", isto é, quem tinha a interpretação correta. Em sua réplica, *De servo arbitrio* [*A escravidão da vontade*], Lutero discorreu com ardor e veemência, negando que fosse necessário o "espírito" para inspirar a verdade, insistindo mais uma vez na autoridade exclusiva da Escritura, que era "uma luz espiritual muito mais clara do que o sol", a despeito da "pestilenta alegação dos sofistas de que a Escritura é obscura e ambígua".[44] Ao mesmo tempo, transmitia um profundo senso da alteridade radical de Deus e sua "vontade inescrutável" — o "Deus oculto" que os seres humanos não são capazes de entender e está além da racionalidade humana. Os seres humanos sempre tenderão para Satã, e não há a menor hipótese de que possam em algum momento "escolher" de fato; e, se não somos livres, somente a graça de Deus nos permite fazer algum bem. Ao final do ensaio, Lutero passou para um enfático argumento contrário:

Quanto a mim, confesso claramente que, se fosse possível, eu não gostaria de ser dotado de livre-arbítrio nem que restasse qualquer coisa em meu poder por meio da qual eu pudesse me empenhar em ser salvo, não só porque, em meio a tantas adversidades e perigos, e também em meio a tantos ataques dos demônios, não conseguiria me manter firme e prosseguir (visto que um único demônio é mais forte do que todos os homens somados e ninguém seria salvo), mas também porque, mesmo que não houvesse nenhum perigo, nenhuma adversidade, nenhum demônio, eu ainda seria obrigado a lutar continuamente perante uma incerteza e a esmurrar o ar; pois, por mais tempo que eu vivesse e praticasse obras, minha consciência nunca poderia ter certeza e segurança do quanto precisaria fazer para satisfazer a Deus. Pois, por mais obras que eu fizesse, sempre restaria uma dúvida se isso agradara a Deus ou se ele exigia algo mais, como prova a experiência de todos os autojustificacionistas e como eu mesmo aprendi ao longo de muitos anos, para meu grande pesar.[45]

"Eu não gostaria de ser dotado de livre-arbítrio": aos ouvidos modernos, é uma declaração espantosa. Rejeita tudo o que associamos à importância do indivíduo, à luta pelo aperfeiçoamento humano, ao papel da ação humana. Lutero não queria nada disso. A relação com Deus que acabara de descobrir exigia que não houvesse livre-arbítrio, porque "estou certo e seguro, porque ele é fidedigno e não mentirá para mim, e também porque ele é tão grande e poderoso que nenhum demônio, nenhuma adversidade poderia atingi-lo ou tirar-me dele".[46] Era uma percepção psicológica arguta. Se os cristãos tivessem nem que fosse um mínimo resquício de livre-arbítrio, mergulhariam na incerteza radical sobre a salvação, pois não ficaria claro a que ponto esse resquício contribuía para ela. Lutero passara por esse desvalimento, tentando em vão agradar a Deus com obras e incapaz de amá-Lo.

Pelo tom pessoal, essas lutas intelectuais se dão no início da vida conjugal. Lutero exultou com Katharina quando Justus Jonas, ex-acólito de Erasmo, mudou de ideia sobre o famoso pensador depois de ler sua réplica a Lutero. Este disse a Jonas que, quando leu para a esposa alguns trechos de sua carta, ela exclamou: "Veja que sujeito asqueroso ele [Erasmo] virou!".[47] Mais tarde, agradava-lhe incluir a presença de Katharina em suas reminiscências da refrega com o famoso humanista, chegando a sugerir que fora ela que o persuadira a escrever contra Erasmo.[48]

O tom bastante direto de Lutero desde então desagrada a muitos,[49] mas a retórica agressiva era parte integrante do debate acadêmico. O tom erudito de irônico distanciamento de Erasmo era uma provocação a Lutero, com suas mais profundas convicções em jogo naquele momento. Como relembrou mais tarde, as *Anfechtungen* se dissiparam nos primeiros anos de casamento. Para sua provável surpresa, Lutero agora sentia prazer físico e, mesmo assim, também sentia segurança em sua relação com Deus; essa revelação pessoal brilha em sua convicção absoluta de que o arbítrio humano é sempre propenso ao mal e escravo de Satã. Ele sabia intelectualmente que Agostinho estava certo, mas agora percebia na própria pele que aceitar a negação agostiniana radical da liberdade da vontade e a completa corrupção de todas as ações humanas era essencial para uma relação justa e correta com Deus.

Mais tarde, Lutero incluiu o ataque a Erasmo entre suas melhores obras, e o texto, embora não traga elementos novos, é um ensaio apaixonado que examina as implicações de sua posição teológica com grande profundidade emocional. Lutero não rejeitava as boas ações: elas eram vitais para a vida cristã. Mas eram ações que decorriam do fato de se estar salvo. E não ganhariam a salvação: esta era uma livre dádiva de Deus.

A negação do livre-arbítrio trazia consequências imensas para a compreensão de Lutero da psicologia humana, e é uma doutrina que muitos, desde então, acham difícil de aceitar. No entanto, sua posição tem muitos elementos em comum com linhas filosóficas para as quais a ação humana é determinada por forças sociais, econômicas ou inconscientes, e que consideram ilusória nossa impressão de "escolhermos" agir de tal ou tal maneira. Talvez a forma mais proveitosa de pensar sobre a questão é avaliar suas consequências para a teologia prática. Se todas as ações humanas vêm em algum aspecto manchadas pelo pecado e se nossa motivação para tudo o que fazemos vem sempre tingida de egoísmo, então não precisamos nos deter numa inquirição espiritual da alma, mas podemos nos concentrar no amor salvador de Deus.

Lutero, esperto, mandou imprimir seu ataque a Erasmo logo antes da feira de livros da primavera de 1526 em Frankfurt, na expectativa de que Erasmo tivesse de esperar até a feira do outono para poder pôr sua resposta à venda. Mas ele subestimou o grande humanista e sua rede de colaboradores. Erasmo escreveu a réplica em dez dias, conseguiu que seu velho amigo Johann Froben da Basileia imprimisse o texto usando seis prelos simultaneamente, e a resposta chegou a tempo a Frankfurt.[50] Erasmo também reclamou com o eleitor sobre o ataque, o que com certeza prejudicaria Lutero, pois ele então escreveu após a publicação a Erasmo, aparentemente se desculpando pelo tom "apaixonado". Não medira as palavras, sem dúvida. "Você pensa que pode conduzir o mundo para onde quiser com seu palavrório vazio", escreveu ele em *De servo arbitrio*, desqualificando Erasmo como um "Proteu" que muda o tempo todo de posição.[51] Porém não eram tanto os insultos a "meu caro Erasmo", como o tratava ao longo de todo o texto, que constituíam a ofensa maior, mas sim a forma como Lutero apresentara o grande estudioso como um pedante hipócrita, a quem faltava uma fé verdadeira e que colocava as rasteiras realizações acadêmicas acima da verdade bíblica.

> Alguns podem rir por eu estar explicando o óbvio e oferecendo a grandes homens um bocadinho de sintaxe rudimentar, como se ensinasse o alfabeto a crianças. O que devo fazer se os vejo tatearem na escuridão à plena luz do dia e se esforçando demais em ser cegos, amontoando tantos séculos, tantos talentos, tantos santos, tantos mártires, tantos doutores, e se vangloriando com tanta autoridade dessa passagem em Moisés e ainda não se dignando a olhar as sílabas e não curvando seus pensamentos para avaliar de fato a passagem de que se vangloriam?[52]

Lutero também escreveu ao eleitor em termos inequívocos, dizendo-lhe para não se imiscuir no assunto, como solicitava a "víbora"; se tivesse de escrever a Erasmo, que lhe dissesse que este era um assunto para "um Juiz muito maior do que um príncipe secular". Lutero não tinha a menor intenção de sanar as divergências com Erasmo.[53]

Ao mesmo tempo, prosseguia o áspero conflito com Karlstadt, que agora morava na casa de Lutero. De início, o conflito se referia à liderança e à velocidade da Reforma, mas logo se ampliou, abarcando o principal rito do cristianismo, a Eucaristia. Ia muito além de uma questão de doutrina: a eucaristia era o que moldava o mais profundo entendimento de uma comunidade cristã de si mesma e do mundo, abrangendo tudo, desde a política e a conduta moral até sua concepção da realidade.

A posição de Lutero sobre o sacramento era complexa. De um lado, rejeitava a ideia católica de transubstanciação no milagre da Missa, com que os "acidentes" do pão e do vinho — o sabor, o cheiro, a aparência — continuavam os mesmos enquanto sua "essência" se transformava no corpo e no sangue de Cristo.[54] Para ele, essa era uma doutrina não bíblica, mas humana, baseada na filosofia de Aristóteles, tradição que rejeitava. Tendo se formado na filosofia ockhamista, para ele a doutrina das "essências" e dos "acidentes" era um anátema, por ser uma abstração que convertia a crença em razão.

Lutero não traçava a nítida distinção de Karlstadt entre carne e espírito. Tinha uma posição muito mais positiva perante o mundo físico, o que o tornava menos propenso a distinguir entre um objeto e suas qualidades ou a pensar que houvesse uma dissociação radical entre o espiritual e o material. Para Lutero, a Presença Real de Cristo na Missa era algo inexplicável. Cristo não estava "sob" ou "por trás" dos elementos do pão e do vinho, embora Lutero se dispusesse a admitir essa ideia desde que as pessoas continuassem a acreditar que Cristo realmente estava ali. Enquanto prosseguia a controvérsia sacramentalista, ficou evidente que a insistência na Presença Real era uma parte fundamental da teologia de Lutero. Não se tratava apenas de uma questão de doutrina: ao defender sua posição, ele mobilizava suas mais profundas motivações psicológicas.

As controvérsias sobre a comunhão vinham da época dos distúrbios de 1521-2 em Wittenberg, quando primeiro o monge radical Gabriel Zwilling e depois Karlstadt implantaram um novo ofício divino em alemão. Karlstadt procurara incentivar as pessoas a tomarem o sacramento com as próprias mãos, em vez de simplesmente recebê-lo das mãos de um padre, pois queria que a congregação sentisse por experiência própria o que significava dizer que todo cristão é um sacerdote. Usando roupas normais em vez de trajes eclesiásticos, Karlstadt também abolira a elevação, quando se erguia o sacramento para que todos o vissem no instante da consagração, na qual o pão se transformava milagrosamente no corpo de Cristo. Todos faziam a comunhão sob as duas espécies, o pão e o vinho. Como vimos, Lutero cancelou todas essas reformas ao voltar a Wittenberg, e, ao implantar uma nova Missa em 1523, esta era em latim, mantendo a elevação. Karlstadt troçara dessa aparente concessão às "consciências fracas", pessoas ainda não preparadas para a Reforma, que lhe parecia ser um mero pretexto para disfarçar uma concessão política, que visava proteger a Reforma sob a égide imperial. Em Orlamünde, ele retomou o que deixara em Wittenberg, instituindo a comunhão sob as duas espécies, cantando os Salmos em alemão, removendo as imagens e ressaltando o caráter sacerdotal de todos os fiéis, além de incentivar os paroquianos a interpretarem a Bíblia por conta própria.[55]

Mas se a controvérsia eucarística ganhou vida como um conjunto de questões práticas, logo se tornou muito mais abrangente e fundamental. Karlstadt, embora de início tivesse rejeitado com indignação as reclamações de Nuremberg de que os paroquianos de Wittenberg estavam negando a Presença Real no sacramento, depois desenvolveu aos poucos uma teologia em que a comunhão era uma "rememoração sincera", apenas um ato comemorativo. Em 1524, ele já declarava explicitamente que não se podia usar "Este é meu corpo" como prova de que Cristo estava fisicamente presente, pois o "este" não se referia ao pão, e sim ao corpo de Cristo. O objetivo da comunhão era redespertar a ligação emocional do fiel com o sacrífico de Cristo na Cruz.[56] Mais ou menos na mesma época, o líder reformador suíço Ulrico Zwinglio, que teve enorme influência nas cidades do Sul do império, desenvolvia em Zurique uma concepção semelhante a partir de argumentos levemente diferentes. Enquanto Karlstadt sustentava que Cristo, ao dizer "Este é meu corpo", referia-se apenas a seu corpo físico, Zwinglio se concentrava no sentido de "é", sustentando que significava "representa".

O percurso de Karlstadt até essa sua posição estava diretamente vinculado à sua ênfase totêmica no sofrimento — por meio do qual a pessoa renunciava a todos os "desejos", esvaziava-se para Deus e chegava à *Gelassenheit*.[57] Como cristão, escreveu ele em *Sobre a múltipla e una vontade de Deus*, "deves sentir uma cruz em tua vida, no trabalho, no esforço e no descanso se quiseres estar em Cristo. E deves morrer para a vontade própria". Embora já estivesse casado, seus textos continuavam a ser um tanto canhestros na questão da sexualidade, argumentando em tom defensivo que não havia problemas em estar com uma mulher, desde que não houvesse nenhum "desejo" envolvido. Escreveu que "a carne nos corrói com seus desejos", alertando que, "se desenvolvemos prazer e amor por nossa carne e nossos desejos e criamos amizade com nossa natureza, nossa carne hostil é como uma trave em nossos olhos". Essa posição tortuosa derivava de sua separação radical entre carne e espírito, num dualismo que marcou toda a sua produção teológica e definiu sua teologia eucarística da maturidade. Fazia uma distinção entre a recepção "interior" do sacramento e a forma material "exterior", o pão; e, devido à sua ênfase exclusiva na dimensão espiritual, viu-se levado a sustentar que o divino não podia estar presente nos objetos materiais.[58]

A teologia eucarística de Karlstadt também deu forma a suas ideias sobre a conduta moral, a questão dos sexos e a política. Engajado na Reforma comunitária, rejeitava tudo o que sugerisse uma tirania sacerdotal — a elevação da hóstia, a comunhão sob uma espécie apenas, a confissão antes da Comunhão, o padre depondo a hóstia na boca do comungante —, ao passo que sua admiração pelo misticismo, pelas profecias e pelo poder do espírito lhe permitia ser mais aberto ao papel das mulheres na Igreja.[59] Querendo escapar à sua formação intelectual e alcançar um misticismo emocional mais puro, era-lhe difícil expressar seus pontos de vista dentro dos limites de um ensaio escrito e argumentado à maneira tradicional, forma em que Lutero era excelente. Karlstadt tentou vários outros gêneros, inclusive o diálogo, em que atribuía aos oponentes palavras que lhe permitissem refutá-los, mas, visto que repudiava as imagens e não era poeta nem músico, não lhe restavam outros meios de expressão prática. Enquanto o estilo retórico de Lutero se tornava cada vez mais claro e mais rebarbativo, Karlstadt levava o formato do ensaio a seus limites, evitando a reflexão intelectual linear. Disso resultou um estilo que parece obscuro e sem acabamento. Assim, por exemplo, em *O significado do termo "Gelassen"*, temos: "Todavia, precisamos estar constantemente em guarda para que esse mesmo egoísmo ou esse render-se à absorção em si seja seriamente julgado e dele se capitule, pois o Demônio está no aguardo de uma capitulação que não se rende, tal como uma raposa procura galinhas que pretende devorar".[60] É evidente que ele procura não só imagens expressivas, mas também a honestidade emocional, porém às custas da clareza.

O sofrimento e a dor da rejeição que Karlstadt sentiu — Lutero despertara nele "ansiedade, inveja, ódio e infelicidade" — lhe permitiram alcançar a *Gelassenheit*.[61] Como escreveu num diálogo em que abordava linha a linha o ensaio *Contra os profetas celestiais* de Lutero: "Por meio desse sofrimento devemos nos submeter, nos dobrar e subordinar nossa carne indomada ao espírito a fim de auxiliar a esperança, fortalecer a fé e erguer a palavra. Pois a tribulação gera a paciência e a paciência leva à experiência e a um conhecimento certo". Isso, insistiu ele, não tinha nada a ver com as "obras do amor", o autoflagelamento e o ascetismo praticados pelos monges, com os quais Lutero identificava suas ideias.[62] O que os dois tinham em comum, porém, é que ambos invocavam a experiência. Para Lutero, o episódio de sua heroica posição em Worms era prova de que somente ele era a pedra de toque da verdade, e Karlstadt, por seu lado, entendia sua perseguição pessoal e seus sofrimentos como uma experiência única: era algo que Lutero, vivendo de seus rendimentos como catedrático estável em Wittenberg, jamais poderia entender. Assim, a disputa entre Lutero e Karlstadt era não só intelectual, mas também pessoal, refletindo a maneira como cada um entendia sua história e seu destino individual.[63]

A teologia sacramental de Lutero não determinava sua teologia moral — ambas faziam parte da mesma coisa. As divergências com Karlstadt sobre o sacramento encontravam correspondência nas divergências de ambos em suas respectivas teologias do casamento e da conduta moral, e logo definiriam uma clivagem fundamental dentro da Reforma em sentido mais amplo. Os adversários evangélicos de Lutero, que estabeleciam uma nítida distinção entre carne e espírito, atinham-se a duas noções gerais. Alguns, como Karlstadt, nunca reconciliariam por completo a vida conjugal e a *Gelassenheit* e mantinham uma posição ambivalente em relação ao casamento, não só porque incluía o prazer físico, mas também porque criava laços emocionais com a esposa e os filhos.[64] Müntzer também dava a entender, vez por outra, que seria melhor conservar a castidade. (Na verdade, segundo a anedota maliciosa do luterano Johann Agricola, Müntzer era tão "espiritual" que não demonstrou nenhuma alegria ao saber do nascimento do filho no dia da Páscoa de 1524.)[65] Esse desconforto em relação à "carne" era comum a um amplo leque de pensadores espiritualistas e anabatistas — os anabatistas rejeitavam o batismo infantil —, muitos influenciados diretamente por Karlstadt ou por Müntzer. Para vários deles, com sua formação católica anterior e a aversão ao sexo como algo sujo, era impossível imaginar que alguma ligação sexual pudesse agradar a Deus. Mas alguns, baseando-se na ideia do matrimônio com a união física como parte integrante, procuravam sacralizar o sexo, acreditando que Deus os chamara para que deixassem a esposa e tomassem uma nova "irmã conjugal". Um grupo de anabatistas, que ficaram conhecidos como os "irmãos de sangue" da Turíngia, chegava a sustentar que a união sexual era "a encarnação de Cristo", o sacramento verdadeiro que deveria substituir a eucaristia. Para eles, o sacramento devia ser vivido na carne, e o sexo, como própria epítome da expressão "carnal", devia ser espiritualizado.⁶⁶

A outra abordagem adotada pelos que estabeleciam uma separação radical entre corpo e espírito era regulamentar o casamento e a sexualidade de forma a criar uma comunidade religiosa. Muitas das comunidades evangélicas sob a influência dos ensinamentos de Zwinglio criaram tribunais consistoriais para fiscalizar o casamento e a conduta moral, às vezes compostos apenas de laicos, às vezes sob o controle da igreja local, com a participação do clero ou dos "Anciãos" da congregação. Em Zurique, foi lançado um decreto disciplinar e criou-se um novo tribunal para punir os que bebiam demais, apostavam em jogos de azar, viviam em adultério ou cometiam fornicação.⁶⁷ Esses tribunais se baseavam em modelos anteriores à Reforma: fazia muito tempo que as guildas policiavam a conduta moral de seus integrantes, e os conselhos municipais puniam os bígamos e as prostitutas avulsas que trabalhavam fora dos bordéis registrados. Mas agora os processos contra os delitos conjugais se davam com uma intensidade inédita, e igualmente intenso era o valor religioso que se atribuía à criação de uma comunidade pia. Tal linha encontrou sua expressão máxima na Genebra de Calvino.

Por outro lado, Lutero, que acreditava na Presença Real de Cristo na eucaristia e se negava a traçar uma distinção categórica entre carne e espírito, não dedicava suas energias a tais questões; na verdade, os anabatistas no território de Hesse o acusavam de não se importar muito com eles.⁶⁸ Em certo sentido, tinham razão. Lutero pregava contra o pecado, sem dúvida, mas continuava a defender a confissão individual e a importância de tratar a transgressão numa esfera privada, em vez da confissão pública e da purificação de toda a paróquia.

A teologia matrimonial de Lutero, portanto, também se diferenciava da de Karlstadt. Seu primeiro sermão sobre o tema, em 1519, seguia as linhas convencionais, louvando os que tinham a dádiva da castidade e apresentando o casamento como uma solução para o pecado. Mas sua segunda contribuição importante, um sermão de 1522, partia do Antigo Testamento e da Criação. Os seres humanos são criados como homens e mulheres, disse ele:

> Portanto, tal como não está em meu poder não ser homem, da mesma forma não é prerrogativa minha ficar sem mulher. Assim, tal como não está em seu poder não

ser uma mulher, da mesma forma não é prerrogativa sua ficar sem homem. Pois não é uma questão de livre escolha ou decisão, mas uma coisa natural e necessária que qualquer um que seja homem deve ter uma mulher e qualquer uma que seja mulher deve ter um homem.

E concluiu ele: portanto, as pessoas devem se casar. Além disso:

"Crescei e multiplicai-vos" é mais do que uma ordem: é uma determinação divina que não cabe a nós evitar ou ignorar. Pelo contrário, é tão necessária quanto o fato de eu ser um homem, e mais necessária do que dormir e acordar, comer e beber, esvaziar a bexiga e os intestinos. É uma natureza e uma disposição tão inata quanto os órgãos relacionados a ela.[69]

O sexo é uma função natural, argumentava Lutero, e ao naturalizá-lo ele abandonava uma tradição multissecular que condenava a relação sexual. E, ao compará-la à defecação, não desvaloriza a relação sexual como coisa suja — para ele, a defecação era fonte de prazer, boa disposição e gracejos. Nenhum neto de camponês jamais veria o excremento senão como uma coisa positiva, pois era fonte de fertilidade.

Embora fundamental para a sociedade, o casamento surpreendentemente era pouquíssimo regulamentado pelas autoridades seculares. Como sacramento, recaíra sob a alçada da Igreja, que decidia quais casamentos eram permitidos, quais eram tidos como incestuosos, quais exigiam licenças especiais; e tudo ficava mais complicado porque os vínculos com madrinhas e padrinhos criavam mais uma rede espiritual de parentesco e, com isso, toda uma série de uniões potencialmente incestuosas. A Igreja também deliberava sobre as anulações e os divórcios "de cama e mesa", que não permitiam novas núpcias. Ao mesmo tempo, as autoridades seculares estavam punindo as pessoas por infrações sexuais — adultério, violência no casamento, bigamia e sodomia.

O que mais consumia tempo nos tribunais eclesiásticos eram os casamentos secretos. Por ser um sacramento que consistia exclusivamente na troca de promessas matrimoniais entre o casal e na união física, não era preciso um padre para oficiá-lo: o sacerdote era apenas uma testemunha dos votos do casal. Isso significava que os dois podiam trocar votos matrimoniais vinculantes numa alcova, ou mesmo num celeiro ou no campo, logo antes de copularem. Uma vez consumada a relação sexual, tais uniões constituíam casamentos plenamente legais, ainda que não fossem do conhecimento de qualquer instituição. Em decorrência disso, se o homem e a mulher tivessem copulado, podiam ficar genuinamente em dúvida se estavam livres para se casar em outro lugar. Da mesma forma, se uma mulher ficasse grávida e processasse o parceiro nos tribunais eclesiásticos, pedindo indenização pela perda da virgindade e sustento para a criança, provavelmente, para salvar sua honra, iria alegar que ele lhe prometera casamento. Mas suas chances de vencer a ação eram pequenas. Se o parceiro negasse, ela precisaria de duas testemunhas em seu favor. Em vista das circunstâncias em que se costumavam fazer tais promessas de casamento e do provável abalo que sofreriam as hierarquias sociais no caso de matrimônios imprudentes, normalmente era impossível encontrar essas duas testemunhas. Assim, tornou-se rotina nos tribunais eclesiásticos ouvir os dois lados e, "na ausência de provas", simplesmente declarar que as duas partes estavam livres para se casar em outro lugar. Essa solução incluía uma compensação financeira para a mulher, mas confirmava que "perdera" a honra e a impedia de obrigar seu sedutor a desposá-la.

    É muito comum atribuir a Lutero a invenção do casamento moderno de coabitação, depois de séculos de textos monásticos apresentando a vida conjugal como alternativa espiritualmente inferior. Mas o que ele entendia por casamento era, em vários aspectos, muito estranho e surpreendente. Em 1520, em *Do cativeiro babilônico da Igreja*, ao argumentar que o matrimônio não era um sacramento, Lutero pôs em curso uma imensa transformação da instituição em torno da qual se organizavam as relações políticas e sociais na sociedade. Isso significava, acima de tudo, que a Cúria e os tribunais eclesiásticos não tinham nenhuma autoridade sobre o casamento, e que não era o direito canônico que dava seu arcabouço jurídico. Na tentativa de limpar toda a área, Lutero foi ainda além e redefiniu as leis do incesto. Em vez dos laboriosos cálculos dos graus de parentesco e do complexo sistema de licenças que o papa administrara, Lutero defendia que se aplicasse a lei bíblica: à exceção das uniões explicitamente proibidas no Levítico, qualquer coisa era permitida. Como escreveu ele ao pastor Marquard Schuldorp em Magdeburgo, que se casara com a sobrinha, tal casamento era plenamente válido, pois o que Deus não proíbe é permitido. E recomendou a ele que simplesmente ignorasse os brados de "não está certo, não está certo", por parte daqueles que parecem uns "cachorros loucos dilacerando sua presa na floresta", pois ninguém pode negar que "Deus não proibiu, mas deixou que filho e filha de irmãs se casassem entre si ou que alguém se casasse com a filha do irmão ou da irmã".[70] Tais uniões, porém, contrariavam a lei imperial e os juristas logo liquidaram o argumento de Lutero, negando-se a sancionar casamentos de tios e sobrinhas; mais tarde, o próprio Lutero adotou uma linha muito mais conservadora.[71]

Ter filhos, acreditava ele, era uma necessidade humana, e em seu ensaio de 1520 chegou a sugerir que, se uma mulher não conseguisse ter filhos com o marido, então devia "ter intercurso com outro homem, digamos, o irmão do marido, mas manter essa união em segredo e atribuir os filhos ao dito pai putativo" — posição que até seus contemporâneos consideraram chocante.[72] Quando lhe perguntaram se a bigamia era admissível, Lutero respondeu que os pagãos podiam fazer o que quisessem, mas a liberdade cristã devia ser regida pelo amor e pela atenção ao próximo, "em que isso pode acontecer sem dano e sem prejuízo para a fé e a consciência"; e, embora fosse permitida pelo Antigo Testamento, agora a bigamia causaria apenas mágoa e aflição, o que dificilmente constitui um retumbante endosso da monogamia.[73] Como função física, para Lutero, o sexo estava intimamente ligado à saúde — chegou a mencionar o caso de uma conhecida sua que morreu por falta de relações sexuais.[74] Mal tendo se passado um mês após a morte da esposa de Justus Jonas, em dezembro de 1542, Lutero escreveu que, agora que a dor inicial do amigo passara, logo estaria sentindo desejos sexuais por uma boa mulher, e acrescentou que Deus ia "curar sua ferida"; com efeito, cinco meses depois da morte da esposa, Jonas se casou outra vez.[75] Lutero considerava o sexo tão importante para o bem-estar humano que, se alguém cometesse adultério, não só o casamento deveria ser desfeito, mas a parte inocente seria autorizada a se casar de novo. Era um realista quanto ao desejo sexual e escreveu: "Existem duas espécies de adultério. O primeiro é espiritual, perante Deus, em que alguém deseja a esposa ou o marido de outrem, Mateus 5. Ninguém escapa disso".[76] Lutero mantinha um sólido ideal ético do casamento, mas suas convicções muitas vezes contraditórias e incompatíveis o levavam a dar alguns conselhos um tanto heterodoxos nos inúmeros casos conjugais com que agora precisava lidar.

Deixando o casamento de ter o estatuto de sacramento e com os princípios da jurisdição secular ainda em fase de elaboração, as pessoas agora invocavam o próprio Lutero como autoridade máxima em disputas matrimoniais — assim como antes recorriam ao papa. Destruídos os velhos tribunais papistas, recorria-se cada vez mais aos conselhos de Lutero. Suas respostas podiam ser arbitrárias e às vezes pareciam ter sido inventadas ali na hora. Por exemplo, ele disse a Josef Levin Metzsch de Wittenberg que não havia problemas em se casar com uma mulher parente sua em terceiro grau sem a aprovação de um bispo ou do papa, mas, depois de seguir o conselho de Lutero, Metzsch descobriu que os juristas consideravam seus filhos ilegítimos.[77] Não raro, também lhe parecia mais fácil adotar o ponto de vista do marido. Numa ocasião, ele e o colega Johannes Bugenhagen recomendaram a Stefan Roth que exercesse sua autoridade marital e obrigasse a esposa doente a deixar Wittenberg e acompanhá-lo a Zwickau, pois, se ela relutava, não era por causa da doença, e sim por má vontade. Roth devia "cuidar disso, ser homem", e não permitir que "a autoridade do marido, que é a glória de Deus [...] seja desacatada por ela". Devia entender que o "feno está acostumando mal o jumento", isto é, ele estava apenas alimentando a teimosia dela ao ceder, e numa escolha de palavras que insinuava também certo descontrole sexual da mulher.[78]

O caso de Wolf Hornung, da pequena nobreza, se converteu numa obsessão especial. A esposa de Hornung, Katharina Blankenfeld, atraíra a atenção de ninguém menos que o eleitor Joachim de Brandemburgo, irmão de Albrecht de Mainz, velho adversário de Lutero. Joachim a obrigou a se tornar sua amante e, quando Hornung descobriu o adultério, agrediu e esfaqueou a esposa. O eleitor então mandou prender Hornung e o humilhou. Lutero assumiu sua causa e escreveu várias vezes à esposa errante, à mãe dela e ao eleitor; provavelmente redigiu também a carta de defesa de Hornung. Quando a situação não deu em nada, Lutero adotou a tática que usava desde o início da Reforma: levou a questão a público. Escreveu e publicou cartas severas não só a Katharina Blankenfeld e ao eleitor, mas também aos bispos da região e aos cavaleiros de Brandemburgo, dizendo-lhes que admoestassem o governante. Embora tivesse a cautela de dizer na carta ao eleitor que não pretendia iniciar nenhuma querela nem fazer nenhum insulto a ele, é difícil imaginar uma campanha mais inflexível para a destruição do renome de alguém. Para Lutero, era uma questão de honra masculina. Em seus termos, fora cometido um "roubo", e um governante injusto e prepotente roubara a mulher de seu marido legítimo.[79]

Lutero via o caso, sem dúvida, pelas lentes do Antigo Testamento, no episódio em que Davi rouba Betsebá, esposa de Urias, o hitita. Teve, naturalmente, de admitir que Hornung castigara a esposa "esfaqueando-a um pouco com uma faca cega", mas argumentou que isso se dera "por zelo marital".[80] Katharina Blankenfeld — ou talvez seu sedutor, Joachim — respondeu à mesma altura, dizendo ao "bispo Lutero" que se olhasse no espelho: estava fornicando com uma freira e devia pensar em sua própria conduta enquanto passeava à noite pelas ruas de Wittenberg com seu alaúde, insulto sugerindo que era um mulherengo dado a serenatas. Lutero publicou imediatamente a carta de Katharina, acrescentando seus comentários linha a linha, zombando da arrogância dela: "Que Deus proteja a todos dessa sra. Katharina Blankenfeld, a menos que um bom porqueiro consiga agarrá-la antes com uma faca afiada e castrá-la".[81] O caso foi rumoroso, e se de início Lutero acreditava que Katharina fora seduzida contra a vontade, logo passou a demonizá-la como verdadeira bruxa. O que intensificava ainda mais seu ardoroso envolvimento no caso era o fato de que a esposa de Joachim, luterana, saíra de Brandemburgo e fora para Wittenberg em 1528. Não era a primeira vez que Lutero parecia roubar uma mulher de um figurão católico e lhe dava uma banana.

De vez em quando, sua ideia sobre o casamento podia parecer própria dos tempos da cavalaria. Seu engajamento na defesa do matrimônio de Hornung, por exemplo, forma um visível contraste com sua insistência igualmente fervorosa, em outros casos, em permitir novas núpcias para maridos abandonados pelas esposas, como no caso de alguns pastores. Ursula Topler, que era casada com Jodokus Kern, pregador e ex-dominicano, deixara o convento ao se persuadir da verdade dos ensinamentos de Lutero, mas estava decidida a ter um casamento casto com o marido, que, para a infelicidade dela, não compartilhava esse seu ideal. Ao ser tratada com brutalidade, Ursula fugiu buscando proteção junto ao conde católico Ernst II de Mansfeld, enquanto o marido recorria à justiça para recuperá-la. Kern era pastor em Allstedt, para onde Lutero o enviara no final de 1524, para se contrapor à influência de Müntzer. Lutero recomendou que ela fosse removida das garras de Ernst e da esposa, que estavam enchendo seus "ouvidos, olhos e todos os seus sentidos e coração" com ideias erradas. Além disso, era uma mulher, "a qual, além da fraqueza natural, recebia também a tentação do Demônio e dos humanos, de maneira que seria um milagre se conseguisse resistir". Devia ser enviada para a casa de parentes em Nuremberg, para que a convencessem a recobrar o juízo. Mas se isso não funcionasse, disse Lutero, então "ela que vá e faça o que quiser, e o pastor fique livre como se estivesse morta"; interessante notar que ele não recomendou que Ursula fosse obrigada a voltar para o marido. Todavia, isso foi demais para o eleitor, cujos conselheiros estavam preocupados com o escândalo que a questão toda causaria em Allstedt. Assim, quando Kern seguiu em frente e se casou outra vez, foi acusado de bigamia na Visitação da Igreja de 1533.[82]

Muitos dos pastores evangélicos recém-casados acharam o casamento bem difícil, depois de terem passado anos, desde a juventude, em ambientes exclusivamente masculinos, ensinados a ver as mulheres como agentes da tentação, receptáculos imundos da luxúria masculina. Lutero, por exemplo, na época em que era monge, raramente chegava a ver uma mulher, nem sequer no confessionário; até onde sabemos, não tinha nenhuma amiga antes de começar a conhecer um pouco melhor a elite de Wittenberg, em especial as famílias Cranach e Krapp. Usava um humor misógino tanto com homens quanto com mulheres: quando a esposa de Justus Jonas engravidou, escreveu a ela sugerindo que seria uma filha, pois as meninas ocupam muito espaço no ventre, "assim como as mães, que tornam o mundo apertado demais para um pobre homem".[83] Quando a esposa de Johannes Lang morreu, Lutero escreveu: "Não sei se lhe dou minhas congratulações ou minhas condolências".[84] Ela fora uma viúva rica e, ao se casar com Lang, Thomas Müntzer comentou, mordaz: "Os homens ditos piedosos, os párocos dos príncipes que lhes pregam o Evangelho, se casam com velhas de grande riqueza, pois têm medo de que alguma hora precisem ganhar o próprio pão".[85]

Mas não havia nada de incomum em contrair um casamento economicamente vantajoso. As oficinas eram, em sua maioria, dirigidas por um casal, e não raro uma viúva se casava com um oficial de artesão empregado na oficina, para manter o negócio em funcionamento. Nos lares camponeses, da mesma forma, era fundamental que marido e mulher cultivassem a terra, e o casamento naturalizava as relações econômicas de subordinação e obediência. Por meio do casamento, transmitiam-se os bens e a posição social, consolidavam-se as relações, instauravam-se dinastias políticas, salvaguardava-se a herança. Isso se aplicava também à nova profissão do clero casado. Sempre pragmático, em 1528 Lutero aconselhou Michael Stifel a ocupar a paróquia de Lochau, vaga após a morte de Franz Günter, ex-aluno de Lutero — e, aproveitando o pacote, a desposar a viúva de Günter e a cuidar de seus dois filhos. Stifel acatou devidamente a recomendação, ganhando casa e família de uma só vez,

48. Lucas Cranach, o Velho, Martinho Lutero, 1532.

enquanto Lutero agora podia ficar tranquilo que a viúva estava atendida e garantida a sucessão de mais um pastor luterano.[86]

O próprio lar de Lutero constituía uma grande preocupação, pois era no antigo mosteiro de Wittenberg, justo lá, que ele morava com Katharina, e logo se encheu de dependentes. Lutero, junto com o último prior, Eberhard Brisger, havia entregado formalmente ao eleitor as chaves do edifício agora praticamente deserto, poucos meses antes de se casar, transferindo a propriedade para o eleitorado da Saxônia, embora os recém-casados continuassem a morar ali. Sete anos depois, o eleitor João, irmão e sucessor de Frederico, doou formalmente o local inteiro a Lutero e seus descendentes.[87] Era, na época, um dos maiores edifícios da cidade, e Katharina imprimiu seu selo nele ao acrescentar o "portal de Lutero" como presente de aniversário, em 1540 — uma porta de entrada em estilo renascentista, com um entalhe em pedra com o rosto de Lutero num dos lados e, no outro lado, a rosa, que era sua marca registrada.[88]

Ali Lutero criou um misto de comunidade monástica e residência secular. O local não só era enorme — certamente maior do que a casa de Mansfeld onde crescera —, como também logo passou a abrigar um grande número de hóspedes e inquilinos. Por estranha ironia, a família Karlstadt foi uma das primeiras a chegar; e, como faziam muitos outros professores em Wittenberg, Lutero acolhia estudantes, recebendo uma renda adicional por lhes fornecer casa e comida. Sempre havia pessoas à sua mesa, quando ele podia se exibir e regalar os ouvintes com piadas e anedotas.[89] Visitas de todos os tipos eram acolhidas com hospitalidade, tal como no mosteiro. Lutero valorizava a sociabilidade, como antídoto à melancolia que sofrera quando era monge, e dedicava um tempo considerável às companhias. Se deseja paz e tranquilidade, avisaram ao príncipe Georg de Anhalt, em 1542, não fique com Lutero.[90] Além dos estudantes,[91] também havia a criadagem, inclusive Wolf Sieberger, criado de longa data do ex-monge, ao qual o reformador dedicou um épico sobre seus talentos de passarinheiro, e uma série de criadas, como a exótica Rosina von Truchsess, que de início dizia ser uma freira nobre, mas depois admitiu ser filha de um campônio executado na Guerra dos Camponeses. Quando engravidou, pediu a outra criada para "pular em cima do corpo dela", para abortar, e depois disso Lutero passou a condená-la como uma "arquimeretriz, prostituta irrecuperável e um saco de mentiras". Também desconfiou que ela seria uma espiã papista; Rosina foi despedida — como era usual ocorrer com criadas solteiras que engravidavam — e teve de deixar a cidade: a renomada generosidade da casa não ia tão longe.[92]

A liberalidade de Lutero, porém, era lendária. Famílias inteiras se mudaram para o ex-mosteiro. Simon Haferitz, ex-seguidor de Müntzer, envolvido em disputas em Magdeburgo, chegou em 1531 com uma extensa família. "Não sei em que ninho posso pôr essa ave", suspirou Lutero. "Mas Lutero tem costas largas e conseguirá carregar esse fardo também."[93] Johann Agricola chegou a Wittenberg com a família de nove filhos em 1536, quando esperava conseguir um cargo na universidade, e Lutero acolheu novamente a esposa e as filhas em 1545.[94] Em 1539, recebeu os quatro filhos órfãos do dr. Sebald Münsterer, que morrera de peste junto com a esposa — para a grande fúria dos moradores de Wittenberg, que acusaram Lutero de disseminar a peste.[95] Havia ainda uma mistura variada de parentes e amigos, incluindo Mume Lena, tia de Katharina, e um rapazote de catorze anos, filho de um conde da Boêmia.[96] O convívio podia gerar tensões. Em 1542, Lutero escreveu ao mestre-escola

49. Lucas Cranach, o Velho, *Retrato verdadeiro de Lutero*, 1546. No começo dos anos 1530, Lutero já tinha engordado muito, e as imagens comemorativas do reformador feitas no ano de sua morte mostram uma figura corpulenta, um homenzarrão de autoridade muito diferente do jovem monge magro e de aparência ascética.

em Torgau, dizendo-lhe para bater diariamente no sobrinho Florian, por três dias, até correr sangue: o menino pegara o canivete de Paul, filho de Lutero, quando os dois garotos iam para a escola. Devia apanhar no primeiro dia por ter pegado o canivete; no segundo, por ter mentido dizendo que Lutero lhe dera o canivete; no terceiro, por tê-lo roubado de Lutero, pois o canivete era dele. "Se o palhaço ainda estivesse aqui, eu o ensinaria a mentir e a roubar!", escreveu Lutero, furioso.[97]

50. *Lucas Cranach, o Velho, Lutero e o eleitor saxônico diante de um crucifixo. Essa imagem e variantes suas ganharam imensa influência. Foi usada na edição de 1546 do Novo Testamento de Lutero, publicada por Hans Lufft, e no frontispício de vários volumes de suas obras reunidas. A imagem também destaca a relevância do crucifixo na devoção luterana, importância esta que fora rejeitada por Karlstadt.*

O monge magro e intenso que fora motivo de chacota enquanto aspirava um ramalhete de flores no mercado de Leipzig se convertera num patriarca sólido e estabelecido, oferecendo hospitalidade aos outros. Em 1530, os visitantes já notavam que ele engordara. Agora era corpulento e, como observou sarcástico um pouco antes de morrer, logo os "vermes terão um doutor robusto para se alimentar". Essa mudança física criou, porém, um problema de representação para o movimento evangélico: os homens pios em geral eram ascetas esqueléticos, imunes aos prazeres da carne. A biografia de Lutero escrita por Melâncton mostra a dificuldade de seus seguidores em aceitar sua aparência: Melâncton insiste que Lutero jejuava muito, passando dias sem comer nada.[98] Mas o reformador pouco se parecia com o ermitão famélico e o estudioso devotado que Melâncton queria apresentar. Na verdade, a essa altura já se desenvolvera uma nova iconografia, mostrando um Lutero monumental, com botas enormes e mãos pequenas, de porte imponente, pés solidamente plantados no chão, segurando uma Bíblia. Algumas imagens mostravam um Lutero corpulento de um lado e um robusto eleitor da Saxônia do outro, ambos ajoelhados com um crucifixo entre eles, como dois pesos enormes nos pratos de uma balança: seria difícil conceber uma demonstração mais clara da proximidade entre a Reforma de Lutero e a casa dirigente saxônica. Essa imagem serviu de prefácio para edições da Bíblia de Lutero e de suas obras reunidas, e se tornou uma representação quase oficial da Reforma.[99]

No começo dos anos 1530, após a morte dos genitores, Lutero passara a ser "o mais velho em minha família", além de pai de numerosa prole. Também perdera um pouco da mobilidade, tanto intelectual quanto física, recolhido em seu gabinete ou recebendo à mesa. Agora um homem de posses, a vida de casado transformara sua teologia. Trocara o ascetismo por uma concepção admiravelmente positiva da corporeidade humana e uma atitude pastoral flexível perante os dilemas conjugais de seus paroquianos. Essa posição o separava não só da velha Igreja, mas também do moralismo comunitarista de regras rígidas daqueles que eram influenciados pelos reformadores suíços e seus herdeiros, os calvinistas.

14. O colapso

O primeiro sinal de desunião entre Lutero e Karlstadt consistira em suas divergências sobre o papel das imagens. Karlstadt insistia em removê-las por irem contra as Escrituras, ao passo que Lutero não julgava necessário banir todas; também frisava que somente as autoridades instituídas poderiam removê-las. Essa divergência se tornou uma clivagem fundamental na Reforma, pois, enquanto os luteranos faziam amplo uso de imagens em suas propagandas e em suas igrejas, os zwinglianos — e, posteriormente, os calvinistas — dificilmente poderiam oferecer um contraste mais acentuado, com suas igrejas brancas totalmente despojadas.

No final de 1524, as tensões se concentravam nas diferentes abordagens da eucaristia. Não era apenas uma questão de animosidade pessoal: muitos evangélicos não se sentiam convencidos pela doutrina da Presença Real defendida por Lutero. Em Zurique, o teólogo suíço Ulrico Zwinglio também se angustiara muito com a questão, até que teve sua revelação de que a palavra "é" na frase "Este é meu corpo" significava "representa", revelação que, dizia ele, viera-lhe em sonhos. Zwinglio oficiava na catedral de Zurique e teve o respaldo do conselho municipal para implantar uma Reforma extremada que pouco devia a Lutero; inspiraria muitas cidades suíças e alemãs do Sul, e mais tarde influenciaria o reformador francês João Calvino, sediado em Genebra.[1] Johannes Oecolampadius, humanista altamente respeitado da Basileia, chegara a uma posição semelhante (ele também sustentava que o "corpo" em "Este é meu corpo" era sinal do corpo de Cristo, o pão, e não o corpo em si de Cristo) e, devido a seu renome, os wittenberguenses tinham de levar suas concepções a sério. Para ele e outros mais, a rejeição da Presença Real também estava ligada à maneira como entendiam o papel do clero, pois rejeitavam a ideia de que um padre fosse capaz de realizar o milagre de transformar o pão e o vinho no corpo e no sangue de Cristo. Com isso, iam ao encontro de uma vertente anticlericalista popular, sobretudo no que se referia ao que, para muitos, era a hipocrisia de um clero imoral. Como, perguntavam os laicos, homens que viviam em pecado com concubinas podiam exercer a tirania sobre a consciência dos laicos por meio da confissão? E alguns indagavam: o sacramento teria validade se o padre que consagrava o pão e o vinho era um notório pecador?

Como Karlstadt, Zwinglio queria acabar com a divisão entre clero e laicidade. Os evangélicos suíços e alemães do Sul estavam profundamente preocupados com o abuso católico do poder de confissão e de absolvição, e tomaram como alvo a confissão individual, substituindo-a por uma geral de toda a congregação. Zwinglio valorizava os valores comunitários. Tornou-se cidadão de Zurique e aceitou a obrigação do serviço militar porque a cidadania exigia que o cidadão defendesse a cidade com sua vida. Zwinglio via a eucaristia como um evento coletivo; a salvação envolvia a cidade como um todo e era essencial que fosse moralmente pura, do contrário o julgamento divino recairia sobre toda a comunidade. Em decorrência disso, as autoridades de Zurique passaram a punir todos os culpados de fornicação, adultério e jogos de azar, e chegavam a pagar espiões que delatassem os pecados dos vizinhos.[2] Pelo visto, o comunitarismo cívico podia gerar tiranias imprevistas.

Agora o próprio Karlstadt estava sob vigilância, ora ficando em Segrehna com a família da esposa, ora em Kemberg, onde o pregador local e o representante do eleitor informavam seus movimentos. Em 1526, pediu aos wittenberguenses — Justus Jonas, Johannes Bugenhagen e a mulher de Lutero — que fossem padrinhos de seu filho, e uma delegação de dignitários de Wittenberg, inclusive Lutero, foi a Segrehna para a ocasião. O menino Andreas, que recebera o nome do pai, estava com dois anos, idade invulgarmente adiantada para um batismo. Nascera quando Karlstadt estava banido da Saxônia, e a mãe, que havia ficado, não o batizara — talvez porque Karlstadt andasse naquela época questionando o batismo infantil, talvez porque ela mesma fosse favorável às ideias anabatistas, que haviam se difundido após a Guerra dos Camponeses, segundo as quais apenas os fiéis adultos deviam ser batizados. Lutero se divertiu com a ironia dessa mudança de posição de Karlstadt, comentando: "Quem teria imaginado um ano atrás que aqueles que chamavam o batismo de 'banho de cachorro' iriam pedir o batismo a seus inimigos?".[3]

A cerimônia em Segrehna foi uma tentativa de reconciliação entre os dois, agora unidos novamente pelos laços da padrinhagem. E, ao que parece, a família de Karlstadt aproveitou ao máximo a ocasião. Alguns dias depois, Lutero intercedeu junto ao eleitor em favor do tio da mulher de Karlstadt, o moleiro de Segrehna, enquanto outro parente dela foi se hospedar na casa de Lutero, passando lá vários meses à medida que ela se recuperava da peste. Em novembro, Karlstadt escreveu pessoalmente de Berkwitz, para contar que perdera sete cavalos, restavam-lhe poucos animais e teria de vendê-los: será que Lutero poderia pedir ao eleitor licença para se mudar para Kemberg? Era frequente que Lutero intercedesse por outros junto ao eleitor, mas há algo de estranho nessa sua meticulosa persistência em fazer tudo o que Karlstadt pedia — solicitando várias vezes ao eleitor que lhe permitisse morar em Kemberg, intervindo em favor dos parentes dele —, como se quisesse provar sua dedicação, apesar de uma antipatia oculta.[4]

Lutero podia ficar de olho em Karlstadt, mas não tinha como controlar os que escapavam à órbita de Wittenberg. Um a um, muitos ex-adeptos seus passaram para a posição sacramentalista, negando que Cristo estivesse de corpo presente na eucaristia. A perda de Oecolampadius já tinha sido uma grande pena; mas então Nikolaus Gerbel, que fora assistente fiel de Lutero em Estrasburgo, escreveu contando que Martin Bucer também adotara uma versão da posição suíça. Bucer e os pregadores de Estrasburgo tentaram se manter unidos a Lutero e, percebendo que as discussões por carta não dariam muito resultado, enviaram um representante para manter longos debates com ele. Mas não houve acordo, e o próprio Gerbel concluiu que agora os principais inimigos eram não os papistas, mas os sacramentalistas.[5] Como não tinha estômago para uma briga dessas, Gerbel preferiu se dedicar ao trabalho acadêmico.[6]

Em Augsburgo, o pregador-mor Urbanus Rhegius, antes seguidor de Lutero, agora parecia receptivo a alguns argumentos de Karlstadt.[7] Augsburgo era uma das principais cidades do império, com um vigoroso movimento evangélico populista, e, portanto, sua orientação teológica era uma questão importante. Mas, no verão de 1526, apenas Stefan Agricola, Caspar Huber e Johannes Frosch, velho amigo de Lutero que o hospedara em seu mosteiro durante as discussões com Caetano em Augsburgo, ainda se sentiam persuadidos pelas concepções luteranas. A liderança do movimento evangélico em Augsburgo passara para homens como Michael Keller, Johann Landsperger e Urbanus Rhegius, que pregavam um modelo mais comunitarista para a Reforma. Lutero sabia o perigo dessa mudança. No outono, numa carta ao amigo, que parece ser a primeira depois de muitos anos, ele exortou Frosch a "se manter firme".[8]

Em Nördlingen, Lutero confiara no sólido apoio de seu aliado Theobald Billican, mas agora Billican também se inclinava em favor de algumas concepções dos suíços,[9] enquanto Conrad Sam, em Ulm, mudava para a posição sacramentalista. Em Schwäbisch Hall, pelo menos, Johannes Brenz se mantinha leal, enquanto os nuremberguenses também continuavam a seguir a linha luterana. No entanto, com a perda das cidades imperiais de Augsburgo, Ulm, Basileia, Zurique e Estrasburgo — todas elas grandes centros de publicação —, Lutero ficava cada vez mais distante dos desenvolvimentos que se davam no Sul. Em Estrasburgo, Otto Brunfels, humanista e amigo do cavaleiro Ulrich von Hutten, estava falando por muitos ao publicar uma carta a Lutero, em que manifestava seu pesar pela briga com Karlstadt: admirava a ambos, disse ele, e não podia amar Lutero sem abraçar também Karlstadt.[10]

E a dissidência não se restringia ao Sul. Em Liegnitz, Conrad Cordatus teve de receber ordens peremptórias de deixar os "adversários de Cristo";[11] em outras partes da Silésia, os nobres Caspar Schwenckfeld e Valentin Crautwald acabaram se persuadindo de que não havia nenhuma presença física na eucaristia. Schwenckfeld foi a Wittenberg em dezembro de 1525 para discutir o assunto com o próprio Lutero, mas, mesmo após três dias de discussão, nenhuma das partes conseguiu convencer a outra.[12] Na primavera de 1526, Lutero enviou a Schwenckfeld uma carta ríspida, ordenando que renunciasse a seus erros. Se não renunciasse, "então seja feita a vontade de Deus. Embora eu lamente sinceramente, não sou responsável por seu sangue nem pelo de todos os que você leva ao extravio com [seus ensinamentos]. Que Deus o converta. Amém".[13]

Os não teólogos também se sentiam inspirados pelas ideias sacramentalistas, pois condiziam com um anticlericalismo profundamente enraizado e amplamente difuso. Temos um raro testemunho remanescente dessas posições do senso comum em Hans Mohr, capitão de infantaria no castelo de Coburgo, no eleitorado da Saxônia, que considerava que "era errado que queiram fazer de coisas criadas, o pão e o vinho do Senhor, o próprio Criador". A seu ver, o povo simples estava sendo deploravelmente enganado e, mesmo que não se importasse em se calar a esse respeito, daria sua opinião se lhe perguntassem o que pensava durante a refeição ou na estalagem. Interrogado várias vezes sobre suas convicções, Mohr por fim foi afastado do cargo.[14]

Todos os pregadores que se aliavam à posição de Lutero diziam a mesma coisa, enquanto os sacramentalistas chegavam a suas conclusões por diversos caminhos. Para Lutero, isso mostrava apenas que não havia uma seita só, mas cinco ou seis diferentes, e para ele isso era prova de que "logo desapareceriam".[15] Todavia, não estava claro que os luteranos estivessem em vantagem. Certamente publicavam mais e em mais lugares. E contavam com a censura a seu lado. Em Leipzig e Erfurt, não se publicava quase nada que se desviasse da linha luterana; em Nuremberg e na Basileia, as obras de Karlstadt sobre o sacramento foram proibidas, e Nuremberg proibiu também as obras de Zwinglio só por precaução. Mas Lutero ouvia por todos os lados que eram os ensaios sacramentalistas que andavam vendendo bem e pautando a agenda intelectual. Os leais a Lutero — Amsdorf, Bugenhagen, Andreas Osiander, seu amigo de Nuremberg — tinham laços pessoais com ele; assim, Lutero ficou exultante quando, sem qualquer pressão, "os cultíssimos suábios" assumiram a defesa da causa e escreveram "com excelência" contra Zwinglio e Oecolampadius.[16] Pela primeira vez, porém, Lutero e seus adeptos se viam na defensiva, e ele não era mais o primeiro a elaborar posições novas e intelectualmente instigantes.

Em decorrência disso, seu estado de espírito se tornou cada vez mais apocalíptico e seu tom nas cartas cada vez mais estridente. No começo de janeiro de 1527, ficou preocupado que até o velho amigo Nikolaus Hausmann estivesse pendendo para os sacramentalistas. Quando Hausmann o tranquilizou, Lutero respondeu que não dera crédito ao boato, "pois é o que sempre pensei a seu respeito", e então pediu ao amigo que orasse a Deus para guiá-lo no que escrevesse contra Satã.[17] Mesmo um simples boato de que o conselho municipal de Memmingen decidira abolir a comunhão como sacramento obrigatório bastou para que Lutero tomasse a pena e trovejasse aos conselheiros: "Oh, caros senhores, ajam antes que as coisas piorem! O Demônio, chegado a este ponto, não descansará enquanto não piorar ainda mais as coisas. Tenham cuidado, estejam atentos, caros amigos. É hora, é urgente".[18] Salta da página o alívio de Lutero ao ver que Michael Stifel de Tollet, correspondente de longa data, perseverava "constante na fé". Lutero prossegue e lhe diz que é por causa da "ira de Deus" que tantas pessoas se deixam persuadir pelos argumentos "absurdos e infantis" dos que dizem que, como Cristo está à mão direita de Deus, não pode estar no pão.[19] Numa carta a Johann Hess na Silésia, em 1526, Lutero lamentou a perda de Crautwald e Schwenckfeld para "esses malignos" e avisou que a luta contra o dragão do Apocalipse estava próxima.[20] Em outra carta a Thomas Neuenhagen em Eisenach, Lutero, que mal o conhecia, recomendou que não seguisse o pregador Jacob Strauss de Eisenach, dizendo: "Você deve servir a Cristo, ele tem servido a Satã".[21] Logo depois, escreveu a Nikolaus Hausmann que as heresias eram as "fúrias" de Satã, pois "os Últimos Dias estão à porta". Lamentava por Oecolampadius, "um homem desses, capturado por argumentos tão frívolos e sem valor".[22]

As mesmas expressões são incessantemente recorrentes nas cartas: Satã "se enfurece", os adversários de Lutero estão acometidos de *furia* e "cólera" contra ele, os Últimos Dias estão próximos. Multiplicam-se lúgubres advertências contra os apóstatas, ordens para que se mantenha a firmeza, rogos sinceros para que o destinatário reze por Lutero em sua luta contra Satã e, muitas vezes, uma confiante declaração final de que Lutero está ao lado de Cristo. "Agora entendo o que significa que o mundo foi para o mal e que Satã é o Príncipe do Mundo", escreveu ele a Michael Stifel em maio de 1527. "Até então, eu pensava que eram simples palavras, mas agora vejo que é a realidade e que o Demônio realmente governa o mundo."[23]

Então, em 6 de julho de 1527, Lutero sofreu um colapso físico e espiritual completo, acometido por uma *Anfechtung* tão grave que caiu e perdeu a consciência. Mais tarde, disse que era como um "tropel" nos ouvidos, mas não dentro, e sim por fora da cabeça. Sentiu que Satã o esmurrava e lhe dava socos, sensação que lhe recordou o que Paulo descrevia em Coríntios. Ficou totalmente lívido, jazendo como morto. Ao recuperar a consciência, afligiu-se se não teria sido ríspido demais em sua polêmica — tal como se afligira em Worms, em 1521 —, lamentando que queria escrever sobre o batismo e contra Zwinglio, mas que Deus decidira claramente que não era o caso. Então recorreu a Jonas e a Bugenhagen, entre amargos soluços, falando "gravemente" contra os "sacramentalistas" e as várias seitas que haviam surgido para deturpar a Palavra de Deus.

Bugenhagen e Jonas escreveram um relato completo do que ocorrera, baseando-se em anotações da época.[24] É um documento notável, quando menos pelo mero fato de ter sido escrito. Como ambos deviam saber, era altamente provável que os inimigos de Lutero interpretassem o episódio como possessão demoníaca; com efeito, Cochlaeus, oponente de Lutero, alegaria mais tarde que o reformista passara a vida toda possuído pelo Demônio. Apesar disso, a reação de ambos ao ocorrido não foi abafá-lo, mas registrá-lo com todos os detalhes possíveis. O relato foi publicado em alemão nas primeiras edições das obras de Lutero, desconsiderando solenemente o que os adversários da Reforma poderiam fazer com ele.[25]

O próprio Lutero sabia que o episódio era significativo. "Devo anotar o dia", observou ele, e acrescentou: "Ontem fui enviado à escola" — era uma lição que precisava aprender.[26] O colapso, segundo Lutero, foi no "coração". Resultou num frio extremo e em zunidos nos ouvidos, que os médicos trataram dando-lhe almofadas aquecidas. Lutero fazia uma distinção entre a enfermidade física, que seus amigos consideravam muito grave, e os ataques do Demônio, que continuaram por muito tempo depois. Sem dúvida pensou que ia morrer e chamou a esposa e o filho. Disse-lhes que não tinha dinheiro, exceto as moedas que haviam ganhado nas núpcias, e recomendou ambos a Deus, "o juiz da viúva". Já havia se confessado a Bugenhagen naquele dia, pois pretendia receber a comunhão no dia seguinte. Fiel a suas crenças, não pediu a extrema-unção.

É difícil saber em que consistiam precisamente esses "ataques do Demônio". Lutero falou que temia perder a fé, e no entanto todas as suas cartas irradiam certeza, bem como a convicção de que os que seguiam uma linha diferente da dele eram guiados pelo Demônio. Rezou os sete Salmos da Penitência. Sempre ciente de sua pecaminosidade, dessa vez sua única preocupação era a de que tivesse sido duro demais em sua polêmica e tivesse algumas vezes usado palavras "irrefletidas" — nenhum dos dois um pecado muito grave.[27] Sabia que era ríspido na polêmica e, embora tivesse se desculpado por esse defeito em Worms, em 1521, não chegara a alterar o tom.

Igualmente impressionante era aquilo de que não se arrependia. Não se afligia com os ataques ao papado, não se sentia culpado pelo casamento nem se preocupava com seu conflito com Karlstadt. Pelo contrário, parecia tomado de medo de perder a fé. Assim, essas *Anfechtungen* eram tão graves quanto as que sofrera quando era monge e precisara do reconforto de Staupitz; na verdade, diria mais tarde que foram as piores que teve na vida. Pensara que, tendo passado os primeiros anos de casamento sem ser molestado, as tentações haviam desaparecido para sempre. Pelo visto, não.

Escrevendo a Spalatin alguns dias depois, em 10 de julho, Lutero não se deteve muito na crise que sofrera. Spalatin também estivera doente, e assim Lutero começou com palavras de reconforto a ele antes de comentar sua própria doença. Pensou que ia morrer, escreveu Lutero, mas Deus o fizera se recuperar rapidamente.[28] Na verdade, ele levou meses até ficar bem outra vez; ainda em novembro, queixava-se que não conseguia escrever ou trabalhar como de costume, por causa da doença e dos ataques de Satã (embora estivesse, na verdade, traduzindo o Antigo Testamento em ritmo firme e constante).[29] O ataque de 1527 foi um enorme colapso, ao qual se seguiram períodos de extremo esgotamento. O que o causou?

Talvez não fosse coincidência que o texto bíblico para o sermão no dia do colapso era Lucas 15, a parábola do filho pródigo.[30] Lutero, que desobedecera ao pai, também fora bem recebido duas vezes em seu retorno: quando disse sua primeira Missa como monge e, depois, quando se casou; assim, essa passagem podia ter alguma ressonância pessoal própria.[31] Talvez também tivesse o receio inconsciente de que os ataques que desferira contra figuras paternas agora poderiam se voltar contra ele.[32] Remetia-se com frequência à história bíblica de Davi e o filho Absalão para expressar tanto sua raiva quanto o amor e o pesar por aqueles seus antigos seguidores que agora perdera.[33] A parábola pode ter precipitado uma forte reação no homem que parecia ter perdido para sempre todos os seus queridos e amados Absalões. Outrora Lutero fora o filho pródigo: agora ele era o pai cujos filhos desobedientes não davam nenhum sinal de que iriam voltar.

Em vez da agitação dos primeiros anos da Reforma, Lutero se tornara uma figura cada vez mais imóvel, não apenas acusador, mas agora ele mesmo sitiado e atacado. Profundamente cansado, estava esgotado pelos anos de luta, quando atacara primeiro o papa, depois os polemistas católicos, e então os camponeses, Erasmo e seus próprios ex-seguidores.[34] Os ataques de Lutero tinham sido movidos pela fúria, que o impelia a formular suas percepções teológicas mais profundas. Poucos meses antes, em maio de 1527, publicara *Que essas palavras de Cristo, "Este é meu corpo", ainda resistem firmes contra os fanáticos*, fulminando os argumentos dos sacramentalistas numa investida que seus seguidores lhe pediam fazia muito tempo.[35] Lutero resumiu de maneira muito sintética as posições dos oponentes na frase "a carne de nada vale", contrapondo-a reiteradas vezes à clara afirmação do Evangelho, "este é meu corpo". Concluía num tom arrepiante, dirigindo-se aos conselheiros da Basileia, de Estrasburgo "e todos aqueles que têm essas ralés do sacramento entre vocês", aconselhando-os a não "enfiar a cabeça num saco, mas estarem muito atentos ao jogo que eles estão jogando. Müntzer morreu, mas seu espírito não foi erradicado [...]. O Demônio não dorme". E reforçou: "Estou avisando, estou aconselhando: protejam-se, tenham cuidado, Satã veio entre os filhos de Deus".[36]

A fúria sempre parecia dar energias a Lutero, permitindo-lhe rejeitar a tradição e se abrir à nova verdade religiosa. Ela também lhe dava a força psicológica para não se render diante de enormes pressões — e nunca se retratar. Todavia, por causa dessas mesmas qualidades, era-lhe difícil ouvir as posições dos outros ou ver que nem toda batalha teológica era um combate por Cristo. Se alguém se afastava do que ele julgava ser a posição teológica correta, era logo chamado a prestar contas — Lutero exigia completa submissão intelectual e espiritual. Assim, vivia cercado de pessoas que concordavam cegamente. Com efeito, o homem que tanto lutara pela consciência e pela liberdade e contra a tirania espiritual corria o risco de criar uma igreja que, em alguns aspectos, era menos tolerante do que a que atacava.

Havia também outras questões que o preocupavam. No momento mais grave do colapso, pronto para morrer, Lutero rezara repetidamente a "Cristo que derramou seu sangue por nós", dirigindo-se a Deus: "Sabes que há muitos a quem permitiste agora derramar seu sangue pelo Evangelho, e acreditei que eu seria um dos que derramariam o sangue por teu nome, mas não sou digno. Seja feita tua vontade".[37] Esses comentários mostram que Lutero voltara a se preocupar com os martírios, recentes e em curso.[38] Poucos meses antes, em 23 de abril, Georg Winkler de Halle — um evangélico que, antes, fora conselheiro próximo de Albrecht de Mainz — foi assassinado ao voltar de um interrogatório pelos funcionários do arcebispo.[39] Lutero ficou sabendo da morte na semana anterior ao colapso, e desconfiou que talvez tivesse sido Albrecht o mandante do assassinato. E havia outro caso que o preocupava. Leonhard Kaiser, ex-padre católico que começara a pregar a doutrina luterana na Bavária, fora preso e, ao ser solto em 1525, fora estudar em Wittenberg, onde conheceu bem Lutero e Melâncton. Mas, depois de um ano e meio em Wittenberg, seu pai adoeceu gravemente e ele voltou para a Bavária, quando o pai morreu poucas horas após sua chegada. Imprudente, Kaiser voltou a pregar e logo foi detido pelos funcionários do duque bávaro como herege reincidente, sendo preso outra vez em 7 de março de 1527. Lutero e Melâncton, bem como o eleitor da Saxônia, escreveram a ele cartas de reconforto espiritual.

A notícia da prisão e do iminente martírio de Kaiser pesou muito em Lutero. Em dezembro de 1524, o "Irmão Henrique" — um luterano holandês que também estudara em Wittenberg e era seguidor de Karlstadt — foi assassinado por camponeses hostis. Lutero escreveu um ensaio sobre seu martírio, um dos primeiros dos vários martiriológios da Reforma.[40] Sua reação ao caso de Kaiser, porém, foi muito mais emotiva, permeada de uma forte sensação premonitória. Em 20 de maio, um mês e meio antes do colapso, Lutero escreveu a Kaiser que não tinha nenhuma dúvida sobre o destino que o aguardava.[41] Em outubro, ainda sob os efeitos do colapso, Lutero continuava a descrever como se sentia "inferior" a Kaiser; não passava de um "pregador prolixo", enquanto "Leo" era um homem de ação enérgico, um "leão" e um "imperador" digno de seu nome.[42] Não admira que Lutero se identificasse com Kaiser. Com o desenrolar do caso, surgiram paralelos ainda mais surpreendentes. Fraco e debilitado pelo tempo na prisão, em 17 de julho Kaiser foi obrigado a participar de um debate com ninguém menos que Johannes Eck, o antagonista de Lutero em Leipzig, que chegara a ir até Roma para obter a bula contra ele. Ignora-se se Lutero ficou sabendo, antes do colapso, que Eck se interessara pelo caso de Kaiser. Lutero fora alvo do humor grosseiro de Eck em Leipzig, e agora Eck escarnecia de Kaiser, na frente dele, como homem "cujos artigos são ainda piores do que suas habilidades de vendedor".[43] Como não tinha conseguido queimar Lutero, Eck pretendia queimar Kaiser.

Protegido pelo eleitor Frederico e seu sucessor João, Lutero estava em segurança. De fato, agora era ele que estava do lado das autoridades, como observara ironicamente após o confronto com Karlstadt na Estalagem do Urso-Negro: "Eu, que devia ter me tornado mártir, cheguei ao ponto em que agora sou eu que torno os outros mártires".[44] Karlstadt também era de convicções firmes e, logo antes do colapso, Lutero se convencera de que nunca o atrairia de volta ao aprisco. No auge da crise, sua preocupação era que, com sua morte ou com os ataques do Demônio, ficaria impossibilitado de escrever contra os sacramentalistas, e sentiu o peso e o isolamento de liderar o movimento: "Oh, que terrível desgraça os *Schwärmer* [entusiastas] causarão após minha morte!".[45]

Os eventos do martírio de Kaiser se seguiram logo após o colapso de Lutero. Em 18 de julho, ele foi levado a Passau e lhe concederam mais uma oportunidade de retratação. Ao recusar, foi ritualmente despido numa cerimônia perante uma grande multidão, na qual Eck estava presente. O bispo de Passau retirou, uma a uma, suas roupas de religioso, e lhe rasparam a barba. Então vestiram-no apenas com uma bata, ou *Kittel*, puseram-lhe um barrete preto retalhado na cabeça e, agora como um laico comum, foi entregue ao juiz da cidade. Mas sua humilhação não se encerrou por aí. Kaiser ficou mais um mês na masmorra do castelo e então foi conduzido em correntes pela cidade e levado para sua cidade natal, Schärding, onde foi executado em 16 de agosto.

Kaiser morreu fiel à sua fé luterana. O panfleto anônimo original, narrando sua morte, insistia que o corpo se mantivera milagrosamente incólume ao fogo, mas Lutero rejeitou esse falso milagre.[46] Em dezembro, ele redigiu um panfleto com uma exposição completa do julgamento, várias cartas, o testamento de Kaiser e uma narrativa precisa da execução, que lhe fora enviada pelo amigo Michael Stifel:

> Então o fogo foi aceso e ele gritou várias vezes: "Jesus, sou teu, salva-me!". Depois disso, suas mãos, pés e cabeça arderam e o fogo se extinguiu. O carrasco pegou uma vara e virou o corpo, pôs mais lenha no fogo e depois cavou um buraco no corpo, esfaqueou-o com uma espada, fincou uma vara nele e o recolocou no mastro do cadafalso, e assim o queimou.

Lutero republicou todo esse trecho em detalhe, como que decidido a não recuar perante o puro horror do martírio.[47] E concluiu o texto com uma reflexão muito pessoal:

> Oh, Senhor Deus, quisera eu que fosse digno ou ainda pudesse ser de tal confissão e morte. O que sou eu? O que estou fazendo? Como me sinto envergonhado ao ler essa história por não ser há muito tempo digno de sofrer o mesmo. Mas, meu Deus, se for para ser assim, que seja, e seja feita tua vontade.

Em agosto, a peste chegara a Wittenberg, e Jonas e Melâncton deixaram a cidade com as respectivas famílias. Mas, em vez de ir com os demais membros da universidade para Iena, como o eleitor lhe ordenara, e apesar de sofrer o que chamaríamos de depressão (que se prolongou por muitos meses), Lutero decidiu ficar e cuidar dos doentes. O mosteiro se converteu numa espécie de hospital. De início, Lutero minimizou a gravidade da situação, insistindo que a peste não era tão ruim quanto diziam. A primeira morte foi a da esposa do conselheiro municipal Tilo Dhen: Lutero estava com ela nos braços pouco antes de falecer. Então, a esposa grávida de Georg Rörer, secretário de Lutero, deu à luz entre dores pavorosas, e o bebê nasceu morto. Esgotada pelo parto e "mais envenenada pela peste", como declarou Lutero, ela também morreu.[48] Passavam-se os meses e a peste continuava a fazer vítimas. Lutero escreveu a Hausmann que somente ele e Bugenhagen haviam permanecido na cidade; na verdade, a seu lado ficaram também a esposa, o filho e dois capelães, Johannes Mantel e Georg Rörer.[49] A decisão de Lutero de ficar em Wittenberg foi corajosa, mas também revelava uma imprudente desconsideração pela sua segurança e da sua família. Talvez fosse um resquício de sua vontade de martírio ou, quem sabe, mais um exemplo da admirável coragem que lhe permitia não recuar diante do que julgava ser sua responsabilidade pastoral para com o seu rebanho.

Não podemos saber com certeza quais foram todas as razões do colapso de Lutero, mas os anos de discussões sobre a eucaristia haviam posto à prova suas convicções mais fundamentais e colocaram em jogo sua relação com Cristo. Ao se contrapor resolutamente a Karlstadt e aos sacramentalistas, ele chegara ao limite.[50] Afinal, sua posição sobre a Presença Real não era racional: a presença de Cristo no sacramento não podia ser explicada e devia ser simplesmente aceita por fé; nesse assunto cessava a argumentação. Tal posição lhe permitia descartar todos os argumentos de seus adversários, pois não havia nenhuma necessidade de se envolver minimamente com o que diziam em termos teológicos. Em lugar do debate, ele se retirou para uma posição defensiva em que podia sentir a certeza de estar "com Cristo", enfrentando o inimigo. No entanto, isso também o expunha à pior espécie de *Anfechtung*, o medo de perder totalmente a fé e o pavor de que se dissolvesse sua convicção de que Cristo estava a seu lado. Se Cristo o abandonara, sua posição sobre a eucaristia estava errada. E se ele estava errado, então era ele, e não seus inimigos, que estava no

51. Frontispício do panfleto de Lutero sobre o martírio de Leonhard Kaiser, Von herr Lenhard Keiser in Beyern vmb des Euangelij willen verbrant, ein selige geschicht, Nuremberg, 1528.

lado de Satã. Lutero tinha apenas a alternativa inflexível de ter ou perder a fé, e a dúvida — que o acometia repetidamente — o mergulhava no desespero. O rompimento com Karlstadt agora era irreversível e, pior, o ex-mentor agora o acusava de estar ficando parecido com os católicos e criando mártires. Havia a seu redor pessoas dando a vida pelo Evangelho, e no entanto ele "não [era] digno" do martírio. Dois temas se destacam nas orações angustiadas de Lutero nessa época: o sangue dos mártires e a necessidade de atacar os sacramentalistas. Na segurança de Wittenberg, Lutero não se tornaria mártir; mas, nos meses subsequentes, poderia combater a peste e defender seus paroquianos.

A peste cedeu; Lutero se recuperou; suas dúvidas sumiram: sentiu-se ainda mais convicto de que sua concepção da eucaristia era correta. Começou a criar uma nova Igreja, e teve início a Visitação saxônica a todas as paróquias do eleitorado, finalmente chegando-se a um acordo sobre as instruções para os visitadores das paróquias da Saxônia, que foram impressas em março de 1528.[51] Lutero começou a ver por si mesmo o grau de ignorância de muitos saxônicos sobre o cristianismo e a quantidade de problemas que o novo clero enfrentava. Nos anos subsequentes, ele dedicou suas energias a criar um novo catecismo, institucionalizando uma nova Igreja em parceria com o eleitor e seus funcionários, e prosseguindo na luta contra os sacramentalistas.[52]

Esta atingiu o clímax em 1529, quando Lutero encontrou os suíços no colóquio de Marburgo, organizado por Filipe de Hesse, mas não houve acordo entre eles.[53] Lutero escreveu a giz "este é meu corpo" na mesa em que estavam os debatedores e cobriu a frase com a toalha de mesa de veludo — como se protegesse uma relíquia —, então desvelando-a num gesto teatral durante o debate, para ressaltar a importância da frase bíblica. Insistindo que as palavras "este é meu corpo" significavam exatamente o que diziam, ele acrescentou: "Este é nosso texto. Vocês ainda não conseguiram arrancá-lo de nós, como disseram que fariam, e não precisamos de nenhum outro".[54] Quando Oecolampadius e Zwinglio insistiram na importância de João 6 e no "alimento espiritual", repetindo a frase usual "a carne de nada vale",[55] Lutero respondeu que o alimento físico também era essencial. E objetou a Zwinglio: "Meus caríssimos senhores, como o texto de meu senhor Jesus Cristo afirma com toda a clareza '*Hoc est corpus meum*', realmente não consigo contorná-lo, e devo confessar e crer que o corpo de Cristo está ali presente", deixando o latim usado no debate e passando para o alemão, embora ainda usando o latim nas palavras da consagração.[56] Quando Zwinglio, que para a grande irritação de Lutero recorria muito ao grego durante o debate, criticou-o por restaurar mais uma vez o sacrifício da Missa, Lutero frisou, como fizera em Worms, que estava "preso e cativo pelas palavras do Senhor".[57] Ao ficar claro que os dois lados não chegariam a um acordo, Lutero lavou as mãos em relação a seus oponentes, entregando-os ao julgamento de Deus, "que certamente decidirá quem está certo", ao que Zwinglio prorrompeu em lágrimas.[58] No final da reunião, Oecolampadius e Zwinglio, satisfeitos por pelo menos terem todos se encontrado pessoalmente, quiseram abraçar os oponentes como irmãos e permitir que todos ministrassem mutuamente a comunhão; mas Lutero recusou com rispidez.[59] No entanto, o debate o deixara abalado e o "anjo de Satã ou seja quem for o anjo da Morte" investiu contra ele com tanta força que achou que não chegaria vivo em casa.[60] A intransigência de Lutero no trato com os adversários e o preço que isso lhe custava haviam se consolidado num padrão ao mesmo tempo inflexível e implacável. Embora as energias do despertar evangélico inicial agora se aplicassem à edificação de uma Igreja institucional, o que antes havia sido um amplo movimento evangélico agora ameaçava se fragmentar, com seus líderes defendendo cada qual seu território teológico.

15. Augsburgo

Enquanto Lutero se convencia de que nunca converteria os sacramentalistas, também ficava muito claro que as duas alas diferentes da Reforma teriam de montar uma estratégia política integrada para lidar com a implacável hostilidade do imperador Carlos v. Ambas precisavam encontrar uma maneira de abordar a natureza do poder político e quando era possível a resistência a ele. Carlos comandava um império enorme, estendendo-se desde seu centro na Espanha, passando pela Itália, até o Novo Mundo, e o Sacro Império Romano era apenas uma parte dele. Com o fim das Guerras Italianas, agora o imperador estava liberado para voltar novamente a atenção para a situação na Alemanha — e para derrotar a Reforma.

A teoria política de Lutero, elaborada em 1523, quando escreveu *Da autoridade secular: Até que ponto se lhe deve obediência*, propunha a existência de dois reinos: o reino de Deus e o reino do mundo. No mundo, os cristãos deviam obedecer às autoridades seculares impostas a eles; não deviam oferecer resistência, mesmo que essas autoridades agissem com injustiça.[1] No reino de Deus, por outro lado, impera o espiritual e as consciências não podem ser coagidas.[2] Essa diferenciação servira muito bem a Lutero durante a Guerra dos Camponeses: jamais se poderia aprovar a revolta contra as autoridades estabelecidas, por mais justos que fossem os motivos de queixa dos camponeses. Tal abordagem o liberara para adotar uma posição profética, admoestando os governantes pelo tratamento que davam aos camponeses e, ao mesmo tempo, condenando os camponeses pela revolta. Essa sua posição teve consequências duradouras para a natureza do luteranismo, porque a disposição de Lutero em transigir e conciliar com as autoridades políticas, mesmo que estivessem agindo de forma não cristã, forneceu a sustentação teológica para a atitude acomodatícia que, séculos depois, muitos luteranos adotariam em relação ao regime nazista. Mas agora a Reforma de Lutero precisava de proteção, o que levava à pergunta se um cristão podia em algum momento resistir à autoridade legítima em defesa da verdade religiosa.

Para Filipe de Hesse — político arguto com claro entendimento das possibilidades e que vinha se tornando um líder cada vez mais importante entre os evangélicos —, era evidente que os seguidores de Zwinglio e de Lutero deviam se unir e se preparar para se defender. Ao tentar unir os dois lados em Marburgo, em 1529, Filipe viu corretamente que, a menos que atuassem juntos e estivessem preparados para resistir ao imperador, não teriam a menor possibilidade de proteger sua independência religiosa.[3] Sem conseguir obter a unidade doutrinal em Marburgo, Filipe então propôs que os evangélicos ao menos se unissem para negar apoio aos projetos de guerra do imperador contra os turcos — que se expandiam na Europa Oriental e iriam cercar Viena no outono de 1529 —, a menos que ele aceitasse a Reforma. Essa proposta tinha o grande mérito de ser um instrumento de negociação que não acarretava uma resistência armada ao império. Mas, para Lutero, tal cinismo era um anátema. Como os turcos eram sanguinários, mentirosos e profanavam o matrimônio, impunha-se à razão que deviam ser combatidos. Lutero, porém, teve o cuidado de alertar contra qualquer tipo de cruzada: os turcos não deviam ser atacados em virtude de suas crenças.

Muitos sacramentalistas no Sul da Alemanha estavam dispostos a empreender uma resistência armada diante da perseguição religiosa. As poderosas comunas urbanas de lá tinham longa tradição de defender sua autonomia: todos os cidadãos do sexo masculino pagavam uma taxa para manter a guarda de vigilância e eram obrigados a ter armas, apresentando-as periodicamente à inspeção durante as revistas militares. Numa cerimônia anual, todos os cidadãos do sexo masculino prestavam juramento de obedecer ao prefeito e às autoridades locais. Cidadania significava respaldar a responsabilidade política com armas, e esta era uma das razões pelas quais as mulheres não gozavam de plena cidadania política.[4]

Para Lutero, pelo contrário, a responsabilidade política significava, em primeiro lugar, a obediência: "Dai a César o que é de César".[5] A autoridade do imperador prevalecia sobre a dos príncipes e, como toda autoridade, devia ser respeitada. Mas em 1530, Lutero começava a reconsiderar sua posição, num processo que passou por muitas mudanças nos anos seguintes. O governante da Saxônia e seus conselheiros haviam entendido que, se continuassem a obedecer passivamente ao imperador, o movimento evangélico não sobreviveria. No final de dezembro de 1529, Lutero disse ao eleitor João Frederico que era cedo demais para pensar em resistir a Carlos — formulação que parecia admitir que, em algum momento e nas circunstâncias adequadas, chegaria a devida hora. Mas, insistiu Lutero, não deviam se preparar para tal eventualidade indo a campo ou tomando em armas — posição que parecia colocar o princípio acima da prática. Todavia, Lutero provavelmente tinha razão em pensar que, se Carlos soubesse de tais preparativos, investiria novamente contra a Saxônia.[6] A política saxônica continuava subordinada à luta entre a Saxônia ducal e a Saxônia eleitoral, e à preocupação de João de que o imperador simplesmente entregasse tudo — as terras e o título de eleitor — a seu rival católico Georg. Era um receio que Filipe de Hesse, em posição muito mais segura, não precisava ter.

A relutância de Lutero em contemplar a hipótese de uma resistência ficou patente numa carta de aconselhamento que escreveu ao eleitor em 6 de março de 1530.[7] Adotando uma linha muito mais firme do que no ano anterior, Lutero dizia que era inconcebível resistir ao imperador. Seria como se o prefeito da cidade saxônica de Torgau decidisse proteger seus cidadãos contra a legítima autoridade do próprio eleitor.[8] Era uma comparação pouco capaz de persuadir qualquer cidadão urbano cioso de sua condição, longamente habituado ao adágio de que "o ar da cidade te faz livre" e a defender seus direitos contra príncipes e nobres rapaces.[9] Mas a lealdade ao imperador, que tantas vezes protegia esses direitos, corria no próprio sangue das cidades: Nuremberg abrigava as joias do Reich, Augsburgo mantinha estreitos laços financeiros com o império, e as cidades imperiais se orgulhavam de abrigar as grandiosas Dietas.

Fora convocada uma Dieta em Augsburgo para o ano de 1530, à qual o imperador compareceria em pessoa. Ali Carlos ia permitir que os evangélicos apresentassem seu credo numa profissão de fé, numa última tentativa de restaurar a concórdia religiosa no império e criar uma frente unida contra a ameaça turca. Realizaram-se reuniões em Torgau para montar uma estratégia saxônica, e coube a Melâncton, o eterno sistematizador, a tarefa de dar o acabamento final à confissão.[10] Ficou decidido que Lutero iria pessoalmente apenas até Coburgo, ainda em território saxônico, e não compareceria à Dieta propriamente dita, para evitar provocações. Seria difícil imaginar um contraste maior com sua heroica aparição na Dieta de Worms, nove anos antes, e ele ficou extremamente irritado com a ideia de ser posto de lado. Como gostaria de estar lá!, comentou Lutero, junto com Melâncton, Spalatin, Jonas e Johann Agricola, que formavam a delegação da Saxônia. Mas lhe diriam apenas, como a um medíocre cantor de coral: "Fique quieto! Você não tem uma voz boa!".[11]

Chegando a Augsburgo, os wittenberguenses de início escreviam regularmente a Lutero, preso no castelo em Coburgo, a uns duzentos quilômetros ao norte. Comentou num gracejo que ali ele tinha sua própria Dieta, um congresso de pássaros:

> Vocês, claro, vão a Augsburgo, [mas] sem saber quando verão o início [da Dieta]; nós chegamos aqui bem no meio de uma Dieta [...]. São todos igualmente negros, todos têm olhos azul-escuros, todos cantam a mesma música em uníssono. Ainda não vi nem ouvi o imperador deles.

E assinava suas cartas como "do reino das gralhas".[12] Não era apenas ele que falava sobre aves. Logo Agricola escreveu de Augsburgo, narrando um sonho de Melâncton. Aparecera uma águia, que num passe de mágica se transformara num gato. Prontamente enfiaram o gato dentro de um saco. Mas aí Lutero chegou e mandou que soltassem o gato que se esganiçava, e então o libertaram. Os evangélicos estavam doidos com as possíveis interpretações. Um deles se chamava Caspar Aquila, ou "águia", e assim o sonho talvez prenunciasse a ruína de sua casa. Outros se convenceram de que a águia representava o imperador e a prática da feitiçaria se referia às maquinações diabólicas dos cardeais e dos sofistas ímpios, que impediam o imperador de compreender a verdade. Somente a vinda de Lutero podia "libertar o gato do saco" e permitir que Carlos V ouvisse o verdadeiro Evangelho.[13]

Lutero aproveitou a solidão forçada para escrever e continuar a traduzir o Antigo Testamento. Primeiro redigiu sua *Exortação a todo o clero*, que teve uma edição de quinhentos exemplares e foi remetida a Augsburgo, onde se esgotou. Esse folheto implacável começava com a arrasadora falsa modéstia de Lutero — as pessoas, dizia ele, estariam perguntando: "Quem precisa de você? Quem pediu em algum momento um texto ou uma exortação sua? Há aqui inúmeros indivíduos cultos e devotos que podem dar um conselho melhor do que um tolo como você", e então passava a arrolar todas as realizações do movimento evangélico, os abusos que haviam terminado, como a venda de indulgências, os ridículos cultos aos santos, as peregrinações, o próprio monasticismo — eram proezas que nenhum bispo conseguira em anos, mas Lutero conseguira. Se não podia estar lá em pessoa, estaria em espírito e "em texto com essa minha silenciosa e débil mensagem".[14]

Embora estivesse em local pretensamente secreto, havia um afluxo constante de visitas, inclusive de Hans Reinicke, seu velho amigo de infância em Mansfeld. Essa visita deve ter trazido muitas lembranças, mas poucos dias depois, no final de maio, Reinicke escreveu a Lutero comunicando o falecimento de seu pai, Hans Luder; Reinicke soube da notícia antes mesmo de chegar a Mansfeld.[15] Lutero, ao ser inicialmente informado em fevereiro de que o pai estava doente, escrevera que não podia ir visitá-lo porque "você sabe de minha situação entre os senhores e os camponeses". Não seria seguro viajar, e o velho estava fraco demais para ir até Wittenberg. Era uma carta de despedida: era como se Lutero soubesse que não ia revê-lo. Na tentativa de reconfortá-lo, Lutero pediu desculpas pelos problemas que o pai sofrera por causa dele, mas expôs a importância espiritual dessas aflições: Deus pôs seu "selo" sobre a verdadeira doutrina e ensinamento em Hans e lhe deu um "sinal" ou "marca", "por causa de meu nome".[16] Não era a primeira vez que Lutero se comparava a Cristo, mas agora a identificação era mais profunda e mais abstrata do que em 1521, em Worms. Vinha fortalecida pela recuperação de Lutero, saindo da crise pela qual passara em 1527, pois havia sofrido muitos ataques do Demônio, o que provava que estava fazendo a obra de Deus. Essa convicção agora sustentava todo o seu pensamento.

A Dieta ficou obscurecida pela dor e pelo turbilhão interior de Lutero. Quando soube da morte do pai, pegou um exemplar dos Salmos e correu para o quarto, onde passou o dia inteiro chorando; no dia seguinte, teve uma enxaqueca violenta. Sonhou que tinha perdido um dente e agora concluía que significava a morte do pai.[17] "Tal pai por meio de quem o Pai de [todas] as mercês me trouxe ao mundo", escreveu ele a Melâncton em 5 de junho, "e por cujo suor [o Criador] me havia alimentado e criado para ser o que [agora] sou".[18] Do mesmo modo como antes havia escrito para reconfortar o pai gravemente enfermo, "Deus lhe deu um corpo forte e rijo até agora".[19] Mas, poucos anos antes de morrer, ele fora à falência e passara a trabalhar como gerente na empresa de terceiros por apenas cinquenta florins ao ano — metade do salário de base do filho.[20] Apesar dos anos iniciais de conflitos com Hans, agora Lutero relembrava o amor do pai e percebia como ambos eram parecidos. Devia boa parte de seu temperamento a Hans, por meio de quem Deus havia *finxit* — "formado" ou "moldado" talvez expresse o sentido melhor do que "criado" — "o que sou". Também sabia que, com a perda do pai, ele atingia a maioridade: agora era "o Lutero mais velho da família".

Enquanto isso, o movimento a que dera inspiração parecia dissociado de seu fundador. Em Augsburgo, os luteranos enfrentaram uma longa espera até a aparição do imperador. O eleitor da Saxônia fora o primeiro príncipe a chegar, no começo de maio, e circulavam rumores de que o imperador talvez só chegasse à Dieta em junho. Filipe de Hesse foi um dos príncipes que chegaram a seguir. Parecia ainda hesitar entre os luteranos e Zwinglio, e a possibilidade de perda de um político tão dinâmico e importante constituía uma séria ameaça.[21] Lutero insistia que seus seguidores mantivessem posição firme contra os zwinglianos e os sacramentalistas que haviam "espezinhado aos pés o sacramento"; recomendou ao eleitor que assistisse publicamente à Missa católica para que os sacramentalistas não pudessem alardear que estava do lado deles.[22] Esse procedimento só serviu para isolar ainda mais os luteranos da população local, o que contribuiu para aumentar o senso de combatividade enquanto aguardavam e viam a poderosa influência dos sacramentalistas sobre a população de Augsburgo. O luterano local Urbanus Rhegius pregou um sermão para duzentos ouvintes, no máximo, enquanto Michael Keller, o zwingliano que Jonas julgava inculto e mexeriqueiro, atraía sistematicamente multidões de 6 mil pessoas para seus ardorosos sermões na enorme igreja de Santo Ulrico. Quando Agricola se atreveu a pregar vigorosamente contra os zwinglianos, mexeu num "vespeiro" de críticas.[23]

Quando Carlos finalmente chegou em 15 de junho, dia da Festa da Ascensão, sua entrada em Augsburgo se deu num cortejo esplendoroso, que intensificou ainda mais as expectativas depois das semanas de espera. A procissão se prolongou até as oito horas da noite, e Jonas a descreveu a Lutero em amorosos detalhes, embora soubesse o pouco valor "que você dá a essas coisas". O imperador, que fora coroado pelo papa em Bolonha poucos meses antes, vestia trajes dourados, portava uma espada de ouro e montava um cavalo branco com mantos cravejados de pedras preciosas, sob um dossel dourado. O eleitor da Saxônia vinha logo atrás, seguido pelo rei Ferdinando, irmão de Carlos. O legado papal, cardeal Campeggio, pelo menos não vinha à frente do imperador, comentou Jonas alegremente, e entrou na cidade ao lado dele.[24] Para os luteranos, o espetáculo deixava claro o poderio das forças alinhadas contra eles. Carlos estivera por muitos anos ocupado com os assuntos da Itália, e assim quase fora possível esquecer a força do poder imperial: agora estava ali à mostra, para todos verem.

No entanto, o espetáculo, cujo intuito era exibir a magnificência do império, também mostrava suas divisões internas. Carlos, ao chegar, falou em separado com os príncipes católicos e os príncipes luteranos, e prontamente avisou aos evangélicos que não admitiria suas pregações.[25] No dia seguinte à chegada formal, ele celebrou a festa de Corpus Christi, durante a qual uma procissão cerimonial percorreu o círculo dos limites da cidade, com a hóstia elevada. Carlos programara deliberadamente sua chegada para coincidir com a festa, e a intenção da homenagem ritual ao corpo de Cristo era celebrar a unidade do império enquanto príncipes, cardeais e bispos avançavam como um corpo só, mostrando as autoridades seculares e religiosas em harmonia. Mas os príncipes evangélicos e a maioria da população local se abstiveram de participar; o que fora programado como demonstração de unidade e reconciliação na verdade ressaltou a existência de facções separadas, enquanto os católicos desfilavam entre as multidões taciturnas de augsburguenses e os evangélicos seguiam direto para seus alojamentos.[26]

Todavia, a cerimônia também mostrou aos evangélicos como eram fracos e minoritários. Melâncton escreveu em pânico que "todos os outros nos odeiam brutalmente"; Jonas comentou aflito que "[o] imperador está cercado pelos cardeais [...] estão em seu palácio todos os dias, e há um enxame de padres como abelhas em volta dele, que ardem de ódio contra nós".[27] Esquecendo temporariamente as rixas com os zwinglianos, os evangélicos agora pensavam apenas nos papistas e no que lhes estava reservado. De fato, tão logo o imperador chegou, reacenderam-se os conflitos religiosos. Já no dia seguinte, pregoeiros com cornetas percorreram as ruas de Augsburgo anunciando a proibição de qualquer sermão, a não ser por padres autorizados; foi somente após negociações que os luteranos conseguiram que os católicos radicais, eles também proibidos, tivessem autorização de pregar. Mas essa ampla proibição teve um lado positivo para os luteranos, pois com ela os zwinglianos também perderam o palanque. Jonas podia troçar dos pregadores oficiais, que praticamente se resumiram a ler as lições e fazer homílias "pueris", sem interpretar a Escritura; mas pelo menos não incitavam a plebe.[28]

Lutero não tinha nenhum problema em concordar com os católicos sobre um aspecto: os sacramentalistas eram heréticos e podiam ser punidos como tal. Como eles se separaram de nós, escreveu Lutero, não precisamos ter nenhuma compunção em cortá-los fora. Ele não disse, mas parecia estar disposto a expô-los ao risco de serem enviados a Roma e condenados à fogueira por suas crenças. Melâncton agora também sustentava que os anabatistas, como blasfemadores públicos, mereciam a pena de morte.[29] Na versão impressa da confissão de Augsburgo, havia nada menos que cinco cláusulas condenando os anabatistas por recusarem o batismo infantil.[30] Para Melâncton, não se deviam tolerar os sacramentalistas nem negociar com eles na Dieta. De acordo com essa linha, de início ele recusou se encontrar tanto com Wolfgang Capito quanto com Martin Bucer, ao chegarem para a Dieta. Enquanto Zwinglio lançava um folheto impresso com suas crenças, a *Fidei ratio*, que pretendia apresentar separadamente ao imperador, Bucer agora queria agir em causa comum com os luteranos. Ao chegar em 27 de junho, reuniu-se com vários deles, inclusive com Johannes Brenz, e em meados de julho, por pressão de Filipe de Hesse, Melâncton também se encontrou com Bucer e concordou em revisar uma carta de compromisso que este pretendia enviar a Lutero. Nela, Bucer explicava que, como eles também sustentavam que o verdadeiro corpo de Cristo estava presente e era ingerido em comunhão, no fundo não havia realmente nenhuma diferença entre suas posições.[31]

Era uma concessão tão extraordinária que Melâncton achou que Bucer mentia e Lutero ficou indignado:

> Não vou responder à carta de Martin Bucer. Você sabe o quanto odeio as jogadas e manhas deles; não me agradam. Não é o que ensinaram até agora, mas não o reconhecerão nem se arrependerão, porém continuam a insistir que não havia nenhuma discordância entre nós, para que assim tenhamos de admitir que seus ensinamentos eram verdadeiros, e nós é que os combatemos erroneamente, ou melhor, que fomos loucos.[32]

A reação de Lutero acabou com qualquer possibilidade de conciliação, que poderia ter fortalecido em muito a posição evangélica.

Lutero, sozinho num castelo isolado, queixava-se amargamente que ninguém lhe escrevia. Estava exagerando, mas a comunicação de fato se escasseou durante o andamento de negociações importantes. Para piorar as coisas, desde a morte do pai ele sofria de enxaquecas que pareciam verdadeiras sublevações, como se a cabeça explodisse de trovões, que quase o faziam desmaiar. Eram tão fortes que passava dias sem conseguir ler nem escrever, e também passou a sentir dor de dentes.[33] Encalhado em Coburgo — ou Grobuk, como Lutero, sempre apreciador de anagramas, passou a chamá-la —, dispunha de muito tempo ocioso para pensar em seus achaques físicos. Mal se passava uma carta sem que os mencionasse, e o tema da doença passou a fazer parte constante das conversas entre Melâncton e Lutero, em que o primeiro manifestava sua preocupação quanto à insônia do outro e o segundo censurava aquele por trabalhar demais e não cuidar da saúde.

Lutero via um significado espiritual nesses achaques, referindo-se novamente aos *colaphi* do Demônio, empregando o termo de são Paulo para os tabefes ou bofetões na cabeça infligidos pelo Demônio, que Lutero começara a utilizar em 1527. Naquela época, ele teve hemorroidas, e em 1528, numa carta a um colega de sofrimentos, fez uma descrição extraordinária do problema:

> Ao esvaziar o intestino, a carne na borda da área anal se dilatava, ficando inchada do tamanho de uma avelã, e havia ali um local com uma ferida do tamanho de um grão de mostarda. Esse local doía mais quanto mais solto ficava o intestino e doía menos quanto mais duro era o cocô. Se saía misturado com sangue, vinha um alívio e quase um prazer em cagar, e assim eu costumava defecar com frequência. E se o dedo encostava nesse ponto, coçava de maneira agradável e o sangue corria.

Assim, ele aconselhava o destinatário da carta a não "deter o fluxo, deixar o sangue sair, porque dizem que é a 'artéria dourada' e é de fato dourada. Dizem que assim sai tudo o que há de ruim e que tem relação com o problema; é o portão do excremento por onde passam todas as doenças, e essas pessoas são as que vivem por mais tempo".[34]

Talvez essas palavras sejam desagradáveis aos leitores modernos, mas refletem as crenças da época; a medicina dos humores supunha uma relação entre o mundo e o corpo. Os "fluxos" sempre faziam bem ao corpo e nunca deviam ser detidos: o mênstruo, o pus e a urina expeliam do corpo substâncias nocivas e, portanto, faziam bem à saúde. Para Lutero, a doença era uma perturbação dessa relação vital entre o corpo e o mundo, e considerava que seus males físicos estavam ligados a seu estado emocional. Com efeito, de que outra maneira poderia ser, numa época em que se acreditava que as emoções e o caráter dependiam da mistura de humores no corpo? O que havia de incomum em Lutero, porém, era que ele também procurava extrair uma certeza espiritual de suas experiências corporais, e ainda mais conforme ficava mais velho e doente. Nesse período que passou no castelo, seus problemas se concentravam sobretudo na cabeça, e ele logo providenciou uma explicação natural, atribuindo-os à má qualidade do vinho que consumia. Mas ao mesmo tempo se saiu com uma interpretação espiritual: como as enxaquecas atrapalhavam sua tradução do Antigo Testamento, e assim obstruíam a obra de Deus, tinham, portanto, de ser diabólicas. Desse modo, o próprio corpo de Lutero se transformou em um campo de batalha na luta cósmica entre Deus e o Demônio. Conforme escreveu a Melâncton, agora o Demônio desistira de tentá-lo espiritualmente e passara para as investidas físicas. E declarou: "Tudo bem se ele me devorar; vai devorar um laxante, se Deus quiser, que deixará seus intestinos e ânus apertados demais para ele".[35]

Por cerca de um mês, de 22 de maio a meados de junho, Lutero não recebeu nenhuma notícia da delegação de Wittenberg em Augsburgo. Sabia que era um momento crucial, pois Melâncton estava finalizando a profissão de fé que seria apresentada ao imperador.[36] Estariam escondendo segredos?[37] Num tom que não era apenas de gracejo, ele descreveu a Spalatin como esperava ansiosamente o correio: chegou o primeiro mensageiro, a quem perguntou:

"Trouxe cartas? Não. Como estão os cavalheiros? Bem. Veio o segundo, e depois o terceiro e o quarto: sempre a mesma coisa, nada de cartas. Como estão os cavalheiros? Bem".[38]

Em 25 de junho, dez dias após a chegada de Carlos, foi-lhe entregue formalmente a confissão. Os evangélicos queriam que ela fosse lida na sessão plenária da Dieta, mas chegou a notícia de mais um ataque planejado pelos turcos contra Viena, de onde haviam sido expulsos em 1529, e Ferdinando, o irmão do imperador, conseguiu deixar de lado a questão religiosa enquanto discutiam aquele outro assunto importante. Assim, a confissão foi apresentada aos príncipes católicos e ao imperador na capela do palácio episcopal. Para Spalatin, a apresentação completa e sistemática da fé luterana — expondo "todos os artigos de fé, ao lado do que é ensinado, pregado e pensado" — foi uma das "maiores realizações já ocorridas na face da terra".[39]

A intenção era de ler a confissão em voz alta em latim e em alemão, mas, no caso, foi apresentada apenas em alemão, e mesmo assim levou duas horas inteiras.[40] Jonas informou que o imperador manteve um ar atento enquanto ouvia, embora não entendesse uma única palavra de alemão, como Jonas bem sabia. Dificilmente seria muito prudente em termos políticos obrigar Carlos a ouvir o chanceler saxônico Christian Beyer ler um texto teológico complexo numa língua que não entendia, mas, para Lutero, esse foi o ponto alto da Dieta. Elogiou a leitura por meio da qual os próprios príncipes "pregam livres e desimpedidos perante [Sua] Majestade Imperial e todo o império, bem debaixo do nariz de nossos adversários, de modo que têm de ouvir e não podem dizer nada contra ela".[41] Formava, enfim, um contraste positivo com o comparecimento de Lutero em Worms, onde não pôde fazer uma exposição ampla e completa de sua teologia.

No entanto, Lutero só recebeu a confissão depois de ter sido apresentada ao imperador, e reclamou que, se tivesse sido ele a escrevê-la, não teria feito tantas concessões. Escreveu imediatamente uma carta a Melâncton, que começava dando suas congratulações, mas a seguir protestava que ele estava indo contra a Sagrada Escritura porque Cristo é a pedra que os construtores rejeitam e deixam de lado, isto é, ele devia querer ser rejeitado e deixado de lado.[42] Agora não havia muito mais o que pudesse fazer. Via-se como um herói de guerra sem reconhecimento, como os comandantes em Viena no ano anterior, que não receberam "nenhum crédito" por expulsarem os turcos.

"Todavia, agrada-me e reconforta-me que, enquanto isso, esta, minha Viena, tenha sido defendida por outros."[43]

A apresentação da confissão, porém, era apenas o começo, pois Carlos prontamente encomendou a teólogos católicos uma refutação. O principal deles era Johannes Eck, o velho adversário de Lutero em Leipzig e o responsável pelo martírio de Leonhard Kaiser. A *confutatio* foi lida na sessão plenária da Dieta em 3 de agosto, mas apenas para os estamentos seculares, e os evangélicos não receberam nenhuma cópia. O lado imperial tentou impedir por todos os meios uma disputa teológica que Lutero pudesse vencer, e assim propuseram aos evangélicos que lhes permitiriam ver o texto apenas se prometessem que não o imprimiriam nem o copiariam, proposta que sabiamente recusaram. Ao julgar pelo que ouviram, não parecia nada muito ameaçador: Jonas troçou da "cambulhada", e o grupo de Wittenberg se convenceu de que não tinham sido vencidos na argumentação.[44]

Quando se iniciaram as negociações entre luteranos e católicos para examinar a possibilidade de algum tipo de acordo religioso, Melâncton escreveu a Lutero pedindo conselho, pois os wittenberguenses precisavam saber com urgência quais os pontos em que poderiam transigir. Melâncton reconhecia que já tinham discutido tudo previamente, na reunião de Lutero e seus companheiros em Torgau, mas as pelejas na vida real eram sempre imprevisíveis. O que era essencial e o que podia ser negociado? Lutero, fervendo de raiva por ter sido ignorado durante várias semanas, aproveitou a ocasião para se fazer de ofendido. Mandou um recado de que estava furioso com a delegação de Wittenberg, mas, afora isso, negou-se a responder qualquer coisa.[45] Melâncton, seriamente alarmado, mandou uma carta após a outra.[46] Como Lutero podia abandoná-los num momento tão crítico? Precisavam de seus conselhos. Melâncton pintou a terrível situação que os evangélicos enfrentavam, com a superioridade numérica dos católicos. "Sofistas e monges correm o tempo todo até o imperador atiçando-o contra nós [...]. Os que antes estavam de nosso lado agora não estão lá e estamos suspensos em grande perigo e desdém [...]. Leia nossas cartas e ajude", rogou ele. "Passamos a maior parte do tempo chorando, portanto suplico pela glória do Evangelho ou pelo bem público que nos responda, pois parece que, a menos que você esteja [no leme], soçobraremos nessas terríveis tempestades."[47] As cartas de Jonas contavam a mesma história: Melâncton estava indo bem, mas sofria de "tristeza".[48]

Lutero nunca reagia bem quando tentavam fazê-lo se sentir culpado: seu papel era ser mártir. Quando o correio, após uma demora anterior na comunicação, finalmente chegou em 29 de junho, ele escreveu às pressas uma carta enquanto o mensageiro esperava, despejando toda a sua bílis:

> Nessas cartas você me relembra seus esforços, os perigos e as lágrimas de tal forma que parece que eu, de maneira injusta, pioro ainda mais a situação com meu silêncio, como se eu não conhecesse essas coisas ou estivesse aqui sentado entre rosas, sem me importar com nada. Gostaria que minha causa fosse tal que permitisse correrem lágrimas![49]

Melâncton, disse Lutero, devia confiar no Senhor e não se preocupar. E tampouco gostava que Melâncton, mais novo do que ele, insistisse em seguir sua "autoridade" o tempo todo: compartilhavam a mesma causa.[50] Todavia, já no dia seguinte, Lutero se contradizia, escrevendo que "esta é minha causa e mais minha do que sua".[51] Depender daquele homem mais novo era ao mesmo tempo frustrante e exasperante: "Não sei o que dizer, invadem-me pensamentos sobre suas preocupações extremamente maléficas e totalmente vazias, pois sei que estou falando a um surdo". Acusou Melâncton de confiar apenas em si mesmo e não nos outros. "Enfrentei problemas maiores do que espero que você jamais enfrente", advertiu ele. "Então por que você não acredita em nós, que falamos a você não a partir da carne nem do mundo, mas a partir do Espírito Santo?"[52] Se antes Lutero se negara a responder, agora passava a uma verdadeira guerra de cartas. Disse a Jonas que o problema de Melâncton era confiar demais na filosofia, e a Johannes Brenz que Melâncton devia parar de se fazer de mártir.[53] Chegou a acusá-lo de falta de coragem varonil: "Se os papistas estivessem me matando, ao menos eu protegeria bravamente nossos sucessores e partiria para a vingança".[54] Brenz respondeu que Melâncton não era covarde: suas lágrimas apenas o incentivavam a orar, e como alguém poderia orar adequadamente se a questão não afetasse sua consciência e seus sentimentos?[55]

É evidente que Lutero tentava retomar as rédeas de um movimento que, temia ele, estava escapando a seu controle. Primeiro se recusando a dar conselhos e depois atacando Melâncton onde era mais vulnerável, Lutero o tornava dependente de sua orientação pastoral. Na verdade, Melâncton andava trabalhando 24 horas por dia, revisando a *Apologia*, uma elaboração ulterior da confissão que foi publicada em 1531, e negociando ao mesmo tempo com todos os lados. Foi ele, não Lutero, o responsável não só pela versão final, mas também pela defesa do grande documento confessional que sintetizava o credo luterano em caráter permanente. Em suas cansativas implicâncias com Melâncton, Lutero encarava de frente sua própria mortalidade, sem dúvida em decorrência da morte do pai. "Como suponho pelo cansaço da velhice e [problemas de] saúde e, em verdade, da vida, penso que não terei de ver e suportar por muito tempo essa vida amaldiçoada", escreveu ele.[56] Lutero sabia que sua morte levantaria o problema da sucessão. Não podemos deixar que Bugenhagen vá embora, comentou com Melâncton, avaliando sua transferência para Lübeck; precisamos dele em inúmeras áreas, nas escolas, em Wittenberg; precisaremos de outros que assumam depois de mim.[57] No entanto, Bugenhagen tinha praticamente a mesma idade de Lutero; Melâncton, cerca de quinze anos mais novo, era o sucessor óbvio. Mas daria para confiar nele?

As negociações febris prosseguiram por mais dez semanas.[58] Temos o relato pessimista do luterano Hieronymus Baumgartner, de Nuremberg, narrando os fatos, mas, de seu ponto de vista, o processo todo tinha sido uma fraude desde o começo. Os príncipes católicos faziam alguma proposta; Melâncton saía correndo para redigir novos artigos com novos comentários baseados nas propostas e ia consultar os evangélicos para obter sua concordância. Mas aí, depois de pronto, os papistas rejeitavam, propunham outros termos e recomeçava todo o processo. Ele não via no lado católico nenhuma intenção de chegar a um acordo.[59]

Melâncton, porém, queria desesperadamente assegurar a paz e continuava a importunar Lutero, atrás de conselhos. O que se podia transigir? Ele tinha ido longe demais? Também escreveu ao secretário de Lutero em Coburgo, Veit Dietrich, pedindo-lhe para se certificar de que Lutero respondesse. Lutero, por seu lado, preferia escrever a Jonas, tendo visivelmente maior confiança nele: "Seja forte e se mantenha firme e viril".[60] Nas cartas a Melâncton, continuava a mostrar sua irritação. E esbravejava: já tinha respondido àquela pergunta no dia anterior. Simplesmente se atenha ao Evangelho. Não deixe que desmontem sua bela confissão. "Diga-me, o que há aí não são apenas artifícios e engodos?", perguntou ele. "Você tem Campeggio" — cardeal Lorenzo Campeggio, o legado papal, um italiano odiado –, "você tem o salzburguense" — arcebispo Matthaeus Lang de Salzburgo, patrono final de Staupitz –, "e claro que tem os monges fantasmas de Speyer".⁶¹ Aqui Lutero se referia a uma história que circulava na Dieta. Ao que parece, um barqueiro em Speyer, certa noite, concordara em transportar um monge pelo Reno, para que ele pudesse seguir viagem até Augsburgo. Mas, quando foi pegá-lo, viu um grupo inteiro de monges na margem. Transportou o grupo, voltou e encontrou mais um bando de monges. O pescador, assombrado, caiu no chão e ficou com todos os membros paralisados. Na noite seguinte, outro barqueiro foi abordado por um grupo parecido de monges, com os hábitos de todas as ordens monásticas — brancos, pretos, cinzentos e marrons. Sabendo o que acontecera ao colega, o pescador pediu o pagamento chegando ao final da travessia. Em resposta, um monge lhe desferiu nas costas uma bastonada com seu bordão, dizendo que "nesses dias ninguém faz nada de graça para os monges". O barqueiro teve de prosseguir na travessia, mas, ao término da viagem, estava com o rosto todo arranhado. Os dois pescadores tinham sido interrogados pelo conselho municipal em Speyer e mantiveram a história. Logo estavam à venda folhetos contando o caso.

Os escritores evangélicos acharam que aquilo significava que os monges estavam indo para Augsburgo e eram espíritos malignos; mas certamente o caso comprovava o ódio do povo aos monges. Os papistas podem ter interpretado em sentido oposto, como o julgamento de Deus castigando os que não respeitavam o monasticismo. Houve outros presságios também. Melâncton citou o nascimento de uma criatura disforme em Roma, cria de uma mula com patas de espécies diferentes, simbolizando a divisão no papado, que fazia lembrar os primeiros anos da Reforma, quando ele e outros tinham publicado folhetos antipapistas com o Bezerro Monge e o Asno Papal.⁶² Lutero podia rir da história dos "monges fantasmas de Speyer", mas os que estavam em Augsburgo, sentindo o peso da responsabilidade de proteger o Evangelho, escrutinavam os presságios e se afligiam tentando desvendar o significado deles.

Na Dieta, na tentativa de se chegar a um acordo, montava-se um comitê após o outro, com novos integrantes, e parecia, ao contrário do que pensava Baumgartner, que o imperador realmente queria um acordo. Às vezes, de fato, a impressão que se tem é de que os evangélicos impunham tantos obstáculos quanto seus adversários. De início, os debates se concentraram nos rituais exteriores, como os jejuns e os dias santos. Melâncton, aqui, podia argumentar que muitas dessas coisas não eram determinadas pela Escritura, mas, se não eram essenciais para a salvação, tampouco a prejudicavam; essa posição parece

52. O panfleto de Suredabus Cancrinus, Ein new wunderbarlich mönchs schiffung, de 1531, apresenta uma interpretação evangélica da história de Speyer. O monge à dir. tem patas com garras, e vários dos outros monges têm nariz comprido ou encurvado, sugerindo que são diabólicos, devassos ou judeus.

ter contado, até certo ponto, com a aprovação de Lutero, embora insistisse que não se podiam impor tais coisas aos outros.[63] Ele, porém, desdenhou as prescrições sobre o jejum, "às quais o clero nunca se ateve", mas sua posição de que esses assuntos podiam ser entregues à autoridade secular tornava possível uma espécie de coexistência confessional.[64] De fato, usualmente sua intransigência

53. *O Asno Papal e o Bezerro Monge.*

se referia não a detalhes, mas à questão de fundo.[65] Pelo visto, ainda lhe doía sua derrota em Leipzig, às mãos de Eck, e não perdoara o velho adversário pela morte de Kaiser, relembrando várias vezes a Melâncton que não era apenas uma questão de palavras, e sim de vida e morte: esses teólogos católicos já tinham matado gente por causa do firme apoio à Reforma. Os católicos eram demônios, escrevera ele a Johannes Agricola em junho: "Não conseguem viver sem beber sangue".[66] Agora recomendava a Melâncton, com seu corpo frágil e franzino, que se mantivesse "firme", que se comportasse como "homem", que fosse "viril".[67]

Quando o debate passou para a questão do sacramento, o que se viu foi que o lado católico estava surpreendentemente disposto a conceder que os luteranos oferecessem o cálice aos laicos, desde que também ensinassem que receber o sacramento sob uma só espécie — a prática católica de ministrar aos fiéis apenas o pão — bastava para a salvação. Mais uma vez parecia possível um acordo, pelo menos até a realização de um concílio pleno da Igreja, visto que a proposta condizia com a posição do próprio Lutero quando, retornando do castelo de Wartburg, tentara moderar as reformas de Karlstadt. E mesmo a questão do casamento clerical não foi tão problemática quanto parecera de início: aqui também os católicos estavam dispostos a tolerar os casamentos que já tinham sido efetuados "até se realizar um concílio". Além disso, quanto à questão fundamental da Reforma, os católicos pareciam dispostos até a concordar que a salvação se dava pela fé e pela graça, e não apenas pelas obras — concessão extraordinária e clara vitória da teologia agostiniana.[68]

Lutero, porém, acusou os católicos de estarem falando apenas da boca para fora, no que dizia respeito à importância da fé, enquanto continuavam a pregar o papel das obras e das indulgências, e insistiu que a comunhão *devia* ser oferecida sob as duas espécies. Os católicos propunham deixar os luteranos prosseguirem com suas práticas, enquanto eles continuavam com as suas — rezando Missa pelos mortos, por exemplo —, mas Lutero protestou contra isso, alegando que assim se reintroduziria a ideia da Missa como sacrifício, que levaria à conquista de méritos individuais. Não objetava à reintrodução da confissão obrigatória antes da Missa, desde que as pessoas não fossem obrigadas a confessar todos os pecados, pois isso iria apenas sobrecarregar suas consciências.[69] Era um ponto sensível para os zwinglianos e os alemães do Sul, que protestavam contra o peso da confissão; mas, como a confissão sempre dera grande conforto espiritual a Lutero ao longo da vida, ele queria preservá-la. Passando para a questão dos bispos, Lutero mostrou uma surpreendente disposição conciliadora. Certamente seus cargos e jurisdições poderiam ser reinstituídos, admitiu ele, depois que Melâncton expusesse os precedentes bíblicos para conceder a certos padres cargos de alta posição dentro da Igreja.[70] Isso perturbou muito não só os sacramentalistas, cujo anticatolicismo era alimentado pelo ódio que tinham à velha hierarquia clerical, mas também muitos adeptos do próprio Lutero, em especial os nuremberguenses.[71] Para grande número de evangélicos, devolver o poder aos bispos seria permitir que eles voltassem a comandar os luteranos, e logo passariam a queimá-los como hereges. Lutero logo voltou atrás — dizendo que entendia outra coisa por "bispos" e que a jurisdição deles era limitada —, mas o estrago já estava feito.[72]

Para Melâncton, era indispensável avaliar todas as opções, pois estava convicto de que, se não se chegasse a um acordo, o resultado final seria uma guerra. Em setembro, o que o preocupava constantemente era a iminência da catástrofe, ciente do pequeno número de príncipes e cidades que apoiavam o evangelismo, embora subestimasse o receio dos príncipes católicos em dar poder excessivo a um imperador já demasiado poderoso.[73] No lado evangélico, não passavam de uma meia dúzia: os duques de Lüneburg e Brandemburgo, o príncipe de Anhalt, o eleitor da Saxônia, Filipe de Hesse, e somente Nuremberg e Reutlingen tinham assinado a confissão; os sacramentalistas não assinaram.[74] Além disso, a qualquer momento Filipe podia se passar para os zwinglianos, e dificilmente Nuremberg correria o risco de se opor ao imperador. Melâncton entendia, de uma forma que Lutero, isolado, não poderia entender, a situação desesperadora em que ficariam os evangélicos, em termos políticos e militares, se não houvesse um acordo.

Para Lutero, porém, uma solução de compromisso era agora inaceitável. As cartas que escreveu logo antes do final da Dieta mostram a que ponto suas relações com Melâncton haviam se deteriorado.[75] Em 20 de setembro, Lutero lhe disse que as pessoas andavam reclamando de sua maneira de conduzir as negociações e pedia mais detalhes, "para que eu possa calar a boca de seus detratores".[76] No mesmo dia, Lutero escreveu a Jonas sem usar de rodeios — ele e Melâncton tinham sido encarregados de defender o Evangelho:

> Mas agora, da parte de gente nossa, de pessoas numerosas e importantes, têm chegado a mim enormes reclamações de que vocês traíram a questão e que concederiam ainda mais, em nome da paz [...]. De modo que sou levado a dizer que, se é neste pé em que as coisas estão, então o próprio Demônio criou uma bela de uma divisão entre nós.[77]

Lutero sabia que Melâncton e os outros wittenberguenses provavelmente leriam essa carta. Ambas foram confiadas a Lazarus Spengler, de Nuremberg, mas a Dieta terminou antes que ele pudesse entregá-las. Logo que percebeu que Melâncton não teria mais oportunidade de fazer as nefastas concessões que Lutero temia, Spengler lhe remeteu as cartas de volta.[78]

Lutero, de todo modo, estava reavaliando sua posição sobre a Dieta; ao ver o receio de Baumgartner e dos nuremberguenses de que as negociações com os católicos podiam levar à perda do "favor de Deus sem ganhar o do imperador", ocorreu-lhe que talvez tivesse deixado Melâncton ir longe demais.[79] Perto do final, Lutero começou de repente a afirmar que as negociações tinham sido um equívoco completo desde o começo e, nos meses que se seguiram ao fracasso, passou a apontar Melâncton como o sujeito que queria fazer as pazes com os católicos, ignorando muito convenientemente até que ponto

54. Lucas Cranach, o Velho, Martinho Lutero e Filipe Melâncton, 1543.

ele conseguira avançar.[80] O papel de Melâncton em Augsburgo consolidou a dupla liderança da Reforma, mas também ressaltou as diferenças entre ambos. Nos anos seguintes, começou a distribuição comercial de retratos da dupla em conjunto, para frear os boatos de uma cisão, mas o efeito visual causava uma sensação estranha. Em vez de irradiar concórdia e harmonia, Lutero, com seu físico avantajado, roubava grande parte do espaço, e o retrato duplo lembrava estranhamente o retrato nupcial com Katharina von Bora, com Melâncton agora ocupando seu lugar no lado feminino.

Após meses de barganhas frenéticas, as negociações falharam; em 23 de setembro, o imperador encerrou a Dieta. Ambos os lados haviam demonstrado disposição em conciliar e, no final, as divergências entre eles nem pareciam suficientes para justificar o cisma resultante. Mas, ao fim e ao cabo, o que manteve a divisão entre os dois lados foi a desconfiança — os evangélicos simplesmente não acreditaram que os católicos estavam falando a sério ou que manteriam a palavra em questões como o casamento, os sacramentos e outras mais. O medo deles era de que, com tais concessões, seriam esmagados num concílio da Igreja que se realizaria fora da Alemanha, convocado expressamente para derrotá-los.[81] O resultado não era inevitável, mas era uma oportunidade de impedir a divisão da Igreja católica, oportunidade que se perdeu por pouco. Foi por isso que as negociações se prolongaram por tanto tempo, com uma sucessão de comitês, um após o outro, e foi por isso que Carlos estava disposto a aceitar novas tentativas incessantes de se chegar a um acordo. Se dependesse de Melâncton — que era um irenista e não um conservador como Lutero —, poderiam ter chegado a um termo de entendimento.

No começo de outubro de 1530, Lutero estava finalmente de volta a Wittenberg, depois de passar metade do ano no "deserto" de Coburgo, cercado pelo crocitar das gralhas. Ansiava em ver os companheiros: "Voltem para casa!", escrevera para a delegação de Augsburgo em meados de julho.[82] Desmentiu os boatos de que andava doente e, para demonstrá-lo, passou um pito em Katharina: "Você pode ver por si mesma os livros que ando escrevendo".[83]

De fato, Lutero manteve uma admirável atividade intelectual durante o exílio entre as aves; acabara a tradução do Antigo Testamento, em que havia trabalhado por doze longos anos. Mas boa parte de sua atividade intelectual era movida pela raiva e pelo ódio. Enquanto Melâncton procurava conciliar, Lutero despejava textos como *Uma revogação do purgatório* — irônico, claro —, a *Carta ao cardeal arcebispo de Mainz* e as *Proposições contra toda a escola de Satã e todos os portões do inferno* — que investiam contra a teologia católica e, sendo vendidos em Augsburgo, permitiam-lhe ter voz na Dieta.[84] Em *Advertência a seus estimados alemães* (escrito em outubro, mas impresso apenas em 1531), ele desancava "a boca despudorada e o sofista sanguinário", seu velho inimigo dr. Eck, e denunciava violentamente a extravagância e o esplendor da Dieta, "que fariam vergonha até mesmo ao Senhor Inveja e ao Mestre Mentiroso".[85] Mas a própria agilidade da escrita de Lutero brotava de sua facilidade em manejar uma retórica que lhe era familiar. Repetia argumentos que desenvolvera dez anos antes, agora formulados num tom de virulenta polêmica. Estava cada vez mais pregando para os convertidos, e não para os indecisos.

Na verdade, agora corria o risco de se tornar um pensador provinciano. Desde o começo, concentrara a atenção em seus "estimados alemães", em contraste com os odiados *welsch*, ou latinos, e isso sempre restringiu sua capacidade de pensar a Igreja como um todo.[86] Foi um elemento de força, claro, pois as manobras do eleitor tinham, em ampla medida, excluído Zwinglio e os sacramentalistas da Dieta e permitido que os defensores de Lutero negociassem

sem precisar levar em conta as opiniões deles. Mas, a longo prazo, foi uma fatídica falta de visão, pois, quando João Calvino abraçou e promoveu a causa sacramentalista, a exclusão deles da Paz de Augsburgo de 1555, tal como tinham sido excluídos em 1530, tornou o tratado absolutamente inexequível, contribuindo, ao fim e ao cabo, para a Guerra dos Trinta Anos.

16. A consolidação

A Dieta de Augsburgo, ao que tudo indicava, resultara num impasse político completo. Mas as tentativas de defender o protestantismo, evitar a guerra e encontrar um caminho prosseguiram nos anos subsequentes. Em fevereiro de 1531, os luteranos, sob o comando dos eleitorados da Saxônia e de Hesse, formaram uma liga de defesa, que ficou conhecida como Liga de Schmalkalden. Ela se ampliou rapidamente nos anos seguintes, à medida que outras áreas ingressavam na liga, e logo se tornou uma força política importante. As negociações com os católicos também prosseguiam, agora a partir de uma posição muito mais forte; em julho de 1532, a Paz de Nuremberg, assinada por nove príncipes e 24 cidades, garantiu uma espécie de tolerância informal. As possessões de cada parte estariam protegidas, e o assunto seria resolvido num futuro concílio da Igreja, na prática suspendendo o Édito de Worms e suas cláusulas ameaçadoras — e reconhecendo efetivamente que nenhum dos lados alcançaria plena vitória, pelo menos no momento. A política começou a conduzir a religião, iniciando-se o processo que levou o império a se transformar numa colcha de retalhos de várias denominações religiosas.

Nos anos imediatamente seguintes, por meio de uma série de polêmicas, panfletos, cartas, disputas e negociações com os rivais, Lutero abandonou tacitamente o projeto de reformar *a* Igreja. Em vez disso, começou a criar uma Igreja própria. Seguindo a ideia de que os príncipes podiam ser bispos de emergência, conforme sugerira em À *nobreza cristã da nação alemã*, em

1520, em 1527 pôs-se a reformar a Igreja na Saxônia com o apoio do eleitor. Todas as paróquias passariam por inspeção, processo que levaria vários anos, e agora estavam sob a direção conjunta do eleitor e da Igreja, e não mais dos bispos. Em vez das experimentações litúrgicas que haviam caracterizado os anos iniciais da Reforma, Lutero criou gradualmente liturgias reformadas para Wittenberg, que tiveram influência em outras áreas. E conforme recebia um fluxo constante de mensagens pedindo conselho, teve de elaborar a teologia prática — sobre o batismo, o matrimônio, o divórcio e a morte —, que era essencial para formar uma nova Igreja. O mesmo homem que, em 1520, tinha plena convicção de que todos os fiéis eram igualmente sacerdotes agora precisava decidir questões sobre a autoridade e as estruturas dentro da Igreja. Haveria bispos, como parecia admitir em 1530? As ferozes discussões com os sacramentalistas, que supostamente serviriam para estabelecer um terreno comum, na verdade criaram uma distância clara e intransponível em matérias de fé e de observância, na medida em que Lutero tentava convertê-los a seu ponto de vista em vez de procurar ouvi-los. Da mesma forma, ele abandonara a posição anterior de que as questões de fé nunca deveriam se resolver pela força, mesmo que sempre continuasse a mostrar escrúpulos quanto à punição dos hereges. Ao mesmo tempo, aos poucos foi se aproximando da ideia de que, em certas circunstâncias, a resistência ao imperador poderia ser justificável.

Logo após o encerramento da Dieta, Lutero escreveu em sua *Advertência a seus estimados alemães* que, se o imperador lhes ordenasse pegarem em armas contra seus conterrâneos luteranos, não deviam obedecer, e que não se deveria considerar ato de rebeldia se um luterano perseguido resistisse à morte, em vez de suportar o sofrimento à maneira cristã.[1] Ainda não era uma resistência ao imperador, mas já ia além de sua posição de 6 de março de 1530. No mesmo mês de outubro, Lutero passou a defender que deviam ser especialistas jurídicos, e não teólogos, a decidir se havia alguma hipótese em que se justificasse a resistência ao imperador. Tal posição lhe permitiu apoiar a Liga de Schmalkalden e seus objetivos militares, sem precisar elaborar uma teologia política que sancionasse a resistência.[2]

Apesar da necessidade política de os evangélicos se unirem numa causa comum, continuava difícil conseguir um acordo entre seus teólogos. Da perspectiva suíça e alemã do Sul, era imperioso chegar a um termo de entendimento. Se em Augsburgo os luteranos tinham dado a impressão de serem fracos e isolados, isso se aplicava ainda mais aos sacramentalistas. Zwinglio redigira seus próprios artigos de fé, mas não conseguira apresentá-los; os alto-alemães haviam formulado uma profissão de fé em separado, como uma solução de compromisso com o luteranismo, mas ela fora aceita apenas por quatro cidades;[3] quando os suíços se negaram a assinar o documento, que veio a ser conhecido como a Tetrapolitana, foi-lhes recusado o ingresso na Liga de Schmalkalden.

Zwinglio e os suíços sempre estiveram cientes do perigo do isolamento político e procuravam aliados desde que os cantões suíços católicos haviam formado uma aliança contra os evangélicos, em 1524. Zwinglio alimentara a esperança de se juntar a Filipe de Hesse e até pensara numa aliança com a França. Em 1529, os cantões católicos somaram forças com a Áustria sob Ferdinando, o irmão do imperador, criando assim uma coalizão muito mais poderosa, e em 1531 estourou a guerra.

Já em 1527, Andreas Osiander, o amigo nuremberguense de Lutero, previra que "a ignomínia recairá sobre Zwinglio dentro de três anos".[4] Errou por um ano. Em outubro de 1531, mal decorridos quatro anos, os zuriquenses, com canhão, soberbos petrechos e magníficas armas, foram derrotados em Kappel pelas forças dos cantões católicos. "Você nos disse que eles fugiriam, que suas balas se voltariam contra eles [...]. Foi você que cozinhou esse caldo e até pôs as cenouras nele — agora vai nos ajudar a comê-lo", bradou a Zwinglio um cidadão soldado furioso no auge da batalha.[5]

Zwinglio foi ferido e depois sumariamente liquidado por um alabardeiro comum. O cadáver foi esquartejado e posto a arder pelo carrasco de Lucerna, e suas cinzas foram misturadas ao esterco.[6] Era pior do que um herege: era um padre que pegara em armas, profanando a batina. Seu fim foi extremamente chocante e não poderia resumir melhor a diferença entre luteranos e alemães do Sul. Zwinglio morreu como cidadão de Zurique, lutando com os membros de sua comunidade e cumprindo o juramento que prestara, como todos os cidadãos, de defender suas liberdades; junto com ele morreram outros vinte padres em Kappel.[7] Lutero ainda considerava o clero como um grupo à parte, separado pela vocação, cujo papel era jamais se envolver em lutas. Homem cujo pai sabia defender sua honra com os punhos, Lutero continuava a ser teólogo e pastor, enquanto Zwinglio morria como cidadão e homem de ação. Lutero escreveu seu epitáfio sobre o partido zwingliano numa carta ao amigo Amsdorf: "Este é o resultado da fama que eles procuraram com blasfêmias contra a comunhão de Cristo". Agora Lutero reivindicava para si a profecia de Osiander: "Fui profeta ao dizer que Deus não permitiria essas blasfêmias [...] ensandecidas". Citou Jesus aos companheiros de mesa: "Aquele que tomar a espada morrerá pela espada".[8] Mas, por mais que ele pudesse se rejubilar com o fim de Zwinglio, a causa dos próprios luteranos parecia desoladora.

Lutero se sentia rodeado por inimigos do Evangelho, e agora os anabatistas engrossaram esse número. Ele sempre os tratara como se fossem simplesmente novos seguidores de Müntzer e Karlstadt: também eram *Schwärmer*, entusiastas como os que repudiara em 1524, em *Contra os profetas celestiais*. "Anabatistas" era um insulto que os adversários lhes davam e significava "rebatizadores", mas, na verdade, não acreditavam em repetir o sacramento. Consideravam, na maioria, que o batismo infantil não era válido e defendiam o batismo dos fiéis adultos, seguindo o ensinamento do Evangelho; alguns dispensavam totalmente o batismo. Alguns tinham participado da Guerra dos Camponeses e se inspiravam nas ideias de Müntzer sobre a violência milenarista; outros eram pacifistas que se negavam a prestar juramento. De modo geral, constituíam pequenos núcleos isolados de fiéis, mantendo contato apesar da distância, à margem de suas comunidades, evitando conflito com as autoridades.[9]

Para reformadores como Lutero, que insistiam que a Palavra de Deus devia ser a única autoridade religiosa, não era fácil refutar credos que derivavam tão estritamente da letra das Escrituras. O argumento de Lutero de que os padrinhos podiam fazer a confissão em nome da criança de colo não tinha base nos Evangelhos e se fundava apenas na tradição da Igreja — e isso vindo da parte daquele que, em Worms, rejeitara qualquer argumento derivado de fontes não bíblicas. Mas, em termos gerais, ele não gastou muita tinta para refutar o anabatismo em si, talvez porque se sentisse incomodado com sua argumentação pessoal, talvez porque a preocupação prioritária fosse combater os sacramentalistas. Em 1528, redigiu um texto em forma de carta a dois pastores que pediram ajuda para refutar o anabatismo: escrito às pressas, o argumento era contraditório, alegando basicamente que os anabatistas adotavam uma abordagem espiritualista do batismo. O ensaio luterano autorizado foi escrito por Justus Menius em 1530, para o qual Lutero contribuiu apenas com um prefácio de aprovação.[10]

Mas o confronto com o anabatismo foi importante porque pôs em destaque a posição de Lutero sobre o papel do batismo e a natureza da Igreja, no momento em que estabelecia a Igreja na Saxônia. O batismo trazia a grande questão fundamental: quem era membro da Igreja — todos os integrantes da comunidade ou a minoria que fora salva? Lutero queria uma Igreja abrangente, com o batismo infantil universal, mas, em seus momentos mais melancólicos, também pensava que a verdadeira Igreja dos cristãos autênticos era invisível, composta apenas por algumas almas. O batismo infantil selava aquela pertença universal à Igreja e criava um paralelo entre a comunidade e a congregação: todos os batizados pertenciam automaticamente a ela. O batismo e a eucaristia eram os dois únicos dos sete sacramentos católicos que Lutero considerava fundados nas Escrituras; continuava em dúvida sobre o estatuto da confissão. Conservador, ele fez poucas alterações no rito, pois concordava com grande parte da concepção católica. Era da profunda convicção de que o batismo marcava o início da luta contra o Demônio, e é impressionante a frequência com que ele se referia ao batismo ao escrever sobre Satã. O batismo é a promessa que Deus nos faz, e não é preciso fé para merecê-lo: essa era a principal razão pela qual ele rejeitava o anabatismo. A teologia de Lutero não tinha nada a ver com a ênfase protestante posterior sobre a experiência de "ser salvo", com a qual tantas vezes se confunde a insistência de Lutero em "somente a fé". Assim também se conferia à autoridade secular o papel de regular os parâmetros externos da Igreja e escorava a aliança entre a autoridade eclesiástica e a autoridade política. Rejeitar o batismo infantil significaria desinstituir a Igreja e anular a parceria com o Estado; era algo a que Lutero jamais pensou em renunciar.

Além de insistir no batismo infantil, Lutero também preservou os poderosos exorcismos que faziam parte do ritual, de início chegando a manter o costume segundo o qual o padre literalmente "soprava" o Demônio, expulsando-o da criança — mais um elemento da "magia papista" que outros reformadores estavam ansiosos por abolir.[11] Com efeito, ele contava o caso do médico que ficou maravilhado com as palavras proferidas num batismo infantil e exclamou: "Se eu soubesse que fui batizado com as mesmas palavras usadas para esta criança, não temeria mais o Demônio!". Os padrinhos lhe garantiram que ele fora batizado com aquelas mesmas exatas palavras; e então, pouco tempo depois, quando o Demônio lhe apareceu sob a forma de bode, o médico o agarrou pelos cornos e ele desapareceu, deixando-lhe os chifres como troféu.[12]

Lutero também se demonstrou um tradicionalista em relação à padrinhagem, instituição que utilizou muito, escolhendo cuidadosamente os padrinhos de todos os seus filhos, para consolidar seus vínculos com a nobreza saxônica e com outros reformadores e amigos, como Cranach. Os reformadores luteranos, por seu lado, escolhiam-se mutuamente como padrinhos, ressaltando os laços íntimos entre eles.[13] Essa prática contribuiu para a tendência sempre maior do pastorado evangélico em se apartar do resto da sociedade, como um grupo fechado, casando entre si e escolhendo os sucessores entre seus próprios descendentes. O clero católico jamais constituíra uma casta nesse sentido, por causa do pressuposto do celibato sacerdotal.

No entanto, apesar do papel central do batismo em sua teologia e de sua posição conservadora em relação ao rito, Lutero não tinha tanta certeza quanto ao tratamento que devia dar aos anabatistas. Durante as negociações em Augsburgo, dera-se por satisfeito em concordar que os anabatistas, como sacramentalistas, deviam ser tratados como heréticos, mas, até aquele momento, também sustentara sistematicamente que ninguém devia ser executado por causa de suas crenças; os hereges sofreriam no inferno, e só deviam ser punidos na terra se fossem culpados de insurreição e desacato à autoridade secular.[14] Mas Melâncton, seguindo o decreto imperial de 1528 contra os anabatistas, começou a adotar a posição de que todos os anabatistas eram culpados do crime de sedição e que as autoridades seculares deviam puni-los "no corpo", e não apenas com multas. Enquanto Lutero argumentava, ainda em 1528, que os anabatistas não deviam ser executados, porque "não é certo e me dói muito que as pessoas matem, assassinem e queimem esses coitados de maneira tão pavorosa", em fevereiro Melâncton já começara a defender a execução deles, e no ano seguinte Lutero concordava que, "embora pareça cruel puni-los com a espada, eles mesmos estão sendo ainda mais cruéis ao amaldiçoar o ministério da Palavra".[15]

Ainda que sentisse alguns escrúpulos, Lutero não era contrário a punições severas. Fritz Erbe, da aldeia de Herda perto de Eisenach, negou-se a batizar o filho em 1531 e foi encarcerado. Preso uma segunda vez em 1533, sua fama se espalhou e ele virou uma espécie de celebridade na cidade, e por isso foi transferido para o castelo de Wartburg, onde Lutero se abrigara após a Dieta de Worms. Lá ele ficou no isolamento de 1540 até sua morte, em 1548, numa cela subterrânea. Lutero certamente sabia de Erbe e de seu triste destino.[16]

Então, em 1534, um grupo de anabatistas realmente ganhou poder em Münster, com consequências que horrorizaram os contemporâneos. A Reforma começara lá de maneira bastante convencional. Como em muitas outras cidades do império, o número de luteranos havia crescido, e eles se saíram bem nas eleições para o conselho. Mas o que começara como uma reforma luterana politicamente conservadora se transformou quando o pregador-mor Bernhard Rothmann caiu sob a influência do sacramentalismo e começou a adotar um populismo radical. Münster se transformou então no centro das esperanças milenaristas, e os anabatistas começaram a afluir para a cidade em grandes ondas, vindo de todo o Norte da Alemanha e dos Países Baixos, inspirados pelas profecias de Melchior Hoffman, pregador de Estrasburgo, para converter a cidade na Nova Jerusalém, logo formando um grupo de dimensões consideráveis dentro da população original de cerca de 9 mil citadinos.[17] Até àquela altura, a Reforma de Münster era bastante parecida com a fase radical da Reforma em Wittenberg, com os pregadores e os conselheiros municipais trabalhando em conjunto para criar uma sociedade devota; em setembro de 1534, porém, o carismático Jan van Leiden assumiu, instaurando uma teocracia encabeçada por ele, tendo o velho prefeito Bernhard Knipperdolling como seu "alferes".[18]

O bispo de Münster sitiou a cidade, numa coalizão que contava não só com o arcebispo de Colônia e o duque católico de Cleve, mas também com o luterano Filipe de Hesse, todos prometendo auxílio financeiro. Jan van Leiden tentou enviar "apóstolos" a outras comunidades anabatistas, para recrutar reforços, mas Münster se encontrava isolada, em estado de emergência militar, e quase ninguém conseguia chegar até lá. Reuniram os homens para defender a cidade e repelir as forças do bispo, mas muitos morreram em combate. A retórica apocalíptica de Leiden agora se tornava realidade, e ele assumiu o papel de juiz e carrasco, chegando ao ponto de decapitar pessoalmente um indivíduo acusado de ser espião e implantando a poligamia para que os anabatistas pudessem recriar as doze tribos de Israel.[19]

Em junho de 1535, após um cerco que durou um pouco mais de um ano, a cidade caiu. Jan van Leiden e outros dois líderes foram brutalmente torturados

56. *Heinrich Aldegrever, Jan de Leyden, "Um rei dos anabatistas", 1536. Logo artistas importantes passaram a fazer gravuras de Leiden e de sua esposa, a rainha Divara: plebeus que se fizeram realeza sintetizavam os perigos do anabatismo. Há textos de contemporâneos descrevendo as duas coroas de ouro de Leiden, o orbe e o cetro que ele levava ao andar a cavalo, seus acompanhantes vestidos de azul e verde, e os dois jovens a cavalo que seguiam logo atrás, um carregando uma Bíblia e a coroa, o outro uma espada nua com a inscrição "O poder de Deus é minha força".*

e executados em janeiro de 1536; seus restos mortais foram postos em jaulas de ferro, que ficaram penduradas na torre da Igreja de São Lamberto, onde ainda é possível vê-las. É difícil saber com precisão o que aconteceu em Münster, pois todos os relatos de que dispomos foram escritos pelos vencedores, de um ponto de vista hostil, e os registros públicos foram em grande parte destruídos. Costuma-se ver esse episódio como uma aberração na história da Reforma, e certamente era assim que Lutero o entendia. O que foi muito chocante para os contemporâneos foi a adoção da poligamia.

No entanto, embora o próprio Lutero condenasse os anabatistas pela arrogância teológica e pelo desprezo à doutrina verdadeira, e ainda que os condenasse como "epicuristas",[20] ele próprio sempre destacara que os patriarcas do Antigo Testamento praticavam a poligamia, atitude que, mais tarde, traria consequências importantes.

Enquanto isso, Martin Bucer não desistira de tentar chegar a um acordo com os wittenberguenses. No final de setembro de 1530, voltando da Dieta de Augsburgo, fora visitar Lutero, que andava muito rabugento, no castelo de Coburgo e finalmente conseguira persuadi-lo a iniciar uma negociação com os sacramentalistas.[21] Como disse Lutero no começo de 1531, começara a entender

> como a amizade de vocês é importante para nós [...]. Apercebi-me tão claramente disso que estou convencido de que todos os portões do inferno, o papado inteiro, todos os turcos, o mundo inteiro, toda a carne e todos os males que existem não conseguiriam causar nenhum dano ao Evangelho, se estivéssemos unidos.[22]

Era um tom bem diferente da habitual convicção de Lutero de que o próprio fato de estar sozinho em sua luta contra as forças de Satã era prova de que Cristo estava a seu lado, mas não seguiu nessa toada por muito tempo.[23] Continuou cauteloso com Bucer, que percorria incansavelmente a Suíça e as cidades da Alta Alemanha tentando chegar a uma fórmula que todas as partes aprovassem. Dedicou quase quatro anos a isso, mas, quando enfim chegou a uma que Lutero aceitaria, foram os suíços que então a rejeitaram sumariamente.

Em 1536, por fim combinou-se um encontro entre os luteranos e os sacramentalistas alto-alemães, a se realizar em Eisenach.[24] Mas teve de se dar em Wittenberg, pois Lutero estava adoentado demais para viajar e, assim, as discussões tiveram lugar na casa dele. A princípio, apenas Bucer e Wolfgang Capito, os dois estrasburguenses, foram autorizados a participar das discussões, nas quais os wittenberguenses tinham presença esmagadora. Da perspectiva de Lutero, as conversas se destinavam não tanto a alcançar um termo de entendimento, e sim a assinalar a aceitação da linha luterana, com Bucer e Capito ali para concordar que Cristo estava realmente de corpo presente no sacramento. Mesmo assim, Lutero quase entornou o caldo, saindo-se com uma diatribe incoerente em que acusava Zwinglio e Oecolampadius de terem publicado um "falso ensinamento medonho e ímpio", de enganarem as pessoas e apoiarem a revolta. Seria melhor "deixar as coisas como estavam do que criar uma concórdia fictícia, fingida, que ia piorar cem vezes mais a situação, que já é ruim". Bucer ficou visivelmente ofendido com a posição de Lutero, rejeitando uma concórdia que lhe dera tanto trabalho para intermediar. Lutero insistiu, "com grande ardor, que ou haveria uma verdadeira unidade ou não haveria unidade nenhuma".

Quando as duas partes se encontraram de novo no dia seguinte, 23 de maio, Lutero perguntou se cada um dos visitantes "iria se retratar do que ensinava e difundia contra o Senhor Cristo, a Escritura e o ensinamento e a visão da Igreja", e se a partir daí iria "constantemente e num mesmo espírito ensinar a verdadeira presença do corpo de Cristo no ou com o pão da comunhão do Senhor". Bucer e Capito foram obrigados a fazer essa humilhante admissão de erro, e depois disso Lutero e seus seguidores saíram do aposento para discutir o que fariam a seguir. Então, exigiram que os sacramentalistas admitissem que não só os fiéis, mas também os indignos recebiam o verdadeiro corpo e sangue de Cristo na comunhão; isto é, os luteranos queriam que eles admitissem que Cristo estava realmente presente no sacramento, e não apenas "presente" dependendo da fé e do merecimento do fiel.[25]

Lutero conseguira a retratação que tanto desejara. Então, impôs mais uma humilhação aos visitantes, pedindo a cada um deles que repetisse sua profissão de fé individualmente, inclusive que o sacramento estava presente para os indignos. Por fim alcançara-se o esperado acordo, e Bucer e Capito derramaram lágrimas enquanto todos os teólogos trocavam apertos de mão. Lutero lhes recomendou que introduzissem gradualmente o novo ensinamento em suas congregações, e assim elas nem perceberiam — um conselho bastante cínico, além de subestimar tremendamente o interesse das pessoas comuns em questões teológicas. No dia seguinte — o Dia da Ascensão —, ele baseou seu sermão em Marcos 16,15: "Saiam por todo o mundo e preguem o Evangelho a todas as criaturas". O cronista Myconius, que ouviu o sermão, escreveu: "Ouvi muitas vezes Lutero pregar, mas daquela vez era como se ele não estivesse apenas falando, e sim trovejando dos próprios céus em nome de Cristo".[26]

A vitória de Lutero parecia completa, mas foi um triunfo vazio. Bucer conseguira que as cidades alto-alemãs concordassem com a confissão de Augsburgo, num grande lance diplomático que fortaleceria e protegeria a Reforma dentro do império. Então, tentou persuadir os suíços a aceitarem a concórdia, inclusive dando a saber que Karlstadt queria um acordo com os wittenberguenses, pois estava farto de toda aquela dissensão. Lutero, porém, foi inflexível; quando finalmente os suíços lhe escreveram uma carta conciliadora, em janeiro de 1537, ele aguardou até dezembro para responder e, quando respondeu, usou de um tom totalmente displicente. Sua doença, explicou ele, é que o impedira, e além do mais "estou com tantos assuntos na cabeça, para não falar dos pensamentos, que não tenho como ficar falando e tratando com cada um como se não tivesse mais do que uma ou duas coisas para fazer".[27] Tornou a insistir numa explícita aceitação de sua posição, e o resultado foi que, no outono de 1538, todos os sacerdotes de Zurique, Basileia e Berna já tinham chegado à conclusão de que fracassara o projeto de conseguir uma união com os wittenberguenses. Outras cidades também desistiram: em Augsburgo, cuja adesão ao acordo era essencial, Johann Forster foi nomeado por recomendação de Lutero, mas forçou demais a mão ao acusar o antigo pregador zwingliano Michael Keller e outros mais de se desviarem do acordo, e com tanta veemência que o conselho se indispôs contra ele e, ao fim, teve de deixar o cargo; o conselho então nomeou Ambrosius Blaurer, um sacramentalista.[28] Nem mesmo em sua própria Estrasburgo Bucer conseguiu controlar a situação. Matthäus Zell, um dos reformadores mais importantes daquela cidade, continuou a ministrar a doutrina sacramentalista, havendo profundas divisões entre o clero estrasburguense.

Para Lutero, como a concórdia de Wittenberg não era uma reconciliação nem um acordo de mútuas concessões, e sim um termo para estabelecer que as crenças dos sacramentalistas eram heréticas, era imperioso afirmar a verdade contra as forças de Satã. Os dois lados haviam se comprometido a não trocarem ataques em letra impressa, mas, apesar disso, em 1539 Lutero publicou *Dos concílios e das Igrejas*, um longo ensaio em que argumentava que qualquer futuro concílio da Igreja teria de seguir fielmente a Palavra de Deus e, por fim, marcava a fundação de sua própria Igreja. No mesmo texto, também acusou

Zwinglio de ser um herege nestoriano.[29] Era uma caricatura das verdadeiras crenças de Zwinglio e, evidentemente, os suíços ficaram furiosos. Os pastores de Zurique redigiram um enfático repúdio àquele insulto.[30]

Os nestorianos sustentavam a absoluta separação entre a natureza divina e a natureza humana na pessoa de Jesus Cristo. O ponto de partida dos sacramentalistas era que havia uma divisão fundamental entre as coisas da carne e as do espírito, e daí a concepção deles de que o corpo de Cristo não podia estar no céu e, ao mesmo tempo, na hóstia; todavia, insistir que o sacramento era um evento espiritual não significava negar a humanidade de Cristo. Lutero se dispôs a fazer tal acusação porque, nessas alturas, uma distinção demasiado categórica entre a carne e o espírito lhe parecia minar a doutrina da Presença Real, que começava a adquirir o estatuto de verdade totêmica. Foi ainda além na *Exortação à prece contra os turcos*, de 1541, na qual mencionava ao mesmo tempo as concepções de Müntzer, de Zwinglio e do anabatismo como "heresias e seitas amaldiçoadamente maléficas".[31] Então, em 1544, deixou de lado qualquer comedimento em *Uma breve confissão do dr. Martinho Lutero sobre o Sagrado Sacramento*, em que dizia que Zwinglio era um "pagão" com crenças sobre o sacramento que indicavam que "a salvação de sua alma deve ser posta em dúvida".[32] Lutero começava a obra invocando sua morte iminente — "Eu, que agora sigo para meu túmulo" —, e o tratamento insultuoso que dava a Zwinglio vinha no bojo de um importante texto doutrinal, como testamento seu. Os zwinglianos então publicaram a profissão de fé de Lutero junto com as posições deles mesmos sobre o sacramento, e assim teve início mais uma guerra desenfreada de panfletos entre sacramentalistas e luteranos.[33] Quando Lutero morreu, em 1546, os protestantes pareciam irremediavelmente divididos, num antagonismo mais acirrado do que nunca.[34]

Se Lutero continuava a atacar a posição sacramentalista a despeito da necessidade política do apoio deles, era porque essa posição atingia o cerne de uma teologia que aos poucos vinha se firmando como Igreja; não lhe interessava mais reformar toda a cristandade, mas, pelo visto, concentrava-se apenas em termos locais. Em decorrência disso, Lutero estava cada vez menos interessado em qualquer transigência e cada vez mais decidido a proteger a pureza doutrinal em conformidade com suas convicções pessoais. Ele e Melâncton andavam profundamente envolvidos na criação da Igreja evangélica na Saxônia eleitoral com o apoio do eleitor, e Lutero agora se concentrava mais em proteger a pureza de sua criação.[35]

A ênfase na Encarnação e na materialidade da religião, tão central nessa concepção em desenvolvimento, significava que, em alguns aspectos, parecia-lhe mais fácil criar causa comum com as tradições católicas do que se aliar aos que faziam parte do movimento evangélico. Ele preservou a elevação do sacramento, só vindo a aboli-la quando Karlstadt morreu, em 1541;[36] em Wittenberg, em 1543, quando um pouco de vinho da comunhão caiu no casaco de uma mulher e no espaldar do banco em que estava, ele e Bugenhagen não só enxugaram com a língua as gotas do casaco, mas chegaram a recortar os pedacinhos de pano que não tinham conseguido limpar, escavaram as partes do banco onde espirrara vinho e queimaram o conjunto. O corpo e o sangue de Cristo tinham de ser tratados com o máximo respeito.[37] Na verdade, era essa insistência na encenação literal do sacramento que, em primeiro lugar, levava Lutero a ser tão intransigente ao defender que ele devia ser ministrado sob as duas espécies.

Quando as discussões com Bucer ainda estavam no começo, Lutero lhe escreveu exigindo que admitisse que, no sacramento, Cristo era realmente recebido na boca e mastigado com os dentes — ou, como disse em janeiro de 1531, devia concordar "que o corpo de Cristo também está presente à boca ou ao corpo, ou no pão e dado à boca".[38] Em Wittenberg, em 1536, Lutero frisou que era inútil ficar falando da "recepção espiritual" e da ingestão espiritual de Cristo, visto que todos estavam de acordo quanto a isso. O que queria era se livrar da ideia de que não havia nada na cerimônia *além* da comemoração, que a pessoa apenas "rememorava" o Senhor "e o tem presente apenas na imaginação vazia". A declaração abstrata de que Cristo estava de corpo presente não bastava; era preciso entendê-lo plenamente como uma realidade física. Sua insistência de que não só os pios, mas também os ímpios, recebiam verdadeiramente o sacramento e o corpo de Cristo derivava da mesma convicção: se a presença de Cristo no sacramento era uma realidade física, ele estava presente qualquer que fosse a fé ou a atitude de quem o recebia.

Os sacramentalistas zombavam dos luteranos, dizendo que eram "canibais" que comiam a carne de Cristo e cultuavam um Deus "assado". Para os adversários, Lutero aparecia se aferrando à "magia papista" — à ideia de que o padre realiza um milagre por meio das palavras da consagração. Sem dúvida, ele parece ridiculamente obcecado por dentes e mastigações: um literalismo horrível que até Melâncton, ao que consta, achava difícil de aceitar.[39] Lutero não se incomodava que isso pudesse levar o povo simples a pensar que o corpo de Cristo seria digerido. Para ele, a realidade do reconforto que se tinha recebendo o corpo de Cristo era muito mais importante do que qualquer receio de que a digestão desonrasse Cristo.

Se num plano Lutero parecia incapaz de romper com a tradição medieval, em outro suas concepções eram muito mais radicais do que as dos sacramentalistas, pois, ao recusar uma separação entre o físico e o espiritual, ele também rejeitava a vigorosa vertente ascética da tradição cristã. Nessa altura da vida, como vimos, Lutero não era mais aquele monge magro de olhar intenso, e seu lendário gosto pela cerveja e pelo vinho alemães, seu prazer com a comida e a vida sedentária já haviam cobrado seu preço. Além disso, o casamento lhe permitira gozar das alegrias da sexualidade e acompanhar o crescimento dos filhos. E aqui também sentia prazer nos aspectos materiais da vida. Escreveu a Jonas comentando seu deleite quando o "Pequeno Hans", seu filho, aprendeu a defecar agachado: aprendeu tão bem, disse Lutero, que "fez cocô em todos os cantos do quarto".[40]

Ao contrário da maioria dos pensadores cristãos, a teologia de Lutero era profundamente *encarnada*. Ele não tomou o caminho que, no século seguinte, viria a ser a via cartesiana: a insistência de que corpo e mente são separados e que nossa existência física é inferior. Claro que distinguia entre carne e espírito — todos os teólogos da época distinguiam —, mas sua ênfase recaía sempre sobre a integração, não sobre a divisão entre ambos. Tinha plena consciência de que, ao rejeitar a explicação aristotélica da transubstanciação em termos de "essências" e "acidentes", ele não a substituíra por nenhuma alternativa racional ou filosófica; pelo contrário, era uma questão de fé, que ultrapassava a razão.

A lógica da negação do livre-arbítrio em Lutero, com sua insistência na graça, significava que era Deus que decidia quem estava salvo. Mas aos que se afligiam em saber se estavam entre os eleitos ou não, Lutero — ao contrário de João Calvino, mais sistemático — respondia que simplesmente nem devíamos pensar sobre algo que está além do alcance de nossa compreensão. Tinha uma abordagem semelhante da vida após a morte, que marcou a forma como sua Igreja tratava a morte. Rejeitando o sacramento da extrema-unção, ele desenvolveu uma abordagem mais pastoral, que derivava de sua honestidade pessoal; ao reconfortar os moribundos, preferia acentuar o amor salvífico de Cristo.[41] Não se devia pensar no céu; certamente não era um lugar com localização geográfica. Conversando despreocupadamente sobre o paraíso com os amigos à mesa, pôs-se a imaginar: "Será tanta alegria que esqueceremos de todo de comer e beber, de dormir etc. Será uma vida totalmente diferente. Lá cuspiremos no dinheiro!".[42]

Em maio de 1531, Lutero escreveu uma última carta à mãe Margarethe, que estava à beira da morte. Falou pouco sobre o além e não falou nada em rever o marido falecido ou os filhos que perdera; em vez disso, lembrou-lhe que o que ela estava sofrendo não era nada em comparação ao que sofriam os ímpios "quando um é decapitado, outro é queimado, um terceiro, afogado". Fora a graça de Deus que lhe enviara a enfermidade, que não se comparava nem de longe ao que Cristo sofrera por nós. Para os leitores modernos, que tantas vezes têm dificuldade em enfrentar a morte, é assombrosa essa franca recusa de Lutero em fingir que tudo ficará bem, e espanta essa sua disposição em mencionar execuções pavorosas num momento desses. No entanto, ele se orgulhava de sua capacidade de reconfortar os moribundos.[43]

Lutero era ao mesmo tempo compreensivo e pragmático em relação à morte e ao luto. Quando Hans, o talentoso e amado filho de Cranach, morreu na Itália, Lutero procurou dissipar os sentimentos de culpa dos pais, dizendo-lhes que "eu teria tanta culpa quanto vocês, pois também o aconselhei a ir [para a Itália]". Recomendou calma ao velho amigo: "Deus quer quebrar sua vontade, pois ele ataca onde dói mais, para nossa mortificação". E prosseguiu: Hans era um rapaz bom que morreu antes de ser vencido pelo mal do mundo. Aqui também os conselhos de Lutero vão numa progressão cuidadosa, primeiro reconhecendo os sentimentos de responsabilidade dos pais, depois tratando diretamente da angústia deles e então passando para Deus. Termina recomendando a Cranach e a esposa que não pranteiem nem se enlutem demais, sendo melhor "comer e beber" e cuidar de si mesmos para poderem servir aos outros: "A dor e a preocupação apenas esmagam os ossos".[44] E, quando sua querida filha Magdalena ficou mortalmente doente, ele mandou um coche ir buscar o filho Hans na escola e trazê-lo imediatamente para casa, porque "eles se amavam muito". Lutero ficou abalado com a morte da filha, mas, dois meses depois, mandou Hans "vencer suas lágrimas de maneira viril" e não permitiu que voltasse para casa, talvez temendo que, se o filho cedesse à dor, ele mesmo seria tomado pela melancolia.[45]

Na famosa ocasião em que queimou a bula papal e os livros de direito canônico do lado de fora do Portão de Elster em Wittenberg, em dezembro de 1520, Lutero subverteu todas as regras que regiam o casamento e a sexualidade; assim, desde o começo a nova Igreja teve de enfrentar todos os dilemas pessoais decorrentes de permitir o divórcio, repensar o incesto e redefinir o matrimônio como assunto secular, e não como sacramento. Ele colocou as Escrituras no lugar do direito eclesiástico, mas, como mostrou sua atitude em relação aos anabatistas, tampouco estava preparado para se basear exclusivamente nelas. Em vez disso, amparava-se na fé, grande fonte para um pregador, mas alicerce frágil para uma Igreja.

Em sua constante desconfiança das regras, Lutero sempre aconselhava os príncipes a não seguirem a letra da lei, mas que chegassem a um julgamento "a partir da livre razão", citando a história de um magnata que dormira com a esposa de um prisioneiro seu, prometendo em troca que lhe entregaria o marido de volta, e no dia seguinte remeteu a ela a cabeça do marido executado. O juiz do caso condenou o magnata a se casar com a viúva, tornando-a assim herdeira de todos os bens dele, e no dia seguinte determinou a execução do magnata. Nenhuma lei estipularia uma penalidade dessas, mas, comentou Lutero, "todos hão de concordar e ler dentro de si mesmos que assim devia ser".[46]

Tal como o príncipe que decidia questões de justiça, o pastor que tratava de questões conjugais precisava vê-las por todos os ângulos e chegar a um julgamento compatível com as circunstâncias, utilizando princípios bíblicos. Isso podia levar a um caos moral, e a nova Igreja cometeu alguns erros arrepiantes, em particular aprovando a bigamia de Filipe de Hesse, erro que trouxe sérios prejuízos para a causa evangélica e enfraqueceu sua posição política. Mas o legado mais profundo e duradouro dessa diretriz da nova Igreja foi aliar a autoridade pastoral à orientação conjugal, de modo que uma das principais funções do clero passou a ser ajudar as pessoas a atravessar as crises conjugais.

Quando Henrique VIII quis o divórcio, Lutero manteve a posição de que o casamento do rei com Catarina de Aragão era válido porque a lei do Antigo Testamento recomendava o casamento com a cunhada, viúva do irmão; era apenas a lei papal que o condenava por razões de consanguinidade. Nisso Lutero sustentava que se devia seguir a Escritura, e não a invenção humana; de todo modo, suas simpatias estavam com Catarina de Aragão, que era tia do imperador.[47] Não era uma linha politicamente oportuna a se adotar e azedou muito as relações da Inglaterra com a Saxônia. Mais tarde, a desconfiança de Lutero em relação a Henrique VIII prejudicou as discussões sobre o ingresso da Inglaterra na Liga de Schmalkalden, que fortaleceria tanto a liga quanto o partido evangélico na Inglaterra. Melâncton, mais flexível, mas incapaz de anuir a um divórcio da realeza devido à inflexível oposição de Lutero, parece ter pensado na possibilidade de bigamia, com Henrique desposando Ana Bolena sem repudiar Catarina, solução que tinha o mérito adicional de não deserdar Maria, a filha de Catarina.[48]

Henrique, porém, estava longe na distante Inglaterra; já Filipe de Hesse, o mais destacado príncipe luterano, não poderia escapar quando, em 1539, ele pediu conselho sobre seu próprio casamento mal-sucedido. Em vez de prosseguir numa vida de "mal e depravação", o *landgrave* sifilítico tinha posto os olhos em Margarethe von der Saale, jovem de dezessete anos cuja mãe só concordaria na união se eles se casassem.[49] Quando o caso foi apresentado a Lutero, Filipe, torturado por sua consciência e ardendo de desejo sexual, não conseguiu receber a comunhão e quis saber como tornar sua situação aceitável a Deus. Como explicou ele:

> Visto que tenho um temperamento, como sabem os médicos e acontece com frequência, que me obriga a estar fora, nas reuniões imperiais e da Liga, quando as pessoas aproveitam, têm prazeres físicos e assim por diante [...]. É terrível pensar como vou conseguir estar lá sem uma esposa, já que nem sempre posso levar muitas mulheres da corte comigo.[50]

Mas sua esposa lhe era fiel e, assim, não tinha como se divorciar. Mesmo que ela tivesse entrado com o pedido de divórcio — e um tribunal matrimonial luterano certamente lhe concederia, em vista do flagrante adultério —, Filipe, como parte culpada, ficaria proibido (como Henrique VIII) de se casar outra vez.

O *landgrave* sempre adotara na disputa sacramentalista a posição de mediador e, mesmo tomando oficialmente o lado de Lutero, nunca repudiou os zwinglianos. Na verdade, tivera o cuidado de se afastar da linha de Lutero em Augsburgo, jamais acusando de heresia os alemães do Sul e insistindo na proteção deles; e, ao elaborar uma nova ordenação da Igreja em 1538, foi primeiramente a Bucer, não a Lutero, que ele recorreu.[51] Isso significava que os wittenberguenses não podiam correr o risco de se indispor contra ele, e Filipe sabia muito bem disso; na carta pedindo orientação, teve a astúcia de comentar que poderia se ver até obrigado a procurar uma dispensação papal, caso os reformadores não o ajudassem.[52] Depois de avaliar detalhadamente o caso, e com Bucer no papel de mediador, Melâncton e Lutero assinaram um documento em 10 de dezembro de 1539, concordando que o *landgrave* podia desposar sua concubina em segredo, continuando publicamente casado com a esposa. A solução seguia o exemplo dos patriarcas polígamos do Antigo Testamento; o próprio Lutero sempre fora mais propenso a dissolver totalmente as uniões conjugais em circunstâncias em que os velhos tribunais eclesiásticos certamente não concederiam a separação "de cama e mesa" (isto é, separação sem direito a um segundo casamento). Grande parte da preocupação de Lutero nos casos matrimoniais era de caráter pastoral e, em vista disso, tinha a tendência de tomar o partido daqueles que enfrentavam dilemas com os quais podia se identificar, procurando uma solução que ajudasse a consciência.

Filipe foi em frente e teve suas bodas em 4 de março de 1540, convidando diversos dignitários. Melâncton, que estava com ele na ocasião, foi aliciado para comparecer, bem como Bucer; o *landgrave*, muito feliz, enviou um carregamento completo de vinho para Lutero, escrevendo-lhe sobre a alegria de ter agora laços de parentesco com ele, visto que sua nova esposa era parente de Katharina von Bora.[53] A notícia escandalosa logo se espalhou, manchando, por extensão, a reputação dos reformadores. A reação de Lutero foi negar tudo. Infelizmente para ele, porém, o duque da Saxônia raptou a mãe da moça e a obrigou a entregar uma cópia do contrato matrimonial; o *landgrave*, evidentemente, tinha uma cópia assinada do documento de recomendação e não demorou em relembrar esse fato a Lutero.[54]

Então, Lutero argumentou que só apoiara a bigamia sob a condição de que fosse mantida em rigoroso sigilo, posição que não parecia propriamente muito ética. Enquanto isso, os clérigos do *landgrave* não só aprovavam a bigamia, como um deles, Johannes Lening de Melsung, chegou a publicar um panfleto em defesa, para o grande constrangimento do movimento evangélico, sobretudo quando Filipe enviou oitenta exemplares do folheto para serem distribuídos entre pessoas importantes.⁵⁵ Para os católicos, o caso foi uma dádiva propagandística e comprometeu seriamente a posição política dos evangélicos, visto que o escândalo abria a possibilidade de ações imperiais que podiam resultar na deposição dele.

A recomendação de Lutero sobre o caso de bigamia parece ser a vitória da conveniência sobre a prudência. Na verdade, sua recomendação e sua insistência sobre o sigilo não eram meros expedientes. Ele sempre mantivera uma firme convicção sobre o poder da confissão e insistia que os conselhos confessionais nunca deviam ser revelados — diretriz que teria sido mais fácil manter se a cópia do documento de recomendação do *landgrave* não tivesse chegado às mãos do novo duque da Saxônia. Heinrich, à diferença de seu irmão Georg (a quem sucedera em 1539), era luterano, mas tão dedicado aos interesses de suas terras quanto fora o irmão, e o caso era uma bomba política no contexto das relações entre hessianos e saxônicos, tensas desde longa data. A Saxônia eleitoral, que ganharia se o *landgrave* morresse sem deixar herdeiro, estava decidida a não reconhecer nenhum filho do casamento bígamo, na esperança também de que os dois filhos legítimos dele não chegassem à idade adulta.⁵⁶

No entanto, a assinatura de Lutero na recomendação era plenamente coerente com suas concepções sobre o casamento e o corpo. Para ele, a expressão sexual era um traço fundamental nos seres humanos tal como foram criados por Deus, e poucos eram capazes de observar a abstinência sexual. Essa posição também fazia parte de todo um entendimento da saúde, em que a liberação dos fluidos sexuais era essencial para o equilíbrio dos humores. Se o sexo fora do casamento era pecado, a maneira de torná-lo puro era se casar. Era isso que Lutero exortara os monges e as freiras a fazer, e em 1519 recomendara que as mulheres que não podiam ter filhos com o marido tivessem filhos com o cunhado, em caráter sigiloso, conselho que retomou em seu sermão sobre o casamento em 1522 — e que o *landgrave* agora, muito contente, fazia questão de lhe relembrar.⁵⁷ No fim, Filipe assumiu despudoradamente a situação e teve filhos com as duas esposas, ao passo que Lutero admitiu seu erro em caráter privado, mas nunca vacilou em sua determinação de negar publicamente que dera tal conselho.

Quando finalmente se iniciaram os preparativos para o concílio da Igreja, conforme prometera Carlos V, Lutero negou categoricamente qualquer possibilidade de que um concílio desses pudesse retificar os abusos da Igreja. Em 1539, a publicação de *Dos concílios e das Igrejas* marcou seu rompimento definitivo com a tradição medieval do conciliarismo, a ideia de que um concílio da Igreja era superior ao papa e constituía a principal esperança de reforma. Ele foi excluído das conversações com o cardeal Contarini na Dieta de Regensburg, em 1541, quando o imperador tentou mais uma vez conseguir uma união entre católicos e luteranos. Melâncton participou, e os dois lados chegaram a um acordo sobre a justificação, mas não sobre o primado papal nem sobre a eucaristia. Lutero esbravejou à distância, alertando que "o homem

57 e 58. *Retratos do eleitor e de Anna Kasper Dornle. Lutero sabia que Frederico, o Sábio, solteiro, tivera uma amante por muitos anos, e corria o boato de que haviam se casado em segredo.*[58] *Em 1525, ano em que morreu, o eleitor mandara fazer duas caixas de madeira com cerca de 23 centímetros cada. Dentro havia dois retratos em relevo, numa das caixas o seu, na outra uma imagem com a inscrição "Anna Kasper Dornle Enteada". A lavra é da mais alta qualidade. Visíveis apenas quando se abrem as caixinhas, são monumentos a um amor secreto. As tranças dela estão encobertas por uma rede fina e suas roupas são de uma mulher respeitável. Seguindo o modelo do duplo retrato de cônjuges casados, em grande voga no começo do século XVI, celebravam uma relação que não era passageira nem desonrosa. E, como o mundo se renovara naquele século, não era de admirar que os reformadores pudessem acalentar a ideia de regularizar essas uniões.*[59]

é justificado pela fé à parte das obras da lei [...]. O Demônio, Eck, Mainz, Heinz e qualquer outro que se enfureçam o quanto quiserem. Veremos o que ganham com isso".[60] Seu desinteresse pelos trabalhos em Regensburg refletia seu entendimento cada vez mais paroquial da Igreja.

Nas reuniões que resultaram na concórdia de Wittenberg, Lutero desempenhara seu papel de "pai" do movimento, título que lhe era dado até mesmo pelos sacramentalistas.[61] Mas, na realidade, fazia muito tempo que grande parte da liderança da Reforma passara para Melâncton. Quando os representantes ingleses de Henrique VIII quiseram chegar a um acordo com os saxônicos e os enviados franceses de Francisco I iniciaram as negociações, foi com Melâncton que quiseram falar, não com Lutero.[62] O movimento ficou refém de suas condições de saúde, pois tinham de interromper ou marcar nova data para as negociações por causa das doenças dele. A raiva sempre fora uma grande aliada em seus maiores surtos de criatividade, mas agora, com seu caráter irascível, ele se tornava um risco como líder.

17. Amigos e inimigos

Lutero não tinha nenhum poder institucional direto dentro de Wittenberg; seus únicos cargos eram o de pregador da cidade e de professor na faculdade de teologia. Mas tinha acesso direto ao eleitor e a outros membros da família dirigente[1] e contava com seu leal círculo interno — Justus Jonas, Johannes Bugenhagen, Filipe Melâncton, Veit Dietrich, Georg Rörer, o jovem teólogo Caspar Cruciger —, aos quais chamava de "os wittenberguenses".[2] Spalatin em Altenburg e Johann Agricola em Eisben também eram próximos o suficiente para fazerem parte do grupo. Wenzeslaus Linck em Nuremberg era amigo desde os primeiros tempos, e Lutero se referia a ele como "um de meus mais estimados amigos na terra".[3] Jonas, que antes venerava Erasmo, transferiu toda a sua afeição para Lutero, a quem sempre tratou respeitosamente como "pai"; o sólido vínculo que os unia devia-se em parte à melancolia que ocasionalmente acometia a ambos.[4] Jonas não desconhecia a dor da perda: sete dos treze filhos de seu primeiro casamento tinham morrido, o filho de treze anos se afogara no rio Saale em 1541 e a esposa morrera no parto no ano seguinte, junto com o bebê.

Lutero, que nos últimos anos praticamente não saía de Wittenberg, vivia no interior desses círculos protetores de amigos e aliados, assim como sua Igreja saxônica existia na segurança das terras do eleitor. As amizades mesclavam o contato pessoal e um enorme senso de dever para com a nova Igreja, tanto dentro quanto fora de Wittenberg. Ali, rodeado por alunos e gente de todo

59. *Essa imagem, que prefaciava a edição pirata de* Conversas à mesa *de Lutero, publicada em Frankfurt, mostra seu círculo próximo em torno de uma mesa, com Lutero à dir.; além do "grupo" original, estão presentes Johann Forster e Paul Eber.*

o império querendo estudar com Lutero e Melâncton, era fácil esquecer a posição ainda precária da Reforma fora da cidade e a situação caótica criada pelas investidas de Lutero contra os costumes, crenças e práticas venerandas do catolicismo. Homens que antes tinham sido monges ou padres católicos nem sempre conseguiam levar uma vida exemplar como pastores evangélicos. O pastor de Sausedlitz andava com um rifle a tiracolo e adorava atirar na vila.

Passava muito tempo na taberna e maltratava a esposa, além de iniciar uma relação suspeita com uma viúva local.[5] Os que imitavam Lutero e no púlpito desancavam os defeitos da elite logo se viam isolados: nada menos que quinze pessoas, inclusive o prefeito, se dispuseram de bom grado a depor contra o pregador de Werdau, que insultara os conselheiros municipais chamando-os de "Herodes" e "Caifases".[6] Johannes Heine, pastor em Elssnig perto de Torgau, trabalhava em paralelo com tratamentos à base de ervas e magia, alegando que suas curas não eram mágicas, e sim alcançadas "pela graça que Deus lhe concedera". Informaram sua conduta imprópria durante uma Visitação da Igreja e ele foi preso.[7] Mesmo os legalistas luteranos não eram imunes às tentações dessas práticas de tipo mágico. Lutero teve de escrever uma extensa carta para a esposa de Jonas, explicando-lhe que, ainda que parecesse uma boa ideia ler uma passagem do Evangelho em voz alta para curar alguma doença, o fato de precisar fazer isso em determinado local a determinada hora sugeria que se tratava não de devoção, mas de superstição. Houve o caso do pastor que não deixava aquecerem a água do batismo porque, segundo ele, assim se misturavam dois elementos, fogo e água, e portanto o líquido não era mais puro — Lutero cortou a história pela raiz, dizendo-lhe que fosse consultar os que conheciam filosofia.[8] No começo, os novos pastores deveriam ter formação teológica, mas não eram em número suficiente, e ademais, na Saxônia rural, a tradição local e a crença na magia não iam simplesmente se dissolver diante do saber universitário.

A influência de Lutero se difundia por meio de suas ligações pessoais, mas também era restringida por elas. Assim, são de extrema importância para entender suas realizações; não só as amizades, mas também as inúmeras disputas acirradas com aliados e inimigos faziam parte da natureza e do desenvolvimento do movimento da Reforma. Georg Witzel é um bom exemplo — ex-acólito, virou-se contra Lutero e publicou um ataque ferino em 1532, que tentava ir além do estilo do antigo mentor. Dizia ele: Lutero "mantém, alimenta e conduz tudo sozinho e pela própria cabeça; faz e desfaz, vira e revira, diz e desdiz, escolhe e descarta tudo como lhe agrada e lhe dá na veneta". Era movido por sua "cabeça orgulhosa, raivosa, colérica e inconstante, [e pelo] coração sedento de sangue".[9]

O mundo de Lutero se concentrava basicamente na universidade. Ao mesmo tempo fazia parte da sociedade de Wittenberg, mas não se considerava um cidadão comum, tal como Zwinglio, por exemplo, fizera em Zurique. Sua isenção do Türkensteuer em 1542, uma taxa cobrada de todos os habitantes do Reich para financiar a campanha contra os turcos, era uma clara demonstração disso.[10] Todos os outros clérigos de Wittenberg pagaram sem objeções, mas Lutero foi autorizado a avaliar ele mesmo o valor de seus bens, e o eleitor pagou a taxa que lhe coube. É significativo que Lutero, em suas cartas de Coburgo, imaginasse seu filho brincando com os de Melâncton e de Jonas ou com as demais crianças no mosteiro — mas não com os filhos dos cidadãos de Wittenberg.[11] Seu ambiente era formado pelas pessoas que moravam em sua casa, seus acólitos e dependentes, e pelas pessoas que convidava para jantar. Referia-se aos integrantes da casa — que oscilavam entre quarenta e cinquenta pessoas, entre criados, inquilinos e visitantes — como "*quirites*" seus, termo latino clássico para os cidadãos romanos.[12] Era uma alfinetada no papa "romano", sugerindo que, ao contrário da corte papal, a sua era uma comunidade de iguais, apesar da estrutura patriarcal que efetivamente criara.[13]

Apesar disso, conhecia bem alguns moradores da cidade. A íntima amizade com Lucas Cranach datava de seus primeiros dias em Wittenberg. O impressor Hans Lufft lhe prestava serviços e de vez em quando atuava como seu representante no tribunal da cidade, embora Lutero lhe tenha feito duras críticas por causa do casamento da filha em 1538, que ficou famoso pela extravagância num momento em que Lufft enfrentava sérias dificuldades financeiras.[14] Peter Beskendorf, barbeiro e cirurgião, era outro velho amigo, e Lutero foi padrinho de seu neto. Também lhe dedicou uma breve passagem sobre a oração:

> Assim como um bom barbeiro precisa concentrar com precisão os pensamentos, o espírito e os olhos na navalha e no cabelo [...] pois, se quiser conversar muito ao mesmo tempo, ou pensar ou olhar para outra coisa, provavelmente fará um talho na boca e no nariz da pessoa ou até lhe cortará o pescoço.[15]

Poucos meses depois, quando Beskendorf esfaqueou e matou o genro à mesa de jantar num estúpido acesso de bebedeira, Lutero lealmente intercedeu em seu favor; Beskendorf foi condenado apenas por homicídio culposo e foi exilado.[16] Entre os conselheiros municipais, Lutero conhecia a família Krapp e era amigo de Tilo Dhen, cuja esposa morreu em seus braços; Ambrosius Reuter se casou com a sobrinha de Hans Reinicke, o melhor amigo de Lutero, criando assim um laço entre Wittenberg e Mansfeld.[17] Conforme a universidade crescia e a prosperidade de Wittenberg aumentava, um número maior de acadêmicos passou a integrar o conselho municipal, entrelaçando sempre mais as elites acadêmicas e políticas. A universidade, que tanto prosperara graças à fama do reformista, agora dominava a cidade.

Lutero, que enfrentou lutas espirituais durante toda a vida, parece ter atraído para si especialmente aqueles que sofriam alguma perda ou tinham o que hoje chamaríamos de depressão, assunto constante de conversa à mesa.[18] Era muito próximo, por exemplo, dos irmãos Peter e Hieronymus Weller, ex-estudantes em Wittenberg que o visitavam com frequência e ficavam hospedados em sua casa, na época em que Lutero estava no castelo de Coburgo, durante a Dieta de Augsburgo, em 1530. Hieronymus e sua irmã Barbara sofriam de melancolia e de *Anfechtungen*, e foi a eles que Lutero escreveu algumas de suas cartas de reconforto espiritual mais comoventes: "Conheço bem a enfermidade e fiquei naquele hospital até quase sofrer a morte eterna", escreveu ele a Barbara. Se Barbara começasse a se preocupar se era eleita ou não, era melhor cuspir longe tais pensamentos, "tal como a pessoa cospe imediatamente se lhe cai esterco na boca".[19] Mas considerava que os acometidos tinham obrigação de afastar ideias melancólicas: "Você não pode impedir que os passarinhos voem no alto de sua cabeça, mas não precisa deixar que se aninhem em seus cabelos".[20]

A melancolia também teve um papel na amizade de Lutero com Bugenhagen ou, como gostava de chamá-lo, "dr. Pommer", ex-professor e padre que era pastor em Wittenberg desde 1523 (com alguns intervalos) e foi confessor de Lutero até a morte do reformador. Filho de um conselheiro municipal na Pomerânia, era um dos poucos seguidores de Lutero a vir de uma região onde se falava o baixo-alemão e, portanto, foi enviado para implantar a Reforma não só na Pomerânia, mas também em Braunschweig, Hamburgo, Lübeck e até na Dinamarca.[21] Ele foi de importância fundamental para reconfortar Lutero em seu colapso de 1527, e forneceu reiteradamente o atendimento pastoral de que Lutero tanto precisava em seus períodos de melancolia, tal como fizera Staupitz.[22]

Amsdorf era outro amigo próximo com que Lutero contava e cuja formação intelectual era parecida com a sua. Vinha de berço nobre, sobrinho de Staupitz, e seu pai fazia parte da corte de Frederico, o Sábio. Em Wittenberg, num

60. Lucas Cranach, o Velho, Johannes Bugenhagen, 1532.

cargo que Staupitz lhe conseguira, Amsdorf havia dado aulas sobre a filosofia de Duns Scotus, pensador favorito de Staupitz.[23] Amsdorf conheceu Lutero em 1508, mas se sentiu especialmente atraído pelas teses dele, defendidas por seu aluno Bartholomäus Bernhardi, em 1516; a partir daí, tornou-se um adepto valoroso e decidido da Reforma, dedicando todas as suas energias para divulgar a mensagem luterana.[24] Ao que parece, manteve-se solteiro, embora, ao que consta, Katharina von Bora insistisse que se casaria apenas com Lutero ou com ele.[25]

Nem Amsdorf nem Bugenhagen, mais ou menos da mesma idade de Lutero, podem ser considerados seus pares intelectuais e, afora isso, Lutero parecia achar mais fácil manter amizade próxima com homens mais jovens, que não poderiam sequer pretender se pôr em pé de igualdade com ele. Agricola, Jonas e Melâncton, por exemplo, tinham aproximadamente dez anos a menos. Lutero sabia atrair os jovens: desde a época no mosteiro, ele costumava utilizar assistentes a quem podia delegar tarefas. Seus secretários Veit Dietrich (que se tornou seu confidente no tempo que passou no castelo de Coburgo) e Georg Rörer foram fundamentais para manter o culto à memória de Lutero após sua morte. Entre a nova geração, ele confiava em Caspar Cruciger, considerando-o excelente teólogo, e em 1539 indicou seu nome para sucedê-lo: declarou que Cruciger era "absolutamente excepcional", um modelo "com o qual estou contando após minha morte".[26]

Mas, no momento em que se desagradasse, Lutero podia retirar o apoio e os louvores, e os adversários zombavam muito das ásperas divisões causadas por sua presteza em atacar amigos e aliados. Os anos 1530 e 1540 foram marcados por vários rompimentos públicos penosos, e o papel central de Lutero no movimento deu a tais inimizades um papel constitutivo na Reforma.[27]

Em 1537, por exemplo, foi a vez de Johannes Agricola, um dos mais próximos e antigos seguidores de Lutero. Agricola vinha da região de Harz e mantinha laços próximos com os amigos e parentes de Lutero em Mansfeld. O reformista o chamava pelo apelido de "sr. Eisleben", nome de sua paróquia e local de nascimento de ambos. Tinham travado as primeiras batalhas da Reforma lado a lado, e Agricola atuou como secretário de Lutero no Debate de Leipzig. Talvez até tenha sido ele quem ateou fogo à famosa fogueira no Portão de Elster, em 1520, na qual Lutero queimou a bula papal. Embora Lutero fosse dez anos mais velho, Agricola se casara em 1520, cinco anos antes do mentor, e foi um dos primeiros a quem Lutero falou do nascimento de seu filho Hans.[28] Os filhos de ambos eram quase da mesma idade, e por muitos anos os dois trocaram cartas comentando as gestações das respectivas esposas e a criação dos filhos.[29] Quando a esposa de Agricola adoeceu, foi para Wittenberg para ficar com Katharina, e Agricola confidenciou a Lutero que ela estava doente "do espírito, não do corpo, e nenhum farmacêutico pode ajudar".[30]

Todavia, em 1528, no auge da disputa com Karlstadt, Lutero ouviu dizer que Agricola estava pregando a ideia equivocada de que a fé podia existir sem as boas obras, e lhe escreveu uma severa advertência por abordar tal absurdo numa retórica elegante e em termos gregos: "Cuidado com Satã e com sua carne".[31] Um ano depois, porém, quando Agricola se viu com problemas relacionados à uma coletânea de provérbios alemães, livro que continuaria a complementar pelo resto da vida, Lutero voltou a lhe dar apoio. Nessa obra aparentemente inofensiva, havia alguns comentários depreciativos ocultos sobre o duque Ulrich de Württemberg, que fora expulso pela Liga suábia e pelos Habsburgos e se tornara seguidor da Reforma. Ludwig von Passavant, um nobre do círculo de Ulrich, notou os comentários e se lançou a um retumbante ataque público contra Agricola.[32] O pobre Agricola descobriu então que se tornara malquisto não só por Ulrich, mas também por Albrecht de Mansfeld e Filipe de Hesse, príncipes evangélicos da maior importância. A reação de Lutero foi vigorosa: aconselhou o mais jovem a não ceder e o criticou por ter se desculpado covardemente com Filipe de Hesse:

> Soube que você acabou de ceder a Filipe de Hesse, deu-lhe uma resposta humilde demais, que lamentei. Você devia agora publicar uma Introdução, na qual responde ao *Graf* [isto é, Passavant] e acrescenta que, antes, procurou humildemente a paz, mas, como eles atacam e não querem paz, você é obrigado não a ser humilde, e sim a lutar pela questão de acordo com a justiça, e que se arrepende de sua humildade.[33]

No entanto, o equívoco perseguiu Agricola durante anos, e ele teve de ser excluído das negociações de Schmalkalden, de 1537, com vistas a formar uma frente comum entre os teólogos evangélicos, pois sua presença poderia irritar o duque Ulrich, que a essas alturas já recuperara seu ducado.

Em 1530, Agricola fora um dos poucos escolhidos para participar da Dieta de Augsburgo como integrante da delegação de Wittenberg. Pregara antes da abertura da Dieta, censurando os sacramentalistas durante quatro dias para as congregações hostis de Augsburgo. Mas também se sentia sufocado por estar preso numa "cidade mineira" como Eisleben, e ansiava por um campo de atuação maior para seus talentos teológicos.[34] Quando Lutero sugeriu em 1536 que talvez houvesse uma vaga para ele na faculdade de teologia em Wittenberg, Agricola aproveitou na mesma hora a oportunidade, indo para Wittenberg antes mesmo que a vaga tivesse sido providenciada, e logo se mudou com a esposa e os nove filhos para a casa de Lutero.[35] Os dois eram tão próximos que, quando Lutero partiu para Schmalkalden para as negociações, foi a ele que confiou doutrina, púlpito, igreja, mulher, filhos e casa — sua *Heimlichkeit*, ou seja, seus assuntos mais pessoais —, autorizando-o a pregar e a dar aulas em Wittenberg em seu lugar.[36]

A ambição e a proximidade geraram tensões. Finalmente liberto da provinciana Eisleben, Agricola queria encontrar sua expressão teológica própria, e em março de 1537 fez um sermão perante alguns dignitários em Zeitz apresentando uma interpretação pouco usual de Romanos 1,18, em que Paulo descrevia o castigo de Deus a maldade e impiedade do homem. Sustentou que chegamos ao conhecimento da lei por meio do Evangelho, e que a lei do Antigo Testamento, que outrora revelara a ira de Deus, fora substituída pela Cruz de Cristo. Essa convicção se radicava na experiência pessoal de Agricola, pois "desde minha juventude eu tinha um coração mau, medroso e fraco, e assim, quando era jovem e ia para a escola, corria para os mosteiros e eremitérios em busca de conforto".[37] Sua pedra de toque era a experiência de uma culpa avassaladora e sua libertação graças à Escritura evangélica; assim, descrevia o cristão como aquele que empreende uma jornada emocional da fé:

> a pregação da morte de Cristo abala e abate o entendimento e a consciência do homem; isto é, ela ensina o arrependimento. Já a pregação da ressurreição de Cristo eleva a consciência, abalada pela morte de Cristo, e restaura o entendimento e a consciência, isto é: ela ensina o perdão dos pecados.[38]

Isso podia parecer um luteranismo convencional, mas as referências à "consciência abalada" eram termos inéditos e emocionais, desvios daquela que agora se estabelecera como terminologia vigente em Wittenberg. Ademais, Agricola colocava a Crucificação em lugar da Lei, ou seja, a lei de Deus pela qual vimos a reconhecer nosso pecado. Para Lutero, Agricola fora rápido demais em pôr de lado a lei do Antigo Testamento, a "lei da cólera", como se os cristãos não precisassem perceber antes que eram pecadores, ao deixarem de obedecer aos mandamentos de Deus. Somente então é que poderiam reconhecer e entender a morte salvífica de Cristo. Depois de dedicar tantas energias durante os últimos dez anos para elaborar as formulações definitivas da fé evangélica, Lutero se mostrava cada vez mais refratário, sem disposição de tolerar o mais leve desvio ou inovação. Agricola colocava os sentimentos subjetivos do fiel no cerne da salvação — algo que Lutero se recusava a fazer —, e sua teologia, com a preocupação pelas consciências abaladas, transferia o foco com excessiva rapidez para o perdão dos pecados, a fim de aliviar o drama do indivíduo.

A reação foi severa: quando Agricola publicou três sermões em julho de 1537, usando os serviços do impressor do próprio Lutero, Hans Lufft, os exemplares foram apreendidos e o infeliz impressor foi preso.[39] Depois, Lutero publicou um cartaz com as teses de Agricola sobre a lei (que andavam circulando secretamente e, segundo os rumores, criticavam Melâncton), para o grande alarma dele. Lutero dedicou deliberadamente sua refutação a Caspar Güttel, o pregador em Eisleben, e foi a Güttel também que Lutero dedicou *Contra os antinomianos*, que publicou em 1539, atacando Agricola e denunciando os que negavam o caráter obrigatório da Lei para os cristãos.[40]

A querela se arrastou por vários anos, com ardorosas reconciliações a que se seguiam ataques igualmente ardorosos. A certa altura, Agricola chegou a procurar Lutero na igreja, implorando perdão. Para os amigos à mesa, Lutero contou como se sentira: "Deus é testemunha que amei e ainda amava você", disse a Agricola, o qual insistiu que "sempre havia considerado [Lutero] como meu pai no lugar de Deus, por meio de quem também me tornei cristão e filho de Deus". Mas nos últimos três anos Lutero o tratara muito mal, "e rastejei atrás dele feito um pobre cachorrinho".[41]

O problema de Agricola era que continuava a depender de Lutero — sem sua boa vontade, ele não tinha a menor chance de um emprego estável ou até mesmo de receber um salário do eleitor.[42] Em 1538, Lutero revogou a permissão para que Agricola desse aulas na universidade e lhe disse que antes só fora autorizado para que parasse de desperdiçar tempo e de incomodar as pessoas.[43] Então Lutero mudou outra vez de atitude e fez as pazes com ele, persuadiu o eleitor a autorizá-lo a pregar de novo e anunciou publicamente seu cargo honorífico na universidade.

Essa reconciliação, porém, durou pouco, e Agricola então recorreu formalmente à universidade e a Bugenhagen, depois ao clero de Mansfeld, à cidade de Eisleben e a todos os seus habitantes, e finalmente ao próprio eleitor, ameaçando divulgar o tratamento injusto que lhe havia sido dispensado. Como resposta, Lutero denunciou em 1540 Agricola ao chanceler da universidade, Gregor Brück, por ter tentado fundar uma nova seita: "Em suma, Eisleben é nossa inimiga, e ele insultou nosso ensinamento e envergonhou nossos teólogos". Pior ainda, era um indivíduo desleal: "Ele fingia que éramos amigos, ria, comia conosco e ocultava sua inimizade contra nós de forma muito desonesta e vergonhosa" — era uma retomada da raiva e da mágoa que Lutero sentira quando Eck procurara inicialmente sua amizade e depois se virara contra ele.[44]

Não está muito claro se Agricola algum dia realmente foi um "antinomiano", acreditando que os cristãos salvos eram "perfeitos" e estavam livres da lei, mas o que é certo é que não fundou uma nova "seita" e continuou fielmente luterano por toda a vida. Por fim, em 1540, Agricola fugiu para Berlim, onde ocupou o cargo de pregador da corte.[45] Lá manteve-se como teólogo evangélico poderoso e respeitado, mas naquele mesmo ano, num acordo intermediado por Melâncton, foi obrigado a retirar sua queixa e a escrever um humilhante pedido de desculpas.[46]

Tais brigas eram amplamente conhecidas por amigos e inimigos. Uma das peças de propaganda mais pérfidas contra Lutero foi uma farsa que Cochlaeus escreveu em 1538, satirizando uma peça de Agricola sobre o martírio de Jan Hus, que fora apresentada na corte do eleitorado saxônico. No elogioso prefácio da peça, Agricola louvara Lutero como o "cisne branco como a neve", a reencarnação de Hus.[47] Foi lenha para a fogueira de Cochlaeus, que em sua sátira coloca Agricola no palco, afligindo-se que sua peça tivesse de alguma maneira ofendido o reformador. Desesperado em recuperar as boas graças de Lutero, ele convence a esposa a interceder junto a Katharina von Bora, a única pessoa capaz de fazer Lutero mudar de ideia. Cochlaeus apresenta um Agricola beberrão e briguento, que a esposa em vão tenta controlar. Provavelmente havia aí um bom fundo de verdade: reclamava-se em Eisleben que Agricola bebia demais.

Simon Lemnius, um dos estudantes mais dotados de Melâncton, foi o próximo a atrair a ira de Lutero, o que resultou num sério estremecimento na amizade entre Lutero e Melâncton. Levando uma brincadeira estudantil longe demais, ele publicou um volume de epigramas latinos que ridicularizavam muitos cidadãos proeminentes de Wittenberg.[48] Tudo o que era publicado na cidade estava sujeito a censura, mas o impressor, Nikolaus Schirlentz, pensou que estava lidando com um inofensivo volume de poesias; ou acreditou na palavra de Lemnius, garantindo que Melâncton dera sua aprovação, ou seu latim não era suficiente para entender o conteúdo. Melâncton, como reitor da universidade naquela época, era o responsável pela censura; quando Lemnius saiu da cidade, correu o boato de que Melâncton ou alguém de sua família ajudara seu caro discípulo a fugir.[49]

Alguns acharam os versos relativamente inócuos; afinal, escrever poemas moderadamente trocistas em latim e grego era um passatempo a que Lutero e Melâncton haviam se entregado com bastante frequência. Mas Lutero ficou uma fera; mandou imprimir um cartaz e pregar na porta das igrejas, no formato usado para oferecer recompensa a quem entregasse um criminoso. O cartaz condenava sumariamente o rapaz, dizendo que merecia a pena de morte.[50] Isso era bem diferente de defender sua execução, embora, segundo o próprio Lemnius, Lutero tenha declarado em público que não pregaria na cidade enquanto Lemnius não fosse executado. Lemnius foi julgado pela universidade em sua ausência, foi banido em caráter permanente e o livro foi queimado.

De qualquer ponto de vista, era uma reação exagerada, e o que talvez tenha despertado a fúria de Lutero foi que Lemnius também escrevera um poema de louvor ao arcebispo de Mainz, e essa homenagem a "aquele bispo de merda", como o chamava Lutero, valeu ao jovem poeta proteção e patronato. Lutero esbravejou: "Não vou tolerar ninguém em Wittenberg elogiando aquele monge danado e amaldiçoado, que gostaria de ver a nós todos mortos". Depois de se encontrar na segurança de Halle, Lemnius começou a publicar textos muito mais desabridos, apresentando Lutero como um depravado, que se casara com uma freira, um sujeito autoritário que se fez papa e bispo e tomara o poder em Wittenberg, um rústico sem respeito pela poesia e pelas artes.[51] Como Cochlaeus antes dele, Lemnius criticava Lutero por fomentar a rebelião e, numa longa resposta ao cartaz de Lutero, acusou-o de conivência com o homicídio, pois Beskendorf, graças à intervenção de Lutero, não fora punido com suficiente rigor pelo assassinato do genro. Por outro lado, Lemnius sempre elogiava Melâncton como o único acadêmico sério de Wittenberg, luz de toda a Alemanha — encômio que não parecia muito propício a aplacar a rixa entre ambos. Um poema sobre Lutero era pura bílis:

Sofres de disenteria e gritas ao cagar, e aquilo que desejaste a outros agora acomete a ti mesmo. Chamaste outros de merdosos, agora tu é que te tornaste um merdoso e és ricamente dotado de merda. A fúria de antes escancarava tua boca torta, agora teu cu solta o conteúdo de tuas tripas. Tua fúria não vinha apenas de tua boca — agora sai de tua bunda.

Isso dificilmente se qualifica como grande poesia, mas Lemnius não estava errado ao apontar como a fúria vinha obscurecendo os anos finais de Lutero. Este respondeu redigindo seu próprio poema em latim, "A disenteria de Lutero contra Leminho, o poetinha de merda", em que se compadecia de Albrecht de Magdeburgo como destinatário das execráveis oferendas poéticas de Lemnius e ridicularizava a prisão de ventre do poeta: "Com tua barriga pressionas a merda para sair, e bem querias soltar uma bosta enorme, mas, poeta de merda, nada consegues!".[52]

Lemnius cumpriu a promessa de enlamear Wittenberg. Em 1539, escreveu *Monachopornomachia* (*A guerra das meretrizes do monge*), peça que muito deve à *Tragédia de Johann Hus*, de Cochlaeus, mas é muito mais grosseira e com menor perspicácia psicológica.[53] Com seu humor de menino de escola, a peça ridiculariza Lutero por ser obrigado a se casar com Katharina von Bora, que todo mundo sabe que é uma vagabunda. Mas Lutero, sofrendo de gota e de pedras nos rins, não pode viajar, e assim ela fica sempre sob os olhos vigilantes dele e não lhe sobra tempo suficiente para seu jovem amante. As amigas dela, as esposas de Spalatin e Jonas, contam as deliciosas aventuras sexuais que tiveram enquanto os maridos estavam fora, na Dieta de Augsburgo. Lutero é apresentado às vezes como másculo varão escravo da luxúria, mas em outra cena ele pede que Katharina lhe acaricie o membro, para ficar duro. A mulher de Spalatin explica como consegue satisfazer o marido e o amante sem precisar de duas vaginas: para o amante, ela "dá o traseiro".

Lemnius e Cochlaeus deixavam a imaginação correr à solta sobre a vida íntima de Lutero e dos reformadores, obcecados por um aspecto que ainda era muito chocante na teologia de Lutero: seu casamento com uma freira e sua surpreendente atitude favorável à sexualidade. Lemnius não conseguia dar conta disso. Para ele, Wittenberg era dominada por uma panelinha de velhos doentes e impotentes, com esposas maníacas por sexo, os quais eram incapazes de apreciar seu talento. Mas Lemnius também escreve sobre a Wittenberg dos estudantes universitários, uma cidade cheia de moças loucas para arranjar amante entre eles; Wittenberg também aparece com seus bordéis,

61. Em 1539, saiu em Wittenberg uma nova edição do clássico tratado de luta corpo a corpo, Ringer kunst, de Fabian von Auerswald, ilustrado por Cranach. Nas xilogravuras, o instrutor, idoso e astuto, usando roupas simples, derruba o aluno de roupas elegantes e ares nobres. O livro foi impresso para um mercado estudantil talvez mais interessado em aprender artes marciais do que estudar teologia.⁵⁴

embora já estivessem fechados desde 1522, como parte da reforma moral de Karlstadt.⁵⁵ Lemnius conta como seus amigos aristocratas passavam o tempo em clubes como o Ciclopes, volta e meia entrando em brigas e duelos. O valor deles se media pela capacidade de se relacionarem com os círculos certos, andarem armados, exibirem as amantes e serem espirituosos. Era uma nova geração, de valores muito diferentes dos valores dos reformadores. O mundo do humanismo alemão findara para sempre, e Lemnius pranteava sua perda.

A mudança de geração, representada por Lemnius, também significava que Lutero não gozava mais da reverência geral, nem mesmo em Wittenberg. Tivera de passar grande parte dos anos 1530 lidando com adulações subservientes; em

1536, o prefeito de Basileia lhe disse que tratava a carta que recebera dele como uma "joia preciosa".[56] As pessoas guardavam sua assinatura como um tesouro, e ele tinha de assinar e escrever dedicatórias nos exemplares de sua tradução da Bíblia. A imagem dele estava por toda parte, em gravuras e pinturas. Em 1542, porém, Lutero chegou a ser atacado por uma multidão enfurecida, que invadiu sua casa entre pragas e blasfêmias; não se sabe bem o que encolerizou a turba, mas tais atos mostram que o respeito havia diminuído.[57] Lutero fizera inimigos dentro e fora de Wittenberg, e esses inimigos alegavam que ele tinha poder demais. Queixou-se Lemnius: ele é o "papa do Elba". O insulto pegou.[58]

Em 1543, três anos antes de morrer, o estado de espírito de Lutero começou a piorar junto com a sua condição de saúde. Agora reclamava de dores de cabeça constantes, que o impediam de trabalhar. Elas tinham começado durante sua estadia no castelo de Coburgo, em 1530, mas agora não conseguia mais trabalhar sem tomar uns tragos antes; não tinha certeza se era um problema natural de saúde ou outras bofetadas de Satã.[59] As cartas mostram sua impaciência: para diminuir as dores de cabeça, Lutero agora mantinha uma veia sempre aberta na perna, em mais uma tentativa de reequilibrar os humores — para a grande preocupação da condessa de Mansfeld, que o avisou de que isso apenas criava mais um ponto vulnerável em seu corpo.[60] Com essa lesão na perna, ficava tão difícil andar que Lutero precisava usar uma carriola para ir até a universidade e a igreja, para dar aulas e pregar, muito embora os edifícios ficassem logo virando a esquina. A frase "Estou cansado demais para escrever" se tornou um refrão constante nas cartas. Estava com sessenta anos de idade, e também sofria de cálculo renal, gota, prisão de ventre, retenção urinária e frio. Acreditava-se que o corpo esfriava com a idade, e muitas vezes Lutero tratava suas doenças com fricções e cobertores. Estava certo de que ia morrer. "Estou totalmente mole, cansado, frio, isto é, velho e imprestável", escreveu ele. "Percorri meu curso; é minha hora de encontrar meus pais, e da corrupção e dos vermes terem a parte que lhes cabe."[61]

E também havia outras tensões na fundamental amizade com Melâncton, que alicerçava a Reforma, embora na aparência os laços pessoais entre ambos estivessem mais fortes do que nunca.[62] Com efeito, cada qual considerava que o outro salvara sua vida. Quando Lutero estava com retenção urinária em

Schmalkalden, em 1537, Melâncton insistiu que ele aguardasse um dia antes de prosseguir a viagem até Gotha, pois os sinais astrológicos não eram auspiciosos. Lutero rira dessa credulidade, mas os solavancos do veículo na estrada lhe salvaram a vida ao deslocar a pedra dos rins, e assim ele pôde urinar em grande quantidade.[63] Em 1540, quando Melâncton teve um acesso de melancolia febricitante e se recusava a comer, após o problema da bigamia de Filipe de Hesse, Lutero foi direto a Weimar para visitá-lo, ameaçando: "Você precisa comer, ou vou excomungá-lo". Ele acreditava que o mal de Melâncton era uma variedade da *Anfechtung* melancólica e que sua exortação salvara o amigo.[64]

Lutero praticamente reservava apenas elogios a Melâncton e admitia sem rodeios que o mais jovem tinha um intelecto mais sistemático e um conhecimento melhor do grego e do hebraico. Melâncton, porém, passou a trabalhar cada vez mais perto de Lutero, à medida que este começou a delegar uma parcela maior da correspondência e das questões difíceis sobre as quais era consultado. Aumentava constantemente o controle de Melâncton e do chanceler Brück sobre o fluxo de cartas, os quais decidiam, por exemplo, se iriam mostrar ao irascível reformador cartas de Bucer que poderiam sombrear ainda mais seu estado de espírito. Se antes fora Lutero a dar incentivo, orientação e apoio a Melâncton, agora era o mais jovem que controlava o mais velho, procurando conter os piores excessos do temperamento de Lutero.[65]

Lutero, porém, não era fácil de controlar, e só a tentativa cobrou seu preço, na medida em que ele veio a desconfiar até mesmo de Melâncton. Em 1544, quando Hermann von der Wied instituiu um programa de reforma em Colônia, que até então era um bastião católico, Lutero não leu de início o esboço que lhe fora enviado, deixando a cargo de Melâncton. Mas Amsdorf avisou Lutero de uma aparente falta de firmeza na questão da Presença Real, e Lutero ficou indignado, certo de que Melâncton tentava fazer passar sorrateiramente uma versão diluída de sua convicção mais importante.[66]

No mesmo ano, o clero de Eperies, na Hungria, escreveu que ficara sabendo que os wittenberguenses iam moderar a posição sobre a Presença Real, pois tinham abolido a elevação da Hóstia. Lutero preservara a prática porque realçava a realidade da presença de Cristo na eucaristia, mas a aboliu como "prática papista" após a morte de Karlstadt, em 1541. Enviou aos húngaros uma réplica veemente, insistindo que não havia nenhum afrouxamento em Wittenberg, pois "aqui lutamos constantemente contra isso, em público e em privado, e não há nenhuma suspeita e nem mesmo o mais leve traço dessa abominação, a menos que o Demônio esteja à espreita em algum canto escondido".

Depois, fez alguns comentários ambíguos sobre seu assistente, dizendo que certamente não alimentava nenhuma desconfiança pelo "Mestre Filipe" nem por nenhum outro wittenberguense, "porque, em público, Satã não ousava sequer resmungar".[67] O significado dessas palavras obscuras ficou claríssimo poucas semanas depois, quando Lutero começou a pregar energicamente contra os sacramentalistas dentro do movimento e parecia estar pensando em Melâncton.[68] Abalado, Melâncton começou a pensar em ir embora de Wittenberg. Lutero, disse ele, estava absolutamente "indignado e inflamado" e andava pregando contra ele e contra Bucer.[69]

No verão de 1545, Lutero foi visitar o velho amigo Amsdorf, numa viagem que planejava fazia muito tempo, mas que fora obrigado a adiar inúmeras vezes. Tão logo chegou a Zeitz, escreveu a Katharina dizendo para vender tudo e devolver o mosteiro ao eleitor. Vamos sair de Wittenberg e nos mudar para Zülsdorf, onde você tem suas terras, escreveu ele: "Melhor fazer isso enquanto estou vivo, pois é o que acontecerá depois", isto é, quando morresse. O que levou aquele homem velho e doente a querer de repente sair de Wittenberg? Disse a Katharina que, agora que estava fora da cidade, ouvira coisas ruins sobre Wittenberg, criticando especialmente o gosto dos wittenberguenses por danças indecentes, em que as mulheres levantavam as saias, mostrando suas partes íntimas, "atrás e na frente". "Meu coração esfriou", escreveu ele.[70]

Melâncton foi imediatamente atrás de Lutero, enquanto o eleitor dizia ao médico pessoal de Lutero, Matthäus Ratzeberger, que fosse conversar com ele.[71] A universidade também se envolveu, e o eleitor escreveu pessoalmente a Lutero e a Amsdorf, pressionando este último a persuadir o velho a voltar. No fim, Melâncton pensou melhor, desistiu de enfrentar Lutero e voltou para casa. O velho adversário de Lutero, o chanceler saxônico Gregor Brück, avaliou bem os dois: se Lutero queria simplesmente "ficar de ponta-cabeça", isto é, pôr todo o trabalho de sua vida de cabeça para baixo, então era porque tinha certeza de que Melâncton também ia deixar Wittenberg. Brück previu que Lutero ia ficar, pois não seria fácil vender todos aqueles bens em Wittenberg: havia o enorme mosteiro, várias hortas e outras casas também.[72]

A preocupação do eleitor e da universidade era que Melâncton fosse embora com Lutero, e isso seria o fim da universidade. Fosse qual fosse a razão que levou Lutero a decidir, em anos tão avançados da vida, a jogar tudo para cima, pondo em risco não só o futuro da universidade, mas toda a Reforma, provavelmente tinha algo a ver com os atritos na relação com Melâncton. É como se, apesar do quanto haviam conquistado, do quanto haviam passado juntos, Lutero estivesse disposto a arriscar tudo num momento de melancólica amargura. Faz parte dos encantos do velho Lutero que se recusasse, rabugento, ao papel do patriarca manso, legando docilmente o poder à geração seguinte — e a tragédia da Reforma foi que Lutero destruiu suas relações com muita gente que poderia ter entrado em seu lugar.

18. Ódios

Ainda que Lutero, em seus últimos anos, passasse muito tempo atacando amigos e aliados, nunca esqueceu os verdadeiros inimigos, sendo o papa o primeiro e o maior deles. Em 1538, ele publicou um texto que vazara com uma recomendação de alguns cardeais sobre os temas que deveriam ser discutidos no próximo concílio da Igreja, acrescentando comentários ferinos. A xilogravura da capa mostrava dois cardeais usando caudas de raposa para fazer faxina numa igreja, e no retábulo havia uma imagem do papa. As caudas de raposa simbolizavam engodo e adulação; a mensagem, portanto, era clara: o concílio proposto não passava de um ardil, e a Igreja, na verdade, prestava culto não a Cristo, e sim ao papa.[1] A seguir, Lutero encomendou pessoalmente um arremedo do brasão do papado, comentando que o papa "me baniu, me queimou e me enfiou no rabo do Demônio, e então vou enforcá-lo com suas próprias chaves".[2]

Ao se iniciarem os preparativos para mais uma tentativa de reconciliar católicos e protestantes na Dieta de Regensburg, Lutero abandonou qualquer resquício de vontade de chegar a um acordo e deu rédeas soltas à sua veia polêmica. Em 1545, escreveu o virulento e desconexo *Contra o papado romano, uma instituição do Demônio*.[3] O ensaio desanca o papa Paulo III, chamando-o de sodomita e travesti, "a santa virgem, madame papa, santa Paula III", e acusa todos os papas ao longo da história de serem "cheios dos piores demônios do inferno — cheios, cheios, tão cheios que não fazem outra coisa além de vomitar, arremessar e explodir demônios". Usando a retórica das oposições

62. *Martinho Lutero*, Ratschlag von der Kirchen, eins ausschus etlicher Cardinel, Bapst Paulo des namens dem dritten, auff seinen Befelh geschrieben vnd vberantwortet. Mit einer vorrede D. Mart. Luth., *Wittenberg, 1538*.

que caracterizava *Passional Christi und Antichristi* de Melâncton e Cranach, de 1521, Lutero faz um contraste entre a posição de Jesus, recusando todos os reinos do mundo que lhe oferecia o Demônio, e o desejo de poder do papa, que diz: "Vem, Satã! E se tivesses mais mundos além deste, eu os aceitaria todos e não só te adoraria, mas também lamberia teu traseiro". E Lutero conclui: "Tudo isso vem selado com o próprio excremento do Diabo e escrito com os peidos do asno papal". Esses poucos excertos mal conseguem dar uma ideia da obra como um todo: ainda mais radical era o conjunto de dez imagens que acompanhavam essa fantasia antipapal, produzidas pela oficina de Cranach e desenhadas pelo próprio Lutero.[4]

63. *O brasão papal, 1538. A imagem mostra as chaves cruzadas da Igreja quebradas, representando o poder da instituição sobre as almas, questão que desencadeara as Noventa e Cinco Teses de Lutero. À esq. está Judas enforcado; à dir., o papa. Sacos cheios de moedas decoram o brasão papal, indicando que o papa, tal como Judas, vendera Cristo em troca de dinheiro.*[5]

Esse tipo de obra pregava apenas para os convertidos — nenhum católico se persuadiria com palavras e imagens tão violentas —, e Lutero empregou todas as armas de que dispunha: linguagem coprológica, imagens de bruxas e demônios, ofensas sexuais, representações animais. Texto e imagem pretendiam criar um senso de identidade entre o público evangélico, unido pelo ódio ao inimigo. Mas também pretendiam despertar o riso, na medida em que Lutero usava o humor grosseiro para destruir a aura de santidade papal.

Ele chegou ao ponto de descrever essa obra como seu "testamento"; depois de falecer, o lema "Vivo, fui tua peste; morrendo, sou tua morte, ó papa", tantas vezes acrescentado a imagens do reformador, dava expressão a esse ódio implacável.[6] A profecia de Lutero se realizou, pois as imagens grosseiras se tornaram parte importante de seu legado. Foram adaptadas e reeditadas pelos cem anos seguintes, e até mais, e o ódio e a incompreensão mútuos, convertidos em imagens, azedaram as relações entre as diferentes denominações pelos séculos seguintes, tornando muito mais difícil chegar a uma paz religiosa.

* * *

Lutero era um homem com muito ódio, mas nem todas as suas inimizades se equivaliam. Em relação aos turcos, por exemplo, ele tinha uma postura estranhamente nuançada, muito embora a ameaça representada pelo Império Otomano aumentasse sem cessar, à medida que os turcos conquistavam partes da Hungria e sitiavam Viena. Durante toda a vida, Lutero rejeitou sistematicamente a ideia de uma cruzada, insistindo que os turcos não deviam ser atacados por causa de sua fé.[7] Nos primeiros tempos da Reforma, a questão não parecia atormentá-lo de modo especial: dizia que os cristãos deviam aprimorar sua própria vida e combater o papa, em vez de atacar os turcos. Na verdade, recusando-se a ver nos turcos o Anticristo, como de hábito — ele reservava esse título ao papa —, também subestimava a ameaça. Tal fato não passou despercebido: como Lutero relembrou mais tarde, a bula de 1520 também o condenara pela posição que adotava ante os turcos. Talvez essa sua posição tivesse uma razão bastante simples: como muitos contemporâneos, Lutero parecia considerar os apelos a uma cruzada como tentativas do papado de manipular o imperador e os príncipes; o eleitor da Saxônia também resistia a tais apelos.

Em 1529, porém, os turcos haviam tomado grandes áreas da Hungria, e Lutero, como seus contemporâneos, foi obrigado a enfrentar intelectualmente a questão do islamismo. Enquanto os europeus se acostumavam com um Império Otomano em expansão, os "livros turcos" entraram em voga, informando os leitores sobre os otomanos e seus costumes.[8] Lutero contribuiu com um, *Sobre a guerra contra os turcos* (1529), em que aplicava sua teoria política dos dois reinos e dos três estamentos, a ordem secular, o clero e a família, ao caso turco.[9] Fiel à sua insistência anterior de que não se deviam fazer cruzadas religiosas, justificou cuidadosamente a guerra invocando como motivo que os turcos subvertiam os três estamentos: eram "assassinos", que ameaçavam a autoridade secular atacando militarmente os cristãos; eram "mentirosos", que interpretavam erroneamente a Escritura; atacavam o estamento da família ao ter dez ou vinte mulheres. Eram chavões anti-islâmicos habituais, para justificar a matança de turcos — mesmo assim, Lutero os apresentou para oferecer uma plataforma com argumentos que justificassem uma guerra que não era religiosa.

64. O nascimento do papa e dos cardeais. *Essas gravuras podiam ser compradas avulsas ou em conjunto, e depois podiam ser coloridas. Decoradas com versos em latim e cheias de referências clássicas, destinavam-se a um público letrado. Aqui o papa aparece amamentado por uma bruxa e cercado por Fúrias com serpentes no lugar do cabelo.*

A retórica apocalíptica, porém, apareceu efetivamente no segundo ensaio que Lutero escreveu em 1529, quando os turcos estavam nos portões de Viena: o *Sermão de convocação contra os turcos*.[10] Agora Lutero via neles o "quarto chifre" da besta do apocalipse. Mas, mesmo que a retórica sobre o iminente fim do mundo reforçasse a sensação de urgência, Lutero ainda reservava o papel do Anticristo ao papa e via os turcos não como inimigo principal, mas como flagelo enviado para punir os cristãos por seus pecados.[11] Essa posição o levou a adotar um surpreendente rigor quanto às obrigações dos conquistados. Os cristãos deviam combater os turcos por obediência a seus dirigentes seculares, declarou Lutero, mas os que haviam sido capturados e mesmo escravizados sob o poderio otomano não deviam se rebelar ou mesmo fugir, e sim obedecer às autoridades, "pois assim você estaria furtando e roubando seu corpo a seu senhor, o qual ele comprou ou adquiriu de alguma outra maneira, o qual não é mais propriedade sua, mas dele, como um animal ou algum de seus outros bens". Todavia, se — e apenas se — seu senhor o obrigar a pegar em armas contra os cristãos, "então você não deve obedecer, e sim sofrer qualquer coisa que [seu senhor] lhe faça, sim, até morrer".[12] Esse respeito pela autoridade estabelecida e pelos direitos de propriedade, mesmo sobre os escravos, era coerente com a linha que ele adotara em 1523, em *Da autoridade secular*; aqui também Lutero não conseguia imaginar a resistência a não ser em relação aos dilemas dos indivíduos, que eram aconselhados a sofrer passivamente o martírio; não se contemplava a hipótese de uma revolta. O texto também indica uma grande admiração pela excelência do governo otomano, e Lutero incorporou dados sobre os costumes turcos, apresentados no tratado de Gregório da Hungria sobre os otomanos, texto que editou e publicou em complemento a seu ensaio.[13]

A descrição do caráter turco lhe deu oportunidade para discorrer também sobre o caráter dos alemães. Enquanto "nós, alemães" comemos e bebemos demais, os turcos mostram moderação; enquanto os alemães são dados ao luxo nos trajes, os turcos praticam a modéstia; não praguejam nem constroem edifícios extravagantes. Nesses aspectos, os costumes deles eram melhores do que os dos alemães. Lutero admirava como os patriarcas turcos mantinham suas mulheres na rédea curta: "Eles mantêm suas esposas em tal disciplina e tão bela conduta que não há malícia, excesso, imodéstia e outras ornamentações e esplendores excessivos entre suas mulheres, como há entre as nossas".[14] No entanto, eles não respeitavam o matrimônio, visto que eram muito rápidos em conceder o divórcio; praticavam a poligamia, e seus casamentos tinham a mesma castidade da relação de um soldado com uma prostituta. Pior, "praticam tal lascívia latina e sodomita que não se pode mencioná-la na frente de pessoas respeitáveis", embora ele lançasse a mesma acusação contra o papa e a corte papal. Todas as velhas obsessões de Lutero por sexo, por sodomia e pelos excessos deram cor à sua representação dos turcos, mas seu interesse pelos costumes e pela estrutura social de um outro mundo era genuíno. Quando os turcos voltaram a ser uma ameaça iminente em 1541, ele publicou *Exortação à prece contra os turcos*, mas mesmo aí defendia mais o arrependimento do que a beligerância.[15]

65. Lucas Cranach, o Velho, *As origens dos monges*, que mostra uma demônia sentada no alto de um cadafalso, defecando frades tonsurados.

Lutero conservou uma curiosidade genuína sobre os turcos e, quando se deparou com uma tradução latina do Corão, em 1542, começou de imediato a leitura. Acreditava convictamente que deviam publicar o Corão; quando o conselho municipal de Basileia proibiu que o mestre impressor Oporinus o lançasse, Lutero foi contrário, junto com muitos pregadores de Estrasburgo.[16] Era importante, disse ele, que os cristãos soubessem o que estava escrito no Corão. Do contrário, como poderiam refutá-lo? A controvérsia mostrava Lutero em sua melhor forma: interessado em outras religiões e seguro de que sua fé não sofreria nenhum abalo no contato com elas. Isso, todavia, não significava

66. *Lucas Cranach, o Velho, As origens do Anticristo. Esta imagem apresenta o papa como um cadáver gordo que alguns demônios tentam ressuscitar. Está nu, usando apenas a mitra, e mesmo Lutero achou que os genitais demasiado visíveis poderiam ofender as mulheres e, qualificando Cranach de "pintor grosseiro", mandou que deixasse a genitália menos evidente.*

que ele respeitasse o Corão em si: afirmou que era um "livro amaldiçoado, vergonhoso, desesperado", mas que era melhor ter esse "veneno secreto" exposto às claras, pois "deve-se abrir a ferida e a chaga para curá-la".[17] Quando o Corão finalmente saiu em 1543, ele e Melâncton escreveram, ambos, breves introduções bastante amenas à obra; um contemporâneo comentou em defesa que os prefácios "mais alertavam o leitor sobre o livro do que o encorajavam a lê-lo", ao passo que Bucer pensou em pedir a Lutero que escrevesse "outra advertência mais longa e mais enfática, indicando exaustivamente as medonhas abominações no Corão".[18]

Ainda que rejeitasse o Corão e pudesse se mostrar implacável quanto à moral e aos costumes turcos, Lutero nunca utilizou contra os muçulmanos a retórica de hostilidade incendiária que tanto gostava de lançar contra outros. Isso lhe permitiu desenvolver um modelo de coexistência num mundo dividido, no qual os cristãos tinham a verdade e deviam lutar para se proteger, mas em que o islamismo era reconhecido como um credo à parte, ainda que errôneo. Além disso, depois de desaparecer o perigo imediato de uma ameaça otomana, Lutero perdeu o interesse. Em vez do islamismo, dirigiu todo o arsenal de seu ódio ao papado e aos judeus.

O cruel antissemitismo de Lutero é um dos aspectos mais complexos na história do luteranismo, pois os estudiosos pós-Holocausto têm dificuldade em admitir e aceitar a natureza e a extensão dele. Lutero nem sempre foi tão hostil. Em 1523, publicara *Que Jesus Cristo nasceu judeu*, um notável ensaio que reconhecia que os cristãos "têm tratado os judeus como se fossem cães, e não seres humanos; pouco fazem além de ridicularizá-los e confiscar seus bens".[19] Sendo um texto de considerável tolerância pelos critérios da época, é muitas vezes visto como prova de que o jovem Lutero não era antissemita: argumenta-se que seu antissemitismo foi fruto dos anos posteriores, mais amargurados, quando percebeu que os judeus nunca se converteriam ao cristianismo — embora sejam poucas as indicações de que Lutero tenha ativamente tentado convertê-los.[20] Todavia, as passagens finais do ensaio de 1523 deixam claro que a tolerância aos judeus dependia em última análise da dissolução do judaísmo:

> Se os judeus se ofendem porque professamos que nosso Jesus é homem e, ao mesmo tempo, Deus verdadeiro, necessariamente trataremos disso no devido momento a partir da Escritura. Mas é difícil demais para começar assim. Melhor que se amamentem primeiro com leite e comecem reconhecendo este homem Jesus como o verdadeiro Messias; depois disso, podem tomar vinho e aprender que ele é também Deus verdadeiro.[21]

O antissemistismo não foi apenas fruto dos anos posteriores de Lutero; na verdade, volta e meia reaparece. As três edições do *Sermão sobre a usura*, de 1519, traziam imagens de judeus no frontispício, e Lutero deve tê-las aprovado tacitamente; as preleções de 1513-5 tratam os Salmos não como um apelo do rei Davi a Deus, condenando seus perseguidores, mas como profecias referentes a Jesus e à sua perseguição pelos judeus. Ler o Antigo Testamento à luz do Novo Testamento era uma técnica exegética aceita, mas, nesse caso, transforma um texto sobre a perseguição dos judeus num texto sobre a perseguição empreendida por eles.[22]

Essa abordagem estava implícita no ensaio de 1523, que se inicia um tanto abstrusamente com uma discussão sobre o estatuto de Maria, pois Lutero fora acusado, tal como os judeus, de negar o nascimento virginal e o estatuto especial da Mãe de Deus. Ao longo de toda a história cristã, o marianismo e o antissemitismo muitas vezes andaram de mãos dadas (era frequente construir capelas a Maria no terreno de sinagogas destruídas), porque negar que Cristo é o Messias significava negar o estatuto especial de Maria. Muitas vezes parece que o grande problema para os cristãos, no final da Idade Média, não era tanto que os judeus se recusassem a reconhecer Jesus, mas que degradassem a figura de Maria. Portanto, afirmar de partida que Maria era realmente uma virgem e mãe de Deus correspondia a repisar a questão que desencadeara alguns dos piores tratamentos dados aos judeus.

Durante toda a década de 1530, observações e historietas antissemitas constituíam assunto constante nas conversas à mesa de Lutero, com os comensais reclamando, por exemplo, que havia mais de trinta judeus em Torgau ou que Frankfurt estava lotada deles; em 1531, Lutero até escreveu a Amsdorf dizendo que era inútil batizar judeus, por serem uns velhacos.[23] Comentava-se também o caso escandaloso de uma nobre, moradora de Wittenberg, que se casou com um judeu que já era casado e tinha quatro filhos. Com a permissão do eleitor, os parentes da mulher procederam à justiça com as próprias mãos e mataram o homem a facadas. Lutero serviu de padrinho à criança que ela concebera com o marido judeu; a seu ver, era uma boa mulher que fora ludibriada e, ao que parece, ele não manifestou nenhuma objeção sobre a forma como o assunto foi resolvido.[24]

Quando Josel de Rosheim, primeiro líder nacional dos judeus no Sacro Império Romano, pediu em 1537 a Lutero que intercedesse junto ao eleitor

67. Essa edição do Sermão sobre a usura, de Lutero, publicada em 1520, trazia a imagem de um judeu, sugerindo que os usurários eram judeus. O judeu diz: "Quita ou paga juros, pois desejo lucro".

para permitir a liberdade de ir e vir dos judeus na Saxônia, Lutero nem sequer o recebeu. Em vez disso, escreveu-lhe uma carta dizendo que só defendera um bom tratamento aos judeus para que fosse possível trazê-los para o Messias, e "não para que se fortalecessem e piorassem em seus erros por intermédio de meu favor e proteção".[25] Ordenou-lhes que lessem "como vocês trataram seu rei Davi e todos os reis piedosos, sim, os homens e profetas santos, e não tratem a nós, gentios, como cães", colocando os judeus como inimigos dos heróis do Antigo Testamento e invocando reiteradamente Jesus como o Messias crucificado pelos judeus.

No ano seguinte, ele deu prosseguimento a isso com um breve ensaio chamado *Contra os sabatistas: Carta a um bom amigo*, que, em suas palavras, simplesmente "escorreu da pena" em resposta aos rumores de que os judeus na Morávia começavam a angariar novas conversões.[26] A Morávia, local onde a divisão política permitia a tolerância de várias religiões diferentes, era um dos poucos lugares onde até mesmo os anabatistas encontravam refúgio. Lutero afirmava que os judeus eram um povo que vinha sendo punido por Deus durante 1500 anos, desde a destruição do templo em Jerusalém, porque não reconheciam Jesus como o Messias.

Nos anos 1530, o tom de Lutero era relativamente comedido, mas, em 1543, já mudara muito. Atendendo à solicitação de um certo conde Wolf Schlick, de Falkenau, que lera uma resposta judaica a *Contra os sabatistas*, Lutero escreveu *Sobre os judeus e suas mentiras*.[27] Três "judeus cultos", afirmava ele, haviam-no procurado na esperança "de encontrarem em mim um novo judeu" por ter introduzido estudos de hebraico na universidade, mas, a partir daí, o ensaio é uma diatribe contra a interpretação rabínica da Escritura e contra os próprios judeus.[28] Boa parte do texto consiste em acusá-los de orgulho arrogante pela própria raça; Lutero incentiva a repugnância pela circuncisão, descrevendo como o rabino rasga com as unhas o prepúcio, e comenta a aflição do pai ao grito do bebê.[29] Lutero insulta os judeus, chamando-os de noivas conspurcadas e meretrizes da pior espécie, que ignoraram os profetas de Deus.

Passando a atacar a interpretação rabínica, acusa os judeus de dissociarem palavra e símbolo, e assim são levados à "justiça pelas obras", confiando na obediência à lei. Lutero comparou os que confiavam nas obras, como os judeus, à porca que "é lavada só para se espojar na lama".[30] Os judeus, diz ele, procuram a verdade bíblica "debaixo do rabo da porca", isto é, interpretam a Bíblia olhando o ânus de uma leitoa; acusam os cristãos de uma estupidez que não poderia ser atribuída nem sequer a uma porca, que "se cobre de lama da cabeça aos pés e não come nada muito mais limpo"; difamam o credo cristão, "levados pelo Demônio a cair nisso como os porcos imundos caem na vala". Os cristãos, ao ver um judeu, deviam "atirar esterco de porco nele [...] e pô-lo para correr".[31]

Lutero exorta as autoridades seculares a queimarem todas as sinagogas e escolas, e "o que não arder que seja recoberto de terra, para que não se veja nenhuma pedra ou placa por toda a eternidade". Os judeus deviam ter suas casas destruídas e ser arrebanhados sob um teto só, como os ciganos. O Talmude e os livros de orações deviam ser destruídos, e os professores judeus banidos. Deviam ser impedidos de andar nas ruas e estradas, a usura devia ser proibida, e os judeus, obrigados a fazer trabalho pesado. Os valores obtidos com a agiotagem deviam ser confiscados e utilizados para ajudar os judeus convertidos. Era um programa de erradicação cultural completa.[32] E Lutero falava a sério. Melâncton, ao enviar uma cópia do texto a Filipe de Hesse, disse-lhe que "realmente" continha "muitos ensinamentos proveitosos". Um decreto do eleitorado saxônico de 1543, citando como referência o "livro recente" de Lutero, determinava que quem encontrasse algum judeu devia capturar a ele e a todos os seus bens e entregá-los às autoridades, e em recompensa teria direito a receber metade dos bens confiscados.[33]

Na verdade, a violência de Lutero às vezes era excessiva até para seus contemporâneos. Poucas semanas depois, no começo de 1543, ele escreveu *Vom Schem Hamphoras und vom Geschlecht Christi* [*Do inefável nome e das gerações de Cristo*],[34] que o teólogo suíço Heinrich Bullinger condenou, enquanto Andreas Osiander em Nuremberg escreveu em caráter privado a um amigo judeu de Veneza, manifestando sua repugnância pelo texto. Mas os luteranos não o repudiaram, sendo reeditado em 1577, com um prefácio de Nikolaus Selnecker, um dos primeiros biógrafos de Lutero, que incluía anedotas grosseiras, como aquela sobre os judeus de Magdeburgo que se negaram a prestar ajuda a um judeu que caíra dentro de uma latrina, porque era Sabá. *Vom Schem Hamphoras* reapareceu em 1617, no centenário da Reforma, junto com *Sobre os judeus e suas mentiras*, como texto que encabeçava essa miscelânea malévola.[35]

Era Lutero sem rédeas, e o texto parece uma revelação de suas fantasias íntimas. Investia novamente contra a tradição rabínica na interpretação da Escritura, afirmando que os judeus eram conduzidos pelo Demônio, que está por trás de qualquer invocação de tipo mágico. Podia parecer uma acusação abstrusa, mas se referia a questões muito presentes na época. Em 1514, Lutero tomara a defesa do hebraísta Johannes Reuchlin — parente de Melâncton —, o qual resistira a católicos conservadores que queriam a destruição de todos os livros judaicos. No entanto, o interesse de Reuchlin pelo hebraico se referia, em parte, aos misteriosos poderes da Cabala; era por isso que os cristãos deviam aprender hebraico. Lutero talvez não conhecesse os escritos de Reuchlin sobre o verbo mirífico, capaz de operar prodígios, mas queria diferenciar claramente o uso das palavras pelos evangélicos e o uso mágico das palavras pelos judeus.[36] Talvez, percebendo a proximidade entre os dois lados, ele se vê levado a explicar o que fazem os luteranos quando ministram o batismo ou enunciam as palavras de consagração do pão e do vinho. Se dedicava tão fervorosamente suas energias a isso era porque o que soava no fundo era a acusação que os sacramentalistas faziam aos luteranos, qual seja, que simulavam criar magicamente a carne de Deus por meio de palavras. Então, de repente, Lutero desanda a descrever a escultura da "*Schem Hamphoras*" no alto da igreja paroquial de Wittenberg, que mostra uma leitoa amamentando vários judeus, enquanto um rabino lhe suspende o rabo e espia o traseiro da porca. A seguir, Lutero passa para seus habituais trocadilhos, transformando o verbo mirífico, a palavra inefável, a "*Schem Hamphoras*" em "*Scham Haperes*" [vergonha aqui], num arremedo de derivação linguística do hebraico. O rabino, diz ele, está procurando na "vergonha aqui", o que significa não Deus, mas o Demônio; os judeus, portanto, são bruxos que cavoucam entre os excrementos e adoram apenas o Demônio. O motivo para atacar os judeus, por transformarem o hebraico num código mágico, é que isso permite a Lutero substituir os rabinos como intérprete bíblico e reivindicar para os luteranos a condição de povo eleito.[37]

O antissemitismo de Lutero segue num crescendo, até alcançar um clímax fisicamente repugnante. Descreveu os judeus orando e beijando os excrementos do Demônio: "O Demônio [...] esvaziou os intestinos várias vezes, uma verdadeira relíquia, que os judeus e os que querem ser judeus beijam, comem, bebem e adoram". Numa espécie de exorcismo batismal às avessas, o Demônio enche de imundície a boca, o nariz e os ouvidos dos judeus: "Entope-os e esprime tanto que ela transborda e escorre por todos os lugares, pura imundície do Demônio, sim, que sabe tão bem a seus corações e que sorvem ávidos feito leitoas". Entregando-se a um frenesi, Lutero invoca Judas, o judeu supremo:

> Quando Judas Iscariotes se enforcou e suas tripas se romperam e, como acontece com os enforcados, sua bexiga explodiu, os judeus estavam com suas canecas de ouro e suas tigelas de prata prontas para recolher o mijo (como se diz) de Judas com as outras relíquias, e depois, juntos, comeram as fezes e beberam, com o que obtiveram uma visão tão penetrante que são capazes de enxergar esses falsos brilhos tão complexos na Escritura.[38]

Sempre que Lutero começa a falar assim, são seus mais profundos impulsos que aparecem. Deixa de ser uma argumentação racional — claro que ele não acreditava a sério que os judeus tinham a visão aguçada por comerem excrementos. Faz trocadilhos, sintetiza as ideias numa mesma imagem, salta de uma ideia para outra, como se estivesse num pesadelo fantástico. Tal retórica paralisa o pensamento; impõe-se pela enxurrada de imagens violentas. Lutero sabia como converter esse tipo de frenesi nervoso em humor, e o usara contra o papado com efeitos devastadores. Aqui, porém, o efeito não é despertar o riso, mas causar repugnância física no leitor.

Vom Schem Hamphoras é a fantasia alucinada que dava sustentação ao ensaio aparentemente racional *Sobre os judeus e suas mentiras*. Aqui ele escrevera: "Se Deus não me desse outro Messias a não ser o que os judeus esperam", preferiria ser um porco a ser uma criatura humana, porque o Messias judaico não vence a morte.[39] A leitoa refocila na lama, não tem preocupações e não teme a morte: quando vem o abate, ela morre num instante. O humor de aparência inofensiva não disfarça a estocada: os judeus, que não têm um Messias, não são melhores do que os porcos. Mas, a despeito desse ódio de Lutero, sua teologia guardava vários aspectos em comum com o judaísmo, e talvez tenha sido essa proximidade que desencadeou a violência de seus ataques aos judeus: ele não tinha muito a dizer sobre o além; sua religiosidade conferia papel central à Escritura e à exegese dos textos hebraicos e gregos; ele rebaixava a posição de Maria e, com isso, o cristianismo deixava de ter uma figura divina feminina; com o tratamento notavelmente positivo que dava ao corpo, ele ficava muito próximo da ênfase judaica sobre a fertilidade, em vez da virgindade. Lutero podia se manter razoavelmente tranquilo quanto aos turcos, pois eram muito diferentes e distantes. Os judeus eram parecidos e viviam dentro da sociedade que ele queria reformar. Foram eles, e não os otomanos, muito mais ameaçadores, que atraíram toda a força de seu ódio.

O antissemitismo de Lutero foi disseminado por diversos de seus seguidores, mas, mesmo assim, ia muito além do que muita gente se disporia a ir. No círculo mais próximo, Justus Jonas traduziu os textos para o latim, garantindo que pudessem ser lidos entre toda a cristandade. Mesmo Martin Bucer — que acreditava que os judeus deveriam ser os mais amados entre os infiéis — sugeriu num "Decreto judaico", que redigira para Filipe de Hesse em 1539, que eles deviam ser obrigados a limpar latrinas para aprenderem a humildade.[40] Mas enquanto Bucer queria proibir a construção de novas sinagogas, Lutero queria que as sinagogas existentes fossem totalmente arrasadas. Na Dieta Imperial de Frankfurt, de 1539, Melâncton defendera a readmissão de judeus em Brandemburgo, de onde tinham sido expulsos em 1530. O luterano Urbanus Rhegius, cuja esposa também aprendera o hebraico, adotava sistematicamente uma linha mais tolerante em relação aos judeus, intercedendo a favor de um rabino e pedindo ao clero de Braunschweig que se opusesse à expulsão da comunidade judaica em 1540, enquanto Andreas Osiander de Nuremberg publicava corajosamente um panfleto (embora anônimo) rejeitando o chamado libelo de sangue, depois que surgira a denúncia de um assassinato ritual na cidade vizinha de Sappenfeld.[41] Johannes Eck, velho adversário de Lutero, respondeu com uma réplica de quase duzentas páginas em que, como Lutero, repetia todas as velhas acusações de envenenamento e assassinato ritual. Todavia, o próprio Eck sustentava que os judeus deviam ser tolerados, deviam ser autorizados a reformar as sinagogas existentes e não deviam ser feridos, mortos ou exilados.[42] Por desagradável que fosse a diatribe de Eck, não defendia a aniquilação cultural proposta em *Sobre os judeus e suas mentiras*, nem trazia a corporeidade fantasmagórica de *Vom Schem Hamphoras*, ambos de Lutero.

Ademais, a virulência de Lutero não repetia clichês anteriores. O antissemitismo medieval também defendera com frequência certo grau de tolerância em relação aos judeus; o de Lutero não era um remanescente, mas um aprofundamento daquele antissemitismo da Idade Média. E, o que é ainda mais inquietante, não era um aspecto meramente contingente de sua teologia, um deplorável preconceito derivado de atitudes da época. Pelo contrário, fazia parte integrante de seu pensamento; a insistência de Lutero de que os verdadeiros cristãos — isto é, os evangélicos — haviam se tornado o povo eleito, substituindo os judeus, se tornaria essencial para a identidade protestante. Constituía o eixo central de seu entendimento do papel providencial dos luteranos na história e, para assegurar esse papel, os judeus tinham de ser desalojados, desacreditados e, se necessário, eliminados. Eles são os judeus melhores. Como Lutero afirmava em *Sobre os judeus e suas mentiras*: "Nós, gentios tolos, que não éramos o povo de Deus, agora somos o povo de Deus. Isso leva os judeus à insensatez e à estupidez, e com isso tornaram-se o povo--Não-de-Deus, eles que antes foram seu povo e realmente ainda deveriam ser".[43] Os luteranos, diz ele, entendem melhor o Antigo Testamento e fazem uma exegese superior. Tendo perdido a posição de povo eleito e, portanto, não sendo mais realmente "judeus", eles "chegaram a se transformar num povo totalmente diferente, sem restar nada [do original] a não ser um ocioso resquício" de ciganos ou velhacos estrangeiros.[44]

19. Conduzindo a Carruagem de Israel

Em janeiro de 1546, no auge do inverno, Lutero partiu para sua última viagem, com destino a Eisleben, sua terra natal. Estava com 62 anos de idade. Fraco e doente, sabia que a viagem era um risco, mas estava decidido a ir porque os condes de Mansfeld queriam que fosse resolver uma disputa entre eles: Albrecht estava às turras com o irmão Gebhard, enquanto os condes Ernst e Johann Georg tinham brigado com ele por causa da administração das minas. Mesmo não seguindo os planos que o pai lhe traçara, Lutero nunca deixara de cumprir suas obrigações para proteger os negócios da família.[1]

A exploração das minas de ouro e de prata, "dadas por Deus tais como não existe igual em toda a Alemanha", outrora tão próspera, agora estava num declínio realmente caótico.[2] Mansfeld passara por um enorme desenvolvimento, com suas riquezas fabulosas financiando os três castelos renascentistas que coroavam o morro. Os cinco condes dividiam as responsabilidades pelo território, e não admira que isso tenha levado a disputas acirradas. Albrecht e Gebhard davam vigoroso apoio a Lutero, bem como os novos condes, Philip e Johann Georg, mas os condes antigos, Hoyer, Günter e Ernst, haviam sido católicos, de forma que a capela tinha duas entradas, uma para os luteranos, outra para os condes católicos. O velho conde Ernst usara seus direitos de patronato sobre a igreja de Santo André em Eisleben para nomear ao cargo de pastor o ferrenho inimigo de Lutero, Georg Witzel, ao passo que Albrecht nomeara como pregador um dos primeiros associados de Lutero, Caspar Güttel; só podemos imaginar o que a congregação deve ter pensado.[3]

Os condes tinham administrado em conjunto as minas até 1536, quando Albrecht persuadiu os outros a dividi-las. Haviam passado anos quebrando a cabeça para encontrar uma maneira de aumentar o rendimento das minas, à medida que suas rendas pessoais declinavam, enquanto os donos das minas e os capitalistas de Nuremberg davam mostras de acumular enormes fortunas. Em 1542 — tomados pela "avareza", como disse Matthäus Ratzeberger, médico e futuro biógrafo de Lutero —, os condes cancelaram todas as concessões temporárias, entre elas a do pai de Lutero; agora, queriam administrar diretamente as minas e transformar os fundidores em empregados.[4] Quem propôs essa nova política foi o luterano Albrecht, mas Lutero estava decidido a proteger os direitos dos fundidores, tentando inclusive obter a intervenção de seu suserano, o duque Moritz da Saxônia. Era tudo fruto da inveja, declarou Lutero, "porque todo aquele que tem alguma coisa terá muitos invejosos". Mais uma vez, ele levava as coisas para o plano pessoal: o Demônio estava por trás daquele projeto, pois os inimigos dele queriam ver o território inteiro reduzido à pobreza, "para que possam se vangloriar: vejam como Deus amaldiçoa todos os que apoiam o Evangelho e permite que se arruínem, e a própria terra natal [de Lutero] ficou totalmente arruinada".[5] Assim, apesar de sua grave condição de saúde, Lutero fora para Mansfeld em outubro de 1545, para impedir que o projeto tivesse andamento.[6] Não conseguiu, e, no final, demonstrou-se que ele tinha razão: a tentativa dos condes de administrar as minas foi um desastre. Nos anos 1560, estavam falidos, as famosas riquezas das minas de Mansfeld haviam se esgotado e a cidade estagnou.

No começo de 1546, portanto, Lutero considerou que tinha o dever de tentar uma reconciliação entre os condes. Talvez intuindo que não seria uma viagem corriqueira, ele levou os três filhos — Hans, com quase vinte anos; Martin, perto dos quinze; Paul, com apenas treze. Fazia um tempo pavoroso e o rio estava tão cheio em Halle que não se atreveram a atravessá-lo. Como Lutero gracejou numa carta para a esposa, "uma anabatista enorme se apresentou a nós em vastas ondas e grandes pedaços de gelo flutuante; ameaçou nos batizar outra vez e cobriu o campo [inteiro]". Seguimos o conselho que sei que você nos daria, disse ele a Katharina, e não "tentamos Deus" arriscando a travessia. Afinal, acrescentou, "o Demônio está zangado conosco e ele mora na água".[7] Quando finalmente prosseguiram, Lutero teve um acesso de tontura: "Se você estivesse aqui, porém, iria dizer que a culpa foi dos judeus ou do deus deles. Pois logo antes de Eisleben tivemos de atravessar uma vila onde moram muitos judeus [e] talvez tenham sido eles a me atacar tão dolorosamente".[8] Desculpando-se por não conseguir mais manter relações sexuais com ela — "console-se com a ideia de que eu a amaria, se pudesse, como você bem sabe" —, Lutero se dirigia a Katharina como "sra. Mercado Suíno" e "Dama de Zülsdorf", arreliando-a afetuosamente com suas atividades rurais.[9] As cartas de Lutero eram admiráveis pelo que mostravam de afeto, de sinceridade, de profundidade nas lembranças em comum.

Mas essas últimas cartas também mostravam sua tendência ao ódio e à melancolia. Ao mesmo tempo que comentava seu medo do "hálito" dos judeus, também menciava que tinha uma grande tarefa pela frente, à qual se dedicaria a seguir — a questão judaica. "Depois de resolver as questões principais [em Mansfeld]", escreveu ele, "tenho de começar a expulsar os judeus."[10] E prosseguiu: o conde Albrecht também não gosta dos judeus, mas não faz nada a respeito. Assim, nos quatro últimos sermões, que pregou em Eisleben em janeiro e fevereiro de 1546, Lutero passou a "ajudar" Albrecht do púlpito, acrescentando uma advertência contra os judeus no final do último sermão. Como os "italianos", declarou ele, os judeus conheciam a arte de envenenar os outros para que morressem na mesma hora, ou dali a um mês, dali a um ano, dali a dez ou mesmo vinte anos. Era gente do mal que nunca parava de blasfemar contra Cristo, e seus protetores participavam do mesmo pecado. Chegando próximo da morte, sua convicção de que era preciso lidar com a questão judaica fortaleceu-se ainda mais.[11]

Logo antes de chegarem a Eisleben, Lutero piorou ainda mais, desmaiando no coche. Comentou que era, mais uma vez, obra do Demônio, que o atacava sempre "que tenho algo importante que preciso fazer". Friccionaram seu corpo com panos quentes e ele voltou a si. Em Eisleben, hospedou-se na casa do dr. Drachstedt, figura de destaque no setor de mineração, com antigos laços com a família de Lutero.[12] Os encontros tiveram de ser organizados conforme permitiam as condições de saúde dele, mas nem mesmo seu estado precário foi suficiente para levar os condes a um acordo. As negociações se arrastaram por três semanas, com Lutero aflito para voltar para casa.

Nesse meio-tempo, ele criou uma rotina diária. Assim como a hora das refeições com toda a família tinha um papel central em sua vida em Wittenberg, também em Eisleben mantinha uma mesa coletiva, com diversos convidados. As refeições eram ocasiões devocionais, como haviam sido no mosteiro. Então, todas as noites, por volta das oito horas, ele se levantava da mesa, deixava a ampla sala de jantar e ia para seu quarto, onde ficava junto à janela, rezando — "com tanto zelo e concentração que [...] quando fazíamos silêncio, muitas vezes ouvíamos algumas palavras e ficávamos admirados", segundo seus companheiros. Depois afastava-se da janela, contente, "como se tivesse retirado um fardo", e conversava mais uns quinze minutos com os convivas antes de se recolher ao leito. Lutero sabia que estava diante da morte e falava como "nós, os velhos, temos de viver até enxergarmos dentro do traseiro do Demônio e conhecermos muita perfídia, impiedade e infelicidade". Ao jantar, conversavam também se os mortos se reconheciam uns aos outros, uma das raríssimas vezes em que Lutero especulou sobre a vida no além. Ele tinha certeza de que se reconheciam, sim — tal como Adão, quando viu Eva pela primeira vez, soube de imediato que ela era carne de sua carne.[13]

Em 17 de fevereiro à noite, quando foi para o quarto rezar com os dois filhos mais novos, sentiu-se mal outra vez, com frio e dores no peito. Jonas e Michael Coelius, pregador de Mansfeld, acorreram imediatamente ao quarto, e mais uma vez esfregaram-lhe panos quentes no corpo. A condessa Anna de Mansfeld ficou incumbida de fornecer chifre de unicórnio — na verdade, presa de narval —, tido como excelente revigorante, e o próprio conde Albrecht ralou pessoalmente um pouco dentro de um copo de vinho. Conrad von Wolfframsdorf, um dos conselheiros de Albrecht, provou antes uma colherada — talvez porque Lutero tivesse medo de ser envenenado, talvez porque não confiasse no medicamento.[14] Por volta das nove da noite, Lutero se deitou e dormiu um sono tranquilo durante uma hora. Ao despertar, perguntou aos que estavam de vigília: "Ainda estão acordados?", supondo que eles mesmos gostariam de ir deitar. Então foi para o aposento ao lado, presumivelmente o banheiro, e ao passar pela porta falou: "Em tuas mãos entrego meu espírito, Tu me redimiste, Deus da verdade". Voltando para a cama, apertou a mão de todos os presentes e lhes desejou boa-noite, dizendo que rezassem por Deus e seu Evangelho, "porque o Concílio de Trento" — a reunião do concílio da Igreja católica que deu início à Contrarreforma finalmente começara em dezembro de 1545 — "e o papa maligno lutam encarniçadamente contra ele".[15]

Jonas, os dois filhos de Lutero, Martin e Paul, seu criado Ambrosius e outros criados ficaram velando o leito. Por volta da uma da manhã, Lutero acordou, reclamando mais uma vez de frio e dor no peito. "Creio que vou ficar aqui em Eisleben, onde nasci e fui batizado", disse a Jonas com seu usual senso de humor. Foi sozinho outra vez ao banheiro, repetindo as mesmas palavras de antes.[16] Johann Aurifaber, Coelius, dois médicos, o dono da casa e um grupo de dignitários locais e suas respectivas esposas tinham vindo ajudar a cuidar dele e esfregaram-no novamente e lhe deram almofadas aquecidas.[17] Lutero não recebeu os ritos finais, em vista de sua posição de que a extrema-unção não era um sacramento: confiava em seu batismo. Rezou sua última prece, agradecendo a Deus "que me revelaste teu amado Filho Jesus Cristo, em quem creio, o qual tenho pregado e proclamado [e] a quem o papa amaldiçoado e todos os ímpios desonram, perseguem e blasfemam". Mesmo no final, Lutero oscilava entre o amor e a fúria.[18]

Tentaram outro remédio precioso, mas Lutero disse: "Estou partindo daqui, vou entregar meu espírito". Mais uma vez, repetiu três vezes em latim, muito depressa, "Pai, em tuas mãos entrego meu espírito, Tu me redimiste, Deus da Verdade", e depois ficou em silêncio. Então Jonas e Coelius lhe perguntaram: "Reverendo Pai, morre fiel a Cristo e à doutrina que pregou?". "Sim", respondeu Lutero claramente, para que todos ao redor pudessem ouvi-lo. Voltou a adormecer e, depois de quinze minutos, entregou o espírito "em serenidade e grande paciência". Jonas e Coelius, que escreveram o relato, observaram que "ninguém conseguiu discernir (sobre isso prestamos testemunho perante Deus em nossas consciências) qualquer agitação ou desconforto em seu corpo, nem as dores da morte".[19]

Lutero morreu como viveu: em público. A razão pela qual seus momentos finais foram observados e narrados com tanto detalhe era que, segundo as crenças medievais, uma boa morte, em especial sem dor, constituía sinal inequívoco de que a pessoa fora boa em vida e iria para o céu; uma morte ruim indicaria que era um herege. Os últimos momentos de Lutero, portanto, tornaram-se prova definitiva, pois, se tivesse morrido em agonia ou desesperado em sua hora final, o próprio movimento protestante sofreria contestação. Todos receavam ter um fim súbito e inesperado, impedindo que o indivíduo recebesse os ritos finais da extrema-unção. Como não havia tal sacramento

68. *Oficina de Lucas Cranach, o Velho*. Lutero em seu leito de morte. *Esta imagem teve muitas cópias*.

no luteranismo, nem nenhuma estrutura ritual para os moribundos, a morte em si era seu próprio testamento.

Os luteranos tinham, eles mesmos, tirado grande proveito da morte difícil de seus inimigos no passado.[20] A morte de Zwinglio no campo de batalha em Kappel fora profundamente chocante e, para Lutero, ela demonstrava o julgamento de Deus, não só de Zwinglio, mas do movimento sacramentalista como um todo. Em 1536, foi a vez de seu velho inimigo Erasmo, que morreu na Basileia sem a presença de um padre e sem ter se confessado. Fora direto para o inferno, segundo Lutero, acrescentando, mordaz, que, embora dissessem que Erasmo invocara Cristo para ter piedade de sua alma, devia ser coisa inventada. Quanto a si mesmo, Lutero esperava ter na hora da morte um ministro da Palavra a seu lado.[21]

Em 1542, Eck, o velho inimigo de Lutero, havia sido um daqueles afortunados (ou desafortunados) que tiveram ocasião de ler seus próprios obituários. Crendo que o antagonista deles já tinha morrido, Bucer escrevera um ensaio contra Eck, o qual respondeu num impulso imediato, anunciando vigorosamente na página de rosto que estava vivo e muito vivo. Poucos dias depois dessa réplica, Eck teve uma febre forte e logo passou a delirar. Insistindo que era cedo demais para chamar um padre, foi ficando cada vez mais incoerente e, quando finalmente chamaram o sacerdote, Eck não conseguia mais acompanhar as palavras do rito. Por fim morreu de apoplexia — "o castigo dos que se entregam à luxúria e à bebida", "vomitando sua vida em sangue", observaram os luteranos. Essa maneira pavorosa de morrer era a prova definitiva de que Eck tinha errado ao atacar a Reforma.[22]

Foi da morte de Karlstadt que os luteranos mais se aproveitaram, pondo em circulação uma historieta maliciosa, segundo a qual, pouco antes de morrer, ele estivera pregando na Basileia e viu um homem alto de pé na fila de assentos vazios do coro. O sujeito então foi até a casa de Karlstadt e lá encontrou o filho pequeno do pregador, que estava sozinho. Pegando o menino, fez como se fosse arremessá-lo ao chão, mas depois o soltou, sem o machucar. Falou ao menino que desse o recado ao pai de que ele voltaria dali a três dias. Três dias depois, Karlstadt morreu. Correu o boato de que o desconhecido era o Demônio e que Karlstadt tinha morrido não de peste, como diziam, mas de medo. Mesmo depois do enterro, ainda dava para ouvir o espírito maligno fazendo barulho na casa de Karlstadt. Essa anedota se alastrou pelo campo luterano e parecia que, enfim, Lutero vencera a discussão.[23] Como escreveu a um amigo, "Karlstadt sempre teve um medo desgraçado da morte", referindo-se ao medo do martírio nos anos 1520, enquanto Lutero enfrentava corajosamente a perspectiva de sua própria morte.[24] Em parte foi por terem explorado o trunfo da "morte maligna" no caso de Karlstadt, explorando-a ao máximo, que os luteranos agora sabiam que precisavam apresentar a morte de Lutero com o máximo cuidado possível.

O problema, porém, era que não se sabia bem a causa da morte. Lutero estava longe do lar e sem o acompanhamento de seus médicos habituais: os dois médicos locais que o atenderam não conheciam seu histórico clínico. Ademais, deram diagnósticos divergentes, um dizendo que era apoplexia, o outro, mais velho, dizendo que tinha sido o coração. Mas, para seu médico de Wittenberg, Matthäus Ratzeberger, foi o fechamento de sua *fontanelle* na perna, e assim os humores úmidos, sem ter por onde sair, subiram para o peito e comprimiram o coração; Lutero tinha esquecido de levar para sua estadia em Eisleben a substância corrosiva que mantinha a ferida aberta.[25] Melâncton era categórico: Lutero não morrera de uma coisa nem de outra, e insistiu que passara suas horas finais inteiramente lúcido e, portanto, tivera uma boa morte.[26]

Todavia, os adversários católicos de Lutero fizeram o máximo para explorar os boatos de que um dos lados do corpo se escurecera e a boca estava retorcida, o que indicava um derrame. A biografia de Cochlaeus, concluída em 1549, trazia um longo relato de seus últimos dias e afirmava que Lutero ficava "refestelado" num sofá, comendo e bebendo demais. Segundo Cochlaeus, ele soubera desses pormenores graças a um farmacêutico de Eisleben, que enviara um relatório ao pastor antiluterano Georg Witzel.[27] Logo antes de Lutero morrer, haviam pedido ao boticário que aplicasse um clister em seu reto. O balão se inflou por causa da abundância de comida e bebida que ele havia ingerido. Os católicos insistiram que fora uma apoplexia, a morte súbita que Deus enviava aos maus.[28] Tanto para os luteranos quanto para os católicos, era o corpo de Lutero que confirmava ou desmentia a verdade de sua mensagem.[29]

Em 18 de fevereiro, das quatro horas até as nove horas da manhã, muitos "cidadãos respeitáveis" foram ver o corpo de Lutero, soluçando e derramando "lágrimas ardentes". Então ele foi depositado num caixão de metal, com uma camisa branca. Centenas de pessoas foram visitá-lo, "muitos nobres, que em sua maioria o conheciam pessoalmente", mas também muita gente do povo. No dia seguinte, o corpo foi levado à igreja de Santo André em Eisleben, onde foi colocado no coro, e Justus Jonas pregou um sermão. O corpo passou a noite na igreja, velado por "dez cidadãos", numa versão reformada do costumeiro velório católico, em que o corpo é velado por "devotas", irmãs laicas pagas para orar pelos defuntos.[30]

O eleitor saxônico insistiu que o corpo de Lutero voltasse para Wittenberg, e assim se iniciou um longo cortejo fúnebre. Lutero na morte foi tratado como um imperador, com rituais que reproduziam as homenagens prestadas a um grande príncipe. Pregou-se outro sermão, e o caixão, conduzido pelos carregadores, atravessou os portões da cidade e foi levado até Halle, com os sinos dobrando finados em todas as vilas e aldeias por onde passavam.

69. *Este retrato de Lutero aparece no verso do frontispício do relato completo de sua morte, publicado por Justus Jonas em 1546. Ele está com o barrete de doutor, os famosos cachos, o peitilho e a bata acadêmica que agora constituíam sua indumentária característica.*

Aproximando-se de Halle, o cortejo foi recebido pelos pastores e pelos conselheiros municipais, e tanta gente se apinhava nas ruas que a procissão levou algumas horas para chegar até a igreja. No dia seguinte, o caixão prosseguiu, indo até Bitterfeld e depois a Kemberg, alcançando finalmente Wittenberg em 22 de fevereiro. Em Wittenberg, formou-se uma procissão para levar o caixão de um extremo a outro da cidade, passando pela universidade e pelo antigo mosteiro até a igreja do castelo. O cortejo era encabeçado por altos servidores do eleitor, acompanhados por dois dos condes de Mansfeld e 45 cavaleiros. Atrás do ataúde, seguia outra carreta com Katharina von Bora e um grupo de mulheres; então vinham os três filhos de Lutero, o irmão, os sobrinhos e outros parentes. Na sequência vinham o reitor da universidade, os jovens príncipes que estudavam lá, os professores mais graduados, os médicos e os conselheiros municipais. Fechavam o cortejo os estudantes e os cidadãos, inclusive moças e mulheres. Era uma procissão "como nunca se vira em Wittenberg".[31]

70. *A máscara mortuária de Martinho Lutero, ainda em exposição na Marktkirche em Halle. Por terem feito os moldes de gesso, o município estabeleceu seu direito de se tornar local de peregrinação luterana.*

Os sermões em Wittenberg fizeram a celebração final da vida de Lutero. Bugenhagen pregou e Melâncton apresentou uma oração em latim que foi prontamente impressa, à qual se seguiu uma breve *Vida*. Nesse discurso que era uma obra-prima de sobriedade e controle emocional, Melâncton relembrava aos ouvintes os defeitos de Lutero, reconhecendo a velha acusação de ser demasiado cáustico na polêmica, e na breve *Vida* apresentava-o como homem de estudos, que raramente comia.[32] Partira a carruagem de Israel com seu condutor, concluía ele, numa frase bíblica em que ecoava a tristeza de Elisha quando o profeta Elias foi conduzido aos céus: Lutero fora um profeta, um segundo Elias a conduzir seu povo.

A própria imagem de Lutero se tornou parte essencial do memorial fúnebre. Após sua morte, haviam sido convocados dois artistas para pintar o cadáver, sendo um deles Lucas Furtennagel de Augsburgo. Tiraram-se moldes de gesso do rosto e das mãos — mãos, como disse Johann Albrecht, que haviam escrito tantos livros maravilhosos —, os quais hoje estão conservados na igreja de Halle na qual, por uma fina ironia, Albrecht de Mainz havia outrora abrigado uma das maiores e mais esplêndidas coleções de relíquias santas.[33] O funeral em si se tornou um acontecimento nos meios de comunicação. Publicaram-se em massa cartazes e panfletos com sua imagem, já familiar após anos de retratos saídos da oficina de Cranach, mais uma vez evocando com grande pungência a presença de Lutero. A corporeidade, aspecto tão central na religiosidade de Lutero, refletia-se na maneira como os luteranos pranteavam o luto: as cerimônias se concentravam no corpo dele. O folheto fúnebre não se absteve de dar todos os detalhes da morte do reformista, até mesmo as idas ao banheiro.

Logo depois que Lutero morreu, alguns dos príncipes e municípios evangélicos pegaram em armas na guerra da Liga de Schmalkalden. Os protestantes foram derrotados pelo imperador, que tinha uma aliança com o duque Moritz da Saxônia, o sobrinho do duque Georg que, embora fosse luterano, era esperto o suficiente para não se opor ao poder imperial. Na batalha decisiva de Mühlberg, em 1547, Filipe de Hesse e o eleitor João Frederico, governante de Lutero, foram capturados e aprisionados, e o eleitor, nos termos humilhantes que puseram fim à guerra, cedeu o título a Moritz. O ramo albertino agora ocupava a maior parte dos territórios eleitorais, inclusive Wittenberg e sua universidade, enquanto a outra linhagem teve de se contentar com uma corte em Weimar.

O legado da derrota protestante persistiu por muito tempo em todas as terras alemãs, pois Carlos V puniu severamente a desobediência deles. Os governos de orgulhosas cidades imperiais como Augsburgo passaram por uma reformulação e se estabeleceu um novo sistema político, no qual agora pequenos grupos formados basicamente por aristocratas católicos podiam dominar a política local, e as guildas perderam todo e qualquer poder político. Com isso, ficou muito mais difícil que um movimento populista baseado em convicções religiosas conseguisse reconquistar alguma força na região. Foi o fim das várias versões evangélicas que caracterizavam Augsburgo, Ulm, Estrasburgo e uma série de outras cidades, ainda que não significasse a anulação permanente de alternativas ao modelo luterano. Em Genebra, Calvino iria desenvolver sua visão teocrática de uma comunidade reformada, inspirando uma nova geração.

71. Busto de Lutero na mesma igreja. No centro do balcão lateral, a efígie de Lutero se destaca em relevo contra o fundo maneirista de folhas, frutos e padrões geométricos. No círculo, a inscrição diz Pestis eram vivus moriens ero mors tua papa [Vivo fui tua peste, morrendo sou tua morte, ó papa].

Em 15 de maio de 1548, Carlos V impôs nas terras germânicas o "Interim", acordo que exigia que os pregadores luteranos aceitassem várias práticas católicas tradicionais, inclusive a existência de sete sacramentos, mas permitindo o casamento do clero e a comunhão sob as duas espécies. Houve uma cisão no movimento luterano entre os que aceitavam e os que não aceitavam transigir: muitos pregadores foram para o exílio. Patentearam-se também antigas divisões entre a liderança luterana, com Melâncton disposto a chegar a um acordo e Amsdorf rejeitando indignadamente qualquer desvio do que lhe parecia ser o legado de Lutero. As tensões que por tanto tempo estiveram por trás da aliança entre Lutero e Melâncton agora começavam a se mostrar em público; Lutero não estava mais ali para arbitrar e equilibrar as facções opostas, e Melâncton não tinha a autoridade nem o carisma pessoal para assumir a liderança. O movimento começou a se cindir.

Isso também fazia parte da herança de Lutero, visto que, ao se opor à hierarquia da Igreja papal, ele não criou uma estrutura institucional que a substituísse. Embora tivesse rejeitado enfaticamente o conciliarismo em seu

72. *Lucas Cranach, o Velho, Martinho Lutero, 1548.* Nesse retrato em xilogravura feito após a morte de Lutero, seu físico avantajado aparece como uma presença imponente e reconfortante.

ensaio *Dos concílios e das igrejas*, de 1539, não chegara a especificar como sua nova Igreja deveria funcionar ou qual deveria ser a relação entre a congregação individual e a Igreja como um todo. Não havia nenhuma organização geral capaz de tolher os "superintendentes" nomeados ao acaso, os quais, como reconhecia Lutero, eram bispos em tudo, exceto no nome. Os pregadores luteranos, subordinados às autoridades seculares que lhes pagavam o salário, agora tinham de demarcar sua posição entre as guerras doutrinais e os desejos dos poderes políticos locais; se tomavam como modelo de conduta o tom profético de Lutero, muitas vezes descobriam que o carisma não era de grande valia contra

73. Lucas Cranach, o Jovem, Martinho Lutero, 1553.

as autoridades locais. Em sua admiração servil por Lutero, o movimento se impusera um modelo de autoridade da pregação que incentivava cada pastor local a se contrapor a qualquer coisa que considerasse um desvio doutrinário, como se ela abrisse diretamente as portas ao Demônio — receita certa para ásperas altercações públicas.

A rede pessoal de Lutero lhe permitira colocar "seus" homens em paróquias de todo o norte e centro da Alemanha e até na Dinamarca, Boêmia e Polônia, e lhe garantira acesso aos ouvidos de muitos príncipes e governantes; mas essa rede morreu junto com a autoridade pessoal que lhe dera origem. A geração seguinte conheceu uma igreja dividida em facções, como a dos gnésio-luteranos (os chamados "luteranos autênticos", também conhecidos como flacianos, a partir do importante teólogo Matthias Flacius) e a dos filipistas (seguidores de Melâncton e defensores de um luteranismo mais moderado), todas elas reivindicando o manto de Lutero. Todavia, essas divisões, que eram questões de vida ou morte para os envolvidos, não destruíram o luteranismo. A ardorosa retórica polemista não chegou a abolir a adesão que unia a todos. E, de todo modo, as complexidades de uma disputa doutrinal importavam pouco para os que não eram pastores.

Apesar da derrota fragorosa da Liga de Schmalkalden, o luteranismo sobreviveu, ainda que desorganizado. Moritz acabou brigando com o imperador, quando este tentou reintroduzir o catolicismo em áreas luteranas; aliando-se com a França, Moritz teve grande êxito nas campanhas que travou. A Paz de Passau, assinada em 1552, reconheceu os luteranos, e o ex-eleitor João Frederico e Filipe de Hesse foram ambos libertados do cativeiro. Na Paz de Augsburgo, de 1555, o imperador aceitava formalmente a existência de duas denominações religiosas em seu império e permitia que o governante de um território determinasse a religião oficial dos súditos. Mas o tratado não incluía os sacramentalistas em suas disposições, e a exclusão do novo movimento, que viria a ser tornar o calvinismo, fez com que a Paz de Augsburgo viesse a se mostrar incapaz de abrigar a diversidade religiosa; em 1618, eclodiu a Guerra dos Trinta Anos, que iria devastar as terras germânicas.

O velho mundo de Wittenberg morreu com Lutero. Em plena Guerra de Schmalkalden, a própria Katharina von Bora teve de fugir da cidade, destino que o marido sempre temera para ela. Katharina voltou mais tarde e começou a reconstruir suas propriedades, danificadas pela guerra, e a receber estudantes como pensionistas. Mas eram tempos difíceis, e ela morreu em 1552, devido a ferimentos que sofrera depois de cair de uma carroça, quando saía mais uma vez da cidade, atingida pela peste. Estava com 53 anos de idade. O preço que a personalidade dominante de Lutero deve ter cobrado de sua família pode ser visto, em parte, no destino que seus filhos tiveram. Hans, o primogênito, que recebeu o nome do avô paterno, estava destinado à teologia e fora matriculado na Universidade de Wittenberg aos sete anos de idade, e obteve o grau de bacharel seis anos depois, em 1539. O garoto não tinha como atender às expectativas e deve ter sofrido uma pressão intolerável. Invertendo a trajetória do pai, Hans acabou seguindo a carreira de direito, se tornando conselheiro na chancelaria de Weimar, cargo que obteve mais por respeito a seu pai do que por seus próprios méritos. Martin, o segundo filho, por sua vez, estava destinado ao direito e mudou para a teologia, mas nunca conseguiu cargo como pregador.³⁴ Paul, o mais novo, que tinha treze anos quando o pai morreu, teve carreira de sucesso como médico da corte, estabelecendo-se em Leipzig e tendo seis filhos. Margarethe, a filha caçula de Lutero, fez um bom casamento, desposando um nobre prussiano que estudava em Wittenberg; teve vários filhos, mas morreu em 1570, com apenas 36 anos de idade.³⁵ Em 1564, já fora vendido o enorme mosteiro concedido em perpetuidade à família.

Bucer — a "raposa" ladina, como fora alcunhado por seus adversários luteranos — exilou-se na Inglaterra após o Interim e trabalhou com Thomas Cranmer na revisão do Livro de Orações. Passou o resto da vida no frio úmido de Cambridge, suspirando de saudades de seu aquecedor alemão que ficara em Estrasburgo.³⁶ Se Bucer não conseguiu alcançar a união entre luteranos e sacramentalistas pela qual tanto lutara, ao menos deixou uma herança duradoura na formação da Igreja anglicana.

Quanto a Karlstadt, o velho adversário de Lutero, nenhuma igreja o celebra como fundador e dele restou apenas uma imagem numa tosca xilogravura. Mas sua influência perdurou, tanto na tradição sacramentalista suíça quanto no anabatismo, dentro do qual se desenvolveu uma atitude cética perante o poder secular, inspirada pela antiga atitude mística da *Gelassenheit* adotada e aprofundada por ele, bem como numa tradição separatista de devoção e entrega ao martírio. Com efeito, na primeira metade do século XVII, as novas agitações religiosas que originariam o pietismo começaram a recuperar elementos religiosos que haviam se perdido na teologia madura de Lutero. Houve uma retomada da *Theologia deutsch* e das obras místicas de Johannes Tauler, e em 1605 os tratados de Staupitz sobre o amor de Deus foram reeditados por Johann Arndt, um dos principais líderes pietistas.³⁷ A tradição espiritual que Lutero comungara com sua mãe — e que fora tão importante para Karlstadt — foi redescoberta e voltou a fazer parte da vida devocional luterana, mesmo que o próprio Karlstadt nunca tenha sido reabilitado.

Nos anos subsequentes à morte de Lutero, começou-se a formar uma cultura luterana. Ao ser relembrado no púlpito e no prelo, as imagens do reformador continuaram a ser tão importantes quanto tinham sido durante sua vida. Os hinos luteranos eram impressos com um retrato seu de corpo inteiro na página de rosto, como inequívoca representação da verdade. A oficina de Cranach pintou retratos de Lutero em tamanho natural (e também em tamanho maior), criando a nova iconografia de um indivíduo que não era um santo, mas que tinha sua presença física evocada por essas imagens realistas. Também estavam disponíveis em xilogravuras, que podiam ser montadas num conjunto de onze folhas que formavam uma estampa em tamanho natural, inclusive com uma "moldura" impressa, a preço bem barato. Toda igreja luterana agora tinha de ter seu retrato de Lutero: às vezes, era um retrato duplo, trazendo também o do reformador evangélico local, que assim mostrava sua adesão à "marca" luterana. Os volumes das obras de Lutero que agora saíam dos prelos traziam na página de rosto uma imagem do eleitor num dos lados, a de Lutero no outro e um crucifixo no meio, criando uma distância deliberada entre o reformador e Karlstadt e os iconófobos zwinglianos. Também vinculava a verdade do luteranismo à identidade política da Saxônia: o homem que clamara pela reforma de toda a cristandade inspirou um culto patriótico local.

Mais designer do que artista, Cranach criou um estilo visual duradouro para a arte luterana, mudando para sempre o ambiente das igrejas. Seus altares popularizaram novas iconografias que substituíam as imagens dos santos, como Jesus abençoando as crianças ou representações visuais de doutrinas teológicas como a lei e o Evangelho, e ele desenvolveu um estilo didático combinando palavras e imagens. Formou-se toda uma cultura de objetos luteranos, desde medalhas de Lutero a canecos de cerveja feitos de argila, mostrando o papa como Anticristo ou troçando de monges barrigudos. A retórica apocalíptica de Lutero passara a integrar os novos bens de consumo material de uma próspera classe média luterana.[38]

Lutero era excelente autor de hinos e, ao incluir cânticos na liturgia, envolvendo toda a congregação — homens, mulheres e crianças —, ele transformou o papel da música na religião. As melodias dos hinos se tornaram parte da cultura musical alemã e estão presentes na música de Bach. Os Corais de Bach, porém, nivelaram seus ritmos de dança, criando um estilo sombrio e contido; os hinos de Lutero nada tinham de melancólico, longe disso.[39] Na *Paixão de são João* e na *Paixão de são Mateus*, que se baseavam maciçamente na tradição da música luterana, Bach dramatizou a morte de Cristo num registro altamente emotivo. Na *Paixão de são Mateus*, a linha melódica de base não poupa o ouvinte dos cruéis gritos dos judeus, bradando "*Lass ihn kreuzigen*" [Que o crucifiquem], ao que se seguem profundas reflexões pessoais sobre

74. Lucas Cranach, o Velho, Jesus abençoando as crianças, 1538.

o sofrimento de Cristo; pode ser difícil aceitar esse antissemitismo implícito na música gloriosa. Todavia, a herança de Bach moldou a música germânica por séculos a fio, e compositores como Mozart, Beethoven e Mendelssohn também foram buscar inspiração nesse músico profundamente luterano.

O luteranismo também estava no pano de fundo da maior obra literária do século XVI: a história do dr. Fausto, o erudito que vendeu a alma ao Demônio. *Dr. Fausto* havia circulado como narrativa folclórica, mas na versão impressa de 1587 ele aparecia solidamente situado em Wittenberg — e havia também paralelos com a vida real. Em 1538, quando Valerius Glockner, um estudante indócil de Wittenberg, confessara ter feito um pacto com o Demônio, Lutero o persuadiu a renegar Satã, salvando-o de um processo secular que poderia resultar em sua condenação à morte.[40] O Fausto literário, porém, não escapava ao Demônio, e a obra dava violentas estocadas no papa e no clero católico, ilustrando a mescla de agressão antipapal e o fervor devocional que vinha se tornando marca do legado de Lutero. Na Inglaterra, cinco anos depois do lançamento do *Faustbuch*, Marlowe pegou a história e a transformou numa dilacerante tragédia. Nas mãos de Goethe, a obra se tornaria o clássico da literatura alemã, como metáfora da luta iluminista que ultrapassava totalmente suas origens religiosas. É impossível conceber a cultura alemã sem o luteranismo, e suas ressonâncias permeiam todos os tipos de criação artística até a atualidade.

A mensagem de Lutero tocou pessoas de todos os níveis sociais e mudou a vida delas para sempre. Bastam três exemplos para dar uma ideia de como ele inspirou indivíduos muito diferentes entre si. Albrecht Dürer, o grande artista da Alemanha, nunca encontrou pessoalmente Lutero, mas sonhava em pintar "o homem pio". Quando Lutero desapareceu das vistas públicas após a Dieta de Worms, Dürer acompanhava ansiosamente todos os rumores, convencido de que ele fora assassinado por servidores do papa.[41] Mas como Lutero transformou o credo de Dürer?

Em 1500, Dürer pintou um autorretrato extraordinário. Olhava diretamente para o espectador, com seus belos cachos ocupando o espaço visual. Com 28 anos, idade que era tida de suma perfeição, ele aparecia numa pose lembrando a de Cristo, e o casaco de peles era a única sugestão de que se tratava de alguém do século XVI. Essa pintura emanava uma religiosidade inteiramente derivada dos ideais da imitação de Cristo, da espiritualidade que permeava os sermões de Staupitz e dos laços fraternos que uniam seus seguidores em Nuremberg.

Onze anos depois, Dürer voltou a se incluir em outro quadro fundamental, o Altar de Todos os Santos para a capela de Landauer em Nuremberg. Essa pintura até hoje resiste a uma interpretação definitiva. Ela mostra os santos, tendo à frente Santo Agostinho, e abaixo deles paira outro grupo celestial de representantes de todas as ordens sociais, de imperadores a camponeses. Dürer está presente na pintura como uma figura pequenina na relva, embaixo, com uma cártula anunciando que era ele o pintor. Está sozinho observando a Nova Jerusalém e as hostes celestiais, às quais a comunidade cristã se une por meio da oração. O retábulo sintetizava a vida devocional da velha Igreja — a Igreja das indulgências, das obras e das orações por terceiros — e foi pintado para uma capela onde se rezavam incessantes missas pelos mortos. Era precisamente o tipo de devoção a que a Reforma de Lutero poria fim.

O quadro dos quatro apóstolos, que Dürer terminou em 1528, ano de sua morte, emanava uma espiritualidade totalmente distinta. João e Marcos são blocos de cor, cuja solidez transmite a autoridade da Escritura. Dürer

75. Lucas Cranach, o Velho, A lei e a graça, 1529.

incorporou à pintura citações da Bíblia em alemão de 1522, traduzida por Lutero. Também decidiu não apresentar os quatro evangelistas costumeiros, substituindo Mateus e Lucas por Pedro, que encarna a Igreja, e Paulo, cujos escritos eram essenciais para o pensamento de Lutero. Essa era a religião da Bíblia luterana. A pintura não ficou numa igreja, sendo que Dürer a doou ao conselho municipal de Nuremberg, como homenagem a uma das primeiras cidades a terem introduzido a Reforma, em 1524.

Tal como os camponeses, Dürer usava a palavra "liberdade" para sintetizar a mensagem de Lutero. Tinha a esperança de um futuro em que todos, "turcos, pagãos e calicutes [indianos] possam vir a nós". Considerava Lutero como pregador de uma "doutrina clara e transparente", que ajudava as pessoas a se tornarem "cristãos livres". Mas Dürer não parecia dar tanta importância ao conceito correspondente da absoluta pecaminosidade do homem; e, enquanto Lutero tinha um olhar mais local, louvando os compatriotas alemães acima dos detestados italianos, Dürer era um cidadão de Nuremberg, aberto ao comércio e ao intercâmbio mundial, consciente de tudo o que aprendera durante seus anos nas oficinas da Itália. Também colecionava objetos de todo o mundo — penas, armas, "cocos indígenas e um pedaço de coral muito bonito", curiosidades das mais variadas espécies que foram integradas a suas criações artísticas.[42] Lutero, inversamente, quase nunca mencionava a África, a Índia ou o Novo Mundo, nem nos textos, nem nas conversas. Via a Reforma como a luta dos verdadeiros cristãos contra o papa e o Demônio, ao passo que, para Dürer, ela significava a futura unificação de todas as religiões e povos do mundo, num só conjunto pacífico.

Para Johann Eberlin von Günzburg, monge franciscano do Sul da Alemanha, a mensagem central de Lutero estava em sua investida contra o monasticismo. Seus três heróis eram Erasmo, Lutero e Karlstadt, o trio que combatia monges e padres. Convencido de que a liberdade evangélica devia significar a libertação social, ele imaginou uma terra fictícia, a Wolfaria, onde haveria justiça social e socorro a todos os desvalidos. Günzburg escreveu uma série de ensaios em apoio à Reforma, sendo o mais famoso *Os quinze confederados*, em que quinze personagens de várias condições sociais explicavam por que davam apoio a Lutero. Ao tratar do monasticismo, o texto de Günzburg mostra uma percepção extraordinária: provavelmente foi confessor num convento. Ia muito além da mera insistência de Lutero de que as freiras eram seres sexuados sujeitos ao desejo, apresentando um diagnóstico da vida infeliz e da espiritualidade distorcida que via nas freiras. Era a insegurança dos monges, segundo ele, que abalava as capacidades intelectuais e devocionais das freiras:

> pois monges grosseiros, incultos, néscios são designados para os conventos; é-lhes penoso que as freiras saibam mais do que eles, e assim não toleram as que são mais instruídas do que eles mesmos. Justificam isso alegando o pretexto de que o estudo não é apropriado para as freiras, de que coloca obstáculos no caminho da humildade, da devoção e assim por diante.

Como Lutero, ele pensava que os conventos apenas deformavam os desejos e o desenvolvimento das jovens. Também entendia a dificuldade das relações numa instituição fechada: "Se ela tem uma madre superiora ou uma abadessa vingativas, ou se irrita uma irmã especialmente amada pelas superioras, nunca terá paz nem descanso".[43]

Por algum tempo, empolgado com o potencial radical da Reforma, Günzburg foi apoiador de Karlstadt, mas sem perder a admiração original por Lutero. Essa sua empolgação o atraiu a Wittenberg, onde passou os anos de 1522 e 1523, e no final retornou ao aprisco luterano. Acabou por obter um cargo com o duque de Wertheim, primeiro pregando no pequeno vilarejo de Remlingen e depois na própria Wertheim. Perdeu o cargo com a morte do duque em 1530, e seus anos posteriores foram difíceis. Com a saúde fraca, passou o final da vida como pastor na pequena paróquia de Leutershausen, atolado em controvérsias; morreu em 1533.

Günzburg, que podia esperar passar a vida num mosteiro, com todas as suas necessidades físicas atendidas, acabou se tornando ensaísta, viajante, pai e evangélico convicto. Para ele, a Reforma significava a emancipação dos monges, a libertação das freiras da tirania e de uma sexualidade pervertida, e a possibilidade de um mundo novo de justiça social. Lutero era um herói que inspirou e transformou sua vida.

Argula von Grumbach, nobre laica de Ingolstadt casada com um cavaleiro e mãe de quatro filhos, também teve sua vida inteiramente transformada pela mensagem de Lutero. No começo dos anos 1520, devorou os textos dele e leu sua tradução do Novo Testamento. Quando a universidade em Ingolstadt, em 1523, iniciou um processo interno contra um estudante luterano, ela ficou indignada e decidiu abraçar sua causa. Escreveu uma carta em favor do rapaz e mandou publicá-la.[44] Foi um sucesso instantâneo, com catorze edições em apenas dois meses, e lhe trouxe fama. Suas convicções lhe deram coragem para vencer todas as expectativas da época sobre o que uma mulher podia ou não fazer. Correspondeu-se com o próprio Lutero e chegou a encontrá-lo em 1530, no castelo em Coburgo.

Foi, sem dúvida, sua posição social como integrante da família Staufen, da nobreza, que lhe permitiu travar amizade com Lutero — ela pertencia ao grupo social que Lutero sempre cultivara. O mundo de igualdade intelectual entre homens e mulheres, que Argula von Grumbach ousara imaginar, não se concretizou. Foi ridicularizada pela universidade e escarnecida por homens que julgavam sua conduta e suas ações impróprias para uma mulher. Seu marido sofreu pressões para controlá-la. Argula parou de publicar em 1524, e sua última obra foi um poema em que defendia sua posição de esposa e mãe contra um poema calunioso de um de seus antagonistas, o qual dizia que ela "esqueceu todo o recato feminino". "O próprio Paulo", bradava o crítico, dissera que "você não deve debater, mas cuidar de casa e manter o silêncio na igreja. Olhe aqui, minha cara Sibila, você é como um animal selvagem impudente e se julga tão inteligente que quer interpretar por si mesma a Sagrada Escritura."[45] Ainda que não se intimidasse facilmente, o ambiente cada vez mais conservador após a derrota dos camponeses em 1525 era hostil a mulheres como ela. Manteve-se uma piedosa mãe e esposa luterana, mas a nova religião não lhe oferecia nenhum papel de pastora, autora ou autoridade religiosa.

Albrecht Dürer, Johann Eberlin von Günzburg e Argula von Grumbach representam os vários milhares de homens e mulheres que tiveram a vida transformada pelas ideias de Lutero. Cada qual entendeu a mensagem de maneira diferente. Para Dürer, era uma perspectiva da união geral das religiões; para Günzburg, uma nova ordem social; para Grumbach, uma questão de justiça e igualdade. Fazia parte do talento de Lutero ser capaz de exercer atração em todos eles e que cada qual extraísse de suas palavras coisas diversas. Foram tão profundamente tocados pelas ideias evangélicas e pela pessoa de Lutero que fizeram coisas que, do contrário, nem sequer teriam sonhado, e subverteram as expectativas da formação que haviam recebido.

À época de sua morte, Lutero já realizara uma cisão definitiva na Igreja. Havia instituído uma nova Igreja, alinhada com as autoridades seculares, da qual o monasticismo fora excluído. Com a possibilidade de casamento, um novo clero criava dinastias de pastores protestantes que iriam dominar a cultura intelectual da Alemanha nos séculos futuros. O monge tímido se erguera contra as forças do papa, da Igreja e do império e inspirara outras pessoas com uma mensagem de "liberdade", inclusive camponeses que arriscaram tudo ao se rebelar contra seus senhores feudais.

O legado político de Lutero teve dois lados. A teoria que ele desenvolvera em 1523, no ensaio *Da autoridade secular*, estabelecia uma diferença entre o reino deste mundo e o reino de Deus, o que lhe permitia sustentar que o papa não devia deter nenhum poder temporal. Mas, como o poder dos príncipes pertencia a este mundo, os cristãos deviam obedecer a eles, enquanto era dever do governante impedir que os ímpios atacassem seus súditos. Lutero se ateve a essa nítida distinção durante toda a vida. Mas, devido a ela, ficava sem bases concretas para apresentar o que o Estado poderia fazer e como poderia ajudar seus cidadãos, e tampouco tinha como abordar uma situação em que um súdito ou um dirigente cristão precisasse resistir a uma autoridade superior. Quando se viu finalmente obrigado pela formação da Liga de Schmalkalden a considerar a hipótese de uma resistência ao imperador, Lutero renunciou a essa responsabilidade e deixou o assunto a cargo da decisão dos juristas, passando por fim para uma posição em que aceitava tacitamente os argumentos em favor da resistência.[46] Ao mesmo tempo, porém, ele próprio mostrava sistemático desrespeito pelos príncipes, citando-os ao lado dos carrascos e dos maceiros, e não perdia ocasião de brindar seus desafetos com eloquentes insultos. O homem que condenava a sedição e insistia na obediência aos príncipes acreditava em sua autoridade pessoal de profeta e esbravejava em paralelo contra os dirigentes.

A realização mais permanente de Lutero talvez tenha sido a Bíblia em alemão. Depois da tradução febril do Novo Testamento em 1522, ele trabalhou junto com outros colegas para a Bíblia completa de 1534, memoravelmente ilustrada por Cranach.[47] Sua prosa moldou a língua alemã, criando o vernáculo moderno que conhecemos,[48] mas não só. Cada livro bíblico trazia como prefácio uma breve exegese introdutória, de grande clareza, de forma que o leitor chegava ao texto tal como Lutero o entendia. E, como a autoria do prefácio não vinha claramente indicada, sua explanação não se distinguia da Escritura.

Lutero sempre sustentou que a Palavra de Deus era absolutamente clara e não precisava de interpretação, evitando assim a questão que seus primeiros adversários haviam levantado: como decidir entre diferentes interpretações das passagens bíblicas? Nesse caso, o guia não deveria ser a tradição da Igreja? Devido a essa sua convicção de que a Palavra de Deus era clara, as pessoas comuns, tanto na época quanto nos séculos posteriores, viam-se incentivadas a ler a Bíblia por si mesmas — mesmo que Lutero nem sempre concordasse com o que extraíam dela. Ao mesmo tempo, sua insistência em alinhar sua autoridade pessoal pela Palavra de Deus ajudou a criar uma igreja de pastores com formação teológica, acadêmicos cuja autoridade se baseava no domínio intelectual da religião, que demonstravam em seus sermões.

No centro da teologia de Lutero estava a ênfase de que Cristo se fazia realmente presente no pão e no vinho da eucaristia. Esse é um aspecto de seu pensamento difícil de entender nos dias de hoje, e é aí que se afigura maior a distância que há entre nosso mundo e o dele. Neste livro, tentei mostrar por que essa questão era importante.

A herança teológica de Lutero consiste numa concepção da natureza humana que escapava à separação entre carne e espírito que perseguiu uma enorme parte da história do cristianismo, gerando profunda desconfiança da sexualidade e um inflexível moralismo. Não com Lutero: ele podia ser tudo, mas desmancha-prazeres não era. Considerava a sexualidade pecaminosa, mas apenas na medida em que todas as nossas ações são pecaminosas, e essa perspectiva lhe permitiu adotar uma abordagem notavelmente positiva do corpo e da experiência física.

Sua religiosidade nada tinha de adocicada. Sua relação com Deus não era a de um fiel alegremente confiante de ter sido "salvo": era uma relação que ele extraía a duras penas de suas *Anfechtungen* e mobilizava todas as suas energias intelectuais e emocionais. Rezava várias horas por dia, conversando com Deus, mas isso nunca lhe deu qualquer garantia satisfatória: para Lutero, a dúvida sempre acompanhava a fé. Melâncton contava que certa vez, durante um debate, Lutero de repente se sentiu inseguro, sem saber se tinha razão, e deixou a sala, lançou-se à cama e rezou.[49] Não era o comportamento que se esperaria de um professor universitário: estava profundamente envolvido no assunto em discussão e se sentiu abalado ao extremo à ideia de que podia estar errado. Essa sua extraordinária abertura, a franca disposição de expor tudo e sua capacidade de aceitar a graça de Deus como uma dádiva imerecida são suas características mais atraentes.

Apesar disso, Lutero é uma figura difícil. Seus escritos às vezes transbordam de ódio e sua preferência pela retórica e pelo humor coprológicos não agrada ao gosto moderno. Podia ser autoritário, impositivo, arrogante; suas atitudes dominadoras sombrearam a vida dos filhos e afastaram muitos seguidores. A mania intransigente de demonizar os oponentes não se resumia a um defeito psicológico, pois levou a uma cisão muito precoce do protestantismo, enfraquecendo-o de maneira permanente e levando a séculos de guerras. Seu antissemitismo era mais visceral do que o de muitos contemporâneos, e também era intrínseco à sua religiosidade e a seu entendimento da relação entre o Antigo e o Novo Testamentos: não é possível justificá-lo como um preconceito de época. Seu maior dom intelectual era a capacidade de simplificar, de chegar ao cerne de uma questão — mas isso também lhe criava dificuldades para transigir ou enxergar nuances. E, no entanto, somente alguém com absoluta incapacidade de enxergar o ponto de vista de qualquer outra pessoa poderia ter a coragem de enfrentar o papado, de agir como um "cavalo bitolado", sem ver à direita nem à esquerda, mas seguindo em frente, inabalável, quaisquer que fossem as consequências. E somente alguém com senso de humor, com um obstinado pragmatismo e uma admirável capacidade de conquistar a mais profunda lealdade de outras pessoas conseguiria evitar o martírio, que pesava ali como uma ameaça.

Muitas vezes louva-se a Reforma, como arauto que teria anunciado a chegada da modernidade, a liberdade do indivíduo ou, por outro lado, o desenvolvimento de um mundo confessional que ligava a identidade religiosa à identidade política. Espero ter mostrado que nenhuma dessas noções faz jus a Lutero ou ao movimento a que ele deu início. Lutero não era "moderno", e somente se avaliarmos seu pensamento em seus próprios termos, muitas vezes incômodos e estranhos a nós, é que poderemos ver o que teria a nos oferecer atualmente. O que Lutero entendia por "liberdade" ou "consciência" não é o que entendemos hoje. Não tinha nada a ver com a ideia de deixar as pessoas seguirem sua própria consciência; significava nossa capacidade de conhecer *com* Deus, um conhecimento que ele acreditava ser uma verdade objetiva. Lutero dividiu a Igreja, prenunciando assim a era das múltiplas denominações religiosas, mas sempre foi um pensador independente, que não acreditava em seguir regras nem em criar tribunais para impor a moralidade. Foi um homem que sempre conservou uma desconfiança saudável da Razão, "a meretriz".

Agradecimentos

Qualquer livro que leva mais de dez anos para ser escrito contrai inúmeras dívidas com outros estudiosos, instituições e amigos. Este livro não é trabalho só meu, sem dúvida, e minha primeira dívida é com os estudantes que, ao longo dos anos, têm feito o curso especial sobre Lutero em Oxford, comentando seus escritos com grande perspicácia. A oficina informal de Oxford sobre os inícios da modernidade também contribuiu com seu apoio intelectual e me ajudou várias vezes a formular meus argumentos.

Muitas instituições me apoiaram durante a pesquisa e a redação do livro. Em 2006-7, a bolsa de extensão Alexander von Humboldt me permitiu pesquisar em arquivos e bibliotecas; graças ao apoio de Gisela Bock, Jürgen Kocka e Claudia Ulbrich, fui professora visitante na Freie Universität, de Berlim. Uma licença da Universidade de Oxford me permitiu realizar a pesquisa e terminar a redação do texto, e agradeço a Lesley Abrams, Martin Conway e Simon Skinner, meus colegas no Balliol College, que me possibilitaram me afastar por algum tempo. Graças ao prêmio de Desenvolvimento de Pesquisas da Academia Britânica, pude ter um período de tempo concentrado para o livro, sem o qual não conseguiria escrevê-lo. As verbas do Fell Fund de Oxford me permitiram ter assistentes de pesquisa. O Oriel College e a Faculdade de História ofereceram um ambiente acolhedor e estimulante para eu concluir o livro. Um convite para dar as Wiles Lectures na Universidade de Belfast, em 2014, me ofereceu uma rara oportunidade de expor ideias a um grupo de acadêmicos realmente notáveis durante três dias intensos. Agradeço aos Wiles Trustees, em particular a Gadi Algazi, Scott Dixon, Renate Dürr, Peter Gray, Joel Harrington, Bridget Heal, Kat Hill, Colin Kidd, Charlotte Methuen, Steve Smith, Jenny Spinks, Ulrike Strasser e Alex Walsham, bem como ao público ouvinte em Belfast.

As equipes dos vários arquivos, museus, galerias de arte e bibliotecas foram sempre gentis e solícitas. Em primeiro lugar, quero agradecer à equipe da Bodleian Library de Oxford e à bibliotecária de história, Isabel Holowaty; à Biblioteca Britânica; ao Stadtarchiv de Wittenberg e seus pesquisadores, em especial Hans-Jochen Seidel, que me mostrou Wittenberg; ao Lutherhall de Wittenberg, em particular a Jutta Strehle, que me conduziu pelo Bildersammlung, a Gabi Protzmann e Petra Wittig; à Evangelisches Predigerseminar Wittenberg Bibliothek; ao Thüringisches Hauptstaatsarchiv de Weimar; à Staatsbibliothek zu Berlin-Preussischer Kulturbesitz; ao Landesdenkmalamt de Halle; à Marienbibliothek de Halle; ao Stadtarchiv de Eisleben; ao Stadtarchiv de Eisenach; a Frau Günzel e Frau Kaiser do castelo de Mansfeld; aos Landesarchiv de Sachsen-Anhalt, Abteilung de Magdeburgo e Standort de Magdeburgo; ao Landesarchiv de Sachsen-Anhalt, Standort de Wernigerode, em particular a Susan Schulze; à Landesbibliothek de Coburgo; à Forschungsbibliothek de Gotha e à Herzog August Bibliothek de Wolfenbäauttel. Nenhum estudioso pode trabalhar com materiais alemães do século XVI sem o extraordinário "VD 16" e o auxílio da Bayerische Staatsbibliothek de Munique.

Juliane Kerkhecker trabalhou generosamente comigo no latim de Lutero, e muitas de suas percepções estão presentes neste livro. Christian Preusse, Melinda Letts, Floris Verhaart, Edmund Wareham, Martin Christ, Mikey Pears e Raquel Candelas prestaram uma assistência inestimável durante a pesquisa; Candice Saunders garantiu que tudo funcionasse, além de colaborar com seu talento instintivo. Nadja Pentzlin se revelou uma localizadora e organizadora de imagens fantástica.

O público muitas vezes me ajudou a dar forma a minhas ideias, e agradeço a todos, bem como a pessoas específicas, entre elas Mette Ahlefeldt-Laurvig, Sarah Apetrei, Charlotte Appel, Wolfgang Behringer, Paul Betts, Sue Bottigheimer, Patrick Cane, Charles Colville, Natalie Zemon Davis, Martin Donnelly, Michael Drolet, Liz Fidlon, Etienne François, Laura Gowing, Rebekka Habermas, Adalbert Hepp, Michael Hunter, Susan Karant-Nunn, Thomas

Kaufmann, Simone Laqua, Volker Leppin, Peter Macardle, Jan Machielsen, Hans Medick, Erik Midelfort, Hannah Murphy, Johannes Paulmann, Glyn Redworth, Tom Robisheaux, Ailsa Roper, Cath Roper, Miri Rubin, Alex Shepard, Philip Soergel, Hubert Stadler, Andreas Stahl, Willibald Steinmetz, Naomi Tadmor, Barbara Taylor, Bernd Weisbrod, Chris Wickham, Merry Wiesner, Tim Wilson, Sylvie Zannier e Charles Zika, todos deram contribuições que estão presentes neste livro.

Muitos amigos leram rascunhos inteiros, alguns inclusive quando o livro ainda estava numa fase muito inicial, debateram generosamente as ideias e fizeram inúmeras sugestões. Gostaria de agradecer em especial a Alison Light, que passou muitas horas discutindo Lutero comigo; Daniel Pick, que me ajudou a pensar sobre o caráter de Lutero em termos psicanalíticos; Kat Hill, que pensou este livro junto comigo desde o começo; Alex Walsham, que me fez persistir quando perdi a confiança no projeto; Barbara Taylor, que ajudou a elaborar a introdução; e a Gadi Algazi, com quem aprendi imensamente. Todos leram e comentaram extensamente o livro, bem como Simon Ponsonby, que me levou a repensar várias interpretações minhas; Rosi Bartlett, que me motivou a pensar de outra maneira sobre *os locais* onde as coisas aconteceram; meu irmão Mike Roper, que viu o que o livro precisava fazer e não me deixou parar; meu pai Stan Roper, a quem o dedico; e Ulinka Rublack, cujo trabalho influencia o meu faz muitos e muitos anos. Incorporei a maioria das sugestões de todos eles, mas, evidentemente, não são responsáveis por erros meus.

Jörgen Hensgen foi um editor fantástico, detectando incansavelmente todos os pontos fracos no livro, "suavizando os baques", como diz ele, e discutindo minhas interpretações: foi uma imensa sorte ter um editor formado em teologia luterana. David Milner, na preparação, teve um olho de lince, salvando-me de muitos erros crassos, e Anthony Hippisley foi um excelente revisor. Agradeço à minha maravilhosa editora americana, Molly Turpin, e ao seu time na Random House, e ao excelente preparador de texto Thomas Pitoniak e ao editor de produção Steve Messina. Clare Alexander é muito mais do que uma agente: deu-me apoio, protegeu-me e garantiu que o livro fosse concluído. Agradeço também a Sally Riley, que faz muito mais do que cuidar dos direitos estrangeiros.

Nick Stargardt foi quem sugeriu que eu escrevesse o livro e me deu a coragem para isso; leu uma versão inicial e discutiu muitas das ideias que lhe deram forma. Iain Pears foi generoso ao fazer a leitura editorial de todo o manuscrito, não só uma, mas duas vezes, e me prestou auxílio e apoio sempre que precisei. Ruth Harris leu o primeiro rascunho e me incutiu confiança no projeto desde o começo; leu os vários rascunhos e me amparou na difícil tarefa de chegar à versão final. Tenho sorte de contar com uma amiga assim e não teria conseguido sem ela. Meu enteado Anand Narsey me fez perceber por que é importante entender as tradições religiosas, e meu filho Sam me ensinou o que é relevante na vida.

Oxford
10 de janeiro de 2016

Notas

ABREVIATURAS

CA: Confessio Augustana. In: *Die Bekenntnisschriften der evangelisch-lutherischen Kirche*, 7. ed. Göttingen, 1976.
HSA: Weimar EGA Thüringisches Hauptstaatsarchiv Weimar, Ernestinisches Gesamtarchiv.
LHASA: Landeshauptarchiv Sachsen-Anhalt.
LW: *Luther's Works*, Filadélfia, 1957-.
RTA: *Reichstagsakten, Jüngere Reihe — Deutsche Reichstagsakten unter Kaiser Karl V.*, 23 v., Gotha, 1893-.
StadtA Witt: Stadtarchiv Wittenberg.
VD 16: Verzeichnis der im deutschen Sprachbereich erschienenen Drucke des 16. und 17. Jahrhunderts.
Walch: Johann Georg Walch, *Dr. Martin Luthers Sämmtliche Schriften*, St. Louis, 1880-1910 (versão revista da edição de Halle, 1740-53).
WB: *D. Martin Luthers Werke: Kritische Gesamtausgabe*, Briefe, 18 v.
WDB: *D. Martin Luthers Werke: Kritische Gesamtausgabe*, Deutsche Bibel, 15 v.
WS: *D. Martin Luthers Werke: Kritische Gesamtausgabe*, Schriften, 72 v., Weimar, 1903.
WT: *D. Martin Luthers Werke: Kritische Gesamtausgabe*, Tischreden, 6 v.

INTRODUÇÃO [pp. 9-24]

1. Ele brindou a isso em 1º de novembro de 1527, fato que levou pelo menos um estudioso a sustentar que as teses foram afixadas no Dia de Todos os Santos, e não na véspera. Hans Volz, *Thesenanschlag*. Veimar: Böhlau, 1959, pp. 38-9; WB 4, 1164, 1 nov. 1527; Elizabeth Vandiver, Ralph Keen e Thomas D. Frazel (orgs. e trads.), *Luther's Lives*. Manchester: Manchester University Press, 2002, p. 22.

2. Erwin Iserloh, *Luters Thesenanschlag*. Wiesbaden: Steiner, 1962. Martin Treu renovou o debate ao descobrir, em 2007, uma anotação com a caligrafia de Georg Rörer, assistente de Lutero, na margem de uma Bíblia usada por Lutero e guardada na biblioteca da Universidade de Iena. A nota dizia que, na véspera da celebração de Todos os Santos, o dr. Martinho Lutero pregou teses sobre as indulgências nas portas de igrejas de Wittenberg. A descoberta foi importante porque, além dela, o único registro sobre a divulgação das teses era o de Melâncton, que ainda não estava em Wittenberg e, portanto, não poderia ter testemunhado o fato. Para um excelente resumo da discussão, ver Joachim Ott e Martin Treu, *Luthers Thesenanschlag*. Leipzig: Evangelische, 2008

3. A menção de Rörer, embora corrobore a declaração de Melâncton, não é prova cabal da afixação das teses, visto que nem ele estava em Wittenberg, e sua anotação só foi escrita anos depois. No entanto, há boas razões para crer que as teses não só foram enviadas, mas também afixadas na porta da igreja. Melâncton, além de mencionar o fato em seu prefácio às obras completas de Lutero, descreve-o em detalhes num sermão de 1557. Johannes Mathesius, em sua biografia de Lutero publicada em 1565, também afirma que as teses foram divulgadas na igreja do castelo em 31 de outubro, acrescentando que foram impressas: Mathesius, *Historien*, p. 28. Essa discussão é, sob muitos aspectos, um exemplo interessante de ceticismo radical sobre fatos que simplesmente supomos ser verdadeiros.

4. Daniel Juette, "Schwang Luther 1517 tatsächlich den Hammer?", *Frankfurter Allgemeine Zeitung*, 3, 18 jun. 2014; talvez tenha-se usado cera, em vez de cola.

5. Cartas de LW, I, 43-9; WB 1, 48, 31 out. 1517, 112: 57-8.

6. Otto Scheel, *Martin Luther*. Tübingen, 1917, 2 v, p. 155 (Johannes Cochlaeus); WT 2, 2800b.

7. A gráfica usada normalmente por Lutero, Rhau-Grunenberg, ficava perto, numa esquina em Wittenberg, embora seja possível que ela estivesse com problemas na ocasião, de modo que outra tipografia, talvez em Leipzig, tenha sido utilizada. Ver também Hans Volz, op. cit.

8. Cf. Hans Volz, op. cit., sobre as três edições remanescentes, de Leipzig, Nuremberg e Basileia. Uma delas foi numerada incorretamente, terminando em 87, enquanto outra foi simplesmente numerada em grupos de vinte. Só a edição da Basileia tem formato de folheto, um livreto in-oitavo, no qual as teses aparecem em algarismos romanos. Se essas edições restantes foram as únicas impressas, fica difícil explicar por que o texto de Lutero veio a ser conhecido com "Na Noventa e Cinco Teses".

9. WS 1, 233: 10-1. A edição americana das obras de Lutero traz "Quando Nosso Senhor e Mestre Jesus Cristo disse 'Arrependei-vos', quis ele que toda a vida dos crentes se tornasse uma vida de arrependimento", LW 31, 25, porém essa versão não expressa a ênfase das palavras.

10. Friedrich Myconius, *Geschichte der Reformation*. Gotha: Forschungsbibliothek, 1990, pp. 20-1; Hans Volz, op. cit., 72, n. 33. Essa história, entretanto, tem um quê de mitomania reformista: um monge como Lutero não teria grande responsabilidade pelas almas em Wittenberg.

11. Friedrich Myconius, *Geschichte der Reformation*. Gotha: Forschungsbibliothek, 1990, p. 15.

12. Peter Claus Hartmann, "Albrecht von Branderburg. Erzbischof und Kurfürst von Mainz, Erzbischof von Magdeburg und Administrator des Bistums Halberstadt", em Andreas Tacke (org.), *Der Kardinal Albrecht von Brandenburg*. Regensburg: Schnell und Steiner, 2006, pp. 10-3; Friedhelm Jürgensmeier, "Kardinal Albrecht von Brandenburg (1490-1545). Kurfürst, Erzbischof von Mainz und Magdeburg, Adminstrator von Halberstadt", em Andreas Tacke (org.), *Albrecht von Brandenburg*, pp. 22-41.

13. WB 3, 860, 4(?5) maio 1525, 482: 81-2.
14. Erik H. Erikson, *Young Man Luther*. Nova York: W. W. Norton, 1962; Erich Fromm, *The Fear of Freedom*. Londres: Routledge, 2001.
15. Ninguém menos que o historiador francês Lucien Febvre escreveu uma maravilhosa passagem escarnecendo a assunção: "Um luterano freudiano: é possível antever seu aspecto, e se um inabalável especialista em Lutero realmente viesse a se tornar tal figura, a gente não desejaria conhecê-la". Lucien Febvre, *Martin Luther*. Frankfurt: Campus, p. 46.
16. Ele cita os "gregos antigos" de propósito aqui; Elizabeth Vandiver, op. cit., p. 18; Melâncton, *Vita Lutheri*, fo. c 17r-v.
17. Heinz Schilling, *Martin Luther*. Munique: Beck, 2012
18. Uma exceção interessante é a Nuremberg luterana, onde havia uma intensa literatura americana.
19. Edith Eschenhagen, "Beiträge zur Sozial-und Wirtschaftsgeschichte", *Lutherjahrbuch*, v. 9, 1927.
20. Thomas Kaufman, "Theologisch-philosophische Rationalitat: Die Ehre der Hure. Zum vernünftigen Gottesgedanken in der Reformation", in Thomas Kaufmann (org.), *Der Anfang der Reformation*. Tübingen: Mohr Siebeck, 2012.

1. MANSFELD E A MINERAÇÃO [pp. 25-42]

1. WT 5, 6250, "*Ego sum rustici filius; proavus, avus meus, pater sein rechte pauren gewest*". Ele acrescenta "*Darnach ist mein vater gegen Mansfelt gezogen vnd doselbes ein bergkheuer worden*" [Depois meu pai foi para Mansfeld e se tornou mineiro lá].
2. O cronista Cyriacus Spangenberg fez uma rica descrição do ambiente, observando que muitos campos em Mansfeld haviam sido destruídos pela mineração. Também mencionou vastas quantidades de madeira e carvão usados nas minas: Spangenberg, *Mansfeldische Chronica*, parte 4, livro 1, 25, 27. Dieter Stievermann, "Sozialer Aufstieg um 1500: Hüttenmeister Hans Luther und sein Sohn Dr Martin Luther", em Rosemaire Knape (org.), *Martin Luther und der Bergbau*. Eisleben: Stiftung, 2000, p. 49; WB 11, 4157, 7 out. 1545, p. 189: nessa carta aos condes Philipp e Johann Georg de Mansfeld, Lutero assina como "E. G. jovem camponês disposto Martinus Luder D.".
3. Por exemplo, embora Johannes Mathesius, biógrafo de Lutero, mencione Mansfeld e a mineração e tenha escrito um capítulo final, que inicialmente era um "sermão da mineração" em que celebrava o vínculo de Lutero com essa atividade, os importantes escritos biográficos quinhentistas de Nikolau Selnecker nem sequer mencionam Mansfeld e a mineração. Günther Wartenberg, "Martin Luthers Kindheit, Jugend und erste Schulzeit in frühen biografischen Darstellungen des Reformators", em Rosemarie Knape (org.), *Martin Luther und Eisleben*. Leipzig: Evangelische, 2007, pp. 152-3; Johannes Mathesius, *Historien*. Leipzig: S. Lincke, 1806.
4. Sobre a mineração e a formação de Lutero, ver Michael Fessner, "Die Familie Luder und das Bergwerks- und Hüttenwesen in der Grafschaft Mansfeld und im Herzogtum Braunschweig--Wolfenbüttel"; e Andreas Stahl, "Baugeschichtliche Erkenntnisse zu Luthers Elternhaus in Mansfeld", em Rosemarie Knape (org.), *Martin Luther und Eisleben*. Leipzig: Evangelische, 2007; Ibid., *Martin Luther und der Bergbau*, Eisleben: Stiftung, 2000; Martin Treu, "[...] *von daher bin ich*";

Günter Jankowski (org.), *Zur Geschichte*, Clausthal-Zellerfeld, 1995; Heinrich Kramm, *Studien über die Oberschichten*, I, pp. 109-33, Colônia, 1981; Hanns Freydank, "Vater Luther der Hüttenmeister", em Hermann Etzrodt e Kurt Kronenberg (orgs.), *Das Eisleber Lutherbuch 1933*. Eisleben: Ernst Schneider, 1933; Hanns Freydank, *Martin Luther und der Bergbau*. Eisleben, 1939; Ekkehard Westermann, *Das Eislebener Garkupfer*. Viena, 1971; Walter Mück, *Der Mansfelder Kupferschieferbergbau*. Eisleben, 1910; Walter Möllenberg, *Urkundenbuch*. Halle, 1915.

5. Heinrich Kramm, *Studien über die Oberschichten*, I, sobre cobre, p. 111; Günther Wartenberg, "Martin Luthers Kindheit, Jugend und erste Schulzeit in frühen biografischen Darstellungen des Reformators", em Rosemarie Knape (org.), *Martin Luther und Eisleben*. Leipzig: Evangelische, 2007, pp. 36-7; Michael Fessner, "Das Montanwesen in der Grafschaft Mansfeld vom ausgehenden 15. bis zur zweiten Hälfte des 16. Jahrhunderts", em Angelika Westermann (org.), *Montanregion als Sozialregion*. Husum, 2012, p. 293: Mansfeld, Schwaz, localizada no Tirol, e Neusohl, localizada na parte baixa da Hungria, produziam juntas de 80% a 90% do cobre europeu no final do século XV.

6. WT 5, 5362, 95: 4. Embora, como observa Andreas Stahl, o biógrafo Johannes Mathesius tenha sido um dos poucos a entender, descrevendo sua criação em *Sarepta* de 1558 como filho de um proprietário de minas; Johannes Mathesius, *Sarepta*. Nuremberg, 1562; Andreas Stahl, "Baugeschichtliche Erkenntnisse zu Luthers Elternhaus in Mansfeld", em Rosemarie Knape (org.), *Martin Luther und Eisleben*. Leipzig: Evangelische, 2007, p. 356; sua biografia do reformador o apresenta como filho de um minerador bem-sucedido, *Historien*, pp. 5-6. Melâncton também minimizou a riqueza deles, enfatizando a devoção e o caráter da família; Melâncton, *Vita Lutheri*, pp. 9-10; ao passo que o próprio Lutero alimentou o mito, lembrando que sua mãe carregava lenha nas costas e descrevendo o pai como um minerador. Günther Wartenberg, "Martin Luthers Kindheit, Jugend und erste Schulzeit in frühen biografischen Darstellungen des Reformators", em Rosemarie Knape (org.), *Martin Luther und Eisleben*. Leipzig: Evangelische, 2007.

7. Rainer Slotta e Siegfried Müller, "Zum Bergbau auf Kupferschiefer im Mansfelder Land", em Rosemarie Knape (org.), *Martin Luther und der Bergbau*. Eisleben: Stiftung, 2000, p. 13.

8. Michael Fessner, "Die Familie Luder in Möhra und Mansfeld", em Harald Meller (org.), *Fundsache Luther*. Stuttgart: Theiss, 2008

9. Michael Fessner, "Die Familie Luder und das Bergwerks und Hüttenwesen in der Grafschaft Mansfeld und im Herzogtum Braunschweig-Wolfenbüttel", em Rosemarie Knape (org.), *Martin Luther und Eisleben*. Leipzig: Evangelische, 2007. Além disso, Andreas Stahl, no mesmo volume, e Michael Fessner ("Die Familie Luder in Möhra und Mansfeld", em Harald Meller (org.), *Fundsache Luther*, 2008) oferecem os melhores relatos da formação de Lutero.

10. Michael Fessner, "Die Familie Luder und das Bergwerks und Hüttenwesen in der Grafschaft Mansfeld und im Herzogtum Braunschweig-Wolfenbüttel", em Rosemarie Knape (org.), *Martin Luther und Eisleben*. Leipzig: Evangelische, 2007, p. 20: ele aparece dessa forma num documento oficial fortuito de 1491 e é indicado para 1502; mas os registros são incompletos. Provavelmente já ocupava o cargo algum tempo antes.

11. Cyriacus Spangenberg, *Mansfeldische Chronik*, v. 4, parte I. Naumburg, 2007, pp. 68-71.

12. Andreas Stahl, "Die Grafschaft", em Harald Meller (org.), *Luther in Mansfeld*, Halle, 2017, p. 14; Cyriacus Spangenberg, *Mansfeldische Chronik*, v. 4, parte I. Naumburg, 2007, p. 94: o incêndio ocorreu em 1496 ou 1498.

13. Johann Biering, *Historische Beschreibung*, Leipzig e Eisleben, 1734, pp. 147, 150-1.

14. Cyriacus Spangenberg, *Mansfeldische Chronik*, v. 4, parte I. Naumburg, 2007, pp. 68-71; Historische, *Commission für die Provinz Sachsen und das Herzogtum Anhalt, Bau- und Kunst- -Denkmäler der Provinz Sachsen*, v. 18; *Der Mansfelder Gebirgskreis*, pp. 147-64; Andreas Stahl, "Baugeschichtliche Erkenntnisse zu Luthers Elternhaus in Mansfeld", em Rosemarie Knape (org.), *Martin Luther und Eisleben*. Leipzig: Evangelische, 2007, p. 368; Siegfried Bräuer, "Die Stadt Mansfeld in der Chronik des Cyriakus Spangenberg", em Rosemarie Knape (org.), *Martin Luther und Eisleben* Leipzig: Evangelische, 2007; Otto Scheel, *Martin Luther*, I. Tübingen, 1917, pp. 4-5.

15. Cyriacus Spangenberg, *Mansfeldische Chronik*, v. 4, parte I. Naumburg, 2007, pp. 68-71. O original inclui um mapa esquemático de Mansfeld por volta de 1560, com números que indicam os proprietários de muitas das residências; ver Andreas Stahl, "Historische Bauforschung an Luthers Elternhaus. Archivalische Voruntersuchungen und erste Baubeobachtungen", em Harald Meller (org.), *Luther in Mansfeld*. Halle, 2007, p. 123; Andreas Stahl, "Baugeschichtliche Erkenntnisse zu Luthers Elternhaus in Mansfeld", em Rosemarie Knape (org.), *Martin Luther und Eisleben*. Leipzig: Evangelische, 2007, pp. 369-70.

16. O que sabemos sobre a casa sofreu alterações em pesquisas arqueológicas recentes feitas na propriedade. Em particular, ver Harald Meller, *Luther in Mansfeld* e *Fundsache Luther*, assim como a exposição de Halle em 2008-9.

17. Günther Wartenberg, "Die Mansfelder Grafen und der Bergbau", em Rosemarie Knape (org.), *Martin Luther und der Bergbau*. Eisleben: Stiftung, 2000, p. 34; Günter Jankowski, *Mansfeld Gebiet-Geschlecht-Geschichte*. Luxemburgo, 2005 No século XVI, quatro dos condes fizeram do castelo de Mansfeld sua residência, enquanto o conde Ernst residiu no castelo de Heldrungen; Krumhaar, *Versuch einer Geschichte*, 6; Günther Wartenberg, "Martin Luthers Kindheit, Jugend und erste Schulzeit in frühen biografischen Darstellungen des Reformators", em Rosemarie Knape (org.), *Martin Luther und Eisleben*. Leipzig: Evangelische, 2007.

18. Cyriacus Spangenberg, *Mansfeldische Chronica*, fo. 394 (r): esse foi o único de quatro volumes da obra que foi impresso no século XVI; Cyriacus Spangenberg, *Mansfeldische Chronik*, v. 4, parte I. Naumburg, 2007, p. 35. Ver também Karl Krumhaar, *Versuch*. Mansfeld, 1869, pp. 5-6.

19. Martin Treu, "[...] *von daher bin ich*", 33; Historische Commission für die Provinz Sachsen und das Herzogtum Anhalt, Beschreibende Darstellung der älteren Bau- und Kunstdenkmäler, v. 18, *Der Mansfelder Gebirgskreis*, pp. 116-47, 141. Os condes Albrecht IV e Gebhard VII foram alguns dos primeiros apoiadores da Reforma de Lutero, e é possível que o altar tenha sido feito por alguém do círculo de Cranach, talvez Christian Döring; o ladrão à direita de Cristo é aquele que foi salvo.

20. Hans-Jürgen Döhle, "Schwein, Geflügel und Fisch — bei Luthers zu Tisch", em Harald Meller (org.), *Luther in Mansfeld*. Halle, 2007. Sessenta por cento dos ossos achados na residência de Lutero eram de porcos, enquanto apenas 10% eram de origem bovina, fato incomum apontado por Döhle como indicação de que a família escolheu comer a carne considerada superior; a carne bovina era mais comum entre os mais pobres. Talvez a família tenha criado porcos de tempos em tempos. Há também ossos de ganso e outras aves; cerca de um terço dos ossos é de aves jovens, o que mostra que a família se alimentava de carne boa e macia. Ver também Michael Fessner, "Luthers Speisezettel. Die Versorgung der Grafschaft Mansfeld mit Lebensmitteln, Gütern und Waren", em Harald Meller (org.), *Fundsache Luther*. Stuttgart, 2008

21. Hans-Georg Stephan, "Keramische Funde aus Luthers Elternhaus", em Harald Meller (org.), *Luther in Mansfeld*: talvez a maior parte da cerâmica venha de Eisleben, onde havia ao menos uma

grande olaria, e data de cerca de 1500. Os fragmentos remanescentes são de pelo menos 250 ou mais de trezentos objetos de cerâmica, incluindo utensílios de cozinha. São objetos simples, pouco ornamentados, ainda sem o estilo e as cores renascentistas. Por outro lado, tampouco o tom cinza do barro, típico de meados do século xv, é dominante, o que sugere que se trata de uma família que não comprava de segunda mão. Hans-Georg Stephan, "Keramische Funde aus Luthers Elternhaus", e Bjoern Schlenker, "Archäologie am Elternhaus Martin Luthers", em Harald Meller (org.), *Luther in Mansfeld*. Halle, 2007.

22. LW 54, 8; WT 1, 55.

23. LHASA, MD, Rep. F4, cap. 19, Lambrecht Kegel e Hans Reinicke, 1516-8: ver, por exemplo, fólios 11-5.

24. Essas não são as únicas imagens que incluem mulheres. Ver Agricola, *De re metallica Libri XII*.

25. LHASA, MD, Rep. F4 Ak. n. 1 Berg e Handelsbuch, 1507-9, fo. 54 (v) lista quarenta ocorrências de *Hüttenmeister*, incluindo Hans Luder; Gürten Vogler, "Eisleben und Nürnberg zur Zeit Martin Luthers. Beziehungen zwischen zwei Wirtschaftspartnern", em Rosemarie Knape (org.), *Martin Luther und Eisleben*. Leipzig: Evangelische, 2007, p. 61: em 1536, o número caiu para quase metade, 21.

26. LHASA, MD, Rep. F4 Ak. n. 1 Berg e Handelsbuch, 1507-9, fos. 18 (r)-19 (v); 20 (v); 21 (r); 39 (v)-40; 58 (r). Ver também LHASA, MD, Rep. F4 Bc. n. 1, Beschwerden der Berg- und Hüttenleute wegen des Lohns, 1536, endereçada aos condes.

27. Walter Mück, *Der Mansfelder Kupferschieferbergbau*, v. 2. Eisleben, 1910 (*Beilage*, 37); nesse ano também houve queixas dos *Hüttenmeister* de que os mineradores tinham sido contratados e pagos, mas fugiram, mudando de senhor, v. 2, pp. 41, 115, 117-8, 120, 128, 130.

28. Ver, por exemplo, LHASA, MD, Rep. F4, Db. n. 1, Gerichtsbuch Hettstedt, *Beilage*, 1, fo. 63 (r) (1514).

29. LHASA, MD Rep. F4 Ak. n. 1 Berg und Handelsbuch, 1507-9, fos. 8 (v); 25 (v); 64 (v).

30. Ibid., fo. 57 (r-v): havia um decreto que proibia que assassinos condenados fossem empregados.

31. Cyriacus Spangenberg, *Mansfeldische Chronik*, v. 4, parte I. Naumburg, 2007, pp. 74-5.

32. Johann Biering, op. cit., p. 10.

33. Em 1517, os distritos de Eisleben e Mansfeld, juntamente com Seeburg e Bornstedt, produziram 2196 barris de cerveja: Cyriacus Spangenberg, *Mansfeldische Chronica*, v. 1, fo. 409 (v). Nos registros judiciários aparecem exemplos de brigas em que habitantes de Mansfeld se cortavam com facas; um homem puxou uma faca de sua própria bainha e outra da bainha da esposa para atingir os oponentes, outro recorreu à faca de cortar pão, enquanto o guarda da casa de banhos tentava dar tesouradas num cliente desafortunado: LHASA MD, Rep. Cop., n. 427e, Gerichtsbuch Thalmansfeld 1498-1513, fos. 132 (v), 129 (v), 40 (v).

34. Michael Fessner, "Die Familie Luder in Möhra und Mansfeld", em Harald Meller (org.), *Fundsache Luther*. Stuttgart, 2008, p. 21; Clein Hans Luther esteve envolvido em pelo menos doze brigas entre 1505 e 1512. Ver LHASA, MD, Rep. Cop., n. 427e (Gerichtsbuch Thalmansfeld 1498-1513).

35. LHASA, MD, Rep. Cop., n. 427e (Gerichtsbuch Thalmansfeld 1498-1513), fo. 126 (r).

36. Cf. ibid., fos. 125 (v); 65 (v): o comentário é ilustrado com um rabisco que parece um pênis diante de uma forca; fos. 127 (v)-8 (v).

37. Cf. LHASA, MD, Rep. Cop., n. 427e (Gerichtsbuch Thalmansfeld 1498-1513), fo. 135 (v) (1513). Ele é tratado por Hans Luder. É possível que essa notação se refira ao Pequeno Hans, que aparece com frequência nos registros do tribunal. Mas nosso pequeno Hans Luder também é mencionado, e o "Pequeno Hans" é referenciado como tal. O registro está riscado, provável indicação de que o conflito foi resolvido.

38. LHASA, MD, Rep. F4 Ak. n. 1 Berg und Handelsbuch, 1507-9, fos. 83 (r)-5 (v); 87 (r).

39. Ver, por exemplo, ibid., passim.

40. Assim, por exemplo, o primeiro e mais longo companheiro de Hans Luder foi Hans Lüttich, que vinha de uma família tradicional de mineradores, mas em 1507 uniu forças com o dr. Drachstedt para comprar três "fogos". Ele também operava eixos com Whilhelm Reinicke; Hanns Freydank, "Vater Luther", pp. 67-70: havia um caderno remanescente com registros dessa parceria, cobrindo um período de cerca de três meses em 1519, que foi resumido por Freydank, mas agora parece estar perdido, embora tenha sido exposto em 1936; LHASA, Rep. F4 Ch. n. 19, Rechnungen Lamprecht Kegel und Hans Reinicke, 1516-8. Uma "casa de fundição" (à qual várias minas estavam associadas) era parte do dote de Margarethe ao se casar com Hentze Kaufmann no fim de 1511 ou início de 1512; WB 11, 192, n. 28; os dois homens trabalharam juntos.

41. Ekkehard Westermann, "Der wirtschaftliche Konzentrationsprozess im Mansfelder Revier", em Rosemarie Knape (org.), *Martin Luther und der Bergbau*. Eisleben: Stiftung, 2000, p. 70: ele calcula trinta operários por "fogo", número que exclui ferreiros, marceneiros, carvoeiros, cocheiros e outros; Fessner calcula que a força de trabalho girava em torno de 3 mil em períodos iniciais e bem acima disso em 1525; Michael Fessner, "Das Montanwesen in der Grafschaft Mansfeld vom ausgehenden 15. bis zur zweiten Hälfte des 16. Jahrhunderts", em Angelika Westermann (org.), *Montanregion als Sozialregion*. Husum: Matthiesen, 2012, p. 301.

42. Andreas Stahl, "Historische Bauforschung an Luthers Elternhaus. Archivalische Voruntersuchungen und erste Baubeobachtungen", em Harald Meller (org.), *Luther in Mansfeld*. Halle, 2007, p. 368: Luder trabalhara com Drachstedt. Ver também Günter Vogler, "Eisleben und Nürnberg zur Zeit Martin Luthers. Beziehungen zwischen zwei Wirtschaftspartnern", em Rosemarie Knape (org.), *Martin Luther und Eisleben*. Leipzig: Evangelische, 2007; até mesmo Drachstedt passou por dificuldades econômicas no fim dos anos 1520. Sobre Drachstedt, ver Heinrich Kramm, *Oberschichten*, v. 1. Colônia, 1981, p. 113. Ele não era o único com formação jurídica: Johann Rühel, outro *Hüttenmeister*, também tinha doutorado em direito.

43. Andreas Stahl, "Baugeschichtliche Erkenntnisse zu Luthers Elternhaus in Mansfeld", em Rosemarie Knape (org.), *Martin Luther und Eisleben*. Leipzig: Evangelische, 2007, p. 372.

44. LHASA, MD, Rep. F4 Ch. n. 16 (Wernigerode), Rechnung Hüttenzins 1506-31. O número de "fogos" de Luder variou: em 1515, ele tinha 3,5 próprios e o mesmo número em parceria, enquanto em 1519 se tornou dono de todos eles. Em 1522, foram divididos: ele passou a administrar dois com o genro e os demais ficaram a cargo de seu filho Jacuff, também em parceria. Isso talvez tenha sido uma grande guinada geracional: o escrivão usa uma folha nova, redige o ano de 1523 num floreado incomum e anota a data em escrita espelhada: fo. 117 (r).

45. Ekkehard Westermann, "Der wirtschaftliche Konzentrationsprozess im Mansfelder Revier", em Rosemarie Knape (org.), *Martin Luther und der Bergbau*. Eisleben: Stiftung, 2000, p. 67.

46. Walter Mück, *Der Mansfelder Kupferschieferbergbau*, v. 1, pp. 62-4; v. 2, pp. 88-93, esp. 91 para um trecho sobre o processo de negociação entre os condes em que se faz referência aos

problemas de Luder; Michael Fessner, "Die Familie Luder in Möhra und Mansfeld", em Harald Meller (org.), *Fundsache Luther*. Stuttgart, 2008, p. 23.

47. O valor total era de 1250 florins, divididos entre os cinco filhos remanescentes da família. A divisão era teórica, pois Jacob recebera a propriedade e tivera que pagar os outros herdeiros. Para viabilizar esse procedimento, ele se acertou com um requerente primeiro e então gradualmente negociou com os demais, sendo Lutero o último a receber sua parte. WB 7, 88-9, 10 jul. 1534, para o contrato redigido por Lutero. Ver também Michael Fessner, "Die Familie Luder in Möhra und Mansfeld", em Harald Meller (org.), *Fundsache Luther*, p. 24, que mostra que Luder foi capaz de manter seus bens particulares, inclusive terras, separados das dívidas de mineração.

48. Foi um processo de concentração de renda nas mãos de um pequeno grupo, mas também significava um declínio: Ekkerhard Westermann, "Rechtliche und soziale Folgen wirtschaftlicher Konzentrationsprozesse im Mansfelder Revier in der ersten Hälfte des 16. Jahrhunderts", em Günter Jankowski (org.), *Zur Geschichte*. Clausthal-Zellerfeld: GDMB, 1995; Ekkehard Westermann, "Der wirtschaftliche Konzentrationsprozess im Mansfelder Revier", em Rosemarie Knape (org.), *Martin Luther und der Bergbau*. Eisleben: Stiftung, 2000, p. 65.

49. Michael Fessner, "Die Familie Luder und das Bergwerks- und Hüttenwesen in der Grafschaft Mansfeld und im Herzogtum Braunschweig-Wolfenbüttel", em Rosemarie Knape (org.), *Martin Luther und Eisleben*. Leipzig: Evangelische, 2007, p. 28.

50. WT 1, 705, 25-7; WT 4, 4617, 404: 11-3; 7-9; desde cedo Lutero condenou o uso de "varas rabdomânticas" para procurar tesouros secretos, embora essas varas (às vezes utilizadas com fórmulas mágicas) fossem empregadas com frequência nas minas. Ver Warren Alexander Dym, *Divining Science*. Boston: Brill, 2011, p. 62; Lutero condenou a prática em 1518, em seu *Decem Praecepta Wittenbergensi praedicata populo*, 1521. As minas poderiam, no entanto, revelar a verdade divina: Lutero ficou impressionado com a descoberta de uma imagem num fóssil com o formato de um papa de batina usando uma tiara tricorne nas minas de Mansfeld, em 1538. Para Lutero, isso mostrava com ainda mais clareza que o papa era o Anticristo: Hanns Freydank, *Martin Luther und der Bergbau*. Eisleben, 1939; Johann Biering, *Historische Beschreibung*. Leipzig e Eisleben, 1734, pp. 128-34; WT 4, 4961.

51. Cf. em particular (Kleiner) *Sermon von dem Wucher* (1519), WS 6, 1-8; (Grosser) *Sermon von dem Wucher* (1520) WS 6, 33-60; *Von Kaufshandlung und Wucher* (1524) WS 15, 293-322; *An die Pfarrherrn wider den Wucher zu predigen, Vermahnung* (1540), WS 51, 331-424: em 1540, sua retórica se tornou mais agressiva e ele associou os agiotas mais diretamente ao Diabo, comparando-os a um *Beer wolff* [lobisomem]: WS 51, 399. Ver, sobre o tratado de 1524 e seu contexto econômico, Philipp Robinson Rössner, *Martin Luther. On Commerce and Usury*. Londres: Anthem Press, 2015.

52. Ulrich Wenner, "Fundgrubner, Berckhauer und Schlacktreiber: Montanwortschatz bei Martin Luther", em Rosemarie Knape (org.), *Martin Luther und der Bergbau*. Eisleben: Stiftung, 2000, p. 214, n. 18, 19; WT 5, 6374, 630: 3-4; e ver WT 3, 3471, do outono de 1536; e WT 5, 5675, "Ich will kein kucks haben! Es ist spielgelt, vnd es will nicht wudelln, dasselbig gelt". Ele fala de partilha como fraude.

53. Friedrich Myconius, *Geschichte der Reformation*. Gotha: Forschungsbibliothek, 1990, pp. 14-5. Sobre a popularidade de santa Ana entre os mineradores de Mansfeld, ver Andreas Hornemann, "Zeugnisse der spätmittelalterlichen Annen verehrung im Mansfelder Land", em Rosemarie Knape (org.), *Martin Luther und der Bergbau* (Eisleben: Stiftung, 2000), e sobre o culto a santa

Ana, o qual Lutero considerava uma novidade surgida em sua infância, ver Jennifer Welsh, *Anna Mater Matronarum*, cap. 4, no prelo; agradeço à autora pela permissão para citá-lo.

54. Cyriacus Spangenberg, *Mansfeldische Chronik*, v. 4, parte I, p. 94. Naumburg, 2007; Andreas Stahl, "Baugeschichtliche Erkenntnisse zu Luthers Elternhaus in Mansfeld", em Rosemarie Knape (org.), *Martin Luther und Eisleben*. Leipzig: Evangelische, 2007, pp. 366-7; Bjoern Schlenker, "Archäologie am Elternhaus Martin Luthers", in Harald Meller (org.), *Luther in Mansfeld*. Halle, 2007, pp. 96-9.

55. De fato, em 1520, ao escrever indignado para Spalatin que seus pais não eram boêmios, conforme se alegava, Lutero se referiu apenas a parentes maternos em Eisenach, e não aos de seu pai em Möhra. Ele talvez não tenha conhecido a família paterna até 1521, quando, após a Dieta de Worms, ele a visitou. WB 1, 238, 10 jan. 1520; 239, 14 jan. 1520.

56. Em alguns relatos afirma-se que dois dos filhos de Hans e Margarethe morreram num surto de peste por volta de 1506 ou 1507, e é possível que fossem os filhos mais velhos. Barbara, irmã mais nova de Lutero, morreu em 1520; Ian Siggins, *Luther and His Mother*. Filadélfia: Fortress Press, 1981, p. 14. WT 1, 1108 tem uma observação de Lutero bastante obscura de que seus pais foram para Mansfeld com um filho, após a qual ele menciona o próprio nascimento. Mas ele tinha nascido em Eisleben, não em Mansfeld, de modo que é possível ler o relato como uma versão mal formulada de que ele próprio era o filho levado a Eisleben: as provas para a existência de um irmão mais velho não são convincentes.

57. Johannes Schneidewein (reitor da Universidade de Wittenberg), em *Scriptorum publice propositorum a gvbernatoribus studiorum in Academia Wittenbergensi 3*, Wittenberg 1559 [VD 16 W 3761] fos. 190 (v)-191 (v); Ian Siggins, *Luther and His Mother*. Filadélfia: Fortress Press, 1981, p. 14.

58. WT 1, 1016. Ao que parece, ela amamentava o jovem Martinho quando estava grávida de Paul.

59. WT 3, 2963a, 2963b. Lutero tinha um primogênito, Hans; porém, nesse período, Paul, o caçula, estava tomando o lugar de Martin, o irmão mais velho que tinha o nome do pai, no aleitamento.

60. Andreas Stahl, "Baugeschichtliche Erkenntnisse zu Luthers Elternhaus in Mansfeld", em Rosemarie Knape (org.), *Martin Luther und Eisleben*. Leipzig: Evangelische, 2007, p. 366; Mathesius, *Historien von dem Leben*, 1566, p. 537. Sobre o uso de metáforas de mineração em Lutero, ver Ulrich Wenner, "Fundgrubner, Berckhauer und Schlacktreiber: Montanwortschatz bei Martin Luther", em Rosemarie Knape (org.), *Martin Luther und der Bergbau*. Eisleben: Stiftung, 2000. É surpreendente quão pouco Lutero faz uso dessas metáforas, pois elas também aparecem na Bíblia. É certo que ele compreendia as metáforas que usava. Suas primeiras traduções da Bíblia até meados de 1520 continham a palavra "durchwern" [pelo fogo], ao passo que depois ele preferiu "durchleutern" ou "leutern" [purificação], talvez porque tenha aperfeiçoado seu conhecimento técnico da fundição.

61. Por exemplo, o pai, o irmão, a cunhada e o cunhado visitaram Lutero em 1529; seu irmão Jacob o visitou em Coburgo pouco depois da morte do pai, e se sabe que ele fez novas visitas em 1538 e 1540; em 1536, Lutero reclamou da escassez de cartas de Jacob, o que indica que havia correspondência anterior entre ambos, WB 5, 1410, 19 abr. 1529; e ver n. 4; WB 7, 2287, 19 jan. 1536. Enquanto Lutero agonizava, seus três filhos mais novos, que estavam com ele, foram levados a Mansfeld, onde Jacob cuidou deles, WB 11, 4207, 300: 16-7.

62. WB 7, 88-9, jul. 1534.

63. WT 5, 6424; Lutero manifesta o desprezo de seu círculo social por eles numa observação ocasional em que comenta o provável casório de uma parenta: se ela não se comportasse, ele a

casaria não com um acadêmico, mas com um "minerador negro" e "nenhum homem instruído e religioso" seria enganado por ela.

64. Nada menos que dezoito habitantes de Mansfeld se matricularam em Wittenberg entre 1530 e 1538: Otto Scheel, *Martin Luther*, v. 1. Tübingen, 1917, p. 53.

2. O ESTUDANTE [pp. 43-57]

1. WB 2, 510, 15 jun. 1522; Moshauer foi um dos que ascenderam socialmente graças aos estudos: Dieter Stievermann, "Sozialer Aufstieg um 1500: Hüttenmeister Hans Luther und sein Sohn Dr Martin Luther", em Rosemarie Knape (org.), *Martin Luther und der Bergbau*. Eisleben: Stiftung, 2000, p. 48.

2. Na lista de mestres fundidores, ele consta como "o jovem" Hans com duas fornalhas "no prado", LHASA, MD, Rep. Cop., n. 425b, fo. 121 (r), 1516; no ano seguinte, ele comprou a casa de Silberhütte em Tal Mansfeld, fo. 126 (r), 1517; e em 1519, ano da morte do pai, ele adquiriu a casa da família, em Tal Mansfeld, localizada entre o cemitério e a casa de Nickell Lebestock, fo. 174 (r); em 1526, comprou outra residência em Eissberg, além de ter assumido propriedades antes pertencentes a Steffan Schmid: f. 175 (v). Ele e Jacob Luder aparecem como *Hüttenmeister* em 1534: LHASA, MD, Rep. F4 Ak. n. 8; num contrato firmado com os condes em 1536, o nome de Reinicke aparece com o de outros proprietários de minas de Leipzig e Stolberg, Walter Möllenberg, *Urkundenbuch*. Halle, 1915, p. 94.

3. Ekkehard Westermann, "Der wirtschaftliche Konzentrationsprozess im Mansfelder Revier", em Rosemarie Knape (org.), *Martin Luther und der Bergbau*. Eisleben: Stiftung, 2000, p. 67.

4. Heinrich Kramm, op. cit., v. 1, p. 114.

5. WB 5, 1595, *Beilage*, 19 jun. 1530, carta de Veit Dietrich a Katharina von Bora, 379: 16-7; a biografia de Lutero escrita por Melâncton registra que "a virtude de Reinicke se tornara tão notória que ele gozava de enorme autoridade nessas regiões", Elizabeth Vandiver, Ralph Keen e Thomas Frazel (orgs. e trads.), op. cit., p. 15; Melâncton, *Vita Lutheri*, fo. 10 (v); WB 8, 3255, 1 set. 1538, 280: 4-5; Johannes Mathesius o menciona brevemente, *Historien von dem Leben*. Leipzig, 1806, p. 6; Melchior Adam, *Life and Death*. Londres, 1643, p. 2.

6. LW 45, 375; WS 15, 51: 13-6.

7. WT 3, 3566A e 3566B. O último comentário é na verdade de 1543 e o primeiro de 1537, mas Aurifaber, que publicou a primeira edição de *Conversas à mesa*, confundiu os dois.

8. Heinrich Kramm, v. 1, p. 36, cifras de 1557, para 748 cidadãos. Eisenach passou por um terrível incêndio em 1636 e, como resultado, pouco se sabe da história prévia da cidade, portanto precisamos confiar em cronistas. Os "grandes" proprietários de terra, de acordo com o controle de Eisenach, eram aqueles com "dois *Hufen* de terra e prados, seis vacas leiteiras e quatro animais comerciais" — o que sugere que a agricultura ainda era muito importante para a maior parte dos habitantes. No século XVI, quase metade dos cidadãos tinha jardins, terras cultiváveis, vinhedos e campos de centeio. Em 1466, o tabelião civil Johannes Biermast avisou que "se a autoridade enfraquece, os artesãos governam", indício de tensões políticas e sociais na região, Heinrich Kramm, op. cit., v. 1, p. 187, 2, 683, n. 4; 1, 253, Strenge e Devrient, *Die Stadtrechte*, n. 34, 70-1; n. 43, 85. A cidade tinha apenas cinco grandes negociantes em meados do século XVI — tantos quantos havia

em Weimar, cuja população era menor, Kramm, op. cit., v. 1, pp. 166, 2, 670, n. 112: com base nos registros de impostos de 1542, estimou-se um total de 3030 habitantes. Ver também Gerd Bergmann, *Kommunalbewegung*. Eisenach, 1987. Os contemporâneos estavam bem cientes do declínio. Na segunda metade do século XV, havia queixas contra a estagnação econômica, enquanto repetia-se críticas num inquérito de cúpula de 1509. Ver também Staatsarchiv Weimar, 389 Eisenach, 14, fo. 102 para uma lista de 1509 que enumerava as razões para o declínio da cidade, incluindo a extensão dos muros urbanos, as excessivas cobiça e vivacidade dos cidadãos e a ausência de monopólio na produção de cerveja.

9. Ian Siggins, *Luther and His Mother*. Filadélfia, 1981, p. 46. Até mesmo o nome de solteira de sua mãe por algum tempo era incerto; textos mais antigos apontavam-no como "Ziegler", confundindo-o com o nome do avô dela. Wolfgang Liebehenschel defende que ela nasceu em Bad Neustadt, a cerca de oitenta quilômetros de Eisnach, e que o pai dela era um "Ziegler", isto é, dono de um forno para fabricação de tijolos; Wolfgang Liebehenschel, "CURRICULUM VITAE der Mutter Martin Luthers. Die Herkunft der Mutter Martin Luthers", em Rosemarie Knape (org.), *Martin Luther und der Bergbau*. Eisleben: Stiftung, 2000; ver também Kurt Löcher, "Martin Luthers Eltern — Ein Bildnispaar Lucas Cranachs von 1527 auf der Wartburg", em ibid. Melâncton dizia que Lutero fora mandado para Eisenach "porque sua mãe viera de uma família honesta e tradicional da região", além de o ensino lá ser melhor; Vandiver, Keen e Frazel (orgs. e trads.), *Luther's Lives*, 15; Melâncton, *Vita Lutheri*, 10-1, uma alegação reiterada pela biografia de Melchior Adams de 1620 justifica que Lutero foi enviado "porque sua mãe viera de uma estimada e antiga família de lá" (Adam, *Life and Death*, 3); Mathesius também afirma em seu primeiro sermão que Lutero foi para Eisenach "*da er seiner Mutter Freundschafft hatte*": Johannes Mathesius, *Historien von dem Leben*. Leipzig, 1806, p. 7; e o médico de Lutero também diz que ele foi "*kegen Eisenach zu seinen gefreundten*", Matthäus Ratzeberger, *Die handschriftliche Geschichte*, p. 43. Ver também David Richter, *Genealogia Lutherorum*. Leipzig, 1733. pp. 13-23, que a identifica corretamente como Lindemann.

10. WT 3, 2888 51: 9-10. Ver Ian Siggins, *Luther and His Mother*. Filadélfia, 1981, para um retrato brilhante dessa relação.

11. Franz Posset, *Front-Runner, XX: Ein seligs newes Jar*. A dedicatória é para "*Meyner Lieben Mutter Margarethen lutherin*". Aldershot, 2003.

12. Johannes Mathesius, *Historien von dem Leben*. Leipzig, 1806, p. 8.

13. Ian Siggins, *Luther and His Mother*. Filadélfia, 1981, p. 52; sobre Lutero como profeta, ver Ingrid Kasten, "'Was ist Luther? Ist doch die lere nitt meyn': Die Anfänge des Luther-Mythos im 16. Jahrhundert", em Vaclav Bok e Frank Shaw, *Magister et Amicus*.Viena, 2003, pp. 899-931; Robert Kolb, *Martin Luther as Prophet, Teacher, and Hero*. Grand Rapids: Baker Academic, 1999, pp. 75-101.

14. A origem exata é incerta; alguns estudiosos defendem que teve início em Eisenach, enquanto outros, em Erfurt, antes ou depois de ele ir para o mosteiro: WT 5, Ernst Kroker, "Einleitungen", XV-XVII. Ver WT 1, 116, e WT 5, 5346, nos quais consta que a história de Samuel é a primeira lida quando ele conhece a Bíblia; WT 3, 3767 não estabelece vínculo com Samuel. Assim como em Samuel, a missão profética de Lutero era distinta do caminho definido previamente.

15. Johannes Cochlaeus ("Georg Sachsen"), *Hertzog Georgens zu Sachssen Ehrlich vnd grundtliche entschuldigung, wider Martin Luthers Auffruerisch un[d] verlogenne brieff vnd Verantwortung*. Dresden 1533 [VD 16 C 4323], fo. B iii (v). Esse pasquim saiu assinado pelo duque Georg da Saxônia, mas na verdade foi escrito por Cochlaeus, inimigo de longa data de Lutero. Ele

o repetiu no preâmbulo de sua biografia de Lutero, obra que foi publicada e mais amplamente lida em 1549. A mesma acusação foi feita por Georg Witzel e Petrus Sylvius, *Die Letzten zwey beschlisslich und aller krefftigest büchleyn M. Petri Sylvii, so das Lutherisch thun an seiner person...* (Leipzig, 1534), Ian Siggins, "Luther's Mother Margarethe", *Harvard Theological Review*, v. 71, pp. 125-50, 132, 1978.

16. Ibid., p. 133: ele se referiu mais uma vez a isso em 1543, em *Sobre os judeus e suas mentiras*; e ver WT 3, 3838; em 1538, Lutero relembrou que o duque Georg chamou sua mãe de criada de banhos e a ele de *wechselbalg* no folheto escrito por Cochlaeus sob a alcunha do duque Georg, em 1533.

17. Cartas de LW, I, 145; WB 1, 239, 14 jan. 1520, 610: 20-3.

18. Andreas Topp, *Historia der Stadt Eisenach*, 1916, p. 8: obviamente, há outras versões.

19. Ibid., pp. 6-32; Gerd Bergmann, *Kommunalbewegung*. Eisenach, 1987, pp. 11-5; 33-7.

20. Andreas Topp, op. cit., pp. 10-3; ver também Stadtarchiv Eisenach, *Bestand Chroniken*, 40.1/9.1 *Chronik Joh. Michael Koch*.

21. *Chronik Eisenachs bis 1409* (H. Helmbold org.), 27-40; Kremer, *Beiträge*.

22. WB 1, 157, 24 (?), fev. 1519, 353: 29-30; WT 3, 3626; 3653.

23. Andreas Topp, op. cit., p. 15.

24. Topp reconta a história sobre a estátua da Virgem e do menino no mosteiro de São Paulo na cidade onde, se alguém orasse perante a imagem, Jesus rejeitava o pecador, dando-lhe as costas. Mas se alguém prometesse uma doação ao mosteiro, Jesus mostrava o rosto e, se oferecesse mais dinheiro, ele abençoava o fiel: Andreas Topp, op. cit., p. 15.

25. LW 44, 172; WS 6, 438: 18-22; WB 2, 262, 29 fev. 1520. O mal-estar em relação à mendicância era antigo: Lutero relembrou como, em Mansfeld, com um colega também pupilo, ele foi pedir linguiças durante o Carnaval, como era o costume, mas, ao serem caçoados por um sujeito, saíram correndo, fazendo com que o dono da casa que queria doar as linguiças precisasse alcançá-los: WT 1, 137: Lutero usa essa história como parábola da relação do crente com Deus; e ele a relaciona, curiosamente, com o pavor que sentia no sacramento conduzido em procissão por Staupitz em Eisleben.

26. Martin Brecht, *Luther*, v. 1, p. 18.

27. A família era tão pródiga em doações ao mosteiro que ele ficou conhecido localmente como "Collegium Schalbense". Ver Josef Kremer, *Beiträge*, esp. 69 e 89. Fulda, 1905.

28. Helmut Scherf, *Bau- und Kunstdenkmale*. Eisenach, 1981, v. 9.

29. Matthäus Ratzeberger, *Die handschriftliche Geschichte*, pp. 43-4: Ratzeberger, por não ser uma fonte confiável, atribui a história a Johannes Trebonius, mas não é certo que esse homem tenha existido ou que a anedota se refira ao humanista Trebelius de Eisenach, que não era professor de Lutero, ou ainda se a anedota é sobre outro professor, Martin Brecht, *Luther*, I, 19. A história se repete em Christian Paullini, *Historia Isenacensis*, pp. 125-6. Frankfurt, 1698.

30. WT 1, 256.

31. WB 1, 3, 22 abr. 1507; 4, 28 abr. 1507.

32. A carta revela que, enquanto Braun continuara a escrever para o jovem Martinho, este não lhe respondia. Há três parágrafos de garantias de afeição exageradas antes de Lutero tocar no assunto principal, que é explicar por que ele foi para Wittenberg, e pedir desculpas por não tê-lo visitado nem avisado da partida. WB 1, 5, 17 mar. 1509, 16: 10-1; 17:38. No entanto, ele enviou-lhe uma cópia do sermão de Gota de 1515 (cf. a seguir), embora não o tenha convidado para sua formatura.

33. Christian Paullini, op. cit., pp. 122-4, que inclui um registro da reforma de sua lápide em 1669, "*non cultus, sed memoriae causa*", e que é um poderoso monumento anticatólico — a data "incorreta", 1516, foi corrigida para 1517. Ver Engel, *Kurzer/ Jedoch gewisser*: Engel relembra a tradução que fez das profecias de Hilten do alemão para o latim nos tempos de escola em Strausberg, fo. A 11 (r)-(v). Mathesius menciona a história sobre Hilten como a terceira profecia sobre Lutero: um velho padre disse a Lutero que, quando estudante, estava doente, que Deus faria dele "um grande homem"; a segunda era de Jan Hus, que profetizara que depois do "ganso" (Hus) viria um "cisne". As profecias surgem imediatamente após o relato dele da descoberta da Bíblia por Lutero: Mathesius, *Historien*, 8-9. Ver também Topp, *Historia*, pp. 16-8; e, para a convicção de Lutero de que a profecia se referia a ele, WT 3, 3795. Myconius não se refere a Hilten em sua história da Reforma, mas o menciona indiretamente num relato (de segunda mão) de um de seus sonhos: Christian Lehmann, *Historischer Schauplatz*, p. 799, no qual o destino de Myconius entre os monges cruéis é descrito como semelhante ao de Hilten.

34. WB 5, 1480, 17 out. 1529; e 1491, 7 nov. 1529; réplica completa de Myconius, 1501, 2 dez. 1529. Ver também WB 5, 1501, p. 194: uma testemunha informara Lutero, através de investigações feitas por Myconius, que Hilten recebera ao morrer a extrema-unção tradicional; esse relato não fala sobre ele ter morrido de fome. Lutero também sabia através de Myconius que o ano da profecia era 1514: WB 5, p. 191.

35. *Die Bekenntnisschriften der evangelisch-lutherischen Kirche* (*Confessio Augustana*), 378. Hilten previra que o ataque ao papado duraria trinta anos — de modo que hagiógrafos de Lutero puderam vincular essa previsão à morte do religioso em 1546. Hilten também teve papel relevante como precursor de Lutero, uma espécie de são João Batista prevendo o advento de um novo profeta. O teólogo seiscentista e superintendente de Eisenach, Nicolaus Rebhan, chega a descrever a morte de Hilten na cela, negando-se a receber o sacramento sob uma só espécie, como se fosse adepto de Hus, WB 5, 1501, *Beilage* II, 195.

36. Cf. WS 30, 3, 491, observações secundárias de Lutero à CA, 1531.

37. Curiosamente, em carta a Braun após ter ido para o mosteiro, ele acreditava que o amigo mais velho também preferia a teologia à filosofia, o que sugere que esse interesse pela religião remontava aos tempos de escola.

38. Christian Paullini, op. cit., pp. 125-6; Johannes Mathesius, *Historien von dem Leben*. Leipzig, 1806, p. 7; ao que parece, Cotta era membro da família Schalbe, o que explica como ele passou a morar com eles; Drescher, *De festis diebus...*, [190-1] (Narratio I) [VD 16 D 2723], enfatizando a "pena" que uma mãe demonstrou sentir por ele quando não obteve pão ao mendigar; Matthäus Ratzeberger, *Die handschriftliche Geschichte*, pp. 41-2; Lutero afirma que a água curou a febre.

39. WT 2, 2719a, 613: 28-9; WT 2, 2719b. Ver Martin Brecht, *Luther*, I, 30; e WT 2, 2788b; 2894 b.

40. Otto Scheel, *Dokumente*. Tübingen, 1929, pp. 15-16. Sobre a universidade de Erfurt e Lutero, ver Martin Brecht, *Luther*, v. 1, pp. 40, 163; e Bob Scribner, "Die Eigentümlichkeit der Erfurter Reformation", em Weiß (org.), *Erfurt 742-1992*, 241-74.

41. Martin Brecht, *Luther*, v. 1, p. 33.

42. WB 1, 5, 17 mar. 1509: Lutero afirma que preferia estudar teologia à filosofia.

43. WT 5, 6419, 653: 24-8.

44. Cf. Oberman, *Masters of the Reformation*.

45. WT 2, 2788b, 660: 24-6.

46. WS 49, 322: 12-3 (sermão, 20 jan. 1544).

47. Elizabeth Vandiver, Ralph Keen e Thomas Frazel (orgs. e trads.), *Luther's Lives*. Manchester, 2002, p. 16; Melâncton, *Vita Lutheri*, p. 13; WT 1, 119, 46: 23-4, "O Maria, hilf! Da wer ich, inquit, auf Mariam dahin gestorben!".

48. WT 4, 4707, 16 jul. 1539; curiosamente, ele conta que a história se passou no aniversário de seu ingresso no mosteiro, o que mostra que era uma data especial para ele.

49. Ou, como Lutero disse depois, ele devolveu os livros ao livreiro, ficando apenas com Virgílio e Plauto: WT 1, 116.

50. WT 4, 4707, 440: 14-5. Ver também a versão de Justus Jonas de 1538, na qual Lutero toca alaúde na festa: Scheel, *Dokumente*, 151, n. 412.

51. A história serviu de inspiração para outras — Myconius, para citar um exemplo, descreveu uma despedida similar ao deixar o mosteiro, Christian Lehmann, *Historischer Schauplatz*. Leipzig, 1699, p. 799.

52. WT 2, 1558, maio 1532; WT 4, 4174; WT 5, 5357, verão 1540 — em ambos os casos, Lutero conclui a história dizendo que não gostava de missas desde então, e dava graças a Deus por tê-lo poupado dessa tortura. Ver também WT 4, 4574.

53. WT 4, 4574, 384: 24-5, WS 49, 322: 32-4 (sermão, 20 jan. 1544); ver o relato de 1549 de Valentin Bavarus, *Rapsodiae et Dicta quedam ex ore Doctoris Martini Lutheri*, II, pp. 752-4, in Otto Scheel, *Dokumente zu Luthers Entwicklung*, v. 1. Tübingen, 1929, pp. 184-5; WS 44, 711ff; WT 1, 623; WT 1, 881; WT 2, 1558; WT 3, 3556. Ver também Matthäus Ratzeberger, *Luther*. Iena, 1850, pp. 48-9: esse relato traz a censura paterna que Lutero sofreu por escolher se tornar um monge em vez de cuidar dos pais na velhice. Também mostra Hans Luder bastante hostil com monges e o monasticismo, relendo as atitudes tardias de Lutero na narrativa; e omite a dúvida paterna quanto à aparição ser uma ilusão diabólica.

54. Cartas de LW, I, 301; WB 2, 428, 9 set. 1521, 385: 3-4; ele fez uma observação similar na dedicatória ao pai em seu *De Votis monasticis*, 21 nov. 1521, WS 8, 573; ver também WT 1 872, primeira metade da década de 1530.

55. Nas, *Quinta Centuria*, fos. 70 v-71 r; conforme ele maliciosa e corretamente aponta, Melâncton tomou o cuidado para que não se considerasse um sinal profético a tempestade com trovões. Johannes Nas então continua, fo. 73 (r) ss., a caçoar das profecias luteranas, incluindo a de Hilten. F. 490 (v) tem um "descanto" fúnebre para Lutero, além de uma oração de escárnio (fo. 493 (r)): Creio em Lutero, nascido de uma criada de casa de banhos virgem e concebido pelo "espírito das trevas".

56. Erik Erikson, op. cit., pp. 94-5, 164-6, 232-3.

3. O MOSTEIRO [pp. 58-83]

1. Andreas Lindner, "Martin Luther im Erfurter Augustinerkloster 1505-1511", em Lothar Schmelz e Michael Ludscheidt (orgs.), *Luthers Erfurter Kloster*. Erfurt, 2005, p. 62. Ver também Otto Scheel, *Martin Luther*, v. 2. Tübingen, 1917, pp. 1-28, 61. Alguns decanos e professores luteranos parecem ter acreditado, no entanto, que a condenação de Hus foi injusta, de modo que Lutero talvez tenha ficado menos estarrecido do que aparentou.

2. Heinrich Schleiff e Michael Sussmann, "Baugeschichte des Erfurter Augustinerklosters — aus der Vergangenheit in die Zukunft", em Lothar Schmelz e Michael Ludscheidt (orgs.), *Luthers Erfurter Kloster*. Erfurt, 2005, p. 28: construído entre 1502 e 1516; Josef Pilvousek e Klaus-Bernward Springer, "Die Erfurter Augustiner-Eremiten: eine evangelische 'Brüdergemeinde' vor und mit Luther (1266-1560)", em Lothar Schmelz e Michael Ludscheidt (orgs.), op. cit., p. 53; havia 67 irmãos em 1488 e 52 em 1508.

3. Otto Scheel, *Martin Luther*, II. Tübingen, 1917, p. 249.

4. *Constitutiones Fratrum Heremitarum sancti Augustini ad apostolicorum privilegiorum forman p[ro] Reformatione Alemanie*, Nuremberg 1504 [VD 16 A 4142] (tradução não publicada de Melinda Letts).

5. WT 3, 3517; ver também WT 3, 2494a e b com estimativa que varia entre 18 mil e 16 mil.

6. WT 2, 2494 b.

7. WB 3, 427, n. 1.

8. Stefan Oehmig, "Zur Getreide- und Brotversorgung der Stadt Erfurt in den Teuerungen des 15. und 16. Jahrhunderts", em Weiß (org.), *Erfurt 742-1992*, 203-23.

9. Peter Willicks, "Die Konflikte zwischen Erfurt und dem Erzbischof von Mainz am Ende des 15. Jahrhunderts", em Weiß (org.), *Erfurt 742-1992*, 225-40; Robert W. Scribner, "Civic Unity and the Reformation in Erfurt", em Robert W. Scribner (org.), *Popular Culture*. Londres, 1987, pp. 185-216.

10. Ulman Weiss, *Die frommen Bürger*. Weimar, 1988, p. 95.

11. O objetivo foi atingido em 1512, mas sem consequências práticas: Ingetraut Ludolphy, *Friedrich der Weise*. Leipzig, 2006, p. 255.

12. Robert W. Weiss, op. cit.

13. Erfurt não era uma cidade imperial, embora almejasse sê-lo; ver Robert W. Scribner, "Civic Unity and the Reformation in Erfurt", em Robert W. Scribner (org.), *Popular Culture*. Londres, 1987, pp. 185-216.

14. É certo que a "desonrosa" morte de Kelner gerou forte impacto nele, lembrando-se dela por diversas vezes: WT 1, 487; 2, 2494a e b, 2709b. Ele acusou Erfurt de ser orgulhosa demais e de desprezar tanto Mainz quanto a Saxônia.

15. Curiosamente, o professor Henning Göde, de Wittenberg, estava fortemente envolvido nas negociações que terminaram com a reassunção da posição dominante da Saxônia em Erfurt, de maneira que Lutero provavelmente sabia dessas mudanças de perspectiva da Saxônia; Ingetraut Ludolphy, op. cit., pp. 252-6.

16. WT 5, 5375. Johannes Mathesius, *Historien von dem Leben*. Leipzig, 1806, pp. 11-2, diz que os monges confiscaram a Bíblia que lhe deram; Matthäus Ratzeberger, *Luther*. Iena, 1850, pp. 46-8, afirma que ele teve de fazer o trabalho de um *Hausknecht*, varrendo e limpando em vez de estudar.

17. WT 5, 5375.

18. WS 41, 447: 16 (sermão, 1535), WS 17, 1, 309. Lutero era um convicto opositor do vegetarianismo dos cartuxos, que ele considerava insalubre: WS 42, 504 (preleções sobre Moisés, 1535-45).

19. WS 10, 1, pt. 2, 436.

20. Martin Brecht, *Luther*, v. 1, P. 64; WS 11, 202, 11ss; WS 46 24: 34; WT 1, 708; WT 5, 5428.

21. WS 17, 1, 309: 31-4.

22. WS 32, 327: 21-2.

23. WS 11, 60: 20-2.
24. WS 33, 83: 31-6; 84: 1-5.
25. WT 2, 1746, 203: 43-5: ele ainda dizia que Aristóteles e Boaventura eram figuras que ele tinha em alta conta.
26. WS 38, 148: 6-8; o termo latino que ele usa é "tentatio".
27. WT 1, 518.
28. WS 45, 152: 8, 36-7; WT 1, 137, 59: 27-32; WT 2, 2318a.
29. WT 1, 122, 50: 28; ver, por exemplo, WT 2, 1492; WS 21, 358: 17; WS 31, 1, 148b: 3; WS 40, 2, 91-2.
30. WT 1, 141, 14 dez. 1531, 65: 13-4.
31. WB 5, 1377, 31 jan. 1529, 14: 14-5.
32. WB 5, 1671, 1 [ago.] 1530, 521: 6.
33. WB 5, 1670, jul.(?) 1530, 518-20; ele até sugere ter cometido um pecadilho.
34. Cartas de LW, I, 27-8; WB 1, 28, 26 out. 1516, 72: 6-10; 10-1; 12-3.
35. WB 1, 18, 30 jun. 1516; 13, 1 maio 1516; ele também se queixou de outro monge que traria a desgraça para o convento de Eisleben.
36. Martin Brecht, *Luther*, v. 1, pp. 98-105.
37. WT 5, 5344, 75: 2; verão 1540.
38. Embora mais tarde, ao se lembrar desse episódio, tenha imediatamente acrescentado "e o Diabo agradeceu ao papa", como se a reputação beata da cidade ainda precisasse de um pouco de manchas profiláticas: WT 5, 6059.
39. WT 3, 3781.
40. WT 3, 3479 a.
41. WT 4, 4104, 136: 6. No entanto, ele se lembrou do Panteão, o qual disse que era pintado com imagens de todas as divindades, WT 1, 507; 5, 5515; e observou que não havia janelas e que a luz entrava por uma abertura esférica na cúpula da construção.
42. WS 41, 198: 12-4 (sermões, 1535).
43. WT 3, 3428, 313: 5; Johannes Mathesius, *Historien von dem Leben*. Leipzig, 1806, p. 14, que também tem essa citação. Ver também WT 5, 5484; e WT 5, 5347: aqui Lutero, numa lista manuscrita curta, enumera datas importantes de sua vida, como a da viagem a Roma, *"ubi est sedes Diaboli"*: está listada junto de seu casamento, da controvérsia das indulgências e do Debate de Leipzig.
44. Otto Scheel, *Dokumente*. Tübingen, 1929, p. 210 para o relato de Paul Luther; WS 51, 89 (1545); ver também WS 17, 1, 353.
45. WS 31, 226. Ele também relembrou a ida à igreja de São João de Latrão, onde um devoto peregrino podia obter indulgência para a mãe ao rezar a missa, mas não conseguiu porque a densa multidão o impediu, WS 31, 1, 226.
46. WT 4, 4925, 582: 3; 6, 7005; Friedrich Roth, "Die geistliche Betrügerin Anna Laminit von Augsburg (c. 1480-1518)", *Zeitschrift für Kirchengeschichte* 43/2, 1924, pp. 335-417; *Chroniken der deutschen Städte* 23, 116-7; 25, 11-20; 85-6; Lyndal Roper, *Holy Household*. Oxford: Claredon Press, 1989, pp. 262-3.
47. A data de nascimento de Staupitz é desconhecida. Zumkeller acredita que 1468 é a mais provável; outros, 1465 ou antes; Adolar Zumkeller, *Johannes von Staupitz*. Würzburg, 1994, p. 1. Sobre Staupitz, ver Markus Wriedt, *Gnade und Erwählung*. Mainz, 1991.

48. Franz Posset, op. cit., pp. 33-5; 79-89 (ele sucedeu a Andreas Proles como líder da congregação saxônica reformada); 128: em 1509-12, era vigário-geral dos agostinianos alemães reformados e pároco dos agostinianos monásticos na Saxônia.

49. Adolar Zumkeller, op. cit., v. 7. Zumkeller observa argutamente que essa poderia ser uma descrição do próprio Staupitz.

50. WT 5, 5989, 417: 11-2. Ao que parece, Staupitz continuou mesmo assim, ele não pararia de promover jovens rapazes; Lutero, que provavelmente narrou a história em 1544, estabeleceu paralelos com sua própria experiência com Veit Amerbach e Georg Agricola, que ele considerava ingratos.

51. WB 1, 6, 22 set. 1512, 18: 10-2.

52. WT 2, 2255a, 379: 10; 2255b, 1531: o próprio Lutero interpretou isso como uma referência a seu futuro interesse nas questões das penitências e das indulgências. Ele começou seu doutorado formalmente no início de 1512, terminando-o no mesmo ano.

53. WB 1, 8, 16 jun. 1514, 25: 8 e passim. Porém, em 1518, pareciam já ter feito as pazes, pois ele pediu a Long que transmitisse suas saudações a Nathin, WB 1, 64, 21 mar. 1518.

54. Franz Posset, op. cit., p. 280: Nathin foi um dos seis frades agostinianos que, quando os membros remanescentes dos agostinianos reformados não conseguiram eleger um novo vigário, assinaram em 1523 uma declaração afirmando que não eram seguidores do repugnante ensino "martiniano".

55. WT 1, 173, 1532, 80: 6-7.

56. WS 1, 525-7; Wilfried Härle, Johannes Schilling e Günther Wartenberg (orgs.), *Martin Luther*, v. 2. Leipzig, 2006, pp. 17-23 para uma tradução alemã; WB 11, 4088, 27 mar. 1545, 67: 7-8; 6-7. Lutero fez essa observação em apoio a um pedido da viúva Margarethe von Staupitz, que recorrera a ele porque "foi muito próximo do dr. Staupitz em certa época e do meu marido" (4087, 61: 26-7). Ela se casou com um ex-agostiniano.

57. Curiosamente, a edição de 1523 de *Ein buchlein von der nachfolgung* destacava as referências bíblicas e omitia muitas das dos doutores da Igreja, Posset, *Front-Runner*, 157. Sobre o desenvolvimento intelectual de Staupitz e uma versão especial do agostinianismo, ver Heiko Oberman, *Masters of the Reformation*. Cambridge: Cambridge University Press, 1981, pp. 75-91.

58. Adolar Staupitz, *Ein nutzbarliches büchlein*, fos. D iv (v), Eii (v); Franz Posset, op. cit., pp. 169-71.

59. Wolfram Schneide-Lastin (org.), *Johann von Staupitz*. Tübingen, 1990, p. 69. "*Siech, wie speiben die hundt in in mit all dem unflat, den si gehaben muegen*": o "cão" é uma referência ao termo que aparece nos Salmos; não sabemos se o público captou a referência ou ficou apenas no insulto. Posset, porém, defende que Staupitz não era antissemita; *Front-Runner*.

60. Ibid., pp. 79, 85, 86: "*Die juden haben vil herter gesuent dann Pilatus: die juden tetens aus poshait*", "*Die herten juden, die verfluecht creatur, die verwirft den herren* [...]. *Alle welt zaigtan den neid der juden*", "*O du poser jud! Pilatus gibt dir zu erkennen, das dein natur ist herter dann ain swein; das hat erparmung mit seiner natur*". Essas citações foram extraídas dos sermões 6-9.

61. Cf. David C. Steinmetz, *Luther and Staupitz*. Durham: Duke University Press, 1980, que defende que a dívida de Lutero com Staupitz era essencialmente pastoral, e não teológica.

62. Lothar Dohna e Richard Wetzel (org.), *Johann von Staupitz, Sämtliche Schriften*, v. 2. Nova York, 1987, pp. 193, 197. Ver também Robert Kolb, *Martin Luther. Confessor of the Faith*. Oxford: Oxford University Press, 2009 pp. 27-30; Bernd Hamm, *Frömmigkeitstheologie*. Tübingen, 1982, pp. 234-47; Markus Wriedt, *Gnade und Erwählung*. Mainz: Philipp von Zabern, 1991.

63. Johann Staupitz, *Ein nutzbarliches büchlein*, D ii (r-v). Nuremberg, 1517; Schneide-Lastin, 108.

64. Ibid., fo. D I (r); Wriedt, *Gnade und Erwählung*, 63-7; Posset, *Front-Runner*, 171.

65. Franz Posset, op. cit., p. 135 sobre as freiras de são Pedro. As obras de Staupitz foram reeditadas pelo espiritualista Caspar Schwenckfeld e redescobertas e reimpressas no século XVII por pietistas como Johann Arndt e Gottfried Arnold, que o descreveram em 1699 como representante de um "misticismo antiescolástico". Ver Markus Wriedt, op. cit., p. 15.

66. Johann Staupitz, *Ein seligs newes Jar*, fo. D ii (r). Leipzig, 1518.

67. *Constitutiones fratrum Eremitarum sancti Augustini ad apostolicorum privilegiorum formam pro reformation Alemaniae*, Nuremberg 1504-6 [VD 16 A 4112], fo. A iv (v), cap. 21 (trad. Melinda Letts); e ver Otto Scheel, *Martin Luther*, v. 2. Tübingen, 1917, p. 121 – se não fosse possível evitar encontros e diálogos com mulheres, então os irmãos deveriam falar pouco. Era necessária a presença de uma testemunha e a permissão do superior, salvo quando se tratasse de irmãs ou mães. Se um monge ouvisse uma mulher em confissão, outro irmão deveria estar presente e, caso fosse necessário o sigilo, um irmão deveria ficar atrás da porta.

68. *Ein buchlein von der nachfolgung des willigen sterbens Christi* foi dedicado à condessa Agnes de Mansfeld e publicado em Leipzig em 1515 [VD 16 S 8697], 2. ed., 1523. *Von der liebe Gottes* foi dedicado à viúva do duque da Bavária: Posset, *Front-Runner*, 167. Sobre a desconfiança de Lutero em relação ao misticismo erótico, David C. Steinmetz, op. cit., p. 127; Franz Posset, op. cit., p. 157. Curiosamente, a edição Augsburgo de *Von der liebe Gottes* de Staupitz, de 1520, foi "bewert and approbiert" por Lutero, conforme anunciado no título da página [VD 16 8707].

69. O humanista Conrad Mutian, que ouviu isso, perguntou a Lang quem era o "perspicaz" pregador: WB 1, 14, 29 maio 1516, n. 2, carta trocada entre Lang e Mutian no ano anterior.

70. WS 1, 44-52 para o texto. Curiosamente, Lutero teceu profundas considerações sobre a inveja em carta de 1514 a Spalatin, na qual sugere que estava preocupado com isso: "Como estão absolutamente certos os que condenam a inveja [...] aquela inveja que é a mais insensata de todas: tão ávida em ferir, mas sem consegui-lo. Sua licenciosidade não conhece o medo; sua incapacidade de ferir é cheia de dor e desequilíbrio"; Cartas de LW, I, 10; WB 1, 5 ago. 1514, 28: 1-16.

71. WS 1, 45: 7-11. Lutero costumava criar metáforas especiais. Um sermão remanescente do amigo e companheiro agostiniano Wenzeslau Linck, de 1518, o "Sermão dos 'Asnos'", levava a metáfora do asno aos extremos e talvez até além. Wilhelm Reindell (org.), *Wenzel Lincks Wercke* v. 1. Marburgo, 1892, pp. 4-10.

72. WS 1, 46: 12.

73. WS 1, 50: 19; 24-5. É interessante que aqui Lutero passe para o alemão, aumentando ainda mais o impacto e a vulgaridade de suas palavras.

74. WS 1, 51: 15-6.

75. WS 1, 50: 34-8.

4. WITTENBERG [pp. 84-110]

1. Fritz Bellmann, Marie-Luise Harksen e Roland Werner, *Die Denkmale*. Weimar, 1979. pp. 107-17; ver também StadtA Witt, 9 [Bb6], fos. 16-43; StadtA Witt 345, "Bau des Rathauses".

2. Helmar Junghans, *Wittenberg als Lutherstadt*. Berlim, 1989; ver Manfred Straube, "Soziale Struktur und Besitzverhältnisse in Wittenberg zur Lutherzeit", *Jahrbuch für Geschichte des Feudalismus* 9, 1985, pp. 145-88; em 1530, estimava-se uma população de 4500 habitantes.

3. Friedrich Myconius, *Geschichte der Reformation*. Gotha: Forschungsbibliothek, 1990, p. 25.

4. Também eram oferecidos passeios de barco aos moradores; num deles, Georg Neesen, estudante promissor, se afogou enquanto Melâncton e outros observavam sem poder fazer nada: WB 3, 757, 6 jul. 1524; 760, 10 jul. 1524.

5. Otto Scheel, *Martin Luther*, v. 2. Tübingen, 1917, p. 159.

6. WT 4, 4997, 606: 14-6.

7. Isaiah Shachar, *Judensau*. Londres, 1974, p. 30. Ver também Fritz Bellmann, Marie-Luise Harksen e Roland Werner, op cit., p. 160, que remonta a escultura a uma data anterior à de Shachar, com base na construção de Ostgiebel, da qual faz parte. Sobre exemplos de porcas judias, ver Shachar: tais imagens foram usadas em igrejas até o século XVI e eram populares em xilogravuras; um panfleto do século XVII mostrava a porca de Wittenberg.

8. Isaiah Shachar, op. cit., p. 31. Após a expulsão em 1304, os judeus puderam retornar, mas foram expulsos novamente.

9. WB 11, 4195, 1 fev. de 1546.

10. Allyson F. Creasman, "The Virgin Mary against the Jews: Anti-Jewish Polemic in the Pilgrimage to the Schöne Maria of Regensburg, 1519-25", *Sixteenth Century Journal*, 33, n. 4 (inverno 2002), pp. 963-80; ver também Ronnie Po-Chia Hsia, *Myth of Ritual Murder*. Londres, 1988; Miri Rubin, *Mother of God* e *Gentile Tales*, Londres, 1999.

11. Sobre Wittenberg, ver Helmar Junghans, *Wittenberg als Lutherstadt*. Berlim, 1982; Edith Eschenhagen, "Beiträge zur Sozial-und Wirtschaftsgeschichte der Stadt Wittenberg", *Lutherjahrbuch*, v. 9, 1927; Manfred Straube, "Soziale Struktur", *Jahrbuch für Geschichte des Feudalismus*, v. 9, 1985.

12. Paul Kalkoff, *Ablass*. Gotha, 1907, pp. 6-7.

13. Foi um aumento expressivo nos 5005 mencionados na descrição de Meinhardi de 1509; Stefan Laube, *Von der Reliquie zum Ding*. Berlim, 2011, pp. 141-96; Andreas Meinhardi, *Über die Lage*. Leipzig, 1986, p. 12.

14. Cf., por exemplo, WB 1, 30, 14 dez. 1516 sobre o envolvimento de Spalatin e Lutero na tentativa de obter relíquias para Frederico.

15. Paul Kalkoff, *Ablass*. Gotha, 1907, pp. 24-36.

16. Ibid., p. 9.

17. Christian Walch XV, pp. 58-63.

18. Cranach, *Dye Zaigung*; Livia Cardenas, *Friedrich der Weise*. Berlim, 2002; Heinrich Nickel (org.), *Das Hallesche Heiltumsbuch*. Halle, 2001; Steven Ozment, *The Serpent and the Lamb*. Londres, 2011; e sobre relíquias, ver Stefan Laube, *Von der Reliquie zum Ding*.

19. Helmar Junghans, *Wittenberg als Lutherstadt*. Berlim, 1982; Manfred Straube, "Soziale Struktur", *Jahrbuch für Geschichte des Feudalismus*, v. 9, 1985.

20. Andreas Meinhardi, *Über die Lage*. Leipzig, 1986, p. 226.

21. A oficina era uma grande operação que empregava oficiais (*Gesellen*), aprendizes (*Lehrjungen*), mão de obra contratada (*Lohnknaben*) e ajudantes (*Knechte*). Sabe-se o nome de apenas duas dúzias deles, mas deviam ser em número bem maior: o período de aprendizado em geral durava cerca de três anos, e havia sempre dois ou três aprendizes; Gunnar Heydenreich, *Lucas Cranach the*

Elder. Amsterdam, 2007, pp. 267-322. Ele vendeu as duas casas originais da praça para comprar o complexo em 1518, mantendo a farmácia como negócio. Para a complexa história dos edifícios, ver Cranach-Stiftung (org.), *Lucas Cranach d. Ä*. Cranach obteve a licença de boticário em 1520, o que lhe permitiu ampliar o comércio de vinhos, embora já comercializasse a bebida desde muito antes.

22. WB 1, 41, 18 maio 1517: na carta enviada a Lang, Lutero transmite as saudações de Döring, que estava com ele. Sobre a relação entre Cranach e Lutero, ver Steven Ozment, *The Serpent and the Lamb*. Londres, 2011.

23. WB 1, 22, 25 set. 1516, 22: 23-6; 24, 5 out. 1516; 26, meados de outubro. 1516; 28, 26 out. 1516; 29, 29 out. 1516; 40, 17 maio 1517: nessa carta, Lutero recomenda que um monge indisciplinado seja punido com todo o rigor dos estatutos do mosteiro pertinentes à questão, desde que não se incluam a prisão perpétua e a execução. É notável como Lutero levava suas obrigações a sério, viajando com frequência.

24. WB 1, 14, 29 maio 1516, n. 6.

25. WB 1, 15, 29 maio 1516, 42: 26; 22-3.

26. WB 1, 7, [fev. 1514]; Helmar Junghans, "Luthers Einfluss auf die Wittenberger Universitätsreform", em Irene Dingel e Günther Wartenberg, *Die Theologisch Fakultät Wittenberg*. Leipzig, 2002; Armin Kohnle, Christina Meckelnborg e Uwe Schirmer (orgs.), *Georg Spalatin*. Halle, 2014.

27. Ele sabia um pouco de latim, algo incomum num governante desse período, e em sua crônica da vida de Frederico, Spalatin observa de modo explícito que "*Vnd wiewol sein Ch.F. Gnaden nicht gern Lateyn geredt, so haben doch seine Ch F Gnad gut latein fast wol verstanden, Zuweiln auch latein geredt*"; ele também sabia francês, Staatsarchiv Weimar, EGA Reg O, 25, fo. 3, Ingetraut Ludolphy, op. cit., pp. 45-7.

28. Sobre a história da fundação da universidade, que envolveu cisões acadêmicas em Leipzig, ver Johann Grohmann, *Annalen*, v. 1. Meissen, 1801, pp. 7-8; Erika Rummel, *Confessionalization of Humanism*. Oxford: Oxford University Press, 2000, pp. 18-22.

29. Andreas Meinhardi, *Wittenberg*, pp. 165-97: "*Hans ist ein Beanus. Wer, wie beschaffen und von welchem Umfang ist sein Anus?*". Meinhardi estava provavelmente plagiando uma versão cômica desse ritual, escrita por volta de 1480 e publicada muitas vezes no início do século XVI: ver Best (org.), *Eccius dedolatus*, Introdução, 21.

30. Jens-Martin Kruse, *Universitätstheologie*. Mainz 2002, pp. 42-52; Sachiko Kusukawa, *Transformation*. Cambridge: Cambridge University Press, 1995, pp. 27-74.

31. WB 1, 52, 11 nov. 1517.

32. Ulrich Köpf, "Martin Luthers Beitrag zur Universitätsreform", *Lutherjahrbuch*, v. 80, 2013, pp. 31-59.

33. Martin Brecht, *Luther*, v. 1 pp. 129-31; e ver WS 57 para as notas impressas e manuscritas dos estudantes nas aulas sobre Romanos (1515-6), Gálatas (1516-7) e Hebreus (1517-8); WS 59 para outro conjunto de notas sobre Gálatas, 359-84. O manuscrito original das preleções de Lutero sobre Romanos foi transmitido para as gerações seguintes da família, mas depois foi vendido e se perdeu, sendo recuperado apenas no século XIX; por ironia, uma cópia feita por Johann Aurifaber acabou na biblioteca do Vaticano. As preleções eram divididas em "glosas", que deveriam ser anotadas no próprio texto, e "Scholien", que eram comentários sobre passagens particulares.

34. Karl Euling (org.), *Chronik des Johan Oldecop*. Stuttgart, 1891, pp. 45-6, 47-8; e ver p. 40; a crônica foi escrita em baixo-alemão. Ele foi, de início, um apoiador de Lutero, que era seu confessor.

35. LW 34, 336-7; WS 54, 179-87; 185: 14-20.

36. WS 56, 171-2; 172: 3-5; WS 57, 133-4: as notas do estudante são parecidas com o manuscrito de Lutero, e não há indícios de que ele possa ter escrito em alemão nesse ponto ou chamado a atenção para esse trecho. A interpretação é apresentada como sendo a de Agostinho.

37. WS 54, 185-6.

38. Lutero publicara uma introdução a uma edição incompleta da *Theologia deutsch* em 1516, que incluía notas secundárias possivelmente de sua autoria, WS 59, 1-21; e uma obra breve, *Tractatulus de his, qui ad ecclesias confugiunt*, no início de 1517; Josef Benzing, *Lutherbibliographie*, I. Baden-Baden, 1965, p. 14.

39. WB 1, 35, 1 mar. 1517; Cartas de LW 1, 40; WB 1, 38, 6 maio 1517, 93: 7.

40. WB 1, 26, meados de out. 1516; 28, 26 out. 1516: 22 "sacerdotes" e doze "iuvenes", 41 residentes no total; Martin Brecht, *Luther*, v. 1, p. 121.

41. Johann Grohmann, *Annalen*, v. Meissen, 1801, pp. 114-6; Martin Treu, "Die Leucorea zwischen Tradition und Erneuerung — Erwägungen zur frühen Geschichte der Universität Wittenberg", em Lück (org.), *Martin Luther und seine Universität*; Stefan Oehmig (org.), *700 Jahre Wittenberg*. Weimar: Böhlau, 1995; Martin Treu, Rolf-Torsten Speler e Schellenberger (orgs.), *Leucorea*. Weimar, 1995

42. Hermann Barge, *Karlstadt*, v. 1. Leipzig, 2007, pp. 70-5: Karlstadt relata esse episódio num prefácio a *De spiritu et litera* de Agostinho, dedicado a ninguém menos que Johann von Staupitz; Ulrich Bubenheimer, "Gelassenheit und Ablösung. Eine psychohistorische Studie über Andreas Bodenstein von Karlstadt und seinen Konflikt mit Martin Luther", *Zeitschrift für Kirchengeschichte*, v. 92, 1981, pp. 250-68, 264.

43. Jens-Martin Kruse, op. cit., 2, 2002, pp. 50-2; Kenneth Hagen, "An Addition to the Letters of John Lang. Introduction and Translation" [Um adendo às cartas de John Lang: Introdução e tradução], ARG 60, 1969, pp. 27-32.

44. WB 1, 7 [fev. 1514], 23: 31-2. Spalatin não interpelou Lutero diretamente, mas através de Johannes Lang. Também pediu a opinião de Karlstadt. Lutero defendeu Reuchlin com vigor em carta subsequente a Spalatin, atribuindo os ataques contra Reuchlin à inveja: WB 1, 9, 5 ago. 1514.

45. Martin Brecht, *Luther*, v. 1, p. 173; WB 1, 45, 4 set. 1517.

46. Graças a uma descoberta ocasional da cópia de um folheto na biblioteca de Wolfenbüttel, em 1983, sabe-se que algumas cópias foram impressas por Rhau-Grunenberg; David Bagchi, *Luther's Earliest Opponents* [Os primeiros oponentes de Lutero]. Mineápolis, 1991, p. 33. Ver também Martin Brecht, *Luther*, v. 1, pp. 172-4; e para o texto, WS 1, 224-8; LW 31, 9-18; para uma edição crítica e tradução para o alemão das teses, ver Wilfried Härle, Johannes Schilling e Günter Wartenberg (orgs.), op. cit., v. 1, pp. 19-34. Elas também foram incluídas numa compilação tardia de teses sobre controvérsias de Wittenberg por Karlstadt, Melâncton e outros, e que apareceu por volta de 1521; uma única cópia desse material, impressa em Paris, ainda existe: *Insignium theologorum domini Martini Lutheri, domini Andree Barolostaadij* [sic], *Philippi melanthonis & aliorum conclusiones variae*, Paris [1521].

47. Ou "em oposição a Gabriel" — com o que ele queria se referir a Gabriel Biel, um dos primeiros teólogos. Ver Heiko A. Oberman, "'Iustitia Christi' and 'iustitia Dei': Luther and the Scholastic Doctrines of Justification" ["Iustitia Christi" e "iustitia Dei": Lutero e as doutrinas escolásticas de justificação], *Harvard Theological Review*, v. 59, n. 1, 1966, pp. 1-26.

48. LW 31, 12; WS 1, 44, 226: 16.
49. LW 31, 10; WS 1, 17, 225: 1-2. Conforme explica Heiko Oberman, "A especificidade da doutrina da justificação de Lutero é a reunificação da integridade de Cristo e da justiça de Deus por meio das quais o pecador é justificado *coram deo*, o que forma uma base estável, e não a meta incerta de uma vida santa, de uma vida cristã". Isto é, a integridade de Cristo e a justiça de Deus são a mesma coisa, e desse modo Lutero rejeita a ideia de que, recebendo a graça de Cristo, tornamo--nos capazes de praticar boas ações que nos colocam no caminho que, ao final, satisfará a justiça de Deus. Heiko Oberman, "Iustitia Christi". New Haven: Yale University Press, 1989, p. 25.
50. WB 1, 19, 225: 5: Lutero está rejeitando o contraexemplo de Scotus à ideia de que, por serem os humanos corruptos, eles só podem amar as coisas, e não a Deus, isto é, que um homem intrépido só pode amar sua nação sobre todas as coisas.
51. LW 31, 14; WS 1, 65, 227: 19; 38, 226. Curiosamente, as cartas de Lutero sobre conforto espiritual desse período o mostram preocupado com a justiça divina e com o reconhecimento do mal humano, embora trate essas questões de modo bastante convencional e maniqueísta, escrevendo como a *prudentia sensus nostri* [WB 1, 12, 37: 12] é a raiz de toda inquietação, o olho é um grande enganador, e sobre os grandes problemas que lhe trouxe e ainda traz: WB 1, 11, 8 abr. 1516; 12, 15 abr. 1516.
52. WB 1, 5, 17 mar. 1509; Adam, *Life and Death*. Ver também Melâncton, *Vita Lutheri*, fos. 13 (v)-16 (r).
53. Johann Agricola, nessa época ainda estudante, disse que havia uma impressão "em meia folha [*Bogen*] de papel": Hans Volz, *Thesenanschlag*, 100, n. 135, isto é, formato A3. Dado que o Debate sobre a Teologia Escolástica fora impresso por Rhau-Grunenberg, e que tal prática era comum em Wittenberg, parece razoável que as teses também tenham sido impressas lá, a menos que (e isso é possível) a tipografia de Rhau-Grunenberg estivesse com problemas no momento. Ver Joachim Ott e Martin Treu, op. cit. Os dois cartazes remanescentes são a edição Nuremberg de Hieronymus Hötzel, que a numerou em grupos, e a edição de Jakob Thanner, que termina com "87", ver *Martin Luther 1483-1546. Dokumente seines Lebens und Wirkens*, Weimar, 1983, p. 38. Só a edição da Basileia, no formato de livreto, e não de cartaz, tem a numeração correta.
54. WB 1, 62, 5 mar. 1518; por volta de 5 de janeiro, Christoph Scheurl obtivera sua cópia de Ulrich von Dinstet; Franz Soden e J. F. R. Knaake (orgs.), *Scheurls Briefbuch*, v. 2. Aalen, 1962, p. 42.
55. Treu defende de modo convincente que as teses tiveram de ser pregadas em todos os portões da igreja, o que também sugere que era fundamental ter cópias impressas. Martin Treu, "Urkunde und Reflexion. Wiederentdeckung eines Belegs von Luthers Thesenanschlag", em Joachim Ott e Martin Treu (orgs.), op. cit., pp. 59-67. Ver também Andrew Pettegree, *Brand Luther*. Nova York: Penguin, 2015, pp. 71-4.
56. WB 1, 52, 11 nov. 1517.
57. Hans Volz, *Thesenanschlag*, pp. 140-1; Frans Soden e J. F. R. Knaake (orgs.), op. cit., p. 42; WS 51, 540, 26-7, *Wider Hans Worst*, 1541; Friedrich Myconius, *Geschichte der Reformation*. Gotha: Forschungsbibliothek, 1990, p. 22, embelezou a observação de Lutero, acrescentando "e, dentro de quatro semanas, quase toda a cristandade, como se os próprios anjos fossem os emissários".
58. WB 1, 58, [13 fev. 1518]. Ele disse o mesmo a Scheurl; ver Hans Volz, *Thesenanschlag*, pp. 82-3, n. 64; WB 1, 63, 11 mar. 1518. Ver também o prefácio à coletânea de textos de Lutero em latim, no qual ele explica que escreveu tanto a Albrecht de Mainz quanto ao bispo de Brandemburgo, WS 54, 179-87.

59. WT 1, 1206, 601: 18-9.
60. WT 3, 3722, 564: 16-7.
61. Frans Soden e J. F. R. Knaake (orgs.), op. cit., carta 176, 2 nov. 1518, Scheurl para Ulrich von Dinstedt, Otto Beckmann e Georg Spalatin (trad. de Melinda Letts). Scheurl atuava como líder e Albrecht Dürer era um dos membros. Scheurl também enviou uma cópia para o eminente secretário civil Conrad Peutinger, em Augsburgo: Erich König, *Peutingers Briefwechsel*, p. 299, 5 jan. 1518.
62. WB 1, 33, 86: 4; 11-5.
63. WB 1, 64, 21 mar. 1518, 155: 40-1. Como Lutero adivinhou corretamente, as teses foram efetivamente compostas por Conrad Wimpina para serem defendidas por Tetzel.
64. Cf. Volker Leppin, *Luther*. Darmstadt, 2006, pp. 117-26. Há um número de variações curiosas do nome de Lutero: uma carta de 1507 traz Luder, porém em outra do mesmo ano ele assina como Lutherus (WB 1, 4 e 5), mas não são originais; a mais antiga carta de Lutero (9) não tem sobrenome. Uma carta de 1514 traz Luder, e outra de 1516, Luter; mas Lutero/Lutherus se alternam com Luder até novembro de 1517 (17, 19, 21, 22, 27, 30, 33, 37, 38, 46, 51 Luder), e Scheurl se referia a ele como Luder, tendo escrito no início de 1517 (32). Conforme mostrou Leppin, no período da composição das Noventa e Cinco Teses, Lutero começou a se referir a si próprio como Eleutério, o liberto, quando escrevia para amigos próximos – Lang, Spalatin, Staupitz. Depois do outono de 1517, praticamente não volta a usar "Luder", mesmo quando escreve para os pais. Também brinca com a assinatura, às vezes firmando Martinus Lutherus, outras Martinus Luterus, normalmente incluindo "F" ou "Frater". Às vezes incluía "Doutor" ou "D" ao assinar; outras vezes, não; e ao longo da vida, era frequente que grafasse (mas nem sempre) o "R" final com uma enfática maiúscula. Curiosamente, no crepúsculo de sua vida, ele usou "Luder" em duas ocasiões incomuns, a primeira ao escrever aos condes de Mansfeld (WB 11, 4157, 7 out. 1545) e a segunda numa de suas últimas cartas à esposa, ao se referir jocosamente a ela como "Katherin Ludherin, Doctorin, Sewmarckterin" (WB 11, 4201, 7 fev. 1546). No entanto, ele se referia a membros de sua família original como "Luder".
65. WT 2, 1681; e ver Heiko Oberman, *Luther*, pp. 154-6 para uma brilhante interpretação. Recentemente, a torre da cloaca foi identificada: Stefan Laube, "Klosett oder Klosterzelle?", *FAZ*, 4 abr. 2015, Feuilleton, 13.
66. LW 34, 337; 1545; WS 54, 179-87; 186: 3-16.
67. O material sobre Romanos dá continuidade à discussão referente ao encontro com o emissário do papa Miltitz, em 1519, e é mostrado como contemporâneo de sua segunda série de preleções sobre os Salmos, antecedendo em um ano a convenção da Dieta de Worms. Isso o situaria em 1519, dois anos após as Noventa e Cinco Teses. Fica claro, portanto, que ou o próprio Lutero não se lembrava, ou que o processo da "Reforma" só terminou após vários anos.
68. Curiosamente, o próprio Melâncton situa a descoberta de Lutero de que nos redimimos somente pela fé muito antes da composição das Noventa e Cinco Teses, durante o período em Erfurt; Melâncton, *Vita Lutheri*, fos. 13 (v)-15 (r), atribuindo tal fato a uma consoladora conversa que teve com um dos monges mais velhos.
69. Lutero, *Eyn geystlich edles Buchleyn and Eyn deutsch Theologia*.
70. Ele também pode ter se envolvido novamente em 1520, caso as anotações na edição desse ano sejam de fato de autoria de Lutero: WS 59, 1-21.

5. VIAGENS E DEBATES [pp. 111-30]

1. WB 1, 72, 15 abr. 1518.
2. WB 1, 72, 15 abr. 1518, 166: 21, 23.
3. WB 1, 73, 19 abr. 1518.
4. Em agosto de 1518, suas "resoluções" ou justificativas das Noventa e Cinco Teses foram impressas, prefaciadas com uma carta a Staupitz e uma missiva com dedicatória ao papa — o que apenas inflamou ainda mais a situação: WS 1, 522-628; LW 31.
5. Bucer, que estava lá, escreveu um importante relato delas. Ver Thomas Kaufmann, "Argumentative Impressionen: Bucers Bericht von der Heidelberger Disputation", em Thomas Kaufmann (org.), Der Anfang der Reformation, que defende que o relatório de Bucer é confiável e que ele não apenas omitiu material sobre a Cruz e o sofrimento, mas que o debate em Heidelberg parece ter se centrado na graça e nas obras. Um texto da elaboração das teses um a doze está em WS 59, 409-26; para uma edição crítica completa moderna e tradução para o alemão, ver Wilfried Härle, Johannes Schilling e Günther Wartenberg (orgs.), op. cit., pp. 35-70. As "elaborações" das posturas para as teses filosóficas foram impressas na primeira edição das Obras de Lutero, exceto as vinte primeiras; e não está claro se as teses foram impressas ou se as elaborações delas foram formuladas antes ou depois da controvérsia.
6. Thomas Kaufmann, "Theologisch-philosophische Rationalitat: Die Ehre der Hure. Zum vernünftigen Gottesgedanken in der Reformation", em Thomas Kaufmann (org.), Der Anfang der Reformation. Tübingen: Mohr Siebeck, 2012.
7. LW 31, 40, 53, explicação da tese 21; WS 1, 354: 21; 362: 27, 28-9, 31-2; 354; sobre Deus absconditus, ver Lohse, Luther's Theology, 215-7; ver também Vitor Westhelle, "Luther's Theologia Crucis", em Robert Kolb e Irene Dingel (orgs.), Oxford Handbook. Oxford, 2014, pp. 156-64. A ideia de Deus "oculto no sofrimento" também estava sendo desenvolvida por Karlstadt e encontrou expressão visual no folheto de Cranach A carroça de Karlstadt, do início de 1519, linha superior, no canto esquerdo, no qual Cristo é representado escondido atrás da cruz (cf. cap. 6).
8. WB 1, 75, 18 maio 1518, 173: 28-9; 174: 45-6.
9. WB 1, 34, 8 fev. 1517: ele anexara uma carta a Trutfetter em sua carta a Lang, na qual sugeria que ele e Usingen desistissem do estudo de Aristóteles, Porfírio e dos comentários sobre Pedro Lombardo.
10. WB 1, 75, 18 maio 1518, 173, n. 12: Lutero deve ter encontrado Trutfetter afinal, provavelmente em 10 de maio.
11. WB 1, 74, 9 maio 1518, 169: 13-4; 33-8; a carta anterior a Lang, WB 1, 64, 21 mar. 1518.
12. Egranus também suscitara dúvidas sobre as lendas das três Marias e se envolveu em controvérsias com Wimpina e Düngersheim. A carta de Lutero, que serve de prefácio ao folheto de Egranus, foi impressa no fim de março ou começo de abril de 1518, WS 1, 315-6; e WB 1 55, 20 dez. 1517 (a Spalatin).
13. WB 1, 74, 9 maio 1518, 170: 44-5; 171: 78-80; 81; 87; 85.
14. Um ano depois, de fato, Trutfetter morreu: WB 1, 184, a Lang, 6 jun. 1519. Lutero observa de modo lacônico que Trutfetter morrera. Que Deus receba sua alma e perdoe todos os seus pecados, assim como os nossos, comentou ele.
15. WB 1, 75, 18 maio 1518.

16. Elizabeth Vandiver, Ralph Keen e Thomas Frazel (org. e trad.), op. cit., p. 155.

17. WB 1, 74, 9 maio 1518: em toda a universidade, insistia Lutero, apenas um acadêmico não o apoiava, e essa pessoa ainda não tinha título de doutor.

18. Thomas Kaufmann, "Argumentative Impressionen: Bucers Bericht von der Heidelberger Disputation", em Thomas Kaufmann (org.), *Der Anfang der Reformation*. Tübigen: Mohr Siebeck, 2012; Martin Brecht, *Luther*, v. 1, p. 216.

19. Martin Greschat, *Bucer*. Louisville, 2004, pp. 21-35. Assim como Frecht, Billican e Brenz, é possível que Eberhard Schnepf também tenha estado em Heidelberg. Todos viriam a ser importantes reformadores no Sul da Alemanha.

20. WB 1, 83, 10 jul. 151, 186: 51.

21. Lutero enviara sua réplica manuscrita via Wenzeslaus Linck em Nuremberg, de quem recebera o texto de Eck. Ninguém mais a vira, frisou ele.

22. WB 1, 77, 19 maio 1518, 178: 28-30.

23. Karlstadt escrevera originalmente 380 teses, mas, sempre dado a exageros, fez acréscimos durante a correção das provas; WB 1, 82, 15 jun. 1518.

24. David Bagchi, *Luther's Earliest Opponents*. Mineápolis, 1991, pp. 20-2.

25. Jared Wicks, *Cajetan*. Münster, 1983.

26. WB 1, 83, 10 jul. 1518: Lutero ressaltou o fato, dizendo que ele ou seria estrangulado ou batizado até a morte.

27. Cartas de LW, I, 74; WB 1, 87, 28 ago. 1518, 190: 10-6.

28. WB 1, 87, 28 ago. 1518; WB 1, 92, 5 set. 1518 (Spalatin a Lutero). Lutero pedira diretamente a Spalatin que garantisse apoio ao eleitor, porque isso dizia respeito tanto à honra da universidade quanto ao próprio Lutero, WB 1, 85, 8 ago. 1518; enquanto Staupitz escreveu pressionando Spalatin que aconselhasse o eleitor a se manter firme, pois não se tratava apenas de questão de ordem: Walch, XV, 551, Staupitz a Spalatin, 7 set. 1518.

29. Cf. WS 54, 181: 13 para um relato seu no prefácio às Obras em Latim; WT 2, 2668a e b (1532); Johannes Mathesius, *Historien von dem Leben*. Leipzig, 1806, p. 33; sobre provocações, Friedrich Myconius, *Geschichte der Reformation*. Gotha: Forschungsbibliothek, 1990, p. 28: também pode ter dito que não iria para a fogueira imediatamente.

30. Johannes Cochlaeus, *Brevis Germaniae Descriptio* (org. Buchner). Darmstadt, 1976, p. 77.

31. WB 1, 97, 10 out. 1518.

32. Wolfgang Zorn, Augsburg *Geschichte*. Augsburgo, 1972, pp. 161-9; Mark Häberlein, *Fuggers*. Charlottesville, 2012; Gabriele von Trauchburg, *Häuser*. Berlim, 2001, pp. 32-9. Os afrescos foram concluídos em 1517.

33. Em São Jorge e Santa Cruz, havia fundações de cônegos agostinianos, mas eram padres e não monges. Sobre santa Ana e a estrutura social de instituições religiosas de Augsburgo, ver Rolf Kiessling, *Bürgerliche Gesellschaft*. Augsburgo, 1971, pp. 251-87.

34. Tenho dívidas com Johannes Wilhelm, que me apresentou o *Fronleichnamsaltar*, e com as palestras do falecido Bruno Bushart sobre a *Fuggerkapelle*, Augsburgo, c. 1978. Ver, sobre a história da capela, Bruno Bushart, *Die Fuggerkapelle*. Munique, 1994, pp. 15-31; e sobre o altar, pp. 199-230. A configuração original do altar foi destruída em 1581, e a escultura foi removida para a igreja de São Marcos em Fuggerei. Por ironia, o quarto centenário da divulgação das Noventa e Cinco Teses coincidiu com uma reforma da capela Fugger que desconfigurou bastante seu aspecto original, p. 49.

Não está claro se o artista era Hans Daucher, mas pode ter sido; Thomas Eser defende de modo persuasivo que a obra veio da região de Ulm-Augsburgo e que é uma expressão do misticismo da Baixa Idade Média; Thomas Eser, *Hans Daucher*. Berlim, 1996, pp. 251-62.

35. WB 1, 97, 10 out. 1518; WB 1, 100, 14 out. 1518; Bild estabelecera contato com Lutero por intermédio de Spalatin logo após sua chegada a Augsburgo: WB 1, 95, 21 set. 1518.

36. WB 1, 97, 10 out. 1518, 209: 31-2; 37-8. Ver também WT 5, 5349: Lutero relembrou que seus amigos lhe disseram que ele se prostrou diante do cardeal, beijou-lhe os pés e só então ficou de pé.

37. W 31, 274-5; WS 2, 16: 11-2, 19. Isso aparece entre as "Extravagantes communes", Cartas de LW, I, 84, n. 6.

38. Cartas de LW, I, 83-7; WB 1, 99, 14 out. 1518, 214: 13-4; 25-7; 30-3. Lutero aqui usa técnicas de argumentação aprendidas durante seus estudos filosóficos e aperfeiçoadas nos anos de debates, exatamente o contrário do que desejava Caetano. Conforme menciona Lutero no início da carta, Caetano não queria uma controvérsia pública nem privada com ele.

39. WT 2, 2250.

40. WT 2, 2250, 376: 10 (ago.-set. 1531); WT 1, 509, 233: 9 (primavera de 1533).

41. WB 1, 104, 18 out. 1518, 222: 4-7; 223: 12; 14-6; 35; WT 2, 22506; 38; 39-42; 46.

42. WB 1, 104, 18 out. 1518 (a Caetano), 223: 20; *Appellatio M. Lutheri a Caietano ad papam*, 1518 WS 2, 27-33, 33: 5, "melius informati"; WB 1, 104, 18 out. 1518, 223: 20; e ver a carta a Spalatin, na qual ele usa a mesma expressão, Cartas de LW, I, 90-3; WB 1, 105, 31 out. 1518, 224: 3-4.

43. Froben publicou juntamente com as principais obras de Lutero e a réplica de Prierias, de modo que os intelectuais dispunham de um grosso volume que lhes possibilitava decidir sobre a "questão luterana": "*Ad Leonem X. Pontif. Maxim. Resolutiones disputationum de virtute indulgentiarum...*" [Basileia] [1518] [VD 16 L 3407].

44. WB 1, 100, 14 out. 1518, que é semelhante à que foi enviada a Spalatin na mesma data. Muitas das cartas a Karlstadt se perderam: essa sobreviveu apenas em tradução alemã; como dissera numa missiva anterior a Melâncton que Karlstadt conhecia os detalhes da discussão até aquela data, devia haver pelo menos outra carta precedente.

45. WB 1, 99, 14 out. 1518; 102, logo após 14 out. 1518; 104, 18 out. 1518. Há um sentimento anti-italiano subjacente que Lutero utiliza para reforçar no eleitor o sentimento de uma mesma causa comum. Ele comentou que Serralonga, intermediário de Caetano, "era um italiano e um italiano sempre será", ridicularizando a bela prosa vazia de conteúdo.

46. WB 1, 110, 25 out. 1518, Caetano ao eleitor, recebida em 19 nov. 1518; 110, 21 nov. 1518, a réplica de Lutero, escrita em latim, embora ele normalmente escrevesse ao eleitor em alemão, para possibilitar o envio a Caetano.

47. WS 2, 1-5 (intro.); 6-26; 25 para o texto apagado; Martin Brecht, *Luther*, v. 1, pp. 208-9; *Sermão sobre as indulgências e a graça*, WB 1, 67, segunda metade de março de 1518: até mesmo um apoiador de Lutero como Capito achou que esse sermão fora um pouco longe demais, de modo que a advertência de Spalatin não era exagerada.

48. *Acta Augustana*, LW 31, 259-92; WS 2, 6-26. WB 1, 124, 20 dez. 1518 a Spalatin: Lutero explica que ele planejara que as cópias da Apelação fossem distribuídas quando a proibição viesse. No entanto, ele não pagou o tipógrafo. Essa explicação teria sido mais convincente se a mesma carta não incluísse a justificativa de seu fracasso em seguir o conselho de Spalatin de que não

imprimisse as *Acta*, que ele diz ter recebido tarde demais, história um pouco diferente da contada a Langenmantel no mês anterior: WB 1, 113, 25 nov. 1518 a Christoph Langenmantel.

49. Cartas de LW, I, 72; WB 1, 85, 8 ago. 1518, 188: 12-3; Cartas de LW, I, 75; WB 1, 87, 28 ago. 1518, 190: 30-1.

50. Wilfried Härle, Johannes Schilling e Günther Wartenberg (orgs.), op. cit., v. 2, pp. 17-23; essa não foi a única vez que Lutero mencionou sua saúde precária a Staupitz, que de sua parte se preocupava com a saúde de Lutero; e ele fazia constantes e vívidas referências à possibilidade de seu martírio também.

51. WB 1, 98, 11 out. 1518, 213: 8-10; 11-4.

52. WB 1, 102, logo após 14 out. 1518.

53. WB 1, 96, 3 ou 4 out. 1518, 208: 2-3; 4-5.

54. *Acta Augustana*, LW 31, 260; WS 2, 7: 10-1 (ele também se imaginava como Atanásio, lutando solitário contra a heresia de Ário).

55. WB 1, 90, 2 set. 1518, 195: 8-196: 15.

56. Cartas de LW, I, 74; WB 1, 87, 28 ago. 1518, 190: 10-1.

57. WB 1 140, 2 fev. 1519 (a Egranus); o beijo ficou célebre e foi mencionado por Scheurl em sua carta a Eck quinze dias depois; Frans Soden e J. F. R. Knaake (orgs.), op. cit., 18 fev. 1519, e a Staupitz, WB 1, 152, 20 fev. 1519. Curiosamente, as discussões ocorreram na casa de Spalatin em Altenburg.

6. O DEBATE DE LEIPZIG [pp. 131-51]

1. Erwin Iserloh, *Johannes Eck*, Münster, 1981, pp. 7, 19.

2. Ibid., pp. 2-3. Eck também ensinou o humanista anabatista Balthasar Hubmaier; Urbanus Rhegius mais tarde se tornou um eminente luterano.

3. Johannes Eck, *Epistola*, fo. B (r), Ingolstadt, 1543.

4. Elizabeth Vandiver, Ralph Keen e Thomas Frazel (orgs. e trads.), op. cit., p. 67.

5. Andreas Karlstadt, *Auszlegung*; e ver Jens-Martin Kruse, op. cit., pp. 195-200; Jenny Spinks e Lyndal Roper, "Karlstadt's Wagon" (no prelo).

6. Hermann Barge, op. cit., p. 133.

7. O local permaneceu um ponto de discórdia, com Eck insistindo que fora Lutero quem primeiro exigiu que se encontrassem em Leipzig e depois mudou de ideia. Anos mais tarde, Eck ainda afirmava que possuía um bilhete manuscrito do "embusteiro" Lutero confirmando a escolha: Johannes Eck, *Epistola*, fo. A 4 (r).

8. Erwin Iserloh, Johannes Eck, Münster, 1981, p. 20.

9. Gustav Kawerau (org.), *Justus Jonas*, I, p. 24, 24 jun. 1519 (Jonas a Aachen); sobre a indignação de Jonas com os ataques de Eck contra Erasmo, ver suas cartas a Lang e a Mosellanus de julho e agosto de 1519, pp. 27-9.

10. Erwin Iserloh, *Johannes Eck*, Münster, 1981, pp. 19-20; Lutero fizera a mesma crítica a Erasmo numa carta a Spalatin, WB 1, 27, 19 out. 1516, instando Spalatin a repassá-la a Erasmo; ele o fez, mas Erasmo, ao que parece, não respondeu.

11. WB 2, 490, 15 maio 1522, 527: 25.

12. Heiko Oberman, *Masters of the Reformation*. Cambridge: Cambridge University Press, 1981, pp. 128-38.

13. Erwin Iserloh, *Johannes Eck*. Münster, 1981, p. 11; Mathis Miechowa, *Tractat von baiden Sarmatien vnd andern anstossenden landen, in Asia vnd Europa, von sitten vnd gepraeuchen der voelcker so darinnen wonen*, Augsburgo 1518: o autor era polonês. O trabalho demonstra considerável interesse no tratamento dos cavalos (f. B iii [v]); e curiosamente explica que os tártaros se converteram ao islamismo através dos sarracenos, que condenaram o cristianismo e sua idolatria a imagens, uma observação que sugere o quão vívida a questão das imagens já era nesse período (f. B iii [r]).

14. Há um bom relato das negociações em Martin Brecht, *Luther*, v. 1, pp. 299-309.

15. Erwin Iserloh, *Johannes Eck*. Münster, 1981, pp. 71-4.

16. Friedrich Myconius, *Geschichte der Reformation*. Gotha: Forschungsbibliothek, 1990, p. 31. Armin Kohnle, "Die Leipziger Disputation und ihre Bedeutung für die Reformation", em Markus Hein e Armin Kohnle (orgs.), *Die Leipziger Disputation* [O debate de Leipzig]. Leipzig, 2011, p. 10.

17. Walch, xv, 1204-5 (Sebastian Fröschel); seu relato não foi escrito até 1566; 1208 (Saxon Kanzler Pfeiffer) também é um relato tardio. Ambos foram escritos depois do rompimento entre Lutero e Karlstadt, o que pode indicar que isso foi uma mentira; mas Rubius menciona o incidente em seu poema do período.

18. Lotter imprimiu algumas das obras de Lutero; depois seu filho abriu uma filial em Wittenberg, para a alegria de Lutero. Mas em 1525, após uma controvérsia com Cranach, Lotter desistiu do negócio. Seu irmão, que também se mudara para Wittenberg, foi para Magdeburgo três anos depois: Andrew Pettegree, *Brand Luther*. Nova York: Penguin, pp. 110-4, 185-92, 195-6.

19. Walch, xv, 1184-7 (relato de Amsdorf a Spalatin); 1189-91 (Aurifaber a Spalatin); 1191-4 (Mosellanus a Pirckheimer); 1194-1204 (Mosellanus a Pflug); 1204-8 (Fröschel); 1208-17 (Pfeiffer), 1217-24 (Melâncton); 1224-32 (cartas de Eck); 1232 (Cellarius); 1239-59 (Rubius); Hermann Barge, op. cit., v. 1, pp. 133-80; Markus Hein e Armin Kohnle (orgs.), op. cit.; Erika Rummel, op. cit., pp. 19-22.

20. Reinhold Weier, "Die Rede des Mosellanus 'Über die rechte Weise, theologisch zu disputieren'", *Trierer Theologische Zeitschrift*, v. 83, 1974, pp. 232-45: o discurso foi impresso durante a controvérsia, mas não foi bem distribuído e não conseguiu causar boa impressão; sobre a missa cantada, Walch, xv, 1206.

21. ws 2, 241; e para o texto do sermão, 241-9.

22. Walch, xv, 1194. Mosellanus a Pflug, 6 dez. 1519 (soldado, açougueiro); 3 ago. 1519 (Mosellanus a Pirckheimer); 1192-3 (soldado); 1241, relato de Rubius 13 ago. 1519 (leão).

23. Rubius, *Eyn neu buchlein*: (f. A iii [v]), sobre Eck (f. A ii [v]); Mosellanus em Walch, xv, 1200-1; Sider, Karlstadt, 13. Mosellanus descreveu o corpo imponente e a voz poderosa de Eck, sustentada por um "robusto tórax" que lhe teria permitido ser um ator trágico ou um arauto.

24. Walch, xv, 1207. Para as atas do debate, ver ws 2, e para as atas baseadas no registro notarial oficial, impressas em Paris e redescobertas por Otto Seitz, ver ws 59, 427-605, que omite as discussões entre Eck e Karlstadt; ver Otto Seitz (org.), *Der authentische Text der Leipziger Disputation*. Berlim, 1903. Sobre a história do registro do debate, ver Christian Winter, "Die Protokolle der Leipziger Disputation", em Markus Hein e Armin Kohnle (orgs.), op. cit. Havia atividades também. Para diversão do público, Lutero e Eck protagonizaram um debate de brincadeira sobre se o bobo da corte caolho do duque poderia se casar, Eck defendia que não. Quando o bobo ofendido lhe

dirigiu o olhar, o teólogo o imitou cobrindo um dos olhos com a mão, para exasperação do bobo e delírio da plateia. Esse tipo de humor era comum nas cortes, o que não o tornava menos perverso: dois homens comprometidos com o celibato ridicularizando o desejo de um bobo deformado.

25. WS 59, 467: Platina argumentara como Hus, de maneira que Lutero confirmara que o poder papal fora cedido pelos imperadores.

26. Thomas Kaufmann (org.), *Der Anfang der Reformation*. Tübingen: Mohr Siebeck, 2012. pp. 37-50.

27. Walch, xv, 1221-2, 21 jul. 1519 (Melâncton a Oecolampadius).

28. Ibid., 1207.

29. Ibid., 1224-32.

30. Ibid., 1122, 1123, 15 jul.

31. WB 1, 196, 3 set. 1519.

32. Christian Walch, xv, 1200, 6 dez. 1519 (Mosellanus a Pflug); 1186-7, 1 ago. 1519 (Amsdorf a Spalatin).

33. Erika Rummel, op. cit., p. 20; Walch, xv, 1226, 24 jul. 1519 (Eck a Hoogstratern): um de seus assistentes, ele observou, era o célebre sobrinho de Reulich (referência a Melâncton).

34. WB 1, 187, 20 jul. 1519, 423: 107; embora ao que parece Lutero não se importasse com vestimentas, tecidos e a aquisição deles, são recorrentes na correspondência. Por exemplo: Lutero agradece ao confessor do eleitor por lhe obter tecidos do eleitor, WB 1, 30, 14 dez. 1516; e agradece ao eleitor mais uma vez por lhe dar tecidos, WB 1, 55, 20 dez. 1517. Ele também nota a chegada de tecido no estabelecimento de Cranach, WB 2, 287, 13 maio 1520. Porém, ele gostava de comentar que sua velha batina estava tão cheia de buracos que o dr. Hieronymus costumava lhe oferecer dinheiro para que comprasse uma nova. Ele resistiu a abrir mão de seu hábito monástico. Lutero relembrou quando Frederico leu *Sobre os votos monásticos*, enviando-lhe tecidos finos que deveriam ser usados na confecção de um capote ou de uma toga, e ele brincou que deveria tê-los encomendado ao modo espanhol, que estava em voga. WT 5, 6430; WT 4, 4414; WT 4, 5034.

35. Eck queria, ele escreveu em 1545, granjear glória e favores do papa e "me destruir com ódio e inveja". LW 34, 333; WS 54, 179-87, 183: 16.

36. Johannes Eck, *Epistola*. Ingolstadt, 1543.

37. Elizabeth Vandiver, Ralph Keen e Thomas Frazel (orgs. e trads.), op. cit., pp. 68-9.

38. Rubius também escreveu um longo ensaio, *Solutiones*, que pretendia ser um relato do debate ao bispo de Würzburg: Erika Rummel, op. cit., p. 20.

39. WS 59, 429; Martin Brecht, *Luther*, v. 1, pp. 337-8: Lutero escreveu uma carta ameaçadora a Efurt quando ouviu rumores de que a decisão lhe seria desfavorável; e Lang, ao que parece, também se empenhou para que a universidade rejeitasse o juiz.

40. WS 2, 241-9; 246: 17-8; 244: 29-30.

41. WS 2, 253; 388-435: "Resolutiones Lutherianae super propositionibus suis Lipsiae disputatis".

42. Erika Rummel, op. cit., pp. 19-22, para um relato dessa parte do debate.

43. Johannes Eck, *Doctor Martin ludders*. Augsburgo, 1520.

44. Thomas Best (org.), *Eccius dedolatus*. Lexington: University Press of Kentucky, 1971, pp. 40-50: a cena de Cândida, a bruxa, cavalgando seu bode rumo a Leipzig advém de *Witch Riding Backwards on a Goat* de Dürer, gravura de 1500.

45. Eck é raspado, como uma bruxa prestes a ser torturada, para se livrar "dos sofismas, silogismos, proposições longas e curtas, corolários, porismas etc.", isto é, de todas as técnicas de argumentação escolásticas que impestam como piolhos no cabelo, e "vomita" os comentários sobre Aristóteles que escrevera. Em seguida, ele é obrigado a defecar — e expele uma moeda, em alusão ao serviço prestado a Jakob Fugger, "que contratou sua língua" para defender a usura. Quando se descobre que essa língua é escura e bifurcada (como a do Diabo), um médico a corta ao meio, antes de remover "o carbúnculo da vaidade" e o "carcinoma da calúnia" de Eck: Thomas Best (org.), op. cit., pp. 63-71.

46. LW 35, 50; WS 2, 742: 24-6.

47. Pirckheimer certamente sabia da sátira e colaborara em sua autoria; e há uma sequência de sua lavra (embora não tão boa quanto o original). Quem quer que tenha escrito, conhecia Nuremberg bem, pois o autor troça da dança de Eck no casamento de Christoph Scheurl e menciona um ensaio de Lazarus Spengler que Eck deseja "consagrar publicamente a Vulcano" — isto é, queimá-lo em público: Thomas Best (org.), op. cit., pp. 22-5.

48. WS 2, 739 ss., "Eyn Sermon von dem Hochwirdigen Sacrament, des heyligen waren Leychnamß Christi, Vnd von den Bruderschafften Für die Leyen", Wittenberg, 1519 [VD 16 L 6387]. Foi o terceiro de uma trilogia de sermões sobre os sacramentos, a penitência, o batismo e a comunhão.

49. WS 2738-9.

50. LW 35, 50; WS 2, 742: 26.

51. LW 35, 68; WS 2, 754: 35-755: 1.

52. Mark U. Edwards Jr., *Printings*, pp. 1-2. Los Angeles: University of California Press, 1994. Entre 1518 e 1530, suas obras vernaculares ultrapassaram a de seus inimigos católicos em cinco para uma. Mark U. Edwards, Jr., "Luther as Media Virtuoso and Media Persona" [Lutero como virtuoso da mídia e persona da mídia], em Hans Medick e Peer Schmidt (orgs.), *Luther zwischen den Kulturen*. Göttingen, 2004.

53. O alcance da mudança fica evidente nos números das obras impressas remanescentes lá publicadas (estatística incompleta porque muitas dessas obras desapareceram). Em 1517, apenas cinco obras foram impressas nas tipografias de Wittenberg. Em 1518, no mínimo 29 obras foram impressas, e mais 48 no ano seguinte. Em 1520, o passo decisivo foi dado: surgiram nada menos que 109 livros e opúsculos. Em comparação, no mesmo ano, Augsburgo publicou 199 obras que sobreviveram; a Basileia, 107; e Nuremberg, 109. Dados obtidos de VD 16. Sobre o crescimento de Wittenberg como centro tipográfico, ver Andrew Pettegree, *Book in the Renaissance*. New Haven: Yale University Press, 2010, pp. 91-106; e id., *Brand Luther*. Nova York: Penguin, 2015.

54. Ele estava certo: Reuchlin precisou impedir Eck de queimar publicamente os ensaios de Oecolampadiu e Spengler em Ingolstadt; Thomas W. Best (org.), *Eccius dedolatus*, Introdução. Lexington, 1971, p. 18.

55. Lazarus Spengler, *Schützred*, fo. B iii (v).

56. Ibid., fos. A iv (v), B ii (r), B iii (r), B iii (r).

7. A LIBERDADE DO CRISTÃO [pp. 152-78]

1. Lutero costumava contá-los com os dedos das mãos. WT 5, 5428. Os estudantes estavam em parte liberados, e os professores, totalmente liberados das sete "horas" de oração. Ver também WT 5, 5375.
2. WT 2, 1253, antes de 14 dez. 1531.
3. WT 5, 5428 entre 11 abr. e 14 jun. 1542. Isso surgiu no decorrer de uma discussão em que os presentes à mesa se revezavam contando como cumpriam as horas canônicas. Ver também WT 3, 3651; WT 4, 4082; WS 17, 1, 112 ss. (sermões, 1525); WT 4, 4919, 5094; WT 5, 6077.
4. Helmar Junghans, *Die Reformation*. Munique: Deutscher Taschenbuch, 1973, p. 87.
5. WB 2, 278, 16 abr. 1520.
6. Cf. WS 59, XV-21: há anotações manuscritas da versão latina de 1516 e anotações alemãs impressas da edição de 1520, que podem ter sido fornecidas pelo próprio Lutero, o que sugere que ele ainda estava trabalhando no texto em 1520.
7. WS 38, 372: 26-7; 373: 10; 372: 30-1. Ver também o livro de oração *Betbüchlein*, de 1522, e *Spalatins Betbüchlein*, WS 10.II, 331-501; LW 43, 5-47, que é uma coletânea para devoção privada, incluindo o Pai-Nosso e, curiosamente, a Ave-Maria. Também inclui uma Paixão de 1529, que trazia cinquenta xilogravuras, ilustrando a história da Bíblia.
8. WB 1, 16, 8 jun. 1516, 45: 25; 41-3. A carta é surpreendentemente longa. Lutero também demonstra que sabia que a irmã de Staupitz, a abadessa de Frauenwörth em Chiemsee, queria que o irmão ocupasse o cargo, o que deixa claro que se tratava de um plano definido cuidadosamente para garantir a posição nobre de Staupitz e beneficiar o eleitor.
9. WB 1, 202, 3 out. 1519, 514: 49-50; 51-3; 75-7. Curiosamente, no salmo, é o contrário: a criança se afasta da mãe e fica feliz, enquanto Lutero fica *tristissimus*.
10. WB 1, 202, 3 out. 1519, 152, 20 fev. 1519, 344: 9.
11. WB 1, 515, n. 1.
12. Cartas de LW, I, 191; WB 2, 366, 14 jan. 1521, 245: 3-4.
13. WB 2, 376, 9 fev. 1521, 263: 23; 25-6; 264: 47-50.
14. WB 2, 512, 27 jun. 1522, 566, referência à carta de Staupitz a Linck.
15. WB 1, 119, início ou meados de dez. 1518 (?).
16. Franz Posset, op. cit., p. 210. Frans Soden e J. F. R. Knaake (orgs.), op. cit., v. 1, pp. 139-40, 22 abr. 1514.
17. WT 5, 5989, 417: 11-2: Lutero relembrou as palavras de seu confessor por volta de 1544.
18. Cartas de LW II, 11-3; WB 2, 512, 27 jun. 1522, 567: 13-4; 11-2; 19-20. A carta continua mencionando o provável martírio do cardeal agostiniano da Antuérpia, que (em contraste com Staupitz) renegara e então retomara a pregação do Evangelho; e reflete se ele próprio poderia encarar a fogueira.
19. Cartas de LW, II, 48, 49, 50; WB 3, 659, 17 set. 1523, 156: 23; 26-7; 155: 5-8; 156: 12; 36-8. Outros notaram o significado da ação de Staupitz, e Thomas Müntzer ironizou a segurança de Lutero em Augsburgo, já que lá "podia confiar em Staupitz", "embora ele o tenha abandonado e se tornado abade"; Peter Matheson (org. e trad.), *Collected Works*. Edimburgo: T & T Clark, 1988, p. 347, n. 233; Thomas Müntzer, *Hoch verursachte Schutzrede*, fo. E (r-v). Nuremberg, 1524; ver Franz Posset, pp. 296-7.
20. WB 3, 821, 23 jan. 1525, 428: 5.

21. WB 3, 827, 7 fev. 1525, 437: 8-10.
22. WT 1, 173, 1532, 80: 6-7.
23. Evangelische Predigerseminar Wittenberg (org.), "Vom Christlichen abschied". Stuttgart, 1996; f. A iii (r-v).
24. David Bagchi, *Luther's Earliest Opponents*. Mineápolis: Fortress Press, 1991.
25. WB 2, 284, 5 maio 1520; 287, 13 maio 1520; 291, 31 maio 1520; sobre Alveld, que escrevia para defender a autoridade papal em nome do bispo de Merseburg, ver David Bagchi, op. cit., pp. 50-2.
26. WB 2, 276, [7 abr. 1520], 79: 6-7.
27. Cartas de LW, I, 145, WB 1, 239, 610: 25-6.
28. WS 6, 135-6; 137-41; 138: 20-1; 140: 7; 17-9.
29. WB 2, 255, [c. 16 fev. 1520], 43: 3-6; 35-7; 45: 91. Na carta seguinte, Lutero moderou seu tom com Spalatin, prometendo que seria menos mordaz em sua réplica em latim ao bispo de Meissen, e antes a mostraria a Spalatin. Mas acrescenta que, se seu inimigo espalhar mais a merda, ela vai feder mais longe e com mais força: WB 2, 256, 18 fev. 1520.
30. Ele não estava só: Capito escreveu em 17 de março de 1520 (WB 2, 267) comparando-os a Midas, isto é, juízes asnos que claramente tomavam as decisões erradas.
31. Martinho Lutero, "Resolutio Lutheriana super propositione decima tertia de potestate papae. Per autorem locupletata", em Wilfried Härle, Johannes Schilling, Günther Wartenberg e Michael Beyer (orgs.), op. cit., v. 3, pp. 17-171.
32. LW 31, 354; WS 7, 27: 19-21.
33. LW 44, 169, 130, 131; WS 6, 436: 13-4; 409: 11-5; 22-5.
34. Ver, sobre essa imagem, Martin Warnke, *Cranachs Luther*. Frankfurt: Fischer, 1984.
35. Adolar Zumkeller, op. cit., p. 7, 15 mar. 1520.
36. WB 2, 327, 18 ago. 1520, 167: 5.
37. LW 44, 154; WS 6, 426: 1-2.
38. Hans-Christoph Rublack, "Gravamina und Reformation", em Ingrid Batori (org.), *Städtische Gesellschaft und Reformation*. Stuttgart: Klett Cotta, 1980.
39. LW 44, 177, *À nobreza cristã da nação alemã*; WS 6, 442: 10-5.
40. LW 44, 178; WS 6, 442: 33; 422: 35-6.
41. Thomas Brady, *German Histories*. Cambridge: Camdridge University Press, 2010, p. 152.
42. Ibid., pp. 151-2, 260-4.
43. Assim, por exemplo, Lutero começou a pedir a Spalatin, de início com alguma hesitação, se ele poderia escrever ao eleitor e informá-lo sobre os problemas de inflação; curiosamente, explicou seu interesse como "*pro re publica iuuanda*", WB 2, 291, 31 maio 1520; 297, [7? jun. 1520]. A seguir, envolveu-se na pregação e na mediação dos conflitos armados entre os estudantes e os operários de Cranach — para desolação de Spalatin; WB 2, 312, 14 jul. 1520; 315, 22 jul. 1520.
44. WS 6, 497-573; LW 36; Wilfried Härle, Johannes Schilling e Günter Wartenberg (orgs.), op. cit., v. 3, pp. 173-376, edição com texto em latim e alemão moderno em paralelo.
45. RTA 2, 478. No entanto, considerava *Da liberdade do cristão* um bom texto.
46. LW 36, 12; WS 6, 498: 9. Lutero, *De captivitate babylonica ecclesiae praeludium* [*Do cativeiro babilônico da Igreja*], fo. A ii (r). Na parte superior da página, há uma outra sentença em caixa alta: "INDVLGENTIAE SVNT ADVOLATORVM ROMANORVM NEQVICIAE", isto é, "Indulgências são

instrumentos imorais dos bajuladores de Roma", de modo que o impacto visual dessa página remete o leitor à mensagem das Noventa e Cinco Teses, e depois radicaliza, situando-o no contexto de um ataque muito mais violento ao papado, fo. A ii (r), LW 36, 12. Lutero usa explicitamente a palavra "Anticristo" (ao contrário de Nimrod), LW 36, 72; WS 6, 537: 25. Mais ou menos no mesmo período, ele condenou a bula papal, chamando-a de Bula do Anticristo em *Wider die Bulle des Endchrists*, out. 1520, WS 6, 614: 29.

47. LW 36, 16, 17; WS 6, 500: 19; 501: 12; 500: 33.

48. LW 36, 66, 68; WS 6, 527-36; 533: 12-3; 534: 11. O flagelo da carne, defende Lutero, diz respeito ao batismo, e não às obras, e desse modo ele vincula o martírio ao batismo e à fé.

49. LW 36, 32; WS 6, 510: 9-13.

50. WS 6, 510: 4-8.

51. Ver, sobre a razão como meretriz, Thomas Kaufmann, "Theologisch-philosophische Rationalitat: Die Ehre der Hure. Zum vernünftigen Gottesgedanken in der Reformation", em id. (org.), *Der Anfang der Reformation*. Tübingen: Mohr Siebeck, 2012.

52. Luther, *Von der freyheyt eynes Christenmenschen* [Da liberdade do cristão]; WS 7, 20-38; LW 31.

53. LW 31, 344; WS 7, 21: 1-3.

54. LW 31, 350; WS 6, 25: 7-8; 24: 1 (*boeße begirde*, traduzido em LW como "cobiça").

55. LW 31, 370; WS 7, 37: 16-8. É incrível como a palavra "alle" aparece ao longo do texto, intensificando seu tom autoritário e desqualificado.

56. Para um relato que mostra a atividade de Lutero e destaca o papel de Melâncton e Agricola, ver Natalie Krentz, *Ritualwandel*. Tübingen: Mohr Siebeck, 2014, pp. 131-6; no entanto, o evento estava centrado em Lutero, já havia sido discutido com Spalatin, e parte considerável da organização seria feita oralmente, sem deixar nenhum vestígio documental. Os católicos entenderam a queima da bula, feita em dezembro por Lutero, como retaliação pela queima das obras dele; ver a carta de Andrea Rosso, assistente do embaixador veneziano Cornaro, Worms, 30 dez. 1520; e ver a carta de Cuthbert Tunstal a Wolsey, 29 jan. 1521, na qual se estabelece relação com a certeza de Lutero de que ele não seria ouvido, em Paul Kalkoff, *Briefe*, pp. 26, 32. Halle, 1898.

57. WB 2, 361, 10 dez. 1520, 235, n. 1.

58. Cartas de LW, I, 192; WB 2, 366, 14 jan. 1520, 245: 17-9.

59. Versões em latim da descrição anônima foram impressas, e há um pôster com tradução em alemão, perfeito para exibição em paredes. Ver também Thomas Kaufmann (org.), *Der Anfang der Reformation*. Tübingen: Mohr Siebeck, 2012, pp. 185-200.

60. WB 2, 269, n. 18 e 19. No Ano-Novo de 1521, jovens nobres depositaram uma carta de feudo satírica em latim, atacando Emser, no púlpito de Thomaskirche em Leipzig; 1500 cópias foram impressas. O tipógrafo e seu funcionário foram presos, mas Emser intercedeu por eles e a pena foi reduzida.

61. Walch, XV, 1792; *Bulla coena Domini: das ist: die bulla vom Abent-fressen des allerheyligsten hern des Bapsts: vordeutscht durch Martin Luth*, Wittenberg, 1522 [VD 16 K 267].

62. WB 3, 382, 6 mar. 1521.

63. Relato de Karl von Miltitz in Helmar Junghans, *Die Reformation*. Munique: Deutscher Taschenbuch, 1973, pp. 91-2.

64. Martin Brecht, *Luther*, v. 1, pp. 426-9: de fato, Aleandro não publicou a bula final contra Lutero até outubro de 1521.

65. WB 2, 384, 7 mar. 1521, 282: 14; e ver WB 2, 377, 17 fev. 1521; 385, 7 mar. 1521.
66. Cf. David Paisey e Giulia Bartrum, "Hans Holbein and Miles Coverdale: A New Woodcut", *Print Quarterly*, v. 26, n. 3, 2009, pp. 227-53, para uma imagem de Lutero lutando com o papa adaptada da xilogravura de Hércules, que os autores atribuem de modo convincente a Holbein, publicada numa versão inglesa em 1539.
67. Helmar Junghans, *Die Reformation*. Munique: Deutscher Taschenbuch, 1973, p. 94; ver também sobre a queima de livros WB 2, 378, 27 fev. 1521; 382, 6 mar. 1521.

8. A DIETA DE WORMS [pp. 179-200]

1. RTA 3, 466, 8 nov. 1520; 468-70, 17 dez. 1520; Frederico deveria trazê-lo somente se ele se retratasse.
2. RTA 3, 471.
3. WB 2, 383, 6 mar. 1521; Lutero o recebeu em 26 de março.
4. Gerrit Deutschländer, "Spalatin als Prinzenerzieher", em Armin Kohnle, Christina Meckelnborg e Uwe Schirmer (orgs.), op. cit., Halle, 2014.
5. A postura de Frederico em relação à Reforma continuou bem mais ambivalente. Ele relutou em abrir mão de sua coleção de relíquias, mas acabou cedendo. Ver Ingetraut Ludolphy, op. cit.; Irmgard Höss, *Georg Spalatin*. Weimar, 1989. Spalatin atuou como guru espiritual dos jovens duques de Branschweig-Lüneburg enquanto estavam em Wittenberg, e pode ser que tenha ensinado o irmão mais novo de João Frederico também.
6. Por exemplo, WB 2, 347, 30 out. 1520 (réplica à carta de apoio de João Frederico ao eleitor após recebimento da bula); WB 2, 393, 31 mar. 1521 (cf. abaixo); WB 2, 461, 18 mar. 1522; WB 3, 753, 18 jun. 1524. Ele dedicou sua obra *Magnificat* (1521) a ele (ws 7, 538-604; LW 21), assim como sua tradução alemã de Daniel (1529-30), WDB 11, II, Daniel a Malaquias, *Anhang*, pp. 376-87.
7. WB 2, 330, 24 ago. 1520.
8. Walch, XV, 1891.
9. O álcool certamente era um elo: Aleandro, opositor de Lutero, mais tarde o descreveria como um bêbado.
10. Cinco de suas cartas a Lutero até 1525 (uma destinada também a Melâncton) sobreviveram, ao contrário das centenas que Lutero lhe escreveu. Christine Weide, *Spalatins Briefwechsel*. Leipzig: Evangelische, 2014.
11. Ele trouxe o assunto à baila numa carta a Linck (WB 1, 121, 18 dez. 1518); e continuou a discuti-lo em cartas a Spalatin (WB 1, 161, 13 mar. 1519, 359: 29-30); e ficou mais convicto quando recebeu a prova de Lorenzo Valla de que a Doação de Constantino fora forjada (WB 2, 257, 24 fev. 1520, 48: 26-8), prometendo detalhes a Spalatin quando se vissem. Em agosto de 1520, quando Lutero escreveu a Johannes Lang (que ficara chocado com o tom de *À nobreza cristã da nação alemã*), ele pôde afirmar que agora "nós" estávamos certos de que o trono do papa era o assento do Anticristo e de que não se deveria obedecê-lo (WB 2, 327, 18 ago. 1520, 167: 13-4); em 11 de outubro, quando ele soube do assunto da bula, escreveu a Spalatin que estava convencido de que o papa era o Anticristo (WB 2, 341, 11 out. 1520) e, pelo fim de outubro, ele escreveu *Wider die Bulle des Endchrists* [Contra a bula do Anticristo], ws 6, 614: 29.

12. RTA 2, 494-507, para o relato do chanceler Brück da Saxônia sobre o discurso: segundo ele, Aleandro termina alegando que Lutero e os demais o insultaram como judeu de nascimento (*geborner Jude*). Ele replicou dizendo que viera de família pobre, mas que não teria sido aceito como cônego em Lüttich se fosse judeu. No entanto, ainda que fosse um judeu de batismo, não se deveria desprezá-lo, pois até mesmo Cristo nasceu judeu.

13. WB 2, 389, 19 mar. 1521, 289: 12. Ele queria que somente os papistas derramassem seu sangue.

14. WB 2, 391, 24 mar. 1521, 292: 7-8; 9-11, Lutero a um destinatário anônimo, possivelmente na Basileia.

15. WB 2, 393, 31 mar. 1521, 295: 7-9.

16. RTA 2, 526-7, 6 mar. 1521, Convocação de Lutero a Worms pelo imperador Carlos V; RTA 2, 529-33: em 10 de março, foi emitido um edito imperial que ordenava que Lutero se retratasse, e nesse ínterim toda sua obra deveria ser entregue a autoridades e interrompida sua publicação, venda e aquisição. WB 2, 383, 280: 4-6.

17. RTA 2, 526.

18. WB 2, 383, 6 mar. 1521; Introdução: a convocação e a carta de salvo-conduto estavam em posse do genro de Lutero, Georg von Kunheim. Após a morte de Lutero, seus filhos herdaram sua biblioteca, e sua filha Margarethe, autorizada a levar o que quisesse dos bens, provavelmente escolheu a arca que continha os documentos. Sabe-se que em 1532, quando Lutero os mostrou a companheiros de mesa, ele os retirou da arca onde ficavam com outras cartas importantes, WT 2, 2783c, 658: 11-2. Cranach também guardava uma cópia fac-símile em seu *Stammbuch*.

19. WB 2, 395, 7 abr. 1521; e ver n. 9; WB 2, 392, 29 mar. 1521 (a Lang).

20. Friedrich Myconius, *Geschichte der Reformation*. Gotha: Forschungsbibliothek, 1990, p. 34. Justus Jonas também se juntou ao grupo.

21. Walch, XV, 1836: descrição de Veit Warbeck a Herzorg Johann da Saxônia, 16 abr. 1521.

22. WS 7, 803-18; 803: o superintendente posterior de Dresden, Daniel Greser, descreveu o evento. Até mesmo Lutero fora proibido de pregar, então ele estava deliberadamente colocando a autoridade divina sobre a do imperador; no entanto, ele não burlou a proibição ao publicar por conta própria o sermão; mas em breve haveria muitas edições, em Efurt, Wittenberg e Augsburgo.

23. Friedrich Myconius, *Geschichte der Reformation*. Gotha: Forschungsbibliothek, 1990, p. 34; conforme observou Myconius, o mosteiro havia se tornado desde então uma igreja de paróquia e escola, de maneira que o demônio havia sido derrotado, de fato.

24. WB 2, 395, 7 abr. 1521, 296 (a Melâncton). Para a reminiscência de Lutero, WT 5, 65; 3, 282.

25. WB 2, 396, 14 abr. 1521 (a Spalatin).

26. Walch, XV, 1824-5; RTA 2, 537.

27. RTA 2, 5347: em 6 de março, o imperador convocara Lutero a Worms, mas em 10 de março ele ordenara o sequestro dos livros dele, então pareceu que ele não estava disposto a ouvi-lo; Spalatin ficou sabendo de rumores que o salvo-conduto só valeria se Lutero fosse a Worms se retratar. Caso contrário, ele seria considerado um herege e perderia o salvo-conduto. Os indícios não eram favoráveis; por outro lado, também se falava que o salvo-conduto teria que ser honrado sob pena de manchar a reputação dos que o desconsiderassem; e deixar de ir faria dele um joguete nas mãos dos papistas.

28. WB 2, 396, [14 abr.] 1521, 298: 9-10; WB 2, 455, 5 mar. 1522; Walch, XV, 1828 (*Spalatins Annales*).

29. Em sua versão da viagem a Worms, Myconius menciona essa expressão incomum como dita por Lutero; Friedrich Myconius, *Geschichte der Reformation*. Gotha: Forschungsbibliothek, 1990, pp. 34-5. Conforme nota o editor, ele pode tê-la extraído de uma carta bastante tardia de Lutero a Lang, de 1540, a qual ele facilmente poderia ter tido acesso e que dizia respeito às futuras negociações; de modo que o fato pode ser tanto uma história oral precisa quanto parte da mitomania reformista: WB 9, 3510, 2 jul. 1540.

30. *Litaneia Germanorvm*, Augsburgo, c. 1521, VD 16 ZV 25246, fos. A iii (v); B i. Walch, XV, 1832.

31. WB 2, 395, 7 abr. 1521.

32. WT 5342a; ver também WT 3, 3357, de 1533, 5342b, de 1540.

33. Paul Kalkoff, *Despeschen des Nuntius Aleander*. Halle, 1898, p. 133; Aleandro, que notou os "olhos demoníacos" de Lutero, estava certo de que em breve lhe atribuiriam milagres.

34. Walch, XV, 39 (*Spalatins Annales*); e ver também o relato de Veit Warbeck, Walch, XV, 1836-7, RTA 2, 859.

35. Paul Kalkoff, *Despeschen des Nuntius Aleander*. Halle, 1898, pp. 23-4. Aleandro se queixou dos repetidos ataques e insultos de partidários de Lutero, assim como das insinuações de que era judeu; Paul Kalkoff, *Briefe*. Halle, 1898, pp. 40-5, carta de 17 fev. 1521. Todos apoiavam Lutero, sem exceção, "até mesmo as árvores e rochas proclamam seu nome", p. 42.

36. LW 32, 106; WS 7, 827: 11-2. Não há certeza sobre quem escreveu esse relato, mas é evidente que é de autoria de algum apoiador de Lutero. Foi vertido para o alemão por Spalatin.

37. Paul Kalkoff, *Briefe*. Halle, 1898, pp. 49-50.

38. LW 32, 106; WS 7, 828: 8. O propósito era diverso, pois alguns escritos publicados sob a alcunha de Lutero não eram de sua autoria. Por exemplo, em 1518, um penetrante resumo de um sermão sobre a excomunhão, que ele pregara em Wittenberg, circulou em formato manuscrito e acabou chegando às mãos do imperador Maximiliano, o que o convenceu de que Lutero era um herege que deveria ser contido: WS 1, 635.

39. LW 32, 107; WS 7, 829: 8-10; 11-2.

40. Foi também dessa forma que ele explicou as coisas em carta a Johannes Cuspinianus, escrita no início da noite do primeiro dia: ele reclamou que não lhe concederam tempo nem espaço para se defender, WB 2, 397, 17 abr. 1521. Aleandro certamente achou o desempenho dele fraco: ele viera sorrindo, mexendo a cabeça animado na presença do imperador, embora tenha saído de maneira mais séria; ademais, Aleandro acreditou que ele manchara sua reputação: Paul Kalkoff, *Despeschen des Nuntius Aleander*. Halle, 1897, p. 138.

41. WB 2, 400, 28 abr. 1521, 305: 13-4.

42. LW 32, 108; WS 7, 830: 8-13.

43. Paul Kalkoff, *Despeschen des Nuntius Aleander*. Halle, 1897, pp. 70-1.

44. LW 32, 109-10; WS 7, 832: 8; 834: 3; RTA 2, 569-86; 575.

45. LW 32, 109-10; WS 7, 833: 1-4; 18-20; 833: 23-834: 1; 6; 6-7.

46. WS 7, 834: 20-1, 25; 835: 1-5.

47. Surpreendentemente, os partidários de Lutero preservaram essa passagem em seu relato dos eventos em Worms feito no período. Quarenta anos depois, porém, quando o luterano Johannes Mathesius escreveu seus sermões biográficos sobre Lutero, ele a omitiu, deixando Lutero concluir em tom profético com um aviso da ira divina que poderia se abater sobre o Sacro Império

Romano-Germânico e a nação alemã. Johannes Mathesius, *Historien von dem Leben*. Leipzig, 1806, pp. 59-64; ver, para a reação de Cochlaeus, Elizabeth Vandiver, Ralph Keen e Thomas Frazel (orgs. e trads.), op. cit., p. 105.

48. Até o católico Girolamo de Médici ouvira que se tratava de um discurso bem fundamentado: Paul Kalkoff, *Briefe*. Halle, 1898, p. 48.

49. LW 32, 112; WS 7, 835: 20-836: 1; 837: 1-2.

50. Assim, por exemplo, aparece em fonte maiúscula na biografia de Lutero de autoria de Melâncton, *Vita Lutheri*, fo. 58 (v); e na versão latina de 1521, está em alemão. LW 32, 112-3; WS 7, 838: 3; 4-9.

51. LW 32, 114; Paul Kalkoff, *Briefe*. Halle, 1898, p. 55. Segundo Aleandro, ao sair do aposento, Lutero levantou o braço numa espécie de saudação vitoriosa a Landsknecht; Paul Kalkoff, *Depeschen des Nuntius Aleander*. Halle, 1897, p. 143.

52. "Gewissen" e seus equivalentes latinos "conscientz" e "conscientia" são termos que Lutero usou bastante ao longo de sua vida, mas especialmente em 1521. Apenas nesse ano, "Gewissen" aparece com mais frequência do que no conjunto da obra até então; ao passo que usou "conscientia" regularmente em seus escritos até o período da Dieta.

53. Staupitz era muito incisivo em questões relacionadas à confissão e aos problemas dos que listavam todos os seus pecados, de modo a se confessar bem e desempenhar uma obra. Era abertamente contrário aos que abusavam das freiras ao lhes ordenar que peregrinassem ou rezassem como forma de contrição: tais "conselheiros", escreveu ele, só faziam "bobagens" em cima de "bobagens"; Knaake, *Johann von Staupitzens*, 41.

54. Walch, XV, 1880 (*Spalatins Annales*, 41); Theodor Kolde (org.), *Analecta Lutherana*. Gotha, 1883, p. 31, relato de Peutinger sobre o aspecto de Lutero em Worms; Walch, XV, 1891 (*Spalatins Annales*, 48).

55. Ele pôs a questão em sua carta escrita em latim ao imperador e em alemão aos príncipes eleitores e estados da Dieta, rapidamente impressa em muitas edições, WB 2, 401, 402, 28 abr. 1521, "ninguém desejava refutar, com base nas Sagradas Escrituras, quaisquer artigos [de fé] equivocados que supostamente aparecem em meus livretos. Ninguém me deu qualquer esperança ou promessa de que em algum momento se faria um exame ou investigação de meus livretos à luz da Palavra"; Cartas de LW, I, 208; WB 2, 402, 28 abr. 1521, 316: 95-317: 99.

56. WB 2, 398, 399, 17 e 20 abr. 1521; ver, por exemplo, Ulrich Hutten, *Ulrichs von Hutten verteütscht clag/an Hertzog Friderich zu Sachsen. Des hayligen Roemischen Reichs Ertzmarschalck vñ Churfürsten Landgrauen in Türingen vnd Marckgrauen zu Meissen*, Augsburgo 1521 [VD 16 H 6251].

57. Heinrich Lutz, *Conrad Peutinger*. Augsburgo: Die Brigg, 1958, pp. 171-2; mercadores de Augsburgo estavam entre os alvejados.

58. RTA 2, 594; 869; houve leituras em francês e alemão; Paul Kalkoff, *Briefe*. Halle, 1898, p. 49; relato de Girolamo de Médici; ele declarou ter visto o original nas mãos do próprio imperador.

59. RTA 2, 558; [VD 16 ZV 61]. *Acta et res gestae*, Estrasburgo 1521.

60. O núncio imperial leu a declaração do imperador. LW 32, 129; atas de Johannes Eck sobre o julgamento de Lutero perante a Dieta de Worms.

61. RTA 2, 616-24; 616: relato de Vehus, enviado ao margrave de Baden e escrito em 6 de junho, algumas semanas após o evento. Vehus rememora o que disse a Lutero, quando deram início às negociações.

62. Johannes Cochlaeus, *Colloqvivm*. Mainz, 1540; Joseph Greving (org.), "Colloquim Cochlaei", em Otto Clemen (org.). *Flugschriften aus den ersten Jahren der Refor-mation*, v. 4, parte 3. Nieuwkoop, 1967, pp. 179-218.

63. Elizabeth Vandiver, Ralph Keen e Thomas Frazel (orgs. e trads.), op. cit., p. 92; Walch, xv, 1844, para um exemplo dos versos implacáveis, que faziam trocadilhos com seu nome, que significa "caracol" ou "tolo".

64. No entanto, quando Cochlaeus escreveu sua biografia de Lutero, ele plagiou longas passagens do ensaio luterano sobre Worms, embora acreditasse que era de autoria do próprio Lutero: RTA 2, 542, n. 1.

65. Lyndal Roper, "The Seven-Headed Monster: Luther and Psychology", em Alexander e Taylor (orgs.), *History and Psyche*. Londres: Palgrave Macmillan, 2012, p. 228; WT 3, 3367, 294: 23-4.

66. Em seu discurso de fevereiro na Dieta, ele também reclamara que os luteranos o acusavam de ser judeu, e a edição de Estrasburgo de *Do cativeiro babilônico da Igreja* mostrava dois cães, símbolo dos padres atacando os laicos. Declarou que Lutero negara a presença de Cristo em *Da liberdade do cristão*. Também alegou que Lutero imprimira o autor clássico Luciano em Wittenberg, e, assim como esse autor desprezava os ritos pagãos, também os luteranos ridicularizavam os ritos cristãos. Walch, xv, 1711-2.

67. Levou algum tempo até as diferenças entre os humanistas se tornarem claras; mesmo em 1522, ainda não eram evidentes: Erika Rummel, op. cit., pp. 22-8.

68. Heinrich Lutz, op. cit., pp. 164-6; Paul Kalkoff, *Depeschen des Nuntius Aleander*. Halle, 1897, pp. 15-8.

69. RTA 2, 610: isso ficou evidente de maneira informal, em discussões com Lutero.

70. O autor equiparou "Saxo" a Pedro, que negou Cristo três vezes. Johannes Aurifaber (org.), *Epistolae*, v. 2, 1594, fo. 12 (v) diz que isso se refere à covardia de Frederico, o eleitor; e também seria um claro indício de que o texto não provinha da Saxônia ou do círculo mais restrito de Lutero.

71. Cf. Rebecca Sammel, "The *Passio Lutheri*: Parody as Hagiography", *Journal of English and Germanic Philology*, v. 95, n. 2, 1996, pp. 157-74: a obra foi originalmente publicada em latim, mas logo traduzida para o alemão, e há edições de Viena, Augsburgo, Munique e Colmar; e até mesmo uma de Regensburg, que data de 1550. Deve ter sido publicada antes de setembro de 1521, pois Cochlaeus a menciona a Aleandro em 27 de setembro.

72. Na edição de Estrasburgo, o texto foi editado com um diálogo rimado entre Karsthans e Kegelhans, dois camponeses que se queixam da Igreja, do clero ganancioso, de suas ordens de jejum e de sua maldade, sendo outro bom exemplo de quão rápido o descontentamento social se aliava à adulação reformista de Lutero. O autor também comparava Peutinger a Judas, que traiu Lutero em troca de favores mesquinhos. Essa obra se tornou curiosamente duradoura, pois foi incluída na compilação póstuma que Aurifaber fez das missivas de Lutero, e de novo com o diálogo de Karsthans, supostamente já esquecido de modo deliberado pelos luteranos em 1565.

73. LW 51, 77; WS 10, III, 19: 2-3, o segundo dos Sermões de Invocavit de 1522. Lutero põe a questão em termos ainda mais enfáticos em alemão: "*Ich hab nichts gethan, das wort hatt es alles gehandelt und außgericht*". Ele brincou que enquanto ele, Philip e Amsdorf bebiam cerveja de Wittenberg, a Palavra fez tudo.

74. WB 2, 400, 28 abr. 1521, 305: 17-22, citando Jesus após sua Paixão: "Em breve, ninguém mais me verá; e novamente, em breve, todos me verão" (João 16,16). Essa carta também compara seus inimigos aos judeus.

9. NO CASTELO DE WARTBURG [pp. 201-23]

1. WT 5, 5353.
2. RTA 2, 654. No entanto, o eleitor também pediu ao imperador que lhe autorizasse a não executar a ordem contra Lutero, e parece que ele conseguiu.
3. Nikolaus Müller, *Wittenberg Bewegung*. Leipzig, 1911, p. 159.
4. Cartas de LW, I, 291-6; WB 2, 427, 15 ago. 1521, 381: 75-6; 70-1.
5. Cartas de LW, I, 270-3. O segredo foi guardado de fato com sucesso. Cochlaeus errou a localização em sua biografia, publicada em 1549: pensava que Lutero ficara em Altenstaig; e Agricola escreveu comentando que as pessoas tentaram descobrir o paradeiro de Lutero invocando o Demônio! Gustav Kawerau, *Johann Agricola*. Berlim, 1881, p. 32. Sobre o rumor da corte, WB 2, 420, 15 jul. 1521; e para a carta falsa, WB 2, 421, 422, pouco depois de 15 de julho de 1521.
6. Cartas de LW, I, 201; WB 2, 400, 28 abr. 1521, 305: 6-7. De fato, Lutero não poderia ter se enganado mais. Georg estava dentre os que defenderam que ele merecia um salvo-conduto imperial, pois era questão de honra protegê-lo — embora outros governantes tenham afirmado que hereges não deveriam ser protegidos e, portanto, o salvo-conduto era descabido.
7. WB 2, 410, 14 maio 1521; Cartas de LW, I, 225.
8. Há uma curiosa troca com Wolfgang Capito e o arcebispo de Mainz, para quem ele trabalhava: WB 2, 433, 442; e Egranus escreveu uma carta de Joachimstal.
9. "*dominus percussit me in posterior gravi dolore*": a edição americana tem "O Senhor me puniu com dolorosa prisão de ventre", cartas de LW, I, 217, que é fiel, mas não transmite a franqueza de Lutero: WB 2, 407, 12 maio 1521, 333: 34-5; Cartas de LW, I, 255; WB 2, 417, 10 jun. 1521, 354: 27.
10. WB 2, 429, 9 set. 1521, 388: 29-30.
11. Cf. Lyndal Roper, "'To His Most Learned and Dearest Friend': Reading Luther's Letters", *German History*, v. 28, pp. 283-95, 2010.
12. Cartas de LW, I, 101; WB 2, 436, 1 nov. 1521, 399: 7-8.
13. Cartas de LW, I, 257, WB 2, 418, 13 jul. 1521, 356: 7-10.
14. Nikolaus Müller, op. cit., pp. 16 (carta de Sebastian Helmann a Johann Hess, 8 out. 1521, Wittenberg), 135, 136, e ver pp. 137-45; Stübner, um dos três profetas, morava na casa de Melâncton; a questão do batismo de crianças começava a surgir.
15. Cartas de LW, I, 257; WB 2, 418, 13 jul. 1521, 356: 1-2, 2-3; Cartas de LW, I, 269; WB 2, 420, 15 jul. 1521 (a Spalatin).
16. WB 2, 429, 9 set. 1521: Spalatin começou a provocar Cranach e Döring; WB 2, 430, 9 set. 1521.
17. Marjorie Elizabeth Plummer, *From Priest's Whore*. Farnham, 2012, pp. 51-2; WB 2, 413, 26 maio 1521; Lutero sabia do casamento quando escreveu a Melâncton, e a cerimônia pública ocorreu depois.
18. Em 1º de agosto de 1521, Lutero discutiu as teses sobre o celibato de 20-21 de junho, e em 3 de agosto ele discutia as primeiras páginas impressas de *De coelibatv*, de Karlstadt, ver WB 2, 373, 3 ago. 1521; WB 2, 424, 1 ago. 1521; 425, 3 ago. 1521; 426, 6 ago. 1521. Esses dois escritos mais longos de Karlstadt foram redigidos mais ou menos no mesmo período que suas "Sete teses sobre o celibato", debatidas em 21 de junho e, novamente, em 19 de julho. Elas defendiam que os padres *deviam* se casar, e mesmo os monges, se assim quisessem, pois, embora o descumprimento de um voto fosse pecado, não era pior do que ceder à luxúria; Hermann Barge, op. cit., v. 1, pp. 265, 290;

WB 2, p. 370. O prefácio do texto latino de Karlstadt, *De Coelibatv, Monachatv et Vidvitate*, data de 29 de junho de 1521, embora tenha aparecido antes do alemão. A versão alemã, *Uon Gelubden Unterrichtung*, não apareceu antes de outubro ou novembro, mas seu prefácio impresso traz a data do Dia de São João (24 de junho) de 1521; Hermann Barge, op. cit., v. 1, pp. 266-7 e 275; ver também Edward Furcha (org. e trad.), *The Essential Carlstadt*, 1995, p. 51. Para uma discussão sobre as ideias dos dois trabalhos, Hermann Barge, op. cit., v. 1, pp. 265-81. Curiosamente, muitas das ideias de Karlstadt se baseavam no Antigo, e não no Novo Testamento.

19. WB 2, 428, 9 set. 1521; a primeira edição de *Themata de Votis* de Lutero aparecera em 8 de outubro (WS 8, 317), e as teses despertaram intensos debates, incluindo uma antítese de Cochlaeus, WS 8, 318-9. As primeiras edições alemãs contêm apenas o primeiro conjunto de teses: WS 8, 313-22; 323-9. O tratado completo de Lutero, *De votis monasticis Martini Lutheri iudicium*, foi iniciado depois de 11 de novembro de 1521 (WS 8, 564-5). No entanto, Spalatin impediu a impressão e o texto só saiu por volta de 25 de fevereiro de 1522, WS 8, 566; ver WB 2, 443, c. 5 dez. 1521, para a carta irada de Lutero quando ele tomou conhecimento do fato.

20. Edward Furcha (org. e trad.), op. cit., p. 80; Andreas Karlstadt, *Uon gelubden*, fo. E iv (r). Wittenberg, 1521. Ele foi mais explícito na versão latina, especialmente sobre os perigos da masturbação: Edward Furcha (org. e trad.), op. cit., p. 51; Hermann Barge, op. cit., v. 1, p. 276.

21. Ulrich Bubenheimer, "Gelassenheit und Ablösung. Eine psychohistorische Studie über Andreas Bodenstein von Karlstadt und seinen Konflikt mit Martin Luther", *Zeitschrift für Kirchengeschichte*, v. 2 92, 1981, p. 258.

22. Edward Furcha (org. e trad.), op. cit., p. 80; Andreas Karlstadt, *Uon gelubden*, fo. H iii (v). Wittenberg, 1521. Karlstadt estava solteiro quando escreveu isso. O texto é dirigido explicitamente à pessoa a quem a obra é dedicada, Jörg Reich, cidadão e mercador de Leipzig, que ao que parece enfrentava problemas conjugais; e se debruça sobre a autoridade masculina, fo. H iii (r). O primeiro trecho sobre a submissão feminina está destacado na cópia de VD 16 B 6245! Compare-se *De Coelibatv, Monachatv et Vidvitate*, [Basileia], 1521 [VD 16 B 6123].

23. Cartas de LW, I, 294; WB 2, 427, 15 ago. 1521, 380: 34; WB 2, 426, 6 ago. 1521.

24. WB 2, 428, 9 set. 1521; Cartas de LW, I, 296-301.

25. O ataque de Lutero à mendicância, fosse de estudantes ou de monges, se tornou desde cedo parte de suas ideias teológicas — e também explica por que a lei dos pobres foi essencial à Reforma de Wittenberg. A razão por que a questão da mendicância o preocupava tanto nesse período pode estar relacionada ao fato de que ele não sabia ao certo quem bancava sua estadia em Wartburg — esperava, escreveu anteriormente a Spalatin, que não fosse Berlepsch, que não tinha condições de fazê-lo. Ele concluiu que era o eleitor, embora não tivesse certeza; WB 2, 427, 15 ago. 1521.

26. "Magis fui raptus, quam tractus": o latim faz um belo contraste entre *raptus* e *tractus*, salientando o caráter miraculoso do ingresso de Lutero no mosteiro.

27. Cartas de LW, I, 296-304; WB 2, 428, 9 set. 1521, 384: 80, 80-1; 385: 97-8; 98-9; 118.

28. Cartas de LW, I, 303; WB 2, 428, 9 set. 1521, 385: 128; WB 2, 249, 5 fev. 1520: Lutero achava que Melâncton precisava de uma esposa; WB 2, 327, 18 ago. 1520. Catharina era a filha órfã de Hans Krapp, prefeito de Wittenberg, indivíduo relativamente abastado; era, portanto, um bom partido, embora tenham corrido boatos sobre a união, que foi adiantada por razões desconhecidas.

29. Stefan Rhein, "Philipp Melanchthon und Eobanus Hessus. Wittenberger Reformation und Erfurter 'Poetenburg'", em Weiss (org.), *Erfurt. Geschichte und Gegenwart*, pp. 283-95. Weimar,

1995. Theodor Kolde (org.), op. cit., p. 25, 4 dez. 1520, Thomas Blaurer escreveu a seu irmão Ambrosius que Filipe se casaria com uma mulher de dote modesto, *"forma mediocri"*, mas *"charam et honestam et probam"*.

30. WS 8, 654-69. Justus Jonas fez rapidamente uma tradução para o alemão, que, em tese, seu pai poderia ter lido; mas não se tratava de uma carta escrita para ele no sentido estrito. WS 8, 573: 24; 574: 3-4; 574: 8-9; 574: 22; 574: 32.

31. Cartas de LW, I, 329-36; WS 8, 575: 35-6; 576: 4-6. As referências na carta ao chamado divino advêm da história bíblica do chamado de Samuel. A mãe de Lutero, Margarethe, era conhecido como "Hannah", mesmo nome da mãe de Samuel; e a carta se encerra com uma saudação a ela.

32. WS 8, 573: 25; 574: 5; 575: 28-9. N tradução alemã do tratado feita por seu colaborador próximo, Justus Jonas, Lutero aparece tratando o pai com o informal *du*. Isso é significativo porque o pai de Lutero passara a lhe conceder o tratamento formal quando Lutero obteve seu doutorado, deixando de usá-lo depois que o filho ingressou no mosteiro. Em sua última carta ao pai, datada de 1530, Lutero usa o formal e respeitoso *Ihr*.

33. É possível que tenha escrito e que essas cartas tenham desaparecido; mas Lutero não menciona cartas suas a ele, como costumava fazer com as cartas que escrevia a terceiros; enviava regularmente suas saudações a Cranach, Döring e outros, mas não a Karlstadt. É impossível saber ao certo, pois Karlstadt, ao que parece, ou destruiu muitas das outras cartas que Lutero lhe enviou ou não estava entre aqueles que, mais tarde, transcreveram as correspondências remetidas por Lutero.

34. Cartas de LW, I, 257; WB 2, 418, 13 jul. 1521, 356: 4; WB 2, 407, 12 maio 1521, 333: 18.

35. Prefácio à edição da obra completa de Lutero em latim, 1545: curiosamente, Lutero fala disso como "ele, que através da fé é justo, viverá". LW 34, 337; WS 54, 176-87, 185: 18; 186: 8-9.

36. Lucas Cranach e Martinho Lutero, *Das Newe Testament Deutzsch*, Wittenberg, 1522 [VD 16 B 4318], fo. CVII (r). O Novo Testamento também foi ilustrado com xilogravuras de Cranach, a maior parte como páginas iniciais, ao modo de manuscritos, no começo de cada novo livro. Ilustrações mais ricas e maiores foram feitas para o Apocalipse; e, na edição de 1534 da Bíblia completa, a prostituta da Babilônia aparece com a tiara papal, e a besta com a coroa tricorne.

37. Stiftung Luthergedenkstätten in Sachsen-Anhalt, *Passional Christi und Antichristi*. Wittenberg, 1998. (Fac-símile da edição alemã de Wittenberg, 1521, Johann Rhau-Grunenberg) com um *Begleitheft* de Volkmar Joestel, Berlim, s.d., fo. C vi (v); Gabriele Wimböck, "Setting the Scene: Pictorial Representations of Religious Pluralization", em Andreas Höfele, Stephan Laqué, Enno Ruge e Gabriela Schmidt (orgs.), *Representing Religious Pluralization in Early Modern Europe*, Berlim: LIT Verlag, 2007, pp. 270-1.

38. WS 8, 398-410.

39. Nikolaus Müller, op. cit., p. 17.

40. Ele pode tê-lo retirado depois, pois o mesmo indivíduo também notou que, quando ele distribuía a comunhão, não usava capuz e dizia a consagração em alemão.

41. Johann Karl Seidemann, *Erläuterungen*. Dresden, 1844, pp. 36-42: isso nos dá três versões diferentes dos eventos em Eilenburg, todas hostis. Ver pp. 37-8.

42. Nikolaus Müller, op. cit., p. 69.

43. Ibid., pp. 35-41.

44. Ibid., pp. 42-6. Frederico não se impressionou com a ausência de consenso e rejeitou as propostas.

45. Ibid., p. 20.

46. LW 44, 189; WS 6, 450: 23-5; a condenação da mendicância feita por Lutero também foi discutida no Debate de Leipzig.

47. Cartas de LW, I, 327; WB 2, 438, 11 nov. 1521, 402: 21-2; Natalie Krentz, *Ritualwandel*. Tübingen, 2014, pp. 144-8; e ver também Ulrich Bubenheimer, "Scandalum et ius divinum. Theologische und rechtstheologische Probleme der ersten reformatorischen Innovationen in Wittenberg 1521/22", *Zeitschrift der Savigny-Stiftung für Rechtsgeschichte, Kanonistische Abteilung*, v. 90, pp. 263-342, 1973.

48. Nikolaus Müller, op. cit., pp. 73-5; Stefan Oehmig, "Die Wittenberger Bewegung 1521/22 und ihre Folgen im Lichte alter und neuer Fragestellungen. Ein Beitrag zum Thema (Territorial-) Stadt und Reformation", in Stefan Oehmig (org.), *700 Jahre Wittenberg*. Weimar: Böhlau, 1995, pp. 104-7; Natalie Krentz, op. cit., pp. 149-50.

49. Nikolaus Müller, op. cit., pp. 151-64 (Ambrosius Wilken, *Zeitung aus Wittenberg*, embora talvez isso seja apenas parte do folclore em torno do evento); Natalie Krentz defende que o boletim só foi redigido depois, op. cit., pp. 155-66.

50. Stefan Oehmig, "Wittenberger Bewegung", em Stefan Oehmig (org.), *700 Jahre Wittenberg*. Weimar: Böhlau, 1995, p. 105 e pp. 117-23; Nikolaus Müller, op. cit., pp. 120 e 118.

51. Stefan Oehmig, "Wittenberger Bewegung", em Stefan Oehmig (org.), *700 Jahre Wittenberg*. Weimar: Böhlau, 1995, p. 105; e ver Natalie Krentz, op. cit., pp. 148-54.

52. WB 2, 406, [c. 8 maio 1521]; e 410, 14 maio 1521.

53. WB 2, 443, [c. 5 dez. 1521], 410: 18.

54. LW 45, 53-74; WS 8, 676-84.

55. LW 45, 69; WS 8, 670-87.

56. Nikolaus Müller, op. cit., pp. 161-3 e 117-9; Stefan Oehmig, "Wittenberger Bewegung", em Stefan Oehmig (org.), *700 Jahre Wittenberg*. Weimar: Böhlau, 1995, pp. 106-11.

57. Nikolaus Müller, op. cit., pp. 129, 130; Natalie Krentz, op. cit., pp. 205-6, minimiza a importância.

58. Nikolaus Müller, op. cit., pp. 13-4; ver também Thomas Kaufmann (org.), *Der Anfang der Reformation*. Tübingen: Mohr Siebeck, 2012, pp. 218-20.

59. Há discordância sobre a data desse primeiro registro. Ver Stefan Oehmig, "Wittenberger Bewegung", em Stefan Oehmig (org.), *700 Jahre Wittenberg*. Weimar: Böhlau, 1995, pp. 101-3, para uma data anterior do texto ou de um precursor com base na semelhança textual com um decreto de Jakob Seidler referente a vidraçarias, na primavera de 1521. No entanto, é notório que Ulcensius descreve a introdução de um decreto da mendicância numa carta de 30 de novembro de 1521 e declara que o fizera instigado por Lutero; e é difícil entender por que haveria necessidade de tal decreto se a receita de missas privadas, benefícios eclesiásticos e mosteiros ainda não tivesse sido disponibilizada, como ainda não tinha acontecido na primavera de 1521. Também é estranho que não haja referência ao decreto de Seidler na correspondência de Lutero. Hermann Barge, op. cit., v. 1, pp. 378-86, alega que o decreto da mendicância data do mesmo período que o decreto público de 24 de janeiro de 1522, vinculando-o desse modo a Karlstdt; mas é possível que essa data seja tardia demais.

60. Nikolaus Müller, op. cit., p. 163, atribui a Ambrosius Wilken.

61. Ibid., pp. 167 [8 jan. 1522]; 163-4.

10. KARLSTADT E A CIDADE CRISTÃ DE WITTENBERG [pp. 224-47]

1. Uma exceção é Carter Lindberg, *European Reformations*. Oxford, 1996, pp. 93-6, 104-5, 135-42.
2. Ver, no entanto, Ulrich Bubenheimer, "Gelassenheit und Ablösung. Eine psychohistorische Studie über Andreas Bodenstein von Karlstadt und seinen Konflikt mit Martin Luther", *Zeitschrift für Kirchengeschichte*, v. 92, 1981.
3. Ulrich Bubenheimer, "Scandalum et ius divinum. Theologische und rechtstheologische Probleme der ersten reformatorischen Innovationen in Wittenberg 1521/22", *Zeitschrift der Savigny-Stiftung für Rechtsgeschichte, Kanonistische Abteilung*, v. 90, pp. 323-4, 1973; Jens-Martin Kruse, op. cit., pp. 323-4.
4. Andreas Karlstadt, *Von anbettung und ererbietung der tzeychen des newen Testaments*, Wittenberg, 1521 [VD 16 B 6218]; Edward Furcha (org. e trad.), op. cit., pp. 40-51. Foi publicada em Wittenberg, Augsburgo e Estrasburgo. A breve carta de dedicatória introdutória falava de "ódio e inveja" dirigidos aos habitantes de Wittenberg.
5. Hermann Barge, op. cit., v. 1, pp. 49-50, 59-64.
6. Ibid., pp. 55, 42-66; Bubenheimer, *Consonantia* 26-33. Sider, *Karlstadt*, 8-9: a renda dele era a segunda mais elevada dos 64 clérigos de Wittenberg. Ele recebia 127 florins por ano, Hermann Barge, op. cit., v. 2, p. 530. Ele pressionou Spalatin por um rico benefício eclesiástico prestes a ficar disponível; e depois até mesmo tentou facilitar uma petição de seus alunos; Hermann Barge, op. cit., v. 1, pp. 88-9. Quando Henning Göde morreu, Lutero instou Spalatin a nomear Karlstadt para o cargo, WB 2, 370, 22 jan. 1521, apenas para desistir dessa "tola" decisão na semana seguinte; WB 2, 372, 29 jan. 1521. Karlstadt então pediu a Spalatin, em 2 de fevereiro, por um benefício eclesiástico mais modesto que ficou vago após a morte de Göde, de modo que poderia empregar um assistente.
7. Hermann Barge, op. cit., v. 1, p. 57; Ronald J. Sider, *Karlstadt*. Eugene: Wipf & Stock Pub, 2001, p. 14.
8. Ronald J. Sider, op. cit., pp. 8-10; Hermann Barge, op. cit., v. 1, pp. 9-31; Ulrich Bubenheimer, "Gelassenheit und Ablösung", *Zeitschrift für Kirchengeschichte*, v. 92, p. 258, 1981.
9. Hermann Barge, op. cit., v. 1, pp. 72-85.
10. LW 31, 9; Hermann Barge, op. cit., v. 1, p. 87, n. 56: Karlstadt, Tese 60: "*Corruit hoc quod Augustinus contra hereticos loquitur excessive*"; Lutero, Tese 1: "*Dicere, quot Augustinus contra haereticos excessive loquatur, est dicere, Augustinum fere ubique mentitum esse*".
11. WB 1, 18 maio 1517, 99: 8, "Theologia nostra et S. Augustinus", 45, 4 set. 1517; em carta a Lang de 11 de novembro de 1517, no entanto, ele volta a "mim" e "meu": WB 1, 52; 64, 21 mar. 1518, "*studium nostrum*"; "*iniuria homini a nostris illata*", 155: 35 (na qual ele inclui os alunos); WB 1 74, 9 maio 1518, em esp. 170: 20-9; WS 1, prefácio à edição completa de *Theologia deutsch*, 1518, "uns Wittenbergischen Theologen", 378: 24.
12. Hermann Barge, op. cit., v. 1, 75; 104-7.
13. Eles também compartilharam um anexo dirigido a Staupitz. Em 1519, Karlstadt dedicara seu tratado sobre *De spiritu et littera*, de Agostinho, a ninguém menos que o mentor de Lutero, Staupitz [VD 16 A 4237]; enquanto a dívida de Lutero com Karlstadt era clara quando ele dedicou seu "In epistolam Pauli ad Galatas", do começo de 1519, a Petrus Lupinus e Karlstadt, WS 2, 437.

14. Eram eles: Johann Dölsch de Wittenberg; Bernhard Adelmann von Adelmannsfelden de Augsburgo; Willibald Pirckheimer e Lazarus Spengler de Nuremberg; e Johannes Egranus de Zwickau; Ulrich Bubenheimer, *Consonantia*. Tübingen, 1977, p. 186. Eck fora autorizado a acrescentar nomes à bula e incluiu vários que suspeitava serem seus inimigos.

15. "Freunde" no alemão de então pode significar parente. No início, há votos de paz, alegria e fé vigorosa — prólogo muito pessoal da parte de quem escolhia a quem dedicar suas obras de modo a obter favores.

16. Edward Furcha (org. e trad.), op. cit., pp. 28-30; *Missiue von der aller hochsten tugent gelassenhait*, [Augsburgo] [1520], [Grimm e Wirsung] [VD 16 B 6170], fos. A i (v), A i (v), A ii (r), A ii (v); A iii (v).

17. Furcha (org. e trad.), *Carlstadt*, 38, 139, 138; Karlstadt, *Missiue*, fo. B iii (v); Karlstadt, *Was gesagt ist*, fos. B i (r), A iv (r-v); C ii (r), D iii (r).

18. Edward Furcha (org. e trad.), op. cit., p. 138, *Was gesagt ist*, fo. A [iv] (r). Lutero faz a cobrança em "Against the Heavenly Prophets" [Contra os profetas celestiais], 1524, LW 40, 81, e passim; WS 18, 63: 32-3. Edward Furcha (org. e trad.), op. cit., p. 155; Ronald J. Sider, op. cit., p. 216. Em 1540, um ano antes de sua morte, Karlstadt escreveu uma série de teses sobre *Gelassenheit*, que ele chamou de "abnegatio": cujo propósito era integrar uma obra maior sobre teologia; Ulrich Bubenheimer, "Gelasenheit und Ablösung", *Zeitschrift für Kirchengeschichte*, v. 92, p. 256, 1981. Sobre *Gelassenheit* como salvação por obras, ver Ronald J. Sider, op. cit., pp. 220-30; ele defende que Karlstadt não era adepto da salvação por obras conforme Lutero o acusava, mas sim da autoflagelação.

19. Nikolaus Müller, op. cit., pp. 153-4 (Zeitung aus Wittenberg); Natalie Krentz, *Ritualwandel*, lança dúvida sobre sua credibilidade, mas de todo modo ela transmite o estado de espírito evangélico.

20. Nikolaus Müller, op. cit., pp. 135, 163, 170; Samuel Preus, *Carlstadt's Ordinaciones*. Cambridge: Harvard University Press, 1974, p. 28 e n. 62; Natalie Krentz, op. cit., pp. 154-69.

21. Hermann Barge, op. cit., v. 1, p. 266; *Uon Gelubden Unterrichtung*, o prefácio data do dia de são João (24 de junho) de 1521.

22. Edward Furcha (org. e trad.), op. cit., pp. 132; 407, n. 7, para uma tradução do latim. Era para ser rezada por luteranos em celebração pela ressurreição.

23. Hermann Barge, op. cit., v. 1, p. 364; "gelertter, dapffer leuth": Nikolaus Müller, op. cit., pp. 155-6 (Zeitung aus Wittenberg).

24. Nikolaus Müller, op. cit., p. 170 (Thomas von der Heyde, Neue Zeitung); Theodor Kolde (org.), op. cit., p. 25, 4 dez. 1520, carta de Thomas Blaurer a Ambrosius Blaurer.

25. WB 2, 449, 13 jan. 1522, 423: 45.

26. *Die Messe. Von der Hochzeyt D. Andre Carolstadt. Vnnd der Priestern/ so sich Eelich verheyratten*, Augsburgo 1522 [VD 16 M 5492], fo. A ii (v), "Er ist zu ersten worden ain fischer der eeweyber".

27. Nikolaus Müller, op. cit., pp. 155-9 (Zeitung aus Wittenberg); Hermann Barge, op. cit., v. 1, p. 366, n. 125.

28. Cf. Ulrich Bubenheimer, "Scandalum et ius divinum", *Zeitschrift der Savigny-Stiftung für Rechtsgeschichte, Kanonistische Abteilung*, v. 90, n. 6, p. 266, 1973; Johann Pfau ao prefeito de Zwickau, Hermann Mühlpfort, c. 15 jan. 1522; o relato de Spalatin diz que eles queimaram até mesmo a extrema-unção: Nikolaus Müller, op. cit., p. 169; ver também o relato de Albert Burer, 11 jan., 212.

29. Edward Furcha (org. e trad.), op. cit., p. 107; Andreas Karlstadt, *Von abtuhung der Bylder/ Vnd das keyn Betdler vnther den Christen seyn sollen*, Wittenberg 1522, [VD 16 B 6215], fo. B I (r-v); curiosamente, o folheto exibe uma exuberante xilogravura na folha de rosto: Adão e Eva erguendo um frontão decorativo e um nicho, com uma cena campesina de colheita e semeadura abaixo, ilustrações certamente reaproveitadas. Hermann Barge, op. cit., v. 1, p. 389.

30. Edward Furcha (org. e trad.), op. cit., pp. 115, 117; Andreas Karlstadt, *Von abtuhung der Bylder*. Wittenberg, 1522, fos. C iii (v), C iv (v).

31. Edward Furcha (org. e trad.), op. cit., p. 122; Andreas Karlstadt, *Von abtuhung der Bylder*. Wittenberg, 1522, fos. D iv (r).

32. Hermann Barge, op. cit., v. 1, p. 422.

33. Nikolaus Müller, op. cit., p. 173 (Ulcensius a Capito); Thomas Kaufmann (org.), *Der Anfang der Reformation*. Tübingen: Mohr Siebeck, 2012, p. 221: conforme observa Kaufmann, o número de matrículas não caiu entre 1521 e 1522 — embora fosse apenas uma fração dos anos de apogeu, entre 1519 e 1520; Hermann Barge, op. cit., v. I, 418-20.

34. Natalie Krentz, op. cit., pp. 205-6, que minimiza a importância dos profetas; Jens-Martin Kruse, op. cit., pp. 360-2, mostrando que eles suscitaram a questão da legitimidade do batismo infantil; Ronald J. Sider, op. cit., pp. 161-6.

35. Que Melâncton desejava o retorno de Lutero era algo de conhecimento geral: ver, por exemplo, Ulcensius a Capito, Nikolaus Müller, op. cit., p. 160 (Zeitung); 129, 130, 135.

36. WB 2, 452, 17 jan. 1522, 443: 2-3; Cartas de LW, I, 380.

37. Não se sabe ao certo quando exatamente Zwilling deixou a cidade. Samuel Preus, op. cit., p. 41, fala em fevereiro; Hermann Barge, op. cit., v. 1, p. 362, em dezembro. Sua partida deixou uma espécie de vazio na liderança.

38. Ulrich Bubenheimer, "Scandalum", *Zeitschrift der Savigny-Stiftung für Rechtsgeschichte, Kanonistische Abteilung*, v. 90, n. 6, p. 324, 1973, sobre o posicionamento político de Karlstadt; sobre a nova lei dos pobres, Natalie Krentz, op. cit., pp. 186-200; Stefan Oehmig, "Wittenberger Bewegung", em Stefan Oehmig (org.), *700 Jahre Wittenberg*. Weimar: Böhlau, 1995; Ulrich Bubenheimer, "Luthers Stellung zum Aufruhr in Wittenberg 1520-22 und die frühreformatorischen Wurzeln des landesherrlichen Kirchenregiments", ZSRG KA 102, 1985, pp. 147-214; Edith Eschenhagen, "Beiträge zur Sozial- und Wirtschaftsgeschichte der Stadt Wittenberg in der Reformationszeit", *Lutherjahbuch* 9, 1927, pp. 9-118; Hermann Barge, op. cit., v, 1, pp. 380-6; Jens-Martin Kruse, op. cit., pp. 362-6. O novo decreto revisava uma antiga lei dos pobres de 1520-1 esboçada sob a influência de Lutero, e que resistiu em manuscrito anotado por Lutero; Jens-Martin Kruse, op. cit., pp. 273-7, em WS 59, 63-5. O novo decreto versava sobre provisões dos ritos religiosos, cuidados com os pobres e eliminação de imagens; os três assuntos eram parte do mesmo projeto, e o fundo seria financiado não somente através de doações, mas das rendas de mosteiros, fundações religiosas, irmandades e assim sucessivamente. Sobre as Frauen ou Muhmen Hauss StA Wittenberg, 9 [Bb6] f. 89: a última menção à cafetina Frauenwirt é em 1522. A provisão de empréstimos aos artesãos empobrecidos e casados pode ter sido pensada para competir com os agiotas judeus, e tem muitas das características da italiana *monte di pieta*, destinada a convencer os laicos a deixar de fazer empréstimos com judeus.

39. Jens-Martin Kruse, op. cit., pp. 362-6; Stefan Oehmig, "Wittenberger Bewegung", em Stefan Oehmig (org.), *700 Jahre Wittenberg*. Weimar: Böhlau, 1995; e ver StadtA Witt, 360 [Bp5], para um livro remanescente de relatos de 1545: muitos dos receptores de dinheiro eram mulheres,

incluindo uma "mulher de casaco azul" — presumivelmente não se sabia seu nome. Alimentos eram doados aos pobres e um empréstimo foi concedido ao antigo pastor de Dabrun, de modo que o plano original de conceder empréstimos foi mantido, talvez não na escala prevista para os artesãos; ver também 16 [Bc 4].

40. *Ain löbliche ordnung der fürstlichen stat Wittenberg: im Jahre 1522 auffgericht*, [Augsburgo] [1522] [VD 16 W 3697], fo. iii (r); para outra impressão ver *Newe ordnung der Stat Wittenberg, MDXXII. jar*, [Bamberg] [1522] [VD 16 W 3698]; publicada com um diálogo entre os bispos de Lochau e Meissen; Hermann Barge, op. cit., v. 1, pp. 378-82. Em contraste, na folha de rosto de *Von abtuhung der Bylder*, Karlstradt se proclamou "Carolstatt in der Christlichen statt Wittenberg".

41. Natalie Krentz, op. cit., pp. 170 ss. também mostra a tensão entre o conselho municipal e o eleitor.

42. Nikolaus Müller, op. cit., n. 4, pp. 172, 173-9; 186; 190.

43. Ibid., pp. 202-3; e ver pp. 184-206; para o primeiro esboço, 201: de início, se dizia especificamente que a Comunhão não podia ser concedida aos laicos num ou dois casos, mas a versão final não deixa isso claro.

44. Jens-Martin Kruse, op. cit., pp. 371-5; Samuel Preus, op. cit., pp. 40-50; Natalie Krentz, op. cit., pp. 206-10, que argumenta que as discussões em Eilenburg não foram encetadas sob a pressão de um movimento popular.

45. Hermann Barge, op. cit., v. 1, p. 408. Ele também pode tê-lo rejeitado porque parecia dar ao conselho municipal o direito de atuar na política religiosa: Samuel Preus, op. cit., p. 47.

46. Então, também na Páscoa de 1522, o eleitor propôs que as relíquias deveriam ser exibidas na igreja, mas que a congregação não soubesse das indulgências oferecidas. Dessa forma, poderia continuar a alegar que não houvera nenhuma mudança na religião, em obediência à ordem imperial. Paul Kalkoff, *Ablass*. Gotha, 1907, pp. 84-5.

47. Cartas de LW, I, 387, [c. 22 fev. 1522]; WB 2, 454, 24 fev. 1522, 448: 7-8; 10-1; 13; 449: 22-3.

48. WB 2, 454, [c. 24 fev. 1522].

49. WB 2, 455, Borna, 5 mar. 1522, 455: 32-4; 61-5; Cartas de LW, I, 391.

50. WB 2, 443, [c. 5 dez. 1521], 410: 18-9; Cartas de LW, I, 351; WB 2, 449, 13 jan. 1522.

51. WB 2, 456, 457.

52. Para relatos dos sermões feitos por seus ouvintes, ver WS 10, 3, XLVI-LV.

53. WS 10, 3, 1-64; 18: 15-6; LW 51. Para um excelente relato dos Sermões de Invocavit, ver Natalie Krentz, *Ritualwandel*, pp. 218-42. Conforme ela mostra, a edição impressa remanescente é de Estrasburgo, de 1523, um ano depois, e é muito diferente das versões manuscritas que também circularam. Krentz defende que a versão impressa deles ganhou colorido retrospectivo em razão da crescente discordância entre Lutero e Karlstadt. Invocavit ou Invocabit é o nome dado à Quadragésima, o primeiro Domingo da Quaresma, assim chamado porque o Introito começa com as palavras "Invocabit me et exaudiam eum": "Ele há de me chamar e eu responderei" (Salmos 91:15).

54. WS 10, 3, 7: 3-4.

55. WS 10, 3, 53: 9-10; 14-5.

56. Tampouco era apenas Melâncton: Johannes Agricola também parece ter sido influenciado por Karlstadt nesse período, além de ter se interessado por ideias anabatistas, Kawerau, *Agricola*, pp. 33-4.

57. WS 10, 3, 42: 8-9; 46: 12-4.

58. Ronald J. Sider (org. e trad.), op. cit., p. 43; WS 15, 337: 16-8 [Acta Ienensia, 1524, ver capítulo 11 adiante]: ele declarou que não agira sozinho ao atacar as imagens: "Foi uma decisão tomada por maioria nas três assembleias [rethe] e alguns de seus companheiros. Depois eles se esquivaram e me deixaram sozinho", embora "rethe", termo usado por Karlstadt, seja mais próximo de "conselheiro" ou "membro da assembleia". Em sua posterior história da Reforma, Spalatin viu aí a ação do demônio, culpando os profetas de Wittenberg "e outros"; Georg Spalatin, *Annales*. Leipzig, 1718, pp. 52-3. Ele dedica apenas três parágrafos aos tumultos em Wittenberg e pouco fala da estadia de Lutero em Wartburg, a despeito de sua importância.

59. Samuel Preus, op. cit., pp. 74-7: ele tentou publicar um tratado que, na aparência, era um ataque a Ochsenfahrt, agora responsável pela reintrodução da prática católica, de acordo com o decreto imperial; mas também era um claro ataque às mudanças de Lutero, e acabou proibido pelo conselho acadêmico. Sobre a censura nesse período em Wittenberg, ver Hans-Peter Hasse, "Bücherzensur an der Universität Wittenberg im 16. Jahrhundert"; Stefan Oehmig (org.), *700 Jahre Wittenberg*. Weimar: Böhlau, 1995.

60. WB 2, 458, 13 mar. 1522, 471: 21.

61. Cf. Robert W Scribner (org.), *Popular Culture*. Londres, 1987.

62. George Huntston Williams, *Radical Reformation*, p. 620: em Riga, dois importantes clérigos eram partidários de Karlstadt; Hermann Barge, op. cit., v. 2, pp. 400-18, 188-90, 194-5; em Kitzingen, Christoph Hofmann, aluno de Karlstadt, pregou uma mensagem do mestre. Barge, de modo menos persuasivo, defende que os radicais de Nuremberg sofreram influência de Karlstadt. O próprio Karlstadt foi a Oldersum e à Frísia Oriental em 1529, na esperança de iniciar uma reforma segundo seus moldes; numa disputa com os luteranos, os sacramentalistas estavam em vantagem, e houve um clamor na igreja em Emden pedindo a "morte dos canibais", referência ao posicionamento deles sobre a questão da Presença Real (409). No entanto, uma reforma luterana foi introduzida por decreto do governante, e Karlstadt foi obrigado a partir.

11. A ESTALAGEM DO URSO-NEGRO [pp. 248-65]

1. WS 15, 323-47, [Acta Ienensia], 334: e ver Ronald J Sider (org. e trad.), op. cit., para uma tradução de parte do opúsculo.

2. Segundo Reinhard, emissários imperiais e muitos cidadãos de Iena estavam presentes.

3. Ronald J. Sider (org. e trad.), op. cit., pp. 40, 41, 44; WS 15, 335: 22; 26-7; 337: 30-338: 1.

4. Ibid., p. 46; WS 15, 339: 11-2; 19-20; 6-8.

5. Ibid., pp. 47-8; WS 15, 340: 6; 339: 31-40: 1; 340: 7-8.

6. WB 3, 785, 27 out. 1524, 361: 9.

7. Parte do desconforto de Lutero na estalagem fica evidente em uma carta de aconselhamento que ele escreveu a Wolfgang Stein em Weimar, que estava prestes a entrevistar Karlstadt. Disse em tom de censura que o florim não significava nada, pois ele sempre fez o que quis, então por que iria agora querer granjear simpatias? Se era para alegar que estava impedido de debater, deveriam lhe perguntar por que não debatia em Wittenberg, ocupando um cargo da universidade. WB 3, 774, início de set. 1524: Lutero parece determinado a impedir que pareça que Karlstadt foi autorizado a publicar. Em vez disso, agarrou-se à sua ideia de que a troca fora uma declaração de guerra,

escrevendo isso em *Contra os profetas celestiais*, parte I, fim de dezembro de 1524, "Dr. Andreas Karlstadt nos abandonou e ainda se tornou nosso arqui-inimigo"; LW 40, 79; WS 18, 62: 6-7.

8. WB 3, 785, 27 out. 1524; Reinhard foi obrigado a deixar Iena; Lutero disse a Amsdorf que ele mendigara na igreja, chorando; WB 3, 811, 29 dez. 1524; Lutero, que não confiava em Reinhard, queria que ele fosse expulso de Nuremberg.

9. Edward Furcha (org. e trad.), op. cit., pp. 161-2; Andreas Karlstadt, *Was gesagt ist*, fo. F i (r).

10. Ronald J. Sider, op. cit., pp. 174-97; a legalidade da convocação de Karlstadt foi amargamente debatida por Lutero. Ver também Hermann Barge, op. cit., v. 2, pp. 95-143.

11. Edward Furcha (org. e trad.), op. cit., pp. 368-70; Karlstadt, *Anzeyg*, fo. F (r). LW 40, 117; WS 18, 100: 27-9.

12. Hermann Barge, op. cit., v. 2, p. 97; Ronald J. Sider, op. cit., pp. 183-7; ele pagou pessoas na colheita de uva e empregou outras para a produção de feno.

13. WB 3, 818, 18 jan. 1525.

14. WB 3, 702, 18 jan. 1524; 720, 14 mar. 1524, onde ele repete a piada.

15. Edward Furcha (org. e trad.), op. cit., p. 134; Karlstadt, *Was gesagt*, fo. A ii (r).

16. Em sua liturgia latina da Missa, de 1523, no entanto, Lutero restituiu a Comunhão em dois tipos; WS 12, 197-220; 217. Isso ainda se parecia bastante com o formato da Missa tradicional, mantinha a elevação, preservava os ritos em latim e tinha muitos cânticos, até mesmo do Evangelho. Permitiu-se o uso de incenso e de velas acesas quando se lia o Evangelho. Lutero não instituiu uma Missa alemã até 1526.

17. LW 40, 116; WS 18, 99: 20-1.

18. Embora Lutero tenha atacado Karlstadt por assumir uma paróquia sem ter sido chamado, Karlstadt fora cuidadoso em granjear a aprovação do duque, e, de fato, a congregação lhe convocara formalmente.

19. WB 3, 818, 18 jan. 1525 (Glatz a Lutero).

20. Foi dito até mesmo que ele conhecera os sermões de Tauler através da cozinheira do pastor Conrad Glitsch, mulher devota que tinha tido admiradores em Leipzig. Verdadeiro ou não, o boato mostra a reputação popular da *Theologia deutsch* e do misticismo alemão. Ulrich Bubenheimer, *Thomas Müntzer*. Leiden, 1989, pp. 181-2. O pastor luterano Martin Glaser, de Nuremberg, que notou isso em seu exemplar de Tauler, dado a ele por Lutero em 1529, disse que Müntzer e Karlstadt se equivocaram quanto a Tauler e disseminaram seus erros em Orlamünde, uma interessante tentativa, da parte de um luterano, de atribuir o radicalismo de Müntzer e Karlstadt a sua apropriação do misticismo alemão.

21. Cf. Tom Scott, *Thomas Müntzer. Theology and Revolution in the German Reformation*. Basingstoke, 1989, pp. 1-45; e sobre os profetas de Zwickau, Wappler, Müntzer; sobre a semelhança entre as origens sociais de Müntzer e de Lutero — ele também provinha de um ambiente burguês abastado — ver Ulrich Bubenheimer, *Thomas Müntzer*. Leiden: Brill, 1989, pp. 38-40.

22. Peter Matheson (org. e trad.), *The Collected Works of Müntzer*. Edimburgo: Bloomsbury, 1988, pp. 29-30, Agricola a *Müntzer*, provavelmente início de fevereiro de 1521; Thomas Müntzer, *Briefwechsel*. Leipzig, 2010, pp. 73-6.

23. Tom Scott, *Thomas Müntzer*. Basingstoke, 1989, pp. 31-3; e ver Peter Matheson op. cit., pp. 352-79; Thomas Müntzer, *Prager Manifest*. Leipzig, 1975; fotos do manuscrito latino, disponíveis em: <http://archive.thulb.uni-jena.de/ufb/rsc/viewer/ufb_derivate_00002917/ Chart-A--00379a_001r.tif>. Acesso em: 6 dez. 2015.

24. ws 15, 199-221; lw 40, 45-59.
25. Peter Matheson (org. e trad.), *Müntzer*. Gütersloh, 2010, pp. 52-3, 21 dez. 1522; Thomas Müntzer, *Briefwechsel*. Leipzig, 2010, pp. 153-4; uma carta estranha, ao mesmo tempo agressiva e conspiratória.
26. lw 40, 53; ws 15, 214: 20; 23-6.
27. lw 40, 54; ws 15, 215: 26-8.
28. Tom Scott, *Thomas Müntzer*. Basingstoke, 1989, pp. 74-5; Peter Matheson, *Müntzer*. Gütersloh, 2010, pp. 248, 250; Thomas Müntzer, *Auszlegung*, Allstedt, 1524; fos. D ii (r), D iii (r).
29. Hermann Barge, op. cit., v. 2, pp. 130-2; ws 15, 343-7. A segunda metade do texto de Reinhard sobre o ocorrido em Orlamünde não foi incluída na tradução de Sider, "Confrontation at the Black Bear", em Ronald J. Sider (org. e trad.), op. cit.
30. O texto da missiva foi publicado no texto de Reinhard, ver ws 15, 343.
31. ws 15, 344: 16-7. O confronto consta apenas do relato de Reinhard e não foi incluído em *Contra os profetas celestiais*.
32. lw 40, 101; ws 18, 84: 3-4; 7-8; 11-2; 13-4: Lutero tenta reproduzir aqui o dialeto campesino. Para a versão da discussão feita por Reinhard, ws 15, 346; o sapateiro e outros membros da comunidade continuaram a discutir com Lutero, e, em especial, quando este tentou diferenciar imagens "supersticiosas" de outros tipos, eles retrucaram que o mandamento bíblico contra estátuas nada dizia sobre imagens "supersticiosas". A réplica de Lutero sobre o vinho e as mulheres não consta de *Contra os profetas celestiais*, mas do relato de Reinhard; ws 15, 345. Curiosamente, a penetrante expressão usada pelo camponês sobre varrer o Evangelho para debaixo do tapete ecoa as palavras do próprio Lutero, em seu prefácio a *Theologia deutsch*, de 1518: que a Palavra Sagrada de Deus não tenha apenas ficado sob o tapete, mas tenha sido coberta por pó e traças; *Eyn deutsch Theologia*, fo. A ii (r).
33. lw 40, 110; ws 18, 93: 15-6.
34. ws 15, 346: 24-5.
35. ws 15, 346: 9-10.
36. ws 18, 70:37.
37. ws 15, 347: 21.
38. A anedota advém de uma carta de Caspar Glatz a Lutero, uma fonte hostil: Hermann Barge, op. cit., v. 2, pp. 134-6; wb 3, 18, 18 jan. 1525, pp. 424: 22-5, Glatz a Lutero.
39. Lutero sabia que Karlstadt escrevera àqueles em Orlamünde, assinando "*Andreas Bodenstein unverhort und unuberwunden, vertrieben durch Martinum Lutherum*", wb 3, 785, 27 out. 1524, 361: 12-3. Ver também Edward Furcha (org. e trad.), op. cit., p. 342; Andreas Karlstadt, *Anzeyg etlicher*. Augsburgo, 1525, fo. A ii (r); e ele usou a expressão contra Lutero no fim de Exegesis, Amy Nelson Burnett, *Karlstadt and the Origins of the Eucharistic Controversy*. Oxford, 2011, p. 68. Andreas Karlstadt, *Auszlegung*. Leipzig, 1519. A expressão ecoava a insistência de Lutero diante de Worms de que ele não recebera uma audição justa e de que não provaram seu erro com base nas Escrituras.
40. wb 3, 785, 27 out. 1524, 361: 13-4.
41. Amy Nelson Burnett, op. cit., pp. 68, 143-7; Martin Reinhart publicou a obra de Karlstadt em Nuremberg, mas teve que se exilar, concluindo o *Dialogue* em Bamberg.
42. Hermann Barge, op. cit., v. 2, p. 18; Gerhard Westerburg, *Vom Fegefewer vnd Standt der verscheyden selen eyn Christliche Meynung*, Colônia, 1523 [vd 16 W2215]. O prólogo é uma carta

dedicatória ao prefeito e ao conselho municipal de Colônia. A publicação em Colônia era importante porque abriria portas para os Países Baixos, e há notícias de que foram enviados 3 mil exemplares para lá. Também foi publicada em Augsburgo. Sobre a visita de pregação, Hermann Barge, op. cit., v. 2, pp. 20-1.

43. WB 3, 887, 11 jun. 1525, p. 527: 2, Paul Speratus a Lutero, descrevendo a chegada de Martin Cellarius em Königsberg. Ver também WB 3, 756, 4 jul. 1524. Cornelius Hoen, dos Países Baixos, e Franz Kolb, de Wertheim, já haviam escrito a Lutero defendendo posturas sacramentais semelhantes (WS 15, 384); Lutero escreveu se queixando do número de pessoas que aderiam às posições de Karlstadt no final de 1524; WB 3, 793, 17 nov. 1524 e WB 3, 802, 2 dez. 1524; 817, 13 jan. 1525. Ver Hermann Barge, op. cit., v. 2, pp. 144-296.

44. WB 3, 796, 22 nov. 1524; 797, 23 nov. 1524; e Gerbel relata que, em Estrasburgo, Karlstadt culpou Lutero por sua expulsão, se queixando de que não fora escutado nem avisado.

45. WB 3, 858, Estrasburgo, abr.(?) 1525, 477: 29-31.

46. Valentin Ickelsamer, *Clag ettlicher Brieder, an alle Christen, von der großen Ungerechtigkeyt und Tyranney, so Endressen Bodenstein... vom Luthe... gechicht*. Augsburgo, 1525; VD 16 I 32. Ickelsamer era um apoiador de Karlstadt.

47. LW 40, 204; WS 18, 194. Lutero também acusou Karlstadt de "inveja e vaidosa ambição" e de "ódio invejoso" em *Contra os profetas celestiais*, e, em acréscimos numa passagem, também o acusa de ser submisso a "Frau Hulda", ou Razão, uma caprichosa giganta do folclore nórdico. A razão natural, Lutero defende, é "a meretriz de Satã", e acusa Karlstadt de ser um arguto sofista que não consegue enxergar o sentido óbvio das Escrituras: "Este é meu corpo". De sua parte, Karlstadt comenta, acusador, que Lutero se delicia em tentar fazê-lo sentir "*gramschaft/ neyd/ hass/ vngnad*" [angústia, inveja, ódio e desgraça], *Anzeyg*, fo. E [iv] (v).

48. WS 15, 391-397, 14-5 dez. 1525.

49. WS 15, 384, 31 dez. 1524 (Capito a Zwinglio).

50. WS 15, 394: 12-7; 24; Lutero, como era seu costume, defendeu que, quanto mais Karlstadt "*schwermet*" [se animava] com a ideia de que não havia Presença Real, mais ele ficava convicto de que Karlstadt estava errado.

51. WB 3, 779, 3 out. 1524, 354: 15. Um ano depois, escrevendo ao duque Georg e ecoando sua linguagem de outrora, Lutero o comparou a Karlstadt, o qual, junto com os sacramentalistas, eram "filhos de minhas entranhas"; WB 4, 973, 20 jan. 1526, 18: 7. De fato, era uma imagem poderosa.

52. WS 18, 66: 19-20.

53. Edward Furcha (org. e trad.), *The Essential Carlstadt*, pp. 366, 367, 369; Andreas Karlstadt, *Anzeyg etlicher*. Augsburgo, 1525, fos. E ii (v), E iii (r-v), F [i] (r).

54. Edward Furcha (org. e trad.), op. cit., p. 370; Andreas Karlstadt, *Anzeyg*, fo. F i (v).

12. A GUERRA DOS CAMPONESES [pp. 266-79]

1. Existe uma extensa bibliografia sobre a Guerra dos Camponeses, a começar por Engels, *A guerra dos camponess na Alemanha*. Ver, em especial, Peter Blickle, *Revolution of 1525*. Londres, 1981; Janos Bak (org.), *German Peasant War*. Londres, 1976; Robert W. Scribner e Gerhard Benecke (orgs.), *German Peasant War*. Londres, 1979; Govind P. Sreenivasan, *Peasants of Ottobeuren*.

Cambridge, 2004; e a compilação de registros documentais de Günther Franz, *Der Deutsche Bauerkrieg*. Darmstadt, 1956.

2. Tom Scott e Bob Scribner, *German Peasants' War*. Atlantic Highlands: Humanities Press, 1991, p. 254. Disponível em: <www.stadtarchiv.memmingen.de/918.html>. Acesso em: 19 ago. 2019.

3. LW 46, 4-45; WS 18, 279-334, *Ermahnung zum Frieden auf die zwölf Artikel der Bauerschaft in Schwaben*, 325.

4. LW 46, 20-1; WS 18, 296b: 20-3.

5. WS 18, 342: 28-32; 343: 7-9.

6. Tom Scott e Bob Scribner, *German Peasants' War*. Atlantic Highlands: Humanities Press, 1991, pp. 14-9.

7. Ibid., em especial pp. 1-64.

8. WB 3, 874, 23 maio 1525; Lutero sabia que Frederico escrevera nesses termos ao duque Johann, 508: 26-7, n. 7, 508-9.

9. Müntzer ao povo de Allstedt, c. 26-7 abr. 1525, em Peter Matheson (org. e trad.), *Müntzer*. Gütersloh, 2010, pp. 140-2; Thomas Müntzer, *Briefwechsel*. Leipzig, 2010, pp. 403-15, 414-5. Lutero, que provavelmente obtivera uma cópia da carta em 3 de maio, quando esteve em Weimar, publicou-a com várias outras e um comentário em *Eyn Schrecklich geschichte vnd gericht gottes vber Thomas Müntzer*, Wittenberg, 1525, e foi rapidamente reeditada em diversas cidades. Enquanto Müntzer aconselhava a não deixar a espada esfriar ou "pender frouxa", Lutero esclarecia: "Não deixe o sangue se coagular em sua espada".

10. Müntzer se inspirava na passagem em que, no vale de ossos secos, Deus cria um exército e une os israelitas sob um rei; enquanto em Ezequiel 39 Deus promete que "Vocês comerão a carne dos poderosos e beberão o sangue de príncipes como se fossem carneiros e cordeiros, cabras e touros"; Peter Matheson (org. e trad.), *The Collected Works of Thomas Müntzer*. Gütersloh, 2010, pp. 154-5; 157; Thomas Müntzer, *Briefwechsel*. Leipzig, 2010, pp. 465-73, 461-5, WS 18, 371-2, 12 maio 1525. Essas cartas foram publicadas por Lutero no volume WS.

11. Tom Scott, *Thomas Müntzer*. Basingstoke, 1989, pp. 164-5.

12. WB 3, 873, 21 maio 1525, 505: 28-9; Tom Scott, *Thomas Müntzer*. Basingstoke, 1989, pp. 165-9.

13. WB 3, 875, 26 maio 1525, 511: 42.

14. WB 3, 875, 26 maio 1525; esse é o relato de Johann Rühel, que trabalhava para os condes de Mansfeld e, portanto, era suspeito; mas seu relato bastante ponderado também mostra considerável compaixão pelos camponeses.

15. Peter Matheson (org. e trad.), *The Collected Works of Thomas Müntzer*. Gütersloh, 2010, pp. 160-1; Thomas Müntzer, *Briefwechsel*. Leipzig, 2010, pp. 491-504, 496-7.

16. WB 3, 877, 30 maio 1525, 515-6: 29-30. Veja também Scott, *Müntzer*, 166-9.

17. Cyriacus Spangenberg, *Mansfeldische Chronica*, v. 4, pp. 1, 47. Eisleben, 1572.

18. Tom Scott, *Thomas Müntzer*. Basingstoke, 1989, pp. 151-2.

19. WS 18, 281.

20. WS 18, 344.

21. WB 3, 877, 30 maio 1525; essa carta a Rühel também afirma que os camponeses deveriam ser estrangulados como cães raivosos (516: 37).

22. LW 46, 49; 50; WS 18, 357: 12; 13-4; 358: 14-8.
23. WB 3, 877, 30 maio 1525; 878, 30 maio 1525, 517: 2; 890, 15 jun. 1525 (a Rühel, Johannes Thür e Caspar Müller); 896, 20 jun. 1525. Curiosamente, a memória cultural luterana tentou se apegar à ideia inicial de Lutero de que os dois lados estavam errados, senhores e camponeses. Ver, por exemplo, Cyriacus Spangenberg, *Mansfeldische Chronica*. Eisleben, 1572, p. 419.
24. Lutero provavelmente decidiu publicar essa carta a Müller como *Ein Sendbrief von dem harten Büchlein wider die Bauern*, WS 18, 384-401, após conversar com amigos de Mansfeld durante seu casamento, em 27 de junho: WB 3, 902, primeira metade de jul. 1525; WS 18, 392: 22-5.
25. Tom Scott, *Thomas Müntzer*. Basingstoke, 1989, p. 175.
26. WB 3, 874, n. 10: Lutero intercedeu por Meinhard, o que provavelmente salvou a vida dele. Meinhard deu-lhe uma *Becher* de prata para demonstrar sua gratidão.
27. Peter Matheson (org. e trad.), *The Collected Works of Thomas Müntzer*. Gütersloh, 2010, p. 161; Thomas Müntzer, *Briefwechsel*. Leipzig, 2010, pp. 491-506.
28. Müntzer, e não Lutero, foi o grande protagonista dos relatos marxistas da Reforma, a partir de Engels. No aniversário de quinhentos anos do nascimento de Lutero, em 1983, a intelectualidade da Alemanha Oriental voltara a interpretar a Reforma como um episódio religioso e sob o prisma de Lutero, em parte porque precisava reconquistar o aniversário de Lutero — cuja Reforma ocorrera no solo oriental da Saxônia — do jugo da Alemanha Ocidental.
29. Peter Matheson (org. e trad.), *The Collected Works of Thomas Müntzer*, p. 44; 29 mar. 1522 (Müntzer a Melâncton); Thomas Müntzer, *Briefwechsel*. Leipzig, 2010, pp. 127-39. Essa carta foi publicada por Johann Agricola, em 1525, como parte da polêmica contra Müntzer.
30. Thomas Müntzer, *Briefwechsel*. Leipzig, 2010, p. 505, n. 1: seu nome era Ottilie von Gersen, uma antiga freira, e sua origem mais provável era a nobre família Von Görschen da região em torno de Merseburg; não se sabe de que convento ela veio.
31. Andreas Karlstadt, *Endschuldigung*. Wittenberg, 1525, fos. B i (v); B ii (r). Edward Furcha (org. e trad.), op. cit., p. 383. O opúsculo provavelmente apareceu em julho; também houve uma edição de Augsburgo. Ver Alejandro Zorzin, *Karlstadt*. Göttingen, 1990, p. 104. "Fui cercado pelos camponeses como uma lebre entre chacais", escreve ele, fo. B ii (r), Edward Furcha (org. e trad.), op. cit., p. 383. Ele fornece vários exemplos das ameaças que grupos de camponeses lhe fizeram; mas também admite que, "embora nada possa fazer a respeito, me abriguei com os camponeses e com eles comi e bebi, e às vezes os ajudei a exaltar a injustiça ou me excedi nos castigos. Eu tinha que sobreviver e não quis pôr em risco a vida de minha mulher e de meu filho. Teria sido um tolo em enfrentá-los; eles me trucidariam por uma simples palavra", fo. B iii (r); Edward Furcha, op. cit., p. 385.
32. Andreas Karlstadt, *Endschuldigung*. Wittenberg, 1525, fo. B [iv] (r); Edward Furcha, op. cit., p. 386.
33. WB 3, 889, 12 jun. 1525, 529: 2-3. É provável que o original fosse em latim, traduzido por Spalatin.
34. Andreas Karlstadt, *Endschuldigung*. Wittenberg, 1525. Em setembro, ele escreveu *Erklärung wie Karlstadt seine Lehre vom hochwürdigen Sakrament und andere geachtet haben will* [Declaração de como Karlstadt trata seus ensinamentos sobre o venerável sacramento etc. e como quer que seja tratado], em Karlstadt, *The Eucharistic Pamphlets*, que foi editada em Wittenberg e reeditada quatro vezes em Nuremberg, Erfurt e Estrasburgo; em Estrasburgo, Simprecht Ruff produziu

uma edição conjunta de ambos os textos de Karlstadt. Uma edição tardia tinha um longo prefácio sobre as visões de Lutero e Karlstadt e foi reeditada por Capito como *Frohlockung eines christlichen Bruders von wegen der Vereinigung* [*die sich*] *zwischen D. M. Luther und D. Andres Carolstat begeben* (*hat*) [Júbilo de um cristão em razão do entendimento entre Lutero e Karlstadt], título que revela o quanto a rivalidade entre os dois perturbava seus contemporâneos. Alejandro Zorzin, *Karlstadt als Flugschriftenautor*. Göttingen, 1990, p. 104; ver Thomas Kaufmann, "Zwei unerkannte Schriften Bucers und Capitos zur Abendmahlsfrage aus dem Herbst 1525", *Archiv für Reformationsgeschichte*, v. 81, pp. 158-88, 1990.

35. ws 18, 431-45; 436: 18-20. Ele também escreveu um prefácio a outro tratado de Andreas Karlstadt, o *Erklärung*, pp. 446-66.

36. ws 18, 446-66, *Erklärung*.

37. wb 3, 915, início de set. 1525, 566: 28; 565: 1; 1; 10. Spalatin traduziu essas cartas para o eleitor.

38. wb 3, 920, 12 set. 1525; e "Nachgeschichte", 574: 39; 35.

39. Edward Furcha, op. cit. (*Several Main Points of Christian Teaching Regarding Which D. Luther Brings Andreas Carlstadt Under Suspicion Through False Accusation and Slander*); Andreas Karlstadt, *Anzeyg etlicher*. Augsburgo, 1525.

40. wb 3, 874, 23 maio 1525: Lutero também observou que algumas pedras foram achadas nos pulmões do bebê, além de três na vesícula biliar, da grossura de um dedo mínimo e mais ou menos do tamanho de uma moeda; embora tenha morrido por causa das pedras, nenhuma foi encontrada na bexiga. Segundo o laudo da autópsia, porém, havia pedras na uretra. É curioso que tenha ocorrido autópsia e secção. Ver Christian Neudecker e Ludwig Preller (orgs.), *Georg Spalatin's historischer Nachlass*. Iena, 1851, pp. 68-9.

41. wb 3, 803, 12 dez. 1524.

42. Christian Neudecker e Ludwig Preller, op. cit., pp. 68-9.

43. wb 3, 860, 4 (5?) maio 1525: os exércitos de Albrecht atearam fogo na vila de Osterhausen. O enterro do eleitor suscitou perguntas sobre quais ritos deveriam haver na Igreja reformada, às quais Lutero e Melâncton sugeriram que a vigília não deveria ter música, missa, padres nem altar completamente negro; e eles descartaram como "ridículos" os desenhos de garanhões perto do altar, a oferta de um escudo e a quebra de uma lança.

13. O CASAMENTO E A CARNE [pp. 280-312]

1. Ver, sobre o apocalipcismo de Lutero, Philip M. Soergel, *Miracles and the Protestant Imagination*. Oxford: Oxford University Press, 2012, pp. 33-66.

2. wb 9, 3699, 6 jan. 1542, *Beilage IV, Luthers Hausrechnung*, 581: Lutero mostra onde os bens do mosteiro foram parar, incluindo ornamentos e vestes sacras, vendidos por cinquenta florins e usados na compra de roupas para monges e freiras. wb 3, 600, 10 abr. 1523; 609, 22 abr. 1523: em razão do apoio declarado, Spalatin deveria pedir contribuições à corte e ao próprio eleitor, e Lutero prometeu manter quaisquer contribuições eleitorais em segredo.

3. Ou então a história foi exagerada — pode ser que ele as tenha apenas carregado na mesma carroça que usava para entregar peixe no convento: Martin Treu, *Katharina von Bora*. Wittenberg:

Drei Kastanien, 1995, p. 16. Treu aventa de modo persuasivo a hipótese de ela ter vivido com os Cranach antes de se casar com Lutero.

4. WS 11, 387-400, publicado em folheto como *Ursach und Antwort, dass Jungfrauen Kloester goettlich verlassen moegen*. Também havia versões em baixo-alemão. Lutero enfatiza especialmente a dimensão sexual: jovens inexperientes são obrigadas a ir para conventos onde precisam lutar contra problemas decorrentes da castidade, acrescentando que "as mulheres não nasceram para a virgindade, mas para gerar filhos", 398: 4. E conclui listando os nomes de várias mulheres que deixaram o convento, sendo a irmã de Staupitz a primeira da lista — o que pode ter lhe causado desconforto. Ver também Franz Posset, op. cit., p. 341. Em 1524, Lutero publicou a confissão de uma freira luterana de Mansfeld, prefaciando-a com uma carta: WS 15, 79-94 (ela descreve o cárcere a que foi submetida por escrever a Lutero, no qual foi forçada a sentar no chão durante as refeições usando uma grinalda de palha, símbolo de defloração). Em 1525, Lutero estava envolvido com a questão de novo, dessa vez admitindo um grupo de freiras de Seusslitz, na Saxônia; como antes, ele pediu ajuda a Koppe para libertar outras freiras, possivelmente de Grimma; WB 3, 894, 17 jun. 1525.

5. WB 3, 766, 6 ago. 1524, 327: 21-4.

6. WB 2, 426, 6 ago. 1521 (a Spalatin), 377: 4-5; em 1532, ele ainda lembrava quão improvável parecia o próprio casamento, dizendo à mesa que se alguém lhe dissesse, à época da Dieta de Worms, que em cinco anos ele seria marido e pai, ele teria rido dessa pessoa: WT 3, 3177.

7. StadtA Witt, *Kämmereirechnungen* 1524, 144: o conselho municipal pagou por novos "Rock, hosen vnd Wammes", para Lutero, fornecendo seis varas de fustão.

8. Cartas de LW, II, 105; WB 3, 857, 16 abr. 1525, 475: 14-23. Uma esposa à mão esquerda era uma esposa morganática, isto é, meia consorte de status inferior cujos filhos não herdariam a posição social do pai. Matrimônios morganáticos também funcionavam no sentido oposto ao do caso mencionado, pois Lutero era de status inferior em relação a Katharina: a brincadeira era um pouco pesada. Hieronymus Baumgarten, da eminente família patrícia de Nuremberg, tinha sido originalmente proposto como marido a Katharina em 1524 (Baumgarten esperou até depois do casamento dela para desposar outra mulher: Kirsi Stjerna, *Women and the Reformation*. Oxford: Wiley-Blackwell, 2009, p. 55). Só três semanas depois dessa carta, Lutero escrevia a Johann Rühel sobre sua intenção de se casar com "meine Käthe": WB 3, 860, 4 (5?) maio 1525, 482: 81.

9. *Melanchthons Briefwechsel — Regesten on-line*, 408, 16 jun. 1525: o casamento ocorreu na presença de Bugenhagen, Cranach e Johannes Apel.

10. WB 3, 886, 10 jun. 1525, 525-6: 14.

11. WB 3, 860 4 (5?) maio 1525, 481: 64-6.

12. O desejo de Glatz de assumir o desvantajoso cargo em Orlamünde talvez não tenha sido tão abnegado. A figura que emerge de sua correspondência é a de um fofoqueiro, transmitindo qualquer boato maldoso sobre Karlstadt a Lutero e confiando na intervenção dele para arranjar as coisas.

13. Cartas de LW, II, 116-8; WB 3, 900, 21 jun. 1525, 541: 14. Essa carta é frequentemente mencionada como prova de que Lutero não "amava" Katharina de início; mas é significativo que tenha sido destinada a Amsdorf, o outro partido que Katharina cogitou após a tentativa fracassada de se casar com Hieronymus Baumgarten. Amsdorf se manteve solteiro, então talvez Lutero esteja expressando seus sentimentos de modo a não constranger o amigo. Também é notável que Lutero não tenha mencionado nada sobre o assunto em sua carta anterior a Amsdorf, de 12 de junho, e que tenha avaliado que rumores já tivessem chegado aos ouvidos do amigo. Sugestivo é o fato de que,

ao quase morrer, em 1537, foi aos cuidados de Amsdorf que Lutero recomendou que Katharina ficasse; WT 3, 3543 A.

14. Cartas de LW, II, 117, WB 3, 900, 21 jun. 1525, 541: 6; e ver também WB 3, 890, 15 jun. 1525. Sabe-se que ele convidou Wenzeslaus Linck, Georg Spalatin, Amsdorf, Hans von Dolzig, o oficial da Saxônia, Gabriel Zwilling (que pregara tão agressivamente durante a ausência de Lutero e fora perdoado), seus pais, Leonhard Koppe (que trouxera as freiras a Wittenberg); e Rühel, Thuer e Müller da administração de Mansfeld. Ele não estava certo se devia convidar os condes de Mansfeld, Gebhard e Albrecht, e para decidir pediu conselho aos burocratas da cidade. O convite aos habitantes de Mansfeld usa o pretérito para se referir ao casamento e deixa claro que o casal já consumara a união e dormira junto ("*mit Eile beigelegen*"). Sobre a masculinidade nesse período, ver Scott Hendrix e Susan Karant-Nunn (orgs.), *Masculinity in the Reformation Era*. Kirksville: Truman State University, 2008; e Helmut Puff, *Sodomy in Reformation Germany and Switzerland 1400-1600*. Chicago: University of Chicago Press, 2003.

15. Jonas se casou com Katharina Falk, de uma família de Wittenberg: Gustav Kawerau, *Briefwechsel des Justus Jonas*, v. 2. Halle, 1884.

16. Wilhelm Reindell, *Doktor Wenzeslaus Linck aus Colditz*. Marburgo, 1892, p. 190.

17. WB 3, 726, 1 abr. 1524, 263: 8-9, citando 2 Samuel 1,26.

18. Spalatin, ainda que desejasse, não poderia se casar até que o eleitor falecesse; e essa morte talvez tenha facilitado a situação para Lutero também. O casamento clerical ainda era ilegal na Saxônia.

19. WB 2, 26 maio 1521, 349: 85-6. Cartas de LW, I, 235: a tradução não expressa tão bem a piada sobre as duas barrigas e o que elas podem produzir.

20. Horst Jesse, *Leben und Wirken des Philipp Melanchthon*. Munique: Literareon, 2005, p. 47; ele escreveu a Camerarius em 16 de junho de 1525, em grego; *Melanchthons Briefwechsel — Regesten on-line*, p. 408; também negou que ela tivesse perdido a virgindade antes do casamento; e, em geral, defendia a opinião de que o matrimônio era a solução para a luxúria e esperava que o casamento acalmasse Lutero.

21. WB 3, 883, 3 jun. 1525, 522: 12-3; 17-8. O vigor e a jocosidade incomuns na carta de 10 de junho de 1525, na qual ele avisa Spalatin que a demora em casar é uma péssima ideia, sugerem que o casal talvez já tivesse consumado a união nesse período.

22. WB 3, 894, 17 jun. 1525, 534: 6-7; 9-10.

23. WB 3, 896, 20 jun. 1525, 537: 12.

24. Os sapatos eram fortemente associados ao sexo — uma virgem deflorada podia exigir um par de sapatos de seu sedutor. Lyndal Roper, *Holy Household*. Oxford: Clarendon Press, 1989, p. 147. No casamento da filha de Cranach, Lutero não resistiu a uma piadinha: ele mandaria em casa *quando a mulher estivesse fora*. Pôs o sapato do noivo em cima do leito nupcial para levar a melhor, como rezava a crença popular. WT 3, 593: 22: Susan Karant-Nunn, "The Masculinity of Martin Luther", em Scott Hendrix e Susan Karant-Nunn (orgs.), *Masculinity in the Reformation Era*. Kirksville: Truman State University, 2008, p. 179.

25. WT 1, 814.

26. Christiane Schulz, "Spalatin als Pfarrer und Superintendent in Altenburg", em Armin Kohnle, Christina Meckelnborg e Uwe Schirmer (orgs.), op. cit., pp. 70-1; Schmalz, Spalatin, 17, 22-3: sua esposa, filha de um cidadão de Altenburg, também se chamava Katharina. O inflexível capelão católico de Altenburg tentou dissolver a união.

27. WB 3, 952, 6 dez. 1525, 635: 26-8.

28. Spalatin desejava que a cerimônia ocorresse no castelo e que Lutero e o dr. Brück se sentassem à mesa do eleitor; Staatsarchiv Weimar, EGA Reg O 57, fo. 11. Sobre o casamento infértil de Spalatin, ridicularizado em *A tragédia de Johann Hus*, de Cochlaeus, ver Johann Vogelsang (Cochlaeus), "Ein Heimlich Gespräch von der Tragedia Johannis Hussen, 1538", em Hugo Holstein (org.), *Flugschriften aus der Reformationszeit 17*. Halle, 1900.

29. WB 8, 3141, Überleitung, 55. Ao que parece, era comum entre o clero que as esposas se referissem aos maridos como "*Herr Doctor*" e os tratassem por "senhor"; ver, por exemplo, WB 10, 3829, 26 dez. 1542, introdução, as últimas palavras da mulher de Justus Jonas; e ver também Johann Vogelsang (Cochlaeus), "Ein Heimlich Gespräch", em Hugo Holstein (org.), *Flugschriften*, em que as esposas se dirigem aos maridos e entre elas de acordo com os cargos deles — sra. Preposíto, sra. Bispo e assim por diante.

30. Ele certamente entrou na esfera feminina do conhecimento e logo passou a mostrar o que sabia sobre a gravidez, explicando numa carta a um colega (Brisger) por que o filho no ventre da mulher ainda não se desenvolvera; depois, viram que era um natimorto. WB 4, 980, 12 fev. 1526 (Brisger em Altenburg); 1019, 17 jun. 1526.

31. WB 3, 906, 22 jul. 1525, 548: 10-2. Pouco depois, ele encomendou em Torgau um novo leito sob medida. WB 4, 961, 2 jan. 1526.

32. WT 3, 3178a.

33. WT 2, 1472.

34. Sobre a divisão do trabalho entre os sexos num lar acadêmico, ver Gadi Algazi, "Habitus, familia und forma vitae: Die Lebensweisen mittelalterlicher Gelehrten in muslimischen, jüdischen und christlichen Gemeinden — vergleichend betrachtet", em Frank Rexroth (org.), *Beiträge zur Kulturgeschichte der Gelehrten im späten Mittelalter*. Ostfildern: Thorbecke, 2010; e Alan Ross, *Daum's Boys*. Manchester: Manchester University Press, 2015.

35. Lutero não romantizava o matrimônio, comentando a dificuldade dos homens em serem fiéis; sobre as rusgas frequentes, sobre o trabalho exigido: e.g. WT 3, 3508, 3509, 3510. Sobre Katharina von Bora, ver Kirsi Stjerna, op. cit.; Jeannette C. Smith, "Katharina von Bora through Five Centuries: A Historiography" *Sixteenth Century Journal*, v. 30, n. 3, 1999, pp. 745-74; Martin Treu, *Katharina von Bora*. Wittenberg: Drei Kastanien, 1995; Michael Kuen, *Lucifer Wittenbergensis*. Landsberg, 1747; Johann Mayer, *Des unsterblichen*. Leipzig, 1724; Christian Walch, *Wahrhaftige Geschichte*. Halle, 1751. Para uma boa panorâmica dos textos de Lutero sobre o casamento, ver Jane Strohl, "Luther's New View on Marriage, Sexuality and the Family", *Lutherjahbuch*, v. 76, 2009, pp. 159-92.

36. WB 4, 1305, e *Beilage*, 10 ago. 1528. Ela deveria voltar ao convento, como uma Madalena arrependida, e nem mesmo a existência de filhos devia impedi-la — os laços matrimoniais não eram válidos porque ela se unira em nome de Satã, e não de Deus.

37. WS 6, *Neue Zeitung von Leipzig*, 550: 31; e ver 540: 16-9: Lutero também inclui um acróstico em "*asini*", asnos, e uma xilogravura com um rei dos asnos. E narra uma fábula ao estilo de Esopo, um de seus autores prediletos, sobre um asno mais esperto que o rei da selva, o leão. A fábula subverte a ordem do mundo, pois quem é coroado é o asno, e não o leão, assim como Cristo subverte a sabedoria dos sábios. Por mais sarcástico que seja o prólogo, o restante do texto é galhofeiro.

38. Johann Hasenberg, *Lvdvs lvdentem lvdervm lvdens*, 1530 [VD 16 H 714].

39. Foi publicado sob o pseudônimo de Johann Vogelsang: "Ein Heimlich Gespräch von der Tragedia Johannis Hussen, 1538", em Hugo Holstein, op. cit. Ver, sobre a peça, Philip Haberkern, "'After Me There Will Come Braver Men': Jan Hus and Reformation Polemics in the 1530s", *German History*, v. 27, n. 2, 2009, pp. 177-95, cujo trabalho foi o primeiro a me alertar sobre a existência da peça.

40. Erasmo, como sempre sagaz, estava ciente de que a posição de Karlstadt sobre o arbítrio era distinta da de Lutero, mas era que "a graça por si só opera em nós, não *através* ou *em cooperação*, mas no livre-arbítrio": Clarence H. Miller (org.), *Erasmus and Luther*, II. Indianápolis, 2012.

41. Cartas de LW, II, 6-8; WB 2, 499, 28 maio 1522, 544: 11-2; 545: 26-8. Não se sabe com certeza quem era o destinatário da carta, mas pode ter sido Caspar Börner, professor em Leipzig; o certo é que era para um acadêmico daquela cidade. Lutero já criticara Erasmo em cartas; ver por exemplo WB 1, 27, 19 out. 1516; ele escreveu de maneira mais negativa sobre Erasmo a Lang (1 mar. 1517), mas lhe disse para guardar segredo sobre sua opinião, fazendo isso também em carta a Spalatin (18 jan. 1518). Em 1522, porém, ele queria não só expressar abertamente sua antipatia pela teologia de Erasmo, mas a todos os seus adeptos, como Mosellanus, alvo da carta.

42. WB 4, 1028, 5 e 10 jul. 1526 (Gerbel a Luther).

43. WB 4, 27 mar. 1526 (a Spalatin), "*vipera illa*", 42: 28; e ver WB 4, 1002, 23 abr. 1526, ao eleitor João, "*die vipera*", 62: 8. Ele o chamou de "enguia" em *A escravidão da vontade*, 1525: WS 18, 716; e em 1531, à mesa, comparou Erasmo a uma enguia "escorregadia, impossível de agarrar": WT 1, 131.

44. Clarence H. Miller, op. cit., p. 47; a primeira tradução alemã foi feita por ninguém menos que Justus Jonas, *Das der freie wille nichts sey*. Wittenberg, 1526 [VD 16 L 6674]. Ele a dedicou ao conde Albrecht de Mansfeld, governante do território onde Lutero crescera, e, em sua introdução, insistia que Erasmo, "nosso caro amigo", era "no geral um querido, grande sujeito", mas seus escritos sobre o livre-arbítrio eram "vergonhosos e contrários ao Evangelho"; f. A i (v).

45. *A escravidão da vontade*, 121; WS 18, 783: 17-28.

46. Ibid.

47. WB 4, 1160, 19 out. 1527, 269: 6-7.

48. WT 4, 5069: ele disse que ela o fizera a pedido de Camerarius, e, para agradá-la, ele obedeceu. Lutero contou essa história em junho de 1540, sacando o livro à mesa.

49. O biógrafo moderno Richard Marius, para citar um exemplo, escreveu: "O trabalho é ofensivo, veemente, monstruosamente injusto e totalmente comprometedor", em resposta ao homem que o abordara "de modo gentil". Richard Marius, *Martin Luther*. Cambridge: Harvard University Press, p. 456.

50. WB 4, 989, 43, n. 10. Erasmo escreveu a Lutero em réplica a uma carta, agora perdida, na qual ele se desculpava pelo tom de seu ataque; WB 4, 992, 11 abr. 1526. A segunda parte do tratado de Erasmo foi publicada em 1527.

51. *A escravidão da vontade*, 39; WS 18, 648: 14-5.

52. Ibid., 687: 27-34.

53. WB 4, 992, 11 abr. 1526 (Erasmo a Lutero); WB 4, 1002, 23 abr. 1526 (ao eleitor João), 62: 7; 62: 13-4.

54. Só ocasionalmente as qualidades podiam mudar também. Havia, por exemplo, hóstias miraculosas que sangravam como carne de verdade; e havia várias peregrinações populares às hóstias

miraculosas, incluindo uma perto de Wilsnack, onde peregrinos se agrupavam para ver a prova do milagre da Missa realmente acontecer.

55. Hermann Barge, op. cit., v. 2 pp. 100-1; Amy Nelson Burnett, op. cit., pp. 58-60: não se sabe extamente quais foram as reformas, mas ele provavelmente também introduziu ofícios em alemão e aboliu a elevação. Caspar Glatz disse a Spalatin que Karlstadt também aboliu o batismo infantil.

56. Sobre o desenvolvimento do pensamento eucarístico de Karlstadt, ver Amy Nelson Burnett, op. cit., pp. 54-76; *Auslegung dieser wort Christi. Das ist meyn leyb welcher für euch gegeben würt. Das ist mein bluoth welches für euch vergossen würt* [Exegese da palavra de Cristo: "Este é meu corpo, que será entregue por vós. Este é cálice de meu sangue, que será derramado por vós"], Basileia, 1524 [VD 16 B 6111], em Amy Nelson Burnett (org. e trad.), *Eucharistic Pamphlets*. Kirksville: Truman State University, 2011.

57. Edward Furcha, "The Meaning of the Term 'Gelassen'", em Edward Funcha, op. cit., p. 139; Andreas Karlstadt, *Was gesagt ist*, fo. B (r).

58. Edward Furcha (org. e trad.), op. cit., pp. 198, 201; *Uon manigfeltigkeit des eynfeltigen eynigen willen gottes* [A múltipla e singular vontade de Deus], Colônia 1523 [VD 16 B 6251], fo. C iii (r); fos. D i (v)-D ii (r). Às vezes ele usa o "proveito" dos casados como exemplo de como devemos nos despir de nossas vontades, mas também diz que é mais fácil "se unir à criatura amada que ao seu Criador"; Edward Funcha,"The Meaning of the Term 'Gelassen'", p. 137; Andreas Karlstadt, *Was gesagt ist*, fo. A iii (v).

59. Por exemplo, WB 3, 787, 30 out. 1524: Lutero ouvira que Karlstadt escrevera abertamente não só a homens, mas às mulheres em separado para informá-las de seu banimento.

60. Edward Furcha, op. cit., p. 157; Andreas Karlstadt, *Was gesagt ist*, fo. E (v).

61. Edward Furcha (org. e trad.), "Several Main Points of Christian Teaching", em Edward Funcha, op. cit., p. 368; Andreas Karlstadt, *Anzeyg*, fo. E iv (v).

62. Ibid., 367, Andreas Karlstadt, *Anzeyg*, fo. E iii (r-v); f. E iii (v).

63. Parece que Lutero não percebeu logo o quanto a posição de Karlstadt sobre a eucaristia era distinta da sua, acreditando que ela dizia respeito essencialmente às aparências. Quando ele escreveu a primeira parte de *Contra os profetas celestiais*, sua refutação da posição sacramentalista que negava a Presença Real de Cristo na eucaristia, ele não havia lido todos os ensaios de Karlstadt; quando recebeu um conjunto deles enviado por pregadores de Estrasburgo, concentrou todo o seu arsenal sobre o diálogo escrito em alemão e dirigido a um público maior. Ver Amy Nelson Burnett, op. cit., p. 71.

64. Isso não foi algo constante em sua vida: ele foi um dos primeiros a defender que monges e freiras poderiam quebrar seus votos, e teve cinco filhos sobreviventes com Ann von Mochau.

65. Peter Matheson (org. e trad.), *The Collected Works of Thomas Müntzer*. Gütersloh, 2010, pp. 459-60, 459, n. 1.

66. Cf. Katharina Reinholdt, *Ein Leib in Christo werden*. Göttingen: Vandenhoeck & Ruprecht, 2012; Lyndal Roper, "Sexual Utopianism in the German Reformation", em id., *Oedipus and the Devil*. Londres: Routledge, 1994.

67. Cf. Walter Köhler, *Zürcher Ehegericht*. Leipzig, 1942

68. John S. Oyer, *Lutheran Reformers*. Haia: Springer, 1964, p. 59.

69. *The Estate of Marriage*, 1522, LW 45, 18; WS 10.II, 276: 14-20; 21-6; foi composta após a volta de Lutero a Wittenberg, provavelmente em setembro de 1522, WS 10.II, 267, Introdução.

70. WB 4, 966, 5 jan. 1526.

71. WB 4, 1200, 3 jan. 1528: enquanto as instruções para visitantes estavam sendo elaboradas, em janeiro de 1528, o tema de leis do incesto era debatido, com Lutero propondo que não fossem redigidas e atacando a passagem do esboço de Spalatin que dizia que as pessoas deveriam ser proibidas de se casar com sobrinhas e sobrinhos; ver WB 4, 327, 331-2; 336. Em 1530, Lutero insistia que um homem que se casara com a viúva do tio paterno deveria se separar dela, embora estivessem juntos havia muito tempo e tivessem quatro filhos; Jonas, Brenz e Amsdorf defendiam que permanecessem juntos; WB 5, 1531, 26 fev. 1530. E, em 1530, Jonas, Lutero e Melâncton escreveram a Leonhard Beyer em Zwickau sobre o caso de um viúvo que dormira com a cunhada e queria desposá-la: isso era absolutamente descabido, porque os dois eram parentes de primeiro grau, e o casamento foi proibido por lei imperial. O exemplo de Jacó não era um precedente porque Moisés se soprepôs a isso; e a lista em Moisés sobre os matrimônios autorizados não esclarecia se um viúvo poderia se casar com a cunhada; WB 7, 2171, 18 jan. 1535.

72. LW 36, 103, *Do cativeiro babilônico da Igreja*; WS 6, 558: 20-32, aqui 25-8. A passagem completa diz: "Uma mulher, casada com um homem impotente, é incapaz de prová-lo em tribunal, ou talvez não deseje fazê-lo em razão das exigências legais e da consequente notoriedade que o caso acarreta; no entanto, ela deseja ter filhos ou não consegue permanecer fiel [...]. Nesse caso eu a aconselharia, com o consentimento do homem (na verdade, alguém que não é seu esposo, mas só vive sob o mesmo teto), a ter relações com outro, talvez o cunhado, contanto que aja com discrição e atribua os filhos ao esposo". Ele repetiu essa ideia de modo mais contundente em seu *Sobre o estamento do casamento*, de 1522, fazendo referência a *Do cativeiro babilônico da Igreja*: "O que disse foi o seguinte: se uma mulher apta a se casar tem um marido que não o é, caso ela não deseje abertamente um outro casamento — e tampouco fazer algo desonroso —, já que o papa, em tais casos, exige uma quantidade desproporcionada de testemunhos e provas, é possível que dissesse ao esposo, 'Veja bem, meu caro marido, tu não és capaz de cumprir todos os deveres conjugais que me deves; tu me ludibriaste em minha juventude e até puseste em risco minha honra e minha salvação; aos olhos de Deus, não há laço matrimonial a nos unir. Portanto, conceda-me o privilégio de contrair uma união secreta com teu irmão ou parente mais próximo, e tu continuarás a ser meu marido sem risco de compartilhar tua herança com estranhos. Consinta em ser voluntariamente traído por mim, como me traíste sem meu consentimento'. E fui além ao dizer que o marido deve consentir com tal arranjo para cumprir o dever conjugal de lhe dar filhos, e caso se recuse, ela tem o direito de fugir e contrair casamento em outro país. Dei esse conselho num período de timidez pessoal. Porém, agora retomo de modo mais enfático o assunto e sou ainda mais inflexível em relação ao marido que engana a mulher. O mesmo princípio valeria se a situação fosse oposta, embora isso aconteça com menor frequência. Não adianta pegar leve com nossos companheiros quando o assunto é de extrema relevância, porque diz respeito a seus corpos, sua honra e sua salvação. Eles têm de saber o que deve ser feito" (LW 45, 20-1; WS 10, II, 278: 19-28; 279: 1-6).

73. WB 4, 1057, 9 dez. 1526, 141: 7-8. Em alemão: "*Not und Fehler des Glaubens und Gewissens*". Lutero estava respondendo a uma pergunta direta de Joseph Levin Metzsch sobre a possibilidade da bigamia. Em 28 de novembro de 1526, respondera à mesma pergunta, feita por Filipe de Hesse, que agora prestava cuidadosa atenção nas opiniões de Lutero sobre o tema. Lutero replicara que os seres humanos e os cristãos em especial deviam ser monogâmicos, "a não ser em casos excepcionais" ("*Es were denm die hohe not da*"). Os exemplos de tais "casos" eram uma esposa leprosa ou que tivesse sido roubada do marido; no entanto, a possibilidade existia, e foi utilizada por Filipe para

justificar a bigamia em circunstâncias extraordinárias. A carta existe em forma parcial nos arquivos de Marburgo, sem o prólogo. Fazia parte do dossiê que Filipe mais tarde usaria para mostrar que Lutero sancionara a bigamia em casos excepcionais e que era sua posição antiga e coerente (WB 4, 1056, 28 nov. 1526, 140: 15-6).

74. WB 5, 1383, 28 fev. 1529 (esposa de Claus Bildenhauer a Heffner): "*Nosse te credo, ante mensem defunctam uxorem Cl. Bild, defector, uti creditor, maritalis oficii*": 22: 1-2. Heffner era conselheiro municipal e comeu na casa de Lutero pelo menos uma vez: WT 4, 4506, 4508, 18 abr. 1539. Naquele período, Heffner se queixava das despesas com a acomodação dos filhos e que agora não cuidavam dele: Lutero não demonstrou compaixão e citou uma história com o seguinte verso: "O pai que abre mão de seus bens deve apanhar até a morte" (WT 4, 353: 8-9).

75. WB 10, 3843, 26 jan. 1543, 252: 8; ela morrera em 22 de dezembro de 1542, quando estava grávida pela 13ª vez, no mínimo. Jonas escreveu a Melâncton que suas últimas palavras foram: "Senhor doutor, eu adoraria ter lhe dado mais um fruto. Sei que o senhor ama crianças" (WB 10, 3829, 26 dez. 1542). Lutero escreveu de novo sugerindo que Jonas aguardasse um pouco antes de se casar outra vez, mas, caso estivesse disposto a encarar os falatórios, que fosse em frente. Sua nova esposa tinha 22 anos (WB 10, 3872, 4 maio 1543). O assunto realmente despertou comentários (WS 10, 3886, 18 jun. 1543): Lutero escreveu congratulando-o pela união, mas acrescentou que o estavam defendendo contra as más línguas, talvez mais que ele mesmo. A seguir, comentou que os pecadores não deviam julgar os outros, fazendo uma indelicada comparação com "dez prostitutas" que transmitiram sífilis a estudantes, mas sobre as quais todo mundo ficava calado "feito peixe", antes de concluir com mais congratulações e um pedido de desculpas por ter lhe enviado apenas um pequeno presente, pois estava com muitas dívidas e eram muitos os casamentos. Lutero não escondeu sua falta de entusiasmo, mas nunca abandonou a posição de que, se Jonas precisasse, devia se casar.

76. WT 3, 3510.

77. WB 4, 1250, 9 abr. 1528; 1364, 6 dez. 1528. Metzsch queria que Lutero publicasse sobre o assunto.

78. WB 4, 1253, 12 abr. 1528, 443:12; 442: 8-10; 442: 7; ela era a cunhada do tipógrafo Georg Rhau, de Wittenberg. Ver também 6, 1815, 10 maio 1531. Ver também, para casos locais em que Lutero é citado como conselheiro, StadtA Witt, 35 [Bc 24], Privat Protocoll von Hofgerichtsurtheilen... (Thomas Heyllinger tabelião).

79. Ver, por exemplo, WB 4, 1179, 1205, 1304, e *Beilage*, 1309.

80. WB 5, 1523, 1 fev. 1530, 226: 23-5.

81. WB 5, 1526, 232: 20-3. Para o texto completo, ver 1526, 1 fev. 1530, 230-6.

82. WB 4, 972, 17 jan. 1526; e ver a carta de Lutero, 975, 25 jan. 1526, 22. O casamento de Topler foi arranjado por sua família, celebrado em Nuremberg, e foi consumado, provavelmente contra sua vontade. Quando interrogada pelo vigário-geral (*Schösser*) em Allstedt, explicou que, quando estava no convento, suas irmãs e parentes lhe enviavam livros mostrando que o estamento eclesiástico estava condenado e que ela deveria sair; assim, entrou em contato com Kern para receber instruções e deixou o convento. Ver Otto Clemen, "Die Leidensgeschichte der Ursula Toplerin", *Zeitschrift für bayerische Kirchengeschichte*, v. 7, 1932, pp. 161-70: "Mas nunca teve intenção de fazer sexo com ele" (162). Deus agora a iluminara e "ela percebera que não seria salva sem seus antigos votos conventuais" (163). Quando ele tentou obrigá-la a voltar para Allstedt, ela não quis dormir com o marido, e assim seus parentes (Sigmund Fürer e Leo Schürstab) lhe deram um açoite,

dizendo-lhe: "Mestre, ela está possuída e, se quiser exorcizá-la, chicoteie-a até mandarmos parar" (164). Ele obedeceu; já a espancara várias vezes e a ameaçara com uma faca. Topler tinha laços com as eminentes famílias Tucher, Nützel e Pömer, de Nuremberg. Não se sabe ao certo se Topler queria voltar ao convento conforme os desejos da abadessa, mas não seria a primeira ex-freira a pensar em voltar. Ottilie von Gersen, viúva de Müntzer, vendo-se na miséria após a execução do marido, escreveu ao duque Georg da Saxônia comentando que ouvira dizer que o duque achava que ela devia voltar ao convento; estava disposta a isso se ele considerasse correto. Thomas Müntzer, *Briefwechsel*. Leipzig: Evangelische, 2010, p. 506.

83. WB 5, 1433, 23 abr. 1530 (a Catharina Jonas); de fato, as previsões ginecológicas de Lutero se demonstraram errôneas, e Catharina deu à luz outro varão, e Lutero escreveu a Jonas congratulando-o por ser o progenitor de cinco filhos. Mas a criança morreu pouco depois do nascimento, e Lutero se empenhou em consolá-lo.

84. WB 4, 1257, 1 maio 1528, 447: 1-2.

85. Marjorie Elizabeth Plummer, op. cit., p. 218; Michael Baylor (org. e trad.), *Revelation and Revolution*. Bethlehem, 1993, p. 135. Thomas Müntzer, *Außgetrückte emplössung des falschen Glaubens der vngetrewen welt*, Nuremberg, 1524 [VD 16 M 6745], fo. E ii (r).

86. WB 4, 1315, 3 set. 1528.

87. WB 6, 1902, 4 fev. 1532; StadtA Witt, 9 [Bb6], 2, 201-5: o lugar acabou sendo vendido em 1564 ao eleitor pelos três filhos de Lutero, por 3700 florins. WB 3, 911, 556, n. 4: os Karlstadt passaram oito semanas desde o fim de junho.

88. Stefan Laube, "Das Lutherhaus", pp. 50-1. Disponível em: <http://www.stefanlaube.homepage.t-online.de/StudieTOTAL.pdf>. Acesso em: 1 out. 2015; Anne-Marie Neser, *Luthers Wohnhaus*. Leipzig, 2005, p. 48; Antje Heling, *Zu Haus bei Martin Luther*. Wittenberg, 2003, p. 13.

89. Ele não se gabava, contudo, de escrever cartas enquanto comia: ver, por exemplo, WB 6, 1994, 17 jan. 1533 (?) — essa carta era um discurso confuso em louvor do matrimônio dirigida ao antigo abade Friedrich Pistorius, que estava se casando, e Lutero se despede pedindo-lhe que perdoe a prolixidade de alguém que estava degustando sua refeição, embora não estivesse alto ou bêbado. Katharina, que crescera órfã de mãe e fora para o convento quando o pai se casou de novo, estava acostumada a casas com muitas pessoas.

90. Martin Treu, *Katharina von Bora*. Wittenberg: Drei Kastanien, 1995, p. 54.

91. WB 8, 3344, 4 jun. 1539: Johann Schneidewein morou com Lutero, pagando por refeições, por aproximadamente dez anos, e foi recompensado, casando-se com a filha do ourives e parceiro temporário de Cranach, Christian Döring. WB 8, 3401, 7 nov. 1539, menciona Wolfgang Schiefer, outro Tischgenger (inquilino). Havia possivelmente dez criados. Ver ibid., pp. 45-54.

92. WB 10, 3963, 29 jan. 1544, 520: 21-2; 16-7. Quando Lutero soube que Rosina estava em Leipzig, escreveu ao juiz cívico de lá alertando-lhe sobre ela; se de fato fosse ela, deveria ser banida. Em carta anterior, WB 10, 3807, 10 nov. 1542 (a Anton Lauterbach em Pirna), ele escrevera condenando--a por se vangloriar do nascimento como uma idiota. A preocupação constante com novas mães, presentes batismais, regalos, conselhos, festas de resguardo, tudo isso estava reservado a senhoras casadas "respeitáveis". Havia poucas alternativas para uma criada mãe solteira e, ao que parece, Rosina se tornou uma andarilha. Lutero não cogitou descobrir quem era o pai — Rosina é que era culpada.

93. WB 6, 1836, jun. 1531; 1860, 26 ago. 1531; 1862, 4 set. 1531: Lutero tentou que o conselho municipal desse uma indenização a Haferitz, para não precisar arcar com as despesas. Infatigável,

Lutero escreveu em novembro para pressionar Hausmann a vir e ficar — havia um quarto desocupado e não seria um incômodo, mas um prazer: WB 6, 1885, 22 nov. 1531.

94. WB 6, 3102, 13 nov. 1536; 3103, 13 nov. 1536; 3117, 14 dez. 1536; WB 11, 4098, 2 maio 1545; 4100, 2 maio 1545; 4101, 2 maio 1545: Lutero não deixou que Agricola escurecesse a porta e se queixou que a filha dele era mais falante e insolente "do que convinha a uma senhorita".

95. WB 8, 3398, 26 out. 1539. Ele abrigou as crianças por pouco tempo.

96. WB 6, 1868, 20 set. 1531.

97. WB 10, 3785, 28 ago. 1542, 137: 15.

98. Melâncton, *Vita Lutheri*, fo. 12 (v); Melâncton em Elizabeth Vandiver, Ralph Keen e Thomas Frazel (orgs. e trads.), op. cit., p. 16.

99. Cf. Lyndal Roper, "Martin Luther's Body: the 'Stout Doctor' and his Biographers", *American Historical Review*, v. 115, n. 2, 2010, pp. 351-84; e Carl Christensen, *Princes and Propaganda*, pp. 47-56. Kirksville: Truman State University Press, 1992: Christensen associa seu uso a privilégios editoriais em favor da gráfica de Lufft.

14. O COLAPSO [pp. 313-27]

1. Sobre Zwinglio, ver George Richard Potter, *Zwinglio*. Cambridge, 1976, pp. 287-315. Sobre o sonho, ver Ulrico Zwinglio, *Opera*, v. 3, parte 1, p. 341, "De Eucharistia, Subsidium sive coronis de Eucharistia"; e ver também Lee Palmer Wandel, *The Eucharist in the Reformation*. Cambridge: Cambridge University Press, 2006.

2. Cf. Walter Köhler, op. cit., v. 1 e 2.

3. WB 4, 984, 9 mar. 1526 (ou pouco antes), 36: 9-10 "*balneum caninum*". Andreas nasceu no início de 1525 e é provável que fosse o segundo filho de Karlstadt. Em carta a Müntzer, em 1524, Karlstadt pergunta por que ele sugerira que seu filho se chamasse Abraham em vez de Andreas. É possível, portanto, que o primogênito de Karlstadt também se chamasse Andreas e tenha nascido entre 1523 e 1524, morrendo em 1524 ou 1525; não era incomum batizar um segundo filho com o nome de um filho anterior, já falecido. *Müntzers Birefwechsel*, p. 291 e n. 24. Se a criança nascida em 1525 era de fato o segundo filho de Karlstadt, pode ser que Lutero tenha sido o padrinho do primeiro, o que explicaria por que Karlstadt se referia a Lutero como *Gevatter*, e apenas a mulher de Lutero, e não ele, tenha sido madrinha de Andreas II, em 1526. Ver também Hermann Barge, op. cit., v. 2, p. 117, n. 63; 219; 518-9; Barge propõe que houve um primogênito chamado "Johannes", o que, porém, contradiz p. 117, n. 63.

4. WB 4, 985, 9 mar. 1526; 1051, 17 nov. 1526, carta de Karlstadt; petição imediata ao eleitor, 1052, 22 nov. 1526. Ver Hermann Barge, op. cit., v. 2, pp. 369-76.

5. WB 4, 959, início de 1526; 1004, 26 abr. 1526.

6. WB 4, 1030, início de ago. 1526: ele era então tabelião da capela da catedral em Estrasburgo. Ele escreveu que, se não tivesse se casado, gostaria de ter se mudado para Frankfurt. Ver também WB 4, 1933, 2 abr. 1527.

7. A exata posição de Rhegius continua sujeita a debate: ver Amy Nelson Burnett, op. cit., p. 140. Em 1528, os luteranos acreditavam que Rhegius voltaria ao trabalho tão logo a eucaristia estivesse em questão: Martin Brecht, *Luther*, v. 2, pp. 323-4.

8. WB 4, 1044, 28 out. 1526.
9. WB 4, 982, 18 fev. 1526; de início, Billican escrevera contra Zwinglio, mas, no verão, começou a mudar de opinião: WB 4, 1044, 28 out. 1526.
10. WB 3, 858, (abr.?) 1525, 477: 29-31. De fato, em 1522, Johann Eberlin von Günzburg descrevera sua visita a Wittenberg e a seus três heróis, Lutero, Melâncton e Karlstadt, observando que Lutero usava uma batina e ainda fazia jejuns; Karlstadt, acreditava ele, fazia o mesmo, pois era "um sujeito muito honrado e bondoso"; Günzburg, Vo[m] misbrauch Christlicher freyheyt, Grimma, 1522 [VD 16 E 149], fo. B iii (v).
11. WB 4, 1076, 29 jan. 1526, 163: 2.
12. WB 3, 951 [2 dez. 1525].
13. Cartas de LW, II, 150; WB 4, 995, 14 abr. 1526, 52: 13-6. Ver Amy Nelson Burnett, op. cit., pp. 129-34. Ele escreveu em latim nos mesmos termos a Valentin Crautwald; WB 4, 996.
14. WB 4, 1208, antes de 16 jan. 1528 (eleitor João a Lutero), 347-8; 1209. Ele foi finalmente dispensado em 1529; ver 350.
15. WB 4, 982, 18 fev. 1526, 33: 11; e ver 989, 27 mar. 1526.
16. WB 4, 982, 18 fev. 1526; sobre a disseminação de opúsculos em forma de folhetos, ver Amy Nelson Burnett, op. cit., pp. 115-21.
17. WB 4, 1072, 10 jan. 1527, 159: 13.
18. WB 5, 1422, 21 maio 1529, 74: 23-6.
19. WB 4, 1043, 25 out. 1526, 123: 1; 123: 6.
20. WB 4, 1001, 22 abr. 1526 (a Johann Hess em Breslau), 61: 9. Em janeiro, ele ordenou o anteriormente leal Conrad Cordatus em Liegnitz (onde Crautwald estava) a abandonar "aqueles inimigos de Cristo".
21. WB 4, 1036, [3 set. 1526?] (a Thomas Neuenhagen em Eisenach); a carta foi entregue pessoalmente pelo pastor de Neuenhagen. A cidade acabou sendo dispensada na visitação de 1533 (117, n. 1), e Lutero intercedeu por ela em 1535 com Justus Menius (7 jun. 1535), explicando que não sabia por que tinha sido removida (WB 7, 2196).
22. WB 4, 1037, 13 set. 1526, 117: 8-9 117, 11-2. Lutero repetiu isso praticamente ipsis litteris em outra carta a Hausmann, escrevendo que Oecolampadius foi "movido por Satã com argumentos vazios e ridículos": Cartas de LW, II, 160; WB 4, 1072, 10 jan. 1527.
23. WB 4, 1101, c. 4 maio 1527, 199: 11-4.
24. Jonas apresentou o relato a Bugenhagen seis dias antes da morte de Lutero, quando ambos sabiam da gravidade de seu estado de saúde, em 12 de fevereiro de 1546; assim, quando começaram a pensar na vida e no legado de Lutero, os eventos de 1527 ainda estavam frescos na lembrança dos dois homens. É quase certo que Cordatus se baseou no relato de Jonas para suas notas de *Conversas à mesa*, que inseriu em janeiro de 1533. Isso sugeriria que o relato original e contemporâneo de Jonas circulou entre os companheiros de Lutero por algum tempo; WT 3, 2922, a e b; ver em especial 2922 a, 80, n. 3. Sobre as dificuldades das *Tischreden* como fonte, ver Bärenfänger, Volker Leppin e Stefan Michel (orgs.), *Martin Luthers Tischreden*. Tübingen, 2013.
25. WT 3, 2922, 80-90; Walch, XXI, 986-96; foi incluído nas edições de Iena e Wittenberg, em alemão (*Der Neundte Teil der Buecher des Ehrnwirdigen Herrn D. Martini Lutheri*), Hans Lufft, Wittenberg, 1558, fos. 239 (v)-243 (r); e em latim, na compilação de cartas de Aurifaber.

26. WT 3, 2292 b, 90: 22-3. Ver também, por exemplo, WT 3, 369, 3511: em 1536, Lutero observou que "dez anos atrás eu estava na vala da morte", referência quase certa aos eventos de 6 de julho de 1527.

27. WT 3, 2922 a, 81; 2922 b, 89-90.

28. WB 4, 1121, 10 jul. 1527.

29. A Melâncton, ele escreveu que esteve próximo da morte e do inferno por uma semana (WB 4, 1126, 2 ago. 1527); pediu a Menius que orasse por ele, explicando que o tormento era mais espiritual que físico (1128); Agricola o reconfortou e Lutero lhe agradeceu (1132, 21 ago. 1527); a Rühel, escreveu que ainda não recobrara totalmente suas forças (1136, 26 ago. 1527); a Michael Stifel, escreveu que estivera fisicamente doente por três meses (263: 9-10); a Amsdorf, escreveu em novembro que responderia aos sacramentalistas, mas agora estava fraco demais para tanto (1164, 1 nov. 1527, 275: 10).

30. WS 23, 665-675; ver 672, n. 1.

31. Quando Lutero rezou sua primeira Missa, seu pai ofereceu um banquete (conforme sempre se lembrava). O banquete de casamento de Lutero fora custeado por ele e pelo eleitor João, irmão de Frederico, o Sábio, que forneceu as carnes para a refeição e que, de certa forma, era uma figura paternal.

32. WB 4, 973, 20 jan. 1526, 19: 1-3.

33. WB 3, 779, 3 out. 1524, 354: 15; ver o capítulo 11.

34. WB 4, 1164, 1 nov. 1527. Nessa reveladora carta a Amsdorf, Lutero pede ao amigo que o conforte e se una a ele em oração para que Deus não permita que ele negue tudo em que acreditara até então. Parece ter refletido especialmente sobre os desdobramentos da Reforma até aquele ponto, e datou sua carta como no "Dia de Todos os Santos, no décimo ano após o esmagamento das indulgências" — curiosamente situando a data de divulgação das Noventa e Cinco Teses em 1º de novembro, e não em 31 de outubro.

35. WB 4, 1101: ficou disponível em 4 de maio de 1527. No ínterim, alguns de seus sermões contra os sacramentalistas foram publicados, no final de 1526, por seguidores seus, em vista da necessidade urgente de esclarecer a posição de Lutero sobre a eucaristia, já que o próprio não o fizera: WS 19, 482-523.

36. WS 23, 197: 14, 18; 283: 1-18.

37. WT 3, 2922 b, 88: 15-9 (Jonas); 83: 13-7 (Bugenhagen); ver também o relato de Cordatus, baseado no de Jonas, WT 3, 2922 a. Segundo Bugenhagen, ele prosseguiu: "Mas nem mesmo são João se tornou mártir, embora tenha escrito um livro sobre o papado bem pior que o meu" (83: 15-7). Bugenhagen ficou tão estarrecido com essa declaração que reiterou entre parênteses que eram essas as palavras exatas de Lutero. O "livro" de são João era o Apocalipse, que para Lutero era a revelação do papa como Anticristo; isso se tornara um axioma basilar de sua visão teológica e cuja expressão mais vívida se encontra no conjunto de gravuras e comentários intitulados *Passional Christi und Antichristi*, produzido por Cranach, o ourives Christian Döring e Melâncton, em 1521. Na opinião de Lutero, o Apocalipse era uma obra antipapal precursora da sua.

38. Em janeiro de 1527, ele escrevera a Hausmann: "fúria persecutória em todo lugar e muitos sendo queimados em público"; Cartas de LW, II, 160; WB 4, 1072. Em 31 de maio de 1527 (Ascensão), ele pregara na igreja do castelo, dissertando sobre a morte de Cristo e a descida ao inferno, e começando com uma referência ao *Rottegeister*, o *Schwärmer* que não pode ser ajudado: WS 23, 696-725, 700: 7.

39. WS 23, 390-434, *Tröstung an die Christen zu Halle über Herr Georgen ihres Predigers Tod*. Winkler assistira a um dos sermões de Lutero pouco antes, em 20 de março; e Lutero soube de sua morte em 31 de maio. Ele redigiu a obra em algum momento depois de 17 de setembro. Ele também fazia constantes menções ao sucídio de Krause, suspeito de assassinato, que trabalhara para Albrecht de Mainz: o homem empilhara todo seu dinheiro e se esfaqueou até a morte. Ver, por exemplo, a longa descrição em WB 4, 1180, 10 dez. 1527.

40. WS 18, 224-40; LW 32, 265-86. Lutero também observou o martírio de dois agostinianos em Bruxelas, em 1523, acrescentando que, juntamente com um terceiro mártir, eram os primeiros nessa região; WB 3, 635, 22 ou 23 jul. 1523. Ele não se debruçou longamente em suas cartas sobre o martírio do laico Caspar Tauber, ocorrido em 17 de setembro de 1524, em Viena, embora tenha ficado impressionado com sua coragem; um opúsculo sobre Tauber apareceu em Magdeburgo (*Ein erbermlich geschicht So an dem frommen christlichen man Tauber von Wien... gescheen ist, Magdeburg*, 1524 [VD 16 ZV 5338]), e outros em Estrasburgo, Breslau, Nuremberg e Augsburgo [VD 16 H 5770; VD 16 W 293; VD 16 ZV 24131; VD 16 W 295; VD 16 ZV 29583; VD 16 W 294]; mas Tauber não fazia parte do círculo de Lutero, e no escrito que o deixou em apuros em Viena ele adotara uma linha sacramentalista sobre a Presença Real.

41. WB 4, 1107, 20 maio 1527.

42. WB 4, 1161, 22 out. 1527, 270: 5-15; E prosseguiu: "Quem me valorizará, de modo que eu supere Satã não com o dobro de seu espírito, mas até mesmo com apenas metade, e possa assim abandonar essa vida?".

43. WS 23, 463: 40.

44. WB 3, 785, 27 out. 1524, 361: 13-4.

45. WT 3, 81: 3-4.

46. Eck estava publicando uma refutação do ensaio sobre o milagre, de modo que Lutero precisava revelar a verdade.

47. Martinho Lutero, *Von herr Lenhard Keizer em Beyern vmb des Euangelij willen verbrant, ein selige geschicht*, [Nürnberg] [1528] [VD 16 L 7268]; WS 23, 443-76. A impressão foi concluída nos últimos dias de dezembro de 1527.

48. WB 4, 1130, 19 ago. 1527; WB 4, 1165, 4 nov. 1527, 276: 6.

49. Cf. WB 4, 1130, 1131, 1165.

50. Isso também impeliu parte de sua enérgica retórica contra Erasmo em seu *Against Free Will* [Contra o livre-arbítrio], pois Lutero argumentou que a tradição hermenêutica e a autoridade da Igreja nada valiam comparadas às próprias escrituras; e que elas eram claras, ao passo que Erasmo dizia que não.

51. Sobre a visita na Saxônia e a situação na região, ver Susan Karant-Nunn, *Luther's Pastors*. Filadélfia: Amer Philosophical Society, 1979

52. WS 30, 1, 123-425. Em 1528, ele pregou uma série de sermões sobre o catecismo, e, em 1529, publicou as obras *Large Catechism* [Grande catecismo] e *Small Catechism* [Pequeno catecismo], que viriam a ser textos didáticos seminais.

53. Com a insistência de Lutero, e contra o desejo de Zwinglio, o debate não foi público, mas ocorreu apenas na presença de Filipe de Hesse, dos cavaleiros e dos letrados; e não houve registro oficial em ata: Johann Stumpf, *Beschreibung* (org. Büsser). Zurique, 1960, p. 47; WS 30, 3, 98-9. Consta que Zwinglio estava com uma túnica preta, espada, bolsa de couro à cintura e armado como

um cidadão (Martin Brecht, *Luther*, v. 2, p. 328), o que teria sido um anátema para Lutero, para quem os clérigos nunca deviam portar armas. Para vários relatos do debate de Marburgo, ver WS 30, 3, 92-109; 110-59; Johann Stumpf, op. cit., pp. 46-50 (do partido de Zwinglio), e Friedrich Myconius, *Geschichte der Reformation*. Gotha: Forschungsbibliothek, 1990, pp. 74-6; LW 38, 3-89.

54. WS 30, 3, 147: 17-8 (Osiander).
55. WS 30, 3, 145 (Osiander).
56. WS 30, 3, 137 b: 10-3 (Anônimo); Friedrich Wilhelm Schirrmacher, *Briefe und Akten*. Bonn, 2003, p. 15: esse relato anônimo, impresso pela primeira vez em 1575, é de um adepto de Lutero (WS 30, 3, 99).
57. WS 30, 3, 140b: 18-9 (Anônimo); Friedrich Wilhelm Schirrmacher, op. cit., p. 17.
58. WS 30, 3, 149: 22 (Osiander).
59. WS 30, 3, 150-1 (Osiander). Note-se também que, segundo o relato de Hedio, no auge da discussão sobre a carne e o espírito, Zwinglio teria dito que "rogava que não lhe quisessem mal; quer a amizade deles e não está amargurado. Gosta de ver o rosto de Lutero e de Filipe", comentário que mostra a alta tensão emocional do encontro frente a frente de homens que haviam se atacado muito tempo por meio da palavra escrita; LW 38, 21; WS 30, 3, 118 a, 13-4 (Hedio). Ver também Johann Stumpf, op. cit., pp. 46-50: o relato é conciso e não transmite a vivacidade do evento, mas apresenta com grande precisão as relações entre Lutero e Zwinglio. A seu ver, os dois se despediram de maneira muito amigável (embora depois tenha riscado sua declaração de que Lutero beijara as mãos de Zwinglio). Mas, acrescentou, "as palavras eram boas, porém os sentimentos do coração, o leitor em breve saberá" (50). Sumpf insiste que Oecolampadius e Zwinglio mantiveram a promessa de não publicar nada contra Lutero, mas Lutero não retribuiu.
60. WB 5, 1481, 19 out. 1529, 163: 4; WB 5, 1487, 28 out. 1529.

15. AUGSBURGO [pp. 328-49]

1. LW 45; *Von weltlicher Oberkeit*, WS 11, 245-81.
2. WS 11, 229-81; LW 45, 77-129.
3. Filipe mostrara a que viera durante o infame Caso Pack, quando Otto von Pack forjou documentos insinuando que o arquiduque Fernando e um grupo de outros príncipes planejavam atacar a Hungria e depois os protestantes. Quer Filipe tenha ou não sido conivente com a fraude, conforme alguns disseram, ele estava disposto a se opor ao imperador, criar uma liga e montar um exército.
4. Viúvas eram exceção à regra, cumprindo o dever de defesa quando eram chefes de família, mas sem direito a voto.
5. Foi esse o argumento que ele usou em *Da autoridade secular*; WS 11, 266; LW 45, 111.
6. WB 5, 1511, 24 dez. 1529.
7. A recomendação de 6 março, pensada em conjunto por Jonas, Melâncton e Bugenhagen, mas remetida como texto de Lutero, foi mantida em estrito sigilo; mas, em 1531, o inimigo de Lutero, Cochlaeus, que de algum modo conseguira uma cópia, publicou-a; WB 5, 1536, 251-2. Ver também WB 6, 1781, 15 fev. 1531 (a Spengler); Spengler questionara se os representantes eleitorais tinham agido certo ao dizerem aos nurembergueses, em 22 de dezembro de 1530, que Melâncton e Lutero haviam concordado que, naquelas circunstâncias, era admissível a resistência ao imperador. Lutero

replicou que não haviam revogado a recomendação anterior, mas que os advogados insistiam que a lei imperial autorizava resistência a um notório uso injusto da força.

8. Por ironia, o modelo de Torgau seria, mais tarde, igual à posição que os calvinistas adotaram ao desenvolver uma teoria de resistência política que justificava a desobediência de uma autoridade política legítima — um conselho municipal, por exemplo — perante um monarca, caso agisse contrariamente ao Evangelho. WB 5, 1536, 6 mar. 1530, em réplica ao pedido de 27 jan. 1530; 259: 52-4.

9. A liberdade das cidades imperiais livres era garantida pelo imperador, o que dificultava a persuasão de alguns para que o desobedecessem e aderissem à Liga de Schmalkaden; na ocasião, Nuremberg permaneceu leal, ao passo que Augsburgo se rebelou.

10. Em 3 de abril, Lutero, Bugenhagen e Melâncton se reuniram com oficiais da Saxônia em Torgau para aprovar um primeiro esboço da confissão, os artigos de Torgau.

11. WB 5, 1550, 23 abr. 1530, 283: 6. Na mesma missiva, ele escreveu que não havia diferença entre as opiniões dele e as de Melâncton, embora a necessidade de dizê-lo sugira que havia tensões subjacentes entre ambos. Já havia rumores sobre desentendimentos; de fato, apenas algumas semanas antes, Lutero recebera uma carta de Nikolaus Gerbel, seu loquaz e ranzinza correspondente em Estrasburgo, que relatava um boato segundo o qual Melâncton morrera e deixara escritos que divergiam da posição de Lutero: WB 5, 1533, final de fev. 1530.

12. WB 5, 1552, 24 abr. 1530 (a Melâncton); 1553, 24 abr. 1530 (a Jonas); 1554, 24 abr. 1530 (a Spalatin: essa tem uma discussão mais elaborada do parlamento das aves; Cartas de LW, II, 93). Depois, Lutero investigou seus ninhos e escreveu uma longa carta a Peter Weller, comparando-as às pompas da Dieta: WB 5, 1594.

13. WB 5, 1559, [4 maio 1530] (Agricola a Lutero); outros a relacionaram ao eleitor e às ameaças que ele enfrentaria na Dieta, das quais Lutero poderia livrá-lo. Agricola era um ávido colecionador de provérbios e publicava compilações; de fato, a referência provável era à ideia de descobrir que se comprou "gato por lebre", ou seja, que se foi ludibriado. Sobre a correspondência de Coburgo, ver Volker Leppin, "Text, Kontext und Subtext. Eine Lektüre von Luthers Coburgbriefen", em Dietrich Korsch e Volker Leppin (orgs.), *Martin Luther*. Tübingen: Mohr Siebeck, 2010

14. LW 34, 10, 9; WS 30, 2, 237-356; 270a: 5-7; 268a: 11; Andrew Pettegree, *Brand Luther*. Nova York: Penguin, 2015, pp. 271-2.

15. WB 5, 1584, 5 jun. 1530.

16. Cartas de LW, II, 267-71; na edição americana, lê-se: "Já que você sabe como senhores e camponeses se sentem a meu respeito", o que não transmite a ironia de Lutero; e, em vez de "pelo amor de meu nome", tem "por minha causa", em que se perde a referência ao Evangelho; WB 5, 1529, 15 fev. 1530, 239: 12-3; 240: 30, 31.

17. Dietrich escreveu à esposa de Lutero, WB 5, 379, 19 jun. 1530; Coburg, *Beilage* para 1595. A fonte dessa carta é um trabalho do século XVII sobre Catarina Lutero, Johann Friedrich Mayer, *De Catharina Lutheri*. Hamburgo, 1699, pp. 52-3, no qual se diz que foi encontrada entre manuscritos similares; mas os editores da edição de Weimar não suspeitam de sua autenticidade e ela foi incluída nas edições de Erlangen e St. Louis.

18. Cartas de LW, II, 319; WB 5, 1584, 5 jun. 1530, 313: 34-6; a formulação de Lutero fala de Deus o formando através do suor de seu pai, de modo que o débito não é diretamente paterno, mas divino por intercessão do pai.

19. WB 5, 1529, 15 fev. 1530, 239: 6-7.

20. Em março de 1530, ele escreveu de modo vigoroso que as crianças eram responsáveis pelas dívidas dos pais — assunto que certamente lhe preocupava, dadas as dificuldades financeiras que o pai dele enfrentava. WB 5, 1537, 12 mar. 1530 (a Joseph Levin Metzsch): eles eram uma cruz enviada por Deus.

21. WB 5, 1587, 12 jun. 1530: os luteranos tentaram decifrar a posição de Filipe. Jonas contou que Filipe de Hesse se recusava a assistir aos sermões de Agricola sob a alegação de que ele pecara contra o amor de Cristo ao publicar sua coletânea de provérbios (que tinha um ataque velado ao duque Ulrich de Württemberg), embora isso talvez fosse mero pretexto. Os luteranos tentaram influenciá-lo, pois estavam preocupados com essa atitude: ver também WB 5, 1574, 20 maio 1530; Lutero — que soubera pela conversa entre o pregador de Filipe de Hesse, Schnepf, e Melâncton que os condes estavam abertos aos adeptos de Zwinglio — remeteu uma carta ao *landgrave* através de Schnepf.

22. WB 5, 1564, maio 1530, *Beilage*, 313: 22-3.

23. WB 5, 1587, 12 jun. 1530 (Jonas a Lutero).

24. Descrição de Jonas, 18 jun. 1530; ver também *Kayserlicher maiestat Einreyttung zu Augspurg, den X. tag Junij. Im M.CCCCC.vnd XXX Jar*, [Nuremberg, 1530]. João, eleitor da Saxônia, carregou a espada imperial desembainhada; Thomas Brady, *German Histories*. Cambridge: Camdridge University Press, 2010, pp. 217-9.

25. WB 5, 1598, 21 jun. 1530, o pregador de Nuremberg, Andreas Osiander, escreveu sobre como, quando o imperador proibiu a apregação evangélica, um margrave teimou que preferia ser decapitado a ter que abrir mão da palavra de Deus, ao que o imperador respondeu: "Nada de decapitação, nada de decapitação", 383: 16-7.

26. WB 5, 1590, 18 jun. 1530 (Jonas); *Kayserlicher maiestat Einreyttung*. Sobre o ritual na Dieta, ver Barbara Stollberg-Rilinger, *Des Kaisers*. Munique, 2008, pp. 93-136.

27. WB 5, 1600, 25 jun. 1530, 386: 9; 1602, 25 jun. 1530 (antes de meio-dia), 392: 37-40; 1601, 25 jun. 1530 (depois de meio-dia); aqui, Jonas fazia referência deliberada ao Salmo 118, comparando os padres aos ímpios. Sou grata a Floris Verhaart pela observação.

28. Pelos três meses seguintes, Augsburgo devia estar sem seus pregadores evangélicos, que foram mandados embora, ainda que os príncipes pudessem dispor de ofícios privados com seus clérigos.

29. WB 5, 1618, *Beilage*, 433, artigo 9. Agora, no começo de 1530, Lutero, que antes defendera que não se deveriam punir as pessoas por crenças equivocadas, escrevia a Menius e Myconius admitindo que "*quando sunt non solum blasphemi, sed seditioisissimi, sinite gladium in eos iure suo uti*" [já que não são apenas blasfemos, mas deveras rebeldes, então que seja feita a justiça pela espada]: WB 5, 1532, final de fev. 1530, 244: 4-5.

30. CA, p. 63, artigo IX, *Von der Taufe*; 64, artigo X, *Vom Heiligen Abendmahl condemns the teaching of those who deny that "wahrer Leib und Blut Christi wahrhaftiglich unter der Gestalt des Brots und Weins im Abendmahl gegenwaertig sei*" [Os autênticos corpo e sangue de Cristo eram presenças reais materializadas no pão e no vinho da comunhão], um ataque direto contra os sacramentalistas; 66-7, artigo XII condena os que ensinam, como Denck, que o justo não pode pecar; 70, artigo XVI condena os anabatistas que pregam o pacifismo etc., e também aqueles que abandonam esposa e filho etc., para aderir ao anabatismo; 72, artigo XVII condena os que negam que o demônio e as almas condenadas viverão tormentos eternos. Ver também Mullet, *Luther*, 204.

31. WB 5, 1696, 25 ago. 1530 (Bucer a Lutero); e veja 566-8, *Vorgeschichte*. O chanceler Brück da Saxônia, pressionado por Filipe de Hesse, convenceu Melâncton a encontrar Bucer.

32. WB 5, 1716, 11 set. 1530, 617: 15-8.
33. WB 5, 1566, 12 maio 1530, 316: 13-4; 19; fleuma e dor de garganta, 1693, 24 ago. 1530; e dor de dente, 1686, [20 ago. 1530]; 1688, 20 ago. 1530.
34. WB 4, 1202, 6 jan. 1528 (a Justus Jonas).
35. Cartas de LW, II, 329; WB 5, 1609, 29 jun. 1530, 406: 35-7; Lutero irrompe em alemão nesse ponto, assim como em vários outros ao longo da carta.
36. Melâncton escreveu em 22 de maio a Lutero (WB 5, 1576), mas não mais nas três semanas seguintes, 13 jun. (WB 5, 1589). Ele e Jonas escreveram várias vezes nas semanas posteriores (19 e 25 jun., WB, 1596, 1600; Jonas em 12, 13 e 18 jun., e duas vezes em 25 jun., WB 5, 1587, 1588, 1590, 1601, 1602).
37. WB 5, 1597, 19 jun. 1530: Lutero se queixou a Gabriel Zwilling que ninguém escrevera num mês. Contudo, algumas das cartas tinham apenas atrasado, 1610, 29 jun. 1530; 1612; 1605, 27 jun. 1530 (Bugenhagen era o remetente).
38. WB 5, 1612, 30 jun. 1530.
39. Georg Spalatin, op. cit., pp. 134-5.
40. WB 5, 1602, 25 jun. 1530 (Jonas); 1603, 25 jun. 1530 (eleitor João); 1618, 30 (?) jun. 1530 (Jonas): "César foi muito atento"; mas, segundo outros relatos, ele cochilou.
41. Cartas de LW, I, 362; WB 5, 1633, 9 jul. 1530, 453: 15-454: 17. Ele se deliciou com a ironia de que foram os príncipes que pregaram, e não os pregadores.
42. WB 5, 1621, 3 jul. 1530.
43. WB 5, 1635, 9 jul. 1530, 15-8.
44. WB 5, 1676, 6 ago. 1530.
45. WB 5, 1604, 26 jun. 1530; e carta a Dietrich. Mais cartas de Melâncton e outros por fim chegaram a Lutero exatamente em ou perto de 29 de junho (1610, 29 [?] jun. 1530). Pode ser que as tensões entre os dois não fossem motivadas apenas pelo insucesso de Melâncton e de outros representantes de Wittenberg em lhe falar do progresso da obra sobre a confissão. Lutero escreveu a Melâncton, em 5 de junho de 1530, e, no último parágrafo, lhe falou da morte do pai (WB 5, 1584). Dois dias depois, escreveu de novo, anexando uma carta de Michael Coelius, pregador em Mansfeld, sobre seu pai (WB 5, 1586); mas Melâncton não escreveu entre 22 de maio e 13 de junho de 1530 (WB 5, 1589), e nada disse sobre o pai de Lutero naquela carta ou nas cartas de 19 e 25 de junho (WB 5, 1596, 1600), embora Jonas tenha tocado no assunto (WB 5, 1588, 13 jun. 1530). Lutero não comentou o silêncio de Melâncton sobre a morte de seu pai, então pode ser que ele considerasse o assunto algo particular (mas, nesse caso, por que mandou carta a Coelius?), ou pode ser que tenham se comunicado por outro meio (algumas cartas estão perdidas), ou ainda pode ser que a omissão tenha irritado Lutero e explique parte de seu aborrecimento.
46. Em 26 de junho, Melâncton enviou uma carta implorando a Lutero que lhes escrevesse de novo; Veit Dietrich lhe disse que Lutero estava determinado a encerrar a correspondência com eles. É certo que havia dificuldades na emissão das cartas, além de ser um serviço caro: WB 5, 1601, 25 jun. 1530: Jonas teve que pagar quatro florins. Agora abalado, Melâncton chegou a enviar seus próprios emissários; 1604, 26 jun. 1530, 397: 19-20; e escreveu uma carta adicional para um amigo, Wolf Hornung, a fim de que a levasse consigo, sem perder a oportunidade de obter outra carta lá; 1607, 27 jun. 1530.
47. WB 5, 1604, 26 jun. 1530, 397: 8-13; 1607, 27 jun. 1530, 403: 16-7; 9-12.

48. WB 5, 1602, 25 jun. 1530, 392: 44.
49. Cartas de LW, II, 327-8; WB 5, 1609, 29 jun. 1530, 405: 3-9.
50. WB 5, 1609, 29 jun. 1530.
51. WB 5, 1611, 30 jun. 1530, 412: 30-1.
52. WB 5, 1611, 30 jun. 1530, 411: 1-8.
53. WB 5, 1610, 29? jun. 1530; 1614, 30 jun. 1530; e ver também 1613, 30 jun. 1530 (a Agricola).
54. WB 5, 1614, 30 jun. 1530, 418: 16-8.
55. WB 5, 1631, 8 jul. 1530 (Brenz a Lutero).
56. WB 5, 1716, 11 set. 1530, 618: 25-7. Ele também começou a citar Staupitz e alguns de seus ditos, tais como "Quando Deus deseja cegar alguém, ele fecha os olhos dessa pessoa" (WB 5, 1659, 27 jul. 1530, 498: 3-4); e usou a mesma expressão, que devia ser "*meus Staupitz*" em carta a Agricola, 1662, 27 jul. 1530; e WB 5, 1670, jul. (?) 1530. Ele relembrou como Staupitz dissera que os surtos de melancolia de Lutero eram certamente provações divinas, designados para que servisse à Igreja: algo que Lutero agora interpretava em termos proféticos.
57. WB 5, 1716, 11 set. 1530.
58. Para azar dos luteranos, um dos negociantes católicos adoeceu e foi substituído pelo duque Georg da Saxônia, antigo adversário de Lutero; 1965, p. 565.
59. Walch, XVI, cols. 1482-4, Hieronymus Baumgartner a Lazarus Spengler, 13 set. 1530.
60. WB 5, 1653, 16 (15?) jul. 1530, 486: 16.
61. Cartas de LW, II, 390: "Ademais, você me aborrece com sua vaidade, de modo que estou quase cansado de lhe escrever, já que minhas palavras não surtem nenhum efeito". WB 5, 1656, 21 jul. 1530; 1699, 26 ago. 1530, 577: 3-4.
62. WB 5, 1600, 25 jun. 1530: mulas eram obviamente conhecidas por sua esterilidade. O Asno Papal foi encontrado nas margens do Tiber, em 1496, e o Bezerro Monge, descoberto na Saxônia, foi usado pela primeira vez para difamar Lutero; e então, com a ajuda de Cranach, os luteranos subverteram a história, afirmando que o monstro representava os monges e o papa.
63. Cf. cartas de 1º, 3 e 4 de agosto, nas quais Lutero discute as leis humanas, rejeitando vigorosamente as ideias de Melâncton, de modo a deixar aberta a possibilidade de uma obra santa, como a de são Bernardo, contanto que ninguém mais fosse pressionado a fazê-la, além de outros trabalhos, como o casamento etc., serem vistos como algo *mais* agradável aos olhos de Deus (WB 5, 1671, 1 ago. 1530; 1673, 3 ago. 1530; 1674; 4 ago. 1530). Ele também defendeu em carta ao eleitor que, como o jejum, as datas comemorativas, o vestuário e outros tipos de celebrações superficiais são questões de ordem mundana, a autoridade secular poderia legislar sobre elas, mas a Igreja não (WB 5, 1697, 26 ago. 1530), uma formulação que deixou aberta à autoridade secular esse tipo de ofício, contanto que não houvesse engano (cf. 1707, *Beilage*, 595). Ele insistia que a comunhão só poderia ser feita em duas espécies e que não se poderia ceder em relação a isso, porém também admitia que a Visitação à Saxônia havia permitido a comunhão em uma espécie em nome das consciências fracas, "embora não fosse correto" (1707, *Beilage*, 591).
64. WB 5, 1618, *Beilage*: oitavo artigo: a autoria de Lutero é quase certa; a data pode ser começo de julho; e 1707, *Beilage*, 595. WB 5, 1691, 22 ago. 1530 (Melâncton a Lutero); Eck se queixara do acréscimo luterano da palavra "apenas", mas concordara com a centralidade da fé; porém insistia que as obras tinham importância para a salvação, embora pequena; ver também o relato menos

otimista de Spalatin sobre a posição de Eck, 16 ago. 1530, Carl Eduard Förstemann, *Urkundenbuch*, II. Hamburgo, 1842, pp. 225-7.

65. Ao mesmo tempo, a demora de Lutero em responder também permitiu aos negociadores em Augsburgo maior espaço de manobra. De modo que, por exemplo, Spalatin escreveu desesperadamente pedindo a Lutero que redigisse conselhos claros em resposta às propostas católicas, pois temia que Melâncton fizesse muitas concessões, WB 5, 1692, [23 ago. 1530], e ver *Beilage*. Melâncton se tornara membro de uma nova comissão, ocupando o mesmo posto que o detestado Eck: ele escreveu a Melâncton com consumada ironia sobre essa "notícia de Augsburgo"! (WB 5, 1693, 24 ago. 1530) No fim de agosto, Lutero estava mais desconfiado que nunca. Ainda assim, em 11 de setembro de 1530, ele disse que Melâncton não deveria se preocupar com aqueles que achavam que cedera demais aos papistas (1716).

66. WB 5, 1613, 30 jun. 1530, 416: 19; 21.

67. WB 5, 1705, 28 ago. 1530, *viriliter*; WB 5, 1709, 29 ago. 1530: Filipe de Hesse também achava que Melâncton estava fazendo muitas concessões e atribuiu isso a sua *Kleinmutigkeit* [falta de ousadia] (600: 6); e, em 11 de setembro de 1530, Lutero respondeu que ficasse tranquilo, pois não houve nenhuma concessão e as negociações tinham acabado (1717). Linck também escreveu a Lutero, se queixando da facilidade com que Melâncton cedia (cf. 1720, 20 set. 1530).

68. Walch, XVI, 1379, 1382 (relato de Spalatin sobre a visão de Eck); 1383, 1384; WB 5, 1708, 29 ago. 1530.

69. Cf. WB 5, 1618, 433, Artigo 7; Georg Spalatin, op. cit., pp. 264-5.

70. Essa também foi a linha adotada em sua *Exhortation*: WS 30, 2, 340-5.

71. WB 5, 1708, 29 ago. 1530; 1710, 1 set. 1530.

72. Cf. WB 5, 1708, 29 ago. 1530 (Melâncton a Lutero); no que tange à eucaristia, os luteranos insistiam que jamais seria correto ministrar a comunhão em apenas uma espécie, e que aqueles que o fizessem pecariam, embora os laicos que a recebessem, não; isto é, eles não estavam dispostos a aceitar a comunhão em uma espécie para o restante da Igreja. Também não aceitavam missas particulares ou os cônegos que a apresentavam como um sacrifício. Porém, os luteranos admitiam que monges e freiras que viviam em mosteiros continuassem neles, e que novos membros fossem admitidos em mosteiros vazios, contanto que não recebessem ordens nem seguissem regras — solução que pode ter sido transigente. Jejum não era mais questão de consciência, embora autoridades seculares pudessem regulá-lo. Ver também o entendimento de Filipe de Hesse sobre o que se propunha (1709, 29 ago. 1530). Ele estava particularmente preocupado com o tema do jejum e o poder dos bispos. Schnepf, seu pregador, achava que era muito perigoso dar de novo aos bispos o poder de outrora, embora em outros pontos concordasse com Melâncton. O modelo de coexistência pacífica que Schnepf tinha em mente era o da convivência com os judeus (Carl Eduard, Förstemann, op. cit., pp. 311-2); mas esse modelo seria um dos rejeitados por Lutero.

73. WB 5, 1711, 4 set. 1530: ele também se preocupava com o fato de que os luteranos talvez estivessem começando a simpatizar com os suíços, de modo que chegar a um acordo de paz era uma questão urgente.

74. Heilbronn, Kempten, Windsheim, Weissenburg e Frankfurt também a apoiaram depois.

75. WB 5, 1720, 20 set. 1530, 624-5, Introdução à carta; e ver Walch, XVI, 1482-4, a primeira carta de Hieronymus Baumgarten a Lazarus Spengler, 13 set. 1530; e ver também cols. 1523-5, reclamando que "Melâncton se tornara mais infantil que uma criança"; e a segunda carta de Hieronymus

Baumgarten a Lazarus Spengler, 15 set. 1530, na qual se acusa Melâncton de amaldiçoar, gritar e teimar de modo autoritário. Baumgarten implorava a Spengler que discutisse o assunto com Lutero, e ele o fez pessoalmente, tornando-se o emissário que levava as cartas a Jonas e a Melâncton. As queixas duraram três semanas: Lutero escrevera a Spengler, defendendo Melâncton, em 28 de agosto (WB 5, 1707); e então, pouco depois, Melâncton reclamou que Baumgarten, irado com as concessões aos bispos, lhe escrevera que se ele tivesse recebido do papado romano uma fortuna como suborno, ainda assim não poderia ter se saído melhor na reinstituição do governo papal (WB 5, 1710, 1 set. 1530).

76. WB 5, 1721, 20 set. 1530, 628: 23.

77. WB 5, 1722, 20 set. 1530, 628: 4-5. Porém, no mesmo dia, Lutero escreveu a Linck defendendo Melâncton das acusações de que havia cedido demais.

78. WB 5, 1726, 28 set. 1530. Spengler sabia que as cartas só rachariam o movimento de maneira despropositada.

79. Walch, XVI, 1482-4, 13 set. 1530.

80. Sobre como os temas eram tratados pela historiografia luterana do período, ver Robert Kolb, "Augsburg 1530: German Lutheran Interpretations of the Diet of Augsburg to 1577", *Sixteenth Century Journal*, v. 11, 1980, pp. 47-61. Em análise retrospectiva, Spalatin chegou à conclusão de que o melhor feito do Senhor Jesus na Dieta foi não ter permitido que "tais mentiras" (isto é, a oferta papista), "fossem consideradas boas ou corretas"; Georg Spalatin, op. cit., p. 289.

81. Cf. a avaliação das negociações feita por Spalatin ao eleitor, Walch, XVI, 1516-8, 14 set. 1530; e o relato pessimista de Lutero, WB 5, 1723, 23 set. 1530.

82. WB 5, 1648, 15 jul. 1530, 480: 21-2.

83. WB 5, 1713, 8 set. 1530, 608: 20-1; em agosto, ele também teve uma dor de dente. No mesmo mês, falou a Melâncton sobre uma nova queixa contra si, mas que só detatalharia o assunto pessoalmente; WB 5, 1690, 21 ago. 1530.

84. Ele também escreveu *On the Keys*, mas não finalizou até perto do fim da Dieta. *Vermahnung an die Geistlichen versammelt auf dem Reichstag zu Augsburg Anno 1530*, WS 30, 2, 238 ss.: essa obra foi publicada em várias edições, incluindo em baixo-alemão, dinamarquês e holandês; *Widerruf vom Fegfeuer*, 1530, WS 30, 2, 362 ss.; *Brief an den Kardinal Erzbischof zu Mainz*, 1530, WS 30, 2, 393 ss., que pretendia ser uma carta de conciliação, mas terminava com Lutero furioso — "Não pense que está lidando com seres humanos quando se trata do papa e seus homens, pois são autênticos demônios" (412) — e invocando o "sangue inocente" de "Lenhard Keiser"; *Propositiones adversus totam synagogam Sathanae*, WS 30, 2, 420 ss., que apareceu em muitas versões alemãs.

85. WS 30, 3, *Warnung an seine lieben Deutschen*, 1531, 286: 23; 293: 8-9.

86. Assim, por exemplo, na *Exortação*, sua ideia era simplesmente deixar os católicos seguirem o próprio rumo, dizendo aos bispos católicos que "queremos que continuem como são", pois, se não agissem corretamente, "não seremos nós, e sim vocês que terão prestar contas. Apenas sosseguem e não nos persigam!"; LW 34, 50; WS 30, 2, 314 a: 8-16: também lhes disse (de modo ambivalente) que, ao lhes permitir que continuassem bispos e donos de suas propriedades, ele estava fazendo algo que os sacramentalistas (e os hussitas e os müntzeristas) não tinham se disposto a fazer.

16. A CONSOLIDAÇÃO [pp. 350-70]

1. ws 30, 3, 249-320.
2. Cargill Thompson, *Studies in the Reformation* (org. Dugmore), pp. 3-41: houve uma reunião em Torgau. WB 5, 1740, 28 out. 1528, *Beilage*, 662-4, sobre o memorial de difícil compreensão.
3. Estrasburgo, Memmingen, Constança e Lindau.
4. WB 5, 1487, 28 out. 1529; Lutero usou as mesmas palavras em seu tratado *Kurzes Bekenntnis vom Abendmahl*, de 1544.
5. Helmar Junghans, *Die Reformation*. Munique: Deutscher Taschenbuch, 1973, p. 417.
6. George Richard Potter, *Zwingli*, p. 413.
7. Ibid., p. 414; Zwinglio era combatente; não se sabe se os outros também eram.
8. WB 6, 1890, 28 dez. 1531, 236: 4-5; WB 6, 1895, 3 jan. 1532, Wenzeslaus Linck, 246: 17-20; WB 6, 1894, 3 jan. [1532]; 1895, 3 jan. 1532; WT 1, 220, 94: 21; WT 2, 1451.
9. Cf. Kat Hill, *Baptism Brotherhood, and Belief*. Oxford, 2015. Sobre o anabatismo, ver também Claus Peter Clasen, *Anabaptism*. Ithaca, 1972; George Huntston Williams, *Radical Reformation*. Kirksville: Truman State University, 1992; Hans-Jürgen Goetz, *The Anabaptists*. Londres: Routledge, 1996; Marion Kobelt-Groch, *Aufsässige Töchter Gottes*. Frankfurt: Campus, 1993; James Stayer, *Anabaptists and the Sword*. Lawrence: Coronado Press, 1972; James Stayer, *German Peasants' War*. Montreal: McGill-Queen's University Press, 1991.
10. *Von der Wiedertaufe an zwei Pfarrherrn*, ws 26, 144-74; *Vorrede zu Menius, Der Wiedertäufer Lehre* (1530), ws 30, 2, 211-4; John S. Oyer, op. cit. Menius se especializou em refutar os anabatistas, redigindo quatro obras contra eles.
11. ws 12, 42-8, 1523; não foi incluída na liturgia revisada do batismo de 1526, mas os exorcismos foram mantidos. ws, 19, 539-41; e a carta de prefácio de Lutero insiste explicitamente que a criança está possuída pelo demônio (537). A liturgia não foi incluída no Livro de Concórdia porque se pensava que os exorcismos antagonizavam os alemães do Sul (532, Introdução).
12. WT 6, 6815, 208: 32-4. Lutero fez um acréscimo à história original: um circunstante achou que poderia fazer a mesma coisa, visto que também era batizado; mas, quando se deparou com o Demônio e se atreveu a agarrá-lo pelos chifres, o Demônio lhe torceu o pescoço. A mensagem parece ser que ninguém deve se superestimar: nem todos têm verdadeira fé e conseguem expulsar demônios.
13. ws 5, 1528, 10 fev. 1530: Lutero, por exemplo, foi padrinho dos filhos de Conrad Cordatus, que, ao que parece, devolveu a tradicional moeda de batismo que Lutero lhe dera — foi reaproveitada como adorno; e Jakob Probst, em Bremen, foi padrinho de sua filha Margarethe (WB 10, 3983, [c. 17 abr. 1544]). Para seu filho Martin, em 1531, Lutero escolheu Johann Rühel, velho amigo durante a administração em Mansfeld, e Johann Riedesel (WB 6, 1880, 30 out. 1531), membro do alto escalão da administração da Saxônia: infelizmente, logo perdeu o cargo quando o velho eleitor morreu e Lutero escreveu para consolá-lo (WB 6, 1955, 7 set. 1532). Em 1533, Lutero escolhia os padrinhos por sua importância política: para seu filho Paul, o Erbmarschall eleitoral Hans Loeser e o duque Johann Ernst, irmão caçula do eleitor, assim como Jonas, Melâncton e a esposa de Caspar Lindemann (WB 6, 1997, 29 jan. 1533). As festas ocorreram no castelo, um dia após o nascimento.
14. Por exemplo, em 1525, ele defenderá que os "três pintores ateus", célebres artistas de Nuremberg que se interessaram por ideias místicas, não deveriam ser punidos como hereges, mas

tratados como "os turcos" ou cristãos apóstatas; poderiam, contudo, ser punidos caso fossem culpados de insubordinação (WB 3, 824, 4 fev. 1525, 432: 13-4); e ver John S. Oyer, op. cit., pp. 114-39.

15. Hans-Jürgen Goetz, op. cit., pp. 124-6; WS 26, *Von der Wiedertaufe*, 145: 22-3, WB 6, 1881, fim de out. 1531, 222-3: Melâncton sugeriu que não apenas os líderes fossem executados, mas também quaisquer seguidores anabatistas, pois não agiam apenas por ignorância, posição bem mais dura que a de Hesse no mesmo período. Lutero aprovou o memorial, acrescentando observações de punho próprio (223: 1-3); sobre o desenvolvimento das opiniões de Melâncton, ver John S. Oyer, op. cit., pp. 140-78; e Sachiko Kusukawa, op. cit., que vincula o rigor de Melâncton à crise de identidade que ele viveu durante a rebelião de Wittenberg, 78-9.

16. Erbe rabiscou seu nome na parede da torre onde esteve preso, descoberta feita durante uma reforma no castelo séculos depois. Ver Kat Hill, op. cit., pp. 81-2. Lutero também sabia do caso de Georg Karg, condenado à prisão, por suas visões anabatistas, no aposento do castelo de Wittenberg onde o eleitor aprendera esgrima; WB 8, 3206, ver "Vor und Nachgeschichte" (3 jan. 1537); inicialmente, Lutero tentara condená-lo à prisão domiciliar, mas o governo da Saxônia não autorizou. Karg encetara uma união espiritual com a esposa do místico e radical Sebastian Franck. Lutero o esclareceu e ele aceitou os ensinamentos; foi libertado em meados de fevereiro.

17. A cifra ficava entre 8 mil e 9 mil no início do século XVI; Richard van Dülmen, *Reformation als Revolution*. Frankfurt: Fischer, 1987, p. 238; cerca de 2500 anabatistas chegaram à cidade (275).

18. Ele assumiu o posto de Jan Matthys, que era tido como profeta e estabelecera a comunhão de bens na região: Richard van Dülmen, op. cit., pp. 208-336; Hermann von Kerssenbrock, *Narrative of the Anabaptist Madness* (org. e trad. Mackay). Leiden, 2007.

19. Cf. *Newe zeytung von den Wydertaufferen zu Münster*, Nuremberg, 1535 [VD 16 N 876], que tinha um prefácio de Lutero e proposições de Melâncton contra os anabatistas; Ronnie Po-Chia Hsia, "Münster and the Anabaptists", em id. (org.), *German People*. Londres, 1988.

20. WT 5, 6041. Talvez parte da motivação para a poligamia tenha sido o fato de que, quando a população masculina da cidade foi dizimada, as mulheres desamparadas precisaram se organizar em estruturas familiares sob liderança masculina; ver Ronnie Po-Chia Hsia, "Münster and the Anabaptists", em id. (org.), *German People*. Londres, 1988.

21. Martin Greschat, op. cit., p. 96.

22. WB 6, 22 jan. 1531, 24-5: 40-4.

23. Mas logo Lutero soube de rumores segundo os quais Michael Keller e seus seguidores em Augsburgo teriam dito que os cidadãos de Wittenberg passaram por cima da visão do sacramento de Zwinglio; WB 6, 1799, 28 mar. 1531. Em Augsburgo, houve renovadas e amaríssimas brigas entre adeptos de Bucer e pregadores luteranos, com Frosch e Johann Agricola se recusando a encontrar Bonifacius Wolfart e Wolfgang Musculus, os novos colegas de Estrasburgo. No ano seguinte, Lutero alertava os habitantes de Augsburgo de que eles encarariam o mesmo destino de Müntzer e Zwinglio; WB 6, 1894, 3 jan. 1532 (Casper Huber), 244: 3-5; ele também disse: "Cuidado, Augsburgo!" em sua carta a Linck. Em janeiro de 1533, ele publicou um aviso à cidade de Frankfurt para que não se deixasse enganar pelos sacramentalistas que fingiam ensinar, como se fazia em Wittenberg, que Cristo estava de fato presente no pão e no vinho, mas na verdade queriam dizer apenas espiritualmente, e não materialmente. Segundo Lutero, isso era apenas um jogo de palavras: *Ein brieff an die zu Franckfort am Meyn*, Nuremberg, 1533 [VD 16 L 4164].

24. Theodor Kolde (Org.), op. cit., pp. 216-30, Musculus; e 214-6, correspondência; Friedrich Myconius, *EPISTOLA SCRIPTA AD D. Vitum Theodorum... DE CONCORDIA inita VVitebergae inter D. D. Martinum Lutherum, & Bucerum anno 36*, Leipzig, 1581; Walch, XVII, 2090-9. Também participaram delegados de Augsburgo, Memmingen, Ulm, Reutlingen, Esslingen, Fürfeld e Frankfurt, exceto dos debates privados mais importantes.

25. Walch, XVII, 2093, 2094, 2096 (Myconius). Ficou em aberto a questão se Cristo tinha Presença Real para os descrentes ou se estes apenas ingeriam o pão e o vinho. Martin Greschat, op. cit., pp. 132-9.

26. Walch, XVII, 2098-9.

27. WB 8, 3191, 1 dez. 1537, em resposta a uma carta recebida em 12 de janeiro de 1537; Bucer lhe escrevera implorando por uma resposta; WB 8, 3192, 3 dez. 1537.

28. O homem sugerido por Lutero, Johann Forster, era impossível, segundo o conselho municipal de Augsburgo: ele atacara outros pastores, bebia em demasia e se indispunha com as pessoas; WB 8, 3250, 19 ago. 1538, 3251, 29 ago. 1538; WB 8, 616, 3418, 1 dez. 1539. Blaurer acabou sendo obrigado a partir. Walter Köhler, op. cit., v. 2, pp. 318-9.

29. LW 41, 5-178; WS 50, 509-653, *Dos concílios e das Igrejas*. Nessa obra, Lutero também expressa sem rodeios sua posição de que as mulheres estão excluídas do sacerdócio: LW 41, 154; WS 50, 633.

30. WB 8, 3383, 30 ago. 1539; eles também lembraram Lutero da paz acordada.

31. LW 43, 220; WS 51, 587.

32. WS 54, 143: Lutero declarou que se Zwinglio acreditava no que escrevera em *Christianae fidei expositio*, de publicação póstuma, então, "se morreu acreditando naquilo, quis perder (e talvez tenha perdido) a salvação da própria alma" e se tornara pagão (143).

33. [Heinrich Bullinger], *Warhaffte Bekanntnuss der Dieneren der Kirchen zuo Zürych, was sy uss Gottes Wort mit der heiligen allgemeinen christenlichen Kirchen gloubind und leerind, in Sonderheit aber von dem Nachtmal unsers Herren Jesu Christi... mit zuogethoner kurtzer Bekenntniss D. Mart. Luthers vom heiligen Sacrament*, Zurich, 1545 [VD 16 B 9770]; Johann Stumpf, op. cit., pp. 137-8 e 141. Conforme Johann Stumpf, adepto de Zwinglio, observou com ironia mordaz, os luteranos, que alegavam rejeitar a adoração a relíquias, na verdade veneravam *Uma breve confissão do dr. Martinho Lutero sobre o Sagrado Sacramento* como uma *Heyligthumb*, ou seja, uma relíquia (141).

34. Em 1543, Lutero recebeu uma cópia da Bíblia latina de Zurique, enviada pelo tipógrafo Christoph Froschauer, mas pediu que não lhe enviassem mais nada porque "Eu me recuso a participar de suas preleções amaldiçoadas e blasfemas, e, preservando minha inocência, continuarei a orar e a pregar contra vocês até a morte", e disse também que eles seriam julgados tal como Zwinglio; WB 10 3908, 31 ago. 1543.

35. Cf. Susan Karant-Nunn, *Luther's Pastors*. Filadélfia: Amer Philosophical Society, 1979.

36. WB 10, 3762, 26 jun. 1542: escrevendo ao príncipe George de Anhlat, Lutero lhe explicou que a elevação era uma questão de escolha, prática adiáfora, ou seja, não era essencial aos ritos religiosos. Por ele, manteria a elevação do sacramento, mas Bugenhagen a abolira, explicação que minimizava seu envolvimento no assunto; na verdade, ele preservara inicialmente a prática para molestar o Demônio, já que Karlstadt dissera que elevar o sacramento era crucificar Cristo de novo; ver WB 10, 3806, 1 nov. 1542 (a Leonhard Beyer) e n. 3; e ver também WS 54, *Kurzes Bekenntnis*

vom heiligen Sakrament, 1544, 165: 25-6, em que Lutero declara explicitamente que agora a igreja de Wittenberg abolira a elevação, mas prefere omitir que a mantinha antes, mesmo quando a maioria das outras igrejas já a abolira.

37. WB 10, 3888, 4 jul. 1543. Sobre as emoções na devoção luterana, ver Susan Karant-Nunn, *Reformation of Feeling*. Oxford: Oxford University Press, 2010.

38. WB 6, 1773, [16 jan. 1531], 21: 26-8, memorial ao eleitor João; e ver Introdução; WB 6, 1776, 22 jan. 1531. Escrevendo a Bucer, Lutero insistiu ríspido que admite que uma alma descrente também recebe o verdadeiro corpo de Cristo, pois do contrário não conseguiriam chegar a um acordo; WB 6, 1779, 9? fev. 1531. Apesar disso, empenhou-se para que houvesse acordo, retomando o contato com Katharina Zell em Estrasburgo, a quem devia uma carta fazia muito tempo, e lhe pedindo: "Reze, Reze, Reze" pelo assunto; WB 6, 1777, 24 jan. 1531, 26: 16. Zell era a esposa de Matthäus Zell, pregador de Estrasburgo, e uma das poucas mulheres a escrever folhetos em defesa da Reforma. Ela teve papel importante no ministério em Estrasburgo, e o fato de Lutero ter considerado sensato lhe escrever prova o quanto sua posição era reconhecida.

39. Ver Walch, XVII, 2017, para o relato compilado pelo pregador Bernardi, de Frankfurt, provavelmente redigido com a ajuda de Bucer e Capito. Nele se afirmava que nenhum dos lados acreditava que a "boca" realmente tocara o "corpo" do Senhor; mas, visto que, "com essa maneira de falar, sempre se poderia entender algo mais grosseiro do que o entendimento de Lutero ou dos Pais da Igreja, não usamos essa maneira de falar, mas dissemos que decidimos não a usar e apenas dissemos que, com o pão e o vinho, ministram-se verdadeiramente o sangue e o corpo de Cristo, de maneira divina e celestial, e ainda assim verdadeira e essencial". Segundo Ratzeberger, Melâncton teria dito a Georg Öhmler que Lutero escreveu sobre esses assuntos "*nimis crasse*". "Pois você acha que Jesus se deixaria rasgar por dentes e digerir pelo corpo?", a mesma objeção que os zwinglianos haviam feito a Lutero. Ratzenberger, *Die handschriftliche Geschichte*, pp. 93-4.

40. WB 4, 1160, 19 out. 1527, 369: 26-8.

41. Isso está bem explicado em Robert Kolb, *Martin Luther, Confessor of the Faith*. Oxford: Oxford University Press, 2009, p. 114, que o associa à herança de Ockham.

42. WT 3, 3484. Em carta ao jovem filho Hans, escrita enquanto estava em Coburgo, Lutero imaginou um lugar onde os "bons" filhos iriam brincar, comer cerejas e montar pôneis. Hans tinha quatro anos então e o fato de Lutero lhe contar essa história ilustra como a experiência de perda estava disseminada. Mas é óbvio que Lutero pintou um quadro alegórico do paraíso; Cartas de LW, II, 321-4; WB 5, 1595, c. 19 jun. 1530.

43. Cartas de LW, III 18; WB 6, 1820, 20 maio 1531, 103: 3-6; 17. A carta era conhecida entre os luteranos. Apenas um ano depois, Lazarus Spengler, em Nuremberg, solicitou uma cópia e foi atendido pelo secretário de Lutero, que também lhe enviou a última carta do reformista ao pai, de modo que ambas circularam enquanto Lutero ainda estava vivo. Os textos foram impressos em 1545, um ano antes da morte de Lutero, na compilação intitulada *Textos de consolo de Lutero*, de Caspar Cruciger, uma seleta de missivas e passagens da obra do religioso que versavam sobre a melancolia, organizada para uso pastoral na abertura do volume.

44. WT 4, 4787.

45. WB 10, 3792, 16? set. 1542, 147: 5; 3830, 26 dez. 1542; 3831, 27 dez. 1542. Ele escreveu à escola que não se deveria fazer concessão a essa "delicadeza" ou permitir tal atitude feminina; e escreveu ao filho que a mãe era incapaz de escrever, mas assentia em tudo; e que quando falara

da possibilidade de retorno caso algo desse errado, se referia a doenças graves, de cuja ocorrência deveriam ser os primeiros a receber notícia.

46. LW 45, *Da autoridade secular: Até que ponto se lhe deve obediência*; WS 11, "Von weltlicher Oberkeit": WS 11, 245-80, 280: 14-5.

47. WB 6, 1861, a e b, 3 set. 1531 e 175-7; numa versão do conselho dado por ele, que os editores afirmam se tratar do memorial contemporâneo, Lutero de fato considera a hipótese de a rainha permitir ao rei uma segunda mulher, em vez de repudiá-la, alternativa que ele expressamente omitiu na versão do memorial que enviou depois a Filipe de Hesse.

48. WB 7, 2282, 9 jan. 1536; 2283, 11 jan. 1536; e ver 2287, 19 jan. 1536: Lutero reiterou seu conselho prévio.

49. Conforme dito pelo *landgrave* em discurso na cerimônia de casamento: "Pois desejo-o com Deus e de boa-fé, pois não posso me abster da cura e do remédio para esse estranho mal"; William Walker Rockwell, *Die Doppelehe*. Marburgo, 1904, p. 43.

50. WB 8, 3423, dez. 1539, 631: 31-5. O *landgrave* culpava seu temperamento, que, de acordo com a fisiologia dos humores do período, era resultado do equilíbrio de fluidos humorosos de seu corpo. Comida abundante apenas aumentava os desejos. A carta é extraordinária porque desenvolve um elaborado argumento em defesa da bigamia e é escrita na primeira pessoa do singular, algo incomum entre os governantes, que em geral usavam a primeira pessoa do plural. Há anotações à mão feitas por Filipe. Ele deve ter aventado essa hipótese com Lutero anos antes, pois há uma carta de Lutero de 28 de novembro de 1526, nos arquivos de Marburgo, na qual ele enfatiza que a bigamia é proibida; WB 4, "a não ser em casos extremos" ("*Es were denn die hohe not da*"), uma formulação que talvez tenha deixado Filipe esperançoso, embora os exemplos que Lutero deu do que tinha em mente ao falar em casos extremos fossem uma esposa leprosa ou roubada do marido; ver capítulo 13. Karlstadt, por outro lado, já havia defendido a bigamia em 1524 (WB 3, 702, 13 jan. 1524), e Lutero mostrara que, já que isso não era contrário ao exemplo dos profetas do Antigo Testamento, ele também não poderia proibi-lo, embora não desejasse ver a poligamia disseminada entre cristãos. Ele considerara a questão maliciosa e não resistiu a acrescentar que talvez pudessem viver como o povo de Moisés em Orlamünde, com direito à circuncisão!

51. WB 5, 1709, 29 ago. 1530; Martin Greschat, op. cit., pp. 153-6: Bucer conseguiu converter um grupo de anabatistas em Hesse ao levar as preocupações deles com a indisciplina na Igreja a sério, esboçando um novo Decreto da Disciplina, publicado em conjunto com um novo decreto da Igreja para Hesse, no começo de 1539.

52. WB 8, 3423, 635, dez. 1539: o argumento é interessante, pois Filipe explica que, para obter o consentimento do imperador, ele talvez precisasse de uma dispensa papal, que, contudo, de nada valeria para ele ("*Ich nun vffs Pabsts Dispens[a]tion gar nichts achte*"); e, embora tivesse certeza de que obteria uma se pagasse, ainda assim o imperador poderia lhe deixar de mãos atadas.

53. WB 9, 3458, 5 abr. 1540. Lutero queimou a carta, de modo que a única cópia remanescente é um esboço; ver WB 9 3464, 12 abr. 1540; ver também 3484, 24 maio 1540.

54. WB 9, 3491, 9 jun. 1540; e ver 3502 (escrita de próprio punho pelo *landgrave*) e 3503, 20 e 21 jun. 1540.

55. Johannes Lening, *Dialogus das ist ein freundtlich Gesprech Zweyer personen Da von Ob es Goettlichem Natürlichen Keyserlichem vnd Geystlichem Rechte gemesse oder entgegen sei mehr dann eyn Eeweib zugleich zuhaben. Vnnd wo yemant zu diser zeit solchs fürnehme ob er als eyn vnchrist zuuerwerffen*

vnd zuuerdammen sei oder nit, Marburgo, 1541 [VD 16 L 1174]. Alguns pensaram que Bucer era o autor, o que o deixou bastante constrangido (William Walker Rockwell, op. cit., pp. 121-30); e, em 1542, Lutero escreveu uma réplica, dizendo que, embora a poligamia fosse permitida no Antigo Testamento, as atitudes para com as mulheres eram diferentes naquela época (WS 53, *Antwort auf den Dialogum Hulrichi Nebulonis*, 185-201). Lutero não cita Filipe em seu tratado e chama Neobulus de idiota.

56. Ingetraut Ludolphy, op. cit., pp. 47-50, que confunde "Rasper" com "Kasper": contudo, ela identifica a amante de Frederico como sendo Anna Weller von Molsdorf, e mostra que Lutero se referiu a ela como "die Watzerin" ou "die Wantzlerin", argumentando que talvez não se trate de forma alguma de um retrato da concubina de Frederico. No entanto, é difícil imaginar uma alternativa. Ver também Iris Ritschel, "Friedrich der Weise und seine Gefährtin", em Andreas Tacke (org.), "*... wir wollen der Liebe Raum geben*". Göttingen: Wallstein, 2006, pp. 336-41; e Sabine Haag, Christiane Lange, Christof Metzger e Karl Schuetz (orgs.), *Dürer, Cranach, Holbein*. Munique, 2011, pp. 207-9, para uma reprodução e identificação dela como Anna Rasper ou Dornle. A tampa dela traz uma sereia alada com corpo serpenteante e patas de ave em relevo, transmitindo a ideia de tentação feminina e sensualidade; já a dele traz um centauro.

57. WB 9, 3515, 18 jul. 1540. Em 1540, Lutero relembrou à mesa que Filipe chegara a sugerir em Worms, em 1521, que ouvira dizer que, segundo o ensinamento de Lutero, a esposa poderia, caso o marido fosse impotente, ter um segundo esposo. Não se sabe exatamente em que momento de 1540 Lutero contou essa história, mas ela dá a entender que ele suspeitava de que o apoio do *landgrave* à causa evangélica tivesse algum interesse; WT 5, 5342 b, 73: 9-19.

58. William Walker Rockwell, op. cit., p. 65.

59. Ibid., pp. 152-3.

60. WB 9, 3616, 10 ou 11 maio 1541, 407: 36-9. A carta foi redigida por Lutero e assinada também por Bugenhagen. Com "Heintz", Lutero se referia a Heinrich de Braunschweig; agradava-lhe criar uma rima entre seus antagonistas, Mainz e Heintz: ver, por exemplo, WB 9, 3670, 10 nov. 1541.

61. Walch, XVII, 2099-100, *Synodus Witebergensis... von M. Johann Bernardi... Von den oberlaendischen Predigern gemeinsam verfasst zu Frankfurt*, 2010, "*unserm Herrn und Vater, D. Martin Luther*".

62. Martin Brecht, *Luther*, v. 3, pp. 59, 60, sobre as iniciativas de aproximação dos franceses em 1535; os britânicos queriam negociar com Melâncton, WB 7, 2282, 9 jan. 1536; 2283, 11 jan. 1536; e ver 2287, 19 jan. 1536.

17. AMIGOS E INIMIGOS [pp. 371-88]

1. Ele reconhecia o valor desse privilégio e foi cuidadoso em não abusar dele. De modo que, por exemplo, em dezembro de 1544, familiares seus lhe pediram que intercedesse junto ao eleitor em nome de seu primo que fora condenado à morte por falsificar moedas; Lutero escreveu não ao eleitor, mas ao chanceler, Gregor Brück, explicando que, a seu ver, os malfeitores deveriam ser punidos e, portanto, preferia se dirigir a ele, e não ao eleitor. WB 10, 4058, segunda metade de dez. 1544.

2. Nas capas de alguns folhetos, um desenho em especial mostra o grupo dos "quatro" de Wittenberg como quatro evangelistas, representados por seus monogramas e iniciais: Lutero, Melâncton, Jonas e Bugenhagen. Ver, por exemplo, Martinho Lutero, *Zwo Hochzeit Predigten*, Wittenberg, 1536, [VD 16 L 4929].

3. Mas ver WB 8, 3331, depois de 9 maio 1539?: Linck escrevera implorando a Lutero que não o excluísse de seu círculo de amizades; isso pode ter sido apenas uma tentativa de chantagear emocionalmente Lutero (de modo que lhe escrevesse uma carta) ou talvez algo mais sério.

4. Inge Mager, "'Das war viel ein andrer Mann'. Justus Jonas — Ein Leben mit und für Luther", em Peter Freybe (org.), *Luther und seine Freunde*, 24, n. 12. Wittenberg: Drei Kastanien, 1998.

5. WB 8, 3248, 16 ago. 1538, e *Beilage*.

6. WB 8, 3334, 20 maio 1539; Lutero não tinha paciência com essas queixas.

7. WB 8, 3209, 6 jan. 1538, 187, Introdução; Lutero intercedeu para tirá-lo da prisão.

8. WB 10, 3752, 15 maio 1542; 3767, 13 jul. 1542.

9. Georg Witzel, *Apologia*, fo. A ii (v).

10. WB 10, 3727, 26 mar. 1542: os salários dos professores universitários não eram tributados, apenas suas propriedades. Em uma carta de agradecimento ao eleitor, Lutero enfatizou sua ardente disposição de contribuir para a guerra contra os turcos, em parte porque dessa forma "os invejosos não teriam do que falar, afinal o dr. Martinus também tivera de dar sua contribuição" (20: 40-2). Surpreendentemente, Lutero também disse que, se não fosse tão velho e fraco, gostaria de se juntar em pessoa ao Exército.

11. WB 5, 1595, 19 jun. 1530; Filipe Melâncton Jr. e Justus Jonas Jr. (Lippus e Jost) nasceram em 1525.

12. Matthäus Ratzeberger, *Die handschriftliche Geschichte*, p. 130.

13. Lutero também fez trocadilhos antipapais com a palavra, escrevendo a Peter Weller, WB 5, 1594, 19 jun. 1530, ver n. 3, sobre aqueles "Quiritisantes" em Ausgburgo, misturando *quiritantes* [sofredores] com os *quirites*, romanos, caçoando dos papistas.

14. Ele atuou como advogado de Lutero em 1544, quando foram acrescentadas novas cláusulas ao testamento de Lutero, StadtA Witt, 109 [Bc 97], fo. 330 (v); Tibor Fabiny, *Luther's Last Will and Testament*. Dublin: Ussher Press, 1982, p. 34; WT 4, 4016: ele se queixou de que os casamentos não tinham por princípios a súplica e o temor a Deus, mencionando os casamentos das filhas de Lufft, Cranach e Melâncton. Sabe-se pelos versos satíricos de Lemnius que Lufft promoveu uma cerimônia muito extravagante, exibindo-se para toda a cidade; Lothar Mundt, *Lemnius und Luther*, v. 2, p. 39. Nova York, 1983.

15. WS 38, 364: 7-11.

16. WS 38, 350; Lutero o conhecia pelo menos desde 1517. Martin Brecht, *Luther*, v. 3, pp. 15-6.

17. WB 6, 1880, 30 out. 1531, 221, n. 4.

18. Quando Jonas von Stockhausen, *Stadthauptmann* de Nordhausen, foi acometido por pensamentos suicidas, Lutero não só lhe escreveu uma carta de consolo, mas também à esposa, recomendando que não o deixasse sozinho em hipótese alguma; WB 6, 1974, 1975, 27 nov. 1532. Embora o trate por "amigo", não há nenhuma outra referência a ele na correspondência de Lutero ou nas conversas à mesa, de modo que não eram íntimos.

19. WB 6, 1811, 30 abr. 1530, 86: 5-7; 87: 55-6.

20. WB 5, 1593, 19 jun. 1530, 374: 37-9. Assim como os demais aspectos do que era agora uma vida pública, essas cartas foram publicadas e disponibilizadas num único volume, editado por um de seus companheiros próximos, Caspar Crugiger, *Etliche Trostschrifften vnd predigten/ fur die so in tods vnd ander not vnd anfechtung sind*, 1545. A tristeza também fazia parte de sua relação com Joachim de Anhalt (WB 7, 2113, 23 maio 1534), e Lutero suspeitava de que era herança familiar,

relembrando o caso de Fürst Wilhelm von Anhalt-Zerbst, que se tornara monge franciscano e mendicante em Magburg. Significativamente, ele aconselhou Joachim a caçar, cavalgar e gozar de boas companhias — ao contrário de "mim, que passei a vida lamentando e contemplando o lado sombrio" (*Trauren und Saursehen*, 66:20) — mas agora, dizia ele, procuravaava a alegria onde pudesse.

21. Gerhard Markert, *Menschen um Luther*, pp. 319-29. Augsburgo: Jan Thorbecke, 2008.

22. Esse tipo de relação fica explícito num relato de Lutero sobre uma ocasião em que estava se debatendo com a interpretação de uma passagem bíblica e o demônio lutava com ele; o demônio estava vencendo e "quase me estrangulou, como se meu coração derretesse em meu peito" (WT 1, 141, 62: 32). Pediu a Bugenhagen que lesse o mesmo trecho e, sem perceber que Lutero lhe mostrava a interpretação demoníaca, aparentemente concordou com ela. O reformador passou a noite inteira "com o coração pesado" (WT 1, 141, 63: 5-6), e só sentiu alívio no dia seguinte, quando Bugenhagen, irritado, apareceu, dizendo-lhe que aquela sua interpretação obscura da passagem era "ridícula". De certo modo, é claro que Lutero sabia que estava enganado, mas precisava da autoridade pastoral de Bugenhagen para ter certeza.

23. Franz Posset, op. cit., p. 101.

24. Robert Kolb, *Nikolaus von Amsdorf*. Nieuwkoop, 1978, pp. 16, 27-30.

25. Lutero tentara persuadi-lo a visitar o mosteiro, oferecendo-lhe um novo cômodo, em 1531; WB 6, 1885, 22 nov. 1531. Nikolaus Hausmann, outro companheiro da geração de Lutero, continuou um solteirão, e sua morte, em 1538, em decorrência de um derrame sofrido quando pregava seu primeiro sermão como superintendente em Freiberg, foi um duro golpe.

26. WB 8, 3400, 6 nov. 1539, 586: 23-4.

27. A situação era ainda mais delicada por causa das tensões na relação com Melâncton e da necessidade de demonstrar lealdade a Lutero e a Melâncton, que não concordavam em tudo. Por exemplo: Veit Amerbach foi obrigado a deixar Wittenberg em 1543 depois de uma briga com Melâncton; WB 10, 3838, 13 jan. 1543; 3943, 3 dez. 1543; 3967, 9 fev. 1544.

28. WB 4, 1017, 8 jun. 1526: ele pediu a Johann Rühel que deixasse Agricola ciente, acrescentando que "nessa altura do ano, ele devia estar pensando no que significa ter filhos" (87: 10-1). Sobre Agricola, ver Gustav Kawerau, *Agricola*. Berlim, 1881.

29. Ver, por exemplo, WB 4, 1009, 11 maio 1526.

30. WB 4, 1111, [10 jun. 1527]; 1119 [início de jul. 1527].

31. WB 4, 1322, 11 set. 1528, 558: 10-1; 1325, segunda metade de set. 1528; WB 5, 1378, 1 fev. 1529.

32. WB 5, 9 set. 1529 (Graf Albrecht de Mansfeld), 9 set. 1529 (Agricola); Gustav Kawerau, *Agricola*. Berlim, 1881, pp. 110-5: Passavant dedicou seu ataque aos condes de Mansfeld.

33. WB 5, 1473, 9 set. 1529, 151: 12-8.

34. Matthäus Ratzeberger, *Die handschriftliche Geschichte*, p. 97.

35. Gustav Kawerau, *Agricola*. Berlim, 1881, pp. 168-71: ele deixou para trás uma carta ao conde Albrecht de Mansfeld, a quem devia sua posição em Eisleben, e na qual destilava amargura em razão de seu "baixo" salário. O conde respondeu no mesmo tom, acusando-o de bebedeira, irresponsabilidade na execução de suas tarefas de professor e pregações que mais atacavam os colegas que os papistas.

36. Gustav Kawerau, *Agricola*. Berlim, 1881, pp. 172-3; ver WT 4, 4043 (1538). Depois ele se mudou para a casa da sogra de Melâncton.

37. Carl Eduard Förstemann, op. cit., v. 1, p. 298; ver também Ernst Koch, "'Deutschlands Prophet, Seher und Vater'. Johann Agricola und Martin Luther. Von den Enttäuschungen einer Freundschaft", em Peter Freybe (org.), *Luther und seine Freunde*, p. 63.

38. WB 8, 3175, 2 set. 1537, 122: 6-11. Trad. alemã em Ernst Koch, "Deutschlands Prophet", p. 66.

39. WB 8, 3254, 15 ago. 279: 20. A carta sugeria que os escritos de Lutero tinham dois pontos de vista distintos sobre o pecado e o perdão. Agricola observou depois em seu esboço que a carta "que escrevi com pura simplicidade" tinha "incendiado o Reno". Mais tarde, Agricola escreveu uma carta de total prostração a Lutero, prometendo-lhe nunca mais se desviar minimamente das lições dele (WB 8, 3284, 26 dez. 1538 (?), 342-3). Sobre a tentativa de reconciliação na Igreja, 342. Koch defende que a posição de Agricola estava mais alinhada com as visões de Lutero e que a ênfase de Lutero na lei seguia agora a posição de Melâncton. Portanto, parte do que estava em jogo na disputa dizia respeito ao relacionamento entre Melâncton e Lutero.

40. Cf. Gustav Kawerau, *Agricola*. Berlim, 1881, pp. 174-9; WS 39, 1, *Die Thesen zu den Disputationen gegen die Antinomer*, pp. 334-58; WS 50, *Wider die Antinomer*, 1539, pp. 461-77.

41. WT 6, 6880, 248: 33-4, final de jan. 1539, pouco antes das contendas sobre as teses de Agricola; Carl Eduard Förstemann, op. cit., I, p. 319.

42. Ele teve que se humilhar escrevendo a Georg von Dolzig, implorando-lhe que não suspendesse seu salário, apelando em nome da esposa doente e dos nove filhos: WB 8, 3284, 22 dez. 1538, Introdução; carta, Gustav Kawerau, *Agricola*. Berlim, 1881, pp. 196, 342.

43. WB 8, 3208, 6 jan. 1538.

44. WS 51, *Bericht auff die Klage M. Johannis Eissleben*, 1540, pp. 429-43, 431 b: 5-6; 436 b: 6-9; e ver WS 50, *Wider die Antinomer*, 1539, 461 ss.

45. Cf. WB 9, 3460, 7 abr. 1540; 3533, 3 set. 1540 (Lutero a expôs a Güttel).

46. Gustav Kawerau, *Agricola*. Berlim, 1881, pp. 211-5; Melâncton esboçara uma revogação em 1539; e agora ele advertia Agricola sobre a ira de Lutero. De fato, Lutero estava inflexível: à mesa, dissera que Agricola devia confessar "que eu [isto é, Agricola] tinha sido um tolo e injusto com os mestres de Wittenberg, pois eles ensinavam corretamente, e eu os ataquei de maneira injustificada" (WT 5, 5311, out.-nov. 1540, 54: 21-2) – o verbo "genarrt" [tinha sido um tolo] é especialmente duro. A revogação finalmente saiu em dezembro de 1540. Em 1545, Agricola fez uma última tentativa de reconciliação, e embora Lutero tenha recebido e hospedado a esposa e a filha dele, se recusou categoricamente a encontrá-lo de novo: WB 11, 4098, 2 maio 1545; 4100, 2 maio 1545; 4101, 2 maio 1545: ele também achava que a filha de Agricola era mais falante e ousada do que convinha a uma senhorita.

47. Gustav Kawerau, *Agricola*. Berlim, 1881, p. 121; isso foi publicado em 1538.

48. Simon Lemnius, *M. Simonis Lemnii Epigrammaton Libri III*, [s.l.], 1538 [VD 16 L 1133]; e para uma tradução e edição modernas, ver Lothar Mundt, *Lemnius und Luther*. Nova York, 1983.

49. Georg Sabinus, genro de Melâncton, também estava envolvido; WB 8, 287-9.

50. WB 8, 3244, 24 jul. 1538; WS 50, *Erklärung gegen Simon Lemnius*, 16 jun. 1538, 350: 9; o pôster dizia que ele teria sido executado com justiça (350: 20-2).

51. WS 50, 351: 11; surgiram outros dois volumes de *Epigramme* bem mais amargos em relação a Lutero e outros personagens de Wittenberg; Lothar Mundt, *Lemnius und Luther*, v. 2. Nova York, 1983; e ver o comentário muito útil, v. 1, pp. 205-64.

52. Cf. Carl P. E. Springer, "Luther's Latin Poetry and Scatology". *Lutheran Quarterly*, 2009, pp. 373-87.
53. O título é um trocadilho com um poema então atribuído a Homero, a *Batrachomyomachia* [A batalha dos sapos e das rãs], uma paródia da *Ilíada*. Agradeço a Floris Verhaart por essa informação.
54. Lothar Mundt, *Lemnius und Luther*, v. 2. Nova York, 1983, p. 143.
55. StadtA Witt, 9 [Bb6]: as *Kämmereirechnungen* [contas da cidade] incluem pagamentos por pequenos consertos no bordel de Wittenberg até 1522, mas em 1525 ele era usado para outros fins.
56. WB 7, 3088, 7 out. 1536, 556: 3.
57. Em 1546, as autoridades tiveram de proibir os estudantes de lançar rojões e usar pólvora; Staatsarchiv Weimar, Reg O 468. Em 1545, o conselho municipal discutiu um decreto contra danças e bebedeiras noturnas; Staatsarchiv Weimar, EGA (Witt), fo. 529.
58. Um certo Georg Meyssner e outros cidadãos disseram "*vnnutzen verdriesslichen bosen worten*" [palavreado vazio, porém ofensivo e maldoso] e blasfemaram em frente à casa de Lutero: Meyssner foi preso por oito dias e interditado por seis meses; StadtA Witt, 114 [Bc 102], fo. 240.
59. WB 10, 3846, 9 fev. 1543. Ele sofria de dores de cabeça, "de tal modo que não consigo ler nem escrever nada, especialmente sóbrio [*jejuno*], 259; 3903, 18 ago. 1543, escreveu após o jantar: "Pois não consigo ler livros atentamente quando sóbrio [*ieiunus*]", 371: 38. Talvez a intenção fosse dizer "de barriga vazia", mas também se bebia durante as refeições.
60. WB 10, 3905, 26 ago. 1543, 373; e ver Alisha Rankin, *Panaceia's Daughters*. Chicago: University of Chicago Press, 2013, pp. 99-100.
61. WB 10, 3983, c. 17 abr. 1544, 554: 2-5.
62. As contendas com Agricola e Lemnius não eram as únicas a gerar tensões na amizade entre Lutero e Melâncton. Em 1536, Conrad Cordatus se envolveu em brigas, primeiro com Cruciger e depois com Melâncton, sobre o papel das obras na salvação. Enérgico, Lutero tomou o partido de Melâncton, embora sua opinião fosse mais próxima da de Cordatus. Em breve, Lutero lhe recomendaria a um posto em Eisleben, mais distante e a salvo de Wittenberg que Niemegk, onde ele se encontrava; WB 8, 3153, 21 maio 1537.
63. WB 8, 3136, 3137, 3138, 3139; *Vorgeschichte*, pp. 46-8, para uma descrição desse violento cálculo: Lutero ficou incapaz de urinar por dez ou onze dias e experimentou um estado de euforia antes de ficar mortalmente cansado. Escreveu à esposa que "Deus fez milagres em mim esta noite", e que sua recuperação ocorrera graças às orações alheias; WB 8, 3140, 27 fev. 1537, 51: 20-2. Contudo, teve novas crises e continuou bem debilitado, se confessando com Bugenhagen e acreditando que agonizava.
64. WB 9, 3509, 2 jul. 1540; Martin Brecht, *Luther*, v. 3, pp. 209-10; WT 5, 5407 e 5565: três pessoas tinham sido ressuscitadas pela oração: Katharina von Bora, o próprio Lutero em Schmalkalden e Melâncton em Weimar. Myconius também alegava ter sido salvo da morte pela oração de Lutero; WB 9, 3566, 9 jan. 1541.
65. WB 10, 4028, 9 set. 1544, e *Beilage*.
66. WB 10, 4007, 23 jun. 1544; 4014, início de ago. 1544; e ver também WS 54, 123 ss., prefácio do editor a *Kurzes Bekenntnis vom heiligen Sakrament*, 1544. Enquanto escrevia sua declaração doutrinal, dirigida em grande parte contra os adeptos de Zwinglio, e não (como temiam) contra Bucer ou Melâncton, ele teve de recorrer aos seus mais poderosos escritos contra os sacramentalistas, *Contra os profetas celestiais, Sermão sobre o Sagrado Sacramento (Sermon vom Sakrament, Dass diese Worte*

Christi 'Das ist mein Leib' noch feste stehn [Que essas palavras de Cristo, "Este é meu corpo", ainda permaneçam firmes]) e *Confissão sobre a ceia de Cristo* (*Grosses Bekenntnis*, também conhecida como *Vom Abendmahl Christi, Bekenntnis*). Ele deliberadamente voltou a essas obras antigas e a formulações que ele, e não Melâncton, elaborara; também havia as obras (especialmente *Grosses Bekenntnis*) que, depois da morte de Lutero, luteranos mais ferrenhos considerariam indiscutíveis, verdadeiras sínteses de suas posições: WS 26, 249.

67. WB 10, 3984, 21 abr. 1544, 556: 14-6; 34.

68. WS 59, "Sermons 1544" [3 ago.], 529 ss.: esse sermão condenava a santidade, a castidade e afins como ideias puramente carnais, e defendia que os sacramentalistas, que se consideravam espirituais, eram na verdade materialistas.

69. WB 10, 4014, [início de ago. 1544], 616, Introdução do editor. *Melanchthons Briefwechsel — Regesten online*, 3646, 8 ago. [1544]; em sua carta a Veit Dietrich, ele também menciona a crítica de Amsdorf a seu esboço da Reforma de Colônia, que Lutero considerara branda, de maneira que ele esperava nova contenda; e ver 3648, 8 ago. 1544, em que ele elogia os sermões suaves e se diz ameaçado por suas visões calculadas. Em cartas a Cameratius e Dietrich (3652, 3653, 11 ago. [1544]; 3658, 12 ago. [1544], e ver 3667, 28 ago. [1544]; 3669 [28 ago. 1544], Melâncton menciona de novo a crítica amarga, reiterando que Lutero a achara "branda". Lutero, escreveu ele, declarara guerra em seus sermões sobre 1 Coríntios; e ele temia toda uma nova controvérsia sobre o sacramento; talvez tivesse de sair de Wittenberg. Lutero, receava ele, escrevia uma nova obra sobre o sacramento atacando tanto Melâncton quanto Bucer. Bucer, a quem Lutero também escreveu, expôs tudo isso ao *landgrave* Filipe de Hesse, pedindo-lhe que conversasse com o eleitor para acalmar a tormenta.

70. WB 11, 4139, 28 jul. 1545, 149: 15-6; 19; 8. Essa não fora a primeira vez que se impacientara com os cidadãos de Wittenberg: no final de 1529, ele simplesmente parou de pregar na igreja da cidade por vários meses e não retomou até fins de março; WB 5, 1521, 18 jan. 1530.

71. WB 11, 4143, 5 ago. 1545, em especial 163 ss.

72. Walch, XXI b, 3131-2, 3131, mesmo com severas crises renais, Lutero também visitou seus velhos amigos Jonas e Camerarius, viajando de Zeitz a Merseburg, Eisleben, Leipzig e Torgau; WB 11, 4113, 5 ago. 1545, 165.

18. ÓDIOS [pp. 389-404]

1. WS 50, 284-308. O prefácio de Lutero se refere às caudas de raposa de que os bispos precisam para limpar a igreja, de modo que ele deve ter colaborado com a criação dessa imagem também. Ver também Martin Brecht, *Luther*, v. 3, p. 191.

2. WS 54, 346.

3. WS 54, 346; Cochlaeus descreve essa e outras gravuras como "*obscoenas figuras*", impressas em Wittenberg: Hartmann Grisar e Franz Heege, *Luthers Kampfbilder*, v. 3. Freiburg: Herder, 1923, p. 4.

4. WS 54, 206-99; LW 41, 257-376.

5. WT 3, 3543A e 3543B; em 1537, quando Lutero quase morreu em Schmalkalden, também disse que seu epitáfio continuava válido: *Pestis eram vivens, moriens ero mors tua, papa* [Vivo, fui tua peste; morrendo, sou tua morte]; 3543A, 390: 17. Cochlaeus também se refere a ele; Elizabeth Vandiver, Ralph Keen e Thomas Frazel (orgs. e trads.), op. cit., p. 349. Sobre o legado dessas

imagens em publicações posteriores, ver John Roger Paas, *The German Political Broadsheet*, v. 1 e 2, Wiesbaden, 1985-2014.

6. LW 41, 273, 278, 334; WS 54, 214: 30; 218: 19-21; 265: 11-3; 16-7.

7. Adam S. Francisco, *Luther and Islam*. Boston: Brill, 2007; Johannes Ehmann, *Luther, Türken und Islam*. Göttingen: Gütersloher, 2008.

8. Cf. Thomas Kaufmann, "*Türckenbüchlein*". *Zur christlichen Wahrnehmung "türkischer Religion" in Spätmittelalter und Reformation*. Göttingen: Vandenhoeck, 2008.

9. WS 30, 2, 107-48, *Vom Kriege wider die Türken*, 127.

10. WS 30, 2, 160-97, *Eine Heerpredigt wider den Türken*.

11. Cf. LW 43, *Exortação à prece contra os turcos*, 1541; WS 51, 374-411. Mais tarde, em 1543, ele pediu por orações em Wittenberg, pois os turcos tinham sido enviados como forma de punição para os pecados cristãos: StadtA Witt, 17 [Bc], *Vermanung an de Pfarrher inn der Superattendentz der Kirchen zu Wittemberg*, 1543, que saiu no nome de Lutero e de Begenhagen.

12. WS 30, 2, 196 a: 23-4.

13. WS 30, 2, 193 a: 3-5; e ver 2, 198-208, *Vorrede to Libellus de ritu et moribus Turcorum*, 1530, de três páginas.

14. Cf. WS 30, 2, 189 a-190 a; 191 a: 25-26; 190 a: 13-4.

15. LW 43, *Exortação à prece contra os turcos*, 1541; WS 51, 577-625. Em 1542, ele traduziu e reeditou uma velha obra dominicana medieval sobre os turcos, a refutação do Corão pelo irmão Richard, a qual, tendo lido uma tradução ruim do Corão em latim, parecia-lhe correta. WS 53, 273-388, *Verlegung des Alcoran Bruder Richardi*.

16. WS 53, 561, Introdução; Adam S. Francisco, *Luther and Islam*. Boston: Brill, 2007, pp. 211-7.

17. WB 10, 3802, 27 out. 1542, 162: 35-6; 163: 78-9. WS 53, 561-772, para o prefácio que Lutero escreveu para a tradução latina do Corão feita por Robert de Ketton e editada por Bibliander. Ver também Harry Clark, "The Publication of the Quran in Latin: A Reformation Dilemma", *Sixteenth Century Journal*, v. 15, n. 1, 1984, pp. 3-12; Hartmut Bobzins, "Aber itzt... hab ich den Alcoran gesehen Latinisch... Gedanken Martin Luthers zum Islam", em Hans Medick e Peer Schmidt (orgs.), op. cit.

18. WS 53, 566, Introdução. Sua última publicação contra o islamismo foi um sermão pregado em 31 de janeiro de 1546, pouco antes de sua morte, em que fulminava o papa, os judeus e o islamismo (WS 51, 148-63). Aqui ele argumentava que o islamismo jamais aceitaria um Deus que também era humano, que era pai e "que nos deu seu filho", 152: 18. De novo, a questão central era a encarnação, Deus se transformando em carne.

19. LW 45, 200; WS 11, 314-36, *Dass Jesus Christus ein geborner Jude sei*, 315: 3-4. Ver, sobre os escritos antissemitas de Lutero, Thomas Kaufmann, *Luthers "Judenschriften"*. Tübingen: Mohr Siebeck, 2011; id., *Luthers Juden*. Stuttgart: Reclam, 2014; David Nirenberg, *Anti-Judaism*. Londres: Head of Zeus, 2013, pp. 246-68; Heiko Oberman, *Roots of Anti-Semitism*. Filadélfia: Fortress Press, 1984; Peter von der Osten-Sacken, *Martin Luther und die Juden*. Stuttgart: Kohlhammer, 2002.

20. Sobre as relações pessoais de Lutero com judeus, que não eram muitas, ver Thomas Kaufmann, *Luthers Juden*. Stuttgart: Reclam, 2014, pp. 32-47. Sobre o tratado, ver Hans-Jürgen Prien, *Luthers Wirtschaftsethik*. Göttingen: Vandenhoeck & Ruprecht, 1992, p. 69.

21. LW 45, 229; WS 11, 336: 14-9.

22. David Nirenberg, op. cit., pp. 252-6. Nirenberg assinala com grande perspicácia que fazia parte da tradição a leitura alegórica do Antigo Testamento como prefiguração do Novo Testamento, mas, "ao transferi-lo para o plano da literalidade, Lutero tornava a aliança mais definida e mais exclusiva" (253). Ver, por exemplo, LW 10, "Lectures on Psalms", 93 (Salmo 9); 254 (Salmo 55); 351 (Salmo 69); WS 3, 88-91; 313-6; 441-2.

23. WT 3, 3512. Assim, por exemplo, WB 6, 1998, antes de 9 de fevereiro de 1531, 427: 1; a carta é em latim, mas isso aparece em alemão. Ou, em 1544, ele se queixou do poderio dos judeus no Marco Brandemburgo, onde reinavam "porque tinham dinheiro" (WB 10, 3967, 9 fev. 1544).

24. Ela era irmã de Hartmut von Cronenberg; WB 7, 2220, 8 ago. 1535; 2227, 24 ago. 1535; 2228, 24 ago. 1535; 2235, 6 set. 1535.

25. WB 8, 3157, 11 jun. 1537, 90: 12-3; 42-4; ele também diz aos judeus que não tratem os cristãos como "*Narren und Gänse*" [tolos e simplórios], 90: 29. Capito escrevera a Lutero pedindo que ouvisse Josel e intercedesse junto ao eleitor, WB 8, 3152, 26 abr. 1537. Em 1536, houve restrições aos judeus que ensinavam hebraico, pois estariam fazendo proselitismo: StadtA Witt, Bc 38 [49] fo. 86, 1536; contudo, em 1539, a pedido de Josel de Rosenheim, os judeus foram autorizados a atravessar a Saxônia com seus bens, contanto que não negociassem, não se instalassem no local nem tentassem converter terceiros (fo. 85).

26. LW 47, 59-98; WS 50, 309-37.

27. Ver, no entanto, Thomas Kaufmann, *Luthers Judenschriften*. Tübingen: Mohr Siebeck, 2011, pp. 90-6.

28. LW 47 191; WS 53, 461: 28-9.

29. LW 47, 152-3; WS 53, 430. Essa parte do tratado se deve a Anton Margaritha, *Der gantz Jüdisch glaub mit sampt eyner gründtlichenn vnd warhafftigen anzeygunge, aller satzungen, Ceremonien, gebetten, heymliche vnd öffentliche gebreüch, deren sich die Juden halten, durch das gantz Jar mit schönen vnnd gegründten Argumenten wider jren glauben*, [Augsburgo] 1531, fo. J ii (r) ss., que descreve o procedimento cruamente.

30. LW 47, 162; WS 53, 438: 8.

31. LW 47, 212, 261, 291, 286; WS 53, 478: 32; 517: 23; 541: 1-3; 537: 15-6.

32. LW 47, 268-72; WS 53, 523-6.

33. WB 10, 3845, 27 jan. 1543, 258; *Melanchthons Briefwechsel Regesten on-line* 3147, 17 jan. 1543; *Melanchthons Briefwechsel*, texto 12, 17 jan. 1543. StadtA Witt, Bc 38 [49], fo. 100. Em carta de 1º de setembro de 1543 a Georg Buchholzer, Lutero o elogiou por pregar energicamente contra os judeus e sustentou que Agricola não poderia ter criado as frases atribuídas a ele em defesa dos judeus. Mas, se as tivesse criado, não seria o pregador do eleitor, "mas um verdadeiro demônio, permitindo que suas frases fossem distorcidas indignamente para a desgraça de todos os que se relacionassem com os judeus" (WB 10, 3909, 389: 24-6).

34. *Von den Jüden* apareceu em janeiro de 1543, *Vom Schem Hamphoras* em março do mesmo ano e, pouco depois, *Von den letzten Worten Davids*, terceira obra antissemita a ser publicada; Thomas Kaufmann, *Luthers Juden*. Stuttgart: Reclam, 2014, p. 136. Escritas em alemão, destinavam-se a um público laico amplo.

35. Lutero, *Von den Jüden vnd jren Lügen. Vom Schem Hamphoras*, Leipzig 1577 [VD 16 L 7155]; Lutero, *Drey Christliche/ In Gottes Wort wolgegründte Tractat Der Erste Von dem hohen vermeynten Jüdischen Geheymnuß/ dem Schem-Hamphoras...*, Frankfurt, 1617 [VD 17 3:306053V].

36. WB 1, 7 [fev. 1514]; ver, no entanto, WB 1, 61, 22 fev. 1518; Zika, *Reuchlin*; Zika, "Reuchlin's De Verbo Mirifico and the Magic Debate of the Late Fifteenth Century", *Journal of the Warburg and Courtauld Institutes*, v. 39, 1976, pp. 104-38.

37. Cf. Jonathan Sheehan, "Sacred and Profane: Idolatry, Antiquarianism and the Polemics of Distinction in the Seventeenth Century", *Past and Present*, v. 192, 2006, pp. 35-66. Ver StadtA Witt, 9 [Bb 6], "Rabini Schemhamphoras", para uma gravura tosca do século XVII em folha única e relevo, acompanhada de um poema.

38. WS 53, 587: 2-4; 21-3; 636: 33-637: 5.

39. WS 53, 542: 5-7.

40. Thomas Kaufmann, *Luthers Juden*. Stuttgart: Reclam, 2014, pp. 109-11, 119, 136. Ele também discutiu o avanço de seus escritos em cartas a Jonas; Greschat, *Bucer*, pp. 156-8.

41. Scott Hendrix, "Toleration of the Jews in the German Reformation: Urbanus Rhegius and Braunschweig 1535-1540", em Scott Hendrix, *Tradition and Authority*. Aldershot, 1996, pp. 193-201. Osiander, *Ob es war un*[d] *glablich sey*. Osiander, importante erudito hebraísta, se distanciou do *Vom Schem Hamphoras* de Lutero em carta escrita em hebraico a Elias Levita; quando esse fato veio a lume, Melâncton tentou escondê-lo de Lutero, temendo sua reação; Thomas Kaufmann, *Luthers Juden*. Stuttgart: Reclam, 2014, p. 138; David Nirenberg, op. cit., p. 265.

42. Johannes Eck, *Ains Juden büechlins verlegung darin ain Christ, gantzer Christenhait zu schmach, will es geschehe den Juden vnrecht in bezichtigung der Christen kinder mordt... hierin findst auch vil histori, was übels vnd bücherey die Juden in allem teütschen Land, vnd ändern Künigreichen gestift haben*, Ingolstadt, 1541 [VD 16 E 383]. Como Lutero, ele também se baseou em *Der gantz Jüdisch glaub* [Toda a fé judaica], escrito pelo judeu convertido Anton Margaritha e publicado em Augsburgo em 1530. Era uma das fontes seminais de *Sobre os judeus e suas mentiras* de Lutero.

43. LW 47, 219; WS 53, 483: 34-5.

44. WS 53, 614: 31-2; 615: 1-2.

19. CONDUZINDO A CARRUAGEM DE ISRAEL [pp. 405-31]

1. Assim, por exemplo, em 1538, Jacob, irmão de Lutero, e Michael Coelius, pregador de Mansfeld, visitaram Lutero, a quem se queixaram das políticas de Albrecht em relação aos proprietários de minas, WT 4, 3948, [1538]. Em 1540, Lutero fez um pedido a Albrecht, em nome de seu cunhado, Hans Mackenrod, para que este fosse autorizado a manter os arrendamentos herdados de suas minas, os quais Albrecht tentava converter em concessões de segundo grau (WB 9, 3481, 24 maio 1540); provavelmente em 1542, ele escreveu uma carta de aconselhamento espiritual a Albrecht em que atribuía os problemas dele à ambição em fazer fortuna na mineração (WB 9, 3716, 23 fev. 1542) – Albrecht, enfurecido, pisoteou a carta; em 1542, Lutero pediu ao novo dirigente luterano do ducado da Saxônia, o duque Moritz, que intercedesse junto a Albrecht por Bartholome Drachstedt, uma das antigas famílias mineradoras com as quais seu pai trabalhara, WB 10, 3723, 13 mar. (?) 1542; e também escreveu aos condes Philip e Johann Georg de Mansfeld pedindo-lhes que intercedessem junto ao vice-governador Albrecht (WB 10, 3724, 14 mar. 1542); ver também WB 10, 3755, 23 maio 1542.

2. Palavras de Ratzeberger, médico e biógrafo de Lutero; Matthäus Ratzeberger, *Die handschriftliche Geschichte*, p. 126.

3. WB 10, 3760, 15 jun. 1542, ver Introdução; Witzel partiu em 1538 e Hoyer não conseguiu encontrar um católico que o substituísse. Hoyer morreu em 1540 e foi sucedido por Philip e Johann Georg.

4. Matthäus Ratzeberger, *Die handschriftliche Geschichte*, p. 126. Ratzeberger expõe a posição de Lutero a respeito da questão, explicando de modo interessante o processo em termos morais, quando Albrecht que, tomado de *Geitz* [avareza], implantou sua política passando por cima do tempo e dos esforços investidos por "pessoas de bem" na administração das minas, enquanto os condes gozavam de um "*überschwenglicher Pracht*", um excessivo esplendor (127).

5. WB 10, 3724, 14 mar. 1542, 10: 22-3; 26-9. Ele também escreveu uma carta de consolo a Hans Kegel (uma das famílias proprietárias de minas em Mansfeld) a pedido de seu filho Andreas sobre a "*entwanten Huettenwercks*", isto é, a mina que fora tomada (WB 10, 3755, 23 maio 1542).

6. WB 11, 4157, 7 out. 1545. Ele também intercedeu por seu irmão Jacob e pelo cunhado Henze Kaufmann nesse período.

7. Cartas de LW, III, 286-7; WS 11, 4191, 269: 5-8; 13-4.

8. Cartas de LW, III, 290-1; WB 11, 4195, 1 fev. 1546, 275: 5-8; o termo está mais para "angeblasen" do que para "atacado", o que significa que eles bafejaram em sua direção, causando o mal-estar.

9. Cartas de LW, III, 303-4; WB 11, 4201, 7 fev. 1546, 34-7. Antes, ele havia comentado ironicamente com a esposa: "Mas agora estou bem, graças a Deus, exceto pelas belas mulheres [= prostitutas] que me tentam tanto que não me preocupa nem receio qualquer falta de castidade" (WB 11, 4195, 1 fev. 1546).

10. Cartas de LW, III, 291; WB 11, 4195, 1 fev. 1546, 276: 16-7.

11. Cf. *Vermahnung na die Juden*, 1546, que aparece no final dos quatro últimos sermões de Eisleben, impressos em Wittenberg por Hans Lufft [VD 16 L 6963]; WS 51, 148-95; 195-6; e ver também WB 11, 4201, 7 fev. 1546.

12. Essa casa foi pouco depois vendida a Johann Albrecht, que tratou como relíquias o leito onde Lutero morreu e a caneca com a qual bebia; Christoph Schubart, *Luthers Tod und Begräbnis*. Weimar, 1917, pp. 86-7.

13. Justus Jonas e Michael Coelius, *Vom Christlichen abschied*, em Peter Freybe e Bräuer (orgs.), *Vom Christlichen Abschied*. Stuttgart, 1996. fos. A iii v-A [iv] v.

14. Houve várias conspirações para assassinar Lutero. Ver Matthäus Ratzeberger, *Die handschriftliche Geschichte*, pp. 69-72, para uma discussão sobre as últimas delas.

15. Justus Jonas e Michael Coelius, op. cit., fo. B ii (r-v).

16. Ibid., fo. B ii (v)-B iii (r).

17. O papel desempenhado por mulheres nos cuidados dedicados a Lutero em seus últimos dias de vida e na administração de remédios foi abordado por Rankin, *Panaceia's Daughters*, 8-9.

18. Justus Jonas e Michael Coelius, op. cit., fo. B [iv] (r); a oração está em caixa-alta. Ao longo de sua vida, Lutero orava com frequência contra seus inimigos, tais como o duque Georg da Saxônia, o papa e Albrecht de Mainz; ver Günther Wartenberg, "Martin Luthers Beten für Freunde und gegen Feinde", *Lutherjahrbuch*, v. 75, pp. 113-24, 2008.

19. Justus Jonas e Michael Coelius, op. cit., fo. C (r-v). A iminente morte de Lutero tornara-se uma preocupação constante para seus seguidores, e ele havia ficado à beira da morte várias vezes antes. Por exemplo: em 1537, em Schmalkaden, parecendo que estava à beira da morte, Lutero se despediu e fez as mesmas imprecações contra o papa que repetiria ao encarar a morte em 1546; WT 3, 3543 A, 389: 11-2.

20. Eles também se preocuparam com as mortes dos seus. Por exemplo: quando o luterano Nikolaus Hausmann morreu de "*schlag*", o fim súbito tão temido pelas pessoas no século XVI, Lutero escreveu a um amigo que a morte, embora terrível, ainda assim fora valiosa aos olhos de Deus porque Hausmann havia sido um homem justo; WB 8, 3286, 30 dez. 1538; WT 4, 4084 [nov. 1538].

21. Ele prosseguiu dizendo que, se não pudesse ter um servo piedoso da Igreja, gostaria de ter ao lado um "cristão piedoso", que o reconfortasse com a palavra de Deus. De fato, Lutero soubera tanto por Bucer quanto por Capito que Erasmo não morrera sozinho, e sim acompanhado do teólogo Simon Grynaeus. WB 7, 3048, 20 jul. 1536 (Capito a Lutero); 3050, 22 jul. 1536 (Bucer a Lutero); WT 4, 3963.

22. WB 10, 3848, 16 fev. 1543 (Dietrich a Lutero), 262: 17-8; 263: 21-2; 23-4; Martin Bucer, *De vera ecclesiarvm...* (Estrasburgo, 1542 [VD 16 B 8929]); Johannes Eck, *Replica Ioan. Eckii Adversvs Scripta secunda Buceri...* (Ingolstadt, 1543 [VD 16 E 416]).

23. WB 10, 3725, 17 mar. 1542: disseram que ele fora possuído pelo demônio ainda em vida ou que desesperara da salvação por causa de seus grandes erros ou, ainda, que determinara que o exorcizassem. Segundo consta, seus amigos o descreviam como um segundo "Antônio", atormentado por visitas do demônio. WB 10, 3728, 26 mar. 1542, Lutero escreveu a Jakob Propst, em Bremen, que Karlstadt morrera em decorrência da peste, "sendo ele próprio a peste da igreja da Basileia", conforme os bispos de lá o descreveram (24: 30-1), e acrescentou boatos de que a casa de Karlstadt era mal-assombrada. A história sobre o sujeito alto e esquisito consta de um excerto de uma carta de Veit Dietrich, em Nuremberg, a Lutero, 3730, fim de mar. 1542.

24. WB 10, 3732, 7 abr. 1542: Lutero contou a Amsdorf a história que soubera por Dietrich, acrescentando o detalhe sobre o medo de Karlstadt de morrer. Mencionou isso novamente na carta seguinte, WB 10, 3741, 13 abr. 1542, insistindo que o relato era real e a morte de Karlstadt fora um castigo divino por seu orgulho e obstinação. Escrevendo a Jonas em 30 de abril de 1542 (3745), ele expôs os conteúdos da carta escrita pela viúva de Karlstadt, em que se queixava dos maus-tratos que ele lhe infligia, dos cinco filhos, das dívidas e da miséria. Podia-se dizer que ele "foi dançando ao inferno", comentou Lutero, "aliás, mergulhou de cabeça no inferno", mas não se deve julgar os mortos. Ele e Melâncton intercederam por ela junto ao conselho municipal da Basileia (WB 10, 3756, 29 maio 1542), mas na petição evitaram elogiar o desempenho de Karlstadt como pregador, limitando-se a dizer que, "todavia, era um servo da Igreja entre vocês".

25. Matthäus Ratzeberger, *Die handshriftliche Geschichte*, pp. 135-41.

26. Christoph Schubart, op. cit., p. 24; Melâncton a Amsdorf, 19 fev. 1546; ver também 50, 58, 82.

27. Christoph Schubart, op. cit., p. 74; Elizabeth Vandiver, Ralph Keen e Thomas Frazel (orgs. e trads.), op. cit., pp. 347-9.

28. Christoph Schubart, op. cit., pp. 77-9, 110-3. Essa versão grosseira ainda circulava na segunda metade do século XVI e foi reeditada pelo católico Johannes Nas em seu *Quinta Centuria*, Ingolstadt, 1570, 476 ss.

29. A oração fúnebre de Coelius em Eisleben mencionava o boato popular incitado pelo demônio, segundo o qual Lutero fora encontrado morto no leito; Christoph Schubart, op. cit., pp. 30-2.

30. Justus Jonas e Michael Coelius, op. cit., fos. C ii (v)-C iii (r).

31. Ibid., fo. D ii (r); Christoph Schubart, op. cit., p. 81.

32. *Oratio*, trad. de Caspar Cruciger, em Justus Jonas e Michael Coelius, op. cit., fo. B [iv] (r); Melâncton admitiu abertamente que "sua natureza era ardente e irascível" e relembrou que lhe faltara moderação na disputa com Erasmo; Melâncton, em Elizabeth Vandiver, Ralph Keen e Thomas Frazel (orgs. e trads.), op. cit., pp. 16, 21, 38-9; Filipe Melâncton, *Vita Lutheri*, fo. 24 (v).

33. Ulinka Rublack, "Grapho-Relics: Lutheranism and the Materialisation of the Word", *Past and Present*, suplemento 5, pp. 144-66, 2010.

34. Talvez Lutero tenha sido um pouco duro com Hans: na ocasião, proibiu que ele aparecesse em sua presença por três dias, insistindo que deveria pedir perdão por escrito, humilhando-se. Katharina von Bora, Jonas Cruciger e Melâncton intercederam sem sucesso, pois Lutero insistia que preferia um filho morto a um filho mal-educado (WT 5, 6102). O ódio de Lutero por juristas era lendário. Quando o pequeno Martin tinha apenas seis meses, Lutero lhe disse: "Se você virar advogado, eu o enforco" (WT 2, 1422). Pode-se perguntar como o irmão Hans, que tinha quase seis anos naquela época e que acabou se tornando advogado, em vez de teólogo, como pretendia o pai, teria reagido a isso. Ironicamente, Martin também seguiu carreira jurídica.

35. Ernest Schwiebert, *Luther and his Times*. Saint Louis, 1950, pp. 594-602; Martin Brecht, *Luther*, v. 3, pp. 235-44.

36. Martin Greschat, op. cit., pp. 245-9. Os *Kachelöfen*, revestidos de azulejos e bons aquecedores, eram o centro dos lares alemães, e logo foram convertidos em veículos de propaganda religiosa, com superfícies exibindo desenhos antipapais.

37. Johann von Staupitz (e Johann Arndt), *Zwey alte geistreiche Büchlein Doctoris Johannis von Staupitz weiland Abts zu Saltzbergk zu S. Peter Das Erste. Von der holdseligen Liebe Gottes. Das Ander. Von unserm H. Christlichen Glauben; Zu erweckung der Liebe Gottes... in allen Gottseligen Hertzen*, Magdeburgo, 1605 [VD 17 1: 072800G].

38. Heimo Reinitzer, *Gesetz und Evangelium*. Hamburgo: Christians, 2006; Lyndal Roper, "Martin Luther's Body", *American Historical Review*, v. 115, n. 2, 2010, pp. 351-84; id., "Luther Relics", em Jennifer Spinks e Dagmar Eichberger (orgs.), *Religion, the Supernatural and Visual Culture in Early Modern Europe*, Leiden, 2015.

39. Christopher Boyd Brown, *Singing the Gospel*. Cambridge: Harvard University Press, 2005, pp. 1-25; Rebecca Wagner Oettinger, *Music as Propaganda*. Aldershot, 2001; Patrice Veit, *Das Kirchenlied*. Wiesbaden: Steiner, 1986. Os primeiros livros de cânticos foram produzidos em 1524; o próprio Lutero era autor de cerca de quarenta hinos.

40. WT 3, 3739.

41. O excerto sentimental é tão destoante do relato objetivo do resto do diário que sua autenticidade tem sido questionada; Thomas Schauerte, *Dürer*. Stuttgart, 2012, p. 235. Sobre autorretratos, ver Joseph Leo Koerner, *Moment of Self-Portraiture*. Chicago: Chicago University Press, 1993.

42. Albrecht Dürer, *Memoirs of Journeys*. Hamburgo, 2014, pp. 55, 62-7.

43. Johann Eberlin Günzburg, *The Fifteen Confederates*, Geoffrey Dipple (org. e trad.). Cambridge, 2014; terceiro confederado, em torno do n. 124, em torno do n. 120, três parágrafos após n. 119; Johann Eberlin Günzburg, *Ein vermanung*. Basileia, 1521, fos. I iii (r); ii (v). Conforme escreve ele: "Oh, mãe de gélido coração, quão desleal és com tua filha. Achas por acaso que ela é feita de madeira ou aço e não sentirá os mesmos ardores carnais que tu sentiste...?" (Johann Eberlin Günzburg, *Ein vermanung*, fos. ii [r]).

44. Argula von Grumbach, "Wie eyn Christliche fraw des adels...", em Argula von Grumbach, *Schriften*, Peter Matheson (org. e trad.). Gütersloh, 2010, pp. 36-75. A carta também circulou em forma manuscrita.

45. Argula von Grumbach, *Eyn Antwort*. Nuremberg, 1524, fo. D ii (r); D ii (v).

46. Quentin Skinner, *Foundations*, v. 2. Cambridge: Cambridge University Press, 1978, pp. 3-19; Thomas Brady, op. cit., p. 221; Cargill Thompson, *Studies in the Reformation*, Dugmore (org.). Londres, 1980, pp. 3-41; ver, contudo, Robert Kolb, *Martin Luther. Confessor of the Faith*. Oxford: Oxford University Press, 2009, pp. 194-5. A contragosto, Lutero acabou adotando uma posição legalista que defendia que os eleitores eram idênticos aos imperadores e, portanto, poderiam ser desobedecidos. Ele também começou a enxergar o imperador como aliado do papa.

47. Elas tinham um poderoso legado visual que inspirou, por exemplo, as pinturas nas paredes da igreja luterana em Pirna, nas quais Lutero e Melâncton são representados no teto como evangelistas.

48. Mas havia também uma Bíblia em baixo-alemão, feita por Johannes Bugenhagen, colega de Lutero, em 1524, inicialmente contendo apenas o Novo Testamento, *Dat Nye Testament*, Wittenberg, 1524 [VD 16 B 4501]; e depois, em 1533-4, o livro completo [VD 16 B 2840], de modo que a Bíblia de Lutero nem sempre operou para a unificação do idioma alemão. Agradeço a Edmund Wareham por esse ponto.

49. Melâncton, *Vita Lutheri*, fo. 13 (r).

Referências bibliográficas

BIBLIOTECAS E ARQUIVOS CONSULTADOS

Stadtarchiv Wittenberg
Lutherhalle Wittenberg
Evangelisches Predigerseminar Wittenberg Bibliothek
Thüringisches Hauptstaatsarchiv Weimar
Landesarchiv Sachsen-Anhalt Abteilung Magdeburg, Standort Magdeburg
Landesarchiv Sachsen-Anhalt, Standort Wernigerode
Stadtarchiv Eisenach
Stadtarchiv Eisleben
Landesdenkmalamt Halle
Marienbibliothek Halle
Landesbibliothek Coburg
Forschungsbibliothek Gotha
Staatsbibliothek zu Berlin – Preußischer Kulturbesitz
Herzog August Bibliothek Wolfenbüttel

FONTES PRIMÁRIAS

ACTA et res gestae, D Martini Lutheri [VD 16 ZV 61].
ADAM, Melchior. *The Life and Death of Dr. Martin Luther the Passages Whereof Have Been Taken Out of His Own and Other Godly and Most Learned, Mens Writings, Who Lived in His Time.* Londres, 1643.
AGRICOLA, Georgius. *De re metallica Libri XII*, Basileia, 1556 (reed. Wiesbaden, 2006).
AIN löbliche ordnung der fürstlichen stat Wittemberg: Jm tausent fünfhundert vnd zway vnd zwaintzigsten jar auffgericht. Augsburgo, 1522 [VD 16 W 3697].

AUERSWALD, Fabian von. *Ringer kunst*. Wittenberg, 1539 [VD 16 A 4051].

AURIFABER, Johannes (org.). *Epistolae: Continens scriptas ab anno Millesimo quingentesimo vigesimo usq[ue] ad annum vigesimum octauum*, v. 2, 1594.

BAVARUS, Valentin. "Rapsodiae et Dicta quedam ex ore Doctoris Martini Lutheri", v. 2, 1549. In: SCHEEL, Otto (org.). *Dokumente zu Luthers Entwicklung*, v. 1. Tübingen, 1929.

BAYLOR, Michael (org. e trad.). *Revelation and Revolution: Basic Writings of Thomas Müntzer*. Bethlehem, PA, 1993.

BEST, Thomas W. (org.). *Eccius dedolatus: A Reformation Satire*. Lexington, KY, 1971.

BIERING, Johann. *Historische Beschreibung Des sehr alten und löblichen Mannßfeldischen Berg-Wercks Nach seinen Anfang, Fortgang, Fatis, Berg-Grentzen, Lehn-Briefen, Privilegiis, Zusammens*. Leipzig e Eisleben, 1734.

BULLINGER, Heinrich. *Warhaffte Bekanntnuß der Dieneren der Kirchen zuo Zürych, was sy uss Gottes Wort mit der heiligen allgemeinen christenlichen Kirchen gloubind und leerind, in Sonderheit aber von dem Nachtmal unsers Herren Jesu Christi:... mit zuogethoner kurtzer Bekenntniß D. Mart. Luthers vom heiligen Sacrament*. Zurique, 1545 [VD 16 B 9770].

BÜSSER, Fritz (org.). *Beschreibung des Abendmahlsstreites von Johann Stumpf. Auf Grund einer unbekannt gebliebenen Handschrift*. Zurique, 1960.

CAPITO, Wolfgang. *Frohlockung eines christlichen Bruders von wegen der Vereinigung zwischen D.M. Luther und D. Andres Carolstat sich begeben*. Speyer, 1526 [VD 16 F 3099].

COCHLAEUS, Johann (Vogelsang). "Ein Heimlich Gespräch von der Tragedia Johannis Hussen, 1538". In HOLSTEIN Hugo (org.). *Flugschriften aus der Reformationszeit 17*. Halle, 1900.

COCHLAEUS, Johannes. *Brevis Germaniae Descriptio (1512)*, Rudolf Buchner (org.). Darmstadt, 1976.

_____. *Colloqvivm Cochlaei cvm Lvthero, Vuormatiae olim habitum, Anno Domini M.D.XXI*. Mainz, 1540 [VD 16 C 4277].

_____. *Hertzog Georgens zu Sachssen Ehrlich vnd grundtliche entschuldigung, wider Martin Luthers Auffruerisch vn[d] verlogenne brieff vnd Verantwortung*. Dresden, 1533 [VD 16 C 4323].

Constitutiones Fratrum Heremitarum sancti Augustini ad apostolicorum privilegiorum forman p[ro] Reformatione Alemanie. Nuremberg, 1504 [VD 16 A 4142].

CRANACH, Lucas. *Dye Zaigung des hochlobwirdigen Hailigthumbs der Stifft-Kirchen aller Hailigen zu Wittenberg*. Wittenberg, 1509 [VD 16 Z 250].

CRUCIGER, Caspar. *Etliche Trostschrifften vnd predigten/ fur die so in tods vnd ander not vnd anfechtung sind*. Wittenberg, 1545 [VD 16 L 3463].

DIE Bekenntnisschriften der evangelisch-lutherischen Kirche. 7. ed. Göttingen, 1976

DOHNA, Lothar Graf zu; WETZEL, Richard (orgs.). *Johann von Staupitz, Sämtliche Schriften: Abhandlungen, Predigten, Zeugnisse*. 2 v. Berlim; Nova York, 1979, 1987.

DRESSER, Mathaeus. *De festis diebus Christianorum, Judaeorum et ethnicorum liber*. Leipzig, 1588 [VD 16 D 2707].

DÜRER, Albrecht. *Memoirs of Journeys to Venice and the Low Countries*. Trad. de Rudolf Tombo. Auckland, 1913 (reed. Hamburgo, 2014).

ECK, Johannes. *Ains Juden büechlins verlegung darin ain Christ, gantzer Christenhait zu schmach, will es geschehe den Juden vnrecht in bezichtigung der Christen kinder mordt...; hierin findst auch vil histori, was übels vnd bücherey die Juden in allem teütschen Land, vnd ändern Künigreichen gestift haben*. Ingolstadt, 1541 [VD 16 E 383].

ECK, Johannes. *Doctor Martin ludders Underricht an Kurfursten von Sachssen. disputation zu Leypszig belangent: vnnd D. Eckius briue. von der selbigen Autor*. Augsburgo, 1520 [VD 16 L 6831].

_____. *Epistola Iohan. Eckii Theologi, de ratione studiorum suorum*. Ingolstadt, 1543 [VD 16 E 364].

EIN *erbermlich geschicht So an dem frommen christlichen man Tauber von Wien ... gescheen ist*. Magdeburgo, 1524 [VD 16 ZV 5338].

ENGEL, Andreas. *Kurzer/ Jedoch gewisser vnd gründtlicher Bericht/ von Johan Hilten/ vnd seinen Weissagungen*. Frankfurt an der Oder, 1597 [VD 16 ZV 5013].

EULING, Karl (org.). *Chronik des Johan Oldecop*. Stuttgart, 1891.

EVANGELISCHE Predigerseminar Wittenberg (org.). "*Vom Christlichen abschied aus diesem tödlichen leben des Ehrwirdigen Herrn D Martini Lutheri*". *Drei zeitgenössische Texte zum Tode D Martin Luthers*. Stuttgart, 1996.

FABINY, Tibor. *Martin Luther's Last Will and Testament. A Facsimile of the Original Document*. Dublin, 1982.

FÖRSTEMANN, Carl Eduard (org.). *Neues Urkundenbuch zur Geschichte der evangelischen Kirchenreformation*. Hamburgo, 1842.

FURCHA, Edward J. (org. e trad.). *The Essential Carlstadt*. Waterloo, Ontário, 1995.

GREVING, Joseph. "Colloquium Cochlaei cum Luthero Wormatiae olim habitum". In: CLEMEN, Otto (org.). *Flugschriften aus den ersten Jahren der Reformation*, v. 4. Halle, 1911, repr. Nieuwkoop, 1967.

GROHMANN, Johann Christian August (org.). *Annalen der Universität zu Wittenberg*, 3 v. Meissen, 1801-2 (reed. Osnabrück, 1969).

GRUMBACH, Argula von. *Eyn Antwort in gedichtsweyß, ainem aus der hohen Schul zu Ingolstadt, auff ainen spruch, newlich von jm außgangen*. Nuremberg, 1524 [VD 16 G 3660].

_____. "Wie eyn Christliche fraw des adels...". In: MATHESON, Peter (org.). *Argula von Grumbach, Schriften*. Gütersloh, 2010.

GÜNZBURG, Johann Eberlin, von. *Ein vermanung aller christen das sie sich erbarmen uber die klosterfrawen: Thuo kein Tochter in ein kloster du lassest dann diss büchlein vor: Der III. bundtgnosz*. Basileia, 1521 [VD 16 E 100].

_____. *The Fifteen Confederates*. Geoffrey Dipple (ed. e trad.). Cambridge, 2014.

_____. *Vo[m] misbrauch Christlicher freyheyt*. Grimma, 1522 [VD 16 E 149].

HAGEN, Kenneth. "An Addition to the Letters of John Lang. Introduction and Translation". *Archiv für Reformationsgeschichte* 60, 1969, 27-32.

HÄRLE, Wilfried; SCHILLING, Johannes; WARTENBERG, Günther; BEYER, Michael (orgs.). *Martin Luther. Lateinisch-Deutsche Studienausgabe*. Leipzig, 2006-.

HASENBERG, Johann. *Lvdvs lvdentem lvdervm lvdens...* Landshut, 1530 [VD 16 H 714].

HELMBOLD, Hermann (org.). *Chronik Eisenachs bis 1409*. Eisenach, 1914.

HUTTEN, Ulrich. *Ulrichs von Hutten verteütscht clag/ an Hertzog Friderich zu Sachsen. Des hayligen Roemischen Reichs Ertzmarschalck vñ Churfürsten Landgrauen in Türingen/ vnd Marckgrauen zu Meissen*. Augsburgo, 1521 [VD 16 H 6251].

ICKELSAMER, Valentin. *Clag ettlicher Brieder, an alle Christen, von der großen Ungerechtigkeyt und Tyranney, so Endressen Bodenstein... vom Luther... geschicht*. Augsburgo, 1525 [VD 16 I 32].

JONAS, Justus. *Das der freie wille nichts sey*. Wittenberg, 1526 [VD 16 L 6674].

JONAS, Justus: COELIUS, Michael. *Vom Christlichen abschied....* In: FREYBE, Peter (org.). *Vom Christlichen Abschied aus diesem tödlichen Leben des Ehrwirdigen Herrn D. Martini Lutheri: Drei zeitgenössische Texte zum Tode D. Martin Luthers.* Stuttgart, 1996.

KARLSTADT, Andreas. *Auszlegung vnnd Lewterung etzlicher heyligenn geschrifften/ So dem menschen dienstlich vnd erschieszlich seint zu Christlichem lebe[n]. kurtzlich berurth vnd angetzeichē t in den figurn vnd schrifften der wagen.* Leipzig, 1519 [VD 16 B 6113].

_____. *Anzeyg etlicher Hauptartickeln Christlicher leere Jn wölchen Doct. Luther den Andresen Carolstat durch falsche zusag vnd nachred verdechtig macht.* Augsburgo, 1525 [VD 16 B 6099].

_____. *Auslegung dieser wort Christi. Das ist meyn leyb/ welcher für euch gegeben würt. Das ist mein bluoth/ welches für euch vergossen würt.* Basileia, 1524 [VD 16 B 6111].

_____. *De Coelibatv, Monachatv, et Vidvitate.* Basileia, 1521 [VD 16 B 6123].

_____. *Die Messe. Von der Hochzeyt D. Andre Carolstadt. Vnnd der Priestern/ so sich Eelich verheyratten.* Augsburgo, 1522 [VD 16 M 5492].

_____. *Endschuldigung D. Andres Carlstadt des falschen namens der aufrür, so yhm ist mit vnrecht auffgelegt. Mit eyner vorrhede Doct.Martini Luthers.* Wittenberg, 1525 [VD 16 B 6152].

_____. *Erklärung wie Karlstadt seine Lehre vom hochwürdigen Sakrament und andere geachtet haben will.* Estrasburgo, 1525 [VD 16 B 6162].

_____. *Missiue von der aller hochsten tugent gelassenhait.* Augsburgo, 1520 [VD 16 B 6170].

_____. *Uon gelubden vnterrichtung Andres Bo. von Carolstadt Doctor Außlegung, des xxx. capitel Numeri, wilches von gelubden redet.* Wittenberg, 1521 [VD 16 B 6245].

_____. *Von abtuhung der Bylder/ Vnd das keyn Betdler vnther den Christen seyn sollen.* Wittenberg, 1522, [VD 16 B 6215].

_____. *Von anbettung und ererbietung der tzeychen des newen Testaments.* Wittenberg, 1521 [VD 16 B 6218].

_____. *Was gesagt ist Sich gelassen vnd was das wort gelassenhait bedeüt vnd wa es in hailiger geschrifft begriffen.* Augsburgo, 1523 [VD 16 B 6256].

KAWERAU, Gustav (org.). *Der Briefwechsel des Justus Jonas.* 2 v. Halle, 1884-5.

KAYSERLICHER maiestat Einreyttung zu Augspurg, den X. tag Junij. Im MCCCCC. vnd XXX Jar... Nuremberg, 1530 [VD 16 K 37].

KERSSENBROCK, Hermann von, *Narrative of the Anabaptist Madness. The Overthrow of Münster, the Famous Metropolis of Westphalia.* MACKAY, Christopher (org. e trad.). Leiden, 2007.

KNAAKE, Joachim K. F. (org.). *Johann von Staupitzens sämtliche Werke.* 2 v. Potsdam, 1867.

KOLDE, Theodor (org.). *Analecta Lutherana. Briefe und Actenstücke zur Geschichte Luthers. Zugleich ein Suppl. zu den bisherigen Sammlungen seines Briefwechsels.* Gotha, 1883.

KÖNIG, Erich. *Konrad Peutingers Briefwechsel.* Munique, 1923.

KÖNIGLICHE Bayerische Akadamie der Wissenschaften, Historische Kommission (org.). *Die Chroniken der schwäbischen Städte. Augsburg.* 9 v. Leipzig, 1865-96.

KUEN, Michael. *Lucifer Wittenbergensis.* Landsberg, 1747.

LEHMANN, Christian. *Historischer Schauplatz derer natürlichen Merckwürdigkeiten in dem Meißnischen Ober-Ertzgebirge.* Leipzig, 1699 [VD 17 3:302104H].

LEMNIUS, Simon. *M. Simonis Lemnii Epigrammaton Libri III,* [s.l.] 1538 [VD 16 L 1133].

LENING, Johannes. *Dialogus das ist ein freundtlich Gesprech Zw eyer personen, davon, Ob es Göttlichem, Natürlichen, Keyserlichem, und Geystlichem Rechte gemesse oder entgegen ei, mehr denn eyn Eeweib zugleich zu haben. Vnnd wo yemant zu diser zeit solchs fürnehme ob er als eyn vnchrist zuuerwerffen vnd zuuerdammen sei oder nit. Marburgo, 1541 [VD 16 L 1174].

LITANEIA Germanorvm. Augsburgo, 1521 [VD 16 ZV 25246].

MARGARITHA, Anton. Der gantz jüdisch Glaub: mit sampt einer gründlichen vnd warhafftigen anzaygunge, aller Satzungen, Ceremonien, Gebetten... Augsburgo, 1530 [VD 16 M 972].

MATHESIUS, Johannes, Historien von dem Leben und den Schicksalen des grossen Reformators Doctor Martin Luther Im Jahre 1565 in 17 Predigten beschrieben, 1566 (reed. Leipzig, 1806).

_____. Sarepta oder Bergpostill. Nuremberg, 1562 [VD 16 M 1439].

MATHESON, Peter (org.). The Collected Works of Thomas Münzter. Edimburgo, 1988.

MAYER, Johann Friedrich. De Catharina Lutheri Coniuge Dissertation. Hamburgo, 1699 [VD 17 3:019103C].

_____. Des unsterblichen Gottes-Gelehrten Herrn D. Johann Friedrich Mayers Unsterbliches Ehren--Gedächtnis Frauen Catharinen Lutherin einer gebohrnen von Bora... Frankfurt; Leipzig, 1724.

MEINHARDI, Andreas. Über die Lage, die Schönheit und den Ruhm der hochberühmten, herrlichen Stadt Albioris, gemeinhin Wittenberg genannt. Leipzig, 1508. Trad. de Martin Treu. Leipzig, 1986.

MELANCHTHON, Philipp. Melanchthons Briefwechsel. Kritische und kommentierte Gesamtausgabe. SCHEIBLE, Heinz; MUNDHENK, Christine (orgs.). Stuttgart-Bad Cannstatt, 1977 ss.

_____. Philipp Melanchthons Briefwechsel – Regesten on line. Heidelberger Akademie der Wissenschaften.

_____. Vita Lutheri. Frankfurt am Main, 1555 [VD 16 M 3428].

MIECHOWA, Mathis. Tractat von baiden Sarmatien vnd andern anstossenden landen, in Asia vnd Europa, von sitten vnd gepraeuchen der voelcker so darinnen wonen. Augsburgo, 1518 [VD 16 M 5189].

MILLER, Clarence H. (org.). Erasmus and Luther. The Battle over Free Will. Trad. de Clarence H. Miller e Peter Macardle. Intro. de James D. Tracy. Indianápolis, 2012.

MÖLLENBERG, Walter (org.). Urkundenbuch zur Geschichte des Mansfeldischen Saigerhandels im 16. Jahrhundert. Halle, 1915.

MUNDT, Lothar. Lemnius und Luther. 2 v. Berna; Frankfurt am Main, 1983.

MÜNTZER, Thomas, Außgetrückte emplössung des falschen Glaubens der vngetrewen welt. Nuremberg, 1524 [VD 16 M 6745].

_____. Auszlegung des andern vnterschyds Danielis. Allstedt, 1524 [VD 16 M 6746].

_____. Briefwechsel. Siegfried Bräuer, Helmar Junghans e Manfred Kobuch (orgs.). Leipzig, 2010.

_____. Hoch verursachte Schutzrede und antwort wider das Gaistloße Sanfft lebende fleysch zu Wittenberg. [Nuremberg] 1524 [VD 16 M 6747]

_____. Prager Manifest. Friedrich Boor (org.). Intro. de Hans-Joachim Rockar. Leipzig, 1975.

_____. Quellen zu Thomas Müntzer. Wieland Held e Siegfried Hoyer (orgs.). Leipzig, 2004.

MYCONIUS, Friedrich. Geschichte der Reformation. Otto Clemen (org.). Leipzig, 1914; reed. Gotha, 1990.

_____. EPISTOLA SCRIPTA AD D. Vitum Theodorum... DE CONCORDIA inita VVitebergae inter D. D. Martinum Lutherum, & Bucerum anno 36. Leipzig, 1581 [VD 16 M 7350].

NAS, Johannes. Quinta Centvria, Das ist Das fuenfft Hundert der Euangelischen warheit. Ingolstadt, 1570 [VD 16 N 105].

NEUDECKER, Christian Gotthold (org.). Die handschriftliche Geschichte Ratzeberger's über Luther und seine Zeit. Iena, 1850.

NEUDECKER, Christian Gotthold; PRELLER, Ludwig (orgs.). *Georg Spalatin's historischer Nachlass und Briefe*. Iena, 1851.

NEWE ordnung der Stat Wittenberg, MDXXII. Jar. Bamberg, 1522 [VD 16 W 3698].

NEWE zeytung von den Wydertaufferen zu Münster. Nuremberg, 1535 [VD 16 N 876].

NICKEL, Heinirch L. (org.). *Das Hallesche Heiltumbuch von 1520*. Halle, 2001.

OSIANDER, Andreas. *Ob es war vn[d] glaublich sey, daß die Juden der Christen kinder heymlich erwürgen, vnd jr blut ebrauchen: ein treffenliche schrifft, auff eines yeden vrteyl gestelt*. Nuremberg, 1530 [VD 16 O 1079].

PAULLINI, Christian Franz. *Historia Isenacensis*. Frankfurt, 1698 [VD 17 3:300044V].

POSSET, Franz (org.). *The Front-Runner of the Catholic Reformation: The Life and Works of Johann von Staupitz*. Aldershot, 2003.

REINDELL, Wilhelm (org.). *Doktor Wenzeslaus Linck aus Colditz*. v. 1. Marburgo, 1892.

_____. (Org.). *Wenzel Lincks Wercke*. v. 1. Marburgo, 1894.

RICHTER, David. *Genealogia Lutherorum; oder historische Erzehlung von D. Mart. Lutheri... heutigen Anverwandten; ... Hochzeits-Tag, und seines... Gemahls Famille; ... jetziger Posterität... also verfertiget, dass den teutschen Opera Lutheri... ergäntzet und... continuiret, auch mit... Kupfern gezieret worden*. Berlim; Leipzig, 1733.

RUBIUS, Johannes. *Eyn neu buchlein von d'loblichen disputation offentlich gehalten vor fursten vnd vor hern vor hochgelarten vnd vngelarten yn der warden hochgepreusten stat Leyptzick inn reymen weisz*. Leipzig, 1519 [VD 16 R 3409].

SCHIRRMACHER, Friedrich Wilhelm (org.). *Briefe und Akten zum Marburger Religionsgespräch (1529) und zum Augsburger Reichstag (1530)*. Gotha, 1876 (reed. Bonn, 2003).

SCHNEIDE-LASTIN, Wolfram (org.). *Johann von Staupitz. Salzburger Predigten 1512. Eine textkritische Edition*. Tübingen, 1990.

SCRIPTORUM publice propositorum a gvbernatoribus studiorum in Academia Wittenbergensi. v. 3. Wittenberg, 1559 [VD 16 W 3761].

SEITZ, Otto (org.). *Der authentische Text der Leipziger Disputation (1519) aus bisher unbenutzten Quellen*. Berlim, 1903.

SIDER, Ronald J. (org. e trad.). *Karlstadt's Battle with Luther. Documents in a Liberal-Radical Debate*. Eugene, OR, 2001.

SO an dem frommen christlichen man Tauber von Wien... gescheen ist. Magdeburgo, 1524 [VD 16 ZV 5338].

SODEN, Franz von; KNAAKE, J. R. F. (org.). *Christoph Scheurls Briefbuch. Ein Beitrag zur Geschichte der Reformation und ihrer Zeit*. 2 v. Potsdam, 1867, 1872 (reed. Aalen, 1962).

SPALATIN, Georg. *Annales Reformationis Oder Jahr-Bücher von der Reformation Lvtheri*. Ernst Salomon Cyprian (org.). Leipzig, 1718.

SPANGENBERG, Cyriacus. *Mansfeldische Chronica. Der Erste Theil*. Eisleben, 1572 [VD 16 S 7635].

_____. *Mansfeldische Chronik*. Livro IV, parte I. Naumburg, 1912, 2007.

STAUPITZ Johann. *Ein buchlein von der nachfolgung des willigen sterbens*. Leipzig, 1515 [VD 16 S 8697].

_____. *Ein nutzbarliches büchlein von der entlichen volziehung ewiger fuersehung*. Nuremberg, 1517 [VD 16 S 8703].

_____. *Ein seligs newes Jar/ von der lieb gottes*. Leipzig, 1518 [VD 16 S 8708].

STAUPITZ Johann. ARNDT, Johann. *Zwey alte gestreiche Büchlein/ Doctoris Johannis von Staupitz/ Das Erste. Von der holdseligen Liebe Gottes. Das Ander. Von unserm H. Christlichen Glauben; Zu erweckung der Liebe Gottes... in allen Gottseligen Hertzen.* Magdeburgo, 1605 [VD 17 1:072800G].

STIFTUNG Luthergedenkstätten in Sachsen-Anhalt (org.). *Passional Christi und Antichristi.* Wittenberg, 1998.

STUMPF, Johann. *Beschreibung des Abendmahlsstreites.* Fritz Büsser (org.). Zurique, 1960.

SYLVIUS, Petrus. *Die Letzten zwey beschilisslich und aller krefftigest büchleyn M. Petri Sylvii, so das Lutherisch thun an seiner person...* Leipzig, 1534 [VD 16 P 1296].

TOPP, Andreas. *Historia der Stadt Eisenach (1660), (= Junckers Chronik 1710 Teil 2, Historie der Stadt Eisenach),* 1916.

VANDIVER, Elizabeth; KEEN, Ralph; FRAZEL, Thomas D. (orgs. e trads.). *Luther's Lives. Two Contemporary Accounts of Martin Luther.* Manchester, 2002.

VITAE *Germanorum Theologorum.* Frankfurt, 1620 [VD 17 1:001326M].

WALCH, Christian. *Wahrhaftige Geschichte der seligen Frau Catharina von Bora, D. Mart. Luthers Ehegattin.* Halle, 1751-4.

WESTERBURG, Gerhard. *Vom Fegefewer vnd Standt der verscheyden selen eyn Christliche Meynung.* Colônia, 1523 [VD 16 W 2215].

WITZEL, Georg. *Apologia: das ist: ein vertedigs rede Georgij Wicelij widder seine auffterreder die Luteristen...* Leipzig, 1533 [VD 16 H 3842].

WREDE, Adolf (org.). *Deutsche Reichstagsakten, Jüngere Reihe.* v. 2. Gotha, 1896.

FONTES SECUNDÁRIAS

ALGAZI, Gadi. "Habitus, familia und forma vitae: Die Lebensweisen mittelalterlicher Gelehrten in muslimischen, jüdischen und christlichen Gemeinden — vergleichend betrachtet". In: REXROTH, Frank (org.). *Beiträge zur Kulturgeschichte der Gelehrten im späten Mittelalter.* Ostfildern, 2010.

BAGCHI, David. *Luther's Earliest Opponents: Catholic Controversialists, 1518-1525.* Mineápolis, 1991.

BAK, Janos (org.). *The German Peasant War of 1525.* Londres, 1976.

BÄRENFÄNGER, Katharina; LEPPIN, Volker; MICHEL, Stefan (orgs.). *Martin Luthers Tischreden.* Tübingen, 2013.

BARGE, Hermann. *Andreas Bodenstein von Karlstadt.* 2 v. Leipzig, 1980 (reed. Leipzig, 2007).

BELLMANN, Fritz; HARKSEN, Marie-Luise; WERNER, Roland (orgs.). *Die Denkmale der Lutherstadt Wittenberg.* Weimar, 1979.

BENZING, Josef. *Lutherbibliographie. Verzeichnis der gedruckten Schriften Martin Luthers bis zu dessen Tod.* 3 v. Baden-Baden, 1965-6.

BERGMANN, Gerd. *Kommunalbewegung und innerstädtische Kämpfe im mittelalterlichen Eisenach.* Eisenach, 1987.

BLICKLE, Peter. *The Revolution of 1525: The German Peasants' War from a New Perspective.* Trad. de Thomas A. Brady e H. C. Erik Midelfort. Baltimore. Londres, 1981 (Munique, Viena, 1975).

BOBZINS, Hartmut. "'Aber itzt... hab ich den Alcoran gesehen Latinisch...' Gedanken Martin Luthers zum Islam". In: MEDICK, Hans; SCHMIDT, Peer (orgs.). *Luther zwischen den Kulturen. Zeitgenossenschaft — Weltwirkung.* Göttingen, 2004.

BRADY, Thomas. *German Histories in the Age of Reformations, 1400-1650.* Cambridge, 2009.
BRÄUER, Siegfried. "Die Stadt Mansfeld in der Chronik des Cyriakus Spangenberg". In: KNAPE, Rosemarie (org.). *Martin Luther und Eisleben.* Leipzig, 2007.
BRECHT, Martin. *Martin Luther.* 3 v. Trad. de James L. Schaaf. Mineápolis, 1985-93 (Stuttgart, 1981-7).
BROWN, Christopher Boyd. *Singing the Gospel. Lutheran Hymns and the Success of the Reformation.* Cambridge, MA, 2005.
BUBENHEIMER, Ulrich. *Consonantia Theologiae et Iurisprudentiae. Andreas von Karlstadt als Theologe und Jurist zwischen Scholastik und Reformation.* Tübingen, 1977.
_____. "Gelassenheit und Ablösung. Eine psychohistorische Studie über Andreas Bodenstein von Karlstadt und seinen Konflikt mit Martin Luther". *Zeitschrift für Kirchengeschichte* 92, 1981, pp. 250-68.
_____. "Luthers Stellung zum Aufruhr in Wittenberg, 1520-22 und die frühreformatorischen Wurzeln des landesherrlichen Kirchenregiments". *Zeitschrift der Savigny-Stiftung für Rechtsgeschichte, Kanonistische Abteilung* 102, 1985, pp. 147-214.
_____. "Scandalum et ius divinum. Theologische und rechtstheologische Probleme der ersten reformatorischen Innovationen in Wittenberg 1521/22". *Zeitschrift der Savigny-Stiftung für Rechtsgeschichte, Kanonistische Abteilung* 90, 1973, pp. 263-342.
_____. *Thomas Müntzer. Herkunft und Bildung.* Leiden, 1989.
BURNETT, Amy Nelson. *Karlstadt and the Origins of the Eucharistic Controversy. A Study in the Circulation of Ideas.* Oxford, 2011.
BUSHART, Bruno. *Die Fuggerkapelle bei St. Anna in Augsburg.* Munique, 1994.
CARDENAS, Livia, *Friedrich der Weise und das Wittenberger Heiltumsbuch. Mediale Repräsentation zwischen Mittelalter und Neuzeit.* Berlin, 2002.
CHRISTENSEN, Carl. *Princes and Propaganda: Electoral Saxon Art of the Reformation.* Kirksville, 1992.
CLARK, Harry. "The Publication of the Koran in Latin: A Reformation Dilemma". *The Sixteenth Century Journal*, 15/1, 1984, pp. 3-12.
CLASEN, Claus Peter. *Anabaptism. A Social History, 1525-1618: Switzerland, Austria, Moravia, South and Central Germany.* Ithaca, 1972.
CLEMEN, Otto. "Die Leidensgeschichte der Ursula Toplerin". *Zeitschrift für bayerische Kirchengeschichte* 7, 1932, pp. 161-70.
CRANACH-STIFTUNG (org.). *Lucas Cranach d. Ä. und die Cranachhöfe in Wittenberg.* Halle, 1998.
CREASMAN, Allyson F. "The Virgin Mary against the Jews: Anti-Jewish Polemic in the Pilgrimage to the Schöne Maria of Regensburg, 1519-25". *The Sixteenth Century Journal*, 33/4, 2002, pp. 963-80.
DEUTSCHLÄNDER, Gerrit. "Spalatin als Prinzenerzieher". In: KOHNLE, Armin; MECKELNBORG, Christina; SCHIRMER, Uwe (orgs.). *Georg Spalatin. Steuermann der Reformation.* Halle, 2014.
DÖHLE, Hans-Jürgen. "Schwein, Geflügel und Fisch – bei Luthers zu Tisch". In: MELLER, Harald (org.). *Luther in Mansfeld: Forschungen am Elternhaus des Reformators.* Halle, 2007.
DÜLMEN, Richard van. *Reformation als Revolution. Soziale Bewegung und religiöser Radikalismus in der deutschen Reformation.* Munique, 1977; Frankfurt am Main, 1987.
DYM, Warren Alexander. *Divining Science. Treasure Hunting and Earth Science in Early Modern Germany.* Leiden; Boston, 2011.
EDWARDS JR., Mark U. *Printing, Propaganda, and Martin Luther.* Los Angeles; Londres, 1994.

EDWARDS JR., Mark U. "Luther as Media Virtuoso and Media Persona". In: MEDICK, Hans; SCHMIDT, Peer (orgs.). *Luther zwischen den Kulturen. Zeitgenossenschaft — Weltwirkung*. Göttingen, 2004.
EHMANN, Johannes. *Luther, Türken und Islam*. Göttingen, 2008.
ENGELS, Friedrich. *The Peasant War in Germany*. Trad. de M. J. Olgin. Londres, 1927 (1850).
ERIKSON, Erik H. *Young Man Luther. A Study in Psychoanalysis and History*. Nova York, 1958, 1962.
ESCHENHAGEN, Edith. "Beiträge zur Sozial- und Wirtschaftsgeschichte der Stadt Wittenberg in der Reformationszeit". *Lutherjahrbuch* 9, 1927, pp. 9-118.
ESER, Thomas. *Hans Daucher*. Munique; Berlim, 1996.
FEBVRE, Lucien. *Martin Luther*. Peter Schöttler (org., trad. e posfácio). Frankfurt, 1996 (Paris, 1928).
FESSNER, Michael. "Das Montanwesen in der Grafschaft Mansfeld vom ausgehenden 15. bis zur zweiten Hälfte des 16. Jahrhunderts". In: WESTERMANN, Angelika (org.). *Montanregion als Sozialregion. Zur gesellschaftlichen Dimension von "Region" in der Montanwirtschaft*. Husum, 2012.
_____. "Die Familie Luder in Möhra und Mansfeld". In: MELLER, Harald (org.). *Fundsache Luther: Archäologen auf den Spuren des Reformators*. Stuttgart, 2008.
_____. "Die Familie Luder und das Bergwerks- und Hüttenwesen in der Grafschaft Mansfeld und im Herzogtum Braunschweig-Wolfenbüttel". In: KNAPE, Rosemarie (org.). *Martin Luther und Eisleben*. Leipzig, 2007.
_____. "Luthers Speisezettel. Die Versorgung der Grafschaft Mansfeld mit Lebensmitteln, Gütern und Waren". In: MELLER, Harald (org.). *Luther in Mansfeld, Forschungen am Elternhaus des Reformators*. Halle, 2007.
FRANCISCO, Adam S. *Martin Luther and Islam. A Study in Sixteenth-Century Polemics and Apologetics*. Leiden, Boston, 2007.
FRANZ, Günther. *Der deutsche Bauernkrieg*. Darmstadt, 1956 (Berlim, 1933).
FREYBE, Peter (org.). *Luther und seine Freunde*. Wittenberg, 1998.
FREYDANK, Hanns. *Martin Luther und der Bergbau*. Eisleben, 1939.
_____. "Vater Luther der Hüttenmeister". In: ETZRODT, Hermann; KRONENBERG, Kurt (orgs.). *Das Eisleber Lutherbuch 1933*. Eisleben, 1933.
FROMM, Erich. *The Fear of Freedom*. Londres, 1942, 2001.
GOETZ, Hans-Jürgen. *The Anabaptists*. Trad. de Trever Johnson. Londres, 1996 (Munique, 1980).
GRESCHAT, Martin. *Martin Bucer. A Reformer and His Times*. Trad. de Stephen E. Buckwalter. Louisville, 2004 (Munique, 1990).
GRISAR, Hartmann; HEEGE, Franz. *Luthers Kampfbilder*. 4 v. Freiburg im Breisgau, 1923.
HAAG Sabine; LANGE, Christiane; METZGER, Christof; SCHUETZ, Karl (orgs.). *Dürer, Cranach, Holbein. Die Entdeckung des Menschen: Das deutsche Porträt um 1500*. Munique, 2011.
HABERKERN, Philip. "'After Me There Will Come Braver Men': Jan Hus and Reformation Polemics in the 1530s". *German History*, 27/2, 2009, pp. 177-95.
HÄBERLEIN, Mark. *The Fuggers of Augsburg. Pursuing Wealth and Honor in Renaissance Germany*. Charlottesville, 2012 (Stuttgart, 2006).
HAMM, Bernd. *Frömmigkeitstheologie am Anfang des 16. Jahrhunderts: Studien zu Johannes von Paltz und seinem Umkreis*. Tübingen, 1982.
HARTMANN, Peter Claus. "Albrecht von Brandenburg. Erzbischof und Kurfürst von Mainz, Erzbischof von Magdeburg und Administrator des Bistums Halberstadt". In: TACKE, Andreas (org.). *Der Kardinal Albrecht von Brandenburg. Renaissancefürst und Mäzen*. v. 2. Regensburg, 2006.

HASSE, Hans-Peter. "Bücherzensur an der Universität Wittenberg im 16. Jahrhundert". In: OEHMIG, Stefan (org.). *700 Jahre Wittenberg. Stadt, Universität, Reformation*. Weimar, 1995.
HEIN, Markus; KOHNLE, Armin (orgs.). *Die Leipziger Disputation 1519*. Leipzig, 2011.
HELING, Antje. *Zu Haus bei Martin Luther*. Wittenberg, 2003.
HENDRIX, Scott. "Toleration of the Jews in the German Reformation: Urbanus Rhegius and Braunschweig 1535-1540". In: _____ (org.). *Tradition and Authority in the Reformation*. Aldershot, 1996.
_____; KARANT-NUNN, Susan (org.). *Masculinity in the Reformation Era*. Kirksville, MO, 2008.
HEYDENREICH, Gunnar. *Lucas Cranach the Elder. Painting Materials, Techniques and Workshop Practice*. Amsterdam, 2007.
HILL, Kat. *Baptism, Brotherhood, and Belief in Reformation Germany. Anabaptism and Lutheranism, 1525-1585*. Oxford, 2015.
HISTORISCHE Commission für die Provinz Sachsen und das Herzogtum Anhalt. *Bau- und Kunst--Denkmäler der Provinz Sachsen*. v. 18. *Der Mansfelder Gebirgskreis*. Halle, 1893 (reed. Naumburg, 2001).
HORNEMANN, Andreas. "Zeugnisse der spätmittelalterlichen Annenverehrung im Mansfelder Land". In: KNAPE, Rosemarie (org.). *Martin Luther und der Bergbau im Mansfelder Land*. Eisleben, 2000.
HÖSS, Irmgard. *Georg Spalatin, 1484-1545: Ein Leben in der Zeit des Humanismus und der Reformation*. Weimar, 1956, 1989.
HSIA, Ronnie Po-Chia. *The Myth of Ritual Murder. Jews and Magic in Reformation Germany*. New Haven; Londres, 1988.
_____. "Münster and the Anabaptists". In: _____ (org.). *The German People and the Reformation*. Ithaca; Londres, 1988.
ISERLOH, Erwin. *Johannes Eck (1486-1543). Scholastiker, Humanist, Kontroverstheologe*. Münster, 1981.
_____. *Luther zwischen Reform und Reformation. Der Thesenanschlag fand nicht statt*. Münster, 1966.
_____. *Luthers Thesenanschlag: Tatsache oder Legende?*. Wiesbaden, 1962.
JANKOWSKI, Günter. *Mansfeld Gebiet-Geschlecht-Geschichte. Zur Familiengeschichte der Grafen von Mansfeld*. Luxemburgo, 2005.
_____ (org.). *Zur Geschichte des Mansfelder Kupferschieferbergbaus*. Clausthal-Zellerfeld, 1995.
JESSE, Horst. *Leben und Wirken des Philipp Melanchthon. Dr. Martin Luthers theologischer Weggefährte*. Munique, 2005.
JUETTE, Daniel. "Schwang Luther 1517 tatsächlich den Hammer? Die berühmtesten und folgenreichsten Thesen der neueren Weltgeschichte – handwerklich gesehen". *Frankfurter Allgemeine Zeitung*, 18 jun. 2014.
JUNGHANS, Helmar. *Die Reformation in Augenzeugenberichten*. Munique, 1973 (Düsseldorf, 1967).
_____. *Wittenberg als Lutherstadt*. Berlim, 1979, 1982.
_____. "Luthers Einfluss auf die Wittenberger Universitätsreform". In: DINGEL, Irene; WARTENBERG, Günther (orgs.). *Die Theologische Fakultät Wittenberg 1502 bis 1602. Beiträge zur 500. Wiederkehr des Gründungsjahres der Leucorea*. Leipzig, 2002.
JÜRGENSMEIER, Friedhelm. "Kardinal Albrecht von Brandenburg (1490-1545). Kurfürst, Erzbischof von Mainz und Magdeburg, Administrator von Halberstadt". In: REBER, Horst (org.). *Albrecht von Brandenburg. Kurfürst – Erzkanzler – Kardinal. 1490-1545. Zum 500. Geburtstag eines deutschen Renaissencefürsten*. Mainz, 1990.

KALKOFF, Paul. *Ablass und Reliquienverehrung an der Schlosskirche zu Wittenberg unter Friedrich dem Weisen*. Gotha, 1907.

_____. *Briefe, Depeschen und Berichte über Luther vom Wormser Reichstage 1521*. Halle, 1898.

_____. *Die Depeschen des Nuntius Aleander vom Wormser Reichstage 1521*. Halle, 1886, 1897.

KARANT-NUNN, Susan. *The Reformation of Feeling. Shaping the Religious Emotions in Early Modern Germany*. Oxford, 2010.

_____. *Luther's Pastors: The Reformation in the Ernestine Countryside*. Filadélfia, 1979.

_____. "The Masculinity of Martin Luther". In: HENDRIX, Scott; KARANT-NUNN, Susan (orgs.). *Masculinity in the Reformation Era*. Kirksville, MO, 2008.

KASTEN, Ingrid. "'Was ist Luther? Ist doch die lere nitt meyn': Die Anfänge des Luther-Mythos im 16. Jahrhundert". In: BOK, Vaclav; SHAW, Frank (orgs.). *Magister et amicus: Festschrift für Kurt Gärtner zum 65. Geburtstag*. Viena, 2003.

KAUFMANN, Thomas. *Luthers Juden*. Stuttgart, 2014.

_____. *Luthers "Judenschriften"*. Tübingen, 2011.

_____. *"Türckenbüchlein". Zur christlichen Wahrnehmung "türkischer Religion" in Spätmittelalter und Reformation*. Göttingen, 2008.

_____. "Argumentative Impressionen: Bucers Bericht von der Heidelberger Disputation". In: _____ (org.). *Der Anfang der Reformation: Studien zur Kontextualität der Theologie, Publizistik und Inszenierung Luthers und der reformatorischen Bewegung*. Tübingen, 2012.

_____. "Theologisch-philosophische Rationalität: Die Ehre der Hure. Zum vernünftigen Gottesgedanken in der Reformation". In: _____ (org.). *Der Anfang der Reformation: Studien zur Kontextualität der Theologie, Publizistik und Inszenierung Luthers und der reformatorischen Bewegung*. Tübingen, 2012.

_____. "Zwei unerkannte Schriften Bucers und Capitos zur Abendmahlsfrage aus dem Herbst 1525". *Archiv für Reformationsgeschichte*, 81, 1990, pp. 158-88.

KAWERAU, Gustav. *Johann Agricola von Eisleben. Ein Beitrag zur Reformationsgeschichte*. Berlim, 1881.

KIESSLING, Rolf. *Bürgerliche Gesellschaft und Kirche in Augsburg im Spätmittelalter. Ein Beitrag zur Strukturanalyse der oberdeutschen Reichsstadt*. Augsburgo, 1971.

KNAPE, Rosemarie (org.). *Martin Luther und der Bergbau im Mansfelder Land*. Eisleben, 2000.

_____ (org.). *Martin Luther und Eisleben*. Leipzig, 2007.

KOBELT-GROCH, Marion. *Aufsässige Töchter Gottes. Frauen im Bauernkrieg und in den Täuferbewegungen*. Frankfurt am Main, 1993.

KOCH, Ernst. "'Deutschlands Prophet, Seher und Vater'. Johann Agricola und Martin Luther. Von den Enttäuschungen einer Freundschaft". In: *Luther und seine Freunde*. Wittenberg, 1998.

KOERNER, Joseph Leo. *The Moment of Self-Portraiture in German Renaissance Art*. Chicago; Londres, 1993.

KÖHLER, Walter. *Zürcher Ehegericht und Genfer Konsistorium*. 2 v. Leipzig, 1932, 1942.

KOHNLE, Armin; MECKELNBORG, Christina; SCHIRMER, Uwe (orgs.). *Georg Spalatin. Steuermann der Reformation*. Halle, 2014.

KOHNLE, Armin. "Die Leipziger Disputation und ihre Bedeutung für die Reformation". In: _____; HEIN, Markus (org.). *Die Leipziger Disputation 1519*. Leipzig, 2011.

KOLB, Robert. *Martin Luther as Prophet, Teacher, and Hero: Images of the Reformer, 1520-1620*. Grand Rapids, MI, 1999.

KOLB, Robert. *Martin Luther: Confessor of the Faith*. Oxford, 2009.

_____. *Nikolaus von Amsdorf (1483-1565). Popular Polemics in the Preservation of Luther's Legacy*. Nieuwkoop, 1978.

_____. "Augsburg 1530: German Lutheran Interpretations of the Diet of Augsburg to 1577". *Sixteenth Century Journal*, 11, 1980, pp. 47-61.

KOLDE, Theodor. *Analecta Lutherana*. Gotha, 1883.

KÖPF, Ulrich. "Martin Luthers Beitrag zur Universitätsreform". *Lutherjahrbuch*, 80, 2013, pp. 31-59.

KRAMM, Heinrich. *Studien über die Oberschichten der mitteldeutschen Städte im 16. Jahrhundert: Sachsen, Thüringen, Anhalt*. 2 v. Colônia, 1981.

KREMER, Josef. *Beiträge zur Geschichte der klösterlichen Niederlassungen Eisenachs im Mittelalter*. Fulda, 1905.

KRENTZ, Natalie. *Ritualwandel und Deutungshoheit. Die frühe Reformation in der Residenzstadt Wittenberg (1500-1533)*. Tübingen, 2014.

KRUMHAAR, Karl. *Versuch einer Geschichte von Schloß und Stadt Mansfeld*. Mansfeld, 1869.

KRUSE, Jens-Martin. *Universitätstheologie und Kirchenreform. Die Anfänge der Reformation in Wittenberg 1516-1522*. Mainz, 2002.

KUSUKAWA, Sachiko. *The Transformation of Natural Philosophy: The Case of Philip Melanchthon*. Cambridge, 1995.

LAUBE, Stefan. "Das Lutherhaus – eine Museumsgeschichte". Disponível em: <http://www.stefanlaube.homepage.t-online.de/StudieTOTAL.pdf>. Acesso em: 1 out. 2015.

_____. "Klosett oder Klosterzelle?". *Frankfurter Allgemeine Zeitung*, 4 abr. 2015, folhetim.

_____. *Von der Reliquie zum Ding. Heiliger Ort – Wunderkammer – Museum*. Berlim, 2011.

LEPPIN, Volker. *Martin Luther. Gestalten des Mittelalters und der Renaissance*, Darmstadt, 2006.

_____. "Text, Kontext und Subtext. Eine Lektüre von Luthers Coburgbriefen". In: _____; KORSCH, Dietrich (orgs.). *Martin Luther – Biographie und Theologie*. Tübingen, 2010.

LIEBEHENSCHEL, Wolfgang. "CURRICULUM VITAE der Mutter Martin Luthers. Die Herkunft der Mutter Martin Luthers". In: KNAPE, Rosemarie (org.). *Martin Luther und der Bergbau im Mansfelder Land*. Eisleben, 2000.

LINDBERG, Carter. *The European Reformations*. Oxford, 1996.

LINDNER, Andreas. "Martin Luther im Erfurter Augustinerkloster 1505-1511". In: SCHMELZ, Lothar; LUDSCHEIDT, Michael (orgs.). *Luthers Erfurter Kloster. Das Augustinerkloster im Spannungsfeld von monastischer Tradition und protestantischem Geist*. Erfurt, 2005.

LÖCHER, Kurt. "Martin Luthers Eltern – Ein Bildnispaar Lucas Cranachs von 1527 auf der Wartburg". In: KNAPE, Rosemarie (org.). *Martin Luther und der Bergbau im Mansfelder Land*. Eisleben, 2000.

LOHSE, Bernhard. *Martin Luther's Theology. Its Historical and Systematic Development*. Trad. de Roy A. Harrisville. Edimburgo, 1999 (Göttingen, 1995).

LUDOLPHY, Ingetraut. *Friedrich der Weise. Kurfürst von Sachsen 1463-1525*. Göttingen, 1984 (reed. Leipzig, 2006).

LUTZ, Heinrich. *Conrad Peutinger*. Augsburgo, 1958.

MAGER, Inge. "'Das war viel ein andrer Mann.' Justas Jonas – Ein Leben mit und für Luther". In: *Luthers Freunde*.

MARIUS, Richard. *Martin Luther: The Christian between God and Death*. Cambridge, MA, 1999, 2004.

MARKERT, Gerhard. *Menschen um Luther. Eine Geschichte der Reformation in Lebensbildern*. Augsburgo, 2008.

MELLER, Harald (org.). *Fundsache Luther: Archäologen auf den Spuren des Reformators*. Stuttgart, 2008.

_____ (org.). *Luther in Mansfeld: Forschungen am Elternhaus des Reformators*. Halle, 2007.

MÜCK, Walter. *Der Mansfelder Kupferschieferbergbau in seiner rechtsgeschichtlichen Entwicklung*. 2 v. Eisleben, 1910.

MÜLLER, Nikolaus. *Die Wittenberger Bewegung 1521 und 1522. Die Vorgänge in und um Wittenberg während Luthers Wartburgaufenthalt. Briefe, Akten u. dgl. und Personalien*. Leipzig, 1911.

MULLETT, Michael, *Luther*. Londres; Nova York, 2004.

MUNDT, Lothar. *Lemnius und Luther. Studien und Texte zur Geschichte und Nachwirkung ihres Konflikts (1539-9)*. 2 v. Berna; Frankfurt am Main; Nova York, 1983.

NESER, Anne-Marie. *Luthers Wohnhaus in Wittenberg. Denkmalpolitik im Spiegel der Quellen*. Leipzig, 2005.

NIRENBERG, David. *Anti-Judaism. The History of a Way of Thinking*. Londres, 2013.

OBERMAN, Heiko A. *Luther. Man Between God and the Devil*. Trad. de Eileen Walliser-Schwarzbart. Yale, 1989 (Berlim, 1982).

_____. *Masters of the Reformation: The Emergence of a New Intellectual Climate in Europe*. Trad. de Dennis Martin. Cambridge, 1981 (Tübingen, 1977).

_____. *The Roots of Anti-Semitism in the Age of Renaissance and Reformation*. Trad. de James I. Porter. Filadélfia, 1984 (Berlim, 1981).

_____. "'Iustitia Christi' and 'iustitia Dei'. Luther and the Scholastic Doctrines of Justification". *Harvard Theological Review*, 59/1, 1966, pp. 1-26.

OEHMIG, Stefan (org.). *700 Jahre Wittenberg. Stadt, Universität, Reformation*. Weimar, 1995.

_____. "Die Wittenberger Bewegung 1521/22 und ihre Folgen im Lichte alter und neuer Fragestellungen. Ein Beitrag zum Thema (Territorial-)Stadt und Reformation". In: _____ (org.). *700 Jahre Wittenberg. Stadt, Universität, Reformation*. Weimar, 1995.

_____. "Zur Getreide- und Brotversorgung der Stadt Erfurt in den Teuerungen des 15. und 16. Jahrhunderts". In: WEISS, Ulman (org.). *Erfurt 742-1992: Stadtgeschichte, Universitätsgeschichte*. Weimar, 1992.

OETTINGER, Rebecca Wagner. *Music as Propaganda in the German Reformation*. Aldershot, 2001.

OSTEN-SACKEN, Peter von der. *Martin Luther und die Juden. Neu untersucht anhand von Anton Margarithas "der gantz Jüdisch glaub" (1530/31)*. Stuttgart, 2002.

OTT, Joachim; TREU, Martin (orgs.). *Luthers Thesenanschlag — Faktum oder Fiktion*. Leipzig, 2008.

OYER, John S. *Lutheran Reformers against the Anabaptists: Luther, Melanchthon and Menius, and the Anabaptists of Central Germany*. Haia, 1964.

OZMENT, Steven. *The Serpent and the Lamb. Cranach, Luther and the Making of the Reformation*. New Haven; Londres, 2011.

PAAS, John Roger. *The German Political Broadsheet, 1600-1700*. 12 v. Wiesbaden, 1985-2014.

PAISEY, David; BARTRUM, Giulia. "Hans Holbein and Miles Coverdale: A New Woodcut". *Print Quarterly*, 26/3, 2009, pp. 227-53.

PETTEGREE, Andrew. *The Book in the Renaissance*. New Haven; Londres, 2010.

_____. *Brand Luther. 1517, Printing, and the Making of the Reformation*. Londres; Nova York, 2015.

PILVOUSEK, Josef; SPRINGER, Klaus-Bernward. "Die Erfurter Augustiner-Eremiten: Eine evangelische 'Brüdergemeinde' vor und mit Luther (1266-1560)". In: SCHMELZ, Lothar; LUDSCHEIDT, Michael (orgs.). *Luthers Erfurter Kloster. Das Augustinerkloster im Spannungsfeld von monastischer Tradition und protestantischem Geist*. Erfurt, 2005.

PLUMMER, Marjorie Elizabeth. *From Priest's Whore to Pastor's Wife. Clerical Marriage and the Process of Reform in the Early German Reformation*. Farnham, 2012.

POSSET, Franz. *The Front-Runner of the Catholic Reformation. The Life and Works of Johann von Staupitz*. Aldershot, 2003.

POTTER, George Richard. *Zwingli*. Cambridge, 1976.

PREUS, Samuel. *Carlstadt's Ordinaciones and Luther's Liberty: A Study of the Wittenberg Movement, 1521-22*. Cambridge, MA, 1974.

PRIEN, Hans-Jürgen. *Luthers Wirtschaftsethik*. Göttingen, 1992.

PUFF, Helmut. *Sodomy in Reformation Germany and Switzerland 1400-1600*. Chicago, 2003.

RANKIN, Alisha. *Panaceia's Daughters. Noblewomen as Healers in Early Modern Germany*. Chicago; Londres, 2013.

RATZEBERGER, Matthäus. *Luther und seine Zeit*. Iena, 1850.

REINHOLDT, Katharina. *Ein Leib in Christo werden. Ehe und Sexualität in Täufertum der frühen Neuzeit*. Göttingen, 2012.

REINITZER, Heimo. *Gesetz und Evangelium. Über ein reformatorisches Bildthema, seine Tradition, Funktion und Wirkungsgeschichte*. 2 v. Hamburgo, 2006.

RHEIN, Stefan. "Philipp Melanchthon und Eobanus Hessus. Wittenberger Reformation und Erfurter 'Poetenburg'". In: WEISS, Ulman (org.). *Erfurt. Geschichte und Gegenwart*. Weimar, 1995.

RITSCHEL, Iris. "Friedrich der Weise und seine Gefährtin". In: TACKE, Andreas. *"... wir wollen der Liebe Raum geben". Konkubinate geistlicher und weltlicher Fürsten um 1500*. Göttingen, 2006.

ROCKWELL, William Walker. *Die Doppelehe des Landgrafen Philipp von Hessen*. Marburgo, 1904.

RÖSSNER, Philipp Robinson (org., intr. e trad.). *Martin Luther. On Commerce and Usury (1524)*. Londres, 2015.

ROPER, Lyndal. *The Holy Household*. Oxford, 1989.

_____. *Oedipus and the Devil. Witchcraft, Religion and Sexuality in Early Modern Europe*. Londres, 1994.

_____. "Luther Relics". In: SPINKS, Jennifer; EICHBERGER, Dagmar (orgs.). *Religion, the Supernatural and Visual Culture in Early Modern Europe*. Leiden, 2015.

_____. "Martin Luther's Body: The 'Stout Doctor' and his Biographers". *American Historical Review*, 115, n. 2, 2010, pp. 351-84.

_____. "The Seven-Headed Monster: Luther and Psychology". In: ALEXANDER, Sally; TAYLOR, Barbara (orgs.). *History and Psyche. Culture, Psychoanalysis and the Past*. Londres, 2012.

_____. "'To His most Learned and Dearest Friend': Reading Luther's Letters". *German History*, 28, 2010, pp. 283-95.

ROSS, Alan. *Daum's Boys: Schools and the Republic of Letters in Early Modern Germany*. Manchester, 2015.

ROTH, Friedrich. "Die geistliche Betrügerin Anna Laminit von Augsburg (c. 1480-1518)". *Zeitschrift für Kirchengeschichte*, 43/2, 1924, pp. 335-417.

RUBIN, Miri. *Gentile Tales. The Narrative Assault on Late Medieval Jews*. New Haven; Londres, 1999.

RUBIN, Miri. *Mother of God: A History of the Virgin Mary*. Londres, 2009.

RUBLACK, Hans-Christoph. "Gravamina und Reformation". In: BATORI, Ingrid (org.). *Städtische Gesellschaft und Reformation*. Stuttgart, 1980.

RUBLACK, Ulinka. "Grapho-Relics: Lutheranism and the Materialization of the Word". *Past and Present*, suplemento 5, 2010, pp. 144-66.

RUMMEL, Erika. *The Confessionalization of Humanism in Reformation Germany*. Oxford, 2000.

SAMMEL, Rebecca. "The *Passio Lutheri*: Parody as Hagiography". *Journal of English and Germanic Philology*, 95/2, 1996, pp. 157-74.

SCHAUERTE, Thomas. *Dürer. Das ferne Genie. Eine Biographie*. Stuttgart, 2012.

SCHEEL, Otto. *Dokumente zu Luthers Entwicklung*. Tübingen, 1929.

_____. *Martin Luther. Vom Katholizismus zur Reformation*. 2 v. Tübingen, 1917.

SCHERF, Helmut. *Bau- und Kunstdenkmale in Stadt und Kreis Eisenach*. Eisenach, 1981.

SCHILLING, Heinz. *Martin Luther: Rebell in einer Zeit des Umbruchs*. Munique, 2012.

SCHLEIFF, Heinrich; SUSSMANN, Michael. "Baugeschichte des Erfurter Augustinerklosters — aus der Vergangenheit in die Zukunft". In: SCHMELZ, Lothar; LUDSCHEIDT, Michael (orgs.). *Luthers Erfurter Kloster. Das Augustinerkloster im Spannungsfeld von monastischer Tradition und protestantischem Geist*. Erfurt, 2005.

SCHLENKER, Bjoern. "Archäologie am Elternhaus Martin Luthers". In: MELLER, Harald (org.). *Luther in Mansfeld, Forschungen am Elternhaus des Reformators*. Halle, 2007.

SCHMALZ, Bjoern. *Georg Spalatin und seine Wirken in Altenburg (1525-1545)*. Beucha, 2009.

SCHUBART, Christoph. *Die Berichte über Luthers Tod und Begräbnis. Texte und Untersuchungen*. Weimar, 1917.

SCHULZ, Christiane. "Spalatin als Pfarrer und Superintendent in Altenburg". In: KOHNLE, Armin; MECKELNBORG, Christina; SCHIRMER, Uwe (orgs.). *Georg Spalatin. Steuermann der Reformation*. Halle, 2014.

SCHWIEBERT, Ernest. *Luther and His Times: The Reformation from a New Perspective*. Saint Louis, 1950.

SCOTT, Tom. *Thomas Müntzer. Theology and Revolution in the German Reformation*. Basingstoke, 1989.

_____; SCRIBNER, Bob (orgs. e trads.). *The German Peasants' War: A History in Documents*. Atlantic Highlands, 1991.

SCRIBNER, Robert W. "Civic Unity and the Reformation in Erfurt". In: _____ (org.). *Popular Culture and Popular Movements in Reformation Germany*. Londres, 1987.

_____. "Die Eigentümlichkeit der Erfurter Reformation". In: WEISS, Ulman (org.). *Erfurt 742--1992: Stadtgeschichte, Universitätsgeschichte*. Weimar, 1992.

_____. *Popular Culture and Popular Movements in Reformation Germany*. Londres, 1987.

_____; BENECKE, Gerhard (orgs.). *The German Peasant War of 1525: New Viewpoints*. Londres, 1979.

SEIDEMANN, Johann Karl. *Erläuterungen zur Reformationsgeschichte*. Dresden, 1844.

SHACHAR, Isaiah. *The Judensau. A Medieval Anti-Jewish Motif and its History*. Londres, 1974.

SHEEHAN, Jonathan. "Sacred and Profane: Idolatry, Antiquarianism and the Polemics of Distinctions in the Seventeenth Century". *Past and Present*, 192, 2006, pp. 35-66.

SIDER, Ronald J. *Andreas Bodenstein von Karlstadt. The Development of his Thought 1517-25*. Leiden, 1974.

SIGGINS, Ian. *Luther and His Mother*. Filadélfia, 1981.

_____. "Luther's Mother Margarethe". *Harvard Theological Review*, 71, 1978, pp. 125-50.

SKINNER, Quentin. *The Foundations of Modern Political Thought*. 2 v. Cambridge, 1978.

SLOTTA, Rainer; MÜLLER, Siegfried; "Zum Bergbau auf Kupferschiefer im Mansfelder Land". In: KNAPE, Rosemarie (org.). *Martin Luther und der Bergbau im Mansfelder Land*. Eisleben, 2000.

SMITH, Jeannette C. "Katharina von Bora Through Five Centuries: A Historiography". *Sixteenth Century Journal*, 30/3, 1999, pp. 745-74.

SOERGEL, Philip M. *Miracles and the Protestant Imagination: The Evangelical Wonder Book in Reformation Germany*. Oxford, 2012.

SPRINGER, Carl P. E. "Luther's Latin Poetry and Scatology". *Lutheran Quarterly*, 23/4, 2009, pp. 373-87.

SREENIVASAN, Govind P. *The Peasants of Ottobeuren, 1487-1726: A Rural Society in Early Modern Europe*. Cambridge, 2004.

STAHL, Andreas. "Baugeschichtliche Erkenntnisse zu Luthers Elternhaus in Mansfeld". In: KNAPE, Rosemarie (org.). *Martin Luther und Eisleben*. Leipzig, 2007.

_____. "Die Grafschaft und die Stadt Mansfeld in der Lutherzeit". In: MELLER, Harald (org.). *Luther in Mansfeld. Forschungen am Elternhaus des Reformator*. Halle, 2007.

_____. "Historische Bauforschung an Luthers Elternhaus. Archivalische Voruntersuchungen und erste Baubeobachtungen". In: MELLER, Harald (org.). *Luther in Mansfeld, Forschungen am Elternhaus des Reformators*. Halle, 2007.

STAYER, James. *Anabaptists and the Sword*. Lawrence, 1972.

_____. *The German Peasants' War and Anabaptist Community of Goods*. Montreal, 1991.

STEINMETZ, David C. *Luther and Staupitz: An Essay in the Intellectual Origins of the Protestant Reformation*. Durham, NC, 1980.

STEPHAN, Hans-Georg. "Keramische Funde aus Luthers Elternhaus". In: MELLER, Harald (org.). *Luther in Mansfeld, Forschungen am Elternhaus des Reformators*. Halle, 2007.

STIEVERMANN, Dieter. "Sozialer Aufstieg um 1500: Hüttenmeister Hans Luther und sein Sohn Dr Martin Luther". In: KNAPE, Rosemarie (org.). *Martin Luther und der Bergbau im Mansfelder Land*. Lutherstadt Eisleben, 2000.

STJERNA, Kirsi. *Women and the Reformation*. Oxford, 2009.

STOLLBERG-RILINGER, Barbara. *Des Kaisers alte Kleider. Verfassungsgeschichte und Symbolsprache des Alten Reiches*. Munique, 2008.

STRAUBE, Manfred. "Soziale Struktur und Besitzverhältnisse in Wittenberg zur Lutherzeit". *Jahrbuch für Geschichte des Feudalismus*, 9, 1985, pp. 145-88.

STRENGE, Karl Friedrich von; DEVRIENT, Ernst (orgs.). *Die Stadtrechte von Eisenach, Gotha und Waltershausen*. Gotha, 1909.

STROHL, Jane. "Luther's New View on Marriage, Sexuality and the Family". *Lutherjahrbuch*, 76, 2009, pp. 159-92.

THOMPSON, W. D. J. Cargill. *Studies in the Reformation. Luther to Hooker*. C. W. Dugmore (org.). Londres, 1980.

TRAUCHBURG, Gabriele von. *Häuser und Gärten Augsburger Patrizier*. Munique; Berlim, 2001.

TREU, Martin. "... *von daher bin ich*". *Martin Luther und der Bergbau im Mansfelder Land, Rundgang durch die Ausstellung*. Eisleben, 2000.

TREU, Martin. "Die Leucorea zwischen Tradition und Erneuerung — Erwägungen zur frühen Geschichte der Universität Wittenberg". In: LUECK, Heiner (org.). *Martin Luther und seine Universität*. Colônia, 1998.

_____. *Katharina von Bora*. Wittenberg, 1995.

_____. "Urkunde und Reflexion. Wiederentdeckung eines Belegs von Luthers Thesenanschlag". In: _____; OTT, Joachim (orgs.). *Luthers Thesenanschlag*. Leipzig, 2008.

_____; SPELER, Rolf-Torsten; SCHELLENBERGER, Alfred (orgs.). *Leucorea. Bilder zur Geschichte der Universität*. Wittenberg, 1999.

VEIT, Patrice. *Das Kirchenlied in der Reformation Martin Luthers: eine thematische und semantische Untersuchung*. Wiesbaden, 1986.

VOGLER, Günter. "Eisleben und Nürnberg zur Zeit Martin Luthers. Beziehungen zwischen zwei Wirtschaftspartnern". In: KNAPE, Rosemarie (org.). *Martin Luther und Eisleben*. Leipzig, 2007.

VOLZ, Hans. *Martin Luthers Thesenanschlag und dessen Vorgeschichte*. Weimar, 1959.

WANDEL, Lee Palmer. *The Eucharist in the Reformation: Incarnation and Liturgy*. Cambridge; Nova York, 2006.

WAPPLER, Paul. *Thomas Müntzer in Zwickau und die "Zwickauer Propheten"*. Gütersloh, 1966.

WARNKE, Martin. *Cranachs Luther: Entwürfe für ein Image*. Frankfurt, 1984.

WARTENBERG, Günther. "Die Mansfelder Grafen und der Bergbau". In: KNAPE, Rosemarie (org.). *Martin Luther und der Bergbau im Mansfelder Land*. Eisleben, 2000.

_____. "Martin Luthers Beten für Freunde und gegen Feinde". *Lutherjahrbuch*, 75, 2008, pp. 113-24.

_____. "Martin Luthers Kindheit, Jugend und erste Schulzeit in frühen biografischen Darstellungen des Reformators". In: KNAPE, Rosemarie (org.). *Martin Luther und Eisleben*. Leipzig, 2007.

WEIDE, Christine. *Georg Spalatins Briefwechsel. Studien zu Überlieferung und Bestand (1505-1525)*. Leipzig, 2014.

WEIER, Reinhold. "Die Rede des Mosellanus 'Über die rechte Weise, theologisch zu disputieren'". *Trierer Theologische Zeitschrift*, 83, 1974, pp. 232-45.

WEISS, Ulman. *Die frommen Bürger von Erfurt. Die Stadt und ihre Kirche im Spätmittelalter und in der Reformationszeit*. Weimar, 1988.

WELSH, Jennifer. *Anna Mater Matronarum: The Cult of St. Anne in Medieval and Early Modern Europe*. Farnham, no prelo.

WENNER, Ulrich. "Fundgrubner, Berckhauer und Schlacktreiber: Montanwortschatz bei Martin Luther". In: KNAPE, Rosemarie (org.). *Martin Luther und der Bergbau im Mansfelder Land*. Eisleben, 2000.

WESTERMANN, Ekkehard. *Das Eislebener Garkupfer und seine Bedeutung für den europäischen Kupfermarkt 1460-1560*. Colônia; Viena, 1971.

_____. "Der wirtschaftliche Konzentrationsprozess im Mansfelder Revier". In: KNAPE, Rosemarie (org.). *Martin Luther und der Bergbau im Mansfelder Land*. Eisleben, 2000.

_____. "Rechtliche und soziale Folgen wirtschaftlicher Konzentrationsprozesse im Mansfelder Revier in der ersten Hälfte des 16. Jahrhunderts". In: JANKOWSKI, Günter (org.). *Zur Geschichte des Mansfelder Kupferschieferbergbaus*. Clausthal-Zellerfeld, 1995.

WESTHELLE, Vitor. "Luther's Theologia Crucis". In: KOLB, Robert; DINGEL, Irene (orgs.). *The Oxford Handbook of Martin Luther's Theology*. Oxford, 2014.

WICKS, Jared. *Cajetan und die Anfänge der Reformation*. Münster, 1983.

WILLIAMS, George Huntston. *The Radical Reformation*. Kirksville, MO, 1992 (Londres, 1962).
WILLICKS, Peter. "Die Konflikte zwischen Erfurt und dem Erzbischof von Mainz am Ende des 15. Jahrhunderts". In: WEISS, Ulman (org.). *Erfurt 742-1992: Stadtgeschichte, Universitätsgeschichte*. Weimar, 1992.
WIMBÖCK, Gabriele. "Setting the Scene: Pictorial Representations of Religious Pluralization". In: HÖFELE, Andreas; LAQUÉ, Stephan; RUGE, Enno; SCHMIDT, Gabriela (orgs.). *Representing Religious Pluralization in Early Modern Europe*. Berlim, 2007.
WINTER, Christian. "Die Protokolle der Leipziger Disputation". In: HEIN, Markus; KOHNLE, Armin (orgs.). *Die Leipziger Disputation 1519*. Leipzig, 2011.
WRIEDT, Markus. *Gnade und Erwählung: Eine Untersuchung zu Johann von Staupitz und Martin Luther*. Mainz, 1991.
ZIKA, Charles. *Reuchlin und die okkulte Tradition der Renaissance*. Sigmaringen, 1998.
_____. "Reuchlin's *De Verbo Mirifico* and the Magic Debate of the Late Fifteenth Century". *Journal of the Warburg and Courtauld Institutes*, 39, 1976, pp. 104-38.
ZORN, Wolfgang. *Augsburg. Geschichte einer deutschen Stadt*. Augsburgo, 1972.
ZORZIN, Alejandro. *Karlstadt als Flugschriftenautor*. Göttingen, 1990.
ZUMKELLER, Adolar. *Johannes von Staupitz und seine christliche Heilslehre*. Würzburg, 1994.

Lista de ilustrações

1. Eisleben, em Daniel Meissner, *Thesaurus Philo-Politicus. Das ist politischer Schatzkästlein gutter Herzen und bestendiger Freund*, Augsburgo, 1625 (akg-images).
2. Retábulo no castelo de Mansfeld (fotografia de Nadja Pentzlin).
3-5. Georgius Agricola, *De re metallica*, Basileia, 1556, pp. 232, 330, 326.
6. Ulrich Rülein von Calw, *Ein nützlich Bergbüchlin von allen Metalen / als Golt / Silber / Zcyn / Kupferertz Eisen stein / Bleyertz / vnd vom Qecksilber*, Erfurt, 1527 (VD 16 R 35050, fo. Cv (v). SLUB Dresden/Digitale Sammlungen, 3.A.8150).
7. Lucas Cranach, o velho, *Hans Luder*, 1527 (Albertina Vienna).
8. Erfurt, em Hartmann Schedel, *Weltchronik*, Nuremberg, 1493 (Bridgeman Art Library).
9-10. *Ablas Buchlein der Stationes der Stat Rom vnnd der kirchē mit irem ablas durch das gantz Jar. Babst Julius. der Zehendt.* [=Leo X.], Nuremberg, 1515 (VD 16 K 259, Bayerische Staatsbibliothek Munich).
11. Hans Holbein, *Anna Laminit*, 1511 (Kupferstichkabinett, Staatliche Museen zu Berlin).
12. Mapa de Wittenberg, 1623 (Städtische Sammlungen der Lutherstadt Wittenberg/Ratsarchiv, Spezialgrundriss, 1742; Karte Nr. 60).
13. Leitoa judia, igreja de Wittenberg (fotografia de Nadja Pentzlin).
14-6. Lucas Cranach, o Velho, *Dye Zaigung des hochlobwirdigen Hailigthumbs der Stifft-Kirchen aller Hailigen zu Wittenberg*, 1509 (Bayerische Staatsbibliothek Munich, Rar. 99).
17. Lucas Cranach, o Velho, *Christoph Scheurl*, c. 1509 (Germanisches Nationalmuseum Nuremberg, Inv.-Nr. Gm 2332).
18-20. Johannes Dinckel, *De origine, cavsis, typo, et ceremoniis illivs ritvs...*, Erfurt, 1578 (VD 16 D 1745, Staatsbibliothek Preussischer Kulturbesitz Berlin).
21. *Eyn deutsch Theologia: das ist Eyn edles Buchleyn*, Wittenberg, 1518 (Bayerische Staatsbibliothek Munich, 4 P.lat. 1580).
22. Lucas Cranach, o Velho, *A carroça de Karlstadt*, xilogravura, 1519 (Bridgeman Art Library).

23-4. Martinho Lutero, *Eyn Sermon von dem Hochwirdigen Sacrament*, Wittenberg, 1519 (VD 16 L 6358, Bayerische Staatsbibliothek Munich, Res/4 Th.u. 104, VII, 31).
25. Martinho Lutero, *Ein Sermon geprediget tzu Leipßgk vffm Schloß am tag Petri vn pau li im xviiij. Jar, durch den wirdigen vater Doctorem Martinu Luther augustiner zu Wittenburgk*, Leipzig, 1519 (Herzog August Bibliothek Wolfenbüttel, VD 16 L 6193).
26. Johannes Agricola, *Eyn kurtz anred zu allen missgunstigen Doctor Luthters* [sic] *vnd der Christenlichen freyheit*, 1522 (VD 16 A 1009, Bayerische Staatsbibliothek Munich).
27. Thomas Murner, *Von dem grossen Lutherischen Narren*, 1522 (VD 16 M 7089, Universitätsbibliothek Leipzig).
28. Lucas Cranach, o Velho, *Martinho Lutero*, 1520 (Getty Images).
29. Lutero, *De Captivitate Babylonica Ecclesiae* (Herzog August Bibliothek Wolfenbüttel).
30. Martinho Lutero, *Vme wat sake vnde stucke des Pawestes vnde siner yunger boke van Doctore Martino Luther vorbrant syn*, Lübeck, 1520 (VD 16 L 7375, Herzog August Bibliothek Wolfenbüttel).
31. Albrecht Dürer, *Avareza* (Kunsthistorisches Museum Vienna/Getty Images).
32. Martinho Lutero, *Von der freyheyt eynes Christenmenschen*, Wittenberg, 1520 (Universitäts- und Landesbibliothek Sachsen Anhalt in Halle,Saale, sign. Ib 4187a).
33. Hans Holbein, o Jovem, *Lutero como o Hércules alemão*, c. 1519 (Getty Images).
34. Lucas Cranach, o Velho, *Georg Spalatin honrando a Cruz*, 1515 (Kupferstichkabinett Berlin).
35. Martinho Lutero por Hans Baldung Grien, in *Acta et res gestae, D. Martini Lvtheri*, Estrasburgo, 1521 (VD 16 ZV 61, Staatsbibliothek Preussischer Kulturbesitz Berlin).
36. Hermann von dem Busche, *Passion D Martins Luthers, oder seyn lydung*, Estrasburgo, 1521 (VD 16 B 9935, Bayerische Staatsbibliothek Munich).
37. Lucas Cranach, o Velho, *Lutero como Junker Jörg*, 1522 (Getty Images).
38-9. Melâncton, Cranach et al., *Passional Christi und Antichristi*, Wittenberg, 1521 (Getty Images).
40. Andreas Karlstadt, por autor desconhecido, 1541/2? (Universitätsbibliothek Bern).
41. *Trivmphvs veritatis. Sick der warheyt*, Speyer 1524 (VD 16 ZV 6175, Bayerische Staatsbibliothek Munich).
42. Erasmus Alberus, *Absag brieff des Fürsten dyser welt* [et]*c. wider Martinum Lutther*, Saltzpurg (isto é, Nuremberg), 1524 (VD 16 A 1472, Bayerische Staatsbibliothek Munich).
43. Diepold Peringer, *Ain schöne außlegung vber das götlich gebet*, Erfurt, 1522 (VD 16 P 1395, Universitäts- und Landesbibliothek Sachsen Anhalt in Halle, Saale).
44. Diepold Peringer, *Eyn Sermon geprediget vom Pawren zu Werdt bey Nürmberg am Sontag vor Faßnacht, von dem freyen willen des Mennschen*, Nuremberg, 1524 (VD 16 P 1410, Bayerische Staatsbibliothek Munich).
45. Lucas Cranach, o Velho, *Martinho Lutero e Katharina von Bora*, 1526 (Bridgeman Art Library).
46. Johann Hasenberg, *Lvdvs lvdentem lvdervm lvdens*, Leipzig, 1530 (VD 16 H 714, Bayerische Staatsbibliothek Munich).
47. Hans Holbein, o Jovem, *Retrato de Erasmo*, 1523 (Bridgeman Art Library).
48. Lucas Cranach, o Velho, *Martinho Lutero*, 1532 (Bridgeman Art Library).
49. Lucas Cranach, o Velho, *Retrato verdadeiro de Lutero*, 1546 (Albertina Vienna).
50. Lucas Cranach, o Velho, *Lutero e o eleitor saxão na frente de um crucifixo* (Bridgeman Art Library).
51. Martinho Lutero, *Von herr Lenhard Keiser in Beyern vmb des Euangelij willen verbrant, ein selige geschicht*, Nuremberg, 1528 (VD 16 L 7268, Bayerische Staatsbibliothek Munich).

52. Suredabus Cancrinus, *Ein new wunderbarlich mönchs schiffung*, Estrasburgo, 1531 (Staatsbibliothek Preussischer Kulturbesitz Berlin).
53. O Asno papal, em Filipe Melâncton, *Deuttung der Czwo Grewlichen Figuren...*, Wittenberg, 1523 (Bridgeman Art Library).
54. O Bezerro Monge, em Filipe Melâncton, *Deuttung der Czwo Grewlichen Figuren...*, Wittenberg, 1523 (Bayerische Staatsbibliothek Munich).
55. Lucas Cranach, o Velho, *Martinho Lutero e Filipe Melâncton*, 1543 (Bridgeman Art Library).
56. Heinrich Aldegrever, *Jan de Leyden*, "Um rei dos anabatistas", gravura em cobre, 1536 (Bridgeman Art Library).
57. Hans Daucher?, *eleitor Frederico, o Sábio*, 1525 (Kunsthistorisches Museum Vienna, KHM-Museumsverband, KK 3879).
58. Hans Daucher?, *Anna Kasper Dornle*, 1525 (Kunsthistorisches Museum Vienna, KHM-Museumsverband, KK 3893).
59. Martinho Lutero, Anton Lauterbach, Johann Aurifaber, *Colloqvia Oder Tischreden Dr Martini Lutheri*, Frankfurt am Main, 1569 (VD 16 L 6756, Bayerische Staatsbibliothek Munich).
60. Lucas Cranach, o Velho, *Johannes Bugenhagen*, 1532 (Landeskirchliches Archiv Kiel, 91.3, Landeskirche Hamburg — Gemeindliche Fotosammlung, Nr. 841).
61. Fabian von Auerswald, *Ringer kunst*, Wittenberg, 1539 (VD 16 A 4051, Herzog August Bibliothek Wolfenbüttel).
62. Martinho Lutero, *Ratschlag von der Kirchen, eins ausschus etlicher Cardinel, Bapst Paulo des namens dem dritten, auff seinen Befehl geschrieben vnd vberantwortet. Mit einer vorrede D. Mart. Luth.*, Wittenberg, 1538 (VD 16 C 4931, Bayerische Staatsbibliothek Munich).
63. *O brasão papal*, 1538, xilogravura em folha única (fotografia de Nadja Pentzlin).
64. *O nascimento do papa e dos cardeais*, 1545 (British Library).
65. Lucas Cranach, o Velho, *As origens dos monges* (British Library).
66. Lucas Cranach, o Velho, *As origens do Anticristo* (British Library).
67. Martinho Lutero, *Eyn Sermon von dem Wucher*, Wittenberg, 1520 (VD 16 L 6447, Universitäts- und Landesbibliothek Sachsen-Anhalt in Halle, Saale).
68. Oficina de Lucas Cranach, o Velho, *Lutero no leito de morte* (Niedersächsische Landesgalerie Hanover).
69. Justus Jonas, *Vom Christlichen abschied aus diesem tödlichen leben.... D. Mart. Lutheri Bericht*, Wittenberg, 1546 (VD 16 J 905, Bayerische Staatsbibliothek Munich).
70. Máscara mortuária de Martinho Lutero, Marktkirche, Halle (Getty Images).
71. Busto de Lutero, Marktkirche, Halle (Marktkirche Halle).
72. Lucas Cranach, o Velho, *Martinho Lutero*, 1548 (Stiftung Schloss Friedenstein Gotha, Inv.-Nr. G 43, 72b).
73. Lucas Cranach, o Jovem, *Martinho Lutero*, 1553 (Germanisches Nationalmuseum Nuremberg, Graphische Sammlung, Inv.-Nr. H 6777).
74. Lucas Cranach, o Velho, *Cristo abençoando os pequeninos*, 1538 (Bridgeman Art Library).
75. Lucas Cranach, o Velho, *Gesetz und Gnade*, 1529 (Bridgeman Art Library).

PRANCHAS EM CORES

Lucas Cranach, o Velho, Hans e Anna Luder, 1527 (Bridgeman Art Library).
Vista de Wittenberg, 1536, desenho do diário de viagens do conde Ottheinrich do Palatinado (Universitätsbibliothek Würzburg).
Lucas Cranach, *A conversão de Saul*, 1547 (Bridgeman Art Library).
Johann von Staupitz, 1522 (Imagno/Getty Images).
Lucas Cranach, o Velho, *Georg Spalatin*, 1509 (Museum der bildenden Künste Leipzig).
Peregrinação de Frederico, o Sábio, a Jerusalém (Stiftung Schloss Friedenstein Gotha).
Lucas Cranach, *Martinho Lutero e Katharina von Bora*, c. 1529 (Bridgeman Art Library).
Lucas Cranach, o Velho, *Martinho Lutero e Filipe Melâncton*, 1546 (Bridgeman Art Library).
Detalhe do epitáfio de Michael Meienberg, a partir de Lucas Cranach, o Jovem, cópia do original, 1558 (Bridgeman Art Library).
Albrecht Dürer, Retábulo de Todos os Santos, 1511 (Bridgeman Art Library).

Índice remissivo

As páginas indicadas em itálico referem-se às ilustrações.
As páginas indicadas com a letra f referem-se ao caderno de fotos.

À nobreza cristã da nação alemã (Lutero), 152, 164, 166-74, 192, 206, 219, 222, 350
Acta Augustana (Lutero), 127, 129
Adalberto, arcebispo da Saxônia, 60
Adam, Melchior, 102
Adelmannsfelden, Bernhard Adelmann von, 121, 196
Adelmannsfelden, Conrad Adelmann von, 121
Advertência a seus estimados alemães (Lutero), 348, 351
Aesticampianus, Johannes, 101, 255
Agostinho, Santo/ agostinianismo, 11, 79, 98, 102, 108, 134-5, 154, 172, 227, 292, 295, 345, 423; *De vera et falsa poenitentia*, 100
Agricola, Georg: *De re metallica*, 29, 31
Agricola, Johannes, 162, 256, 275, 300, 309, 331, 333, 371, 377, 378-81; Lutero a, 344
Agricola, Stefan, 316
Albrecht, arcebispo de Mainz, 13, 61, 115, 305; assassinato de Winkler e, 321; coleção de relíquias, 88, 415; conselho de Lutero para se casar com a concubina, 286; Guerra dos Camponeses e, 270; Lemnius e, 382;

Noventa e Cinco Teses de Lutero e, 9-10, 14, 61, 117, 126; tenta enganar Lutero, 184-5
Albrecht, conde de Mansfeld, 28, 118, 271-3, 279, 378, 405-8
Aldegrever, Heinrich: *Jan de Leyden*, 357
Aleandro, Gerolamo, 162, 177, 182, 186, 188, 196-7
Allgäu, 269
Allstedt, 249, 256, 258-9, 263, 270, 275, 306-7
Altenburg, 287
Alveld, Augustin von, 160, *162*
Ambrosius (criado), 409
Amsdorf, Nikolaus von, 99, 281, 375; alerta Lutero sobre a falta de convicção de Melâncton, 386; ataque de Zwilling às missas particulares e, 216; aulas em Wittenberg, 102, 376; cartas de Lutero, 158, 283, 353, 398; celibato, 284, 376; com Lutero na viagem a Worms, 183; *Exortação à paz* de Lutero e, 274; Katharina von Bora e, 283, 376; lealdade a Lutero, 317; pressão do eleitor para convencer Lutero a voltar para Wittenberg, 387; recebe cartas

de Lutero, 127; rejeita qualquer desvio do legado de Lutero, 416; sobre Eck, 143; visita de Lutero, 387; volta de Lutero a Wittenberg (1522) e, 240
Ana, Sant', 38-9, 52, 55, 74, 114, 128
anabatismo/ anabatistas, 268, 300-1, 315, 335, 353-8, 361, 365, 400, 406, 420
Anhalt, príncipe de, 346
Anna, condessa de Mansfeld, 408
Annaberg, 38, 85
antinomianos, 142, 380-1
antissemitismo *ver* judeus; Lutero, Martinho: posições
Aquila, Caspar, 331
Aquino, Tomás de, 53, 97, 122, 136, 178; *Summa Theologica*, 117
Aristóteles/ aristotelismo, 53-4, 96, 100-2, 134, 171-2, 178, 227, 297, 363
Arndt, Johann, 420
Arnoldi, Bartholomäus, 54
"Asno papal", 342, 344
Auerswald, Fabian von: *Ringer kunst*, 384
Augsburgo, 10, 15, 60, 85, 104, 119, 330; afixação do *Apelo ao papa* de Lutero na porta da catedral, 126; Anna Laminit e, 73-4; concórdia e, 351, 360; Dieta (1518), 117, 121; Dieta (1530), 44, 330-4, 338-51, 378; encontros entre Lutero e o legado papal (1518), 118-27; família Fugger, 13, 119; fim do movimento evangélico, 415; Igreja de Sant'Ana, 120; mosteiro carmelita, 120; movimento evangélico, 316; Reforma e, 246
Augsburgo, Paz de (1555), 349, 419
Aurifaber, Johann, 46, 409

Bach, Johann Sebastian, 421; Corais, 421-2; *Paixão de são Mateus*, 421
Basileia, 115, 127, 150, 165, 187, 204, 262, 278, 295, 313, 316-7, 321, 360, 385, 395
Baumgartner, Hieronymus, 283, 341-2, 346
Beckmann, Otto, 127
Beethoven, Ludwig van, 422
Berlepsch, Hans von, 203

Berna, 360
Bernardo de Claraval, São, 79
Bernhardi, Bartholomäus, 100-1, 206, 283, 285, 376
Beskendorf, Peter, 374
Beyer, Christian, 237, 338
Beyer, Leonhard, 111, 118
"Bezerro Monge", 342, 344
Bíblia do rei Jaime, 214
Bild, Veit, 121
Billican, Theobald, 115, 316
Blankenfeld, Katharina, 305-6
Blaurer, Thomas, 183
Bodensee, 269
Bolena, Ana, 366
Bora, Katharina von: acrescenta o "portal de Lutero" ao mosteiro, 308; Amsdorf e, 283, 376; cartas de Lutero, 387, 406; casamento, 17, 282-3, 286; criticada por adversários de Lutero, 289-91, 381, 383; cuida da esposa de Agricola, 377; no funeral de Lutero, 413; permanece com Lutero para cuidar das vítimas da peste, 324; relação com Lutero, 288-9, 294, 348; últimos anos, 419-20
Brandemburgo, 177; judeus em, 403
Brandemburgo, duque de, 346
Braun, Johannes, 50, 52, 78, 102
Braunschweig, 375, 404
Braunschweig, duque Heinrich von, 272
Breisach, 269
Brenz, Johannes, 115, 316, 335, 340
breve confissão do dr. Martinho Lutero sobre o Sagrado Sacramento, Uma (Lutero), 361
Brisger, Eberhard, 308
Brück, Gregor, 380, 386-7
Brunfels, Otto, 262, 316
Bucer, Martin, 22, 115; antissemitismo de, 403; carta de Lutero, 362; como mediador no caso de bigamia de Filipe de Hesse, 367; convence Lutero a negociar com os sacramentalistas, 358-60, 362; Corão e, 396; desconfiança de Lutero, 185; Eck e, 411; persuadido por Zwinglio, 263, 315; planeja um termo de

acordo com Lutero, 335; últimos anos em exílio na Inglaterra, 420
Buchfurer, Michael, 254
Bugenhagen, Johannes, 159, 283-4, 305, 314, 317-9, 324, 341, 362, 371, 380, 414, *f7*
Bullinger, Heinrich, 401
Bundschuh, organização, 252
Busche, Hermann: A *Paixão do santo Martinho Lutero...*, 198, 199; *Trivphvs veritatis...*, 245

Caetano (Tommaso de Vio), cardeal, 117; encontros com Lutero, 118, 120
calvinismo, 230, 233, 312, 419
Calvino, João, 21, 108, 173, 288, 301, 313, 349, 363, 415
Calw, Ulrich Rühlein von: livro sobre mineração, 38
Campeggio, cardeal Lorenzo, 334, 341
Cancrinus, Suredabus: *Ein new wunderbarlich mönchs schiffung*, 343
Capito, Wolfgang, 115, 262-3, 335, 358-9
Carlos V, Sacro Imperador Romano, 21, 117, 130; aceita o luteranismo, 419; assina o Édito de Worms, 200; derrota os protestantes na Guerra de Schmalkalden, 415; Dieta de Worms, 15, 179, 184, 187-8, 191-2, 197; hostil à Reforma, 328; impõe o "Interim", 416; na Dieta de Augsburgo (1530), 17, 330-1, 334, 338, 342, 345, 347; na Dieta de Regensburg, 369; promete um concílio da Igreja, 369; resistência a, 330, 351; vencedor na batalha de Pavia, 269
Carta ao cardeal arcebispo de Mainz (Lutero), 348
Carta aos príncipes da Saxônia sobre o espírito de rebeldia (Lutero), 257
Cartas de homens obscuros, 146
cartesianismo, 363
cartuxos, 58
casamento, 300-3
Catarina de Aragão, 365
Catharinus, Ambrosius, 160, 177
Cellarius, Johannes, 144

Clemente VII, papa, 334
Cleve, Duque de, 356
Coburgo, 331; castelo, 111, 331, 336, 348, 358, 374-5, 377, 385, 428
Cochlaeus, Johannes: antagonismo com Lutero, 46, 56; biografia de Lutero, 73, 194, 319, 412; *Breve descrição da Alemanha*, 105; expulso dos círculos intelectuais, 195; responsabiliza Lutero pela Guerra dos Camponeses, 189; satiriza Lutero, 290, 381, 383; sobre a festa de casamento de Karlstadt, 232; sobre Karlstadt, 115; sobre Lutero, 143, 147, 241; tenta enganar Lutero para desistir do salvo conduto, 194; torna-se capelão do duque Georg, 290; *Tragédia de Johann Hus*, 381, 383
Coelius, Michael, 408-9
Colônia, 262, 386; ordem dominicana, 101; teólogos, 161; Universidade, 88
Confissão de Augsburgo, 51, 335, 338-47, 360
Constança, Concílio de (1414-8), 58, 141, 197
Constança, Lago de, 269
Contarini, cardeal Gasparo, 369
Contra as hordas salteadoras e assassinas dos camponeses (Lutero), 273-4
Contra o papado romano, uma instituição do Demônio (Lutero), 389, 391
Contra os antinomianos (Lutero), 380
Contra os profetas celestiais (Lutero), 261, 264, 292, 299, 353
Contra os sabatistas: Carta a um bom amigo (Lutero), 399
Contrarreforma, 408
Conversas à mesa (Lutero), 372
Corão, 395
Cordatus, Conrad, 316
Cotta, Ursula, 52
Cranach, Hans, 364
Cranach, Lucas, o Jovem: *A conversão de Saul* (1547), *f2-3*; *Lutero* (1553), *418*
Cranach, Lucas, o Velho, 90, 92-3, 164, 237, 287, 355, 374, 420; *A carroça de Karlstadt* (com Karlstadt, 1519), *131-3*, 134, 244-5;

Anna Luder, f1; As origens do Anticristo, 396; As origens dos monges, 395; Bugenhagen (1532), 376; cartas de Lutero, 187, 200, 203, 364; Georg Spalatin (1509), f4; Hans Luder (1527), 40, f1; ilustrações, 89, 384, 390, 429; Jesus abençoando as crianças (1538), 422; Katharina von Bora (1526), 284; A lei e a Graça (1529), 424-5; Lutero, 92, 151; Lutero (1520), 165, 195; Lutero (1526), 284; Lutero (1529), f6; Lutero (1532), 308; Lutero (1548), 417; Lutero como Junker Jörg (1522), 202; Lutero e Melâncton (1543), 347, f7; Lutero e o eleitor da Saxônia diante de um Crucifixo, 311; Lutero no leito de morte (oficina, 1546), 410; Margarethe Luder (1527), 39, 45, f6; Passional Christi und Antichristi (com Melâncton, 1521), 215, 216, 217, 390; Retrato verdadeiro de Lutero (1546), 310; Scheurl, 95; Spalatin honrando a Cruz (1515), 181
Cranmer, Thomas, 420
Crautwald, Valentin, 278, 316, 318
Cruciger, Caspar, 371, 377, f7

Da autoridade secular: Até que ponto se lhe deve obediência (Lutero), 328, 394, 429
Da liberdade do cristão (Lutero), 152, 163, 173-4, 175
De abroganda missa privada [Sobre a eliminação da missa particular] (Lutero), 216, 221
De servo arbitrio [A escravidão da vontade] (Lutero), 293-6
De votis monasticis [Sobre os votos monásticos] (Lutero), 210, 212
Debate de Heidelberg, 111-5
Debate de Leipzig, 131, 134-45, 152, 159, 203, 228, 265, 292, 344
Decet Romanum Pontificem (bula papal, 1521), 177
Dhen, Tilo, 324, 374
Dietrich, Veit, 341, 371, 377
"disenteria de Lutero contra Leminho, o poetinha de merda, A" (Lutero), 383
dízimos, igreja, 268

Do cativeiro babilônico da Igreja (Lutero), 152, 165, 170, 172, 182, 303
Döblin, 177
Dölsch, Johann, 219
Döring, Christian, 93, 164, 183, 237
Dornle, Anna Kasper, 369
Dos concílios e das Igrejas (Lutero), 360, 369, 417
Doze Artigos dos Camponeses, 266-7
Dr. Fausto, 422-3
Drachstedt, dr., 35, 407
Drachstedt, família, 35
Drechsel, Thomas, 235
Dreffurt, Hermann, barão, 48
Dressel, Irmão Michael, 94
Duns Scotus, 53, 76, 96, 102, 376
Dürer, Albrecht, 90, 225, 423, 428; Albrecht de Mainz, 90; Altar de Landauer, Nuremberg, 423; Autorretrato (1500), 198-9, 423; Os quatro apóstolos (1528), 423; Retábulo de todos os santos, f8; Retrato de um jovem, 169
Dürr, Johann, 273

Eber, Paul, 372
Eberbach, Philipp, 234
Eccius dedolatus (sátira), 146, 150
Eck, Johannes, 131, 134, 138-9; absolve os ameaçados de excomunhão, 196-7, 204; ataca Erasmo, 145; ataques de Lutero, 348; caricaturado por Agricola, 161, 162; Cochlaeus e, 195; debate de Leipzig e, 131, 134-5, 137-45, 159, 228, 265, 292, 344; diatribe contra os judeus, 404; difama a Theologia deutsch, 154, 228; Karlstadt e, 131-3, 134, 228-9, 233; livros queimados, 176; martírio de Kaiser e, 322-3; morte, 411; na disputatio de Augsburgo sobre a usura, 136; obras desqualificadas por Lutero, 170; perda da reputação, 146; perseguido por estudantes, 177; refuta a Confissão de Augsburgo, 339; refuta as teses de Lutero em seus "Obeliscos", 104-5, 116, 134, 381
Eckhart, Mestre, 79
Édito de Worms (1521), 200-1, 350

Egranus, Johannes, 114, 255-6
Eilenburg, 217, 236-7, 241
Einsiedeln, Hugo von, 237
Eisenach, 27, 45, 47-8, 52, 184, 270, 318, 358; escola, 45, 49-50
Eisleben, 14, 25-6, 34, 67, 273, 275, 377-8, 380-1, 405, 407; Igreja de Santo André, 405, 412; mosteiro agostiniano, 223
Elssnig, 373
empréstimo de dinheiro, 136
Emser, Hieronymus, 137, 160-1, 162
Eperies, Hungria, 386
Erasmo, Desiderius, 98, 115, 135, 426, f7; *Adágios*, 292; atacado por Eck, 145; combate com Lutero, 112, 140, 213, 287, 292-6, 320; envia as teses de Lutero a More, 104; morte, 410; *Uma discussão ou discurso sobre o livre-arbítrio*, 292; venerado por Jonas, 135, 371
Erbe, Fritz, 355
Erfurt, 22, 27, 59-60, 62-3, 92, 184-5, 198, 220, 269, 317; mosteiro agostiniano, 15, 55-6, 58-9, 61, 63-5, 68-9, 73, 81, 94, 220; Universidade de, 14, 25, 43, 50, 52-4, 77, 101, 144, 180, 184
Erikson, Erik: *Young Man Luther*, 18, 57
Ernst II, conde de Mansfeld, 271-2, 306, 405
Erzgebirge, 87
Eschenhagen, Edith, 22
escolasticismo/ escolásticos, 100-2, 106, 112-4, 122, 189, 224, 227, 234
eslavos, 86
Esopo, fábulas de, 50
Estrasburgo, 10, 60, 109, 246, 262-3, 270, 287, 315-6, 321, 360, 395, 415
evangélicos/ evangelicalismo, 16, 57, 108, 115, 218, 220-1, 230, 234, 252, 315-6, 321, 329, 338, 341-2, 345-6, 347, 362, 367, 372, 378-9, 381, 415
Exortação à paz: Resposta aos Doze Artigos dos Camponeses da Suábia (Lutero), 267, 273
Exortação à prece contra os turcos (Lutero), 361, 394
Exortação a todo o clero (Lutero), 331

Exsurge Domine (bula papal, 1520), 147, 154, 156-7, 170, 175, 196
Eyb, bispo Gabriel von, 104

Feilitzsch, Philipp von, 186
Ferdinando I, da Alemanha (futuro imperador), 334, 338, 352
Filipe de Hesse: acolhe textos antissemitas, 401, 403; Agricola e, 378; bigamia tolerada por Lutero, 365, 367-8, 386; capturado na batalha de Mühlberg, 415, 419; cerco de Münster e, 356; na Dieta de Augsburgo, 333, 335, 346; organiza o colóquio de Marburgo, 326, 329; sitia Hutten, 192; Zwinglio e, 352
filipistas, 418
Flacius, Matthias/ flacianos, 418
Forster, Johann, 360, 372, f7
Francisco I, da França, 130, 370
Francônia, 270
Frankenhausen, 271-5
Frankfurt: Dieta Imperial (1539), 403; feira do livro (1526), 295; judeus, 398
Frecht, Martin, 115
Frederico III, Eleitor da Saxônia ("o Sábio"), 75, 87, 89, 369; apoia Lutero, 61, 95; avisado de que Lutero vai queimar a bula papal, 175; avisado sobre a reivindicação de Lutero quanto à Comunhão, 148; bane Karlstadt, 262, 277; cartas de Lutero, 124, 127, 185, 239; coleção de relíquias, 13, 88, 90, 228, 238; debate entre Karlstadt e Eck e, 134; encontro de Lutero com o cardeal Caetano e, 118, 121; esconde Lutero no Castelo de Wartburg, 16, 201; financia a Universidade de Wittenberg, 88; garante que Lutero seja ouvido na Dieta de Worms, 179, 188-9; Guerra dos Camponeses e, 270; morte, 278-9, 284; protege Lutero, 130; recebe a Rosa Dourada do papa, 130; Reforma de Wittenberg e, 218-20, 222, 226-8, 230, 234, 237, 241, 246; retorno de Lutero e, 235, 238-40; Spalatin e, 94, 179, 180; Staupitz e, 155, 157; tenta impedir a publicação de Acta Augustana de Lutero, 127

Freud, Sigmund, 190, 212
Frey, Claus, 109
Friburgo, 269
Froben, Johann, 127, 295
Fromm, Erich: *O medo à liberdade*, 18
Frosch, Johannes, 120, 316
Fröschel, Sebastian, 139, 141
Fugger, família, 13, 37, 119-20, 136
Fugger, Jakob, 136
Furtennagel, Lucas, 414

Gebhard, conde de Mansfeld, 405
Gelassenheit, 108-10, 229-30, 254, 257, 264, 278, 285, 298-9, 420
Georg, duque da Saxônia, 88, 330, 368; contrário a Lutero e à Reforma, 145, 148-9, 203, 237, 239-40, 246; Debate de Leipzig e, 131, 135, 141; desfeita de Lutero, 281; morte de Müntzer e, 272; nomeia Cochlaeus como capelão, 290; vence a batalha de Frankenhausen, 272
Georg, príncipe de Anhalt, 309
Gerbel, Nikolaus, 262, 292, 315; cartas de Lutero, 204
Glatz, Caspar, 255, 283
Glockner, Valerius, 422
gnésio-luteranos, 418
Goethe, Johann Wolfgang von: *Fausto*, 422
Gotha: sermão de Lutero (1515), 81-3, 93, 183-4
Gravamina, literatura, 167
Greifswald, Universidade de, 234
Grien, Hans Baldung: *Lutero*, 165, *196*
Grumbach, Argula von, 427-8
Grünewald, Matthias, 90
Guerra dos Camponeses (1524-5), 16, 22, 189, 266-79, 280, 284, 309, 315, 328, 353
Guerra dos Trinta Anos (1618-48), 349, 419
Guldenäpf, Wigand, 50
Günter, conde de Mansfeld, 405
Günter, Franz, 307
Günzburg, Johann Eberlin von, 426, 428; *Os quinze confederados*, 426
Güttel, pastor Caspar, 222, 380, 406

Haferitz, Simon, 309
Halle: busto de Lutero, 416; máscara mortuária de Lutero, 414
Hamburgo, 27, 104, 375
Hasenberg, Johann, 289-90; *Lvdvs lvdentem lvdervm lvdens*, 290, *291*
Hausmann, Nikolaus, 256, 317; cartas de Lutero, 318, 324
Heidelberg, família, 35
Heidelberg, Universidade de, 115, 134
Heine, Johannes, 373
Heinrich, Duque da Saxônia, 368
Heldrungen, 273
Helt, Conrad, 218
Henrique VIII, 365-6, 370
"Henrique, Irmão", 322
Heróstrato, 129
Hess, Johann: carta de Lutero para, 318
Hesse, 350; anabatistas, 301
Hessus, Eobanus, 53
Hettstedt, 32-3
Heyde, Joachim von der, 290
Hilten, Johann, 50-1
Hoffman, Melchior, 356
Holbein, Hans, o Jovem: *Anna Laminit*, 74; *Lutero como Hércules*, *178*
Hoogstraaten, Jacob van, 146, *178*
Hornung, Wolf, 305-6
Hoyer, conde de Mansfeld, 405
Huber, Caspar, 316
humanismo/ humanistas, 50, 53-4, 94, 96, 99, 101, 106, 115, 121, 134, 144-6, 157, 180, 292, 313, 316, 384
Hus, Jan, 58, 141, 143, 148, 197, 381
hussitas, 47
Hutten, Ulrich von, 157, 191-2, 245, 316

Ickelsamer, Valentin, 263
Iena, 248, 251, 254, 324
Igreja anglicana, 420
In coena Domini (bula papal), 177
Índex de livros proibidos, 207
indulgências, 11-3, 38, 71-2, 78, 88, 90, 103, 105-6, 113, 115, 123-4, 135, 148, 228, 345

Ingolstadt, Universidade de, 134, 137
Isabel da Hungria, 48-9
Iserloh, Erwin, 9

Jerônimo, são, 99, 101, 135
Joachim, eleitor de Brandemburgo, 305-6
João Frederico, duque, eleitor da Saxônia, 179; aconselhado por Lutero, 180, 183; Agricola e, 380; ajuda a criar a Igreja evangélica na Saxônia, 362, 371; apoia Lutero e a Reforma, 326, 346, 348, 350; cartas de Lutero, 78, 296, 330; cede o título ao duque Moritz, 415; dá o mosteiro de Wittenberg de presente para Lutero, 308; decisão de Lutero de deixar Wittenberg e, 387; funeral de Lutero e, 412; insatisfação dos camponeses e, 270, 279; Kaiser e, 322; manda Lutero fugir da peste, 324; Müntzer e, 257-8; na Dieta de Augsburgo (1530), 333; paga o imposto de Lutero, 374; permite justiça com as própria mãos, 398; preso após a batalha de Mühlberg, 415, 419; resiste aos apelos de uma cruzada contra os turcos, 392; solicitações de Lutero e, 315; teme Carlos v, 330; volta de Lutero a Wittenberg e, 240
Johann Albrecht, 414
Johann Georg, conde de Mansfeld, 405
Jonas, Justus, 135, 377, f7; apoia Zwilling contra as Missas particulares, 216; cartas de Lutero, 340-1, 346, 363; casamento, 281; como testemunha do noivado de Karlstadt, 231; encontra Lutero em sua chegada a Wittenberg (1522), 240; escreve relato da crise de Lutero (1527), 319; escreve relato da morte de Lutero, 409, 412, 413; morte de esposa e filhos, 304, 371; muda de posição sobre Erasmo, 294; na Dieta de Augsburgo, 331, 333-4, 338-9; padrinho do filho de Karlstadt, 314; sai de Wittenberg fugindo da peste, 324; traduz ensaios antissemitas de Lutero para o latim, 403; venera Erasmo, 135, 371; zomba de Eck, 146
Jorge, são, 27, 47, 52, 138

Josel de Rosheim, 398
Josué, Livro de, 198
judeus, 45, 79, 86-7, 136, 150, 403, 421; *ver também* Lutero, Martinho; posições

Kahla, 260
Kaiser, Leonhard, 321-3, 339, 344
Kappel, batalha de (1531), 352, 410
Karlstadt, Andreas, 115, 139, 225, 227; ameaçado por camponeses, 276, 278; banido da Saxônia, 262; batismo do filho, 314-5; casamento, 231-2, 236, 239, 275, 283, 285, 299-300; chegada de Lutero a Orlamünde e, 260-1; concede o doutorado a Lutero, 99, 227; conflito com Lutero sobre as imagens, 313; *De intentionibus*, 227; debate com Lutero na Estalagem do Urso Negro, 248-51, 278, 322; defende o casamento, 207-8; desafia o eleitor celebrando a Comunhão sob as duas espécies, 226-7; desafiado por Eck para o Debate de Leipzig, 135-8, 140-3; distancia-se de Müntzer, 259; divergência irreversível com Lutero, 322-5; ensaios atacando os votos monásticos e novas concepções teológicas, 206-7, 224; ensaios sobre a remoção das imagens e o fim da mendicância, 233; a Eucaristia, 296, 298-300, 313; faz uma charge (*A carroça de Karlstadt*), 131-3, 134; *Gelassenheit* e, 109, 254, 257, 264, 278, 298,-9; hostilidade de Lutero, 263-4; implantação de suas ideias por movimentos reformadores locais, 246; inimizade entre ele e Lutero, 284; legado, 420; morte, 362, 386, 411; na Universidade de Wittenberg, 97; obrigado a se retratar, 277-8; papel de destaque na Reforma de Wittenberg, 16, 218, 224, 236, 384, 427; pastor em Orlamünde, 248, 251-5, 283; proibição de suas obras sobre o sacramento, 317; publica *Sobre o culto e homenagem aos sinais do Novo Testamento*, 225; publica suas 406 teses em resposta aos "Obeliscos" de Eck, 116, 134; queima da bula papal por Lutero (1520) e, 176; recebe abrigo de Lutero,

277, 309; relação com Lutero, 16, 18, 100, 116, 127, 212, 224, 227-30; responsabilizado por Lutero pela Guerra dos Camponeses, 268-9; reúne apoio para suas ideias sobre o sacramento, 262-3; *O significado do termo "Gelassen"*, 299-300; silenciado ao retorno de Lutero do castelo de Wartburg, 240-3, 254, 274, 344; *Sobre a múltipla e una vontade de Deus*, 298-9; *Sobre o culto e homenagem aos sinais do Novo Testamento*, 225; sobre o livre-arbítrio, 292
Karlstadt, Andreas (filho), 314
Kaufmann, Heinz, 35
Kaufmann, Margarethe (nascida Luder), 35
Keller, Michael, 316, 333, 360
Kemberg, 277, 314-5
Kern, Jodokus, 306-7
Knipperdolling, Bernhard, 356
Königsberg, 262
Koppe, Leonhard, 281, 286
Kranz, Albert, 104
Krapp, Catharina, 209
Krapp, família, 374
Krapp, Hans, 93
Kress, Anton, 73
Küng, Hans, 21

Laminit, Anna, 73, 74
Landsperger, Johann, 316
Lang, Johannes: amizade com Lutero, 97-8; cartas de Lutero, 105, 111, 114-5, 142, 182, 209, 232, 307; casamento, 284, 307; com Lutero na Universidade de Erfurt, 53, 101; contribui com um florim para a viagem de Lutero até Worms, 183; distúrbios em Erfurt e, 220; Lutero lhe envia suas teses, 98, 103; na Universidade de Wittenberg, 97, 100; prior em Erfurt, 94; textos de Lutero sobre a Reforma e, 166, 228
Lang, Matthaeus, arcebispo de Salzburgo, 158, 341
Langenmantel, Christoph, 121
Lauterbach, Anton, 46

Leão X, 38, 57, 70-1, 112, 117-8, 123, 126-7, 130, 154, 156, 173
Leiden, Jan van, 356, 357
Leipzig, 15, 88, 135, 177, 184, 317; financistas, 26, 34, 36; "mulheres de prazer", 144; tribunal superior da Saxônia, 45; Universidade, 52, 88, 100, 114, 138, 141
Lemnius, Simon, 381-5; *Monachopornomachia (A guerra das meretrizes do monge)*, 383
Lening, Johannes, 367
Letônia, 246
Leutershausen, 427
Liegnitz, 316
Liga suábia, 269, 270, 378
Linck, Wenzeslaus, 76, 94, 99, 119, 125, 157-8, 182, 228, 274, 284, 371; cartas de Lutero, 232, 288
Lindemann, Anthonius, 27
Lindemann, família, 27
Litania dos germânicos (panfleto), 185
Livro de Orações, 420
Lochau, 279, 307
Lombard, Pedro, 178
Lonicer, Johann, 160
Lotter, Melchior, 138
Louvain, 161, 177
Lübeck, 375
Luder, Hans (pai de Lutero), 26-37, 39-40, 406; aparência, 39, 41; casamento de Lutero e, 283; educação de Lutero e, 43; falência, 333; morte, 44, 159, 333; relação com Lutero, 15, 40-4, 54-7, 67, 211-3, 320
Luder, Heine, 71
Luder, Jacob, 35, 41
Luder, Margarethe (mãe de Lutero), 29, 35, 39, 41, 45-6, 52, 160, 364
Ludwig IV da Turíngia, 48
Lufft, Hans, 374, 380
Lüneburg, duque de, 346
luteranismo/ luteranos, 20-1, 110, 219, 313, 317, 321, 329, 334, 344-5, 350-1, 356, 371-3; antissemitismo e, 397; escarnecidos pelos sacramentalistas, 362; "Interim" de

Carlos V e, 416; morte de Lutero e, 410-1, 415; padrinhos e, 355; regime nazista e, 329

Lutero, Martinho

1483-1522: afixa as Noventa e Cinco Teses, 9-15, 23, 38, 61, 78, 101-7, 110, 112, 117, 122, 128, 140, 189; amizades com Cranach, Lang, Linck e Spalatin, 93-4, 97; *Anfechtungen*, 66-8; apresentado aos humanistas de Nuremberg, 95; ardil de Cochlaeus e, 194-5; ascetismo rigoroso, 65; ataca as irmandades, 148; atacado por agostinianos, 77-8; autor prolífico, 149; briga com Eck, 115-6; cessa com a rotina monástica, 153; chamado a Roma, 117; com a vida ameaçada, 118; começa a estudar a Epístola aos Romanos de são Paulo, 83; comemora o doutorado, 76, 93; como vigário distrital, 93; comparado a Cristo, 198; condenado em bula papal, 154, 170; Debate de Heidelberg e, 111-5; defende que laicos recebam o pão e o vinho, 148; desesperado em receber notícias, 220; doença, 184; em delegação a Roma, 70-1, 73, 119; encontros com o legado papal em Augsburgo, 117-28, 130; enviado ao Castelo de Wartburg pelo eleitor, 16, 201-6, 247; escola, 25, 43, 45, 49-50; excomungando, 177; expectativa de martírio, 128-9; faz o sermão de Gotha, 81-3; faz uma visita secreta a Wittenberg, 220-1; figura de destaque em Wittenberg, 100; ganha apoio dos laicos, 150; infância, 15, 25, 28-9, 37, 42; insurreição e, 220-1, 239, 241-2; irmãos e, 41; Melâncton e, 88; muda o nome, 106; na Dieta de Worms, 15, 179, 182-90, 197, 229, 247, 257, 267, 300, 326, 331; na Universidade de Erfurt, 41, 43, 52-4; na Universidade de Wittenberg, 76; nascimento, 14; necessidade do apoio do Eleitor, 130; no mosteiro de Erfurt, 15, 43, 55-6, 58-9, 63-9; perde o Debate de Leipzig com Eck, 131, 134-45, 152, 265; primeira missa, 49-50, 56, 67; primeiro contato com a Bíblia, 46; profecia de Hilten e, 51; professor da Bíblia, 98-100; "profetas de Zwickau" e, 235; proscrito por Carlos v, 193, 200; publica ensaios contra a Igreja católica, 164, 166-75; publica *Sermão sobre as Indulgências e a graça* e *Acta Augustana*, 127; publica *Theologia deutsch* na íntegra, 108-9; queima a bula papal e faz gracejos com ela, 175-6, 365; recebe o apoio de cavaleiros alemães, 192; relações com Staupitz, 15, 75-81, 83; retorna a Wittenberg, 84; seu "Apelo ao papa", 126; sofre de prisão de ventre e ataques do Demônio, 205; sua "descoberta da Reforma", 106-8; tem o apoio do eleitor, 179-80; teses de debate contra o escolasticismo, 101-2; traduz o Novo Testamento, 213-5, 427; traduz os Salmos, 99; transformação espiritual e período de grande criatividade, 153; trava polêmicas, 159, 161, 163; vai em auxílio do Eeleitor, 238-9; visita Anna Laminit, 73-4; volta a Wittenburg, 16, 201, 239-40

1522-46: Agricola e, 377-81; amigos e aliados em Wittenberg, 371-7; anabatistas e, 353-8, 361; ataca o papa, 17, 389, 391; Bucer e, 335; casamento, 17, 280-7; censura o impressor de Karlstadt, 254; começa a criar uma nova Igreja, 325, 350-1; Confissão de Augsburgo e, 338-42; continua a atacar a posição sacramentalista, 361; cuida de vítimas da peste, 324; debate com Erasmo sobre o livre-arbítrio, 292-7; debate com Karlstadt na Estalagem do Urso-Negro, 248-51, 259, 261, 278, 322; debate com moradores de Orlamünde, 260-2, 269; debate com teólogos católicos, 343, 345-6; debate de Marburgo com Oecolampadius e Zwinglio e, 326-9; Dieta de Augsburgo e, 331-5, 348; doença e morte, 408-9, *410*, 411-2; encontros com sacramentalistas, 358-60; espírito apocalíptico ao tratar com os sacramentalistas, 316-8, 321; evangélicos de Augsburgo e, 316; excluído da Dieta de Regensburg, 369; faz os "Sermões

557

Invocavit", 240-3; funeral, 412-5; Guerra dos Camponeses e, 267-75, 280, 328; isentado de impostos pelo eleitor, 374; legado, 416, 418, 420-2, 429-31; Lemnius e, 381-3; luta contra os sacramentalistas, 325, 328, 333, 335, 351; martírio de Kaiser e, 322-3; máscara mortuária, 414; morte de Zwinglio e, 352; morte do pai, 332-3; não mais reverenciado por todos, 384-5; não oferece resistência a Carlos v, 329-30; no Castelo de Coburgo, 331-2, 336, 348, 428; oferece hospedagem no mosteiro, 308-9; persuadido a ficar em Wittenberg, 387; prega em Iena, 248; prega em Kahla, 260; prega o sermão no Dia da Ascensão, 359; publica *Advertência a seus estimados alemães*, 348, 351; publica sua *Exortação a todo o clero*, 331; reforma a Igreja na Saxônia, 351, 353; Reforma em Wittenberg e, 243, 246-7; rejeia o conciliarismo, 369-70, 416; relação com Katharina *ver* Bora, Katharina von; rotina diária, 407-8; seus quatro últimos sermões, 407; sofre colapso total, 318-9, 321, 324-5; sofre de enxaqueca, 336-7; sofre de hemorroidas, 336; sofre dores de cabeça constantes, 385; torna-se pai, 41, 285, 288, 312, 320; traduz o Antigo Testamento, 331, 348; troca correspondência com Müntzer, 255; última viagem a Eisleben para resolver uma disputa entre os condes, 405-7; vai a Mansfeld, 406; volta a Wittenberg, 348
Aparência, caráter e personalidade: amizades fervorosas, 19; aparência, 39, 92, 139, 151, 186, 201, 217, 265, 311-2, 347, *f7* (*ver também* Cranach, Lucas); caráter, 19, 42; competitividade, 65; confiança, 23; coragem, 18; energia, 100; espiritualidade, 51; indiferença a formalidades, 23; ira, 143; obstinação, 18; redação de cartas/ caligrafia, 23; relação com a mãe, 45-7, 52; relação com o pai, 18, 34, 40-1, 54, 56-7, 67, 210-3; rudeza, 114; sentimento de culpa, 65; uso da palavra impressa, 127; voz/ canto, 49, 52, 139

Concepções sobre: *Anfechtungen*, 66-8, 75, 102; Aristóteles/ aristotelismo, 101-2, 171-2, 297, 363; batismo, 354-5, 373; Bíblia/ Escrituras, 24, 78-9, 108, 110, 114, 121, 141, 168; bigamia, 304, 366-7; caça, 202; capitalismo, 37, 136-7; casamento, 206-11, 264, 301-7, 365, 368; confissão, 247, 345; consciência, 121, 190-4; Corão, 395; Deus, 37, 39, 42, 65, 67, 69, 108, 112, 124-5, 212-3, 293-4; doença, 336-97; empréstimo de dinheiro, 37; escolasticismo, 112-4, 122, 227; eslavos, 86; Eucaristia/ Sagrada Comunhão/ Ceia do Senhor/ Missa, 16, 24, 67, 71, 148, 160, 171-3, 216, 243, 248, 262, 264, 296-7, 300, 313, 316-8, 324-5, 327, 335, 344, 354, 359, 361-2, 430; extrema unção, 363, 409; fé, 67, 98, 106-8, 123-4, 171, 173-4, 214, 345, 363, 365; filosofia, 53, 102, 112-3, 173, 340; *Gelassenheit*, 110, 229-30; graça, 11, 23-4, 55, 78-9, 100, 102, 107-8, 124, 216, 230, 293, 363, 430; incesto, 303-4; indulgências, 11-2, 71-2, 103, 106, 123-4, 148, 228; inveja, 42, 82-3, 144; irmandades, 222, 247; judeus, 17, 24, 79, 87, 101, 114, 261, 397-407; liberdade, 106, 110, 213, 230, 266-7; livre-arbítrio, 140, 142, 154, 292, 294-5, 363; Maria, 55, 81; martírio, 229; mendicância, 49, 141, 168, 219, 222; mineração, 37-9; monasticismo, 49, 66, 168, 171, 211, 217, 426-7; morte, 364-5; mulheres, 19, 289, 307; o além, 363, 408; o Demônio, 24, 37, 68, 82, 205, 210, 241, 247, 264, 280, 282, 289, 319, 337; padrinhos, 354-5; Palavra de Deus, 189-90, 195, 353; papado, 17, 38, 104, 125, 140-1, 148, 163, 166, 170, 393; papéis de cada sexo, 29; pecado, 82-3, 110, 172-3; penitência, 11-2, 103, 159, 172; poligamia, 356, 358; política, 42, 61, 92, 102, 169, 235, 328-30, 392, 429; preces, 79, 154;

relíquias, 88; Roma, 70-1; sacramentos, 124, 159, 171-2, 300; Santo Agostinho, 100, 102, 227; sexualidade/corporeidade, 19, 24, 67, 81, 112, 168, 208, 210, 281, 283, 285-6, 288, 292, 295, 302, 304, 363, 368, 383, 426-7; sofrimento, 112; "tesouro de Cristo", 123-4; turcos, 329, 392-7, 403; usura, 37, 167; votos monásticos, 206-9

Luther, Elisabeth, 48
Luther, Hans (filho), 363-4, 377, 406, 419
Luther, Katharina ver Bora, Katharina von
Luther, Magdalena (filha), 364
Luther, Margarethe (filha), 420
Luther, Martin (filho), 41, 324, 406, 409, 419
Luther, Paul (filho), 41, 71, 310, 406, 409, 420

Mackenrodt, Dorothea (nascida Luder), 35
Magdeburgo, 13, 43, 45, 70, 177; judeus, 401; Reforma e, 14, 246, 262, 274
Mainz, 61, 178, 238
Mansfeld: casa de Luder, 27-8; castelos, 28, 30, 36; cidade mineira, 14, 25-7, 29, 32-7, 41-3, 204, 271, 405-6; condes, 25-8, 34, 273, 405-6; escola de latim, 44; fabricação de cerveja, 33; igreja de são Jorge, 27; população, 27; tavernas, 33
Mansfeld, condessa de, 385
Mantel, Johannes, 324
Mantuanus, Baptista, 50
Marburgo, colóquio de (1529), 326-7, 329
Maria I da Inglaterra, 366
Maria, Virgem, 52, 55, 66-7, 81, 87, 398
marianismo, 66, 219, 398
Marlowe, Christopher, 422
Marschalk, Nikolaus, 180
Martinho, são, 138
Mathesius, Johannes, 46, 61, 119, 224
Maximiliano, Sacro Imperador Romano, 117, 120, 130
Meinhardi, Andreas, 96
Meinhardi, Christoph, 275
Meissen, 177; bispo de, 148, 160

Melâncton, Filipe, f7; Agricola e, 380-1; assiste ao casamento de Filipe de Hesse, 367; atritos com Lutero, 386-7; cartas de Lutero, 56, 68, 128, 183, 185, 207-10, 333, 336-8, 340-1, 344, 346; casamento, 93, 209-10, 281; com Lutero na turnê de pregações, 273; como líder da Reforma, 370, 416; concepção de Lutero sobre a Comunhão e, 363; contra as missas particulares, 225; Debate de Leipzig e, 141, 143; defende a execução de anabatistas, 355; defende o casamento dos monges, 275; escreve uma introdução ao Corão, 396; famoso pelas aulas, 234; finaliza Augsburgo, 51, 331, 335, 337-47; foge da peste, 324; judeus e, 401, 403; Kaiser e, 322; Karlstadt e, 231, 241, 251; Lemnius e, 381-2; *Loci communes* [lugares-comuns], 205, 208-10; morte de Lutero e, 412, 414; na Dieta de Augsburgo, 331, 335; na Dieta de Regensburg, 369; não gosta da mudança de Lutero, 286; nomeado professor de grego em Wittenberg, 88, 128, 180; publica *Passional Christi und Antichristi* com Cranach, 215, 216, 217, 390; publica *Vida de Lutero*, 414; queima da bula papal e, 175-6; recebe a Comunhão sob as duas espécies, 217; relação com Lutero, 159, 194, 205-6, 212, 377; relações com Lutero se deterioram, 346; sente indecisão com os "profetas de Zwickau", 235; sobre Lutero, 9, 19, 44, 48, 311, 430; sobre o comitê da Universidade, 218; sua posição sobre o divórcio, 366-7; vai a Leipzig com Lutero, 138; volta de Lutero a Wittenberg e, 240, 242
Mellerstadt, Martin Pollich von, 96, 227
Memmingen, 134, 266, 269, 317
Mendelssohn, Felix, 422
mendicância, rejeição à, 219, 222, 233-4 ver também Lutero, Martinho; posições
Menius, Justus, 354
Merseburg, 177, 197, 238
Metenberg, Michael, f7
Metzsch, Josef Levin, 305
Miltitz, Karl von, 70, 130, 154, 160, 182

minas de cobre, 136
minoritas, 49
Mochau, Anna von, 231
Mohr, Hans, 317
Möhra, 26, 40, 201
Morávia, 399
More, sir Thomas, 104
Moritz, duque da Saxônia, 406, 415, 419
Mosellanus, Petrus, 138-9, 142, 144-5
Moshauer, dr. Paul, 43
Mozart, Wolfgang Amadeus, 422
Mühlberg, batalha de (1547), 415
Mühlhausen, 270-5
Müller, Caspar, 274
Münster: anabatistas, 356
Münsterer, dr. Sebald, 309
Müntzer, Thomas, 255-7, 275, 309; atacado por Lutero, 110, 321, 361; estudos na Alemanha Oriental e, 20, 22; executado, 272; Guerra dos Camponeses e, 268-74, 280, 353; Lutero o associa a Karlstadt, 249-50, 257, 264, 269, 353; Manifesto de Praga, 256; pregador em Allstedt, 256; sobre o casamento, 275, 280, 300, 307
Murner, Thomas, 161, *162*, 170, *245*; *O grande bobo luterano*, *163*
Mutian, Conrad, 53, 180
Myconius, Friedrich, 12, 38, 50, 85, 138-9, 184-5, 359

Nas, Johannes, 46, 56
nascimento do papa e dos cardeais, O (gravuras), 393
Nathin, Johannes, 70, 73, 77, 81
Naumburg, 238
nazista, regime, 329
nestorianos, 361
Neuenhagen, Thomas: Lutero a, 318
Neustadt an der Orla: mosteiro, 94
nominalismo, 53
Nordhausen, 273
Nördlingen, 246, 316
Notícias de Leipzig (Lutero), 290

Nuremberg, Paz de (1532), 350
Nuremberg/ nuremberguenses, 10, 26-7, 60, 99, 119, 330; apoio a Lutero e à Reforma, 105, 204, 246, 262, 298, 316-7, 345-6; Conselho Imperial, 238; financistas e capitalistas, 26, 34, 36, 406; humanistas, 95, 115-6; mercadores e comércio, 85, 88, 105, 136; *ver também* Dürer, Albrecht

Oberman, Heiko, 21
Ochsenfahrt, Hieronymus Düngersheim von, 161, 176
Ockham, Guilherme de, 53, 134, *178*, 297
Oecolampadius, Johannes, 262, 313, 315, 317-8, 326, 359
Öhmler, Nickel, 28
Oldecop, Johann, 98
Oldersum, 246
Oporinus, Johannes, 395
ordem agostiniana, 58, 65, 73, 76, 80-1, 93, 111, 125, 157-8, 183, 186, 218; *ver também* Erfurt; Wittenberg
ordem beneditina, 80, 115, 121, 157, 285
ordem dominicana, 11, 58, 101, 115, 117, 122, 134, 146, 159-60, 185
ordem franciscana, 48-9, 58, 88, 160, 219-20
Orlamünde, 226, 248, 252-5, 258-9, 261-2, 265, 269, 276, 283, 298
Osiander, Andreas, 317, 352, 401, 404
Ovídio: *Metamorfoses*, 50

Países Baixos, 262
Paixão de são João (Lutero), 421
Paixão de são Mateus (Lutero), 421
Pappenheim, Ulrich von, 186
Paris, Universidade de, 144
Passau, Paz de (1552), 419
Passavant, Ludwig von, 378
Paulo III, papa, 389; brasão, 389, *391*
Paulo, são, 68-9, 78, 107, 208, 318, 336, 426, 428; Epístola aos romanos, 71-2, 83, 98, 100, 107-8, 214, 379

Pavia, batalha de (1525), 269
Pellican, Conrad, 104
"Pequeno Hans" (tio de Lutero), 33
Peringer, Diepold, 252, 253
peste, 45, 56, 309, 315, 324-5, 419
Petzensteiner, Johannes, 183
Peutinger, Conrad, 121, 134, 136, 191, 197
Pfefferkorn, Johann, 146
Pfeffinger, Degenhart, 111
Pfeffinger, Ursula, abadessa, 157
Pfeiffer, Heinrich, 270, 272
Philip, conde de Mansfeld, 405
pietismo, 420
Pirckheimer, Willibald, 146, 204
Platina, Bartolomeo, 140
Polner, Claus, 36
Prierias, Sylvester, 117, 160; *Diálogo contra as teses arrogantes de Martinho Lutero referentes ao poder do papa*, 117
"Profetas de Zwickau", 114, 222, 235-6, 256
Proles, Andres, 59
Proposições contra toda a escola de Satã e todos os portões do inferno (Lutero), 348
publicação/ impressores, 98, 127, 137, 149-50, 164-5, 266, 316

Que essas palavras de Cristo, "Este é meu corpo", ainda resistem firmes contra os fanáticos (Lutero), 320-1
Que Jesus Cristo nasceu judeu (Lutero), 397
Quintiliano, 234

Rabus, Ludwig, 51
Raspe, Heinrich von, 48
Ratschlag von der Kirchen... (Lutero), 390
Ratzeberger, Matthäus, 49, 387, 406, 412
Reforma, 9-10, 15, 17, 20, 22-4, 92, 121, 142, 265, 274, 431; humanismo e, 292; Hus e, 58; queimas de livros, 105; Spalatin e, 95; teses de debate, 101; *ver também* Wittenberg
Regensburg, Dieta de (1541), 369, 389
Reinhard, Martin, 248, 251, 262
Reinicke, Hans, 28, 43-4, 332, 374

relíquias, 12-3, 39, 88, 89, 90, 120, 228, 238, 415
Remlingen, 427
Reuchlin, Johannes, 99, 101, 134, 146, 178, 401
Reuter, Ambrosius, 374
Reutlingen, 346
revogação do purgatório, Uma (Lutero), 348
Rhau-Grunenberg, Johann, 91, 98
Rhegius, Urbanus, 104, 134-5, 315-6, 333, 403-4
Rhenanus, Beatus, 115
Riga, 246
Roma, 70-3; cartas de Lutero, 273, 282, 286; Coliseu, 70; santa Maria delle Anime, 70; São João Laterano, 71; São Pedro, 13, 70
Rörer, Georg, 9, 324, 371, 377
Roth, Stefan, 305
Rothenburg ob der Tauber, 262
Rothmann, Bernhard, 356
Rubeanus, Crotus, 53
Rubius, Johannes, 139, 144, 146
Rühel, Johann, 271, 273

Saale, Margarethe von der, 366
sacramentalistas, 17, 346, 348, 351, 355, 358-61
Saigerhandelsgesellschaft Steinacher, 43
Salzburgo: convento de São Pedro, 80
Sam, Conrad, 316
Sausedlitz, 372
Saxônia, 45, 60-1, 88, 145, 239, 256, 278, 330, 366, 421
Schalbe, família, 49-50, 52
Schalbe, Heinrich, 49
Scheurl, Christoph, 95, 99, 105, 116, 121, 157, 227; cartas de Lutero, 103, 105, 116
Schilling, Heinz: *Martin Luther*, 21
Schirlentz, Nikolaus, 381
Schlick, Wolf, conde de Falkenau, 400
Schmalkalden, capela do Castelo em, 216
Schmalkalden, Guerra de (1546-7), 238, 415, 419
Schmalkalden, Liga de, 350-1, 366, 378, 419, 429
Schuldorp, pastor Marquard, 303

Schurff, Hieronymus, 99-100, 105, 187, 218, 240
Schwenckfeld, Caspar, 278, 316, 318; Lutero a, 316
Schwertfeger, Johannes, 215
Scribner, Bob, 22
Scultetus, Hieronymus, bispo de Brandenburgo, 9-10, 14, 104, 127, 155
Segrehna, 314-5
Selnecker, Nikolaus, 401
Sermão de convocação contra os turcos (Lutero), 393
Sermão sobre a usura (Lutero), 398, 399
Sermão sobre as indulgências e a graça (Lutero), 104, 117, 127
Sermão sobre o sacramento do corpo e sangue de Cristo (Lutero), 160-1
Sermon von dem Hochwirdigen Sacrament, Eyn (Lutero), 147
Serralonga (religioso italiano), 122-3
servos de Maria, 58
Sickingen, Franz von, 192
Sieberger, Wolf, 309
sincera admoestação por Martinho Lutero a todos os cristãos para que se resguardem da insurreição e rebelião, Uma (Lutero), 221
Sobre a guerra contra os turcos (Lutero), 392
Sobre o nome inefável e as gerações de Cristo (Vom Schem Hamphoras...) (Lutero), 401-4
Sobre os judeus e suas mentiras (Lutero), 400-4
Sofia de Brabante, 47
Spalatin, Georg, 53, 94, 179-80, 181, *f4, f7*; apaixonado, 282; arreliado por Lutero quanto ao casamento, 281-2; cartas de Lutero, 111, 113, 115, 118, 123, 127-9, 140, 155, 160-1, 181-2, 203-4, 206, 208, 219, 221, 235, 239, 264, 279, 281-2, 286, 320, 337; chocado com *Do cativeiro babilônico da Igreja* de Lutero, 170; convidado para o casamento de Lutero, 287; dependência de Lutero, 203, 235, 238; doença, 320; em Altenburg, 371; encontro de Lutero com o cardeal Caetano e, 118, 121, 182; furioso com Lutero por publicar seu *Sermão sobre o sacramento do corpo e sangue de Cristo*, 161; impressionado com Peringer, 252; interessa-se por Müntzer, 256; Karlstadt e, 277; morte de Frederico, o Sábio e, 279; na Dieta de Augsburgo, 331; na Dieta de Worms, 182, 185; oferece perspectiva mais ampla a Lutero, 169; pede conselho a Lutero sobre Reuchlin, 101; preocupado com a diminuição das matrículas na Universidade de Wittenberg, 234; queima da bula papal por Lutero e, 175; sobre a Confissão de Augsburgo, 338; torna-se pregador, 287
Spangenberg, Cyriakus, 224
Spengler, Lazarus, 204, 346; *Apologia e resposta cristã de um honrado amante da verdade divina da Sagrada Escritura*, 150
Speyer, 246; "monges fantasmas", 342
Stapulensis, Jacobus Faber, 98
Staupitz, Johann von, 75, *f4*; abandona Lutero quando é excomungado, 156-7; aconselha Lutero a não publicar nada por algum tempo, 166; admiradores de Nuremberg, 95; ajuda a fundar a Universidade de Wittenberg, 76; brinca sobre o doutorado de Lutero, 76; como mentor e confessor de Lutero, 63, 75-80, 190, 243, 320, 375; concorda com as ideias de Lutero, 150, 152, 173; critica as indulgências, 11; *Gelassenheit* como termo-chave de seus sermões, 108; informado sobre a queima da bula papal por Lutero, 176; libera Lutero de seus votos, 125, 153; libera Lutero de comparecer às matinas, 64-5; Lutero herda seu cargo, 98; Lutero lhe dedica suas Teses, 128; morte, 158, 285; mudança na relação com Lutero, 155, 159; no encontro de Lutero com o cardeal Caetano, 120-2; organiza o Debate de Heidelberg, 111; reedição de *Sobre o amor a Deus*, 45, 420; sermão de Gotha de Lutero e, 81, 83; sermões de Salzburgo, 80; sobre as tentações de Lutero, 68; tenta unir os agostinianos, 70, 73, 81, 216; torna-se beneditino, 157; uma nova geração de protegidos, 94
Stifel, Michael, 307, 318, 323; Lutero a, 318

Stolberg, 255, 273
Storch, Nikolaus, 235, 256
Strauss, Jacob, 318
Stübner, Markus Thomas, 235
Sturm, Caspar, 183
Stuttgart, 270
Suave, Peter, 183, 185
Suso, Heinrich, 79

Tauler, Johannes, 79, 108, 154, 228, 420
"Teologia alemã", 79
Tetrapolitana, a, 352
Tetzel, Johannes, 11-3, 38, 106, 114, 117, 177; *Positiones*, 105
Theologia deutsch, 108-10, 154, 228, 243, 292, 420
Thun, Frederico von, 186
tomistas, 129, 134
Topler, Ursula, 306
Torgau, 69, 310, 330, 339, 398; capela, 216
Trento, Concílio de (1545-63), 408
Trier, 192, 197
Truchsess, Rosina von, 309
Trutfetter, Jodokus, 54, 113, 115, 122; carta de Lutero, 113-5; *Summulae*, 113
Tübingen: Instituto sobre o Final da Idade Média e a Reforma, 21; mosteiro agostiniano, 73; Universidade, 21, 88
turcos, 50, 329, 338, 392, 394
Turíngia, 48, 59-60, 270, 276; anabatistas, 300

Ulm, 60, 88, 316, 415
Ulrich, duque de Württemberg, 270, 378
Unigenitus (bula papal), 123-4
Universidade de Wittenberg, 10, 15, 65, 69, 76, 84-5, 88, 96, 98, 128, 135, 233-4, 246, 373, 375, 387, 415, 419; cátedras, 100; cursos oferecidos, 97, 100, 234; queima de livros, 177, 382; rituais estudantis, 96, 97, 176
Urban (mensageiro), 111
Uriel, arcebispo de Mainz, 60-1
Usingen, Bernhard von, 113, 122
usura, 37, 136, 167

Valla, Lorenzo, 98
Vehus, dr., 193
vênedos, 86
via antiqua / via moderna, 53, 96, 100
Viena, ataques turcos contra (1529-30), 329, 338, 392-3
Visitação saxônica, 325
Volta, Gabriele della, 125

Wallhausen, 273
Wartburg, Castelo de: estadia de Lutero, 16, 43, 47, 201-5, 208, 212, 235, 238, 356;
Weimar, 258, 415, 419; mosteiro agostiniano, 119
Weller, Barbara, 375; carta de Lutero, 375
Weller, Hieronymus, 375
Weller, Peter, 375
Werdau, pregador de, 373
Wertheim, 427
Westerburg, dr. Gerhard, 248, 254, 262
Wettin, guerras de, 45
Wied, Hermann von der, 386
Wimpina, Conrad, 117
Winkler, Georg, 321
Wittenberg/ wittenberguenses, 10, 14, 16, 22, 84-7, 91, 93, 183, 415, 419; coleção de relíquias de Frederico, 13, 88, 90; Cranach-hof, 92-3; escultura da igreja paroquial, 86, 87; freiras, 280-2; fundação de Todos os Santos, 13, 88, 216, 218, 226-8, 230, 237, 242, 265; funeral de Lutero, 412, 414-5; Igreja do castelo, 9, 13, 84, 88, 89, 90, 222, 230; judeus, 86-7; Lutero queima a bula papal, 175-6; mosteiro agostiniano, 85-6, 88, 93-4, 99, 115, 216, 223, 231-2, 308-9, 420; peste, 309, 315, 324-5, 419; Reforma e, 16, 84, 205, 215-26, 230, 232-47, 351, 370, 386-7; sacramentalistas, 358, 360, 362, 367; Türkensteuer, 374; Universidade *ver* Universidade de Wittenberg
Witzel, pastor Georg, 373, 405, 412
Wolfframsdorf, Conrad von, 408
Worms, Dieta de (1521), 15, 18, 43, 165, 167, 179-93

Württemberg, 270; duque de, 73
Würzburg, 270

Zacharias, Andreas, 58
Zeitz, 387; sermão de Agricola, 379
Zell, Matthäus, 360
Zülsdorf, 289, 387, 407
Zurique, 262-3, 268, 298, 301, 313-6, 352, 360, 374
Zwickau, 246, 255, 275
Zwilling, Gabriel, 206, 216-9, 225, 232, 236, 241-3, 281, 297
zwinglianos, 71, 301, 313, 333, 335, 345-6, 360-1, 366, 421
Zwinglio, Ulrico, 22, 288, 313-4, 374; acusado de heresia nestoriana por Lutero, 361; comunhão e, 71, 263, 298, 313, 359; Dieta de Augsburgo e, 335, 348, 352; ferido em batalha, 352; morte, 352-3; no colóquio de Marburgo, 326, 329; obras banidas pelos luteranos, 317

ESTA OBRA FOI COMPOSTA PELA ABREU'S SYSTEM EM INES LIGHT
E IMPRESSA EM OFSETE PELA LIS GRÁFICA SOBRE PAPEL PÓLEN SOFT DA
SUZANO S.A. PARA A EDITORA SCHWARCZ EM JANEIRO DE 2020

A marca FSC® é a garantia de que a madeira utilizada na fabricação do papel deste livro provém de florestas que foram gerenciadas de maneira ambientalmente correta, socialmente justa e economicamente viável, além de outras fontes de origem controlada.